Oliver Vopel

Wissensmanagement im Investment Banking

Oliver Vopel

Wissensmanagement im Investment Banking

Organisierte Wissensarbeit bei komplexen Finanzdienstleistungen

Mit einem Geleitwort von Prof. Dr. Helmut Willke

Springer Fachmedien Wiesbaden GmbH

Die Deutsche Bibliothek – CIP-Einheitsaufnahme

Vopel, Oliver:
Wissenmanagement im Investment Banking : organisierte Wissensarbeit bei komplexen Finanzdienstleistungen / Oliver Vopel. Mit einem Geleitw. von Helmut Willke. – Wiesbaden : DUV, Dt. Univ.-Verl., 1999
(DUV : Wirtschaftswissenschaft)
Zugl.: Bielefeld, Univ., Diss., 1999
ISBN 978-3-8244-0475-9 ISBN 978-3-663-01196-5 (eBook)
DOI 10.1007/978-3-663-01196-5

Ursprünglich erschienen bei Deutscher Universitäts-Verlag GmbH, Wiesbaden, 1999
Lektorat: Ute Wrasmann / Ronald Dietrich

http://www.duv.de

ISBN 978-3-8244-0475-9

Geleitwort

Es gibt wenig Felder sozialen Handelns, in denen die Megathemen des ausgehenden Jahrhunderts - *Globalisierung und Wissensbasierung* - so massiv und ungeschminkt neue Formen sozialer Realität schaffen wie der Bereich des Investmentbanking. Zugleich mahnt die Geschichte des Investmentbanking von vornherein eine gewisse Bescheidenheit an: Investmentbanking entstand zum Ende des 19. Jahrhunderts als Instrument zur Erschließung der reichen europäischen Geldquellen für den Aufbau der amerikanischen Wirtschaft, und es schuf die Grundlinien seiner heutigen Form, einschließlich einiger bis heute wichtigen Akteure, in umgekehrter Richtung durch die Finanzierung der englischen und französischen Wirtschaft im Ersten Weltkrieg durch amerikanische Kriegsanleihen. Schon vor einem Jahrhundert waren es mithin Prozesse der Globalisierung und Probleme des Wissens, die komplexe Finanzdienstleistungen verlangten und das Investmentbanking hervortrieben.

Dennoch ist unübersehbar, daß sowohl die Globalisierung ökonomischer Austauschbeziehungen wie die Wissensabhängigkeit und Wissensbasierung finanzieller Transaktionen heute eine neue Qualität annimmt. Mit den Ende der Bretton-Woods-Ära, der Liberalisierung transnationaler Finanzströme und der Digitalisierung der den Finanzströmen zugrunde liegenden Datenbasis mutiert Globalisierung jedenfalls in einem entterritorialisierten Finanzsystem und insbesondere im Bereich des Investementbanking von einer prekären Leitidee zu einem gesellschaftsgeschichtlich unumkehrbaren *fait accompli*. In gleicher Weise wird Wissensbasierung zur treibenden Produktivkraft und wandelt sich von einem oft belächelten und als akademisch verschrieenen „nice to have“ zum kritische Erfolgsfaktor, der über das Schicksal von Weltfirmen entscheidet. Wissensbasierte *Finanzinnovationen* treiben die Dynamisierung und „Securitization“ von Vermögenswerten jeder Art in bislang unvorstellbare Dimensionen. Über die „reale“ Ökonomie realer Güter und Dienstleistungen türmt sich eine virtuelle Ökonomie *abgeleiteter* Finanztransaktionen in den Bereichen Devisen, Wertpapiere und Derivate, deren Volumen unvorstellbare Ausmaße angenommen hat und deren Folgen insbesondere in der Form von Systemrisiken in vieler Hinsicht nicht mehr kalkulierbar sind.

Damit ist die Frage beantwortet, warum sich *Soziologen* um das Investmentbanking kümmern sollten. Oliver Vopels Dissertation beantwortet die darauf aufbauende und darüber hinaus gehenden Fragen, welchen *Beitrag* soziologische Analyse zum Verständnis dieses Bereiches leisten kann und welchen soziologischen *Schlußfolgerungen* zur Problematik von Wissensgesellschaft und Wissensarbeit sich ergeben, wenn Soziologie sich nicht in luftigen Reflexionen über mögliche Fluchtwege aus gesellschaftlicher Selbstbedrohung verliert, sondern sich in die Höhle des Löwen wagt und dort Erkundungen über reale Bedrohungen, reale Risiken und reale Chancen einzieht.

Oliver Vopel legt eine faszinierend komplexe und dennoch vorbildlich lesbare Argumentation vor, die Theorie und Empirie, Reflexion und *story telling,* Nähe und Distanz zum Feld, Lernfähigkeit und Eigenständigkeit in überzeugender und beispielhafter Weise verbindet. Es gelingt ihm, ein soziologisch nahezu unbeackertes Feld mit beeindruckender Sachkompetenz in einer herausragenden wissenschaftlichen Qualität zu erschließen. Zunächst liegt dies darin begründet, daß der Autor nach einer sorgfältigen Herausarbeitung der leitenden Fragestellungen in drei Schritten vorgeht, die systematisch aufeinander aufbauen und damit die Fundierung dafür legen, daß das große vierte Kapitel zur Praxis der Wisensarbeit im Investmentbanking so vorbereitet ist, daß es trotz seiner hohen Komplexität und inhaltlichen Schwierigkeit geradezu spannenden Lesestoff bietet. Diese drei Schritte bestehen darin, daß Oliver Vopel zuerst die Rolle von Wissen und Nichtwissen als komplementäre Komponenten gesellschaftlicher Modernisierung untersucht, dies aber nicht als isolierte theoretische Übung gestaltet, sondern seine Überlegungen sofort auf die Rolle von Investmentbanken als „Organisationen der zweiten Moderne" bezieht. Diesen Ausgangspunkt verbreitert er im nächsten Schritt zu einer ebenso kompakten wie spannenden Wissenstheorie der Organisation. Auf einer systemtheoretischen Grundlage (Organisationen als Entscheidungssysteme; Entscheidungen als Reaktionen auf Erwartungen) behandelt er vor allem den für seine Themenstellung zentralen Zusammenhang von Wissen, Entscheidung und Risiko, und er verknüpft schließlich Wissen und Lernen in und von Organisationen zu einem Exposé organisationalen Wissensmanagements.

Erst nachdem diese tragfähige Basis gelegt ist, wendet sich Oliver Vopel im dritten Schritt dem Investment Banking selbst zu. Geduldig und sorgfältig entfaltet er dieses soziologisch ungewöhnliche und weitgehend vernachlässigte Feld, indem er zunächst die Kontextbedingungen beschreibt, die für den explosionsartigen Bedeutungszuwachs des globalen Finanzsystems verantwortlich sind. Während hier Globalisierung, Beschleunigung und Intensivierung des Wettbewerbs nicht allzu überraschend sein dürften, bezeichnet der Punkt einer „Expansion der Kundenexpertise" eine oft übersehene und dennoch kritische Variable einer sehr viel allgemeineren Veränderung von Beratungsbeziehungen in den unterschiedlichsten Feldern. Wenn Organisationen als Kunden und Klienten interne Beratungsexpertise aufbauen, externe Berater darauf reagieren müssen und Klienten nun wieder darauf reagieren, dann kommt eine jener kritischen „Wissensspiralen" in Gang, die entgegen Nonaka/Takeuchi nicht auf organisationsinterne Wissensgenerierung beschränkt bleiben, sondern ganze Sektoren oder „communities of practice" umfassen. Es ist noch gar nicht abzusehen, welche Dynamik damit in die Wissensentwicklung gerade hochgradig wissensintensiver Sektoren einbricht. Jedenfalls ist zu befürchten, daß etwa die Universitäten in ihren überkommenen Strukturen der Wissensgenerierung sich in diesen Feldern ausmachen wie eine Professoren-Basketballmannschaft im Verhältnis zu einem NBA-Team.

Im vorausssetzungsvollen und differenzierten Feld des Investment Banking konzentriert sich Oliver Vopel auf die drei Bereiche Research, Mergers & Acquisitions und Emissionsgeschäft. Hier tragen die aufwendigen Interviews, die er mit Experten geführt hat, reiche Früchte. Leser bekommen in den Problemexpositionen zu diesen Hauptbereichen des Investementgeschäfts einen unmittelbaren, lebendigen, oft hautnahen Eindruck von der Dynamik, Komplexität, Reflektiertheit und Sophistiziertheit, andererseits aber auch von der Hemdsärmeligkeit und der „human touch side" der Wissensarbeit in diesem Bereich. Der Autor bleibt nicht dabei stehen, die widersprüchliche Gleichzeitigkeit etwa von extrem flachen Hierarchien *und* dezidierter massiver Kompetenz- und Einflußdifferenzen zwischen den Hierarchieebenen herauszustellen, sondern er geht - das macht die herausragende Qualität seiner Arbeit aus - darüber hinaus in die Analyse der Einheit dieser Differenz: der Generierung dichter, flexibler, vernetzter *Gelegenheiten für Kommunikationen*, die ohne eine solche Fundierung mangels Zeit und Opportunität nie stattfinden würden, wodurch „zu viele Möglichkeiten verloren (gingen)". Nur eine Organisation und eine Organisationsform, die solche Kommunikationsgelegenheiten verläßlich schafft, hat überhaupt eine Chance, das zusätzliche Wissen zu generieren, auf das es im Wettbewerb der Besten ankommt. Wer sich in der zweiten Liga wohl fühlt, braucht sich vorläufig diese Sorgen noch nicht zu machen.

So kommt der Autor schließlich als Hauptergebnis zu einer Charakterisierung der Investmentbanken als „self-designing" Organisationen im Sinne von Hedberg, die nicht nur damit rechnen, daß sich die heute geltenden Regeln morgen anders lesen, sondern die diese Dynamik aktiv vorantreiben. Um dies leisten zu können, fundieren und restabilisieren „communities of practice" als Infrastrukturen der Prozessierung von spezifischem Wissen diesen beständigen Wandel. Sie verdrängen in der Problemlösung je nach Grad von Dringlichkeit die Standardstrukturen der Organisation und nähern sich so dem Idealtypus der „high reliability organization" an: Flexibel zusammen gestellte Projektgruppen und aufgabenorientierte Teams werden zu den relevanten suborganisationalen Einheiten, in denen die Expertise vertreten sein muß, die das anstehende Problem und die Erwartungen des Klienten verlangen.

Aus meiner Sicht ist dies eine der besten Arbeiten, die ich betreut habe. Sie führt auf breiter Front in wissenschaftliches Neuland und erweitert den Horizont soziologischer Analyse in ein bislang vernachlässigtes, äußerst wichtiges und folgenreiches Feld der Ausbildung der Wissensgesellschaft. Ich wünsche dem Buch deshalb eine neugierige und aufgeschlossene Leserschaft.

Helmut Willke

Vorwort

Die vorliegende Arbeit, die von der Fakultät für Soziologie der Universität Bielefeld als Dissertation angenommen wurde, entstand während meiner Tätigkeit als Wissenschaftlicher Mitarbeiter im Rahmen eines von der Deutschen Forschungsgemeinschaft geförderten Projektes in den Jahren 1997 und 1998. Zahlreiche Personen haben mir auf die eine oder andere Weise dabei geholfen.

Mein Dank gilt zuerst meinem Doktorvater Helmut Willke, der mein Interesse für den Zusammenhang von Wissen und Organisation schon in der Mitte meiner Bielefelder Studienzeit weckte, meine Diplomarbeit betreute und mir dann im Anschluß die Möglichkeit zur Promotion bot. Aufgrund der von ihm geschaffenen idealen Forschungsbedingungen konnte ich mich während der zwei Jahre voll auf meine Arbeit konzentrieren. Seine in wissenschaftlicher Hinsicht ungewöhnlich freilassende Art animierte die Entwicklung eigener Perspektiven und Standpunkte.

Auch Klaus Peter Japp, der die Arbeit als Zweitgutachter betreute, möchte ich meinen Dank aussprechen. Er hat mir bei konzeptionellen Weichenstellungen hilfreich zur Seite gestanden. Ihm verdanke ich auch die frühzeitige Einsicht, daß Forschung (insbesondere im Rahmen einer Doktorarbeit) endlich sein sollte.

Mit Diskussionen und sonstigem Beistand haben die Mitarbeiter am Lehrstuhl, Konstanze Piel, Thomas Hermsen, Jochen Köhler und Thorsten Strulik, zum Gelingen dieser Arbeit beigetragen. Insbesondere Thomas Hermsen danke ich für den intensiven Austausch und die Entstehung von Freundschaft. Eine nicht unerheblich Entlastung bedeutete für mich die Arbeit der Hilfskräfte des Forschungsprojekts - Michael Kauppert danke ich für die Transskription der zahlreichen Experteninterviews und Birgit Quinke danke ich (auch) für ihre unermüdlichen Literaturrecherchen. Meiner Mutter Renate Vopel danke ich für die Anstrengungen der Korrektur eines Manuskriptes, dessen Inhalt für Fachfremde nicht eben erbaulich ist.

Last not least gilt mein Dank den Analysten, M&A-Experten, Emissionsfachleuten und sonstigen Investmentbankern, die den vielen Fragen des Soziologen mit Nachsicht und Neugier begegneten. Sie schenkten mir nicht allein ihre Zeit und Aufmerksamkeit, sondern ließen mich auch teilhaben an ihrer Begeisterung für einen der faszinierendsten Bereiche des Wirtschaftssystems.

Oliver Vopel

Inhaltsverzeichnis

Verzeichnis der Abbildungen und Tabellen

Abbildungen:

Tabellen:

Wall Street is a focal point where individuals, businesses, and even entire economies anticipate the future. The daily movements of security prices reveal how confident people are in their expectations, what time horizons they envisage, and what hopes and fears they are communicating to one another.

Peter L. Bernstein, 1992

1. Einleitung

Die vorliegende Dissertation untersucht eine besondere Form des organisierten Handelns: Wissensarbeit. Schon die bloße Popularisation der Idee, daß Wissen unter den Bedingungen der Moderne einen bedeutungsvollen Bezugsrahmen für Arbeit darstellt, hat Wirkungen auf der Makro-, Meso- und Mikroebene der Gesellschaft und modifiziert wichtige Bereiche des sozialen Lebens. Wissensarbeit als Form von Arbeit ist indessen in ihrem Kern gewiß keine Erfindung der Moderne. Der Rückgriff auf Erfahrung, vorsichtiges Abwägen und Einschätzen, abschließendes Bewerten, informiertes Handeln und Entscheiden – all dies hatte seinen Stellenwert auch schon weit vor dem Beginn der Neuzeit. Beobachtungsgeleitetes Erwarten und Schlußfolgern (man möchte von Intelligenz sprechen) ist die Basis gleichermaßen für Entwicklung und Bedrohung der menschlichen Existenz heute wie zu Zeiten der mikrolithischen Feuersteinindustrie 5000 v. Chr. Unsere Möglichkeiten zu handeln (und damit: Fehler zu begehen) sind seitdem weitaus umfassender geworden, jedoch hat kognitives Vermögen als Konzept in seinem doppelten Wortsinn den Charakter einer Konstante.

Geändert hat sich in den zurückliegenden Jahrzehnten jedoch die Bedeutung, die dem abstrakten Gut »Wissen« auf gesellschaftlicher Ebene, in den Organisationen dieser Gesellschaft und im Erleben der Organisationsmitglieder zugeschrieben wird. Wenn die betreffenden theoretischen Befunde richtig sind oder man den jeweiligen Selbstbeschreibungen Glauben schenkt, so sind wir auf dem Wege, in eine Wissens*gesellschaft* einzutreten in der Wissens*organisationen* operieren, die wiederum von Wissens*arbeitern* bevölkert werden. Die Genesis der aktuellen Debatte läßt sich bis in die Mitte der 60er Jahre zurückverfolgen, als mit den »breakdowns of modernization« (Eisenstadt: 1964) *Wissen* und noch stärker *Information* zu Schlüsselkategorien gesamtgesellschaftlicher Diskurse aufstiegen. Der information-economy Ansatz, der den wirtschaftlichen Strukturwandel begleitete und forcierte, geht wesentlich auf die modernisierungspolitische Debatte in Japan zurück. Gemeinsam ist den späteren Arbeiten von Drucker (1969) und Bell (1973), daß es ihnen insbesondere auch um die wissensbezogene Fundierung der Wirtschaft geht. So beschreibt Drucker mit dem »knowledge-worker« erstmals einen erwerbswirtschaftlichen Akteurtypus, der seine Stellung spezialisierten Wissensbeständen zu verdanken hat.

Die tastenden Konzepte von Wissensgesellschaft, Wissensorganisation und Wissensarbeit finden ihren Ausgangspunkt in dem Befund, daß sich heute gravierende qualitative Unterschiede zur industriellen oder kapitalistischen Gesellschaft ausmachen lassen, die darin bestehen, daß die konstitutiven Grundlagen von Gesellschaft in unserer Zeit immer weniger mit dem Hinweis auf die Bedeutung von Land, Arbeit und Kapital beschreibbar sind, sondern vielmehr nur in ihrer Wissensbezogenheit angemessen zu erklären sind. Die Konzeption der Wissensgesellschaft darf jedoch nicht als Wissenschaftsgesellschaft mißverstanden werden – kein Teilsystem funktional differenzierter Gesellschaften vermag die anderen eindeutig zu dominieren. Ebenso abwegig ist die Vorstellung, alle Kommunikationen in der Gesellschaft seien ausschließlich unter Bezugnahme auf Wissen plausibel (Willke: 1998a, S. 356). Schon im Begriff der Wissens-Arbeit wird deutlich, daß es weder auf Erkennen, noch auf Handeln allein ankommt. Dieser Unterschied ist informativ (Japp: 1996a). Er verdeutlicht, daß Wissen Handlungschancen verändert und daß Erkenntnischancen von Handlungszwängen abhängen.

Aus diesem Grunde ist die Rede von der Informations- bzw. Wissensgesellschaft in ihrem analytischen Nutzen für die Beschreibung gesellschaftlichen Wandels auch nicht unumstritten geblieben. Im Plädoyer für die eigene Theorie führt Giddens an, daß Termini dieser Art auf institutionelle Transformationen bezogen und mithin nicht geeignet seien, gesamtgesellschaftliche Veränderungen ausreichend zu erklären (Giddens: 1992). Die Moderne, so sieht es Luhmann, kann sich noch nicht ausreichend selbst beschreiben und markiert ihre Neuheit durch die Bestempelung des Alten und verdeckt damit zugleich, „nicht zu wissen, was eigentlich geschieht“ (Luhmann: 1992a, S. 14). Die Kennzeichnung moderner Gesellschaften mit besonderem Bezug auf Wissen könne allenfalls als stark verkürzte Selbstbeschreibung dieser Gesellschaften betrachtet werden (ders.: 1992b, S. 160). Gleichwohl hat die enorme Wissensproduktion zu einer Unübersichtlichkeit geführt, die gesellschaftlich in Unsicherheit umgesetzt wird, so daß die Wissensgesellschaft schon als Folge gesellschaftlicher Unordnung auf der Agenda soziologischer Forschung zu finden ist.

Neben der makrosoziologischen Untersuchungseinheit Gesellschaft ist Wissen seit längerem auch in der Organisationsforschung ein zentraler Terminus. Gerade auch unter dem Eindruck von »normalen Katastrophen« (Perrow: 1988) begann die Wissenschaft, sich für das (Nicht-)Lernen von Organisationen und deren Mitglieder zu interessieren, und damit geriet Wissen auch in diesem Feld zu einem gewichtigen Begriff, leider ohne ebenso an Trennschärfe zuzulegen. Das Organisationslernen blieb ein Forschungsfeld, dem ein paradigmatisches Bezugssystem bislang fehlt (Wiesenthal: 1995). Aufgegriffen wurde das Thema auch in der Managementliteratur, wo es inzwischen unter den Stichworten »Wissensorganisation« und »Lernende Organisation« eine Masse an Literatur gibt, die sich selbst zumeist als Reflex auf den zunehmenden Konkurrenzdruck und eine unter den Bedingungen der Globalisierung komplexer werdende Umwelt der Organisationen versteht: „Deregulation, global competition and the spread of marked controls have delivered a powerful challenge to conventional ways of sourcing and organizing knowledge and expertise“ (Scarbrough: 1996, S. 178). Obschon als Hilfsmittel konzipiert, entfaltet auch die Entwicklung einer immer leistungsfähigeren Informations- und Kommunikationstechnologie (IuK) für viele Organisationen einen ganz besonderen Problemdruck. Ihr Vermögen, sinnvoll mit Wissen umzugehen, wird parallel zu den sinkenden Kosten für das Speichern und Bewegen von digitalisierter Information zunehmend auf die Probe gestellt. Denn Wachstum und Differenzierung der global zur Verfügung stehenden Information vollziehen sich in einer Geschwindigkeit, die weniger die Beschaffung von Information, als vielmehr deren Selektion als zentrale Problemstellung von Organisationen erscheinen läßt. Immer mehr Wissen aus immer spezifischeren Bereichen muß beachtet und verworfen werden, immer mehr Entscheidungen müssen getroffen werden, ob dieses glaubhaft oder jenes eilig sei.

Die Pioniere unter den Wissensorganisationen, so die Beobachtung vieler Autoren, haben ihr hierarchisches Organisationsmodell über Bord geworfen, haben strenge funktionale Differenzierungen und die Kommandoketten der Linienorganisation abgeschafft und flachere, weniger bürokratische Strukturen der Koordination implementiert (grundlegend dazu Quinn: 1992). Diese Organisationen zeichneten sich insbesondere auch dadurch aus, daß sie eben wissen, wie sich die spezialisierten Wissensbestände eines Unternehmens effektiv und produktiv koordinieren lassen, wie sich in der institutionellen Dimension, also auf der Ebene von Regeln, Verfahren und Leitlinien dazulernen läßt, sei es, um Fehler zu vermeiden (Risikomanagement) oder um gezielt wissensbasiert Neues (Innovation) zu generieren. Zu beobachten ist auch, daß dem Wissen immer häufiger ein Produktcharakter anhaftet und daß Organisationen mit dem Versuch beginnen, ihr Wissen wie ihre Finanzen und ihr Personal professionell zu organisieren. Eine Spezialisierung auf das besitzflüchtige Gut »Wissen« hat in vielen Organisationen seinen Ausdruck im Aufbau von personal- und kapitalintensiven Abteilungen gefunden, deren Aufgabe es ist, Systeme und Routinen zu entwickeln, die eine gezielte Generierung von Expertise unterstützen und die Retention und das Ordnen von Wissensbeständen erleichtern sollen.

Im Zentrum der Diskussion steht die Verbesserung der organisatorischen Fähigkeiten, um »besser« Entscheiden zu können. Mit Hilfe von Wissen als Ressource soll vor allen Dingen ein Einbau von Verfahren zur Steigerung der Reflexions- und Lernfähigkeit des Unternehmens erreicht werden. In Abgrenzung zur Steuerung über Hierarchie gehen Wirtschaftsorganisationen dazu über, nach alternativen Modellen der Systemregulierung zu suchen. Die effektive Steuerung und Nutzung von Wissen gilt als Bedingung für eine bessere Anpassungs- und Innovationsfähigkeit. Dies setzt allerdings voraus, daß die neuen Konzepte und Praktiken geeignet sind, immer komplexere Arbeitsabläufe, vielschichtige, sich teilweise widersprechende Umweltinformationen und transnationale Netzwerkkontakte mit verteilten Kompetenzen so zu organisieren, daß »wissensbasiert« Kriterien für Entscheidungen bereitgestellt werden.

Weite Strecken des Diskurses über den Zusammenhang von Wissen und organisierter Arbeit sind bislang durch organisationstheoretische Konzepte aus der Betriebswirtschaft geprägt, die als natürliches Sprachrohr *Selbstbeschreibungen* aus der Binnenperspektive der Wirtschaft liefert. Es mischen sich infolgedessen normative und theoretisch-fiktive Stränge der Textproduktion, deren Umgang mit den Begriffen Information, Wissen und Expertise zuweilen optimistisch und fast immer instrumentalistisch genannt werden muß. »Epistemische Blockaden« (Luhmann: 1992a, S. 66) ergeben sich vor allem aus der verbreiteten Annahme, daß Wissen immanent rational sei und daß Lernen immer Besserung verspräche.

Zu den beliebtesten Topoi der Wissensdebatte gehört die Idee der »wissensintensiven Organisationen«, eine Formel, in der sich gedankliche Bestände – wirtschaftswissenschaftlicher wie soziologischer Provenienz – mit dem Augenscheinlichen verbindet (siehe etwa Alvesson: 1995). Während der Anteil nicht-wissensintensiver Tätigkeiten in vielen Industrieunternehmen, die mehr oder weniger sichtbare Gegenstände produzieren, vergleichsweise hoch sein mag, ergibt sich andernorts ein davon deutlich unterscheidbares Bild. Wissensintensive Unternehmen sind – per definitionem – fast ausschließlich mit der Produktion von Wissen mit Hilfe von Wissen befaßt. Die sogenannten »intelligenten Güter« (Willke: 1998a, S. 2) können immaterieller (Forschung, Beratung, Expertisen o. ä.) oder materieller Natur (High-Tech-Produkte etc.) sein. Daß auf diesem Hintergrund auch theoretische Versuche unternommen werden, die organisationale Operationen *ausschließlich* unter dem Bezug auf Wissen und Expertise zu erklären suchen, ist nicht weiter verwunderlich. Eine differenzierte Diskussion der Bedeutung von Erkenntnis und Expertise für die Konfiguration von Arbeit in wissensintensiven Organisationen, ihre notwendigen Begrenzungen und Risiken hatte demgegenüber bislang wenig Chancen. Die enorme Popularität theoretischer Einseitigkeiten verdankt sich nicht zuletzt der Tatsache, daß das Ticket »Wissen« die Annahme von Kommunikation auch außerhalb des Wissenschaftssystems so wahrscheinlich macht.

Es wird hier vor diesem Hintergrund auch um eine Klärung der Frage gehen, wie Wissensarbeit gedanklich gefaßt werden muß, damit sie nicht zu einem bloßen normativen Stereotyp verkommt, sondern als brauchbare analytische Kategorie für anschließende Untersuchungen zur Verfügung steht. Zu diesem Zweck nehmen wir den empirischen Fall einer Wirtschaftsorganisation in den Blick, die ohne Gabelstapler, Blaumänner und tonnenschwere Maschinen auskommt. Ihre Existenz verdanken die Unternehmen diesen Typs der Tatsache, daß sie scheinbar besser wissen, was andere nicht durchschauen oder aus einem Mangel an Zeit nicht durchblicken wollen (das gilt analog etwa für Steuer- und Unternehmensberatungen, Anwaltskanzleien, Architekturbüros usw.). Wenn Einschätzungen, Expertisen, Bewertungen oder guter Rat Primärprodukte einer Organisation sind, dann drängt sich unter den Bedingungen einer unübersichtlichen Moderne die Idee auf, daß sich der informierte Umgang mit der Ressource Wissen intern zur kritischen Leitfähigkeit dieser wissensintensiven Organisation und ihrer Mitglieder entwickelt. Unmittelbar verkoppelt mit »Informiertsein« und »Bescheidwissen« sind, das sei hier schon erwähnt, spezifische Risiken: Ignoranz anscheinend unwichtiger Details und Blauäugigkeit in der Sache können schnell zum Verlust von Reputation und Zahlungsfähigkeit führen.

Wir gehen aus von einem Begriff der Wissensarbeit, der gerade auch auf die Revision kognitiver Bestände abstellt – damit rückt also nicht allein die Anwendung von Wissen in den Fokus der Betrachtung, sondern gerade auch der *Modus* der Anwendung. Die Revision von Wissen im Rahmen von Arbeit bezieht sich auf die Fähigkeit und die Notwendigkeit, gewußtes Wissen wieder in Frage zu stellen, weil laufende Umweltveränderungen sich ohne die Fähigkeit zur beständigen Neudisposition von Erwartungen nicht mehr verarbeiten und organisational abbinden lassen. So definiert gewinnt das amorphe Bild der »wissensintensiven Organisation« schon etwas an Konturen: Für sie ist Wissen Steuerungsmedium, Ressource, Produkt und eben gerade auch: *Problem*.

Investment banks have to live on their wits
rather than on their deposits.
(Insider-Bonmot)

1.1 Investment Banking als Wissensarbeit

Die Investmentbanken sind ganz ohne Zweifel wissensintensive Organisationen. Als »Expertokratien« leben sie davon, Informationen zu generieren, zu prozessieren und diese Informationen mit Blick auf ihre Kunden in eine Form zu bringen, die von diesen dann als Expertise wahrgenommen und als solche im Glauben, daß Nichtwissen teurer wäre, auch entsprechend gut bezahlt wird. Zur Plausibilisierung dieses Kerngedankens geben wir zunächst einen knappen Überblick über die Geschäftsfelder dieser speziellen Finanzdienstleister, um dann die Bedeutung von Wissen und Expertise für dieses Feld anhand einiger Beispiele erläutern zu können.

Die Dienstleister des Investment Banking interessieren sich weder für Kleinkunden noch für Privatanleger, die ihre Einlagen- und Kreditgeschäfte mit den sogenannten Geschäftsbanken tätigen. Den kapitalmarktorientierten Investmentbanken geht es um das Großgeschäft mit institutionellen Kunden, den Großinvestoren wie Versicherungsunternehmen, Pensions- und Investmentfonds auf der einen Seite und Unternehmen und Regierungen auf der anderen Seite. Sie beschäftigen sich mit Themen von A (wie Acquisition timing, Asset-based finance, Arbitrage und das Asset-stripping) über O (wie Offering circular, Options und den OTC Market) bis Z (wie Zero bonds und Zero-coupon bonds).

Investment Banking umfaßt das Beratungsgeschäft, bei dem die Investmentbanken Konzernen und Regierungen in komplexen Finanzierungsfragen für Unternehmensübernahmen, Privatisierungen und Projektfinanzierungen mit Rat und Tat (weniger mit Geld) zur Seite stehen. Investmentbanken kümmern sich um sämtliche Details, die mit der sogenannten Emission und Placierung von Wertpapieren (Aktien und Anleihen) an den Finanzmärkten zusammenhängen. Neben der Emission von Titeln gehört zudem der gesamte Börsenhandel in Wertpapieren, derivaten Instrumenten, Swaps, Devisen, Edelmetallen und anderen Produkten dazu. Ferner beschäftigen sich die Investmentbanken mit der Analyse der Märkte und Unternehmen, dem sogenannte Research. Zum Investment Banking gehört auch die Anlage von Großkapital an den internationalen Finanzmärkten, das Asset- oder Investment-Management, also die Verwaltung und Steuerung der Portfolio-Anlagen im Auftrag von institutionellen Anlegern. Auch die eigene Finanzsteuerung und Geldanlage, Treasury oder Eigenhandel genannt, zählt zum Geschäft der Investmentbranche und gewinnt zunehmend an Bedeutung (siehe Abb. 1). Die Liberalisierung der Kapitalmärkte und die Globalisierung des Kapitalverkehrs legen es Unternehmen, Staaten und sonstigen institutionellen Investoren nahe, ihre Kapitalgeschäfte (Aufnehmen und Anlegen) grenzüberschreitend zu organisieren. Entsprechend müssen die Investmentbanken an den großen Finanzzentren und in den drei wichtigsten Zeitzonen (Nordamerika: New York, Europa: London und im asiatischen Raum: zumeist Tokyo) präsent sein; sie müssen an Plätzen operieren, die führend sind in der Entwicklung neuer Finanzinstrumente und die im Zentrum der Beobachtung der weltweiten Finanzmärkte stehen. Nur die an diesen Plätzen gewonnene Erfahrung ermöglicht es den Investmentbanken, sich auch auf ihren Heimatmärkten der immer stärker werdenden Konkurrenz ausländischer Institute zu stellen. Dies ist der Grund dafür, daß es auch die großen deutschen Banken, die sich strategisch für ein Engagement im Investment Banking entschieden haben, zunehmend nach London zieht.

Abb. 1 Die zentralen Geschäftsfelder

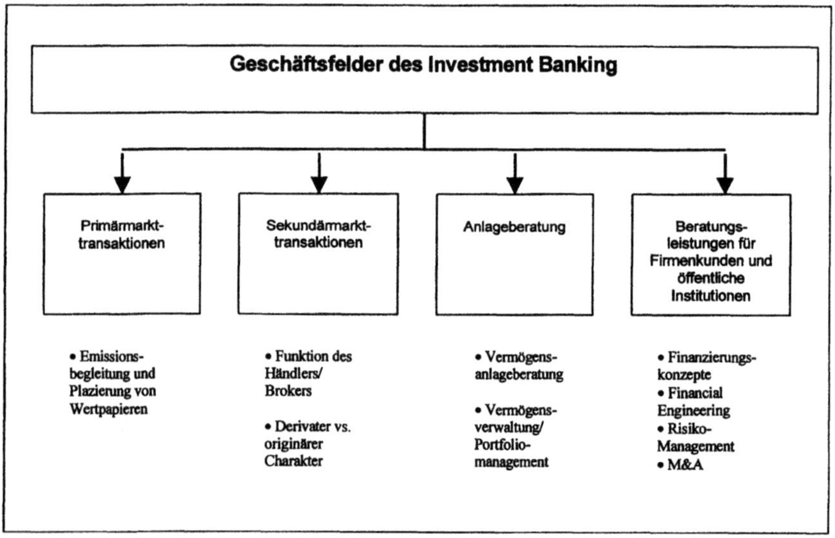

Es gibt bis heute keinen zweiten Bereich wirtschaftlicher Tätigkeit, dessen Handlungschancen einerseits so eindeutig von Wissen abhängen und der andererseits so klar Globalisierungstendenzen ausgesetzt ist, wie die Finanzdienstleistungen der Investmentbanken. Gerade die Globalisierung des Geschehens erhöht den Wissensdruck, da weltweite Finanzmärkte ein Vielfaches des Wissens voraussetzen, das für lokale Märkte nötig war. Es geht nicht ausschließlich, aber immer auch um Wissen und Information, wenn große Deals abgeschlossen werden, und fast nie sind die für Entscheiden und Handeln unabdingbaren

Relevanzkriterien an nationalstaatliche Grenzen gebunden. Wir wollen den Zusammenhang von Finanzdienstleistungen und Wissen nun an einigen Beispielen plausibel machen.

Hier ist zunächst einmal der außerordentliche Beobachtungsaufwand der Investmentbanken zu benennen. Sie verfolgen nicht nur das direkte Geschehen an den Finanzmärkten, das sich in einem Wissen über Preise niederschlägt, sondern sie versuchen gerade auch zu sehen, wie andere Beobachter dieses Geschehen beobachten und bewerten. Es wird insofern also auch ein »soziales« Wissen für die Instruktion von Handlungen generiert. Als sich etwa im Oktober 1997 ausgehend von den asiatischen Aktienmärkten eine massive Welle von Kurseinbrüchen ihren Weg durch die Zeitzonen der Welt zur Wall Street im East Lower Manhattan bahnte, stand „the most influential man on earth" (TIME) in Washington vor einem Mikrophon und versuchte, die Märkte zu beruhigen. Von den Investmentbanken wird weniges so durchgängig mit gespannter Aufmerksamkeit bedacht wie Äußerungen des US-Zentralbankchefs Alan Greenspan zu Krisenzeiten. Während seiner Rede vor dem Joint Economic Commitee ließ Greenspan sich laufend Informationen über das aktuelle Geschehen an den Finanzmärkten auf sein Rednerpult spielen, um die Wirkung seiner Worte besser dosieren zu können. Greenspans öffentlich demonstriertes Vertrauen in die Leistungsfähigkeit der US-amerikanischen Ökonomie („impressive") ließ den Dow Jones Index zunächst um 60 Punkte steigen; am Ende seiner Rede war der Dow auf sein Ausgangsniveau zurückgekehrt. Dem Zentralbankchef war es gelungen, den Märkten Vertrauen zurückzugeben, ohne dabei die Kurse zu beeinflussen.

Der Zustand der führenden Finanzmarktindizes läßt sich aber nur selten relativ eindeutig bestimmten Ereignissen zurechnen. Was normalerweise an den Märkten für Aktien, Devisen, Rentenpapiere, Rohstoffe, Staatsanleihen oder Optionen geschieht, erscheint als Fusion oft widersprüchlicher Entwicklungen, die in ihrer strukturellen Komplexität dem Weltklima ähneln und partiell natürlich auch davon abhängen.[1] Seit dem Herbst 1997 werden in den USA sogar Wetterderivate gehandelt, mit denen Energieerzeuger und Landwirte ihre Risiken zu begrenzen trachten. Wer im Sommer schlechteres Wetter als im langjährigen Durchschnitt erwartet, greift zu einem »Cold Degree Days Put« und ist seine Sorgen los.

Investmentbanken, Pensionskassen, Versicherungen, Anlagefonds und die übrigen professionellen Finanzmarktteilnehmer haben sich jeweils gegenseitig fest im Blick, dazu demographische, gesellschaftliche, rechtliche, geopolitische und technologische, welt- und volkswirt-

---

1 Besondere Beachtung finden die Berichte des Landwirtschaftsministeriums in Washington über die tatsächlich mit Getreide und Ölsaaten bebaute Fläche in den Vereinigten Staaten. Die Flächenberichte können dann baisse- oder haussesträchtig sein, je nachdem, wie hoch sie ausfallen. Spezielle Broker setzen sich mit den Wuchsbedingungen auseinander – bei Mais etwa gilt der 15. Juni als wichtiger Termin, weil die Pflanzen dann ihre kritische Wuchsphase überstanden haben. Von zunehmender Bedeutung für die Agrarmärkte sind jedoch die Wetterprognosen, weil durch die potentiell möglichen Spätfolgen bestimmter Phänomene (1998: „El Nino") die Ernteergebnisse bis in den Herbst hinein mit Unsicherheit belastet sind. Siehe: Der Markt fürchtet Verkäufe von Fonds. In: Blick durch die Wirtschaft. 8.7.1998, S. 4.

schaftliche Entwicklungen u. a. m., um auf Basis ihrer Beobachtungen und deren Analyse eigenes Handeln zu begründen und fremdes Handeln zu motivieren. Professionelle Beobachter und Teilnehmer dieser Märkte haben es entsprechend mit vielschichtigen Rückkopplungsprozessen und sprunghaften Kausalitäten u. a. ihrer eigenen, von Wissen und Hoffnung genährten Erwartungen zu tun. Damit entziehen sich die vielfach interdependenten Finanzmärkte einfachen Beschreibungen. Die Krise der asiatischen Länder dürfte, so wurde beispielsweise von den meisten Experten aus den Researchabteilungen der Finanzinstitute erwartet, gerade große multinationale Unternehmen schwer treffen, weil deren Gewinnwachstum vielfach von der Nachfrage neuer Konsumenten auf den asiatischen Märkten abhängt. Ausgerechnet für die deutsche Wirtschaft zahlte sich damit aus, daß sie den Südostasien-Boom lange Zeit hartnäckig verschlafen hat. Als etwa der amerikanische Software- und Datenbankanbieter Oracle als erstes Großunternehmen die asiatischen Karten auf den Tisch legte und im Dezember 1997 seine Erwartungen bezüglich des Umsatzwachstums von 20 % auf 4 % nach unten korrigierte, erwachten rund um den Globus die Analysten aus ihrer Lethargie und ließen durch ihre Empfehlungen den Aktienkurs einbrechen. In einer Kurzschlußreaktion fiel daraufhin auch die Börsennotierung des deutschen Softwarehauses SAP, die sich innerhalb weniger Tage aber wieder erholte als bekannt wurde, daß der Walldorfer Konzern in Asien nicht so stark engagiert sei wie die amerikanische Gesellschaft und insgesamt weit weniger unter dem starken Dollarkurs leide.

Wenn Schwächen so heimtückisch zu Stärken mutieren können und damit Konstanz und Eindeutigkeit verlorengehen, greift selbst auf den Etagen der Krokodile, wie die Trading floors der Broker- und Investmentfirmen genannt werden, die bange Frage um sich, was denn zu tun und was besser zu lassen sei. Es gibt so viele plausible Strategien für potentiell erfolgreiches Handeln auf den Finanzmärkten, daß selbst professionelle Akteure ihren Blick einengen müssen, um nicht ihre Handlungsfähigkeit durch Mehrdeutigkeit und Wahlmöglichkeit obstruiert zu erleben. Wer zum »richtigen« Zeitpunkt Aktien kauft oder verkauft, ein Unternehmen an die Börse bringt, vom Hong Kong- auf den US-Dollar wechselt, auf eine gute oder eine schlechte Maisernte setzt, ein wachsendes Interesse an Biotechnologie entdeckt oder den besten Take-over Kandidaten ausmacht, kann eigenes oder fremdes Geld durch Investition in beträchtlichem Maße mehren.

Es erstaunt vor diesem Hintergrund auch nicht sonderlich, wenn der direkte Zusammenhang von Wissen und Rendite – oder vielleicht deutlicher: von Intelligenz und Geld – zuweilen eher schwach ausfällt. Greifbar demonstrierte dies im Herbst 1998 ein US-Hedge-Fonds mit dem irreführenden Namen Long-Term Capital Management (LTCM). Long Term hatte sich mit kurzfristigen, hochspekulativen Geschäften auf den Rentenmärkten verkalkuliert und geriet im September ins Wanken, weil man bestimmte Kursausschläge nicht erwartet hatte und »überrascht« wurde. LTCM operierte vornehmlich auf den Terminmärkten, bei denen lediglich ein Bruchteil des zugrundeliegenden Kontraktwertes (meistens 5 bis 10 %) eingesetzt wird. Die im Bereich von Derivaten ohnehin hohen Hebelwirkungen erhöhte Long Term noch durch umfangreiche Bankkredite, die von Banken (Deutsche Bank, UBS u. a.) und Investmenthäusern (Goldman Sachs, J.P. Morgan u. a.) zur Verfügung gestellt worden waren. Der sogenannte Leverage-Effekt fiel insofern besonders hoch aus: Long Term bewegte mit einem Eigenkapital von nur 4,8 Milliarden Dollar ein Nominalvolumen von 1250 (!) Milliarden Dollar, viermal mehr als der Jahreshaushalt Deutschlands. Als der Markt sich dann anders verhielt als man erwartet hatte, liefen Verluste auf, die den Fonds an den Rand des Zusammenbruchs führten (siehe zu den Vorgängen etwa FAZ vom 13. Oktober 1998, S. 18).

Für unser Thema ist der Fall insbesondere deswegen so interessant, weil die kapitalgebenden Geschäfts- und Investmentbanken (und auch die übrigen Investoren) aufgrund der *Reputation* der Entscheidungsspitzen von LTCM Sicherheitserwartungen kultivierten (die noch standhielten, als rund um den Globus durch Asien- und Rußlandkrise die Finanzmärkte schon heftigen Turbulenzen ausgesetzt waren). Man ignorierte die Risiken der von Long Term gehandelten (extrem komplexen) Finanzprodukte, weil man wußte, daß »knowledgeable people« darüber wachten. Der Chef von LTCM war der ehemalige Vize-Präsident der angesehenen Investmentbank Salomon Brothers, und die Berechnungen für die hochkomplexen Anlagestrategien lieferten zwei Nobelpreisträger, die 1997 ausgezeichneten Ökonomen Robert Merton und Myron Scholes.

Um eine weltweite Finanzkrise zu vermeiden, mußte ein hochkarätiges Konsortium aus 16 internationalen Banken den Fonds mit Kapital in Höhe von 3,7 Milliarden Dollar vor dem Zusammenbruch retten. Unter anderem waren die Investmentbanken Goldman Sachs, Merrill Lynch und J.P. Morgan an der Rettungsaktion beteiligt. Am schlimmsten erwischte es die schweizerische UBS, die durch die Spekulationsgeschäfte nicht nur fast 1 Milliarde Franken verlor, sondern auch einen Absturz ihres Börsenkurses um 28 Milliarden Dollar hinnehmen mußte. Der Fall ist ein anschauliches Lehrstück für die Komplexität des Geschäfts und die Regel, daß der Markt am Ende gewinnt.

Auch am Beispiel der »DAX-Karabiner« (das sind passive Aktienfonds, die in ihrem Portfolio einfach dem Deutschen Aktienindex (DAX) folgen) läßt sich zeigen, daß der Zusammenhang von Wissen und Rendite mehrdeutig ist und daß sogar »weniger« Wissen zu mehr Rendite führen kann. Die exakte Abbildung des DAX im Portfolio ist ein gleichsam ideenlos strukturiertes Anlageprogramm, das ohne aufwendige Aktienanalysen, Branchenbeobachtungen und Zinsprognosen auskommt, also nicht auf die Erfahrung, das Bewertungsvermögen und die Intelligenz von bestimmten Spezialisten angewiesen ist. Mit einer gewissen Ernüchterung muß der Anleger zur Kenntnis nehmen, daß sich das teure Personal auch gar nicht zu lohnen scheint. So hat eine Analyse der von 22 Researchabteilungen deutscher Banken im

Zeitraum zwischen Juli 1993 und Juni 1996 gegebenen 40.000 Kauf-, Halte- oder Verkaufsempfehlungen ergeben, daß *keine* der bewerteten Researchabteilungen in der Gesamtsumme ihrer Empfehlungen den DAX hatte schlagen können (Ehren: 1997, S. 144). Wäre ein Anleger also allen Empfehlungen – egal welcher Bank – gefolgt, so wäre seine Rendite geringer ausgefallen, als wenn er in seinem Portfolio nur die DAX-Werte abgebildet hätte.

Das in den Aktienresearchabteilungen erzeugte Wissen der Investmentbanken ist in besonderem Maße verletzlich, denn diese Art von »Forschung« ist ein gleichsam exponierter Beleg für die Tatsache, daß Zukünfte genuin offen und damit unsicher sind, weil man hinterher so eindeutig feststellen kann, ob man mit seiner Einschätzung daneben gelegen hat. Beispielhaft führen wir hier die DG Bank Asset Management an, deren Analysten sich mit insgesamt 6.732 Empfehlungen im o. g. Zeitraum im Vergleich zu ihren Kollegen überproportional häufig äußerten und die u. a. die Aktie der Bremer Vulkan Werft sechs Monate vor deren Konkurs noch als Kaufwert empfahlen – ein Fehltritt, der den Ruf der Bank bis heute belastet. Einzelne Empfehlungen der untersuchten Banken konnten natürlich auch immer wieder *blendende* Gewinne (bis zu 191,7 %) erbringen – nur stehen die Adressaten dieser Empfehlungen, also Privatleute wie Fondsmanager, vor dem Problem, diese Goldstücke unter den endlosen Empfehlungen erkennen zu müssen. Allein die in Boston gepflegte Datenbank „First Call" liefert professionellen Anlegern die jährlich rund 150.000 Empfehlungen der großen internationalen Handelsfirmen per Datenübertragung frei Haus (Womack 1996, S. 140).

Auch Währungsprognosen weisen auf das Grundproblem professioneller Finanzanalysten hin, nämlich Zukunft »beobachten« und bewerten zu müssen. Wer etwa im Dezember 1996 auf die Währungsanalysten der 33 international größten Wertpapierhäuser hörte, mißtraute dem US-Dollar, der zu jenem Zeitpunkt bei 1,55 DM stand. Nur drei der an der Studie beteiligten Häuser hielten es damals für möglich, daß die US-Devise im Laufe des Jahres 1997 einen Kurs von 1,70 DM erreichen könnte (Süddeutsche Zeitung 1997, Nr. 44, S. 21); im August 1997 erreichte der US-Dollar dann bei 1,89 DM seinen Höchststand. Eine Beobachtung der Zukunft ist zwar »aussichtslos«, als *Wunsch* aber so alt wie Mesopotamien (Luhmann: 1992a: S. 129) und ihre Beschreibung zudem eine handlungsleitende Notwendigkeit.

Ein letztes und besonders frappierendes Exempel für die offensichtliche Unwahrscheinlichkeit »richtiger« Einschätzung und die Prävalenz von Nichtwissen soll an dieser Stelle am Beispiel des Börsenganges der Firma Morgan Stanley, selbst eine Investmentbank, gegeben werden. Die Begleitung des sogenannten Going Public eines börsenreifen Unternehmens, also der Verkauf von Unternehmensanteilen in Form von Aktien an interessierte Investoren, gehört zum Kerngeschäft von Investmentbanken. Die im Rahmen der Unternehmensbewertung stattfindende Festlegung des Emissionskurses einer Aktie bildet dabei eine besonders kritische

Variable, wobei Investmentbanken ihr Wissen über die Mechanismen der Finanzmärkte, die Anlagepräferenzen der großen Investoren und ihre gewachsene Expertise über die Kunst der Bewertung von Unternehmen aus vergangenen Going Public Fällen nutzen und so Economies of scale bei den Wissenskosten erzielen können (Reicheneder: 1992, S. 253). In diesem Sinne argumentieren auch Jacob und Klein: „Die Einbeziehung von Investment-Banken in den Prozeß der Unternehmensbewertung läßt sich zum einen mit Informationsvorsprüngen bei der Bewertung relevanter Marktdaten (z. B. Branchenbeurteilungen, Daten über die Struktur vergangener, vergleichbarer Transaktionen), aber auch mit spezieller Expertise beim Einsatz von Bewertungsmethoden begründen" (Jacob und Klein: 1996, S. 57).

An der Ermittlung des Firmenwertes von Morgan Stanley & Co., Inc. waren die Größen des amerikanischen Investment Banking beteiligt, neben Morgan Stanley selbst die First Boston, Goldman Sachs, Merrill Lynch, die Salomon Brothers und Shearson Lehman Brothers (Bloch 1986, S. 43 f). Der gebündelten Expertise und Intelligenz des US-amerikanischen Investment Banking zum Trotz geriet das Going Public von Morgan Stanley zu einem Paradebeispiel für ein unter dem Namen »underpricing« bekanntes Phänomen: Der Markt kennt den Wert der Firma besser als die beratenden Investmentbanker (und die Firma selbst) und bewertet Morgan Stanley noch am Tag des Going Public 26 % über dem Emissionskurs. »Goodwill« in der Terminologie der Finanzspezialisten, die mit dieser Bezeichnung darauf verweisen, daß sie das irrationale Geschehen auf den Markt zurechnen und sich so vor der Idee zu drücken scheinen, daß *sie* es eigentlich hätten besser wissen müssen und die Firma durch ihr Nichtwissen um zusätzliche Einnahmen in Millionenhöhe gebracht haben. Im Goodwill drückt sich ein Wert aus, der einzelnen, bilanzierbaren Gegenständen nicht zugerechnet werden kann, also etwa das besondere Wissen einer Firma, ihr Image, aber auch ihr Mitarbeiter- und Kundenstamm.

Dennoch: Daß es sich bei den Dienstleistern des Finanzsektors um Menschen und Organisationen handelt, die *informiert* sind, die ihr Metier *verstehen*, wird die Zustimmung der meisten finden, die ihr Kapital investieren, sei es in Bundesanleihen, Aktienfonds, junk bonds oder Derivate, anstatt es (vielleicht sicherer) in Wollstrümpfe zu stecken. Man hat Vertrauen, daß das Institut seiner Wahl sich auf szientistische Beobachtungsmodi konzentriert und damit Wissen und nicht heiße Gebete oder festen Glauben in das Zentrum seines Handelns und Entscheidens stellt.

Wenn wir einer systemtheoretischen Begriffsfassung folgen und Wissen als kognitive, d.h. lernbereite Erwartungshaltung begreifen, dann wird deutlich, warum sich gerade an Mißerfolgen und Zusammenbrüchen zeigt, daß das Geschäft von Finanzanalysten, Wertpapierhändlern, Investmentbankern und Fondsmanagern durch einen Typ von Arbeit geprägt ist, dessen herausragendes Merkmal sein enger Wissensbezug ist. Denn lernbereite Erwartungen müssen auf ihren Enttäuschungsfall gefaßt sein, und auf den Finanzmärkten müssen sie im Rahmen des Risikomanagements sogar noch damit *rechnen*. Kognitive Erwartungen sind dazu verurteilt, beständig reversibel gehalten zu werden – buchstäblich nichts kann als wirklich sicher gelten, nicht die Zukunft und gerade auch die Vergangenheit nicht.

Und obwohl auch die Experten selbst wissen, daß sie mit ihren Prognosen nicht selten daneben liegen, analysieren sie doch Tag für Tag die Aktiencharts, suchen nach instruktiven Korrelationen, bewerten die Strategien und das Management junger Technologieunternehmen, begutachten die Entwicklungsmöglichkeiten ganzer Branchen und kompletter Volkswirtschaften angetrieben von der Hoffnung, *besseres* und *anschlußfähigeres* Wissen zu erzeugen als die Kollegen der anderen Banken. All dies tun sie und sind dennoch jederzeit bereit, vorhandenes Wissen gegen neues, besseres Wissen zu tauschen. Dieser unverkrampfte und leidenschaftslose Umgang mit den eigenen Erwartungen zeichnet Wissensarbeit in den Organisationen des Finanzsektors besonders aus. Ihre Lernwilligkeit *darf* eigentlich keine Grenze kennen.

Deutlich wird an all dem nicht allein, daß »Geldanlage« in einer komplexen Welt eine offensichtlich unübersichtliche Sache ist. Es offenbaren sich auch vier für das Thema Wissensarbeit wichtige Analysedimensionen:

1. Der geballte Sachverstand von hochbezahlten Bankexperten vermag Gewißheit allenfalls *sozial* in Form von Vertrauen zu stiften. Es kann in einer unbekannten Welt keine letzte Sicherheit geben; wollen wir Wissen annehmen, müssen wir Hoffnung investieren. Für den Umgang mit Wissen spielt in der Sozialdimension Vertrauen also eine herausragende Rolle – dies gilt für die Beziehung zwischen Experten und Laien ebenso wie für einzelne Teams, Abteilungen und ganze Organisationen.
2. Die Gretchenfrage, ob es sich um »wahres« Wissen handelt, läßt sich erst mit dem Ablauf der *Zeit* beantworten. Wissen stellt eine Erwartungsstruktur dar, die Zeitdistanzen zu überbrücken vermag; nur eben nicht immer unbeschadet. Wissen kann extrem kurzlebig sein. Es trägt seine eigene Vorläufigkeit im Keim in sich und ist damit immer mit dem Risiko belastet, sich auf seiner Basis für das Falsche entscheiden zu können. Wissen und Expertise scheinen gerade im Finanzdienstleistungssektor einen nur noch vorläufigen, momenthaften, ja vorschlagenden Charakter aufzuweisen.
3. In der *Sache* hängt Wissen offensichtlich von den Einschätzungen ab, die Informationen (Beobachtungen) erst ihre Relevanz für Handeln und Entscheiden und damit ihren Wert geben.
4. Wissen existiert nicht im leeren Raum, es ist *strukturell* eingebunden in kommunikative Beziehungen. Nur in Kommunikationssystemen beispielsweise zwischen Vorgesetzten und Untergebenen, zwischen Experten und Laien oder zwischen kapitalsuchenden und kapital-

gebenden Marktteilnehmern kann es seine Wirkung entfalten und unterliegt damit wechselseitig unterschiedlichen Beobachtungsschemata.

Investmentbanken versuchen, sich auf den Wellen hochgradig volatiler Umwelten zu halten – sie operieren an der Frontlinie der Globalisierung und sind damit einem beständigem Wandel der Rahmenbedingungen ausgesetzt. Wollen sie von ihrer Umwelt nicht als unglaubwürdig und damit irrelevant ignoriert werden, muß sich ihr Wissen seine eigene Vorläufigkeit gleichsam deutlich sichtbar auf die Fahne schreiben. Es werden kognitive Erwartungen generiert, die dann auf Ungewißheit, Kontingenz und Risiko eingestellt werden, indem man ihnen das Etikett »Expertise« anheftet, die sich vom wissenschaftlichen Wissen gerade darin unterscheiden, daß sie ihre Gültigkeit für die Zukunft gleichsam ausschließen. Das gilt streng genommen auch für die Gegenwart, denn die Erstellung einer Expertise liegt zum Zeitpunkt ihrer geschäftsmäßigen Verwertung immer schon in der Vergangenheit.

Wir wollen an dieser Stelle zunächst festhalten, daß der Umgang mit Wissen, also die Modellierung von kognitiven Erwartungen an zentraler Stelle in die Operationen einer Investmentbank eingebaut ist. Aufgespalten in Einzelprozesse läßt sich von *Beobachtung*, *Bewertung* und *Beratung* als Kerntätigkeiten ausgehen. Die im Investment Banking in den letzten Jahren zu beobachtende äußerst dynamische Entwicklung (insbesondere in Europa) reflektiert Wachstum und Struktur des Marktes für derartige Beobachtungs-, Bewertungs- und Beratungsleistungen. Ganz ähnliche Entwicklungen lassen sich auf dem Markt für die Leistungen der internationalen Ratingagenturen feststellen (Everling: 1991, S. 310). Steigende Insolvenzquoten, Bonitätsverschlechterungen, Globalisierung, Securitization u. a. m. lassen den Bedarf an professionellen Beobachtungs- und Beurteilungsleistungen steigen. Der Markt verlangt nach (irgendeiner) Orientierung, und die Investmentbanken und Ratingagenturen bieten sie in Form genuiner Wissensarbeit an. Diese Organisationen leben also von der Umwandlung entscheidungsbezogener Problemlagen, die sich aus unsicherheitsgenerierendem Nichtwissen ergeben, in handhabbare Entscheidungssituationen. Nichtwissen und Unsicherheit müssen entsprechend als Bestandsvoraussetzung dieser Organisationen angenommen werden.

Wissensarbeit, so müssen wir hier konstatieren, beseitigt nicht die Schwierigkeiten, die sich aus struktureller Unsicherheit ergeben. 40.000 Empfehlungen erzeugen unzweifelhaft sogar ganz eigene Unsicherheitsprobleme. Und das Beispiel der Zinsprognose hat deutlich gemacht, daß auch die internationale Analystenelite nicht in die Zukunft schauen kann. Ihre Beobachtungen und Bewertungen sind also nicht wahr, sondern nur mehr oder minder wahrscheinlich. Sie erleichtern damit im konkreten Einzelfall das Treffen einer Entscheidung, die wiederum genuine Unsicherheit in das Risiko überführt, sich für das Falsche entschieden zu haben, weil die Entscheidung in ihrem Kontingenzraum alle Alternativen mit sich führt. Elaborierte Systeme des Risikomanagements haben die Tatsache, daß statistische Wahrscheinlichkeit gerade nichts über den Einzelfall aussagt, internalisiert und stellen daher Risikostreuung zentral. Dies ist auch die Grundidee der Portfoliotheorie, die sich in der deutlichen Sprache der Börsenweisheit so liest: *Nichts gewagt ist nichts gewonnen. Aber man sollte nicht alle Eier in einen Korb legen.*[2]

---

[2] Dieses Bonmot geht zurück auf den Nobelpreisträger James Tobin und versteht sich als Replik auf einen Ausspruch von Andrew Carnegie aus dem 19. Jhr.: „Put all your eggs in one basket – and watch the basket" Zitiert nach Blume et al.: 1993, S. 85.

1.2 Forschungsleitende Fragestellungen

Wir gehen von der zurückhaltend formulierten Leithypothese aus, daß es eine Form der Arbeit gibt, für die *Wissen* zumindest auf der Selbstbeschreibungsebene von bestimmten Gesellschaften, Organisationen und Personen die dominante Bezugsgröße ist. Bisherige Beobachtungen legen die Vermutung nahe, daß *Wissensarbeit* im Zuge einer Morphogenese der Industriegesellschaft zur Wissensgesellschaft tatsächlich in vielen Organisationen zum üblichen modus procedendi aufsteigt und damit an soziologischer Relevanz gewinnt (Willke: 1998b, S. 161). Allerdings steckt hinter diesen Beobachtungen immer auch das »Projekt« Wissensarbeit, das, gestützt auf empirisches Material, einen Anspruch formuliert, wie Wissensarbeit ablaufen *sollte*: „Vielmehr *erfordert* Wissensarbeit im hier verstandenen Sinn, daß das relevante Wissen (1) kontinuierlich revidiert, (2) permanent als verbesserungsfähig angesehen, (3) prinzipiell nicht als Wahrheit sondern als Ressource betrachtet wird und (4) untrennbar mit Nichtwissen gekoppelt ist, so daß mit Wissensarbeit spezifische Risiken verbunden sind“ (Willke: 1998a, S. 4, Hervorhebung O.V.).

Die so formulierte Idee der Wissensarbeit basiert auf dem Wissensbegriff der soziologischen Systemtheorie, die Wissen als eine *kognitive*, das heißt mit allen Konsequenzen *lernbereite* und auch konstruierte Erwartungshaltung begreift und damit statische und auf Wahrheit abstellende Definitionen von Anfang an zurückweist. Wissen ist in dieser Lesart primär in *kommunikativen Prozessen* zu verorten, und entsprechend entschlüsselt sich Wissensarbeit als eine besondere Form der Kommunikation *in* und *von* organisierten Sozialsystemen. Wissensarbeit ist dann einerseits als »Produkt« im Sinne einer *Leistung* der Organisation für die Umwelt zu verstehen, und kennzeichnet andererseits einen bestimmten *Modus* organisationsinterner Operationen. Diese Unterscheidung zwischen Leistung auf der einen und Modus auf der anderen Seite führt auf die zentralen Forschungsanstrengungen des vorliegenden Textes, deren Zugriff auf Wissensarbeit organisationssoziologisch konzipiert und gesellschaftstheoretisch eingebettet ist.

Aus der eingebauten Dualität der Blickwinkel leiten sich entsprechend zwei erkenntnisleitende Fragenkomplexe ab, wobei die mehr gesellschaftstheoretisch informierte Forschungsperspektive I primär die Funktion einer Referenzebene hat, auf die sich die organisationssoziologisch interessierte Forschungsperspektive II, die den inhaltlichen Schwerpunkt der Arbeit bildet, beziehen kann.

<u>Forschungsperspektive I</u>: Leistung und Funktion der Wissensarbeit in der Gesellschaft

Auf dem Hintergrund eines paradoxen Steigerungsverhältnisses von Wissen und Nichtwissen wird nach den gesellschaftlichen *Funktionen* wissensintensiver Organisationen unter den Bedingungen von Unsicherheit und Komplexität im Bereich der Risiko- und Steuerungsproblematik funktional differenzierter Gesellschaften gefragt. Eng damit verkoppelt ist die Frage nach der Form der Ressourcen, mit denen Organisationen für die Gesellschaft eine Remodellierung von Unsicherheit erzielen.

Forschungsperspektive II: Modus und Restriktionen der Wissensarbeit in Organisationen
Wenn Organisationen, wie es hier vorgeschlagen wird, als Entscheidungssysteme begriffen werden, ist es erstens instruktiv, nach den operativen Verhältnissen zu fragen, unter denen kognitives Erwarten in organisierten Sozialsystemen abläuft; und zweitens ist dann zu klären, inwieweit Entscheidungen durch kognitive Erwartungen gedeckt sind, und unter welchen Bedingungen dies nicht der Fall ist. Die Identifikation der organisationsinternen Operationsmuster und der Problemlagen von Wissensarbeit in der Sach-, Zeit- und Sozialdimension liefern dann den Fundus *relevanter Unterscheidungen*, mit denen der Begriff der Wissensarbeit an die Empirie herangetragen werden muß. Die Idee der Wissensarbeit soll aus theoretisch distanzierter Perspektive kritisch durchleuchtet werden, um ihre analytische Tragfähigkeit zu erkunden und ggf. auszubauen.

Die benannten Forschungsperspektiven werden zunächst theoretisch in den Kapiteln 2 und 3 der Arbeit behandelt. Derart informiert soll der Begriff der Wissensarbeit dann im dritten Hauptteil der Arbeit auf das Praxisbeispiel der auf globalen Kapitalmärkten operierenden Investmentbanken angewandt werden. Der konkrete Fall soll uns eine mögliche »Anatomie« von Wissensarbeit anschaulicher machen und für notwendige Weiterungen der theoretischen Perspektive sensibilisieren. Dabei spielen die *inhaltlichen Aspekte* des empirisch untersuchten Investment Banking gewissermaßen nur die Rolle von »Statisten«, die für das Rahmenverständnis der spezifischen Wissensarbeit aber unerläßlich sind. Für den Leser mögen Wissen und Nichtwissen der Finanzinstitute durchaus aufschlußreich in der Sache sein, und insofern ist die Arbeit dann auch in der Lesart »Investment Banking als Wissensarbeit« verständlich; aber unser Erkenntnisinteresse wird erstrangig bestimmt durch die Frage, was Wissensarbeit in ihren Funktions- und Leistungsbezügen im Kern bedeutet, wie diese Leistungen in den organisationsinternen Operationen erzeugt werden und wie sich Arbeit auf der Grundlage von Wissen rekonstruiert (Willke: 1998b, S. 161). Neben der Untersuchung organisations*interner* Resonanzphänomene des gesellschaftlichen Funktionsbezuges soll der Praxisfall Investment Banking dann vor allem auch zur Klärung der Frage dienen, wie wissensintensive Organisationen in ihrem internen Gefüge aufgebaut und strukturiert sind, wie die für Wissensarbeit zentralen Prozesse der Generierung, der Speicherung und der Diffusion kognitiver Erwartungslagen systemspezifisch *organisiert* sind, und welche möglichen Paradoxien sich als Folge von Wissensarbeit entfalten.

Unser empirische Zugang zur Wissensarbeit, gefaßt als Remodellierung von Unsicherheit auf der Grundlage wissensbasierter Geschäftsprozesse, fußt also auf einer Folie, die sich insbesondere aus der Globalisierung der Kapitalmärkte für das Wirtschaftssystem ergibt. Die personal und organisational aufgebaute Wissensbasierung (vgl. Willke: 1998a) der Investmentbanken erlaubt überhaupt erst die Überführung genuiner Unsicherheit in tragfähige Risikoannahmen, weil nur sie in der Lage ist, hinreichend *Vertrauen* und *Legitimität* zu erzeugen. Investmentbanken können dadurch Risikobelastungen im Rahmen begrenzter Rationalität halten und erlauben es damit ihren Adressaten, unter Unsicherheit »sicher« zu entscheiden (vgl. Japp: 1996). Eine wichtige Problematik dabei ist, wie diese Funktion auf Dauer gestellt wird und wie das bankinterne Spannungsverhältnis zwischen zunehmender Komplexität aufgrund von Wissensbasierung einerseits und extern steigenden Anforderungen an Komplexitätsreduktion andererseits in der Organisation abgebunden, bearbeitet und aufgelöst wird. Zu fragen ist dann, welche internen Formen der Komplexitätsreduzierung, die eine unendliche Menge potentiell relevanter Faktoren in eine endliche Menge überführen, in den Investmentbanken zu beobachten sind. Zu denken wäre hier etwa an Autorität, Verantwortungsübernahme, Standardisierung von Abläufen, Informalität u. a. m.

1.3 Methodische Bemerkungen

Die vorliegende Arbeit untersucht Wissensarbeit am Fall des Investment Banking. Die empirische Untersuchungsgrundlage der Forschung wird erstrangig durch Experteninterviews und unterstützend auch durch Dokumentenanalysen gebildet. Es wird davon ausgegangen, daß diese beiden Methoden der qualitativen Sozialforschung geeignet sind, den Forschungsgegenstand adäquat zu erfassen und gleichzeitig im Rahmen des Forschungsprozesses selbst dazu beitragen, wechselseitig Anregungen, Erweiterungen und Präzisierungen zu den oben genannten Forschungsperspektiven zu liefern. So haben sich aus den Experteninterviews und einer sich hieraus ableitenden umfangreichen Dokumentenanalyse Hinweise auf besonders vielversprechende »Fälle« von Wissensarbeit ergeben, und umgekehrt wirkte die eingehende Analyse von Dokumenten konstruktiv für vertiefende Experteninterviews.

1. Experteninterviews

Problem- und leitfadengestützte Experteninterviews bieten den Vorteil, daß die Struktur der Interviews dazu auffordert, die im Leitfaden vorgegebenen Fragen nach eigenem Ermessen und nach Einschätzung des theoretischen Anliegens der jeweiligen Forschungsperspektive durch klärende Nachfragen zu ergänzen. Darüber hinaus können so Gesichtspunkte aufgegriffen werden, die von den Befragten unabhängig vom Gesprächsleitfaden in die Interviewsituation eingebracht werden, sofern diese im Fragekontext der Untersuchung als bedeutsam erscheinen (vgl. Flick u.a.: 1995, 177 ff.). Leitfadengestützte Experteninterviews bieten gegenüber narrativen Interviews zudem den Vorteil, daß sie nicht einzelne Personen und deren individuelle Berufserfahrungen erfassen, sondern auf organisationale Zusammenhänge abstellen. Das Experteninterview fixiert den Probanden in seiner Mitgliedsrolle und ermöglicht dadurch die Abschöpfung organisationalen Kontext- und Strukturwissens über Regeln und Routinen von Geschäftsprozessen. Darüber hinaus treten interne Entscheidungsverläufe und typische Probleme und Unsicherheiten deutlich hervor.

Ergänzend hierzu können die Informationen von Experten in mehrfacher Hinsicht hilfreich sein:

a) Sie können Datenmaterial und Datenquellen benennen, auf die man im Zusammenhang mit den gewählten Forschungsperspektiven zurückgreifen sollte;

b) sie können die Verläßlichkeit der Datenquellen oft besser beurteilen und hilfreiche Anhaltspunkte für die Auswahl von interessanten Dokumenten geben;

c) sie können die bisherigen Forschungsergebnisse bewerten, kommentieren, interpretieren, bestätigen oder neue Denkanstöße liefern sowie neue Aspekte aufzeigen, die noch nicht bedacht wurden;
d) und sie können häufig prognostische Ansichten in bezug auf zukünftige Entwicklungstrends, Risiken und Chancen von Wissensarbeit und Wissensmanagement mit relativ guter Genauigkeit äußern, weil sie intime Kenntnisse über ihr Arbeitsfeld besitzen (vgl. Roth: 1995, S. 305 ff.).

Aus dem Arbeitsprogramm ergab sich im Laufe des Forschungsprozesses ein Untersuchungsfeld, das mehrere Tätigkeitsfelder bzw. Abteilungen von Investmentbanken umfaßt, weil sich die Wissensarbeit in diesem Bereich nur auf dem Hintergrund der komplexen Interdependenzen zwischen den verschiedenen Einheiten und Geschäftsfeldern einer Investmentbank angemessen begreifen läßt. Zum Zwecke der Vergleichbarkeit der Daten und mit Blick auf die Heterogenität des Feldes wurden Interviews sowohl in US-amerikanischen Investmentbanken, den von deutschen Universalbanken zugekauften Investmenthäusern englischen Ursprungs als auch in der Abteilung Investment Banking einer deutschen Geschäftsbank durchgeführt. Diese Vorgehensweise reflektiert auch die Tatsache, daß die Organisationsstruktur von Instituten aus Ländern mit besonders ausgeprägter Aktien- und Anleihekultur (USA und England) andere Spezifika aufweist, als dies bei den deutschen Banken der Fall ist.

Im Zeitraum von November 1997 bis Oktober 1998 wurden in Frankfurt am Main insgesamt 25 teilstrukturierte Interviews mit 16 Mitarbeitern aus vier Investmentbanken und einer Geschäftsbank durchgeführt, die jeweils ca. 60 bis 120 Minuten dauerten. Die Interviews wurden anschließend weitgehend transkribiert und dann inhaltsanalytisch mit einem Kategoriensystem ausgewertet, das zunächst u. a. aus wissenschaftlichen Publikationen zum Wissensmanagement und Investment Banking abgleitet worden war. Zwar werden Kategoriensysteme idealtypisch entweder induktiv aus dem Material gewonnen oder deduktiv, d. h. theoriegeleitet an das Material herangetragen. Im vorliegenden Fall wurde aber eine (praxisübliche) Mischform angewandt, bei der ein a priori aufgestelltes, grobes Kategorienraster bei der Durchsicht des Materials ergänzt und verfeinert wurde (vgl. Brunner: 1994). Das Kategoriensystem wurde entsprechend sowohl zum Zweck der Hypothesenprüfung als auch zur Hypothesensuche und Deskription eingesetzt.

Der Codierungsschlüssel für die Interviews verwendet Buchstaben für den jeweils befragten Experten und Zahlen zur Kennzeichung des Instituts. Zitierte Interviewpassagen (grundsätzlich kursiv wiedergegeben), die bespielsweise mit (W:1) enden, stammen entsprechend aus einem Interview, das mit Mitarbeiter »W« aus Bank »1« geführt wurde.

2. Quellen- und Dokumentenanalyse

Weil praktisch jede Abteilung des Investment Banking aufgrund der Sensibilität der gehandelten Information und der Wertigkeit des generierten Wissens die Aura eines Hochsicherheitsbereiches hat, waren nichtöffentliche Quellen und Dokumente aus den Investmentbanken selbst nur in sehr eingeschränktem Umfang verfügbar. Abgesehen von einigen Aktienanalysen, Proposals, Chartpräsentationen und einem internen Fragebogen zum Wissens- bzw. Informationsmanagement von Bank 5 wurde das Instrument der Dokumentenanalyse in erster Linie auf öffentlich zugängliche Quellen angewandt. Hierzu gehören etwa die zumeist auch im Internet abrufbaren Selbstbeschreibungen der Investmenthäuser, Publikationen der einschlägigen Fachjournale wie etwa Euromoney, das Wall Street Journal oder die Financial Times, sowie Berichte aus der deutschen Tages- und Wochenpresse, in denen zumindest die Auswirkungen des Investment Banking inzwischen häufig behandelt werden.

Abschließend wollen wir an dieser Stelle noch einige Anmerkungen zur Zugänglichkeit der Investmentbanken für sozialwissenschaftliche Forschungsanliegen und den im Rahmen der Interviews selbst auftretenden Schwierigkeiten machen.

Während die ersten Versuche, das Interesse der Banker mit Hilfe einer dreiseitigen Zusammenfassung des Forschungsdesigns zu erwecken, insgesamt wenig erfolgversprechend verliefen, hat sich die Praxis einer direkten telefonmündlichen Ansprache unter dem schlichten Hinweis auf »Wissensmanagement« bewährt. Dieses Stichwort war bei den Gesprächspartnern auf dem Hintergrund von Nutzenvorstellungen unmittelbar anschlußfähig, weckte eine gewisse Neugierde und damit Gesprächsbereitschaft. Weiter erwies es sich als hilfreich, Interviewanfragen den Zyklen der Kapitalmärkte anzupassen. Während der aktiven Forschungsphase gerieten die Kapitalmärkte zweimal ganz erheblich unter Druck, was sich direkt in einem Rückgang der Arbeitsmenge für die Investmentbanker niederschlug *(„Wie Du ja wahrscheinlich mitgekriegt hast, ist es im Moment ziemlich ruhig hier.*“ E-mail von R:3). Innerhalb der einzelnen Investmentbanken wurden dann weitere Kontakte im Schneeballverfahren auch über Abteilungsgrenzen hinweg geknüpft.

Weil das Vertrauen ihrer Kunden für die Geschäfte der Investmentbanker von herausragender Bedeutung ist, waren die Informanten mit Erzählungen über konkrete Situationen und Einblicken in laufende Aktionen häufig extrem zurückhaltend. Auch die elektromagnetische Aufzeichnung der Interviews stellte für die Bankmitarbeiter zunächst eine Zumutung dar, die zwar in keinem Fall abgelehnt wurde, aber immer auch gewisse Irritationen hervorrief. Nützlich war in den Gesprächen der Rückgriff auf Informationen über konkrete Fälle, die zuvor der Presse entnommen wurden. Vor dem Hintergrund dieses gleichsam öffentlichen Wissens gestatten sich dann auch die Banker Bemerkungen über aktuelle Geschäfte, die von Wettbewerbern durchgeführt wurden. Entlang solcher »Stories« konnten dann auch Ähnlichkeiten und Differenzen bezüglich der Vorgehensweise des eigenen Instituts thematisiert werden. Kein einziges Mal jedoch wurden intime Informationen über laufende Deals des eigenen Hauses preisgegeben.

Weil die Vertrauensproblematik in den Interviews in unterschiedlicher Weise virulent wurde und auf die Qualität des erhobenen Datenmaterials durchschlug, wurden mit einigen Schlüsselinformanten mehrere Interviews (bis zu drei) durchgeführt. Auf dem Hintergrund gegenseitiger Kenntnis und einer gemeinsamen Interviewgeschichte wechselte man zum in der US-geprägten Branche üblichen »Du«, und es eröffneten sich dann auch außergewöhnlich offene Gesprächssituationen, die nicht nur Licht auf die Bühnenseite dieser Organisationen warfen, sondern gerade auch ihren Backstage-Bereich beleuchteten.

2. Wissen als Problem in der modernen Gesellschaft

2.1 Gesellschaftliche Ordnung und die Grenzen des Wissens

In der einschlägigen Literatur zur modernen Gesellschaft setzt sich mittlerweile ubiquitär die Beobachtung durch, daß Wissen analytisch als eine zentrale Einflußgröße für gesellschaftliche Transformationen anzusehen ist. So taucht die Wissensdimension in den Konzepten der Informationsgesellschaft (Bell: 1976), der Risikogesellschaft (Beck: 1986), der Wissensgesellschaft (Willke: 1998a), der reflexiven Modernisierung (Beck; Giddens; Lash: 1996), der Weltgesellschaft (Luhmann: 1997) und etlichen anderen mehr auf. Während eine weitgehende Einigkeit dahingehend besteht, daß Wissen als Kategorie für ein angemessenes Verständnis des Wandels moderner Gesellschaften weitgehend unabdingbar ist, scheiden sich die theoretischen Perspektiven ganz grundlegend an der Frage, ob *Wissen* in einem als realistisch zu bezeichnenden Sinne die Werte »wahr« oder »unwahr« zugewiesen werden können, oder ob dies nicht der Fall ist. Die Präferenz der vorliegenden Untersuchung für die zweiten Perspektive hat sich an verschiedenen Textpassagen bereits dokumentiert, eine gesellschaftstheoretische Fundierung holen wir an dieser Stelle nach.

Als Gegenfolie und weil die Befunde, von der Wahrheitsfrage abgesehen, durchaus informativ sind, werden wir zunächst den Blickwinkel der von Anthony Giddens und Ulrich Beck vertretenen reflexiven Modernisierung diskutieren, der zwar von der Vorstellung ausgeht, daß die Welt von Beobachtern konstruiert wird, die Welt »selbst« aber aus Tatsachen und objektiven Sachverhalten besteht, die für Forschungsanstrengungen (insbesondere der Wissenschaft) gewissermaßen »zugänglich« sind. Die Ergebnisse der Wissenschaft könnten, so sieht es Giddens, in vielen Hinsichten als gesichert gelten, insbesondere, wenn sie mit handfesten Techniken verknüpft seien (Giddens: 1994, S. 163). „Dieser »halbierte Konstruktivismus« lebt von der Inkonsequenz, daß die Sachverhalte (Gefahren/Risiken) sinnhaften Konstruktionsaktivitäten unterliegen. Die Frage ist dann nur noch, welche Konstruktionen die Sachverhalte »treffen«" (Japp: 1998, S. 440). Geht man mit hingegen, wie wir es nachfolgend tun werden, mit Niklas Luhmann von einer funktional differenzierten Gesellschaft aus, dann hat kein Funktionssystem (auch nicht die Wissenschaft) einen überlegenen Blick auf die Welt, weil die Gesellschaft als Raum potentiell konkurrenzfähiger Wissensansprüche gedacht ist, in dem es keine objektiv richtigen Beobachtungen mehr geben kann. Vor diesem Hintergrund ist also auch die Entscheidung für die eine und gegen die andere Perspektive nicht *rational richtig*, sondern allenfalls *plausibler*.

Mit Hilfe der beiden unterschiedlichen Positionen soll das Problembewußtsein für die Konsequenzen der theoretischen Ausgangslage geschärft werden. Während Giddens (und mit ihm Beck) auf Wissen (Reflexion) und insbesondere das Wissen der wissenschaftlichen Experten »setzt« und Vertrauen zu Recht als den entscheidenden Mechanismus der Moderne bezeichnet, postuliert Luhmann eine Zunahme des Kontingenzbewußtseins in der Gesellschaft aufgrund eines gesellschaftlich durchschlagenden Nichtwissens, das sich gerade auch in Ansehung konkurrierender Beobachter formiert. Die Gesellschaft ist in dieser Perspektive stärker als je zuvor von *Organisationen* abhängig, die die Unsicherheitsabsorption leisten, zu der die Gesellschaft selber nicht mehr in der Lage ist. Vor diesem Hintergrund ist das im Anschluß folgende Kapitel 2.2 zu lesen, das auf eben diese Funktion von Investmentbanken abstellt.

2.1.1 Zur Idee einer reflexiven Modernisierung

Theorien reflexiver Modernisierung wenden sich mit einem „Anspruch auf Aufklärung" (Beck: 1994, S. 24) gegen nach wie vor populäre Theorieangebote, die gesellschaftliche Gegenwart als Postmoderne zu beschreiben suchen, indem sie auf einen Zustand verweisen, der durch eine Vielzahl von Wissensansprüchen, prinzipielle Unentscheidbarkeit und damit den Zusammenbruch von Basisselbstverständlichkeiten gekennzeichnet sei (Giddens: 1994, S. 162). Vielmehr sei es das Kennzeichen der Moderne, daß sie auf Tradition begründetes Handeln in Strukturen überführt, die im wesentlichen durch weltweit geltende Expertenrationalität und symbolische Medien bestimmt werden. Insbesondere Giddens benutzt einen Begriff der Reflexivität, der auf die professionelle Wissensdimension von Experten abhebt und Tradition substituiert, sich aber in wesentlichen Hinsichten von ihr unterscheidet:

„Erstens: Expertentum ist nirgendwo fest verankert; im Gegensatz zur Tradition ist es ortlos und dezentral. Zweitens: Expertentum ist nicht an formelhafte Wahrheiten gebunden, sondern beruht auf dem Glauben an die Korrigierbarkeit von Wissen, einem Glauben, dessen Grundlage seinerseits der methodische Zweifel ist. Drittens: Die Akkumulation von Fachwissen führt notwendig zu Spezialisierungsprozessen. Viertens: Das Vertrauen in abstrakte Systeme oder Experten läßt sich nicht mit Hilfe esoterischen Wissens erzeugen. Fünftens: Expertentum führt zu wachsender institutioneller Reflexivität, die sich in regelmäßigem Verlust und ständiger Wiederaneignung von Alltagsfähigkeiten und Alltagswissen äußert" (Giddens: 1994, S. 157).

Konzediert wird von den Vertretern des Ansatzes zwar, daß moderne Gesellschaften einer gewissen Desorientierung ausgesetzt seien, die ihren Ausdruck in dem Gefühl finde, daß es auf Dauer gestelltes Wissen nicht mehr gebe, aber dieser Stabilitätsverlust sei in erster Linie die Lebenssituation eines einzelnen Individuums in einem „universe of events we do not fully understand, and which seems in large part outside of our control" bezogen (Giddens: 1992, S. 2). In dieser Perspektive stellt sich dann nicht die Frage, *ob* eine (posttraditionale) gesellschaftliche Ordnung überhaupt noch möglich ist, sondern *wie* die Gesellschaft mit den Konsequenzen einer Moderne umgeht, deren wesentliches Attribut ihre Dynamik ist.

Von Giddens werden drei Entwicklungen benannt, welche die Strukturierung moderner Gesellschaften maßgebend prägen: „... the seperation of time and space ..., the disembedding of social systems ..., the reflexive ordering and reordering of social relations ..." (Giddens: 1992, S. 16f.). Die Entkopplung von Raum und Zeit verweist als Ereignis auf die für vormoderne Gesellschaften geltende feste Bindung der beiden Dimensionen. Zeit war ohne Referenz auf Örtlichkeit nicht zu denken, und erst die Erfindung der mechanischen Uhr erlaubte raumunabhängige Bezeichnungen von Zeitlichkeit, die wiederum zum Ausgangspunkt der »Entleerung« der Idee des Raumes wurde. In diesem Sinne ist etwa die Unterscheidung von Arbeitszeit und Freizeit ein Ereignis der Moderne. In ähnlicher Weise hatte bereits die Erfindung der Schrift Raum und Zeit ihrer engen Kopplung enthoben, indem Vorstellungen über Vergangenheit, Gegenwart und Zukunft die Anwendung von Wissen mit einem reflexiven Potential versah (Giddens: 1992, S. 37). Die Entkopplung von Raum und Ort (im Sinne eines locus of action) gestattete erstmals eine Dislozierung von Praktiken, was als wesentliche Prämisse der Verbreitung von Expertenwissen anzusehen ist. Einflußnahme ist unter den Bedingungen der Moderne nicht mehr an lokale Zeit- und Raumvorstellungen gekoppelt. Im Gegenteil: Gerade das in dieser Arbeit behandelte Beispiel der Finanzmärkte führt klar vor Augen, wie Abhängigkeiten von den Erwartungsstrukturen anderer in anderen Teilen der Welt entstehen.

Die sozialen Folgewirkungen, die sich aus der Dekontextualisierung (*disembedding*) sozialer Kommunikation von zeit- und räumlichen Bezügen ergeben, erklären die Entstehung moderner Institutionen. Giddens unterscheidet zwei zentrale *disembedding mechanisms*: *symbolic tokens* (z. B. Geld) und *expert systems* (alle Bereiche, in denen im Alltagsleben Wissen in Form von Systemen verwandt wird, die man selbst nicht notwendig versteht), die jeweils abhängig sind von Vertrauen, das sich weniger auf Individuen (und damit Intimität oder Freundschaft) stützt, sondern auf eine mehr abstrakt gefaßte Leistungsfähigkeit gründet. „Trust, in short, is a form of »faith«, in which the confidence is vested in probable outcomes expresses a commitment to something rather than just a cognitive understanding. Indeed ... the modes of trust involved in modern institutions in the nature of the case rest upon vague and partial understandings of their »knowledge base«" (Giddens: 1992, S. 27). Professionelle Expertise umgibt uns sowohl in technischer wie auch in sozialer Hinsicht. Wir haben Vertrauen, daß eine Brücke nicht einstürzen wird, obwohl wir die statischen Berechnungen nicht nachvollziehen können und von den Codes der Architekten nichts wissen. Unser Vertrauen ist weniger an die Person (an den Architekten, den Apotheker, den Anwalt) geknüpft, sondern an die Wahrhaftigkeit des zum Einsatz kommenden Expertenwissens. Expertensysteme wirken als *disembedding mechanisms*, weil sie die soziale Beziehung zwischen Experten und Laien der Unmittelbarkeit einer gegebenen Situation entheben.

Die Reflexivität schließlich ist die dritte Einflußgröße, die für die Dynamik der Moderne von Giddens verantwortlich gemacht wird. Reflexivität bedeutet in diesem Zusammenhang, daß soziale Praktiken unter dem Eindruck systematischen Wissens über diese Praktiken einer beständigen Revision unterliegen und eine selbstrückbezügliche Form des Wandels stattfindet. Zwar haben beispielsweise Entdeckungen auch in traditionalen Gesellschaften zu Veränderungen geführt, „but only in the era of modernity is the revision of convention radicalised to apply (in principle) to all aspects of human life" (Giddens: 1992, S. 38). In vormodernen Gesellschaften war Reflexivität auf die Interpretation und Auslegung von Tradition beschränkt; der Bezugspunkt des Handelns in der Zeitdimension lag stärker in der Vergangenheit als in der Antizipation zukünftiger Bedürfnisse.

Nur eine oberflächliche Betrachtung unterstellt jedoch ein Mehr an Sicherheit beim Tausch traditionalen mit reflexionsgesättigtem Handeln, denn Wissen wird nicht sicherer, bloß weil man vernünftigerweise in Frage stellt, was man immer schon gedacht hat. Unter den Umständen der Moderne gibt es kein Wissen mehr wie in der Vergangenheit, in der Wissen sicher vor Veränderung erschien. Jederzeit kann eine Reflexion Wissen über eine Gültigkeitsgrenze schieben; Recht kann zu Unrecht, Intelligenz zu Dummheit und Realität zu Fiktion werden. Eine zusätzliche Bogenspannung erfährt die Reflexivität der Moderne durch einen *reentry* von Diskurswissen in seinen eigenen Untersuchungsgegenstand, was insbesondere für den Gegenstandsbereich der Sozialwissenschaften gilt. „The point is not that there is no stable social world to know, but that knowledge of that world contributes to its unstable or mutable character. ... Knowledge claimed by expert observers (in some part, and in many varying ways) rejoins its subject matter, thus (in principle, but also normally in practice) altering it" (Giddens: 1992, S. 45). Das Wissen der Experten findet seinen Weg in die Gesellschaft, wo es von den Nichtexperten als Chance oder Risiko wahrgenommen wird, wobei das Expertenwissen eben nicht nur die Grundlage der persönlich-biographischen Kalkulation bildet, sondern auch den Ausgang der Entwicklung bestimmt.

Vertrauen wird von Giddens als der zentrale Mechanismus für den gesellschaftlichen Umgang mit den Konsequenzen der Moderne gesehen. Die Strukturierung dieses zukunftsoffenen Modernitätsmodells erfolgt weitestgehend durch Vertrauen in *abstract systems*, ist also unabhängig vom Wissen des Laien und nicht notwendig auf eine persönliche Begegnung mit denjenigen Personen angewiesen, die Expertensysteme entwickeln. Vertrauen benötigt keinen Augenschein wie in traditionalen Gesellschaften (Giddens: 1994, S. 165). Als ursächlich für das weitgehend unerschütterliche Vertrauen wird ein »hidden curriculum« des Erziehungssystems ausgemacht, das Wissen immer auch mit einer instantanen respektgebietenden Aura versieht. Jedoch ist die Beziehung zwischen Laien und Experten durch eine gewisse Ambivalenz belastet: Da Vertrauen nur dort benötigt wird, wo die Beziehung auf sonst nichts fußen kann (also nur Nichtwissen auf der Seite des Laien vorhanden ist), ist die so gelegte Vertrauensbasis gleichzeitig der mögliche Ausgangspunkt für Skepsis oder zumindest Vorsicht. Vorherrschend ist nach Giddens aber ein insgesamt pragmatischer Zugang der Laien zum Wissen des Experten, weil Vertrauen auch etwas damit zu tun, daß wir uns in Ermangelung von Alternativen mit den Umständen begnügen.

2.1.2 Anfragen an die Unterscheidung zwischen Wissen und Nichtwissen

Die Theorie funktionaler Differenzierung operiert mit einem konstruktivistisch durchgearbeiteten Wissensbegriff, der zwar kognitives Erwarten signalisiert, aber ausschließlich *in der Kommunikation* zu suchen ist und sich auf dieser Basis von wie auch immer relativierten Realitäts- oder Wahrheitsbezügen absetzt. Wissen findet in der Welt kein Eins-zu-eins-Korrelat, sondern bezeichnet eine *beobachterabhängige* Erwartungslage, deren Koordinatensystem nicht auf Wahrheit, sondern auf Anschlußfähigkeit und Brauchbarkeit für weitere Kommunikation bezogen ist. Von Luhmann wird die Moderne als *Weltgesellschaft* skizziert, die auf die Ausdehnung von Gesellschaft als Gesamtheit der füreinander erreichbaren Kommunikationen über nationale und regionale Beschränkungen hinaus abzielt (Luhmann: 1997). Auch Willke sieht eine insbesondere durch die Informations- und Kommunikationstechnologie ermöglichte Weltgesellschaft und betont zugleich die Bedeutung, die frei bewegliche Faktoren wie Wissen und Expertise für die gesellschaftliche Reproduktion haben (Willke: 1998a, S. 384). Vor diesem Hintergrund sieht Willke Anzeichen dafür, daß die kommende Form von Gesellschaft die der Wissensgesellschaft ist (ebd., S. 389), nicht ohne auch auf die zentrale Frage der *Verbindlichkeit* wissensbasierter Kommunikation hinzuweisen. Noch ist weder zu entscheiden, ob Wissen im globalen Kontext tatsächlich »hier wie dort« gelten wird und es ist auch noch offen, ob globale Kommunikationsketten lernfähig zu halten sind, d. h. ob sich ein kognitiver Kommunikationsstil global durchhalten läßt (ebd., S. 388). Die Frage nach der Begrifflichkeit einer neuen Gesellschaft – Wissensgesellschaft oder doch »bloß« Weltgesellschaft – kann also bislang nicht eindeutig beantwortet werden.

Die in der Systemlogik funktionaler Differenzierung angelegte Auflösung einer konkurrenzfreien Beobachtung läuft nun genausowenig auf eine (vielfach kritisierte) Beliebigkeit hinaus, wie der Streit heterogenisierter Beobachterpositionen dazu dient, Differenzen zu überwinden. Vielmehr geht es darum, die Positionen zu halten, von denen die Gesellschaft noch nicht wissen kann, ob sie sie eines Tages benötigen wird. Die Stabilisierung von – unter Rationalitätsvorstellungen irrationalen – Wissensdifferenzen sorgt dafür, daß nicht verhindert wird, was in offenen Zukünften vielleicht möglich ist (Luhmann: 1992a, S. 171). Die Eigenlogiken der jeweiligen Systeme in funktional differenzierten Gesellschaften sind dann als Mechanismen für den Umgang mit einer *strukturellen Unsicherheit* zu begreifen. Wir werden zunächst den »Ursachen« der strukturellen Unsicherheit der Welt auf den Grund gehen und in einem zweiten Schritt dann die mögliche Funktion dieser Sachlage im Kontext von Nichtwissen aufzeigen.

Die Theorieentscheidung für einen beobachterabhängigen und damit konstruktivistischen Wissensbegriff hat nicht allein weitreichende Konsequenzen für die Frage, was und wie die Gesellschaft wissen kann; sie verschiebt außerdem das theoretische Bezugsproblem von der Seite des Wissens auf die des Nichtwissens. Die Analyse der allen Beobachtungsleistungen zugrundeliegenden Operationen wird zeigen, daß eine Ausdehnung dessen, was gewußt wird, *nicht* mit einer Verringerung dessen einhergeht, was unbekannt ist. Vielmehr ist die Beziehung zwischen Wissen und Nichtwissen angemessen nur als ein paradoxes Steigerungsverhältnis zu verstehen, in dem jedes Mehr an Wissen instantan auch den Bereich des Nichtwissens ausdehnt. Man entdeckt eine neue Arzneimittelformel, und es schließen sich unweigerlich Fragen nach der Wirksamkeit, nach der Schädlichkeit, nach der Verkäuflichkeit wie nach der Haltbarkeit an usw. Nichtwissen existiert also *wegen* und nicht *trotz* des Wissens, und entsprechend hat Nichtwissen auch nicht die Form eines durch Wissen erreichbaren Gebietes, sondern formiert sich als unspezifisches Nichtwissen, als strukturelle Intransparenz, die mit den *blinden Flecken* von Beobachtungsoperationen zusammenhängt (Japp: 1998, S. 441).

Blinde Flecken sind inhärenter Bestandteil einer jeden Beobachtungsoperation, weil sie unterscheidet, obwohl sie nicht unterscheiden kann, was sie unterscheidet (Krause: 1996, S. 85). Alles Beobachten setzt als Operation eine *Unterscheidung*, das Markieren einer Differenz voraus, wobei die Beobachtung im Moment der Beobachtung immer nur *eine* Seite der Unterscheidung bezeichnen kann (die Gleichzeitigkeit des Unterschiedenen würde den Unterschied und damit ihre Sinnhaftigkeit auflösen). Deswegen hat jede Unterscheidung ihren blinden Fleck; sie kann die *Form* der jeweils benutzten Unterscheidung im Unterscheidungsprozeß selbst nicht mitbeobachten. Das Formenkalkül macht deutlich, daß, was auch immer unterschieden und bezeichnet werden mag, das andere, was nicht bezeichnet wird, als andere Seite der Form mitführt (Spencer-Brown: 1973). Stets gewinnt das, was unterschieden und bezeichnet wird, nur Sinn im Lichte der dunkel bleibenden anderen Möglicheiten (Krause: 1996, S. 98). Ein Beobachter, der etwa zwischen System und Umwelt unterscheidet, kann immer nur eine Seite zur Zeit bezeichnen – er operiert zugleich immer auf der Seite des Wissens. Man kann mit einer anderen Operation zwar die andere Seite der Unterscheidung bezeichnen (und somit die Grenze überschreiten), aber eben erst danach und nicht gleichzeitig – so kommt Zeit ins Spiel. Das Denken beginnt nicht mit dem Zweifel, sondern mit dem Setzen von Gewißheiten.

Wissen und Nichtwissen sind etwa zwei Seiten derselben Form. Die Form ist die Markierung einer Unterscheidung, also in unserem Fall Wissen/Nichtwissen, die das Unterschiedene voneinander trennt und aufeinander bezieht; sie ist nicht die Unterscheidung selbst. Die Einheit der Unterscheidung, mit der beobachtet wird, existiert jedoch jeweils nur für den Beobachter. Ein Beobachter kann nun beobachten, wie ein anderer Beobachter beobachtet (d. h. er kann die Form der benutzten Unterscheidung bezeichnen) und damit beobachten, was der Beobachtete nicht beobachten kann, denn der Beobachter erster Ordnung kann nur auf der Seite des Wissens beobachten. Dies ist die Beobachtung zweiter Ordnung, die den blinden Fleck des Beobachters erster Ordnung in den Blick nehmen kann; im übrigen gelten für Beobachtungen zweiter Ordnung dieselben Einschränkungen wie für die Beobachtung erster Ordnung. Spencer-Brown spricht in diesem Zusammenhang von dem *unmarked space*, aus dem heraus jeder Beobachter seine Unterscheidungen plaziert. Das Nichtwissen ist nicht der unmarked space selbst, es ist „zunächst nur die andere Seite der Form des Wissens – eine andere Seite, die ein Kreuzen der Grenze nahelegt und damit Bemühungen anregt, in der einen oder anderen (bezeichnungsfähigen) Hinsicht mehr zu wissen" (Luhmann: 1992a, S. 15).

Wir wollen das Formenkalkül und die Beobachterproblematik an dieser Stelle nicht weiter ausbauen, sondern es bei der zusammenfassenden Bemerkung belassen, daß jedes Wissen immer Nichtwissen mit sich führt, weil jedes Unterscheiden und Bezeichnen als Voraussetzung eines jeden Wissens die andere Seite in einem dunklen (unbezeichneten) Raum zurückläßt, die sie nicht gleichzeitig sehen kann. Die Beobachtung zweiter Ordnung (also die Beobachtung der Unterscheidung eines Beobachters) kann zwar nicht einfach Nichtwissen in Wissen überführen, man kann aber mit ihrer Hilfe etwas über die Relation von Wissen zu Nichtwissen sagen. So läßt sich etwa beobachten, daß die Gesellschaft immer mehr Wissen über die Finanzmärkte, die Teilnehmer dieser Märkte und deren Produkte sammelt, daß aber gerade dieses Wissen zum Nichtwissen über die komplexen, oft widersprüchlichen Beziehungen zwischen den einzelnen Elementen führt. Was nicht vorhersehbar ist, läßt sich auch nicht von nobelpreisfähigen Formeln beschreiben. Die Anhäufung von immer spezialisierteren Wissensansprüchen aus unterschiedlichen Funktionssystemen (der Wirtschaft, der Politik, des Rechts) steigert die Unsicherheit darüber, was denn zu tun und was besser zu lassen sei.

Die Auswirkungen dieser erkenntnistheoretischen Zusammenhänge lassen sich soziologisch ganz gut beschreiben, gesellschaftlich aber nur schwer in den Griff bekommen. Daß die moderne Gesellschaft das Vertrauen in die Richtigkeit ihrer eigenen Selbstbeschreibungen verloren hat, ist die für unser Thema wichtige Beobachtung von Niklas Luhmann. Die Dynamiken der Moderne gehen mit einer Zunahme des Kontingenzbewußtseins einher, denn obschon ein gewisses Maß an Systemvertrauen vorhanden zu sein scheint, sind gesellschaftliche Positionen rar, von denen Wissen qua Autorität als wahr kommuniziert werden können

(Luhmann: 1992a, S. 174). Auch die von Giddens hervorgehobene Wissenschaft hat nach Luhmann ihre Rolle als ratgebende und wahrheitsfähige Instanz verloren:

„Dabei geht es nicht nur um Ablehnung von »unbrauchbarem« Wissen von seiten anderer Funktionssysteme, sondern auch um eine eigentümliche Steigerung von Anspruch und Zurückhaltung auf seiten der Wissenschaft selbst. Nur unter Druck geht der Wissenschaftler vor Gericht oder in ökologischen Fragen oder bei der Entwicklung neuartiger Technologien oder neuartiger Lebewesen über das hinaus, was er streng wissenschaftlich verantworten kann" (Luhmann: 1992a, S. 173).

Wissenschaftliches Wissen hat seinen Ein-für-allemal-Charakter eingebüßt, es gilt nur noch vorläufig und hypothetisch. Hinzu kommt, daß durch die Ausdifferenzierung der gesellschaftlichen Funktionssysteme jedes Gutachten sein Gegengutachten findet. Vor Gericht treten nicht nur die psychologischen Gutachter der Anklage gegen die der Verteidigung an, vor dem Europarat nicht nur die englischen Veterinäre gegen die französischen, es treten auch kritische Unweltforscher gegen Ingenieure an, wenn es um die Frage geht, ob ein Castor Transport sicher ist, weil jede Disziplin ihre Eigenlogik und Rationalität verfolgt und auf Zuständigkeit pocht. Es gibt, so stellt Luhmann fest, keine Repräsentation mehr dessen, was der Fall ist „und auf Verhalten bezogen: so richtig und anders falsch" (Luhmann: 1992a, S. 174).

Das Argument, daß das Zerbrechen konkurrenzlos legitimierter Statuspositionen erklärt, ist paradox: Die mit funktionaler Differenzierung einhergehende Spezialisierung von Beobachterpositionen ermöglicht die Inanspruchnahme von *Autorität* in der Kommunikation, also die Möglichkeit zur Verkürzung und Zuspitzung von Erörterung und Argumentation auf eine Art *Urteil* mit Tatsachencharakter, weil der Unkundige dem Spezialisten Expertise unterstellt, zu der er selber nur unter dem Verbrauch von Zeit gelangen kann. Vor diesem Hintergrund kommt es zur Kopplung von Unsicherheit absorbierender Verantwortung und Autorität, der man unterstellt, „daß die Kommunikation erläutert oder begründet werden könnte, aber man unterläßt die Rückfrage, weil die Zeit fehlt, oder die Kompetenz zur Formulierung der Frage, oder die Courage" (Luhmann: 1992a, S. 175). Es ist nun eben diese Spezialisierung, die zur Spezifikation jeweils eigener Handlungslogiken und Rationalitäten führt, an der durch ihre Paarung mit einer Universalität des Anspruchs auf Zuständigkeit die Einheit von Autorität und Verantwortung zerbricht. Spezialisten mit untereinander inkompatiblen Rationalitätsorientierungen reklamieren Kompetenz, was dazu führt, daß die Gesellschaft ihnen Vertrauen und Autorität entzieht.

Statt dessen wird die Kommunikation von Nichtwissen legitimiert und steigert damit die gesellschaftlichen Unsicherheitswahrnehmungen (ebd., S. 176). Wissenschaftler werden gesellschaftlich weiter als Wissenschaftler anerkannt, auch wenn sie ihr Nichtwissen mitteilen, und es gehört zur Normalität der Moderne, daß jeder jedem Unkenntnis nachzuweisen sucht. Allerdings werden Nichtwissen und Unkenntnis gesellschaftlich nicht einfach hingenommen, statt dessen wird das Problem des Nichtwissens partiell in einen normativen Bereich verschoben, indem „die Übernahme der Verantwortung für Folgen angemahnt" wird (ebd., S. 179). Fehlendes Wissen kann nun nicht einfach komplett durch Normierungen wie Versprechen, Verträge und Haftungsgrundsätze ersetzt werden, weil die Androhung von Strafe z. B. im Falle der Gewässerverschmutzung nicht schon selber sauberes Wasser garantieren kann. Es stellt sich die Frage, welcher Lückenbüßer bereitsteht, wenn die Gesellschaft nicht mehr auf Statuspositionen und Repräsentation als Möglichkeiten der Unsicherheitsabsorption zurückgreifen kann und normative Ausweichmanöver allein nicht ausreichen. Luhmann schlägt vor, *Organisationen* in dieser Hinsicht funktional zu deuten (ebd., S. 203).

Als organisierte Sozialsysteme absorbieren sie Unsicherheit, die gesellschaftlich nicht anders umgeschlagen werden kann; damit verlagert sich das Problem genuiner Unsicherheit aber nur von der Gesellschaftsebene auf die der Organisation. Auch Organisationen stehen vor dem Problem, mit Unsicherheit irgendwie umgehen zu müssen. Auch sie müssen Wissen und Nichtwissen relationieren und vor allem Nichtwissen »bewältigen«. Auf ihrer Selbstbeschreibungsebene taucht in Organisationen meistens *Zweckrationalität* als Mittel der Wahl auf. In der systemtheoretischen Perspektive taugen Zwecke in Organisationen jedoch gerade noch zur Motivation der Beteiligten, denn das System hat seine eigene, auf Selbsterhaltung ausgerichtete Rationalität. Unsicherheit wird in Organisationen mit Hilfe von Erwartungen und Entscheidungen abgebunden, um ein Operieren in turbulenten Umwelten zu gestatten. Organisationen sind damit nicht vor dem Erleben von Überraschungen gefeit, aber sie haben den Umgang mit Nichtwissen und den sich daraus ergebenden Überraschungen eben *organisiert* – in diesem Kontext liegt die Funktion der Unsicherheitsabsorption, die Organisationen für die Gesellschaft leisten (Japp: 1992b, S. 20).

Gleichwohl wäre es deutlich verkürzt, den Umgang organisierter Sozialsysteme mit Nichtwissen allein auf der Folie ihres Rationalitätszerfalls zu beobachten, dem dann unter Zuhilfenahme aufwendiger *Inszenierungen* und *Darstellungen* von Rationalität doch noch Handlungsfähigkeit abgerungen wird. Vielmehr erscheint Nichtwissen im Anschluß an moderne organisationssoziologische Theorien auch als Ressource, die für die eigene Unsicherheitsabsorption und Strukturentfaltung eingesetzt werden kann (Japp: 1996a).

In diesem Sinne sind die von Investmentbanken erdachten innovativen Finanzprodukte nicht allein als Unsicherheitsgeneratoren zu werten, über deren Wirkungen man sich im Unklaren ist, sie erzeugen auch einen enormen Beratungsbedarf bei den Kunden, der dann wiederum von den Investmentbanken gedeckt wird. So gesehen ist Intransparenz unabdingbare Voraussetzung für Strukturaufbau. Auch die Tatsache, daß beispielsweise die Analysten unter organisationsinternen Konkurrenzbedingungen mit jeweils unterschiedlichen (und zum Teil geheimen) Formeln und Gewichtungen Aktienkurse prognostizieren, ist nur von der Wissensperspektive aus betrachtet ein Beleg für die Irrationalität dieser Organisationen. Vom

Standpunkt des Nichtwissens ist diese Art der Informationsverarbeitung auch als Möglichkeit der Banken zu werten, mit einer Zukunft umzugehen, die sie nicht kennen können.

Wir leben im Bankgeschäft im darstellenden Gewerbe.
Bernd Thiemann (Vorstandsvorsitzender DG Bank), 1998

2.2 Investmentbanken als Organisationen der zweiten Moderne

2.2.1 Funktion und Leistung der Investmentbanken

An zwei Händen lassen sich die einschlägigen Monographien bislang abzählen, die sich dem Geschäft der Investmentbanken widmen. Bis auf wenige Ausnahmen sind die meisten Publikationen in den späten 80er Jahren in einem Reflex auf den enormen Boom der Transaktionen am US-amerikanischen Kapitalmarkt in der Absicht erschienen, Aufklärung zu leisten.[3] Und fast alle Autoren (im wesentlichen handelt es sich um ehemalige Praktiker oder Professoren US-amerikanischer Business Schools) greifen zur Beschreibung der *Funktion* von Investmentbanken auf eine von zwei Metaphern zurück: Investmentbanken werden wie in den nachfolgenden Zitaten von Hoffman (1984) und Eccles und Crane (1988) entweder als *Katalysatoren* oder als *Mediatoren* konzeptualisiert, die als vergleichsweise kleine aber extrem wichtige Einheiten die Prozesse auf den Kapitalmärkten aktivieren, ermöglichen und organisieren:

„Like chemical catalysts, investment banks create reactions – financial reactions that could not occur without them. They are the reagents that enable corporations, state and local governments, even foreign nations to tap the world's money markets and raise the capital required to launch, maintain, and expand their enterprises" (Hoffman: 1984, S. 3).

„The function of investment banking ... is to mediate the flow of assets between issuers and investors. (...) Investment banking is a specialized function ... for collecting information on issuer needs for investors and on investor needs for issuers, for pricing and structuring transactions that satisfy the needs of both sides of the market, and for distributing and making markets in securities" (Eccles und Crane: 1988, S. 35).

Auch in ihren Selbstausssagen stellen die im Rahmen der vorliegenden Untersuchung befragten Investmentbanker ihre Funktion im Wirtschaftssystem dar als die eines Intermediärs, der manchmal als ehrlicher, ein anderes Mal als parteilicher Makler agiert, der immer zwischen zwei Seiten steht und eine anbahnende Dienstleistung erbringt. Ihr Kennzeichen sei, so die Banker, daß sie eine gleichsam unbeteiligte Form der Beteiligung am »wirklichen« Geschehen aufweisen: „*Wir handeln ja im Grunde nicht selbst. Wir bauen keine Autos und wir erfinden ja auch nichts, keine Medikamente oder was weiß ich. Und wir kaufen oder verkaufen ja auch keinen Automobilhersteller. Wir machen das ja nicht selbst in dem Sinne, daß das jetzt unser Geld wäre, das da gezahlt wird. Aber trotzdem leisten wir eben einen Beitrag zum Bau von Autos oder zur Erfindung von Pharmazeutika*" (P:1). Indem Investmentbanker

[3] Zu den neueren Publikationen zählen Lilja (1998), das deutschsprachige Buch von Jacob und Klein (1996), sowie das Werk von Gardner und Molyneux (1996).

das aufgestaute Kapital potentieller Investoren systematisch mit Investitionsmöglichkeiten verknüpfen, nehmen sie die Position eines temporären Zwischengliedes ein. Sie stehen also zwischen denjenigen, die über Kapital verfügen und dieses mit Gewinn anlegen wollen und denen, die nach Finanzierungsmöglichkeiten ihrer mit Unsicherheit belasteten Projekte suchen. *„Wir verbinden sozusagen zwei lose Enden auf den Kapitalmärkten und after the fact scheint es so, als wären wir's gar nicht gewesen oder als hätte man uns zumindest gar nicht gebraucht*" (P:1).

Die sogenannten Finanzintermediäre gewinnen historisch zunächst durch den enormen Kapitalbedarf der Nationalstaaten an Bedeutung, die als die ersten gewichtigen Schuldner große Mengen von Kapital benötigten und dazu auf die Kapazitäten der Finanzdienstleister zurückgriffen, erstrangig um in Konfliktsituationen Handlungsfähigkeit herzustellen. So deckten die Banken der bis zum August des Jahres 1917 neutralen USA den notwendigen Finanzierungsbedarf der englischen und französischen Wirtschaft im Ersten Weltkrieg mit Anleihen und syndizierten Krediten, den sogenannten Kriegsanleihen. „Indeed, the $ 500 million Anglo-French loan of October 1915 was the largest bond offering ever undertaken in the U.S. market to date. It was lead managed by J.P. Morgan & Co., which headed a substantial distribution syndicate" (Hayes und Hubbard: 1990, S. 23). Wir wollen an dieser Stelle nicht die historischen Ursprünge der Intermediation zwischen kapitalsuchenden und kapitalgebenden Einheiten referieren, die sich viele Jahrhunderte zurückverfolgen lassen, sondern nur anmerken, daß die Zinsaversion der katholischen Kirche die Lösung von Finanzierungsproblemen und damit auch den Entstehungsprozeß eines modernen Wirtschaftssystems zwar einige Zeit aufhalten konnte, aber eben nicht auf Dauer.

Die Ausdifferenzierung der Betätigungformen und -felder der Finanzintermediäre hat bis heute kein absehbares Ende gefunden. Wo im Zuge der Liberalisierung und Globalisierung der Kapitalmärkte und Wirtschaftsräume die Möglichkeiten zur Anlage und Investition von Kapital weiter zunehmen, vermehren sich auch die Chancen für die Investmentbranche, erfolgreich Produkt- und Prozeßinnovationen zu entwickeln und auf den Kapitalmärkten zu entfalten. Diese Funktion erfüllen sie erstaunlicherweise von der Öffentlichkeit weitgehend unbeobachtet, obwohl ihre gesellschaftliche Bedeutung ohne Zweifel immens ist:

„Capital formation fundamentally determined the distant future, the pace of expansion that created new products, new jobs and expanding incomes. From their lists of wealthy clients, both individuals and institutions, the investment bankers raised billions lent for sewers or highways or hospitals, to pay for a new factory or the retooling of an old production line. Many ventures were so large that even the most important banking houses were compelled to collaborate with their competitors, pooling the capital each raised and sharing risks and profits" (Greider: 1987, S. 26).

Die funktionale Deutung der Investmentbanken als intermediäre »Hochleistungskatalysatoren« der globalen Kapitalmärkte ist genausowenig falsch wie richtig. Es handelt sich dabei zunächst einmal um eine Metapher, die zwar überzeugend klingt, aber allein auch nicht viel weiter hilft. Eine gute Metapher unterdrückt beim Hörer Zweifel und Inkompatibilitäten: Wir hören und akzeptieren.[4] Die hohe Popularität der an Intermediarität orientierten Katalysator-Metapher stützt sich auf den Umstand, daß damit der Eindruck erzeugt wird, daß hier etwas »Gutes«, »Richtiges« und schließlich auch »Rationales« erbracht wird, was dann nicht weiter fragwürdig ist und keine theoretische Reflexionsnotwendigkeit nach sich zieht. Dieser Verzicht auf theoriegefüllte Ballasttanks läßt dem flüchtigen Beobachter die Katalysator-Metapher durchaus plausibel erscheinen, aber das »Seerohr« bleibt ohne ein hinreichendes theoretisches Gewicht gewissermaßen oberhalb der Wasserlinie. Was sich unter der Oberfläche abspielt, entgeht selbst dem interessierten Blick.

Eine der Komplexität der Sache und der Bedeutung von Investmentbanken im Wirtschaftssystem angemessene Vorstellung aus nur einer theoretischen Perspektive entwickeln zu wollen, erscheint unzureichend, weil allein schon der Verweis auf die auf Robert K. Merton zurückgehende Unterscheidung zwischen *manifesten* und *latenten* Aspekten Weiterungen zwingend macht, die uns auf Distanz bringen zu den Selbstbeschreibungen der Praktiker. Wir wollen an dieser Stelle zunächst aber die ökonomische Theorie selbst zu Rate ziehen, die als quasi natürliches Sprachrohr Ansichten und Beschreibungen aus der Binnenperspektive der Wirtschaft liefert und die sich im Hinblick auf die funktionale Bedeutung der Investmentbranche den eher manifesten Bezügen widmet, bevor wir in einem zweiten Schritt zu soziologischen Reformulierungen und Anregungen ansetzen, die durch eine Betrachtung »von außen« die sozialen Bedingtheiten in den Blick nehmen und so Hinweise auf die eher latente Funktion von Investmentbanken liefern sollen. Diese latenten Funktionen tauchen in den im System selbst angefertigten und den zur Instruktion der dort Tätigen ausgedachten Diskurse und Theorien nicht auf, weil dies zweifellos Motive kosten würde. Rationale und mit einer Optimierungssemantik unterlegte Zwecke mögen bei Soziologen grundsätzlich Anlaß zu Zweifeln sein – zur Motivation der Beteiligten sind sie aber schlicht unverzichtbar. Kommen wir also zunächst zu Theorien, die sich aus der Binnenperspektive des Wirtschaftssystems ergeben.

Die ökonomische Theorie des Finanzsystems ist auf rationale Zwecke hin konfiguriert, die dementsprechend dann auf die manifeste Stellung von Investmentbanken im Wirtschaftssystem verweisen. In einer knappen Definition faßt Robert C. Merton den zentralen rational-funktionalen Fluchtpunkt des Finanzsystems zusammen und fächert die benannte Grundfunktion dann in diverse Subfunktionen auf:

„The primary function of any financial system is to facilitate the allocation and deployment of economic resources, both spatially and temporally, in an uncertain environment. (...) Function 1: A financial system provides a payments system for the exchange of goods and services. Function 2: A financial system provides a mechanism for pooling of funds to undertake large-scale indivisible enterprise. Function 3: A financial system

[4] Zum Gebrauch von Metaphern in der ökonomischen Theorie siehe McCloskey: 1984, S. 504f.

provides a way to transfer economic resources through time and across regions and industries. Function 4: A financial system provides a way to manage uncertainty and risk. Function 5: A financial system provides price information that helps coordinate decentralized decision-making in various sectors of the economy. Function 6: A financial system provides a way to deal with asymetric-information and incentive problems when one party to a financial transaction has information that the other party does not" (Merton: 1995, S. 23f.).

Mertons Argument zufolge sind diese basalen Grundfunktionen, die sich unter dem Rubrum »Verteilung knapper Ressourcen« zusammenfassen lassen, in zeitlicher, sachlicher und örtlicher Hinsicht stabil, das heißt nicht die Leistung als solche wandelt sich, sondern allein das institutionelle Gefüge, das sich um die Funktionserbringung herum lagert, variiert. Und in der Tat gilt dies gerade auch für die Leistungen der Investmentbanken. Ihre Stellung in der Struktur der Finanzmärkte ist einer Dauerherausforderung unterworfen, die sich nicht allein auf Basis sich beständig wandelnder staatlicher und spontaner Ordnungsbildungen (Regulierungs- und Deregulierungsversuche, Globalisierungsdynamik u. a. m.) konstituiert, sondern gerade auch durch die Übernahme von Funktionen durch »neue« Konkurrenten. So wächst die Zahl der Transaktionen, „where companies used their in-house investment banking services to issue securities and advise on takeovers, transactions for which companies traditionally use an investment banking intermediary" (Servaes und Zenner: 1996, S. 788). Wir wollen nun der Frage nachgehen, wie sich aus den oben benannten Grundfunktionen des Finanzsystems die Existenz von Investmentbanken in der ökonomischen Lesart ableiten läßt.

Die neoklassische Finanzierungstheorie kann in dieser Hinsicht zunächst einmal keinen, die Sachlage wirklich erhellenden Beitrag leisten. Ihre Modelle basieren auf dem Idealbild eines vollkommenen Kapitalmarktes, der voraussetzt, daß alle Marktteilnehmer die gleichen Erwartungen in bezug auf Renditemöglichkeiten und Risikobelastungen von Wertpapieren und sonstigen Finanztiteln haben. Im Rahmen dieses Modells wird die Omnipräsenz eines Homo oeconomicus angenommen, der über bemerkenswerte Eigenschaften verfügt: „(1) he is endowed with complete knowledge of all pertinent business, political, economic, etc Information which might affect his decisions about what course of action to pursue, and (2) he acts with the fullest rationality, carefully evaluating all possible outcomes and choosing a line of action which furthers his ultimate interests" (Adler und Adler: 1984, S. 2). Unter solchen Bilderbuchprämissen wäre das Investment Banking in seiner Funktion der Beratung von Investoren und Emittenten und der Vermittlung von Transaktionen zwischen diesen beiden Kapitalmarktgruppen rational-ökonomisch gesehen ohne Nutzen, da jeder Marktteilnehmer aufgrund der absoluten Transparenz des Marktes, so die Annahme der Neoklassiker, diese Informationen und Leistungen kostenlos *selbst* erstellen könnte.

Die neoinstitutionalistische Finanzierungstheorie teilt diesen zentralen Informationsoptimismus der Neoklassiker nicht, sondern stellt gerade informationsbedingte Probleme zentral und führt die Existenz von Investmentbanken auf die ihnen erwachsenden Transaktionskostenvorteile zurück.[5] Die Zwischenschaltung von Investmentbanken in die Beziehung zwischen Partnern einer Kapitalmarkttransaktion verringert, so die theoretische Grundannahme, die ansonsten anfallenden Aufwendungen für Anbahnungs-, Vereinbarungs- und Kontrollnotwendigkeiten der geschäftswilligen Marktteilnehmer (vgl. auch Servaes und Zenner: 1996, S. 790). „*Es ist einfach nicht schlecht, 'nen guten Berater zu haben. Denn du mußt ja auch einschätzen: Wie ist meine Wettbewerbsposition, wie sieht der Kapitalmarkt das. Du machst es vielleicht international, du hast vielleicht ein deutsches M&A-Team aber du hast vielleicht niemanden, der dir helfen kann, ein Unternehmen in Brasilien zu kaufen, d.h. Gesetzgebung und auch die Situationen einzuschätzen*" (R:3) Dies gelingt den Finanzintermediären leichter, kostengünstiger und im Zweifelsfall qualitativ hochwertiger, weil sie Spezialisierungs- und Informationsvorsprünge für sich verbuchen und somit die relevanten Kosteneinflußgrößen drücken können. Zwar gehen auch die Neoinstitutionalisten von der Prämisse aus, daß die entscheidungsrelevanten Informationen prinzipiell allen Marktteilnehmern zugänglich sind, die Suche und Analyse dieser Informationen aber eben mit bestimmten Kosten verbunden ist. „Eine Delegation entsprechender Informationssammlungs- und -auswertungsaufgaben an zentrale Informationsproduzenten setzt als ökonomisch rationales Verhalten dann die Existenz von informationsbezogenen Kostenvorteilen dieser Institutionen voraus" (Jacob und Klein: 1996, S. 26). Investmentbanken können Kostenvorteile solcher Art über ihre Möglichkeiten zur Realisierung von *Economies of scale* und *scope* erzielen. Das heißt zum einen, daß sie einmal generierte Informationen auch in einem zweiten oder dritten Deal ähnlicher Struktur verwenden können. So ist ihr Wissen über die Bewertung von Unternehmen in prinzipiell endlosen M&A-Transaktionen immer wieder verwendbar; das Wissen verliert mit seiner Nutzung nicht seinen Wert. Zum anderen erzeugt jeder Einsatz *neue* Informationen über die Güte des verwendeten Wissen und erlaubt so seine Modifikation und Adaption an intern anfallende Umweltbeobachtungen. Economies of scale stellen sich durch die gegenseitige Befruchtung der verschiedenen Geschäftsfelder des Investment Banking ein. So ist beispielsweise die im Rahmen des Handelsgeschaft (Sekundärmarkttransaktionen) gewachsene Expertise über die Präferenzen und typische Verhaltensweisen der institutionellen Anleger auch von großem Nutzen bei der Beratung eines Unternehmens, das seinen Finanzierungsbedarf über einen Gang an die Börse decken möchte (Primärmarkttransaktion).

Entsprechend läßt sich auch die Erfindung der sogenannten »Finanzinnovationen« unter dem Effizienzblickwinkel der neoinstitutionalistischen Finanzierungstheorie als marktrationale Ausdifferenzierung von Finanzierungsmöglichkeiten fassen (vgl. etwa Schierenbeck:

---

[5] Zum Transaktionskostenansatz Grundlagen bei Oliver E. Williamson, Assessing Vertical Market Restrictions: Antitrust Ramifications of the Transaction Cost Approach. In: University of Pennsylvania Law Review, 1979, Nr. 127, S. 953 - 993, oder auch Picot, Arnold: 1982.

1987, S. 202). »Nullkupon-Anleihen«, »Floating Rate Notes«, »Doppelwährungsanleihen« usw. wären dann begreifbar als Instrumente, die die unterschiedlichen Interessen der Schuldner und Anleger flexibler aufeinander abzustimmen vermögen. Und weil die Investmentbanken eben um die differenzierten Bedürfnisse beider Seiten wissen, sind sie in der Lage, komplexe Produkte solcher Art zu ersinnen, die entsprechende Notwendigkeiten optimal aufeinander beziehen.

Das Panorama, das sich mit Blick auf die Funktion von Investmentbanken durch die Brille der Transaktionskostentheoretiker für unsere Zwecke ergibt, erscheint also durchaus vielversprechend. Da ist von Wissensvorsprüngen die Rede, von intimer Marktkenntnis, von Skalenerträgen bei den Wissenskosten und sogar von Economies of scope, die sich durch Synergien zwischen den verschiedenen Geschäftsfeldern der Investmentbanken herleiten lassen. Und doch bleiben diese elaborierten Beiträge der ökonomischen Theorie an Effizienzkriterien orientierte Selbstaussagen, die erstrangig auf eine möglichst sorgfältige Zerlegung von Zwecken in Mittel abstellen, ihr Faible für Rationalität zur Schau stellen und vor allem aber den Anschluß an moderne Organisationstheorien blockieren (Luhmann: 1991, S. 394). Eine soziologisch orientierte Betrachtung kann aber nicht davon absehen, Funktionalitäten zu unterstellen, die den Gedanken von der Informations- und Transaktionskostenoptimierung des Marktes zwar nicht ersetzen, ihn aber eben doch um eine Außenperspektive erweitern sollen. Wir wollen nachfolgend entsprechend einige Weiterungen der funktionalen Bedeutung von Investmentbanken vorschlagen, die ihren Bezugspunkt primär in der *Absorption von Unsicherheit* und der Behandlung von Risiken für das Wirtschaftssystem der Gesellschaft haben. Wir gehen dabei davon aus, daß das Wirtschaftssystem primär ein sozialer Kontext ist und daß die Operationen innerhalb dieses Systems entsprechend eher durch soziale Notwendigkeiten konstituiert sind als durch Modelle optimaler Ressourcenallokation. Es geht entsprechend mehr um soziale Funktionen, um »cultural ideoms« (Abolafia: 1996) und weniger um Bezugspunkte, die sich durch mathematische Formeln ausdrücken lassen.

Geldgeschäfte sind wie Ehen oder Flugreisen mit genuiner Unsicherheit belastet. Die Fluggesellschaft mag immer die neuesten Maschinen benutzen, unser Ehepartner beziehungserfahren und der Schuldner ein erfolgreiches Industrieunternehmen sein, was dabei herauskommt, weiß man trotzdem immer erst hinterher (und selbst dann kann man in der Beurteilung nie ganz sicher sein). Unsicherheit läßt sich nicht einfach durch mehr oder besseres Wissen vertreiben. Flugzeuge explodieren, obwohl immer mehr Expertenwissen in ihre Sicherheitssysteme fließt. Ehen scheitern, obwohl beide guter Absicht waren und um die Gefahren wußten. Und Kredite werden faul, obwohl man die Schufa bemüht und daher ganz anderes erwartet hatte. Bei Kredit- und Investitionsgeschäften handelt es sich um zeitversetzte Tauschgeschäfte, bei dem die Gläubiger oder Investoren eine Zahlung in der Erwartung leisten, daß die Gegenleistung zu einem späteren Zeitpunkt erfolgen wird. Aus diesem Grund muß sich der Gläubiger/Investor immer auf das Zahlungsversprechen eines Schuldners bzw. auf seine Renditeerwartung einlassen, an die dann immer auch das Risiko gekoppelt ist, daß ein Schuldner sein vertraglich »abgesichertes« Versprechen *nicht* einlöst (Baecker: 1991, S. 112 f.), oder daß eine Investition entgegen den eigenen Erwartungen nicht die prognostizierten Früchte trägt. Derartige Geschäfte sind entsprechend immer von der Unsicherheit belastet, daß die Zahlungsfähigkeit und -bereitschaft eines Schuldners oder die Entwicklung des Unternehmens, dessen Aktien wir gekauft haben, nicht die von uns erwarteten Qualitäten aufweist. Gleichzeitig basiert auf der Übernahme dieses Risikos erst die Chance auf eine Rendite des Kapitals *at risk*: Ohne Risiken keine Renditemöglichkeiten, Transparenz wäre also unproduktiv.

Diese genuine Unsicherheit von Kapitalmarkttransaktionen muß irgendwie absorbiert werden, damit ein »tragfähiger« Boden entsteht, auf dessen Basis Entscheidungen überhaupt getätigt werden können. Mit den Investmentbanken haben sich im Wirtschaftssystem Organisationen gebildet, die in exakt dieser Hinsicht und angesichts unübersichtlicher weltweiter Kapitalmärkte einen unverzichtbaren funktionalen Beitrag zur Reduktion von Unsicherheit leisten. „Unsicherheitsabsorption findet statt, wenn eine Stelle Informationen verarbeitet, Schlüsse zieht, Problemlösungen auswählt und das Ergebnis ihres Entscheidungsprozesses anderen mitteilt. Wer sich im Anschluß daran mit dem Thema beschäftigt, wird das Ergebnis als Prämisse übernehmen und die Art, wie es zustandegekommen ist, nicht oder nur in seltenen Fällen überprüfen" (Luhmann: 1993, S. 7). Investmentbanken reduzieren Unsicherheit, indem sie helfen, Unbestimmtheiten einzuschätzen und unter Anwendung spezialisierter Wissensbestände bestimmte Selektionsmechanismen und Prüfverfahren entwickeln, die genuine Unsicherheit in gleichsam tragfähige Risiken transformieren, auf deren Basis dann »sicher« entschieden werden kann. Die Komplexität globaler Märkte wird von ihnen derart effektiv abgebunden, daß die Marktteilnehmer sich auf das Risikowissen der Investmentbanken beziehen und dann trotz offener Zukünfte entscheiden können.

Die Umwandlung von Unsicherheit in Sicherheit findet also auf einer symbolischen Ebene statt. Auch Investmentbanken wissen nicht mehr als die Finanzmärkte. Auch sie können definitiv nicht in die Zukunft schauen. Das liegt daran, daß das Unsicherheit erzeugende Nichtwissen nicht als eine Größe begreifbar ist, die sich durch ausgefeilte Suchprogramme oder gar Wissenschaftsanstrengungen in Wissen umwandeln und damit als Unsicherheitsquelle eliminieren ließe. Es geht also nicht um prinzipiell erlangbares Wissen, sondern um ein prinzipielles „Nicht-Wissen-*Können*" (vgl. Beck: 1996, S. 304). Auch die Banken können weder mit Hilfe ausgefeilter Analysemethoden, jahrelanger Praxis der Unternehmensbewertung, noch dem fast inquisitorischen Status, der ihnen den Blick auf die Innenseite der Kapitalmarktteilnehmer gestattet, die Unsicherheit der Zukunft abschütteln. Auch sie können keine Wahrheit hervorbringen und stehen deshalb vor dem Problem, »Gewißheitsäquivalente« (Luhmann: 1989) erzeugen zu müssen, die Sicherheit sozial, etwa in Form von Vertrauen stiften. Sie begegnen der Herausforderung primär, indem sie ihre Geschäftsprozesse wissensbasiert, d. h. zumindest potentiell reflexions- und lernfähig organisieren. Dieser Bezug auf Wissen und Lernfähigkeit wird von ihren Kunden mit weitreichendem Vertrauen quittiert. Gleichzeitig aber erzeugt der Wissensbezug organisationsintern ein ausuferndes Komplexitätsproblem, das sich nicht allein über die Vielzahl der potentiell relevanten Faktoren konstituiert, sondern gerade auch durch die immer mitlaufende Reflexionsschleife im Hinblick auf die Frage, ob man gleichsam »an alles« gedacht hat. Das Komplexitätsproblem wird noch verschärft durch den Umstand, daß die Investmentbanken diese Komplexität nicht einfach an ihre Kunden weiterreichen können. Im Gegenteil: Das umfangreich erhobene Datenmaterial muß im Zuge organisationsinterner Prozesse auf eindeutige Empfehlungen verdichtet werden, weil ausgedehnte und potentiell mehrdeutige Analysen die Kundenbedürfnisse nicht befriedigen würden. Die Banken müssen Umweltkomplexität an ihren wissensbasierten Prozessen zu eindeutigen, prägnanten und weltweit einheitlichen Entscheidungshilfen kondensieren lassen und gleichzeitig dafür sorgen, daß auf der Kundenseite das Vertrauen erhalten bleibt, daß die Investmentbanker die Umweltkomplexität »im Griff« haben. „What is crucial is the valuation placed on analytic frameworks having to do with economic and financial advice. This valuation has grown because of the increased uncertainty resulting from greater volatility of international financial transfers. Corporations and governments want to reduce or at least specify the amount of risk they are assuming“ (Sinclair: 1994, S. 143).

Beide Probleme, also sowohl die interne Verarbeitung von Unsicherheit und Komplexität als auch die Stabilisierung von Vertrauen und Legitimität werden wie es scheint durch wissensbasierte Geschäftsprozesse, die als »technischer Kern« einer Investmentbank fungieren, bearbeitet. Die Geschäftsprozesse werden dabei modelliert als stringente und konsistente Entscheidungsverfahren, die durch eine formale Festlegung von Entscheidungsverläufen und Bewertungskriterien das organisatorische Grundgerüst einer Investmentbank bilden. Die Prozesse gliedern sich in aufeinander bezogene Sequenzen, markieren Abschlüsse der Informationssuche, sorgen für eine zielführende Aufbereitung der Informationen und fixieren auch die Richtlinien, nach denen dann eine Entscheidung als gerechtfertigt erscheinen kann. Neben der organisationsinternen Koordinationsfunktion wissensbasierter Prozesse erfüllt diese Form der Vorgehensweise eine wichtige legitimatorische Funktion, die auf den umweltbezogenen Darstellungszweck hin konfiguriert ist. Nur wenn die Umwelt einer Investmentbank gleichsam »berechtigt« davon ausgehen kann, daß die Expertise der Bank rational erzeugt wurde, daß bestandsfestes Wissen und nicht fromme Wünsche die Basis der in »guten Rat« und formalisierte Vorgehensweisen gegossenen Komplexitätsreduktion bildet, kann sich in einem ausreichenden Maße Systemvertrauen bilden. Die Form des Systemvertrauens gründet sich im Unterschied zum persönlichen Vertrauen nicht auf Personen, sondern auf formale Regelsysteme zur Einschätzung und Absicherung, es setzt also die Abstraktion von persönlicher Bekanntschaft voraus (Luhmann: 1989, S. 50 f.). Das Vertrauen in ihre Urteilsfähigkeit wird von den Banken unter anderem durch Plausibilität erzeugende Analysen der Umstände konsolidiert. Prototypisch zeigt sich dies etwa bei den Wertpapieranalysten, die ihre Empfehlungen zum Kauf oder Verkauf bestimmter Wertpapiere durch zum Teil extrem umfangreiche Dokumentationen und Analysen plausibilisieren. Die Befolgung formalisierter Verfahren und Prozeduren dient einerseits der internen Komplexitätsreduktion und andererseits auch der Zelebration von Richtigkeit und der symbolischen Repräsentation von Rationalität auf der »Schauseite« der Investmentbanken. Die Organisation weist sich der Umwelt gegenüber als rational handelnd aus und verschafft sich auf diese Weise Vertrauen: „Rationalität wird damit zu einer legitimatorischen Fiktion" (Luhmann: 1993, S. 9). Wissensbasierte oder lernbereite Geschäftsprozesse haben also neben ihrer wichtigen internen Koordinationsfunktion auch mit der ritualisierten und symbolischen Repräsentation von wissensbasierter Rationalität zu tun, die so viel Vertrauen und Legitimität auf sich beziehen kann, daß die externe Anschlußfähigkeit der Empfehlungen, Produkte und Standardverfahren der Banken gewährleistet ist. Die Ambiguitäten der täglichen Arbeit, die Notwendigkeit, Unentscheidbares als entscheidbar und auch noch als rational entscheidbar darzustellen, betont die latente Funktion von Investmentbanken als *Systems of persuasion* (Alvesson: 1992, S. 1011), die sowohl intern als auch extern genügend Erwartungssicherheit produzieren müssen, um die Unsicherheit der Lage »sicher« abzufangen. Kunden und Mitarbeiter der Investmentbanken sind auf die rituelle Beschwörung von Wissen als rationaler Handlungsgrundlage angewiesen, gerade auch in Fällen, in denen ganz klar ist, daß sich hinterher mindestens ein Wissensanspruch als falsch herausstellen wird (wir denken etwa an die gegenläufigen Bemühungen zweier Investmentbanken bei feindlichen Übernahmen).

Die Pointe der Unsicherheits- und Komplexitätsreduktion durch Investmentbanken besteht nun gerade darin, daß die Unsicherheit, die von ihnen so mühevoll absorbiert wird, nicht einfach »in der Welt« vorkommt, sondern eine Art »endogene Unsicherheit« darstellt. Sie ist das Resultat politischer, wirtschaftlicher und wissenschaftlicher Kommunikation, und nur auf diesem Hintergrund ist zu verstehen, daß die Investmentbanken auf der Sachebene ihrer Kommunikation im Wirtschaftssystem (in Form von Prognosen, Analysen, Strategien, produktförmigen Problemlösungen usw.) integraler Bestandteil eines Systems sind, das sich Unsicherheitszonen und Komplexität zu einem großen Teil *selbst* schafft und dann (Wohl *und* Übel zugleich) auch bearbeitet.[6] Investmentbanken müssen also Unsicherheiten reduzieren (und Risiken eingehen), die sie zum Teil selbst erzeugt haben. So wies ein ehemaliger Chefökonom der Investmentbank First Boston darauf hin, daß die Jagd nach harten ökono-

---

6 Es läßt sich nicht pauschal sagen, wie groß der Anteil selbst angefertigter Unsicherheit ist, weil dies von den spezifischen Problemen der Organisation abhängt, die von der Investmentbank betreut wird. Für einen Tabakhersteller wird die Unsicherheit des Rechts und medizinischer Ergebnisse usw. eine größere Rolle spielen als die Frage, ob man eine Fabrik in Südamerika kaufen sollte.

mischen Fakten als Leitsystem für das Entscheiden in den Handelsräumen der Investmentbanken nicht dienlich ist und sogar zu Fehlern führen kann, weil nicht die Wirklichkeit der Wirtschaft »draußen« das entscheidende Bezugssystem ist, sondern das Verhalten der anderen Trader die relevante Wirklichkeit erst schafft: „*Traders must and do therefore respond literally instantly to all news to which they think other traders might respond. Whether the news is considered economically significant or even true is immaterial. Moreover, it is well known that crowds generate, transmit, and respond to messages (rumors included) very differently from individuals*" (Zitiert nach Greider: 1987, S. 124). Die Globalisierung und die Volatilität der Märkte, die Vielzahl potentiell erfolgversprechender Investitionsmöglichkeiten, die unüberschaubare Masse an vermeintlich »sicheren« und »riskanten« Wertpapieren und dazugehörigen Analystenmeinungen, all diese Faktoren erzeugen bei den Kapitalmarktteilnehmern und auch den Investmentbanken selbst Unsicherheiten und Risiken, die durch symbolische Politik wieder eingefangen und gebändigt werden müssen: „*Wir müssen dem Kunden zeigen: We are the best, we can do that!*" (S:2). Indem etwa die *financial engineers* auf der Suche nach Liquidität beständig neue Wertpapiere erfinden, wird durch die damit verbundene Unsicherheit auch ein Bedarf für Expertenmeinungen, Analysen und Beratung erzeugt. Die Kenntnisse über die Strukturen und Funktionsweisen der Finanzinnovationen dienen dann als Basis der Beratung von Unternehmen und Anlegern (vgl. Jacob und Klein: 1996, S. 27). Und indem Investment Banking-Strategen neue Themen erfinden, erzeugen sie dazugehörigen Beratungsbedarf: „*Irgendwann brachte jemand von uns die Chemieindustrie auf die Idee, daß es jetzt um Life-Science geht, und alle haben wie wild angefangen, Firmenteile zu verkaufen und neue hereinzuholen*" (O:2). Innerhalb der Investmentbank werden Stellen ausdifferenziert, die Ideen und Strategien über bestimmte Branchen und für einzelne Firmen produzieren: „*Das ist sozusagen unser Think-tank für die Chemie-Branche*" (O:2). Diese Strategen halten den Kontakt zu den Unternehmen und versuchen, ihre Ideen zu plazieren: „*Die heißen IBS – Invetsment Banking Services. Deren Job ist es, meinetwegen 15 Unternehmen zu betreuen, auf der Eigenkapitalseite auf der M&A-Seite und denen unsere Produkte anzubieten, Strategien zu entwickeln und zu sagen: In der Industrie, was die natürlich sowieso sehen, sehen wird die folgenden Trends, aus dem und dem Grund sollten Sie vielleicht mal sehen, was Sie mit dem und dem Geschäft machen. (...) Deren Geschäft ist im Grunde nur Akquise von Geschäft*" (R:3). In der Kommunikation fallen Problem (Unsicherheit) und Lösung (Wissen) zusammen, wenn es den Bankern in der Interaktion mit den Kunden gelingt, in ausreichendem Maße Vertrauen für das eigene Wissen zu erzeugen.

Das zentrale Argument lautet also, daß Unsicherheiten und Risken nicht einfach »da draußen« sind, sondern durch die Kommunikation spezifischer Systeme hergestellt wird und daß das damit verbundene Nichtwissen über »richtiges« bzw. »sicheres« Entscheiden und Handeln ein ungeheures Potential für Strukturentfaltung bereitstellt. Die Innovationen, die auf den Finanzmärkten in den zurückliegenden zwanzig Jahren zu grundlegenden Veränderungen geführt haben, wären ohne Nichtwissen nicht zu erschaffen gewesen. Die Funktionen der Investmentbanken werden in der nachfolgenden Abbildung zusammengefaßt.

Abb. 2 Zur Funktion von Investmentbanken

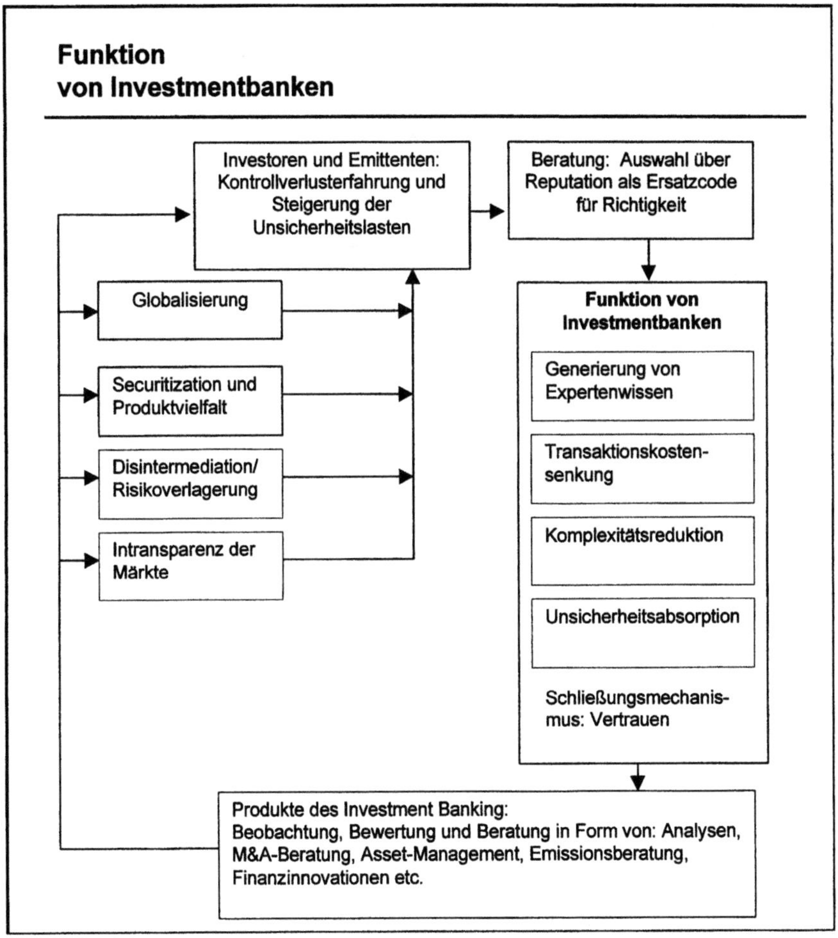

Die Investmentbanken begegnen den neuen Risiken insbesondere auch mit wissenschaftlichem Wissen, das die Art und Weise, wie auf den Finanzmärkten Funktionen erfüllt werden, grundlegend geändert hat. Instrumente wie *Optionen*, *Futures* und *Swaps*, die eine effektivere Risikoallokation erlauben, wären ohne entsprechende finanzmathematische Formeln und sonstige Erfindungen nicht zustande gekommen. „Many of these innovations lay hidden in academic journals for years, unnoticed by Wall Street until the financial turbulence of the early 1970s forced practitioners to accept the harsh truth that investment is a risky business. This was the key insight that the academics brought to Wall Street“ (Bernstein: 1992, S. 7). Und der Versuch, Risiken beherrschbar und Märkte liquide und effizient zu machen, hat nun wiederum neue Risiken hervorgebracht: „Stocks and bonds, for example, by their very nature, invite speculation and even corruption: No one buys them with the lofty purpose of making the allocation of the nation s capital more efficient. People buy them only in the hope of catching a ride on the road to riches“ (ebd.). Auch Finanzmathematiker können nicht in die Zukunft schauen. Die nobelpreisträchtigen Formeln, mit denen sich etwa der Wert von Derivaten errechnen läßt, haben die Baringskatastrophe nicht verhindert, sondern mit erschaffen. Man handelt sich also das eine mit dem anderen ein. Aus diesem Grund notiert Bernstein im Financial Analysts Journal:

„But time has proven once again that the world does not come in neat and familiar packages. In a world that is changing faster than any of us can understand, risk seems less amenable to measurement than most investors had come to believe. The result is that tried-and-true methods of risk management are on the defensive, even though risk aversion is as intense as ever – perhaps more intense than ever. An explosive demand for novel forms of containing risk is developing, some of which, I fear, may in the end make markets more risky rather than less“ (Bernstein: 1995, S. 11).

Das Streben nach mehr Sicherheit erzeugt also auch ein Mehr an Unsicherheit, die wiederum als (Geschäfts-)Grundlage für daran anschließende Entscheidungen und Handlungen dient. Der Börsenkrach vom Oktober 1987 hat zur Entwicklung von Risikomanagment-Konzeptionen und -Abteilungen im derivativen Handelsbereich geführt, die nur dem Zweck dienen, Verluste aufgrund starker Marktbewegungen oder allzu riskanter Operationen der Händler zu verhindern. Auf diese Weise animieren die im Wirtschaftssystem selbst erzeugten Unsicherheiten auf dem Hintergrund zunehmender Globalisierung der Kapitalmärkte, hoher Volatilitäten (Standardabweichungen) und einer wachsen Vielfalt und Komplexität der derivativen Produkte zu neuem Risikowissen, dessen Folgen wiederum nicht mitbeobachtet werden.

2.2.2 Organisation und Gesellschaft: Grenzen der Differenzierung

Investmentbanken repräsentieren einen neuen Typus moderner Organisationen, deren Produktivgut aus Expertisen besteht und deren Genese und Reproduktion über wissensbasierte Geschäftsprozesse vollzogen wird. Die Besonderheit von Investmentbanken besteht darin, daß diese als weltweit operierende Organisationen zwei Merkmale einer sich abzeichnenden

Weltgesellschaft in sich vereinen: Als Entscheidungssysteme verweisen sie in ihren Infrastrukturmustern auf Aspekte einer sich allmählich ausprägenden Wissensgesellschaft; in ihrem Beziehungsgefüge zur Gesellschaft bearbeiten sie in zeitlicher Hinsicht einen Aspekt, der jenseits der Zuständigkeit einzelner funktionaler Teilsysteme liegt und im Slogan der Risikogesellschaft sein Pendant gefunden hat. Wenn man sich am Primat funktionaler Differenzierung orientiert, beschreibt die Risikoproblematik einen in der Zeitdimension zu verortenden Themenkomplex, deren Akutwerden offensichtlich mit der Differenzierungsform der modernen Gesellschaft selber zusammenhängt und insofern nicht auf den Operationsmodus eines der Funktionssysteme selbst reduzierbar ist. Die Dimension des Risikos als Strukturproblem macht also auf die wichtige Tendenz einer Selbstgefährdung der modernen Gesellschaft aufmerksam, die sich in ihren Effekten auch an die Adresse von Interaktionen und Organisationen richtet und insofern auf Veränderungsprozesse in diesen Sektoren verweist.

Die so benannte Forschungsperspektive erfaßt zwei Dimensionen im Bereich der Risiko- und Steuerungsproblematik globaler Strukturen. Auf der einen Seite geht es um die Remodellierung von Unsicherheit auf der Grundlage wissensbasierter Geschäftsprozesse, die sich aus der Globalisierung der Kapitalmärkte für das Wirtschaftssystem ergibt. Weil Wissen die Annahme von Kommunikationen wahrscheinlich macht, indem es als »Gewißheit« Vertrauen und Legitimität erzeugt, erlaubt Wissensbasierung die Überführung genuiner Unsicherheit in tragfähige Risikoannahmen. Investmentbanken können dadurch Risikobelastungen im Rahmen begrenzter Rationalität halten und erlauben es ihren Adressaten, unter Unsicherheit »sicher« zu entscheiden. Eine wichtige Frage dabei ist, wie diese Funktion auf Dauer gestellt wird. Auf der anderen Seite geht es um die Analyse der nicht-intendierten Folgewirkungen, die sich aus der Legitimität wissensbasierter Beobachtungs- und Entscheidungsprozesse ergeben. Die Pointe besteht dann darin, daß deren Folgen selbst wiederum gerade nicht (wissensbasiert) mitbeobachtet werden. Vor diesem Hintergrund repräsentieren Investmentbanken einen neuen Organisationstypus, der sowohl auf einen die jeweilige Struktur der Moderne kennzeichnenden Entwicklungsstand (Wissensgesellschaft) und zugleich auf einen hierdurch bedingten Problemzusammenhang (Risiko) verweist.

Wenn man sich am Primat funktionaler Differenzierung im Sinne Luhmanns orientiert, fällt auf, daß es mindestens drei Themenbereiche gibt, die in deutlicher Abweichung vom normalen Duktus einer Systemtheorie der modernen Gesellschaft behandelt werden. Und zwar gilt das in der Zeitdimension für den Themenkomplex Risiko, in der Sachdimension für den Themenkomplex Ökologie und in der Sozialdimension für den Themenkomplex Exklusion. Es handelt sich hierbei um gesamtgesellschaftlich relevante Problemlagen, deren Akutwerden offensichtlich mit der Differenzierungsform der modernen Gesellschaft selber zusammenhängt und insofern nicht auf den Operationsmodus eines der Funktionssysteme selbst reduzierbar ist. In genau diesem Sinne könnte man auch von Folgeproblemen funktionaler Differenzierung sprechen.

Das bedeutet zum einen, daß man die Risikofrage, die ökologische Frage und die Frage nach Exklusion an alle Funktionssysteme stellen kann, weil die Vermutung besteht, daß sie in jedem von ihnen nach Maßgabe der jeweiligen Eigenfunktion relevant werden. Und es bedeutet zum anderen, daß es schwerfallen dürfte, eine exklusive Zentralkompetenz für die Betreuung solcher Probleme auszudifferenzieren und sie sodann in der Form eines weiteren Funktionssystems auf Dauer zu stellen. Damit entfällt der in dieser Gesellschaft typische Hauptmechanismus der Erzeugung und Reproduktion anspruchsvoller Problemlösungen. Eher schon könnte man sagen, daß hier so etwas wie immanente Grenzen einer bestimmten Differenzierungsform sichtbar werden, die nicht durch nochmalige Anwendung des Differenzierungsprozesses auf seine eigenen Resultate überwunden werden können. Risiko, Ökologie, Exklusion – das sind Formeln für Sperren einer im Ergebnis rein involutiven Gesellschaftsentwicklung.

Wenn man nun davon ausgeht, daß die Risikodimension zu denjenigen Erscheinungen der Moderne gehört, denen keine exklusive Funktion eines sozialen Systems zugewiesen werden kann, wird plausibel, weshalb gerade auf der Ebene der Organisationen, die als einzige soziale Systeme Leistungsbeziehungen miteinander eingehen können, ein spezifischer Typus ausgebildet wird, der genau dieses Defizit bearbeitet. Wenn die These richtig ist, daß es sich bei der Risikodimension um ein Folgeproblem funktionaler Differenzierung handelt, wird der globale Wirkungsmechanismus von Investmentbanken schnell einsichtig.

Aber es gibt noch eine weitere Schlußfolgerung, die sich aus diesen Überlegungen ableiten läßt. Da die exklusive Zuständigkeit des politischen Systems für die Bearbeitung der Risikoproblematik entfällt, liegt es nahe, daß auch die traditionellen Steuerungsformen wie Demokratie und Macht im Bereich der Politik und der transnationalen Steuerungsmöglichkeit über das Recht keine adäquaten bzw. hinreichenden Alternativen darstellen. Da die systemeigenen Strategien nicht in der Lage sind, Folgeprobleme funktionaler Differenzierung hinreichend zu bearbeiten, kann das Vertrauen in die Wirksamkeit der politischen und rechtlichen Steuerungsregime in bezug auf die Risikodimension auch nicht hinreichend hergestellt werden. Investmentbanken sind als Organisationen anzusehen, die im Prinzip unlösbare Probleme auf der Ebene der Gesellschaftsstruktur so bearbeiten, daß innerhalb der Gesellschaft der Eindruck hergestellt wird, als ob Risiken rational durchkalkulierbar wären. Die so geschaffenen Scheinwelten der Objektivierung und Versachlichung haben die Funktion, Spannungen zu stabilisieren, unterschiedliche, oft gegensätzliche Anforderungen zu überbrücken und in sozialer Hinsicht Annahmebereitschaft zu intendieren und »Trost zu spenden«. Hierbei ist zu bedenken, daß allein schon der Versuch und die sich daraus ergebenden Handlungsorientierungen neue Risiken produzieren, die in der Gesellschaft wirksam werden.

Gesellschaftstheoretisch liegt diesem Wandel letztlich die These zugrunde, daß eine Organisation sich insofern von der Gesellschaft unterscheidet, als es sich bei Entscheidungssystemen immer um den Versuch der Zuspitzung von Kommunikation (Unsicherheitsabsorption) handelt, wohingegen es der Gesellschaft um Offenhalten von Kommunikationen geht. Vereinfacht ausgedrückt könnte man auch sagen, daß Organisationen sich je nach Bezugssystemorientierung an den Folgeproblemen funktionaler Differenzierung im Interesse des Systembestandes abarbeiten. Die sich aus dem Primat funktionaler Diffferenzierung ableitenden Folgeprobleme bilden somit wichtige Katalysatoren für Variations-, Selektions- und Redundanzdynamiken, ohne daß die Organisation das Folgeproblem selbst als Problem der Gesellschaft erkennt, geschweige denn zu lösen beabsichtigt. Erst in den Geschäftsprozessen der Investmentbanken wird die Grenzlinie zwischen *sichtbar* und *unsichtbar* gezogen, und der Geschäftsprozeß selbst bleibt der blinde Fleck der Unterscheidung. Nur vor diesem Hintergrund wird die enorme Dynamik und hohe Legitimität verständlich, die sich in den letzten Jahren auf den Kapitalmärkten im Zusammenhang mit der Genese von Investmentbanken ausgebildet hat.

Vor dem Hintergrund der zunehmenden legitimatorischen Bedeutung von Investmentbanken für die Gesellschaft liegt es nahe, auf organisationssoziologische Ansätze des Neoinstitutionalismus zurückzugreifen. Deren Vertreter gehen davon aus, daß Prozesse gesellschaftlicher Institutionalisierung maßgeblich den Hintergrund für organisationsinterne Institutionalisierungen bilden. Gesellschaftlich vorkonstruierte Wissenselemente, Rationalitätsstandards und Anforderungsprofile aus der Umwelt des Systems werden von der Organisation übernommen, in den formellen Strukturaufbau integriert und prägen dann, so die These, die weiteren Entscheidungsmuster des Systems bzw. einzelner Organisationssegmente. Die institutionelle Umwelt einer Organisation repräsentiert insofern mit ihren wie auch immer sozial konstituierten Rationalitätsmythen, formalisierten Rechts- und Geldwertsystemen sowie kulturellen Wertschemata wichtige Quellen für organisationsinterne Restrukturierungs- bzw. Anpassungsleistungen, die nicht mehr weiter hinterfragt werden (vgl. Berger und Luckmann: 1980; DiMaggio und Powell: 1991).

Meyer und Rowan argumentieren, daß Organisationen sich an institutionalisierten Mustern dessen orientieren, was sich als Rationalität festgesetzt hat, wobei marktmächtige Organisationen ihre eigenen Ziele und Rationalitäten als institutionalisierte Regeln in die Gesellschaft tragen können (Meyer und Rowan: 1991, S. 49). Weniger potente Organisationen müssen sich an die Rationalitätsmuster anderer Organisationen hängen und schaffen in ritualisierter Konformität Strukturen, die nicht den *Aktivitäten* der Organisation, sondern vielmehr den institutionalisierten Mythen dessen, *was als richtig gilt*, gerecht werden (vgl. auch Alvesson: 1992, S. 1003). Es werden strukturelle Elemente adaptiert, die die Legitimität der Organisation begründen sollen. Unter diesen Bedingungen konstruiert die symbolische Darstellung von

Angemessenheit die Sachlage, und es findet ein »strange loop« zwischen Symbol und Realität statt, indem angemessene Präferenzen der Demonstration bedürfen und umgekehrt die Symbolik konkrete Anwendungen benötigt.

Für Organisationen besteht nun das Dilemma gerade darin, daß beide Umwelten, technische und institutionelle, zum Entstehen »rationaler« organisationaler Formen führen, aber jeder Umwelttypus mit einer unterschiedlichen Konzeption von Rationalität verbunden ist. „Technische Umwelten betonen eine Rationalität, die Vorschriften umfaßt, die Mittel und Zwecke in einer Form in Übereinstimmung bringt, die in effizienter Weise vorhersagbare Ergebnisse produziert. Institutionelle Umwelten betonen einen anderen Aspekt von Rationalität: anderen Akteuren Gründe liefern, die Handlungen verständlich und akzeptabel erscheinen zu lassen" (Walgenbach: 1995, S. 276). Die Stärken dieses Ansatzes liegen darin, daß man mit ihm zum einen die Auswirkungen institutioneller Umwelten auf Organisationen untersuchen und zum anderen den langfristigen Wandel von Organisationen in bezug auf gewisse Entwicklungstrends erklären kann.

Für moderne Gesellschaften gilt prinzipiell, daß Folgeprobleme funktionaler Differenzierung, sofern sie denn von wissensbasierten Organisationen bearbeitet werden, auf zwei Ebenen Veränderungsprozesse in Gang setzen: Auf einer strukturellen Ebene kommt es zu einer Modifikation der rechtlichen Rahmenbedingungen, der Ressourcenstrukturen, der relevanten Umweltakteure, der Modifikation von Zielsetzungen und Angebotsspektren, der jeweiligen Selbstdarstellung und gesellschaftlichen Positionierung. Die Organisationen der Investment Banking Industrie wurden auf dem US-amerikanischen Markt zu Beginn des Jahrhunderts durch Rechtsetzung massiv unterstützt: „The courts began to decide that the trustee of a pension fund or of a child´s inheritance could be held liable for bad investing if he did not take advice. (...) It was so in Rome: a consul who ignored the advice of the college of augurs was liable to prosecution after retirement. America decided through ist judges that an industry giving advice on the stock market should come into existence, whether or not it was worthless. It did, and it was" (McCloskey: 1988, S. 397). Auf einer eher symbolisch-institutionellen Ebene wandeln sich die vertrauten normativen Grundlagen der Legitimation einer Organisation (vgl. Pfeffer: 1981). Die Investmentbanken tragen dazu bei, daß es bei den Kundenorganisationen (private *und* öffentliche Einheiten) zu einem Übergang von einer Ergebniskontrolle (technische Umwelten) zu einer Prozeßkontrolle (institutionelle Umwelten) kommt. Organisationen lassen sich von Investmentbanken helfen, weil sie im Wettbewerb unsicher sind und deshalb den Standard erfolgreicher Organisationen kopieren, um dem Konkurrenzdruck und Wettbewerb standzuhalten und damit ihre Legitimation zu erhöhen. Je mehr also Organisationen auf dem Kapitalmarkt aktiv werden wollen, um so eher müssen sie Voraussetzungen erfüllen und Eigenschaften entsprechen, die genau hier gefordert sind.

Investmentbanken lösen Probleme, die sie selbst erfunden haben. Mit ihrer Hilfe werden privatwirtschaftliche und staatliche Akteure nicht nur in die Lage versetzt, äußeren Rationalitätsnormen und Erwartungshaltungen zu entsprechen und somit Legitimität bzw. Autorität im Zuschreibungsprozeß für sich verbuchen zu können, sondern es kommt noch eine andere Dimension in Betracht. Durch das im Rahmen der Beratung generierte Wissen erhalten Organisationen auch zusätzliche Informationen und versetzen sich ggf. in die Lage zu lernen bzw. Reflexionsprozesse auf den Weg zu bringen. Lernen und Erfahrung führt nach March zur Erweiterung und Änderung der Regeln und Ideologie, was für die Handlungsfähigkeit von großen Organisationen von großer Bedeutung ist, um überhaupt wettbewerbsfähig zu sein und global als Akteur in Erscheinung treten zu können. Die Dienstleitungen der Investmentbanken regulieren daher nicht nur bestehende unlösbare Probleme, sondern sie kreieren auch Standards für die Ausübung spezifischer Rollenmuster und liefern Kriterien für die Fehlerbehebung, für Sanktionsmechanismen und Antriebe des Lernens sowie für die Zuschreibung von Verantwortung. Das kann durchaus dazu dienen, zu rationalen Strukturen der Geschäftsführung zurückzukehren, wenn sich Irrationalitäten in nicht legitimierte Handlungen eingeschlichen haben.

2.2.3 Das Kapital der Banker: Wissen, Reputation und Beziehungen

Obgleich Investmentbanken an zentraler und gleichsam »schrittmachender« Stelle im kapitalistischen Wirtschaftssystem plaziert sind, befinden sie sich wesenhaft eher an der »sicheren« Peripherie des Geschehens. Zu Zeiten von Erschütterungen des Finanzsystems stehen viele Investmentbanken bezüglich der Risikoexposition des von ihnen eingesetzten Kapitals nicht zwingend inmitten des Epizentrums, denn das Geld, das aufgrund ihrer Ideen und Vorschläge Raum und Zeit überwindet, ist von - Sonderfällen abgesehen[7] - zumeist das anderer Leute, für deren Handeln die Banker keine Verantwortung übernehmen. Ihre Kommissionen streichen sie ein, unabhängig davon, ob die Aktienkurse steigen oder fallen, und ihre »advisor fee« bekommen sie, gleichgültig, ob die feindliche Übernahme eines Unternehmens für ihren Mandanten ein finanzieller Erfolg wird oder nicht. Gleichwohl sind hohe Umsätze und Gewinne im Investment Banking von einem positiven Klima an den Finanz-

---

7 Es ist die Gier, die viele Investmentbanken dazu verleitet, in riskantem Umfang auch eigene Positionen aufzubauen. Diesbezügliches Anschauungsmaterial lieferten die jüngsten Asien- und Rußlandkrisen. Dazu kommen Ausnahmen, in denen Investmentbanken für die Verluste ihrer Kunden zur Verantwortung gezogen wurden. Zumeist geht es dabei um Unterlassungen: So hat der kalifornische Landkreis Orange County, nachdem er durch riskante Spekulationen zahlungsunfähig geworden war, eine ganze Reihe großer Investmentfirmen auf Schadensersatz verklagt, weil diese die Finanzbeamten nicht genügend auf die mit den Spekulationsgeschäften verbundenen Risiken hingewiesen hätten.

märkten abhängig. Ihre finanziellen Risiken aber beschränken sich oft auf ihre eigenen fixen und variablen Kosten (insbesondere für Personal, Technologie und globale Präsenz), den (nicht unwichtigen) Eigenhandel mit Wertpapieren aller Art (»proprietary trading«), und das Emissionsgeschäft, bei dem die Investmentbank dann unter Umständen das Risiko der Plazierung von Wertpapieren, die entweder durch Gläubigerrechte (Anleihen) oder Anteilsrechte (Aktien) verbrieft sind, bei den Investoren übernimmt (»underwriting«). Gerade die Risiken des Underwriting zeichnen sich aber durch einerseits weitreichende Kontrollmöglichkeiten und andererseits durch Möglichkeit zur Aufspaltung im Rahmen von Syndikaten aus.

Allerdings sind im Hinblick auf den Kapitaleinsatz auch gegenläufige Tendenzen zu beobachten. Immer häufiger werden bei den Investmentbanken z.B. Überbrückungskredite (»bridge loans«) nachgefragt, um etwa eine Unternehmensübernahme kurzfristig zwischenzufinanzieren. In den meisten Geschäftsfällen aber geben die Banker zwar guten Rat, können aber – von Ausnahmen abgesehen – nicht dafür verantwortlich gemacht werden, wenn nicht das eintritt, was sie selbst prognostiziert haben. Mit anderen Worten: Die direkte Verantwortung für eingesetztes Kapital ist im Vergleich zum Geschäft der Commercial Banks geringer ausgeprägt. Aus diesem Grund vermerkt Waterman:

„Actually, if we could start from scratch, we would make a good argument for leaving out the word *banking* from the name *investment banking*. The connotation of banking, at least in the modern financial environment, pertains to that type of institution which actually assembles funds from savers or investors, supplements them with deposits created through credit and puts such funds to work under the guidance and management of the banking institution“ (Waterman: 1958, S. 10).

Investmentbanken generieren ihre Gewinne also nicht erstrangig durch den »riskanten« Einsatz von Eigen- oder Fremdkapital. Gleichwohl riskieren auch sie mit jedem Geschäftsvorgang einen bestimmten Besitz: *Reputations-* und *Beziehungskapital*. Diese beiden Kapitalformen sind für Investmentbanken von herausragender Bedeutung (analog gilt dies auch etwa für Unternehmensberater), da die Kunden über die Expertise der Banken nicht rein »sachlich« entscheiden können und objektive Vergleiche zwischen den Banken aus diesem Grunde nicht möglich sind. Weil rationale Qualitätskriterien für die Auswahl einer Bank entsprechend nicht zur Verfügung stehen, wird die Entscheidung für oder gegen die Zusammenarbeit mit einem bestimmten Finanzinstitut durch Reputationsdifferenzen der Banken und ggf. durch die Geschichte einer bereits vorhandenen Beziehung gesteuert (vgl. auch Luhmann und Fuchs: 1989, S. 225). Reputation kann seine Wirkung sowohl losgelöst von direkten Interaktionserfahrungen entfalten („*Wer Investment Banking buchstabieren kann, der kennt auch unseren Namen, der kennt den besonderen Ruf dieser Firma und geht dann davon aus, daß wir dort sind, wo die Luft ganz dünn ist, daß nur wenige das können, was wir können*“ (M:3)) als auch im Rahmen von Beziehungen gepflegt (und enttäuscht) werden („*Man kann noch so lange mit einem Kunden zusammenarbeiten, wenn massive Inkorrektheiten auftreten, dann ist das vorbei, dann geht er woanders hin*“ (M:3)).

Reputation stellt einen auf breiter Basis anerkannten Orientierungsrahmen dar, der aber immer erst durch einen Zuschreibungsprozeß der Kunden konstituiert wird. Er dient ihnen dann als funktionales Äquivalent für die prinzipiell unerreichbare Gewißheit, das richtige Investmenthaus ausgewählt zu haben und sich auf die Qualität der erbrachten Leistungen verlassen zu können. Auch kritische Kunden, die den Sirenengesängen nicht sofort erliegen, müssen ihre Auswahl- oder Testprozesse irgendwann stoppen und Kompetenz unterstellen. Es findet hier eine Übertragung überzeugender Argumentation von einem Fall auf den anderen statt (Krause: 1996, S. 150). Weil die Reputation einer Bank also ohne einen externen Beobachter (Kunde) nicht erzeugt werden kann, versuchen die Investmentbanken, zumindest diesen Fremdbeobachtungspozeß zu beeinflussen, u. a., indem sie ihre spezifische Expertise und besondere Vorgehensweise in ausgewählten Geschäftsfeldern am Beispiel erfolgreich durchgeführter Projekte mit Referenzunternehmen in dieser Hinsicht zu kapitalisieren suchen. Eine erfolgverheißende Darstellung vergangener Leistungen soll auf zukünftige Leistungspotenz verweisen und läßt Reputation am Namen bestimmter Personen, an Teams oder der Firma als Einheit kondensieren. Das Reputationskapital bietet einer Bank dann wesentliche Differenzierungsmöglichkeiten zu konkurrierenden Instituten.

Die finanzwirtschaftliche Forschung hat insbesondere im Zusammenhang mit der Emission von Wertpapieren die Bedeutung von Reputation nachgezeichnet (siehe etwa Carter et al.: 1992). Im Mittelpunkt steht dabei die Überlegung, „daß mit der Wahl bestimmter Investment Banken als Emissionsbegleiter Signale über die Qualität der Emission an die Investoren einhergehen“ (Jacob und Klein: 1996, S. 28f.). *„Wenn du 'ne Emission mit einer Bank aus dem »Bulge-bracket« machst, dann denken die Investoren: Aha, das ist auf jeden Fall Qualität, das ist geprüft und die stehen mit ihrem guten Namen dafür. Dann wird das gezeichnet, ganz egal was da nun dahintersteht, weil die denken, das kann ja kein Scheiß sein*“ (B:4).[8] Und in einer neueren Untersuchung versuchte Brockman zu zeigen, daß der Marktwert einer Investmentbank leidet, wenn ihre Reputation in Folge von Vertrauensbrüchen (überhöhte Preise, Verrat geheimer Informationen an Dritte usw.) Schaden erleidet (Brockman: 1996). Während Untersuchungen dieses Typs Reputation als quantifizierbare Größe und rationalen Indikator für Qualität beschreiben, weisen Eccles und Crane sehr deutlich auf die Konstruktivität und Wahrnehmungsabhängigkeit von Renommee und Prestige hin:

[8] Die Verwendung von Termini wie »Bulge-bracket« oder »Special-bracket« ist von der Investment Banking-Industrie selbst eingeführt worden und bezieht sich auf eine interne Differenzierung der Investmentbanken nach ihren Marktanteilen (vgl. Hayes et al.: 1983, S. 48).

„In a service business of unique deals, the customer does not buy a finished product that can be inventoried. In selecting an investment bank, the customer must base expactations about future performance on past experience, the experiences of others, and impressions gained from marketing presentations. Reputation has a strong influence on these expectations and impressions. And because reputation extends to particular people, customers will sometimes select an investment bank if they are guaranteed that certain people will work on the deal" (Eccles und Crane: 1988, S. 110).

Der Reputation geht in ihrem Konstruktionsprozeß die Spezialisierung für einen bestimmten Bereich des zu Wissenden voraus. M&A-Spezialisten müssen ein generelles Wissen über ökonomische, rechtliche, politische sowie sozio-kulturelle Besonderheiten im Zusammenhang mit dem Markt für Unternehmenskontrolle besitzen. Darüber hinaus sind Spezialkenntnisse über bestimmte Branchen und Länder sowie in der Finanzmathematik und der Erschließung von Informationen erforderlich (Storck: 1993, S. 103). Erst auf Basis eines allgemein anerkannten Kanons von spezialisierter Expertise kann dann Reputation gewonnen werden.

„Ich glaube, das ist wirklich 'ne Kombination dieser beiden Dinge, denn sowohl im Investment Banking als auch im Fixed Income, wo ich bin, ist es eigentlich so, daß die Leute schon schauen, wo steht dein Haus. Das heißt sie schauen auf League tables, welche Deals hast du gemacht. Das ist so'n pseudo-quantitativer Indikator für Reputation, warum machen Leute Transaktionen bei dir, warum glauben die Leute, du bist'n guter Underwriter, Advisor oder was auch immer. Auf der anderen Seite hilft dir deine Reputation immer auch nur bis zum bestimmten Grad, wenn Du dann, und das ist vielleicht der Back up dazu, wenn du dann halt nicht das Wissen bringst und die Erfahrung und eben auch so Sachen wie Global reach und all so Sachen und Transaktionserfahrung, also eben auch komplexe Transaktionen effizient und strukturiert durchführen zu können, wenn du das nicht kannst, dann nützt dir auch deine ganze Reputation nichts, dann hast du sie eben auch nicht, das ist irgendwo so eine Wechselwirkung. Das eine geht nicht ohne das andere" (R:3).

Das in der vorstehenden Selbstaussage auftauchende Argument lautet, daß Reputation in Abhängigkeit von objektiv erbrachten Leistungen zu betrachten sei, ganz so, als sei Reputation ein unmittelbares Ergebnis von eindeutig feststellbaren Erfolgen. Diese kultivierte Illusion wird befördert durch die von Fachzeitschriften veröffentlichten »league tables«, also Ranglisten, die in Anspruch nehmen, die Güte von in der Vergangenheit erbrachten Leistungen der Investmentbanken zu klassifizieren und den von den Investmenthäusern selbst geschalteten »Tumbstone adds«, in denen sie prestigeträchtige Deals mit bedeutenden Referenzkunden auflisten (siehe Anhang). Konventionelle Antworten auf Reputationsprobleme fallen üblicherweise entlang einer Konfliktlinie auseinander, die sich in unterschiedlichen Rationalitätsvorstellungen sichtbar macht: Die eine Antwort verweist auf substantielle Rationalität, die andere auf prozedurale Rationalität. Beide Antworten unterstellen jedoch die Idee, daß inhaltliche Aspekte ausschlaggebend für die Herstellung von Reputation seien. Wir gehen statt dessen davon aus, daß Reputation gerade davon abhängt, wie ein Wissen dargestellt und vor allem auch, *wie mit Hilfe von Wissen* dargestellt wird. Es geht also um einen bestimmten Modus von Kommunikation, der für die Generierung von Reputation unabdingbar ist.

Das Geschäft der Investmentbanken ist davon abhängig, Informationen und Wissen zu generieren und dieses dann kontextbezogen auf den Kapitalmärkten um- bzw. einzusetzen. Die Reputationsabhängigkeit der Investmentbanken verweist auf Bezugspunkte von Information und Wissen, die sich nur außerhalb des Leibniz-Universums von Wahrheit und dauerhafter Gültigkeit finden lassen. Die in der Welt der Investmentbanken vertretenen Wissensansprüche sind im Gegensatz zum Leibniz-Modell auf der Zeitachse instabil, in der Sache fast immer mehrdeutig und vor allem in sozialer Hinsicht äußerst sensibel, d. h. es hängt von den jeweils aktiven Kommunikationssystemen ab, welches Wissen als wissenswert erachtet wird, zum Einsatz kommt und dann auch bezahlt wird. Die Beziehung zum Kunden ist der »Ort«, wie ein Chemieanalyst es im Interview ausdrückte, „*where the rubber meets the road. Man muß hingehen zum Kunden, man muß ihn überraschen mit quasi wissenschaftlichen Methoden, mit unkonventionellen Ideen oder was, man muß seine Intelligenz präsentieren*" (S:1). Wie bedeutungsvoll das Zur-Schau-Stellen von Wissen ist, mußte das Feld der deutschen Aktienanalysten schmerzlich zur Kenntnis nehmen als sich zeigte, daß einflußreiche Studien zu den großen in der Bundesrepublik notierten Aktiengesellschaften zu einem immer größeren Prozentsatz aus der Feder ausländischer, zumeist in London ansässiger Analysten stammen. Heute trifft dies für weit mehr als 50 % aller Deutschland-bezogenen Studien zu. Die großen institutionellen Investoren bewerten die Qualität der britischen Analysen regelmäßig besser als das Research der deutschen Kollegen – entsprechend „*wandern viele Studien deutscher Analysten ungelesen in die Rundablage*" (S:1). Frühzeitig hatten die angelsächsischen Analysten die Bedürfnisse der Anleger erkannt und ihre Arbeitsform darauf eingestellt, indem sie sich von Stabsabteilungen zu Kundenabteilungen wandelten, die das Marketing von Wissen ernst nehmen und zunächst einmal darauf hören, was die Kunden hören wollen. „*Natürlich wollen sie Zahlen nachschlagen können, vor allem aber wollen sie eine überzeugende Story haben, die muß einen plausiblen, möglichst strategischen Drive haben. Und unter 10 Seiten sollte sie nicht haben, man muß das rein gewichtsmäßig auch spüren können, das da was drin steckt*" (P:1).

Aus der weiter oben bereits dargestellten funktionalen Bedeutung der Investmentbanken für die Absorption von Unsicherheit und dem Zwang, das eigene Reputationskapital zu mehren, ergeben sich wichtige Implikationen für die Art und Weise, wie Investmentbanken ihr Wissen darstellen und den Back-stage-Bereich der Leistungserbringung abschirmen. Damit Unsicherheit und Zweifel an der Leistungsfähigkeit der Bank effektiv abgebunden werden können, dürfen Zweifel und Mißtrauen nicht in die Beziehung zwischen Bank und Kunde einbrechen, weil dies die Bindungs- und Entscheidungsbereitschaft absenken würde. Dem Kunden wird der Blick hinter die Schauseite der Organisation möglichst verwehrt. Dies fällt um so leichter, je weniger Erfahrung der Kunde mit Art und Inhalt der Arbeit der Finanzexperten hat: „*Wenn jemand zum ersten Mal einen Investmentbanker sieht, denkt der doch: »These guys walk on water«, ja?*" (R:3) Nur »hinter den Kulissen der Organisation« (Palazzoli et al.: 1984) tauchen dann Probleme, Fehler und andere, die Kommunikationsbeziehung zum Kunden belastende Themen auf. „*Backstage wird alles besprochen: wie ne Transaktion gemacht wird, was gut läuft, was schlecht läuft und was man von den Leuten hält, alles. Das ist total offen. Die Atmosphäre, in der man intern arbeitet, ist total informell und total offen*" (R:3). Fronstage wird Wissen präsentiert, Unbestimmtheiten werden in den rückwärtigen Raum innerhalb der Bank verlagert: „*Also wenn du mit dem Klienten kommunizierst, ist das das Bild, das du projizieren willst. Die Leute sind professionell kontrolliert und wir projizieren eigentlich immer das Bild, das wir auch projizieren wollen. (...) Also die Aura der Unfehlbarkeit haben wir natürlich gern, klar, nich, das wird natürlich schon versucht zu projezieren. Auf jeden Fall, des, des, das versuchen die Leute, das versuchen ... wird von ner Firma ... grad wie wir auch ... wo wir glauben, daß wir recht nah an der Perfektion sind, ich glaub das* [Bank 3] *als Firma schon ... also schon ein super Service-provider ist. Ob man drin ist oder nicht, ist es immer noch eins der eindrucksvollsten Unternehmen. Vom Clientfocus, von der Qualität von der Expertise, von der Execution ist das schon ein Super-Unternehmen und insofern ... das möchten wir natürlich auch darstellen*" (ebd.).

Eigene Unkenntnis und Unsicherheit wird gegenüber dem Kunden weitgehend invisibilisiert und auch dies stellt einen Teil der Leistungserbringung dar, der allerdings nicht kommunizierbar ist und in einem Latenzbereich gehalten wird: „*Wenn richtig was schief läuft, dann muß man natürlich zum Kunden gehen und sagen: Okay, we made a mistake. Aber alles andere, wo man nicht weiß, mach ich's so oder so, was kommt da raus, wie soll ich weiterverhandeln, pokert man oder nicht, das muß man in diesem Business alleine machen, dafür wird man ja irgendwo auch bezahlt*" (R:3). Nichtwissen wird verdeckt, und Wissen dient nicht immer zweckrationalen Bezügen, denn neben Fällen, in denen Experten aufgrund einer relativ klar strukturierten Problemlage gerufen werden – etwa wenn man ein Loch im einer relativ klar strukturierten Problemlage gerufen werden (etwa wenn man ein Loch im Zahn oder in der Finanzierung hat) gibt es eine Form von Expertise, deren Nutzen nicht in der Lösung eines Problems besteht: „People need help with their problems even when the problems have no solutions - perhaps, especially then" (Starbuck: 1992, S. 737).

Information und Wissen dienen dann (auch) als Projektionsfläche für das Bestreben, rational zu handeln (oder so zu erscheinen) und richtig zu entscheiden (oder zumindest für intelligent gehalten zu werden). Das in Folge von Reputationsabhängigkeit praktizierte Darstellen mit Hilfe von Wissen dient dann weniger dazu, sich besser an die beobachtete Umwelt anzupassen als sich dieser gegenüber zu behaupten (vgl. Japp: 1996, S. 93). Gerade das Bestreben, unter dem Einsatz von »überlegenem« Wissen möglichst rational zu erscheinen, kann dann allerdings negative Effekte nach sich ziehen, die nicht mitbeobachtet werden.[9]

„The best analysts we know try very hard to be stupid and simpleminded. Sophisticated, well-connected people are bad analysts because, being well-connected, they start to think like the people around them. Bright and sophisticated people believe they know a great deal: They are intimately connected with highly placed friends, they go to meetings, get invited to give talks. They are in the know, so to speak. They know what Henry Kissinger and Alan Greenspan are saying at cocktail parties. They attend conferences at the Harvard Business School. They speak with partners at Goldman Sachs. They even speak with people at Microsoft. They are the best and the brightest.

From Henry Kissinger, they learned in 1977 that Iran would be a tremendous place to invest on the international scene. Alan Greenspan told them in 1982 that the economy could not recover unless the budget deficit was brought under control. At Harvard in 1990, they learned that Gorbachev was the man, and that Boris Yeltsin was a loudmouth bumpkin. They also learned that the Soviet Union, whatever its problems, would survive. At Goldman Sachs, in 1992, they heard how the Japanese economy would overtake the United States. From Microsoft in 1992, they learned that the Internet was not something that had to be taken seriously" (Baker et al.: 1997, S. 194 f.).

Um Reputation zu erhalten, muß Wissen als Wissen markiert werden. Damit wird zunächst einmal alles jenseits dieser Unterscheidung abgeblendet – gerade darin besteht ja die unsicherheitsabsorbierende Wirkung dieser Art von Komunikation. Abgeschirmt wird nicht nur das Nichtwissen, das latent immer mitläuft, auch die Wahrheit des Wissens wird unmarkiert mitkommuniziert. „Würde man die Wahrheit des Wissens betonen, würde gerade das Zweifel zum Ausdruck bringen, würde die Kommunikation vom Inhalt auf den Wahrheitswert ablenken und ihr die Möglichkeit geben, zur Wahrheitsfrage mit Ja oder Nein Stellung zu nehmen" (Luhmann 1992b, S. 134). Wissen wird markiert und steckt dann gleichsam als Gewißheit im Köcher desjenigen, der angibt etwas zu wissen. Ein Beobachter kann mit Hilfe eigener Unterscheidungen zwar sehen, worüber gewöhnlich nicht gesprochen wird und was selbst für den, der es eigentlich wissen müßte, in der Kompetenzfalle enden kann, aber als Kunde wird man, um Kontingenzlasten zu entgehen, davon besser absehen. Alvesson hat fünf funktionale Aspekte des Wissens beobachtet, über die Klient und Berater eher schweigen sollten: Wissen grenzt von Wettbewerbern ab (ich weiß was, was du nicht weißt); es dient als Mittel zur Überzeugung des Kunden; es sorgt organisationsintern für die perpetuierliche Stabilisierung von Zusammenhalt und Selbstvertrauen; es erzeugt Legitimität und Vertrauen, und schließlich hilft Wissen über Unsicherheit hinweg und unterdrückt damit Reflexionsbemühungen (Alvesson: 1992, S. 1011).

Wissensintensive Tätigkeiten haben vor dem Hintergrund des Gesagten also nicht allein mit einer von Rationalität getriebenen Anwendung spezialisierten Wissens zu tun. Vielmehr dient Wissen gerade auch einer Darstellungfunktion, die angesichts einer intransparenten Welt genügend Erwartungssicherheit produziert (um etwa irritierende Kommunikation abweisen zu

---

[9] Insbesondere James March hat auf den Umstand hingewiesen, daß Informationen in Organisationen auf eine Art Verwendung finden, die sich nur mit blauen Flecken in ein rationales Modell der Entscheidungsfindung integrieren läßt. Siehe March: 1990.

können), so daß dann unter Unsicherheit »sicher« entschieden werden kann. Der Duktus absoluter Entschiedenheit soll die Entwicklung dann in die gewünschten Bahnen lenken. Dieser besondere Kommunikationsmodus, der mit Hilfe von Wissen darstellt, arrangiert den Aufbau von Reputationkapital, das in seiner Mechanik für eine operationsbefähigende Schließung bei Entscheidungsproblemen sorgt.

Unsere Sylvesterbilanz darf nicht vergessen, auch alle diejenigen Dinge in Rechnung zu stellen, die uns im abgelaufenen Jahr ebenso hätten mißlingen können. Das Erreichte wird erst vor dem Hintergrund des Gefährdeten richtig bewertet.

Sigmund Graff

3. Organisiertes Erwarten

3.1 Organisation als Entscheidungssystem

Die wissenschaftliche Untersuchung eines Organisationstyps, als dessen herausragendes Merkmal die besondere Bedeutung des Wissens in den Operationen dieser Organisationen angenommen wird, hat in der zurückliegenden Dekade eine mächtige Konjunktur erfahren. Die hier anschließende Idee der Wissensarbeit zielt neben den gesellschaftlichen Leistungsbezügen (Forschungsperspektive I) darauf ab, sowohl einen besonderen Arbeitsinhalt als auch eine besondere Organisationsform von Arbeit zu kennzeichnen (Forschungsperspektive II). Die wissenschaftliche Debatte um »knowledge companies« und »intelligente Organisationen« hatte zunächst in den späten 80er Jahren in Schweden begonnen (Eliasson: 1990), sich dann aber rasch auf die US-amerikanische und auch japanische Organisationsforschung ausgeweitet und so eine weltweite Dynamisierung erfahren (Leonard-Barton: 1995, Quinn: 1992, Nonaka und Takeuchi: 1995). Wechselseitig wurden theoretische Übertragungen von der Makroebene und der Mesoebene der Gesellschaft vorgenommen und, z. B. den organisationalen Befunden entsprechend, Annahmen für die Gesellschaft als solche formuliert, die auf eine Zunahme der »knowledge-intensity« täglichen Handelns abstellten. „Modern society was, until recently, conceived primarily in terms of property and labor. (...) While these features have not disappeared, a new principle, »knowledge«, has been added that, to an extend, challenges as well as transforms property and labor as the constitutive mechanisms of society“ (Stehr: 1992, S. 5). Es wurden eine Reihe ethnographisch orientierter Organisationsstudien durchgeführt, die die These zu plausibilisieren suchten, daß die Moderne mit der Genese neuartiger Organisationen zusammenfällt, die fast gänzlich mit der Produktion von Wissen mit Hilfe von Wissen befaßt sind (siehe etwa Starbucks Studie über eine internationale Anwaltskanzlei von 1993). Schließlich ergaben sich auch auf der *Selbstbeschreibungsebene* bestimmter Organisationen vom Bezug auf Wissen geprägte Veränderungen. Allerdings läßt sich die Grenze zwischen glaubwürdiger Selbsteinschätzung und PR-orientierter Fiktion bei Organisationen, die sich selbst als wissensbasiert, wissensintensiv usw. beschreiben, nur schlecht markieren, weil der Hinweis auf Wissen gerade auch akquisitorischen Bemühungen geschuldet ist.

In der wissenschaftlichen Gemeinde hat sich trotz umfangreicher Forschungsanstrengungen bislang noch keine einheitliche Terminologie oder Definition dessen, was als wissensintensiv gelten soll, durchsetzen können. Mit jeweils leicht unterschiedlicher Schwerpunktsetzung wird von *knowledge-intensive*, *knowledge-based* und *information-based companies* bzw. *learning* und *intelligent organizations* gesprochen, wobei gerade die beiden letzten Begriffe auf den generellen *Umgang* mit Wissen und Information abheben und die ersten beiden eher auf die *Grundlagen* und *Inhalte* von Arbeit hinweisen. Gemeinsam ist allen diesen Ansätzen, daß es nicht allein um die Feststellung empirischer Befunde geht, sondern gerade auch um das »Projekt« der intelligenten Organisation von Wissen. „Today, in fact, the information-based organization is largely a fantasy" (Davenport: 1992, S. 53).

Zumeist wird dem theoretisch-empirischen Zugriff ein handlungstheoretisch konzipierter Wissensbegriff zugrundegelegt, und entsprechend häufig stehen Fragen danach im Vordergrund, wie man Wissen »besser« entwickeln, weitergeben, behalten oder einsetzen kann. Der Terminus *knowledge-intensive* wird dann in Analogie zur ökonomischen Begrifflichkeit gebildet und soll ausdrücken, daß im Unterschied zu kapital- und arbeitsintensiven Unternehmen Wissen der wichtigste Produktionsfaktor der so bezeichneten Organisationen ist. Das zentrale Problem dieser Analogie ist, daß Wissen sich einer eindeutigen Bemessung entzieht: es gibt keine Wissensmetrik. Zwar lassen sich Aussagen über die Höhe des Tagessatzes eines Unternehmensberaters treffen, aber der *Wert* der Beratung ist kontingent. Man kann nicht wissen, ob ein bestimmter Ratschlag der beste ist, den man hätte haben können. Jeder Bewertungsversuch von Wissen ist notwendigerweise systemspezifisch und damit kontextabhängig.

Vor diesem Hintergrund wirken Versuche, *wissensintensive* Organisationen zu definieren, fast etwas beliebig:

„Significant incidents of problem solving and non-standardized production; creativity on the part of the practitioner and the organizational environment; heavy reliance on individuals (and less dependence on capital) and a high degree of independence on the part of the practitioners; high educational levels and a high degree of professionalization on the part of most employees; traditional concrete (material) assets are not a central factor. The critical elements are in the minds of employees and in networks, costumer relationships, manuals and systems for supplying services; heavy dependence on the loyality of key personnel and – this is the other side of the picture – considerable vulnerability when personnel leave the company" (Alvesson: 1995, S. 6).

Andere Definitionsstrategien heben ab auf die Frage, wie ein Wissen zustandegekommen ist, also etwa ob das Wissen einer Organisationen durch ihre Mitglieder formal erworben wurde, oder ob es sich eher um »esoteric expertise« handelt, die gerade nicht in den höheren Bildungsinstitutionen zugänglich ist. So stellt etwa der von Starbuck zugrundegelegte Organisationsbegriff ungewöhnliches Wissen zentral. „In deciding whether a firm is knowledge-intensive, one ought to weigh its emphasis on esoteric expertise instead of widely shared knowledge" (Starbuck: 1992, S. 716). Starbuck weist auch auf die wichtige begriffliche Unterscheidung von Expertise und Daten hin. Plausibel macht er dies am Beispiel von Unternehmen, die zwar mittels moderner EDV-Technik große Mengen an Informationen verarbeiten (wie vielleicht eine Kreditkartenorganisation), dafür aber nur relativ wenig Wissen benötigen. Unternehmensberatungen hingegen würden im Beratungsfall relativ wenig Informationen prozessieren, dafür aber auf viel Wissen zurückgreifen.

Der zunächst vielleicht naheliegende Gedanke, man könne Expertiseorganisationen personenbezogen bestimmen und abgrenzen, indem man sich ihre Mitglieder im Hinblick auf deren Zugehörigkeit zu höheren Berufsgruppen anschaut, erweist sich jedoch als wenig brauchbar, weil die üblichen Kriterien, wie das Vorhandensein eines ethischen Kodex, einer systematisch-wissenschaftlich basierten Theorie, langer und formalisierter Ausbildungswege, relativer Autonomie, einer spezifischen Kultur der Berufsgruppe, einer geregelten Zugehörigkeit, Sanktionsmöglichkeiten durch die professionelle Gemeinschaft usw., auf viele neuartige Tätigkeitsbereiche nicht mehr durchgängig anwendbar sind (Alvesson: 1992, S. 998). Eine solche auf Personen und formale Ausbildungskriterien angelegte Definition von Wissensarbeit würde zwar Krankenhäuser, nicht aber Beratungsunternehmen als wissensintensiv kennzeichnen. Daß eine allein auf Personen abstellende Perspektive ohnehin zu kurz greift, hat sich inzwischen auch in der Idee der »eingebauten Expertise« manifestiert (Willke: 1998a, S. 2). So lassen sich auf organisationaler Ebene in Regeln, Standardprozeduren, Strukturen usw. kondensierte Formen des Wissens ausmachen, und auch auf der Outputseite der Organisation können etwa Finanzderivate oder Computerprogramme als komplexe Produkte mit eingebauter Intelligenz (oder eingebauter Ignoranz) bezeichnet werden, die eben gerade nicht mehr von den Personen abhängig sind, die sie erfunden haben.

Für das Verständnis organisierter Wissensarbeit ist das Verhältnis zwischen personalen und organisationalen Aspekten des Wissens von zentraler Bedeutung. „Um die neue Qualität heutiger Wissensarbeit verstehen zu können, sollte man sehen, daß es dazu nicht ausreicht, daß *entweder* die Person *oder* die Organisation, in welcher die Person agiert, wissensbasiert operiert" (Willke: 1998a, S. 29, Hervorhebungen im Original). Kognitive Leistungen fallen zwar zunächst auf personaler Ebene an, werden aber zu einem guten Teil von der Organisation genutzt. Viele Beobachtungs-, Analyse- und Dienstleistungen wären ohne organisationale Kopplung aufgrund ihrer Komplexität auch gar nicht denkbar. Wissensarbeit ist abhängig von den Kommunikationsmöglichkeiten, die durch die soziale Infrastruktur einer Organisation bereitgestellt und wahrscheinlich gemacht werden. Es deutet sich inzwischen an, daß der Erfolg wissensbasierter Organisationen, die in hochkomplexen und hochkompetetiven Umwelten operieren, in zunehmendem Maße von der Frage abhängig ist, ob ihnen die Inversion einer traditionellen Orientierung gelingt, die erstrangig auf intelligente Personen abstellt. Organisationen, in deren Sediment sich ein hohes Maß an systemischer Intelligenz verdichtet hat, versuchen sich gegen Fehlermöglichkeiten und Nachteile, die eine Abhängigkeit von einzelnen Mitarbeitern mit sich bringt, zu immunisieren.

„Die intelligente Organisation als »Ort« und Kontext für Wissensarbeit ist ... nicht nur bemerkenswert, weil sich mit Expertise ein neuer knapper Rohstoff und mit Wissen ein neues dominantes Produktionsmittel in den Vordergrund schieben. Einen möglicherweise tiefgreifenden Einschnitt bewirkt Wissensbasierung dadurch, daß mit Wissensarbeit sich der Sinn und die Existenzberechtigung von Organisationen ändern könnten. Die eigenständige Bedeutung der organisationalen Ebene gegenüber der Ebene von Personen und Mitgliedern schlägt auch auf den Bereich des Wissens (und des Lernens) durch. Dies heißt, daß es nicht mehr ausreicht, die Mitglieder einer Organisation mit dem erforderlichen Wissen und der adäquaten Expertise auszustatten. Auch die Organisation muß in ihren überindividuellen »anonymisierten« Regelsystemen und Geschäftsprozessen ein

Optimum an organisationalem Wissen und systemischer Expertise einbauen, um leistungs- und konkurrenzfähig zu bleiben" (Willke: 1998a, S. 27 f).

Die Güte einer solchen überindividuellen »Intelligenz« zeigt sich zum einen in Qualität und Revisionsbereitschaft der in den Regeln, Standardoperationen und Geschäftsprozessen geronnenen Manifestationen organisierter Wissensarbeit. Zum anderen findet sie ihren Ausdruck in einer Art systemischen Mißtrauens, in einer Kultur des Infragestellens, die den Zweifel lobt, ohne dabei auf Handlungsfähigkeit zu verzichten.

Wissensarbeit erscheint insofern sowohl personal als auch organisational basiert. Es wird darauf ankommen zu zeigen, in welcher Weise eine unter den Bedingungen der Moderne erzwungene Wissensbasierung sich in besonderen Formen der Organisation von Arbeit manifestiert und welche Voraussetzungen daran geknüpft sind. Für den Fall der großen Investmentbanken sind als treibende Kräfte von Wissensbasierung und Wissensarbeit die Globalisierung der Finanzmärkte, die damit verbundene Eskalierung des Wettbewerbs und eine rapide Expansion von Expertise auf seiten der Kunden selbst zu benennen. Unter diesen Bedingungen, so das Argument, weichen die traditionell starken Bindungen der großen institutionellen Kunden an die betreuenden Investmentbanken auf, und ein erfolgreiches Operieren am Markt wird mittelfristig für die Banken nur dann möglich sein, wenn die Organisation und ihre Mitglieder sich auf Wissensarbeit eingestellt und ausgerichtet haben, wenn Marktstrategie und interne Organisation in dem Sinne reflexiv gehalten sind, daß sie auf neues Wissen reagieren *und* bestehende Wissensbestände hinterfragen.

Daß Organisationen gleichsam von Natur aus als eher schlechte Beobachter zu bezeichnen sind, ist zunächst mal nicht weiter überraschend und durch empirische Befunde mehr als abgestützt. Instruktive Beobachtungen, also die konstruktive Generierung von relevanten Differenzen, fallen nicht leicht, insbesondere wenn sich Veränderungen in der Umwelt eines Systems schleichend vollziehen. Natürlich beobachten soziale und psychische Systeme beständig und versuchen, instruktive Schlüsse daraus zu ziehen. Sie beginnen ihre Marketingaktivitäten zu steigern, wenn die Umsätze zurückgehen und zu joggen, wenn die Hosen enger werden. Erst die sinnvolle Verknüpfung von Beobachtungen mit Erwartungen stiften den handlungsleitenden Wert des kognitiven Aufwandes. All dies vollzieht sich von System zu System unterschiedlich, und nur diesem Umstand verdankt etwa die Börse ihre Existenz. Wenn die Beobachtungsinstrumente der Analysten nicht unterschiedlich wären und auch die Einschätzungen und Bewertungen dieser Beobachtungen durch die Marktteilnehmer nicht beständig auseinanderfielen, käme kaum ein Handel zustande.

Um zu verstehen, warum Systeme ein und denselben Sachverhalt unterschiedlich bewerten, warum ihnen Lernen prinzipiell so schwer fällt und welchen Verwerfungen der Umgang mit Wissen organisationsintern ausgesetzt ist, werden zunächst systemtheoretische und organisationssoziologische Grundlagen auszuleuchten sein. Sie bilden die Basis unseres Zugangs zur

Praxis der Wissensarbeit im Investment Banking. Wir werden in diesem Teil der Arbeit zunächst die wichtigsten theoretischen Befunde der soziologischen Systemtheorie skizzieren, um ein angemessen distanziertes begriffliches Instrumentarium für eine Analyse der Kategorien Wissen und Organisation verfügbar zu machen. Anschließend werden wir die Sozialdimension der Wissensarbeit untersuchen, um die kommunikativen Bedingtheiten des Umgangs mit Wissen präzise fassen zu können. Und schließlich wird es uns darum gehen, Möglichkeiten und Grenzen der beobachtungsgeleiteten Umstellung von Erwartungen zu diskutieren.

Nur der aufwendige Umweg über eine abstrakte Theorie wird uns vor dem gravierenden Irrtum bewahren, Wissen sei als Ressource und Produktionsfaktor ähnlich problemlos zu handhaben, wie sich die einzelnen Komponenten eines elektronischen Bauteils zusammenfügen lassen, ganz so, als käme es nur auf eine ausgeklügelte Lagerlogistik und ein optimales Management der Produktion an. Dieser Theorieteil wird uns also vor allem darüber informieren, daß Wissen sich in entscheidenden Hinsichten anders verhält als herkömmliche Faktoren (vgl. auch Willke: 1998a, S. 60).

3.1.1 Systemtheorie der Organisation

Ein adäquater Zugriff auf den Komplex Wissensarbeit kann nur auf Basis einer Theorie erfolgen, deren Abstraktionsniveau ein ausreichendes Maß an Übersichtlichkeit realisiert. Wir werden nachfolgend die für unser Thema relevanten Grundzüge des systemtheoretischen Blickwinkels darlegen, um sie dann für unsere Problemstellung der Wissensarbeit in Organisationen nutzbar zu machen. Die große Erklärungsreichweite der systemtheoretischen Perspektive für das Thema Wissen und Organisation ergibt sich insbesondere aus dem Umstand, daß sie keinerlei Rationalitätsidealen verpflichtet ist und ihre Analyse insofern nicht bei der Feststellung wissensbezogener Problemlagen der Organisation endet sondern beginnt.

Ausgangspunkt jeder systemtheoretischen Analyse ist die Differenz von System und Umwelt (Luhmann: 1985, S. 35). Die neuere Systemtheorie geht jedoch nicht davon aus, daß die Umwelt in irgendeiner Weise deterministisch auf ein System einwirkt, vielmehr ist die Systembildung eine Eigenleistung des Systems, die sich unter der Bedingung von Komplexität als Selektionszwang begreifen läßt. Komplexität liegt dann vor, wenn aufgrund begrenzter Verknüpfungskapazität der Elemente einer Menge „nicht mehr jedes Element jederzeit mit jedem anderen verknüpft sein kann" (ebd., S. 46). Ein System muß also Selektionen vornehmen, weil es nicht alle Möglichkeiten der Verknüpfung realisieren kann. „Nicht alles, was auf der Welt passiert, nicht alle Ereignisse, Informationen und Zustände können von sozialen Systemen berücksichtigt und verarbeitet werden" (Willke: 1991, S. 37). Für psychische und soziale Systeme gilt, daß sie ihre Selektionen an *Sinn* entlang vornehmen, und „jeder bestimmte Sinn qualifiziert sich dadurch, daß er bestimmte Anschlußmöglichkeiten nahelegt und andere unwahrscheinlich oder schwierig" macht oder ausschließt (Luhmann: 1985, S. 94). Insofern sind Systemgrenzen Sinngrenzen, die regeln, *was* und vor allem *wie* etwas Beachtung findet. Wir hatten bereits weiter oben angeführt, daß jede Beobachtungsoperation auf das Treffen einer Unterscheidung angewiesen ist. Auch Sinn bemächtigt sich gleichsam bestimmter Unterscheidungen, mit denen sich die Komplexität der Welt sinnvoll auf bestimmte Möglichkeiten reduzieren läßt. „Insgesamt ist Sinn also ein Prozessieren nach Maßgabe von Differenzen, und zwar von Differenzen, die als solche nicht vorgegeben sind, sondern ihre operative Verwendbarkeit ... allein aus der Sinnhaftigkeit selbst gewinnen" (ebd., S. 101). Auf gesellschaftlicher Ebene hat die Ordnung von Interaktionszusammenhängen an Sinn entlang zur Ausbildung von Teilsystemen geführt, die jeweils an bestimmten *Leitdifferenzen* orientiert sind. So operiert das Rechtssystem an der Unterscheidung von Recht/Unrecht entlang, das Wissenschaftssystem hat die Ordnungsform wahr/unwahr usw. Im Zuge einer fortschreitenden *funktionalen Differenzierung* der Gesellschaft ergeben sich Teil- und Subsysteme, die mit jeweils eigenem Sinn die Welt an jeweils eigenen Unterscheidungen entlang wahrnehmen. So wird beispielsweise eine Gruppe von Wirtschaftsmathematikern, die mit der Entwicklung von Derivaten beschäftigt ist, als Subsystem einer Investmentbank vielleicht mit Hilfe der Unterscheidung mathematisch komplex/nicht komplex beobachten, während ihre Arbeit von der Salesabteilung der Bank vermutlich mit der Unterscheidung verkäuflich/unverkäuflich beurteilt wird.

Systeme sind zu begreifen als Komplexe von Operationen, ausgestattet mit der Fähigkeit, sich durch selbstreferentielle Reproduktionen der eigenen Elemente von der Umwelt abzugrenzen. Es sind also Operationen gemeint, die, indem sie an zufällige Anfangsoperationen anschließen, eine Grenze zwischen System und Umwelt produzieren. Die basale Operation heißt *Kommunikation*, wenn wir *soziale Systeme* als Referenz wählen. Grenzen bestehen ausschließlich in der Kommunikation und sind weder personengebunden noch irgendwie ortsabhängig. Soziale Systeme bestehen also nicht aus Menschen, sondern aus Kommunikationen, die Kommunikationen hervorbringen, an die Kommunikationen anschließen, die Kommunikationen hervorbringen ad infinitum. Dabei steuert Sinn die Anschlußfähigkeit von Kommunikationen und damit die Interaktionszusammenhänge, die in der Kommunikation realisiert werden. Innerhalb der einzelnen Systeme bzw. Teil- und Subsysteme können Spezialsemantiken ausgebildet werden, die die System/Umwelt-Differenz weiter stabilisieren und eine schärfere Grenzziehung erlauben. „Der Sinn von Grenzen liegt in der Steigerung stabilisierbarer Unwahrscheinlichkeit" (Willke: 1991, S. 42). Nur indem eine Investmentbank eine an Sinn orientierte Grenze zwischen sich und einer Umwelt zieht, läßt sich ein so unwahrscheinlicher Zusammenhang wie die Plazierung einer 500 Millionen Mark Anleihe bei den Investoren realisieren. Die Ausbildung und Differenzierung von Kommunikationssystemen führt jedoch nicht zu einer thematischen Einengung der Kommunikation auf den jeweiligen Sinnzusammenhang. Investmentbanker reden nicht nur über Geld. Sie reden mit ihren Kunden – je nach Hierarchieebene – auch über die Freundin oder die letzte Opernaufführung. „Entscheidend ist vielmehr, daß die Qualität (im Sinne des Informationsgehaltes) von Kommunikation durch die jeweilige Art der Bezugnahme ... definiert wird als organisationsbezogene, rechtliche, ökonomische, wissenschaftliche oder sonstige Kommunikation" (ebd., S. 42).

Investmentbanken sind als soziale Systeme Kommunikationssysteme – aber nicht Menschen kommunizieren, sondern Kommunikationssysteme kommunizieren. Für Kommunikationssysteme liegt *psychisches Bewußtsein* immer in ihrer Umwelt, ebenso wie für psychisches Bewußtsein soziale Systeme Umwelt bilden (Luhmann: 1985, S. 92). Für die Psyche des einzelnen Mitarbeiters ist die Bank Umwelt, in der er sich beispielsweise wohl oder unwohl fühlen kann. Für die Organisation als Kommunikationssystem mag die Psyche ihrer Mitglieder zum Problem werden. Kommunikation täuscht den Austausch von Mensch zu Mensch nur vor, denn ein Gedanke kann das Bewußtsein nicht als Gedanke verlassen. Es gibt insofern nur Gedanken und Kommunikation, die jeweils nicht die Geschlossenheit des jeweiligen Systems zu sprengen vermögen. Ein Bewußtsein vermag nicht in das Bewußtsein eines anderen psychischen Systems hineinzusehen, der »Gedankenaustausch« kann allenfalls als sprachliche Metapher angesehen werden, welche die Entwicklungschancen sozialer Systeme steigert. „Aber der Deckmantel gemeinsamer Sprache suggeriert Verstehen und Einverständnis nur dann, wenn die Turbulenzen der Selbstreferentialität von Beobachtungen unterschlagen und die Schwierigkeiten der Trennung von Beschreibung und externer Realität überspielt werden" (Willke: 1991, S. 125). Wie irreführend und naiv die im klassischen Sender/Empfänger-Modell verwendete Übertragungsmetapher ist, wird deutlich, wenn wir Kommunikation in ihrem Verlauf genauer analysieren. Eine Kommunikation ist nach Luhmann als ein dreiphasiger Prozeß zu begreifen, der erst dann abgeschlossen ist, wenn die dreifache Selektion von Information (als Auswahl aus dem Bewußtsein), Mitteilungshandeln (verbal, schriftlich, absichtlich, unabsichtlich etc.) und Verstehen vollständig ist (Luhmann: 1985, S. 193). „Die Mitteilung selbst ist zunächst nur eine Selektionsofferte. Erst die Reaktion schließt die Kommunikation ab, und erst an ihr kann man ablesen, was als Einheit zustandegekommen ist" (ebd., S. 212). Verstehen ist insofern nicht auf Verstehen angewiesen. Mißverständnisse bedeuten ja gerade: *falsch* verstehen, und auch dieser Vorgang schließt die Kommunikation ab, ebenso wie die Ablehnung einer Information.

Rekapitulieren wir: Die Gesellschaft ist ein soziales System, das sich funktional ausdifferenziert und dessen basaler Operationsmodus Kommunikation ist. Systembildung wurde dabei als Prozeß skizziert, der, angestoßen durch eine zufällige Anfangsoperation, eine an Sinn orientierte und auf Kommunikation beruhende Grenze zwischen System und Umwelt zieht. Sinn erlaubt, Zugehöriges von Nichtzugehörigem zu trennen und steuert Interaktions- und Kommunikationszusammenhänge. Sinn muß durch die laufenden Operationen des Systems stets reproduziert werden und ist somit auch Veränderungen, die sich in der Operation ergeben (z. B. kommunikativer Aushandlung) ausgesetzt (Willke: 1991, S. 193). Indem Kommunikation Sinn aktuell hält und Sinn Kommunikation erst möglich macht, an die weitere Kommunikationen anschließen, die Sinn aktualisieren, operiert ein System derart, daß es Elemente nur unter Rückbezug auf die eigenen Elemente erzeugt. Es operiert *selbstreferentiell*. „Selbstreferenz heißt auf der Ebene der Elemente: daß diese sich durch Rückbezug auf sich selbst miteinander verhaken und dadurch Zusammenhänge bzw. Prozesse ermöglichen" (Luhmann: 1985, S. 67). Luhmann benutzt in diesem Kontext den von den chilenischen Biologen Maturana und Varela entwickelten Begriff *Autopoiesis*, um auszudrücken, daß ein soziales System sich aus den Elementen reproduziert, die es selbst laufend hervorbringt (Maturana und Varela: 1990). Autopoietische Systeme, die über eine basale Selbstreferenz gebildet werden, sind *geschlossene Systeme* (Luhmann: 1985, S. 602). „Der entscheidende Punkt ist, daß diese Systeme als strukturdeterminierte, selbststeuernde Systeme von Umweltereignissen nur zu eigenen Operationen angeregt oder angestoßen, nicht aber determiniert werden können ..." (Willke: 1991, S. 46). Diese Feststellung relativiert die Idee der Selbstreferenz insofern, als ihr eine gewisse *Fremdreferenz* beigeordnet wird, die aber die *Tiefenstruktur* des Systems nicht zu beeinflussen vermag. Diese Art der Umweltbeziehung, also die Kopplung von Selbst- und Fremdreferenz unter Ausschließung des tiefenstrukturellen Kerns wird als *strukturelle Kopplung* bezeichnet. Ein Kommunikationssystem mit ausschließlicher Selbstreferenz könnte allein auf bereits Gesagtes Bezug nehmen und so nur das immer Gleiche reproduzieren. „Faktisch kommt daher Selbstreferenz nur als ein Verweisungsmoment unter anderen vor" (Luhmann: 1985, S. 605). Jedes System benötigt also ein Mindestmaß an *Irritationen*, um zu neuen Operationen kommen zu können.

Die Ordnung sozialer Systeme läßt sich mit Hilfe von Strukturen erklären. Struktur ist für Luhmann ein Komplementärbegriff zur Beschreibung der Ordnung von Wirklichkeit, dessen andere Bezeichnung sich auf die Ereignishaftigkeit der Kommunikation bezieht. Kommunikation hat die Form eines Ereignisses, d. h. mit ihrem Erscheinen verschwindet sie schon wieder. Damit ein soziales System sich in der oben beschriebenen Weise selbst erhalten kann, müßte es laufend Kommunikation an Kommunikation setzen, weil der Patient mit dem Abbruch der Operation stirbt. Dieses Bestandsproblem sozialer Systeme macht deutlich, daß neben den Elementen selbst Struktur die fortlaufende Reproduktion der Elemente gewährleistet. „Der Strukturbegriff präzisiert ... die Relationierung der Elemente über Zeitdistanzen hinweg" und überführt unstrukturierte in strukturierte Komplexität (Luhmann: 1985, S. 383). Strukturen bleiben auch beim Auswechseln der Elemente bestehen, sie sind also nicht einfach die über Zeit konstant gehaltene Relation zwischen den Elementen eines Systems, vielmehr stellen die jeweils realisierten Relationen eine „Auswahl aus einer Vielzahl von kombinatorischen Möglichkeiten" dar – nur diese Auswahl wird konstant gehalten, wenn die Elemente wechseln (ebd., S. 384).

Struktur hat also die Doppelfunktion, Möglichkeiten einzuschränken (ohne die anschließende Selektion zu determinieren), um die Selektionslast für Anschlußoperationen tiefer zu legen, sowie Anschluß über Zeitdistanzen zu ermöglichen, um die Notwendigkeit der Dauerkommunikation auszuschalten. Soziale Strukturen sind *Erwartungsstrukturen*. „Erwartung entsteht durch Einschränkung des Möglichkeitsspielraums. Sie ist letztlich nichts anderes als diese Einschränkung selbst. Das was übrig bleibt, wird dann eben erwartet" (ebd., S. 397). So schließt etwa die Themenwahl in der Kommunikation andere Themen aus und begründet damit Erwartungen, was in der Kommunikation Anschluß findet. Die Überbrückung von Zeitdistanzen durch Erwartungen führt dazu, daß abweichendes Geschehen an Erwartungen als *Störung* kondensiert und dann bearbeitet werden kann. „Erwartungen erzeugen, gerade weil sie auf Enttäuschungen gefaßt sein müssen, eine ausreichende Kontinuität der Welt" (Luhmann: 1992b, S. 136). Mit Hilfe von Erwartungen schaffen soziale Systeme sich einen Bearbeitungsmechanismus für die unbekannte Welt: Man braucht nicht mehr zu wissen, wie die Welt wahrhaftig ist, es genügt, Störungen als Enttäuschungen registrieren zu können.

Eine Reaktion auf die Enttäuschung der eigenen Erwartungen kann dann entweder in der Anpassung der Erwartung an die durch eigene Beobachtungen erzeugte Ereignislage bestehen (Lernen), oder aber im Festhalten an der Erwartung (Nichtlernen), der Enttäuschung zum Trotz (Luhmann: 1985, S. 397). Die Struktur sozialer Systeme kann also mit Hilfe *kognitiver* (lernbereit) und *normativer* (nichtlernbereit) Erwartungsstile die Komplexität der Welt differenzieren. Alles, was in der Kommunikation eines sozialen Systems als *Wissen* oder *Norm* fungiert, beruht auf dieser Trennung zwischen lernbereiten und nichtlernbereiten Erwartungsmöglichkeiten (ebd., S. 398).

3.1.2 Wissen als Steuerungsmedium sozialer Systeme

Der Wissensbegriff der soziologischen Systemtheorie ist konzipiert in der Art einer *komplexen Prüfoperation*, die enttäuschungsbereite Erwartungen an eine Zukunft adressiert, die man noch nicht kennt und die einen enttäuschen, überraschen oder bestätigen kann (Luhmann: 1992b, S. 129). Diese *gerichteten* Erwartungen bilden das strukturelle Grundmuster, auf dem sich die Ordnung eines sozialen Systems etablieren kann. Für soziale Systeme relevantes Wissen ist nicht ein Wissen in individuellen Köpfen (Baecker: 1997, S. 7). Wissen wird als Erwartungsstruktur erst dann in einem sozialen System wirksam, wenn es in der Kommunikation auftaucht. Das ist die wohl wichtigste Qualität des Wissens, und nur auf dem Hintergrund, daß Wissen kommuniziert werden muß, läßt sich sinnvoll über Wissensarbeit sprechen, und man ahnt dann auch schon, worin das Gros der Arbeit in Organisationen besteht.

Zunächst wird es uns aber darum gehen, ein zum oben konzipierten Wissensbegriff passendes Pendant für die Organisation zu bestimmen. Das bisher Gesagte erlaubt es, Organisationen als soziale Systeme zu kennzeichnen, die alle Elemente, aus denen sie bestehen, selbst erzeugen. Ein Element ist jeweils das, was für das System selbst nicht weiter auflösbar ist. Sie sind hochkomplex zusammengesetzt und bestehen im Fall von sozialen Systemen immer aus Kommunikationen (Luhmann: 1985, S. 43). Elementsein ist kein ontologisches Prädikat, sondern eine Funktion, aufgrund derer sich das System so und nicht anders reproduzieren kann (ders.: 1991, S. 341). Für Organisationen als *organisierte Sozialsysteme* gilt, daß sie aus *Entscheidungen* bestehen und die Entscheidungen, aus denen sie bestehen, durch Entscheidungen, aus denen sie bestehen, selbst anfertigen (ders.: 1992c, S. 166). Durch die Bezugnahme auf eigene Entscheidungen und die Eigenzurechnung von Entscheidungen stabilisiert eine Organisation eine Grenze zwischen sich und der Umwelt. Eine Entscheidung wird hier jedoch nicht gefaßt als Wahlakt eines psychischen Systems, sondern als Kommunikationsleistung, die als soziales Ereignis innerhalb der Organisation Stabilisierung erfährt.

Als selbstreferentielles autopoietisch geschlossenes System ist eine Organisation auf der Ebene ihrer Entscheidungen uneingeschränkt autonom. Das bedeutet, daß alle Entscheidungen des Systems oder alles, was als Entscheidung behandelt wird, auf Operationen, die innerhalb der Organisation stattfinden, beruht. So dienen etwa Entscheidungen, wenn sie Erwartungen (Wissen) formulieren, als Prämissen für anschließende Entscheidungen. Als Prämisse dient eine Entscheidung jedoch nur auf der strukturellen Ebene der Organisation. Auf der Prozeßebene haben Entscheidungen die Funktion eines Unsicherheitsabsorbers, auf die wir nun näher eingehen wollen. Die Erwartungsstrukturen einer Organisation lassen sich immer auf Entscheidungen dieser Organisation zurückführen. Die Organisation kann nur selbst entscheiden. Gleichzeitig erlauben es die Strukturen, alles Handeln in der Organisation als Entscheidung zu werten. „Von *Entscheidung* soll immer dann gesprochen werden, *wenn und soweit die Sinngebung einer Handlung auf eine an sie selbst gerichtete Erwartung reagiert*" (Luhmann: 1985, S. 400). Eine Entscheidungslage wird also auf der Ebene der Organisation erst dadurch konstruiert, daß Erwartungen auf Handlungen (oder ihre Unterlassung) rückwirkend bezogen werden. In der Kommunikation wird gleichwohl jeder Entscheider „Wert darauf legen, später jemand zu sein, der es vorher gewußt hat - also sich Erfolge zurechnen kann und Mißerfolge als das kleinere Übel im Verhältnis zu Alternativen in Kauf genommen hat" (ders.: 1992c, S. 167).

Die im Alltagsverständnis angelegte Vorstellung von Entscheidung als (einer Handlung vorausstehender) kognitiver Akt der Wahl zwischen Alternativen ist (gerade in organisierten Sozialsystemen) zwar analytisch unangemessen unterkomplex, weil ihr „Punkt-für-Punkt-Korrelat" im Handeln fehlt (Luhmann: 1991, S. 337), aber die Zurechnung des komplexen Verhaltensgefüges innerhalb einer Organisation auf Entscheidungen ist zwingend, um in Anbetracht überkomplexer Sinnbezüge und Motivlagen Handlungsfähigkeit zu erzeugen. Die von Organisationen ausdifferenzierten Entscheidungskomplexe wirken als Brennpunkt der gesammelten Komplexität des organisationalen Verhaltensflusses, sie täuschen also nur vor, Einheit zu sein, um Anschlußfähigkeit für weitere auf sie bauende Entscheidungen herzustellen. Es läßt sich im Nachhinein nicht mehr rekonstruieren, welche Motive, Irritationen, Störungen und Kommunikationen im einzelnen zu einem bestimmten, als Entscheidung oder Beschlußlage definierten Systemzustand beigetragen haben.

Ihre Identität erhalten Entscheidungen in der Auswahl aus einem Möglichkeitsraum von Alternativen, die gewählte Alternative symbolisiert dann nur die Entscheidung, eine Wahl getroffen zu haben. Alle nichtgewählten Alternativen werden als Kontingenzraum von der

Entscheidung mitgeführt. Entscheidungen überführen in diesem Sinne die durch das Vorhandensein von Alternativen konstituierte *Unsicherheit* in das *Risiko*, sich für das Falsche entschieden zu haben (ebd., S. 338). Unsicherheit basiert also auf der Differenz von Wissen und Nichtwissen.

Entscheidungen, so könnte man zunächst denken, haftet ein gewisser Willküraspekt an, denn wenn genügend Wissen über die Zukunft, die eigenen Präferenzen und vor allem auch über zukünftige Präferenzen vorhanden wäre, wenn also alles determiniert wäre, dann könnte man sich gar nicht entscheiden, weil es zu einer bestimmten Handlung keine Alternativen mehr gäbe (Luhmann: 1993, S. 1). In einer auf Zwecke und Mittel abhebenden Perspektive wäre es dann rational, mit einem vertretbaren Zeitaufwand und angesichts vorliegender Komplexität so viel Wissen zu sammeln, bis man sich, ein bestimmtes Maß an Unsicherheit aushaltend, begrenzt rational entscheiden kann. Sollte nun einmal etwas zuviel Unsicherheit vorliegen, bräuchte man nur mehr oder bessere Informationen zu sammeln. Vom systemtheoretischen Standpunkt läßt sich die soziale Realität des Entscheidens aber nur in der Umkehr der Blickrichtung fassen: Komplexität ist in Organisationen eine Folge der Beziehung zwischen Entscheidungen. „Man entscheidet, weil entschieden worden ist“ (ders.: 1991, S. 342). Konkret heißt dies, daß Entscheidungen sich an anderen Entscheidungen orientieren, ohne diese erneut zu prüfen und absorbieren so, Entscheidung für Entscheidung, Unsicherheit. Es handelt sich bei der Unsicherheitsabsorption also um soziale Schließungseffekte gegenüber Zweifeln an der Richtigkeit einer Entscheidung (Japp: 1996, S. 95). Entscheidet sich eine Investmentbank für den Aufbau eines Blue-Chip-Fonds, braucht sich der Fondsmanager nicht mehr um die sogenannten small-caps zu kümmern – er reduziert die Unsicherheit darüber, was zu tun oder zu lassen ist. Die in den Entscheidungsprozeß eingebaute Unsicherheitsabsorption ist die für Organisationen wichtige Funktion der Zurechnung des Verhaltensflusses auf Entscheidungen.

Wissen kommt nun nicht allein ins Spiel, weil es informierte Entscheidungen ermöglicht. Es ist ohnehin klar, daß selbst Entscheidungen von hoher Tragweite für die Organisation oft ohne ein zureichendes Wissen zustandekommen (Baecker: 1997, S. 1). Wissen ist für den oben explizierten Entscheidungsbegriff auch deswegen so wichtig, weil eine Entscheidung ohne Wissen auch keine Alternativen bezeichnen könnte. Auch hilft Wissen, Unsicherheit zu reduzieren, indem es den Spielraum dessen einschränkt, was dann als Entscheidung behandelt wird.

Wissen bezeichnet eine kognitive (lernbereite) Erwartung, die als Erwartungsstruktur Zeitdistanzen zu überbrücken vermag (und damit für eine ausreichende Kontinuität sorgt), aber ausschließlich in der Kommunikation aktualisiert werden kann. Wissen betrifft also stets nur die aktuelle Operation eines Systems und verschwindet mit der Kommunikation sofort wieder. Insofern läßt sich Wissen weder bevorraten noch lagern. Um Wissen zu werden, muß die Erwartung kommunikativ aktiviert oder revitalisiert werden. Berichte, Tischvorlagen, Aktennotizen, Expertenmeinungen, Stellungnahmen usw. müssen gelesen (auch das schließt eine Kommunikation ab) oder mündlich kommuniziert werden, erst in diesem Moment entsteht auf der Ebene des sozialen Systems Organisation Wissen. Auch Wissen steht damit unter dem Selektionszwang, der jeder Kommunikation eigen ist. In diesem Zusammenhang wird der bereits eingeführte Begriff der strukturellen Kopplung wichtig. „Strukturelle Kopplungen sind Formen, die *etwas einschließen dadurch, daß sie etwas ausschließen*" (Luhmann: 1992b, S. 163). Die Umwelt der Organisation, also etwa das Bewußtsein der Mitarbeiter, die Wünsche der Kunden, die Aktivitäten der Konkurrenten usw., ist der Organisation immer nur über systeminterne Operationen (Beobachtungen) zugänglich (Willke: 1995, S. 243). Es werden Beobachtungen durchgeführt, die durch den selbstreferentiellen Operationsmodus des Systems konditionalisiert sind. Die Organisation weiß dann nur, was sie weiß. Das bedeutet nicht, daß Wissen innerhalb der Organisation solipsistisch erzeugt würde – die strukturelle Kopplung kanalisiert, was von der Organisation als Irritation prozessiert wird, aber eben unter den Bedingungen der operativen Schließung, das heißt, daß alle Unterscheidungen, mit denen eine Organisation ihre Umwelt beobachtet, systeminterne Konstruktionen sind und nicht etwa in ihrer Umwelt »vorliegen«. Aktiv werden autopoietische Systeme jedoch nicht allein aufgrund von beobachteten Vorgängen in der Umwelt des Systems. Operativ geschlossene Systeme sind gerade auch *selbstreaktiv*; sie sind „endogen unruhig" in dem Sinne, daß sie etwa auf ihre eigene Selbstbeschreibung reagieren können (Japp: 1996, S. 75). So ist zu verstehen, daß die Selbstbeschreibung einer Organisation als wissensintensiv, wissensbasiert usw. intern Folgewirkungen nach sich zieht.

Auf der systeminternen Kommunikation beruht die Erwartungsqualität des Wissens, gleichzeitig aber schränkt Wissen als temporale Projektion die Variationsmöglichkeit anschließender Kommunikation ein (Willke: 1992b, S. 136). Innerhalb einer Organisation schlägt sich daher nur dann eine Beobachtung als Wissen nieder, wenn sie in bezug auf die Systemreferenz genügend Anschlußfähigkeit mit sich führt. Deswegen wehren Organisationen Krisensignale so häufig mit Ignoranz ab und aus diesem Grund ist es auch für jede Organisation von strategischer Bedeutung, wie sie mit irritierenden Beobachtungen umgeht bzw. ob sie überhaupt Möglichkeiten der Beobachtung irritierender Ereignisse geschaffen hat.

Für alle autopoietischen Systeme gilt, daß es zwei Metaregeln des Umgangs mit Irritationen gibt, die in das System hineingelangen. „Die eine lautet: Ändere die Struktur, so daß die Irritation als strukturkonform erscheinen kann. Die andere lautet: Halte die Struktur fest und externalisiere deine Enttäuschung; rechne sie dem System der Umwelt zu, das sich anders verhalten sollte" (Luhmann: 1992b, S. 138). So sprechen beispielsweise Unternehmensanalysten davon, daß die Märkte verrückt spielen würden, wenn die Preise für Aktien sich nicht so verhalten, wie die Analysten erwartet hatten. Was in einer Organisation im Rahmen der ersten Regel eine kognitive Bearbeitung erfährt, geht auf eine Vielzahl von Kommunikationen zurück und nimmt die Form von Wissen an. Es wäre nun hochgradig disfunktional, würden Organisationen Irritationen grundsätzlich kognitiv bearbeiten. Eine beständig lernende und ihre Strukturen pausenlos umstellende Investmentbank wäre weder für ihre Kunden, noch für die eigenen Mitarbeiter tragbar, weil dabei jede *Erwartungssicherheit* verlorenginge (in diesem Zusammenhang werden wir später den Fall der Deutschen Bank aufgreifen). Vor allem aber kann Lernen für Organisationen auch riskant werden: Durch mehr Vorsicht verlangsamtes Entscheiden können sich Banken in vielen Situationen gar nicht leisten, und auch besonders innovationsabhängige Organisationen müssen Lernen vermeiden, damit ihnen nicht der Nutzen von riskanten Entscheidungen verlorengeht (Japp: 1992b, S. 20). Organisationen ziehen daher normative Stützpfeiler in ihre Strukturen ein.

Eine laufende Erwartungsumstellung wird auch in Grenzen gehalten, weil gewußtes Wissen aufgrund seiner Handlungschancen geschätzt wird. Es fehlt dann zunächst schlicht das Motiv, Wissen über Vergangenes (Erfahrung) aufzugeben, wenn kein brauchbarer Ersatz bereitsteht. Es werden Normen etabliert, die auch bei nur geringem Wissen Handeln ermöglichen und die überdies für den Enttäuschungsfall ihre eigene Absicherung mit sich führen.

Der Differenz von normativen und kognitiven Erwartungen ist nun keinesfalls immer trennscharf – vielmehr entsteht ein eigenartiger Zwischenbereich (Luhmann: 1985, S. 442). Eine Organisation beobachtet dann Ereignisse als Unfälle, mit denen niemand zu rechnen brauchte. So hat das Erdbeben von Kobe die Kalkulationen eines Traders der englischen Barings Bank völlig durcheinander- und der Bank einen nicht mehr auszugleichenden Verlust von rund zwei Milliarden Mark gebracht. Organisationen *erleben* alle möglichen Schädigungen als Zufall und können ihr Eintreten so der Umwelt zurechnen, obwohl jeden Abend in den Nachrichten von negativen Handlungsfolgen berichtet wird. „Das Strukturproblem wird mit der Interpretation als einmalig und unwiederholbar abgefangen, und für den Schaden kommt die Versicherung auf" (ebd.).

Es ist keine Frage, daß kognitve wie normative Erwartungen für Organisationen fatale Folgen haben können, wenn sie sich als zu optimistisch oder sogar falsch herausstellen, am Lernen hindern oder dafür sorgen, daß permanent das Falsche gelernt wird. Ohne Erwartungen jedoch bliebe nur unstrukturierte Unsicherheit übrig, behaftet mit dem Risiko, daß aus einem Mangel an Anschlußfähigkeit keine Operation im System mehr stattfinden kann. In eben dieser Weise wirkt latentes Nichtwissen. Es erzeugt Unsicherheit und damit ein Verantwortungsproblem in der Organisation, es kommt zu einem Mangel an Erwartungssicherheit und damit zum Verlust der Anschlußfähigkeit, das System hört auf zu operieren. Strukturbildung heißt ja gerade, sich auf sichere/unsichere Erwartungen einlassen zu müssen, um so überhaupt Operationen wahrscheinlich zu machen (Luhmann: 1985, S. 417).

Wenn man davon ausgeht, daß Wissen und Nichtwissen zwei Seiten derselben Form sind, dann findet jede Operation eines Systems auf der Seite des Wissens statt und blendet das Nichtwissen im Moment der Operation aus. Insofern ist die auf Kognition beruhende Strukturbildung nur eine Problemumformung, denn sie kann Nichtwissen ebensowenig beseitigen, wie Normen nicht dafür sorgen können, daß sie nicht gebrochen werden. Organisationen müssen also einen Weg finden, mit etwas umzugehen, das sie nicht kennen können (Luhmann: 1992a, S. 203). Mit leichten Abstrichen ließe sich sagen, daß alles, was eine Organisation macht, der Absorption von Unsicherheit dient – dies gilt, wie gezeigt, insbesondere für Entscheidungen. Analog dazu wirkt die Aktualisierung von Wissen, indem es in der Organisation an Autorität und Verantwortung gekoppelt wird. „Wer Wissen kommuniziert, absorbiert Unsicherheit und muß folglich die Verantwortung dafür übernehmen, daß sein Wissen wahr und nicht unwahr ist" (ebd.:, S. 178). Entpuppt sich ein Wissen (ex post) als falsch, so dient Verantwortung der abkürzenden Zurechnung, wo vollständiges Kausalwissen nicht zu bekommen ist (Japp: 1996, S. 131). Alle weiteren Kommunikationen müssen ein einmal als wahr dargestelltes Wissen nicht erneut als wahr kennzeichnen, wobei man im Normalfall davon ausgeht, daß Wissen wahres Wissen ist (Luhmann: 1992b, S. 134). Die Kommunikation knüpft daran an, ohne die Erwartung abermals aufbauen oder inszenieren zu müssen. Auf diese Weise wird im Prozeß der Kommunikation Unsicherheit absorbiert und Erwartungssicherheit aufgebaut. Das Risiko der so aufgehäuften Erwartungssicherheit liegt in der Entstehung der sogenannten Kompetenzfalle: Man wiegt sich in Sicherheit und entscheidet das Falsche.

Organisationen haben es mit genuiner Unsicherheit zu tun, die sie selber sozial konstruieren und beständig reproduzieren. Kognitive Erwartungen sind für das Operieren sozialer Systeme notwendig, doch im selben Augenblick sitzt das Nichtwissen gleichsam unerreichbar auf den Schultern eben dieser Erwartungsstrukturen. Unsicherheit entsteht, weil Wissen und Nichtwissen aufgrund der Form des Wissens immer gleichzeitig anfallen (Luhmann: 1995, S. 114). Man muß nicht anzweifeln, daß es für Organisationen eine akzeptable Strategie ist, Strukturen maßvoll umzustellen und sich so Anschlußfähigkeit zu sichern. Doch es gibt inzwischen ausreichend empirische Belege dafür, daß das Modell rationaler Problemlösung durch die Produktion von mehr Wissen allein nicht erklären kann, was Organisationen tun. So kann man davon ausgehen, daß ein bestimmtes Maß an Nichtwissen die Handlungsfähigkeit von Organisationen überhaupt erst herstellt und ihr Tempo erhöht (Brunsson: 1985). Das Bemühen von Organisationen, eigenes Handeln ex post als rational darzustellen, hat dann andere Gründe. Auch gibt es Hinweise darauf, daß Organisationen nicht auftauchende Probleme lösen, sondern Probleme suchen, um vorhandene Lösungen anzuwenden (Cohen, March und Olson: 1972). „Überhaupt", *so Luhmann*, „handelt es sich eher um die Botschaft, Probleme durch Nichtlösung zu lösen, das heißt: sie als Moment der Autopoiesis des Systems durch laufende Zielsuche und durch das Umdirigieren von Strukturen (Optimisten sagen: durch Lernen) zu erhalten. Je unlösbarer ein Problem, desto größer sein Reproduktionswert" (Luhmann: 1992a, S. 209). Unsicherheit ist demnach kein disfunktionaler Zustand, sondern eher als Bestandsvoraussetzung der Organisation zu begreifen, weil im Zustand absoluter Sicherheit nichts mehr zu entscheiden ist und dies das Ende wäre.

3.1.3 Zum Zusammenhang von Wissen, Entscheidung und Risiko

Bis hier offengeblieben ist die Frage, wie es Organisationen gelingt, in einer Welt zu operieren, die sie nicht kennen können. Organisationen *wissen* nicht, wie sie sich in nichttrivialen Umwelten verhalten müssen, weil sie nur auf ihre eigenen, *intern* angefertigten Beschreibungen der Umwelt zurückgreifen können. Diese hochgradig selektiven Beobachtungen von Organisationen, ihre Sensibilität oder Ignoranz für Irritationen und Störungen beschreibt das Dilemma organisationalen Operierens aber nur zum Teil. Dazu kommt die *Kontingenz* eigendynamischer Umwelten. Was in der Gegenwart nach den »Messungen« der Organisation funktioniert, kann in offenen Zukünften im Fiasko enden, weil sich auch die Umwelt *endogen* ändert. Das Verhalten von Organisationen ist in dieser Hinsicht immer riskant; es kann Gewißheit über die Folgen einer Entscheidung in einer kontingenten Umwelt nicht geben. Damit wird die Vorstellung rationalen Verhaltens von Organisationen dekonstruiert. Genuine Unsicherheit obstruiert Zweckrationalität, weil sich der Möglichkeitsraum einer Entscheidung nicht vollständig rational durchkalkulieren läßt (Japp: 1992a, S. 34).

Wissen allein vermag das Verhalten von Organisationen also nicht hinreichend zu erklären, vielmehr gehen wir davon aus, daß es soziale Schließungsmechanismen (Vertrauen oder funktionale Äquivalente) gibt, die dafür sorgen, daß überhaupt irgendein Verhalten zustandekommt (siehe zur Vertrauensproblematik auch das nachfolgende Kapitel über die Sozialdimension der Wissensarbeit). Nun sind Risiken nicht einfach in der Welt – sie werden sozial konstruiert. Es hängt von den Unterscheidungen eines Beobachters ab, welche Welt hervorgebracht wird. So macht es einen Unterschied, ob eine Organisation Autos oder Antibiotika herstellt. In den unsicheren Umwelten der Organisationen werden jeweils andere Risiken konstruiert, die eine wichtige Funktion für den Strukturaufbau von Organisationen besitzen (Luhmann: 1992a, S. 209). Organisationen gehen Risiken ein, „deren Folgen dann als »entdeckte« Realitäten wahrgenommen werden, obwohl es sie ohne Risiko gar nicht »geben« würde“ (Japp: 1992a, S. 35). Organisationale Strukturen entstehen im Zuge der *Risikoübernahme* und der anschließenden Bearbeitung von Folgen.

Die Einführung der Unterscheidung von Rationalität und Risiko erlaubt es uns, riskantes Verhalten besser einzuschätzen. Ganz generell ist jedes Verhalten zunächst einmal riskant, weil sowohl das Abwarten wie auch das Entscheiden und Handeln in einer gegebenen Situation falsch sein können. Die Differenz von Rationalität und Risiko gewinnt an Gewicht, wenn wir sie auf einen Entscheider beziehen, der sich in einer Situation hoher Ungewißheit befindet, insofern wenig oder kein Vertrauen in ein vorhandenes Wissen besteht. Ungewißheit kann nicht als ein allgemeingültiges Maß für ein Defizit an Wissen gelten, sondern bezieht sich auf einen internen Mangel an Erwartungssicherheit. Man braucht dann nicht einfach *mehr Information*, sondern *mehr Vertrauen*, um entscheiden zu können. Vom Standpunkt des Entscheiders lassen sich Rationalität und Risiko dann als zwei Entscheidungsmodi konzipieren.

Das Bemühen um rationales und informiertes Entscheiden ist einerseits als »Legitimationsformel« für nicht-rationale Entscheidungsgrundlagen zu werten (ebd., S. 36). „Informationsbeschaffung bietet eine ritualistische Versicherung dafür, daß es zweckdienliche Einstellungen für die Entscheidungsfindung gibt“ (March: 1990, S. 465). Informationen stehen für Kompetenz und legitimieren denjenigen, der entscheiden muß. Wissen an sich schafft Vertrauen in denjenigen, der etwas weiß. Die Vorstellung, daß mehr Wissen zu besseren Entscheidungen führt, leistet dem Sammeln von Informationen Vorschub, ohne daß es für diese Informationen einen bestimmten Verwendungszweck geben würde. Andererseits ist Rationalität auch eine Strategie, riskanten Entscheidungen aus dem Weg zu gehen. Wer in unsicheren Situationen entscheidungsrational abwartet, kann Entscheidungen begründet (Risikoaversion) aufschieben, auch wenn dies schlimme Folgen haben mag. Rationales Verhalten benötigt Zeit, weil es Wissen über Entscheidungsalternativen, Entscheidungsfolgen und auch über die zukünftigen Präferenzen dieser Entscheidungsfolgen involviert.[10] Risiko bedeutet demgegenüber, sich auf das Wagnis kommunikativer *Selbstfestlegung* einzulassen, auch wenn die Folgen mit Ungewißheit belastet sind. „Zeit wird komprimiert, indem die (prinzipiell endlose) Suche nach Informationen durch Erfolgserwartungen und Bindungsbereitschaft (gebündelt durch einen »educated guess«) ersetzt wird“ (Japp: 1992a, S. 37). Erfolgs- und Sicherheitserwartungen (normative Bindungsbereitschaft) absorbieren Unsicherheit und stellen in diesem Sinne Sicherheit her. Die Unsicherheit wird allerdings nur temporalisiert und dann als *Überraschung* bearbeitet.

Die Praxis des rationalistischen Entscheidens unterminiert Handlungsbereitschaft, indem sie die Unsicherheit sogar noch steigert: jeder weitere Zusatz vieldeutiger Information trägt zur Abflachung der Entscheidungsbereitschaft bei. Hingegen reduzieren kommunikative Zurechnungen auf Erfolgserwartungen die Unsicherheit durch Simplifizierung der Situation und gestatten Handlungsfähigkeit trotz Kontingenz. Am riskanten Entscheiden zeigt sich die Paradoxie der Einheit von Sicherheit (Absorption) und Unsicherheit (Überraschung) (Japp: 1996, S. 87). Aus diesem Grunde notiert auch March: „The usual modern motivational basis for great action lies in hopes for great consequences, but those hopes are persistently undermined by the many ways in which history frustrates them“ (March: 1994, S. 264). Wenn also unter Unsicherheit entschieden werden muß, scheint Entscheidungsrationalität und die Suche nach mehr oder besserem Wissen unter Umständen eher kontraproduktiv zu sein: Das Abtasten der Umwelt nach Alternativen und den möglichen Entscheidungsfolgen kann zusätzliche Unsicherheit generieren, was wiederum die Erfolgserwartungen reduziert und zu Motivationsproblemen führt.

Damit die möglichen Nutzen von riskanten Entscheidungen in Situationen hoher Ungewißheit nicht verlorengehen, ist Entscheidungs*irrationalität* nötig, d. h. nicht-wissensbasierte

---

[10] Wir sehen an dieser Stelle von den Problemen ab, die eine *endogene* Präferenzbildung mit sich bringt. Diese impliziert nämlich, daß wir Präferenzen immer nur im Handlungsvollzug kennenlernen, daß wir sie also vorher nicht kennen können. Siehe March 1994, S. 262.

Entscheidungsgrundlagen. „Much of the »decision irrationality« observable in decision processes can be explained as »action rationality«" (Brunsson: 1985, S. 26). Eine impressionistische Handlungsrationalität, die im Ausblenden von irritierender Information, der Betonung positiver Konsequenzen und der Simplifizierung der Situation besteht, erlaubt die Entstehung von festen Erwartungen, hoher Motivation und Bindungsbereitschaft, die riskantes Handeln und Entscheiden überhaupt erst ermöglichen.

Die Beantwortung der Frage, unter welchen Bedingungen Entscheidungsrationalität bzw. Handlungsrationalität im Fiasko bzw. Erfolg endet, muß zwar der Zukunft überlassen werden. Gleichwohl scheint im Schlepptau von Entscheidungsirrationalität zustandegekommene verantwortungsgeführte Entscheidungsbereitschaft schwerwiegende *Folgeprobleme* aufzuweisen, die eine Organisation nach dem Entscheiden nicht einfach wieder abschütteln kann, weil normative Schließungseffekte eine kognitive Kontrolle von Entscheidungsfolgen limitieren (Japp: 1996, S. 105). Keine Organisation kann dieser Problematik ohne weiteres entgehen, weil ein rein rationales Verhalten (risikoaverses Abwarten) nur von kurzer Dauer wäre. In Organisationen muß gerade in Situationen hoher Ungewißheit entschieden und mit den Folgen gelebt werden, und häufig geht dies auch »gut«. Worauf es hier ankommt, ist die Frage, wie stark oder schwach die Bereitschaft ist, *nach* der Entscheidung noch zu lernen, d. h. mit den Folgen der Entscheidung und plötzlich auftauchender irritierender Information kognitiv umzugehen, wenn man sich vorher fest an die Entscheidung gebunden hatte. Wir werden diesen Problemen im Kapitel über Lernhemmungen detailliert nachgehen.

3.2 Sozialdimension der Wissensarbeit

Eine umfassende Analyse der Ausgangssituation organisationaler Wissensarbeit kommt nicht umhin, eine theoretische Mikrofundierung ihrer Sozialdimension zu leisten. Dabei kommen insbesondere die kommunikativen Bedingtheiten in den Blick, die maßgeblich bestimmen, welches Wissen zum Zuge kommt und welches nicht (Baecker: 1997, S. 10). Das gilt sowohl in bezug auf das Kommunikationssystem, das zwischen Investmentbank und Kunde entsteht, als auch für die Kommunikation innerhalb einer Investmentbank. Wissensbasiertes Operieren bedeutet ja gerade, daß die Entwicklung, die Transferierung, die Verwendung und die Revision von Wissen immer wieder in den Basisprozessen einer Organisation konvergieren mit dem Ziel, Entscheidungen zu stützen und Entscheidungen mit vorherigen Entscheidungen zu verknüpfen. Gemeinhin wird angenommen, daß Wissen eine stützende und absichernde Wirkung gewissermaßen ohne Nebenwirkungen entfaltet. Eine kritische Reflexion dieser Annahme führt unter kommunikationstheoretischer Sicht jedoch zügig zu der Diagnose, daß wissensbasiertes Operieren zunächst einmal einen ganz neuen Problemzusammenhang aufsteigen läßt. Wissen-transportierende und Wissen-thematisierende Kommunikation führt ihr eigene Kontingenzen durch Deutungs-, Auswahl-, Annahme- und Ablehnungsmöglichkeiten in einen Organisationszusammenhang ein: Bezeichnetes kann falsch, miß- und unverstanden bleiben, es kann (in bester Absicht) wissentlich geschwiegen oder blind vertraut werden, es kann zurückgewiesen oder zu spät gehört werden, und mit all dem eröffnen sich dann Handlungsmöglichkeiten und Irrtumskonstellationen, die vorher schlicht nicht vorhanden waren. Allein der Versuch der Kommunikation über Wissen, so scheint es, ist eine riskoreiche Option, weil man nicht wissen kann, was dahintersteckt und was dabei herauskommt. Wenn man davon ausgeht, daß über Wissen selbst im Hinblick auf objektive Richtigkeit, Vollständigkeit, Beständigkeit usw. nicht entschieden werden kann (wenn sich dann ex post Wissen als richtig »erweist«, so ist dies auch nur eine Zurechnungsleistung durch beobachtende Systeme), dann besteht das eigentliche Problem der Wissensarbeit darin, daß die Kommunikation von Wissen und über Wissen alles andere als eine triviale Angelegenheit ist, der man nicht weiter Beachtung zu schenken braucht (Baecker: 1997, S. 8).

Untersucht man diese kommunikativen Rahmenbedingungen der Wissensauswertung, so fallen drei Muster auf, die den Umgang mit Wissen in unterschiedlicher Weise besonders beeinflussen können. Diese Muster nehmen in Organisationen insbesondere dann eine wichtige und exponierte Stellung ein, wenn Wissen hier die erstrangige Ressource symbolisiert und damit auch bestimmten Kalkülen der Nutzung unterworfen wird. Dabei handelt es sich 1.) um die Ablehnung und Zurückweisung von Wissen in der Kommunikation; 2.) um die strategische Zurückhaltung von Wissen (dieses Muster wird scheinbar invisibilisiert, um die

Anschlußfähigkeit von Kommunikation aufrechtzuerhalten); und 3.) um den Vertrauensmechanismus, der die Annahme und Verwendung von Wissen überhaupt erst erlaubt. Lohnenswert erscheint in diesem Zusammenhang dann die Frage, welche Parameter als Formgeber dieser drei Muster fungieren.

Ich kann als Mitarbeiter aus Erzählungen erfahren, wie offen ich in der Kommunikation mit eigenen (oder fremden) Fehlleistungen umgehen darf, ohne (irgend-) eine Entlassung zu riskieren. Ich lerne, ob die Freigabe von Insiderwissen innerhalb meiner peer-group bestraft oder belohnt wird. Ich lerne auch, wie, wann, bei wem und in welchen Situationen ich eigene Überzeugungen vermitteln muß, um gehört zu werden und Anschlußfähigkeit zu sichern. Und schließlich überzeuge ich mich auch, wem ich Vertrauen schenken kann, wer in welchen Fragen kompetent ist und wer nicht. Es gibt also – und dies gilt für psychische Systeme ebenso wie für Organisationssysteme – gelernte Dispositionen, beispielsweise „Problemlagen in Zweifelsfällen eher durch Vertrauen oder durch Mißtrauen aufzulösen".[11] Neben biographischen Einflüssen wirken auch die Strukturmerkmale einer Organisation als Gleitschienen, die festlegen, wer an welcher Position der Hierarchie wieviel Vertrauen ungestraft investieren darf, ohne daß er zur Verantwortung gezogen wird, falls das Vertrauensrisiko (Enttäuschung) realisiert wird. Ähnliches gilt für kulturelle Einflüsse - auch sie hinterlassen deutliche Spuren im Hinblick darauf, wie die Annahmebereitschaft, die Ablehnungspräferenzen und die Zurückhaltung von Wissen ausgeprägt sind. So überrascht es nicht, daß Umfrageforschungen mit der Frage: „Glauben Sie, daß man den meisten Menschen vertrauen kann?" in Süditalien andere Zustimmungswerte ermitteln, als etwa in Schweden (nach Preisendörfer: 1995, S. 268 f.). Wenig verblüffend ist auch, daß die Präferenz von Ehepartnern für eine Vermeidung gemeinsamer Bankkonten dann besonders ausgeprägt ist, wenn die Frau oder der Mann bereits eine oder mehrere Scheidungen hinter sich hatte. Worauf es an dieser Stelle ankommt, ist, daß die soziale Konfiguration von Wissensarbeit durch eine Vielzahl von Faktoren bestimmt wird, die sich nicht einfach setzen lassen. Phänomene wie »gelerntes Mißtrauen«, »erlernte Sorglosigkeit« und dergleichen mehr, die durch biographische, gesellschaftliche, organisationale, strukturelle und normative Muster geprägt wurden, steuern ganz wesentlich unseren Umgang mit Wissen. Der Fall des britischen Ex-Traders Nick Leeson und seines Ex-Arbeitgebers, der Baringsbank, gilt der psychologischen Wirtschaftsforschung inzwischen als Musterbeispiel für einen Umgang mit Wissen, der durch »over-confidence« und gelernte Sorglosigkeit geprägt ist. Sowohl der Trader in der südostasiatischen Dependance der Bank

[11] Luhmann: 1989, S. 79. Luhmann weist allerdings zu Recht darauf hin, daß eine thematische Generalisierung von Vertrauen oder Mißtrauen nicht in jeder Hinsicht funktional wäre. „Niemand kann nur Gutes oder nur Schlimmes erwarten – von jedermann in jeder Hinsicht. (...) Selbst wer unter Weltangst oder Ekel schlechthin leidet, muß seine Tropfen einnehmen, seine Steuern zahlen, seine Zähne putzen, seinen Wagen zur Inspektion fahren und dabei Welt übernehmen" (ebd., S. 79 f.).

als auch die Führungsmannschaft in der Zentrale in London befanden sich in einem Zustand allgemeiner Ignoranz, vollkommen immunisiert gegen äußere Kritik und intern auftauchende Risikosignale.[12] Einem sozialen Milieu, das mit solcher Widerstandsfähigkeit auf neues Wissen reagiert, ist, so scheint es, nicht wirklich zu helfen. Derartigen Zuständen diametral entgegengesetzt zeigen sich sogenannte »high-reliability-organizations«, die nicht auf Effizienz ausgerichtet sind, sondern auf die Vermeidung von Katastrophen und die zu diesem Zweck eine Kultur des Infragestellens utilisieren.[13] Wir fassen zusammen, daß nicht allein die »Entdeckung« resp. die »Erfindung« von Wissen das Problem ist, sondern auch alles, was im Anschluß folgt (oder ausbleibt).

3.2.1 Ablehnung von Wissen

Die Unterscheidung zwischen der Akzeptanz und der Ablehnung von Wissen ist zunächst einmal eine analytische; sie unterscheidet nicht zwischen gut und schlecht, weil Wissen nicht einen generell wissenswerten Sachverhalt bezeichnet, von dem man annehmen könnte, daß seine Nutzung immer auch ***nützlich*** ist. Es wird genutzt (und akzeptiert), so könnte man formulieren, wenn die Nutzung selbst »funktional« ist und zwar zunächst einmal unabhängig von der Frage, wie verläßlich ein kommuniziertes Wissen tatsächlich ist. Ein vielleicht erstaunliches Beispiel ist in dieser Hinsicht durch die Nutzung von Zinsprognosen gegeben. Statistische Untersuchungen weisen regelmäßig nach, daß die von Analysten im Wall Street

---

[12] Die Baringsbank ging in Konkurs, nachdem Leesons gefährliche »Straddle-Strategie« nicht aufgegangen war. Leeson hatte massiv sogenannte »long-calls« und »long-puts« ausgegeben im trügerischen Vertrauen auf einen stabilen Nikkei-Index. Als die Optionen dann eingelöst wurden, versuchte Leeson, mit dem Verkauf immer neuer Optionen seine Verluste zu finanzieren, war aber dennoch auf Zahlungen aus London angewiesen, um die Sicherheitsleistungen seiner Kontrakte erbringen zu können. Die Banker in London gaben sich mit Alibi-Erklärungen bezüglich der Absicherung der Geschäfte zufrieden! Zudem verfügten sie über ein zu geringes Maß an eigenem Expertenwissen, um die Geschäfte ihres erfolgreichen Mitarbeiters kontrollieren zu können. »Mißtrauen« hätte zeitlich, sozial und psychisch einen hohen Aufwand bedeutet. Siehe Frey, Dieter. Psychogramm eines Traders. In: Manager Magazin. 1995, Vol. 25, Nr. 4, S. 243 - 245. Vgl. auch Zhang, Peter G. Barings Bankruptcy and Financial Derivatives. Singapore; New Jersey 1995.

[13] Weick und Roberts (1993) haben zu dieser Thematik den inzwischen klassischen Text verfaßt. Sie beschreiben das Zusammenspiel einer Flugzeugträgermannschaft als prototypischen Fall einer durch Aufmerksamkeit („heed"), Geistesgegenwart, Konzentration und Umsicht definierten Zusammenarbeit, die sich durch beständige und aufwendige Revision der Wissensgrundlagen auszeichnet: „The simultaneous envisaging and interrelating that create a system occur when a pilot taxies onto the catapult for launching, is attached to it, and advances his engines to full power. Even though pilots have to rely on the catapult crew, they remain vigilant to see if representations are similar. Pilots keep asking themselves questions like, »Does it feel right?« or »Is the rhythem wrong?« The referent for the question, »Does it feel right?« however, is not the aircraft but the joint situation to which he has subordinated himself. If a person on the deck signals to the pilot to reduce his engines from full power, he won't do so until someone stands in front of the plane, directly over the catapult, and signals for a reduction in power. Only then is the pilot reasonably certain that the joint situation has changed. He now trusts that the catapult won't be triggered suddenly and fling his underpowered aircraft into a person and then into the ocean" (Weick und Roberts: 1993, S. 363).

Journal veröffentlichten Prognosen bezüglich der Zinsentwicklung für einen Zeitraum von sechs Monaten und mehr keinen ökonomischen Wert haben, weil die Relationen zwischen den Vorhersagen und den tatsächlichen Entwicklungen als nicht (sic!) signifikant beurteilt werden müssen (Kolb und Stekler: 1996).[14] Daß die Finanzvorstände großer Konzerne ihr Abonnement für das Wall Street Journal oder die Financial Times nicht kündigen, liegt zum Teil auch daran, daß sie auf die unsicherheitsreduzierende Wirkung von Prognosen unabhängig von deren Richtigkeit nicht verzichten wollen und können. Natürlich wissen sie um den zweifelhaften Charakter von »Sehern«. Organisationen verlangen aber nach Planungsgrundlagen eben um Unsicherheit abzubauen und auch um den Preis, neue Unsicherheit zu erzeugen. Diese neuen Unbestimmtheiten werden von vielen Organisationen temporär weitgehend invisibilisiert, so daß ein Nichteintreffen etwa von prognostizierten Gewinnerwartungen dann als Überraschung erlebt und die Verantwortung für Folgen Personen zugerechnet werden kann.[15]

Auch die Analysten und in Folge die Anleger erleben dann Überraschungen, mit denen ursprünglich niemand gerechnet hatte. Nun verhält es sich so, daß nüchterne Zahlen und vorsichtige Risikoanalysen das Geschehen an den Finanzmärkten nur begrenzt zu steuern scheinen. Es ist insofern nicht verwunderlich, daß nicht nur Ökonomen sich zum Geschehen an den Börsen äußern, sondern auch Psychologen auf Zuständigkeit pochen (Maas und Weibler: 1990). Mit geradezu abergläubischer Gewißheit vertrauen die Anleger darauf, daß die Kurse stetig steigen, daß IuK-Technologie und Globalisierung zu immer weiteren Effizienz- und Gewinnsteigerungen führen wird, nicht zuletzt durch neue Märkte in Asien und den einstigen Ostblockländern. Und wenn dann die Bankanalysten ihre Gewinnschätzungen für Firmen und Konzerne nach unten korrigieren müssen (wie zuletzt aufgrund der Asienkrise), werden „dramatischen Prognosefehler“ (FAZ) der Experten offenbar. Doch während das »Smart money« spätestens zu diesem Zeitpunkt die Aktienmärkte verläßt, fließt noch immer frisches Kapital von privaten Anlegern, von denen nur ein geringer Teil jemals eine richtige Baisse erlebt hat, den Investmentfonds zu. Deren Manager, die überwiegend ebenfalls keine Erfahrung im Umgang mit einer Baisse haben, stehen unter Erfolgszwang und legen das ihnen anvertraute Kapital unmittelbar an. So kommt es, daß allen Gewitterwarnungen zum Trotz die Börsen in einem eigenartigen Zwischenbereich temporär stabil bleiben. Wissen wird abgelehnt, weil die Erfahrung einer Baisse fehlt, es wird Ignoranz gepflegt, weil die Informa-

---

[14] Bezüglich der Güte von Aktienanalysten siehe LaMonica: 1996.

[15] Viele Organisationen haben allerdings inzwischen damit begonnen, Abteilungen zu schaffen, in denen gezielt über die Kontingenz der Zukunft nachgedacht wird. »Scenario thinking« soll als Methode helfen, sich auf unvorhersehbare Veränderungen im Bereich Technologie, gesellschaftliche Veränderungen, politische und gesetzgeberische Neuerungen einzustellen, indem gezielt alternative Handlungsmöglichkeiten durchdacht und entworfen werden. Die Auslagerung solcher Vorstellungen in geschlossene Stabsabteilungen sorgt aber dafür, daß die Organisation selbst sich nicht mit zuviel Unsicherheit und Kontingenz belastet.

tionslage ambigue scheint, und es wird in Ermangelung von Alternativen das getan, was Anleger von einem Fondsmanager eben erwarten.

Die Annahme- und Ablehnungschancen von Wissen scheinen von funktionalen Aspekten geprägt zu sein, die sich von Wahrscheinlichkeits- oder gar Wahrheitsfragen nicht sonderlich irritieren lassen. Da wir uns an dieser Stelle primär für die Ablehnung von Wissen interessieren, wollen wir funktionale Aspekte benennen, die als »trigger points« dafür sorgen, daß bestimmtes Wissen kommunikativ nicht »haltbar« ist und zurückgewiesen wird.[16] Betont werden muß zuvor noch einmal, daß Wissen als eine negationsfähig angelegte kognitive Erwartungshaltung des an Kommunikation beteiligten Bewußtseins anzusehen ist. „Wissen ist deshalb keine irgendwie rein innere Konstruktionsleistung des sich selbst und seine Umwelt beobachtenden psychischen Systems, sondern gelangt sozusagen nur dann zur Verfügung des psychischen Systems, wenn es kommunikativ erzeugt wurde und sich kommunikativ bewährt hat" (Krause: 1996, S. 183). Besser ist Wissen „als »komplexe Prüfoperation« zu konzipieren, die individuell wie sozial ihre eigenen Bedingungen hat" (Baecker: 1997, S. 12. Luhmann: 1992b, S. 129).

Von Baecker stammt die Idee, drei Dimensionen des Wissens zu unterscheiden, in denen es dann jeweils auch in der Kommunikation abgelehnt werden kann: „Das Wissen hat nicht nur eine Sachdimension, das heißt, es ist nicht nur ein Wissen über etwas. Sondern es hat auch eine Sozialdimension, das heißt es ist ein Wissen der einen über ein Wissen und Nichtwissen der anderen. Und es hat eine Zeitdimension, das heißt es ist ein Wissen über den notwendigen Korrekturbedarf von Wissen" (Baecker: 1997, S. 11). Wir wollen dieser Einteilung an dieser Stelle insofern folgen, als wir vermuten, daß sich in diesen drei Dimensionen des Wissens dann jeweils unterschiedliche Motive identifizieren lassen, auf deren Grundlage es zu einer Zurückweisung von Wissensansprüchen in der Kommunikation kommen kann. Die Grundidee einer solchen Distanzierung etwa von Sachdimension und Sozialdimension ist, daß hier eben Unterschiedliches geordnet wird. Zwecke und Mittel ordnen sachliche Verhältnisse, und darüber kann man dann unterschiedlicher Meinung sein, weil auch Zwecke ihre Wahrheitsfähigkeit verloren haben. Deswegen muß in Organisationen über Zwecke entschieden werden, und aus diesem Grund kann darüber auch gestritten werden. Die Unterscheidung zwischen Alter und Ego hingegen markiert soziale Verhältnisse, die in Organisationen durch Hierarchien vorstrukturiert werden und zunächst einmal die Form unterschiedlicher Kommunikationschancen haben. Die nachfolgende Explikation dieser drei Dimensionen dient der Veranschaulichung und kann keinen Anspruch auf Vollständigkeit erfüllen. Dennoch muß ein

[16] Anzumerken ist dazu, daß Organisationen natürlich jede Menge Information und Wissen unwissentlich und wissentlich als irrelevant zurückweisen und daß dieser selektive Umgang sie erst zu Organisationen macht. Nur die Freiheit, „Daten nicht zur Kenntnis zu nehmen und aus Informationen keine Schlüsse zu ziehen" ermöglicht »Organisation«. Siehe Baecker: 1997, S. 2.

genereller Befund der Aufstellung vorangestellt werden: Obwohl in der Kommunikation selbst (etwa anläßlich interner Nachforschungen nach schweren Pannen) zumeist nur sachliche Bezüge auftauchen, weil nur dann eine Ablehnung von Wissen allgemein akzeptiert und gerechtfertigt (»sachlich richtig«) erscheinen kann, ist gerade in der Sozialdimension ein Großteil der Motive verankert, die zu einer Zurückweisung von Wissen führen können. Wenn also die Bedeutsamkeit der Beziehungsebene unterschlagen wird und diesbezügliche Spielregeln nicht eingehalten werden, kommt es mit erheblicher Wahrscheinlichkeit zu einer sachlich begründeten Ablehnung von Wissen, der sich dann aber nicht mehr allein sachlich begegnen läßt. Der Organisation steht für mitlaufende Schwierigkeiten und Konflikte dieser Art nur ein limitiertes Lösungsepertoire zur Verfügung: Sie kann sie in die Hierarchie verlagern, sie kann Entscheidungsregeln setzen, sie kann Personen einen Abteilungswechsel nahelegen oder den vorzeitigen Ruhestand, und schließlich kann sie auf Beratung setzen. Die Problemlösungsmöglichkeiten sind begrenzt, weil die Sozialdimension des Wissens mit einem so beträchtlichen Aufwand unterschlagen und invisibilisiert und all dies mit Inkommunikabilität belegt wird. Nur in bestimmten Kontexten (zu denken ist etwa an Supervision), die weniger stark von Rationalitätsnormen durchzogen sind, haben Schwierigkeiten dieser Art überhaupt eine Chance, thematisiert zu werden.

a) Die sachliche Dimension der Ablehnung von Wissen

Wenn von der sachlichen Ablehnung kognitiver Erwartungen die Rede ist, so impliziert dies nicht, daß eine derart zustande gekommene Ablehnung in sich rational wäre. Die Entscheidung für oder gegen ein bestimmtes Wissen wird aber in diesem Fall durch gleichsam sachliche Bezüge motiviert und nicht z.B. durch eine allgemeine Abneigung gegenüber Belehrungen, wie wir sie in der sozialen Dimension der Ablehnung vorfinden. Auch in der sachlichen Dimension aber kommen Entscheidungen für oder gegen ein Wissen nur durch genuin soziale Schließungseffekte zustande!

Die wichtigste Form der Ablehnung in der benannten Hinsicht kommt zustande, wenn sich das Wissen von Ego über einen bestimmten Sachverhalt *nicht* mit dem Wissen von Alter über eben diesen Sachverhalt deckt. Man hat dann einen anderen Eindruck von der Sache und muß entweder eigenes Wissen (Lernen) oder fremdes Wissen (Ablehnung) zurückweisen. Wenn Wissen in dieser Weise bestehende Erwartungslagen in Frage stellt und/oder überarbeitungswürdig macht, so ist der Schritt zur Ablehnung von Wissen nur noch klein. Daß Organisationen, Teams und Personen zumeist eine ausgeprägte Vorliebe für das eigene Wissen aufweisen, ist nicht weiter überraschend, wenn man bedenkt, daß unter Umständen Erwartungsumstellungen Folgen mit sich bringen können, die bis tief auf die Strukturebene eines Systems durchschlagen können. Bezogen auf unseren Fall der Investmentbanken ließe sich das etwa am Beispiel von Markterwartungen zeigen. Nachdem sich die Aktienmärkte in Lateinamerika zu Beginn des Jahres 1998 zunehmend in einer Weise entwickelten, daß die entsprechenden Indizes eine negative Tendenz aufwiesen, wurden viele Analysten aus dieser Region abgezogen. Zwei europäische Banken haben sich sogar komplett vom Lateinamerikageschäft getrennt und die analystische Arbeit in dieser Region eingestellt. *„Die haben das hier entschieden und waren an unserer Einschätzung eigentlich nicht interessiert. Morgan Stanley hat in seinem Emerging Markets Index Lateinamerika sogar höher bewertet als die angeschlagenen asiatischen Märkte. Und uns holt man zurück, dabei entwickeln die sich zyklisch. Selbst wenn die jetzt etwas abgeschmolzen werden, dann kommen die auch wieder rauf"* (P:1).

Neue Erkenntnisse lassen sich dann leichter annehmen, wenn eine auftauchende Erwartung insofern auf bestehende Wissensbestände zurückgreifen kann, als sie pfadabhängig und in Konformität mit der Lerngeschichte eingeordnet und in bestehendes Wissen integriert werden kann (Cohen und Levinthal: 1990). Zur Ablehnung kommt es mit großer Wahrscheinlichkeit, wenn durch eine Integration des neuen Wissens ein Oszillieren entlang der wahr/falsch-Frage animiert würde, das die Grundlage von Handeln und Entscheiden versumpfen ließe. Wenn es also wirklich wichtig wird, zeigen sich Systeme in der Tendenz am lernunwilligsten. Wenn der Kanon des zu Wissenden auf dem Spiel steht, dann geht die Organisation statt auf Distanz (zu sich selbst) in Deckung und mobilisiert intern soviel Abwehrkapazität wie möglich, so daß häufig erst schwere Krisen eintreten müssen, damit Lernen möglich wird (das klassische Beispiel lieferte IBM in ihrer Ignoranz der aufkommenden Personal Computer). Wir wollen an dieser Stelle nicht so tun, als seien laufende Erwartungsumstellungen durch die Annahme neuen oder fremden Wissens immer funktional im Sinne der Viabilität eines Systems. Wir stellten eingangs schon fest, daß die Ablehnung von Wissen nicht selbst gut oder schlecht sein kann. Organisationen mögen gute Gründe haben, die von Beratungsfirmen angefertigten Berichte häufig nicht weiter zur Kenntnis zu nehmen. Man kann sich aber fragen, ob eine Institutionalisierung diesbezüglicher Reflexionsleistungen durch Stellen oder bestimmte Zeiten nicht hilfreich könnte.

Ein zweites Motiv, das in der Sachdimension des Wissens zur Abfuhr anstiften kann, konstituiert sich in einer tief verwurzelten Abneigung gegenüber »Ambiguität«. So praktisch und von geradezu unverzichtbarer Qualität Ambiguität in bestimmten Konstellationen auch sein mag (etwa in der Formierungsphase von Koalitionen, vgl. March: 1994, S. 170), so schwierig wird es für Handeln und Entscheiden, wenn die Lasten von Mehrdeutigkeit schließlich kulminieren. Während wir oben die Aufgabe von eigenen oder fremden bzw. neuen »Knowledge claims« behandelt haben, das Problem also die Form »das Eine *oder* das Andere« hatte und dabei die Vorliebe für das Eigene thematisiert wurde, geht es nun um die

Schwierigkeiten, die mehrdeutige und inkonsistente Informationslagen für Organisationen bedeuten: »das Eine *und* das Andere«.

Abb. 3: Probleme durch mehrdeutige Wissenslagen

Das Eine	**Das Eine und das Andere**
Keins von beiden	**Das Andere**

Wir holen an dieser Stelle kurz aus und nehmen die Hintergründe der ambiguitätsbezogenen Abneigung etwas genauer in den Blick, weil sich so Rückschlüsse auf die Form der Präsentation von Wissen ziehen lassen, die von Investmentbanken in der Kommunikation mit ihren Kunden bevorzugt wird. Von Keynes (1921) stammt ein ebenso schlichtes wie inzwischen klassisches Experiment, das später von Ellsberg (1961) dazu genutzt wurde, ein Phänomen zu beschreiben, daß er »ambiguity avoidance« nannte (siehe Shapiro: 1993 oder auch Fox, Rogers und Tversky: 1996). Keynes stellte zwei Behälter auf, die jeweils rote und schwarze Kugeln enthielten. Während Behälter 1 genau 50 rote und 50 schwarze Kugeln enthielt, war das Mischungsverhältnis in Behälter 2 unbekannt. Die Gewinnregel lautet, daß man die Farbe einer zufällig gezogenen Kugel vorhersagen muß. Was die Wahl der Farbe angeht, zeigen sich die meisten Menschen im Experiment gleichgültig, sie haben aber eine eindeutige Präferenz für denjenigen Behälter, von dem sie das Mischungsverhältnis der Kugeln (50:50) kennen. Obwohl die statistische Wahrscheinlichkeit, daß eine rote oder eine schwarze Kugel gezogen wird in jedem Fall 0.5 beträgt, scheint dies von Behälter 1 klarer, eindeutiger und gewichtiger demonstriert zu werden. Im Fall des Behälters mit der unbekannten Verteilung lassen sich eben andere Möglichkeiten denken (positive wie negative), die Lage scheint uneindeutiger. Ellsberg argumentiert, daß die Handlungsbereitschaft nicht nur von Wahrscheinlichkeiten bestimmt wird, sondern eben auch von der damit verbundenen Ambiguität, die er definiert als „a quality depending on the amount, type, and »unanimity« of information, and giving rise to one´s degree of »confidence« in an estimate of relative likelihoods" (Ellsberg: 1961, zitiert nach Fox und Tversky 1996, S. 586). Spätere Experimente von Heath und Tversky (1991) haben gezeigt, daß die Abneigung gegenüber Ambiguität abnimmt, wenn Personen sich in bezug auf vorherzusagende Ereignisse als kompetent empfinden. Politikexperten wetten lieber auf Wahlausgänge, als auf Ereignisse mit feststehenden Wahrscheinlichkeiten. „We propose that people s confidence is undermined when they contrast their limited knowledge about an event with their superior knowledge about another event, or when they compare themselves with more knowledgeable individuals. (...) This contrast between states of knowledge is the predominant source of ambiguity aversion" (ebd. S. 587).

Auf dem Hintergrund der Ambiguitätsaversion lassen sich die von Investmentbanken bevorzugten Praktiken der extern orientierten Kommunikation von Wissen besser verstehen. So ruft die Vorliebe der Anleger für eindeutiges und konsistentes Wissen bei den Aktienanalysten der Investmenthäuser eine Art Resonanzphänomen hervor: Obwohl professionell auf Komplexitätserfassung und Beobachtungskompetenz gedrillt, werden die zur Veröffentlichung vorgesehenen Analysen und Prognosen mit der Absicht bearbeitet, Stimmigkeit, Eindeutigkeit und Konsistenz zu erzeugen. *„Ich muß irgendwie zu einem eindeutigen Urteil kommen, entweder es wird eine Kaufstudie oder 'ne Verkaufstudie. Ich kann denen nicht damit kommen, daß man es so oder so sehen kann.* (...) *Oft hab' ich auch vorher schon eine Idee, wie das Ergebnis aussehen soll oder in welche Richtung es geht. Dann muß ich mir eben die entsprechenden Daten suchen. Wichtig ist, daß man damit was anfangen kann*" (S:1). Nur wenn die Analysten in dieser Weise kosmetisch tätig werden, ist ihr Produkt extern auch anschlußfähig. Analysen müssen zu einem Ergebnis kommen, sie müssen ein Urteil fixieren und plausibilisieren, sie sollen handlungsmotivierend und -leitend sein. Das gelingt nur, wenn sie beim Leser nicht zuviel Zweifel provozieren. An diesem Beispiel zeigt sich präzise die Grundfunktion dieser Dienstleistung: Komplexitätsreduktion und Unsicherheitsabsorbtion. Die in einer schriftlichen Analyse ausgearbeitete Kaufempfehlung für Daimler Benz absorbiert Unsicherheit, weil sie das explizite Wissen des Analysten repräsentiert und die vorausgegangene Explizierung heißt ja gerade, daß dieses Wissen schon die Akzeptabilitäts- und Plausibilitätsprüfung am inneren Widerstand des Experten erfolgreich hinter sich gebracht hat. Mehrdeutige Urteile und widersprüchliche Informationen taugen hingegen nicht zur Absicherung von Entscheidungen, weil sie keine Unsicherheit absorbieren, sondern erzeugen.

Entschiedenes und motiviertes Handeln ist auch innerhalb einer Organisation nur dann zu erwarten, wenn ab einem bestimmten Zeitpunkt Zweifel unterdrückt und diffuse Informationslagen geklärt werden, und gerade dies scheint Gruppen im Zuge eines »risky shift« durch »groupthink« besonders gut zu gelingen.[17] Entscheidungsmeetings beginnen in der Regel damit, unterschiedliche Standpunkte darzustellen und vielleicht sogar gruppenexterne Experten zu hören, „but before long, meetings become instruments of confidence building" (March: 1994, S. 265). Es entsteht eine Form der Kommunikation, die insofern einen eher rituellen Charakter hat, als es nur darauf ankommt, die Integrität einer Entscheidung kommunikativ zu unterlegen, so daß alle Informationen für die präferierte Alternative sprechen. Janis' Analyse

[17] Ein *risky shift* bezeichnet die Beobachtung, daß Gruppen dazu neigen, risikoreichere Handlungsoptionen zu wählen, als dies von Einzelpersonen zu erwarten ist. Siehe dazu Janis: 1972.

der Entscheidungsprozesse, die im April 1961 zur Invasion der Schweinebucht geführt haben, zeigt, wie störende Informationen unterdrückt wurden und die Entscheidungsträger sich der Illusion einer klaren Lage hingaben: „According to the groupthink hypothesis, members of any small group tend to maintain esprit de corps by unconsciously developing a number of shared illusions and related norms that interfere with critical thinking and reality testing".[18] Die Entscheider geraten in eine *certainty trap* – alles was in einer Entscheidungssituation Unsicherheitslasten erhöhen könnte (gegenläufige Expertenmeinungen etwa) wird so erfolgreich abgewehrt, daß man sich *zu* sicher ist (Burgess: 1981, S. 151 f.). Organisationen, die in diese Falle geraten, verzichten selbst auf wenig aufwendige Maßnahmen, die alternative Handlungskorridore für einen Notfall offenhalten würden. Weil die Funktion dieser Art von Kommunikation darin besteht, Handlungsmotive herzustellen, hat zuwiderlaufendes Wissens keine Chance, gehört und akzeptiert zu werden, selbst wenn es sich dabei um existentiell wichtiges Wissen handelt. Aus diesem Grund sind die Vorstände mancher Organisationen auch schon dazu übergegangen, die Person des »devils advocate« zu institutionalisieren, dessen Aufgabe es ist, das in Zweifel zu setzen, was die Mehrheit glaubt. In einer US-amerikanischen Investmentbank wurde bei manchen Projekten der sogenannte »Team Red/Team Blue-Approach« angewandt, der zwei Mitarbeitergruppen in die Konkurrenz setzt, Lösungs- bzw. Verfahrensvorschläge zu generieren. *„Wir praktizieren das, wenn schon klar ist, daß es da keine eindeutige Lösung gibt und wenn das Projekt auch entsprechend wichtig ist. Wir haben hier null Overhead, so daß das richtiger Luxus ist*"(F:1)

Wer handeln will, muß sich entscheiden die Frage lautet: wofür? Ambiguitätsaversion kann notwendig sein, weil es Fragen gibt, die einerseits unentscheidbar sind, andererseits aber entschieden werden müssen. Wer da lange hin- und herschwankt, ohne daß sich ein dritter oder vierter Weg auftut, für den hat die Geschichte nur Spott übrig. Wenn die Abneigung gegen Ambiguität aber latent gehalten wird, weil man sich dann leichter und gewissermaßen entschiedener auf die eine oder andere Seite schlagen kann, dann wächst die Gefahr, daß auftauchende Krisensymptome lange Zeit verdeckt werden (siehe Barings). Wir werden auf diese Thematik im Kapitel über Wissensorganisation unter der Rubrik »Lernhemmungen« zurückkommen.

b) Die soziale Dimension der Ablehnung von Wissen

Die wohl wichtigste Konstellation, die im Rahmen der sozialen Dimension des Wissens die Zurückweisung kognitiver Erwartungen von Alter durch Ego befördert, ist durch Interaktionskontexte gegeben, die »mit Hilfe von Wissen« eine hierarchische Aufladung erhalten.

[18] Janis: 1972, S. 36 f.; vgl. auch Brunssons Überlegungen zu Ideologien, die Organisationsmitglieder auf die geteilte Beobachtung von erwünschten Handlungsfolgen einschwören (Brunsson: 1989, S. 177).

Baecker stellt in diesem Konnex auf eine Abneigung des Menschen ab, in Wissensfragen in unterlegene Positionen zu geraten.[19] Die Kommunikation von Wissen führt zu einer Hierarchisierung qua Wissen, weil das kommunizierte Wissen des einen auf das Nichtwissen des anderen verweist. Will man einer solchen wissensinduzierten Rangordnung, die es dem Wissenden gestattet, den Unwissenden »zu belehren«, entgehen, bleibt nur die Ablehnung des Wissens.[20] Hier deuten sich gewisse Schwierigkeiten an, die in Analogie zu den stark limitierten Möglichkeiten stehen, aus Erfahrung zu lernen: „Everyone wants to learn, but nobody wants to be wrong".[21]

Nun besteht die Funktion von Hierarchien gerade darin, Ordnungsbildung zu ermöglichen und eine Annahme des von der Spitze der Hierarchie kommunizierten Wissens zu erreichen und im Vergleich zur modernen Gesellschaft, in der »Hierarchie« und »Herrschaft« zunehmend als legitimationsbedürftig angesehen werden, funktioniert dies in Organisationen auch relativ reibungslos.[22] Allerdings gibt es auch hier immer wieder Friktionen. Welche Schwierigkeiten die vertikale Kommunikation von Wissen in den Hierarchien organisierter Sozialsysteme aufwirft, ist soziologisch ganz gut zu sehen, organisatorisch aber nur schwer in den Griff zu bekommen. So haben Untergebene bei Fehlern ihrer Vorgesetzten die Wahl, die Information über den Fehler als Wissensbesitz zu kapitalisieren oder den Mißgriff entsprechend anzuzeigen. James March nennt dies den »join 'em or fight 'em issue« (March: 1994, S. 115). Die organisationale Logik einer hierarchischen Bergbesteigung läßt den Angestellten die Wahl, entweder auf Loyalität dem Vorgesetzten gegenüber zu setzen, sein Wissen zu akzeptieren und darauf zu vertrauen, in seinem Fahrwasser nach oben zu gelangen, oder aber sie können den gegenläufigen Ansatz verfolgen und versuchen, sich in entscheidenden Momenten als kompetenter darzustellen und auf die Überholspur zu wechseln. „For the ambitious, the choice is between »joining« and »fighting«. They can agree to form a coalition with its promisis of shared power in the future, or they can seek to gain complete power on their own immediately, gambling on their ability to do so" (ebd.). Die Ablehnung von Wissen

---

19 Goethe über Erziehungsversuche jeglicher Art: „Man spürt die Absicht und ist verstimmt." Zitiert nach Baecker: 1997, S. 10. Es gibt in der Sprache stehende Redewendungen, die diesen Sachverhalt verdeutlichen („Von Ihnen lasse ich mir gar nichts sagen!") und ganz deutlich machen, daß hierbei nicht auf der Sach-, ondern auf der Beziehungsebene verweigert wird.

20 »Wißbegierigkeit« hat sich aus vielen traditionell dafür vorgesehenen Kontexten wie etwa der Schule schon längst verabschiedet.

21 Überhaupt ist die Ablehnung von Wissen motivational ähnlich gelagert wie die verbreitete Weigerung, Erwartungen durch Lernen aus Erfahrung umzustellen. Lernen aus Erfahrung setzt den Fehler voraus. Organisationen tendieren aber dazu, Fehler zu bestrafen und befördern so die Vertuschung von Fehlleistungen. Siehe dazu Feldman: 1986, S. 283.

22 Allerdings fällt es auch Organisationen zunehmend schwerer, ein Loblied auf die Hierarchie anzustimmen. Das zeigt sich schon an der verwendeten Semantik: Da ist von 360-Grad-Beurteilungen die Rede, die suggerieren, daß zwischen oben und unten eben kein Unterschied sei, und Sekretärinnen heißen inzwischen Team-Assistentinnen.

kann so selbst zum Kalkül werden, das insbesondere in hochkompetetiven und von hoher Illoyalität geprägten Firmenkulturen eine Chance hat, als erfolgversprechende Strategie zu gelten.

Eine Ablehnung von Wissen liegt auch dann vor, wenn ein bestimmtes Wissen bei den Mitgliedern einer Organisation zwar vorhanden ist, dieses Wissen aber nicht in der Kommunikation der Organisation auftaucht. So kann etwa »tabuisiertes Wissen« flächendeckend in der gesamten Organisation vorliegen - solange es nicht in die Kommunikation eindringt, vermag es als Wissen keine Wirkung zu entfalten. Statt dessen wirkt die allgemeine öffentliche Einhaltung der Taburegeln selbstverstärkend: es wird für die Mitgliedern der Organisation »selbstverständlich« und »taken for granted«, daß bestimmte Sachverhalte von der Kommunikation ausgeklammert und umschifft werden müssen und auch nicht zu ändern sind. Daß solches Wissen ohne externe Intervention schließlich einfach zur Sprache kommt, ist unwahrscheinlich, denn Tabus werden durch die Nichtthematisierbarkeit ihrer Nichtthematisierbarkeit daran gehindert, aus dem Latenzbereich organisationalen Wissens auszubrechen. Argyris spricht in diesem Zusammenhang von »defensiven Routinen«, die in einer Organisation zum Schutz vor unbequemer und bedrohlicher Kommunikation kultiviert werden: „Organizational defensive routines make it highly likely that individuals, groups, intergroups, and organizations will not detect and correct the errors that are embarrassing and threatening because the fundamental rules are to (1) bypass the errors and act as if that were not being done, (2) make the bypass undiscussable, and (3) make its undiscussability undiscussable" (Argyris: 1990, S. 43).

Der letzte Fall einer Negation von Wissensbeständen, der sich in der Sozialdimension konstituiert, betrifft die partielle oder komplette Ablehnung von Wissen, die erfolgt, wenn die Reputation der Person (oder Organisation) belastet ist, die Wissensansprüche erhebt. Diese Art von Ablehnung weist uns noch einmal darauf hin, daß in der Kommunikation als »Träger« eines Wissens oder Nichtwissens Personen oder Organisationen identifiziert werden, und daß dies dann entsprechend unterschiedliche Kommunikationschancen für ein bestimmtes Wissen nach sich zieht. Wenn ein Experte in der Vergangenheit ein Wissen behauptet hat und darauf später dann Mißerfolge zugerechnet werden, wenn also in der Kommunikation einer Organisation negative Erfahrungen mit bestimmten Wissensträgern kondensieren, so wird nicht nur die Person, sondern auch ihr zukünftiges Wissen in Frage gestellt. Analog gilt dies auch für Organisationen. Man nutzt Erfahrung, unterstellt Wahrscheinlichkeiten, wägt ab und vertraut im Zweifel einem anderen Experten oder einer anderen Organisation.[23] Und gerade im Investment Banking gilt, daß die Kunden Kompetenzen zu einem großen Teil auf bestimmte

[23] Das funktioniert natürlich nur, wenn Alternativen auch bestehen. Man kann seinen Steuerberater, nicht aber sein Finanzamt wechseln.

Personen zurechnen. Aus diesem Grund werden die Stars der Branche mit exorbitanten Gehältern umworben, und aus diesem Grund wäre es in diesem Geschäft immer auch ein persönliches Fiasko, wenn Fehler geschehen, die zum einen als solche identifizierbar sind und die sich zum anderen nicht anderweitig begründen lassen. „*Ich kann mir keinen Deal leisten, der schlecht läuft.* (...) *In diesem Geschäft verliert man seine Reputation nur einmal*" behauptet ein im M&A-Geschäft tätiger Partner der Investmentbank Goldman Sachs (zitiert nach Kunkel: 1997, S. 40). Und in der Tat scheint die Zurechnung überlegenen Wissens auf Personen über den Umweg der Reputation entscheidendes Antriebsmoment im Rahmen der Frage zu sein, welche Investmentbank man als Kunde für einen bestimmten Deal anheuert. Die Gründe dafür liegen in der Form des Geschäfts: So wird ein Mortage-Backed Security Deal immer ähnlich strukturiert sein, unabhängig davon, ob er von der Credit Suisse First Boston oder Merill Lynch durchgeführt wird. Auch die Strukturierung eines M&A-Deals wird bei Goldman Sachs und Morgan Stanley nicht wirklich unterscheidbar sein (nur die sogenannte »Execution«, also die Umsetzung, Verhandlung usw. bietet Möglichkeiten der Differenzierung). Und da die Geschäfte immer in Real time und in enger Kooperation mit dem Kunden erfolgen, die Kundenorganisation also einen wichtigen Einfluß auf die Charakteristika eines Deals hat, lassen sich die Produkte der Investmentbanken nicht ins Regal stellen und vergleichen. Der Mangel an Differenzierungschancen muß durch Reputationsarbeit ausgeglichen werden, die sich bei den Banken selbst im wesentlichen auf die Bereiche »quality people«, »commitment to relationships« und »teamwork und communication« beschränkt (Eccles und Crane: 1988, S. 110). Die Betonung der Beziehungsorientierung gehört gerade auf dem deutschen Markt mit traditionell eher langfristigen Bankbeziehungen zum guten Ton. In den durchgeführten Interviews wurde dieser Punkt gerade von den Bankmanagern hervorgehoben. Die inneren Widersprüche der nachfolgenden Selbstaussage eines Bankmanagers zeugen davon, daß es sich hier eher um eine außenorientierte normative, denn um eine deskriptive Aussage handelt: „*Der Beziehungsorientierte hat drei Dinge: Hat die Beziehung zum Kunden, die langfristig hoffentlich ist. Hat die Situation der Transaktion, und er muß den unabhängigen Ratschlag, muß den »objective advice« geben. Dieses Dreieck aufzulösen kann nur langfristig im Sinne des Kunden funktionieren, also wenn ich den Kunden ins Zentrum dieser drei Parameter setze. Auf der anderen Seite, wenn ich transaktionsorientiert bin, habe ich die Situation, daß ich »deal driven« bin und hoffentlich unabhängigen advice gebe. Aber das ist sehr viel schwieriger zu handlen, weil sie natürlich intern bezahlt werden, damit diesen Konflikt haben und auch ihre Promotion, ihre Bewertung, ihr Ranking, alles davon abhängt, wieviel Geld sie hereingebracht haben. Damit haben sie anderen Wertmaßstab, einen anderen valuedriver innerhalb der Organisation*" (S:2).

Ist die Positionierung erfolgreich, wird der Bank Expertise und Kompetenz unterstellt. Läuft es nicht so gut und eine Bank wird mit einem schlechten Leumund belastet, so hat auch ihr möglicherweise überlegenes Wissen keine Durchsetzungschance.

„In a service business of unique deals, the customer does not buy a finished product that can be inventoried. In selecting an investment bank, the customer must base expectations about future performance on past experience, the experiences of others, and impressions gained from marketing presentations. Reputation has a strong influence on these expectations and impressions. And because reputation extends to particular people, customers will sometimes select an investment bank if they are guaranteed that certain people will work on the deal" (Eccles und Crane: 1988, S. 110).

Es wird hier noch einmal deutlich, welche Schwierigkeiten es schon bereitet, sich über das Wissen selbst eine Meinung zu bilden, ganz abgesehen von der Unmöglichkeit, über Wissen rational mit bestimmten Differenzschemata (wahr/unwahr, richtig/falsch, passend/unpassend, wichtig/unwichtig usw.) zu entscheiden. Die Kommunikation bedient sich eines Ersatzcodes (Reputation), weil das Nichtwissen über ein Wissen nicht die Form eines durch Wissen erreichbaren Bereichs hat. Annahme *und* Ablehnung von Wissen stellen ein Risiko dar, das sich nicht durchkalkulieren läßt. Die Kommunikation befreit sich von Komplexitätsüberlastungen, indem sie Erfolge und Mißerfolge beobachtet und daraus unter Loslösung von der Wissensproblematik auf Reputation schließt, ohne sich weiter darum zu kümmern, wie riskant das wiederum sein könnte.

c) Die zeitliche Dimension der Ablehnung von Wissen

Der Ablauf von Zeit vermag sich in sehr unterschiedlicher Weise auf die Ablehnungswahrscheinlichkeit eines Wissens auszuwirken. Wissen aus Erfahrungen oder in Routinen gegossenes Wissen etc. stehen der Kommunikation nicht immer in gleicher Weise zur Verfügung. Der kommunikative Zugriff auf Wissen hängt mit der Zugriffshäufigkeit zusammen, weil nur die rechtzeitige Aktualisierung, also gewissermaßen der »Aufruf« von Wissen in der Kommunikation sicherstellt, daß Wissen nicht mit der Zeit in Vergessenheit gerät. „Recently used and frequently used routines are more easily evoked than those that have been used infrequently. Thus, organizations have difficulty retrieving relatively old, unused knowledge or skills" (Levitt und March: 1988, S. 328). Die Frage, nach welchem Zeitraum Wissen vergessen (und damit vergangen) ist oder zumindest nicht mehr zügig und vollständig in der Kommunikation herstellbar ist, läßt sich pauschal natürlich nicht beantworten. Vorstellbar ist, daß zum Beispiel das Wissen über die letzte schwere Rezession in einer Organisation in dem Maße weniger leicht aktiviert werden kann, in dem die Anzahl der Mitarbeiter schwindet, die »dabei« waren.

Vorstellbar ist aber auch, und dies betrifft die zweite wichtige zeitbezogene Ablehnungsmöglichkeit, daß ein bestimmtes Wissen mit der Zeit weniger wichtig genommen wird. Das Organisationswissen altgedienter Manager aus der Automobilindustrie verliert an Überzeugungskraft, wenn die Organisation ihre Fahrzeuge heute größtenteils im Ausland herstellen läßt. Wissen wird, und darauf kommt es an, mit der Zeit disputabel. Es kann in der Kommunikation unter dem Hinweis auf seine »Veraltung« negiert werden, was gleichzeitg Folgen hat für die Beziehung der an Kommunikation Beteiligten. Wissen weist eine enorme zeitliche Verletzlichkeit auf, wenn sich Zweifel an der Aktualität eines Wissens erst einmal eingestellt haben.

Das letzte zeitbezogene Motiv der Zurückweisung von Wissen, das an dieser Stelle kurz bezeichnet werden soll, wird nicht durch *zu viel Zeit* konstituiert (wie oben der Fall), sondern durch *zu wenig Zeit*. Zeitdruck läßt die Möglichkeiten, Wissen und Information auch nur zur Kenntnis zu nehmen, drastisch abschmelzen – eine Einsicht, die sich im Begriff der »bounded rationality« niedergeschlagen hat (klassisch dazu March: 1988). Ein Mangel an Zeit in Kombination mit krisenhaften Eindrücken und mehrdeutigen Wissensangeboten kann nur bewältigt werden, indem die möglichen Alternativen unter Zurückweisung der dahinter stehenden Wissensansprüche drastisch reduziert werden. Es kommt zur Ablehnung warnender Stimmen, weil die Zeit zur Überprüfung fehlt. Nur so kann man sich unter Bezug auf ein Minimalwissen im Rahmen eines »educated guess« für eine Möglichkeit und ein Wissen entscheiden, wissend (wenn dazu noch Zeit ist), daß auch andere Möglichkeiten realisiert könnten.

3.2.2 Zurückhaltung von Wissen

Über das strategisch motivierte Zurückhalten von Wissen wird aus guten Gründen weniger gern gesprochen, als etwa über das Betriebsklima oder die Kantine. Das Thema entzieht sich der Kommunikation so standhaft, weil es die Grundlagen derselben angreift. Wie ein Schwamm die Mauern eines Hauses beschädigt, so zersetzen Zweifel die sensible Vertrauensbasis von Kommunikation, wenn thematisiert wird, daß alles auch anders sein könnte als man uns zu verstehen gibt. Mißtrauen setzt ein, steigert die Lasten der Kommunikation und treibt sie auf die Zerstörung der gepflegten Illusion des ehrlichen Miteinanders zu. Damit kann sogar die Annahmebereitschaft für jenes Wissen obstruiert werden, welches uns ganz offen kommuniziert wird. Man kann es eben nicht wissen. Wenn Alter uns mitteilt: „Das ist *alles*, was ich weiß“ oder sich gar zu einem: „Ich habe Ihnen *wirklich alles* erzählt“ hinreißen läßt, dann ist es für eine gemeinsame Welt in der Kommunikation schon viel zu spät. Was hat Alter zu verbergen, wird Ego sich fragen, was wird verheimlicht?[24] Nicht alles zu sagen mag als

[24] Wer sich mit Beschwörungsformeln zu retten versucht, gerät nur tiefer in den Sumpf. Wer seine Ware (Analoges gilt für die Wahrheit von Selbstaussagen) anpreist („Frische Eier!“, „Total frische Eier!“, „Total super frische Eier!“), braucht für den Zweifel („Wie alt sind die Dinger?“) nicht zu sorgen.

Tatbestand in der Kommunikation noch so alltäglich sein – die Einführung der Unterscheidung zwischen Ganzes/Teil in die Kommunikation führt in ihrem Kielwasser Zweifel und Mißtrauen mit sich, die sich nur über Zeit und nicht etwa durch gutes Zureden wieder abschütteln lassen.

So wenig strategische Kommunikation selbst thematisiert werden kann, so sehr steht der berechnete Einsatz von Wissen und Information für die Investmentbanken im Zentrum ihres Tagesgeschäfts. Strategischer Umgang mit Wissen, und das meint fast immer »Zurückhaltung« entweder in zeitlicher oder aber in sozialer Hinsicht (also bezogen auf den Ausschluß anderer) oder beides zugleich, muß im Fall der Investmentbanken auf der Ebene einzelner Personen, zwischen Teams und auch für die Organisation als Einheit unterstellt werden; jederzeit und jeweils in bezug auf die internen und die externen Beziehungen muß die Kommunikation mit den Lasten der Kontingenz fertig werden.

Goldman Sachs' Co-Chef Jon S. Corzine verkündete im März 1997 unter der Überschrift *Wir bleiben selbständig* im Rahmen eines Interviews mit einem angesehenen Wirtschaftsmagazin, daß Goldman Sachs seine innere Struktur auf absehbare Zeit beibehalten werde. Goldman Sachs gehört als letzte große Investmentbank den rund 189 aktiven Partnern (*general*) und 109 passiven Partnern (*limited*) und hat nicht die Gesellschaftsform einer Aktiengesellschaft. Die mit je 500 Millionen Dollar am Eigenkapital beteiligten Unternehmen Sumitomo Bank Capital Markets und Royal Hawaiian Shopping Center haben nur den Status nicht stimmberechtigter passiver Partner. Sechsmal war in den zurückliegenden 30 Jahren von den Partnern diskutiert worden, Goldman Sachs in eine Aktiengesellschaft umzuwandeln, immer wieder hatte eine deutliche Mehrheit gegen den Gang an die Börse votiert. Ein Going Public der Bank könnte das Unternehmen mit dringend benötigtem zusätzlichen Kapital versorgen, etwa um Akquisitionen zu finanzieren oder Investitionen in Systeme und Technologien durchzuführen. Auf die diesbezüglichen Nachfragen der Journalisten antwortete Corzine:

> „Für diese Partnergeneration sind die Würfel gefallen. Ein Börsengang steht in absehbarer Zeit nicht zur Diskussion. (...) Wir haben bei unserer Entscheidung Stärken und Schwächen der einen und anderen Unternehmensform ausführlich diskutiert. Natürlich ist eine große Übernahme für uns als Partnerschaft aufwendiger und wohl auch teurer zu bewerkstelligen als für eine Aktiengesellschaft. Unmöglich aber wäre es nicht. Die Verfügbarkeit von Kapital ist in unserem Geschäft sicher wichtig. Man sollte sie aber nicht überbewerten" (Corzine: 1997, S. 75).

Mitte Juni 1998 teilt das Unternehmen mit, daß der Exekutivausschuß der Goldman Sachs Group L.P. einstimmig vorgeschlagen hat, im Herbst desselben Jahres an die Börse zu gehen (FAZ vom 16. Juni 1998, S. 23). Voraussichtlich 10 bis 15 Prozent des Aktienkapitals sollen plaziert werden. Das könnte nach Wall Street-Schätzungen mehr als 2,5 Milliarden Dollar einbringen. Zum Zeitpunkt der Bekanntgabe dieser Nachricht hatte Goldman Sachs Eigenkapital in Höhe von 6,3 Milliarden Dollar.

In Anbetracht des derzeitigen Verdrängungswettbewerbs im Bankensektor liegt auf der Hand, daß keine Bank sich in strategischer Hinsicht von der Konkurrenz in die Karten blicken lassen möchte. Die Ankündigung des Börsenganges von Goldman Sachs eröffnet nun den

Raum für vielfältige Spekulationen darüber, was mit dem frischen Kapital finanziert werden soll. Der Kauf einer Geschäftsbank (Chase Manhattan wurde genannt) scheint ebenso plausibel, wie der eines Brokerhauses, um in Zukunft auch in das Geschäft mit kleinen Privatanlegern einzusteigen (wie dies etwa von der Investmentbank Morgan Stanley mit dem im Massengeschäft mit Privatkunden tätigen Brokerhaus Dean Witter vorexerziert wurde), auch der Einsatz des Kapitals für einen internen Ausbau der Dienste rund um den Globus ist denkbar – die Bank wies konkrete Spekulationen nach dem Coup jedoch zunächst zurück.[25] Wichtig ist, daß keine Investmentbank hinsichtlich ihrer Markterwartungen und den daraus abgeleiteten Handlungsstrategien sehr frühzeitig eine offene Informationspolitik verfolgt und danach trachtet, die Konkurrenz in aufgeklärter Ratlosigkeit zurückzulassen. Die Ankündigung des Börsengangs durch Goldman Sachs steigert bei der Konkurrenz zunächst einmal die Unsicherheitslasten, weil so viele neue Optionen eröffnet werden, die es vor der Information nicht gegeben hat. Ein strategischer Schritt wird enthüllt, und es eröffneten sich ein halbes Dutzend gangbarer Anschlüsse.

Gerade für die Investmentbank Goldman Sachs, die aufgrund der Struktur einer privaten Partnerschaft bislang vergleichsweise wenig Informationen öffentlich machen muß, gilt, daß diese Intransparenz, gepaart mit dem hohen Risiko der Partner ganz wesentlich zum Nimbus eines elitären, von der Masse der übrigen Häuser abgehobenen Instituts beigetragen hat. Als Aktiengesellschaft müßte das Institut in Zukunft noch mehr Informationen über die Ertragskraft einzelner Geschäftszweige sowie strategische Planungen publik machen. Doch nicht allein in bezug auf die eigene geschäftliche Aktivität gehört die Zurückhaltung von Wissen und das richtige Timing von »Enthüllungen« zu den Standardaufgaben eines Investmentbankers. Auch ihre Kunden beraten sie schon mal hinsichtlich des Timings von Bekanntgaben – etwa wenn neue Umsatzzahlen vorliegen, Patente angemeldet wurden, ein neues Medikament getestet wird. Üblicherweise haben Unternehmen die Tendenz, negative Berichte hinauszuzögern und positive Berichte manchmal zu schnell zu veröffentlichen (Chen und Mohan: 1994, S. 64). Nach dem Wertpapierhandelsgesetz sind börsennotierte Unternehmen zwar verpflichtet, potentiell kursbeeinflussende Neuigkeiten unverzüglich zu veröffentlichen (»Ad-hoc-Publizität«)[26], aber in der Praxis liegt in vielen Fällen ein Interpretationskorridor vor, der strategisch genutzt wird:

---

[25] Auf die dahinter stehenden strategischen Überlegungen werden wir in Kapitel 10 zurückkommen. Aber es scheinen auch Fragen der persönlichen Altersvorsorge der Partner eine Rolle zu spielen. Experten vermuten, daß Goldman Sachs an der Börse mit rund 30 Milliarden Dollar bewertet werden wird – 20 Milliarden werden wohl auf die Konten der Partner fließen. Nach den derzeitigen Plänen können selbst Partner, die erst seit einem Jahr Anteilseigner sind, mit einem Aktienpaket im Wert von rund 50 Millionen Dollar rechnen. Die Beteiligungen altgedienter Partner könnten sich sogar auf 125 Millionen Dollar und mehr belaufen.

[26] Als Beispiele für sofort publizitätspflichtige Vorgänge nennt ein von der Deutsche Börse AG und dem Bundesaufsichtsamt für den Wertpapierhandel (BAWe) herausgegebener Leitfaden etwa Verschmelzungsverträge, Zu- und Verkäufe bei den Kernaktivitäten oder wesentliche Beteiligungen, Übernahmeangebote, Kapitalmaßnahmen, wesentliche Änderungen der Ergebnisse oder der Gewinnprognosen im Rahmen von Jahresabschlüssen und Zwischenberichten. Auch Dividendenänderungen, Überschuldung, Kündigung

„Es gibt Zeiten, in denen die Rahmenparameter günstiger sind, um bestimmte Sachen publik zu machen. Wenn ein großer Auftrag platzt oder es gibt Probleme auf einem wichtigen Absatzmarkt, dann sagen sie es entweder gar nicht, oder sie machen es an einem Freitag, damit der Markt das übers Wochenende vergißt. Das funktioniert natürlich nur, solange es nicht um wirklich große Geschichten geht. Allerdings dürfen sie das auch nicht dauernd so machen, weil die Analysten es nicht lieben, wenn sie überrascht werden. Die fallen dann zwar mal drauf rein, aber sie vergessen es ihnen eben auch nicht" (O:2).

Analysten wiederum verbreiten die Ergebnisse des von ihnen durchgeführten Research nicht instantan an alle potentiell Interessierten, sondern lassen sich in ihrer Informationspolitik von bestimmten Kalkülen leiten: *„Bevor ich eine Studie an First Call oder andere Dienstleister weiterreiche, bediene ich meine guten Kunden. Die kriegen sozusagen 'nen Vorabdruck und nach einer Schonzeit, wenn die genügend Zeit hatten, ihre Orders zu tätigen, dann kriegen auch die anderen das dann*" (S:1). Timing im Vorgehen und selektiver Umgang mit Wissen aus einem Kalkül heraus finden sich auch in den übrigen Abteilungen einer Investmentbank. Besonders exponiert scheint in dieser Hinsicht der Bereich Mergers & Acquisitions zu sein. Wegen der Verhandlungslastigkeit einer Übernahme oder einer Fusion und der diesbezüglichen Geschäftsvorgänge ist der strategische und politisierte Wissenseinsatz als zentrale Erfolgsvoraussetzung anzusehen. So wissen erfahrene Investmentbanker um die Eitelkeit der Manager und versuchen, diese bei Übernahmeverhandlungen Erfolg erleben zu lassen, etwa in dem sie sich »Konzessionen« abringen lassen, die eigentlich schon lange mit eingeplant waren (Cayatas und Mahari: 1988, S. 121).

„Das alles gleicht manchmal einem Basar in Jerusalem oder einem Automarkt: Das erste Angebot darf nicht zu niedrig sein, weil man ansonsten gar nicht glaubhaft ist, gleichzeitig darf man seine Möglichkeiten auch noch nicht ausreizen, man muß nachlegen können, um den Verhandlungsführern auf der anderen Seite das Gefühl geben zu können, daß sie ihre Sache machen. Zu dem Spiel gehört, daß man sich zu keinem Zeitpunkt dazu verleiten läßt, alle seine Interessen und seine Präferenzen offenzulegen. Ansonsten kann man nicht in Punkten zurückstecken, die vielleicht gar nicht so entscheidend sind, das aber dann dennoch als großes Zugeständnis darstellen. Gerade wenn der Deal kurz vor dem Closing ist, wenn man schon riechen kann, daß es bald gelaufen ist, dann hilft es, symbolisch noch etwas draufsetzen zu können, etwas, das bei der anderen Seite vielleicht noch Emotionen freisetzt, wo es dann gar nicht so sehr um finanzielle Werte geht" (F:1).

Das Muster »Strategische Zurückhaltung von Wissen« ist auch für das temporäre Beratungssystem zwischen Investmentbank und Kunde hochrelevant. Auf dem US-amerikanischen Markt wurde in den 80er Jahren von allen Seiten der Verlust des Vertrauens beklagt, der auch eine Folge des M&A-Booms war. Einige Unternehmen mußten hier die Erfahrung machen, daß der Investmentbanker, der heute bei einer Kapitalerhöhung hilft, vielleicht morgen schon mit der Konkurrenz eine Übernahme der eigenen Organisation plant. Verschärft wurde die Vertrauenserosion durch einen Trend, der von den Kunden selbst mit losgetreten wurde: das transaktionsorientierte Investment Banking (im Gegensatz zum Relationship Banking). Die Kunden lassen sich von mehreren Banken Angebote für Problemlösungen

---

wesentlicher Kreditlinien, erhebliche außerordentliche Aufwendungen und Kartellverfahren sind meldepflichtig.

machen, so daß auf beiden Seiten eine Unsicherheit erzeugende Unverbindlichkeit entstanden ist. „At the same time that CEOs and financial officers expressed to us their concerns about sharing sensitive information with investment banks, investment bankers continued to speak about establishing »trust and credibility« with their customers. But to confront one another would threaten the carefully constructed game in which both parties participate. The failure to do so, however, only heightens the tension and the level of distrust".[27]

Wenn politischer Umgang mit Wissen und Information im Rahmen der externen Umweltbezüge zum institutionalisierten Standardrepertoire einer Investmentbank zählt, dann kann nicht überraschen, daß »Politik« auch intern ein wichtiges Bezugssystem der Handlungsorientierung darstellt und die strategische Vorenthaltung von Wissen und Information auch organisationsintern üblich ist. Natürlich ist die interne Zurückhaltung von Wissen für die Operationsfähigkeit einer Organisation nicht lediglich Problem, sondern prinzipiell geradezu Überlebensprinzip. Mit all dem konfrontiert, was selbst in einer kleineren Organisation täglich an Informationen generiert wird, käme wohl kein Management mehr zum Handeln. In jeder Organisation müssen also Filtereinrichtungen bereitgestellt und betrieben werden, die aus der Masse der anfallenden Daten und Informationen Wichtiges von Unwichtigem trennen, und gerade darin liegen die problembeladenen Möglichkeiten einer politischen Ausbeutung: „Any complex organization provides mechanisms for this purpose in the form of review committees or clearance procedures that can easily be used to delay or lose a report. If they cannot disregard it, they can at least question it. It is often possible to generate counterexpertise, which provides different facts and interpretations and causes doubt and confusion. This is particulary easy when there is a multitude of expert organizations. If the experts can be shown to disagree, the prince and the lieutnants can disregard them, and in any case the competition will keep them on their toes" (Benveniste: 1972, S. 125).

Wissen wird um so leichter zum Gegenstand politischer Auseinandersetzungen innerhalb einer Organisation, je stärker sie bezüglich ihrer Entscheidungen auf den Faktor Information angewiesen ist. Oder wie March sich knapp ausdrückt: „Decision-related knowledge is rarely innocent" (March: 1994, S. 255). Die wissensbezogenen Strukturen, Funktionen und Prozesse werden entsprechend politisch aufgeladen und explosiv. Das kann beispielsweise Deutungsmacht in Teams betreffen, also die Frage, wer welches Wissen als »wahr« setzen und kommunizieren kann (Lazega: 1992). Das kann aber auch die Zugriffsberechtigung und damit die »Austauschvorlieben« und »Exklusionsregeln« betreffen, die innerhalb der Organisation bestimmen, wer wann an welchen Wissensressourcen partizipieren darf. Ein wichtiger weiterer Aspekt betrifft den Umstand, daß öffentliches Wissen leichter hinterfragt werden kann und demjenigen, der auf Wissensansprüche pocht, durch die Bewertung seines Wissens

[27] Eccles und Crane, S. 70. Die beiden Autoren verweisen zu Recht darauf, daß »multiple relationships« den Aufbau von Vertrauen obstruieren: „Because of the uncertainty faced by investment banks about whether or not they will get the next deal, and uncertainty faced by the customer about whether an investment bank will be working for or against it on a future transaction, each has an incentive to limit the degree to which the other is in debt: the uncertainty about if and when the debt will be repaid" (ebd.).

die Gefahr der Nichtachtung droht. Auch der in vielen Organisationen zu beobachtende Aufbau von Systemgedächtnissen in Form von Datenbanken wird von den Mitgliedern einer Organisation (unterschiedlich motiviert) als riskant wahrgenommen und entsprechend auch boykottiert. Denn das in Datenbanken gespeicherte Wissen kann unabhängig von dem Mitarbeiter, der es in die Datenbank eingegeben hat, in der Kommunikation einer Organisation auftauchen. In Investmentbanken sind inzwischen üblicherweise etwa alle Kundenpräsentationen elektronisch gespeichert und global abrufbar; zumeist werden auch spezielle Kundendatenbanken unterhalten, die jedem Mitarbeiter schnell die Möglichkeit geben sollen, sich über die Strategien, Aktivitäten und Personen eines Kundenunternehmens zu informieren. Damit wird die einzelne Person, die vielleicht für einen wichtigen Kunden zuständig ist und dadurch intern über ein bestimmtes Sonderwissen verfügt, für die Organisation tendenziell weniger wichtig. Wenn die spezifische Expertise eines Menschen zum entscheidenden Kriterium für seine Einstellung und Entlassung wird, ist es mehr als unwahrscheinlich, daß die Mitarbeiter mit dieser »Karriere-Ressource« sorglos umgehen. „Das mühsam und aufwendig erworbene Wissen wird entsprechend eifersüchtig gehütet und nur in strategisch günstigen Momenten angedeutet" (Willke: 1995a, S. 308). In diesem Sinne betont auch Zuboff, daß das Erfahrungswissen eines Mitarbeiters seine organisationale Wichtigkeit grundlegend bestimmt. „Individuals with lengthy experience tend to be the most highly valued because their past experience makes them vessels of knowledge. They become less important when that knowledge can be codified independently and carried away in written words (or computer programs)" (Zuboff: 1988, S. 178). Das führt nun nicht etwa dazu, daß Wissensarbeiter nichts mehr aufschreiben – im Gegenteil. Sie haben die Entstehung leistungsfähiger Personal Computer dazu genutzt, ihre eigenen, proprietären Datenbanken aufzubauen, für die nur sie allein eine Zugriffsberechtigung haben.[28]

Aber auch Peinlichkeiten und persönliche Haftungsfragen spielen für das Maß an Freimütigkeit der Organisationsmitglieder eine wichtige Rolle. Zuboff zitiert einen Bankmanager mit den Worten: „With all the financial numbers in the data base, it will show that the account officers have been doing sloppy work over the years - that clients have been mismanaged and allowed to exceed their credit limits. Individuals may have their power reduced and be judged for the first time" (Zuboff: 1988, S. 213). Demzufolge sind auch möglicher Prestigegewinn oder drohender Gesichtsverlust im Netzwerk als Regelsysteme zu begreifen, die die Kommunikation oder Nicht-Kommunikation von Wissen steuern. So weist etwa Luhmann auch auf die drohende Gefahr hin, bei der Kommunikation von Wissen etwas mitzuteilen, was schon bekannt ist und „deshalb keinen Informationswert hat" (Luhmann: 1995, S. 45). Die Politik der Information findet ihren Ausdruck aber nicht nur in der Verheimlichung oder der

[28] Davenport unterscheidet in diesem Konnex monarchistische, föderalistische und anarchistische Praktiken des Umgangs mit Wissen und Information. „Almost all anarchistic firms have a high proportion of autonomous knowledge workers: scientists, consultants, computer programmers, systems developers, and so on. It's not that their managers want information anarchy; but they feel powerless to prevent each professional worker from creating her own information environment" (Davenport 1997, S. 75).

strategischen Zurückhaltung von Wissen, sondern auch in der Veröffentlichung von »Verhinderungswissen« (Willke: 1995a, S. 309). So geht es nicht selten um den Schutz alter Strukturen und angestammter Ansprüche, wenn Wissen darüber verbreitet wird, daß etwas *nicht* geht. Das politische Verhalten der Akteure ist dabei keineswegs irrational, sondern ist ursächlich auf organisationale Gegebenheiten zurückzuführen. Weil jeder um die Manipulation der anderen Seite weiß, werden Aussagen immer schon relativiert zur Kenntnis genommen, um sie auf einen wahren Gehalt zu reduzieren. „But because everyone also knows that everyone knows such things, sales representatives, managers, and workers are involved in a potentially explosive escalation of biases and counter-biases" (March: 1994, S. 256). So werden unterschiedliche Interpretation von Informationen leicht zum Ausgangspunkt politischer Auseinandersetzungen, wenn von der Definitionslage wichtige Entscheidungen für die jeweiligen Abteilungen, Profitcenter oder Vorstände abhängen.

Insbesondere vor dem Hintergrund des derzeitigen »Fusionsfiebers« im Bankgewerbe ist die Zurückhaltung von Wissen ein massives Problem, das den Erfolg mancher Zusammenschlüsse in Frage stellt. Die Integrationsprobleme von Dresdner Bank und der im Juni 1995 zugekauften Investmentbank Kleinwort Benson waren so beträchtlich, daß selbst in der Presse offen darüber berichtet wurde.[29] In diesem speziellen Fall hatte der Vorstand der Dresdner Bank u.a. aus bilanztechnischen und aufsichtsrechtlichen Gründen beschlossen, das Investment Banking nicht vollständig nach London zu verlagern, sondern bestimmte Funkionen in Frankfurt (Devisenhandel und Derivategeschäft) zu belassen. Lediglich der Researchbereich wurde von Frankfurt nach London verlagert und damit unter die Aufsicht der Investmentbank gestellt. Interessenkonflikte, Streitereien um die Kunden und bestimmte Produkte behindern den Integrationserfolg und lassen die Bemühungen, strategische Informationen und Wissen organisationsweit zu teilen, weitgehend auflaufen. Daß es sich hierbei nicht um ein spezifisch deutsches Problem handelt, zeigt das von Davenport berichtete Beispiel der Chase Manhattan:

„Take Chemical (now Chase) Bank, where the creation of a set of information management principles after a merger raised the sticky issue of whether customer data should be shared throughout the bank. Should the private bank furnish information on wealthy individual customers for use by the capital markets division in promoting a bond offering? If so, which of the two groups should be responsible for identifying likely prospects, notifying relationship managers, and outputting the customer information in a form that capital markets could use? Eventually, Chemicals Bank's senior executives agreed to define »corporate management information« shared throughout the company as: 1. That information needed to support legal and regulatory requierement. 2. And /or that information requiered by corporate staff functions to perform the duties assigned by Executive Management. 3. And/or Cross-Group information under the management of a business unit but also beneficial to multiple business areas for effective business analysis and development" (Davenport: 1997, S. 71).

---

[29] „Angefangen hatte es wie bei Morgan Grenfell in den Anfangsjahren nach der Übernahme durch die Deutsche Bank. Beide Seiten wollten sich nicht ins Gehege kommen: Kleinwort Benson wollte nicht von der Dresdner Bank bevormundet werden und die Dresdner Bank ihr Geschäft nicht nach London abtreten" (Schulz, Bettina. Streit zwischen Dresdner Bank und Kleinwort Benson. In: FAZ vom 3.3.1997, S. 23).

Wird also eine englische Investmentbank von einer deutschen Universalbank aufgekauft, so hinterläßt dieser Vorgang nicht nur auf dem Organisationschart Spuren. Die massiven Probleme, die die Deutsche Bank nach dem Kauf der britischen Investmentbank Morgan Grenfell hatte, sind inzwischen Legion und zeigen an, wie massiv Wissensarbeit durch Verwerfungen in der Kommunikation gestört werden kann. Nicht lange nach der Übernahme durch die Deutsche Bank verließen bereits die ersten wichtigen Mitarbeiter das Institut. Und später (1995) wechselten komplette Swapteams in London und New York den Arbeitgeber, und in Frankfurt verließ eine angesehene Gruppe von Flugzeugfinanzierern die Deutsche Morgan Grenfell (FAZ vom 15.11.1995, S. 23). Auf Illoyalität gründende Schwierigkeiten führten auch in den Folgejahren zu massiven Problemen. Nachdem 1996 aufgeflogen war, daß der Fondsmanager Peter Young seine Vorgesetzten planvoll ausgetrickst hatte, mußte eine Hundertschaft ausgesuchter Spezialisten von Frankfurt an die Themse geschickt werden, um zu rekonstruieren, wie der britische Banker (der 1995 zum Fondsmanager des Jahres gewählt worden war) so lange hatte unentdeckt bleiben können (siehe Der Spiegel: 1996, Nr. 38, S. 98 f.). Und zum Jahreswechsel 1996/97 wurde ruchbar, daß die Londoner Fondsmanagerin Nicola Horlick die Morgan Grenfell Asset Management mit vierzig ihrer Mitarbeiter verlassen wollte (inklusive der Kunden), um zur niederländischen Bank ABN Amro zu wechseln (Fischermann: 1997, S. 22). Eine solche Liste ließe sich fast beliebig lang fortführen, denn »Illoyalität« ist auch in den übrigen Bereichen der DMG ein Thema (insbesondere in der M&A-Abteilung). Aber auch für die anderen Investmentbanken gilt, daß die Identifikation mit dem Arbeitgeber unter den angesehenen Stars der Branche nur gering ist (vgl. Celarier: 1996). Wir werden das Thema später erneut aufgreifen.

Unter den genannten Umständen erscheint der Optimismus, mit dem viele Vertreter insbesondere Technologie-basierter Organisationskonzepte das Wissen der Organisationsmitglieder gedanklich bereits auf Datenbanken »geparkt« haben, unangebracht normativ und irreleitend. „If knowledge is associated with power, money, and success, then it is also associated with lobbying, intrigue and backroom deals. If politics plays no part in a knowledge management initiative, it is a save bet that the organization perceives nothing of value is at issue" (Davenport: 1996, S. 35).

3.2.3 Vertrauen in das Wissen anderer

Sobald in einer Organisation der Umgang mit Information und Wissen in einem Ausmaß politisiert ist, daß ablaufende Kommunikation Entscheidungen und Handeln nur noch in Ausnahmefällen auf sachliche Erwägungen zurechnen kann, wird selbst ein bereits in Fahrt gekommener Zug organisierter Wissensarbeit jäh wieder abgebremst. Zwar ist Kommunikation nie lediglich »sachlich« zu begreifen – jeder soziale Zusammenhang generiert Verwerfungen, die auf Identitäten, Präferenzen und schließlich Entscheidungen zurückwirken und so organisationale Entscheidungsrationalität begrenzen bzw. durch andere, lokale Rationalitäten weitgehend substituieren. Kommunikation ist insofern also immer auch politisch durchkomponiert. Die Voraussetungen von Wissensarbeit werden jedoch unterminiert, wenn Kommunikation wesentlich Politik »ist« in dem Sinne, daß die Kommunikation sich nicht mehr auf Differenzschemata wie etwa Zweck/Mittel berufen kann, sondern an ihre Stelle Unterscheidungen zwischen oben und unten, Freund oder Feind getreten sind und so der Bündelung von Wissensressourcen undurchlässig entgegenstehen.

Die Operationen eines Organisationssystems kommen mit dem Durchschlagen politischer Motive nicht zum Erliegen – eher schon muß von gegenteiligen Befunden ausgegangen werden. Politische Auseinandersetzungen mit ihren spezifischen spielerischen und kämpferischen Anteilen vermögen das organisationsinterne Aktivitätsniveau in nennenswerte Höhen zu treiben. Zudem entfaltet politisches Handeln eine starke strukturbildende Wirkung. Hierbei handelt es sich nicht um offiziell legitimierte Hierarchieketten, sondern um informell realisierte Netzwerke, von denen dann ein bedeutsames Ordnungspotential ausgeht, das sich keinem Organigramm entnehmen läßt: „A potential informal professional network of information exchange is created each time a particular school of professional thought finds itself close to a seat of power. Information flows to the experts, bypassing normal hierarchies of command. These informal networks are supplemented by the experts' official right to seek information and their ability to exchange it, which results in their acquiering facts and figures no one else has access to" (Benveniste: 1972, S. 124).

Hinsichtlich der funktionalen Leistungsfähigkeit einer Organisation muß davon ausgegangen werden, daß interne Politik nicht auf Amplifikation und Ausbau hinausläuft, weil innerorganisationale Geplänkel und Zerwürfnisse nicht der Rationalität organisationaler Viabilität folgen und somit einer sorgfältigen Zerlegung von Zwecken in Mittel zuwiderlaufen. Gerade wissensintensive Organisationen sind aber davon abhängig, daß ihre Experten auch über funktionale Grenzen hinweg kooperieren, Arbeiten aufteilen und gemeinsam strukturieren, wenn es etwa darum geht, innovative Produkte zu erzeugen oder komplexen Kundenanforderungen gerecht zu werden. Diese Leistungen sind das Resultat der Kooperation unterschiedlicher Wissensträger, denen es aufgrund einer kooperativen Beziehung gelingt, ihre jeweilige Expertise zu verschmelzen (Kern: 1996, S. 7).

Vor dem Hintergrund potentiell strategisch-politischen Verhaltens und der Kontingenz des Handelns anderer Organisationsmitglieder erscheint Vertrauen als der soziale Stoff, der abzusichern vermag, daß wir zum Handeln kommen, auch wenn niemand hinsichtlich der Absichten und zukünftigen Verhaltensweisen anderer wirklich sicher sein kann.[30] Und in der

[30] Wir können noch nicht einmal bezüglich der Stabilität unserer eigenen Präferenzen sicher sein, lernen wir diese doch oft erst im Handlungsvollzug kennen. Grundsätzlich gilt: „Der Mensch hat zwar in vielen Hinsichten die Wahl, ob er Vertrauen schenken will oder nicht. Ohne jegliches Vertrauen aber könnte er morgens nicht sein Bett verlassen. Unbestimmte Angst, lähmendes Entsetzen befielen ihn" (Luhmann: 1989, S. 1).

Tat: Vertrauen ist der Grundstoff einer jeden Kooperation, einer jeden Entscheidung, eines jeden Wagnisses. Wer sich heutzutage in einen ICE setzt, vertraut darauf, daß er heil ankommt, obwohl wir inzwischen wissen, daß das Geschäft mit der Sicherheit selbst bei der Deutschen Bahn trügerisch ist. Vertrauen reflektiert die Möglichkeit, daß alles anders kommt als wir erwarten, es markiert die Entscheidung für das Risiko im Angesicht der Kontingenz – und läßt sie dann fallen. Wenn Vertrauen gefaßt wird, schließt man gewisse Entwicklungsmöglichkeiten in dem Sinne von der Berücksichtigung aus, als daß sie nicht weiter verfolgt werden. „Man neutralisiert gewisse Gefahren, die nicht ausgeräumt werden können, die aber das Handeln nicht irritieren sollen" (Luhmann: 1989, S. 26). Und genau in diesem präzisen Sinne reduziert Vertrauen Komplexität: Es erschließt Handlungsmöglichkeiten, die ohne eine vertrauensgesättigte Vernachlässigung kontingenter Entwicklungsmöglichkeit „unwahrscheinlich und unattraktiv" geblieben wären (ebd.). *„Es läßt sich nicht vorhersehen, wie die Anleger auf 'ne Emission reagieren, ob der sagt, da steig ich ein. Das hängt auch davon ab, wie die Analysten das dann bewerten. Ich muß mich drauf verlassen, daß die das auch so positiv beurteilen wie wir. Und natürlich kann ich auch nicht wissen, wie das dann wahrgenommen wird*"(M:4) Es würde schlicht keine Aktienemission geben, wenn Sicherheit die Vorbedingung wäre. Kein Mensch konnte vor dem Börsengang der Telekom wissen, wie genau die Entwicklungen beschaffen sein würde und so sehr sich die Marktteilnehmer auch um rationale Entscheidungsgrundlagen (sprich: Wissen) bemühen, so vielseitig, unkonventionell und aufwendig ihre Informationsbeschaffung auch sein mag: Ließe sich tatsächlich Transparenz erzeugen, würde keine Aktie mehr den Besitzer wechseln. Intransparenz und Risiko sind die notwendigen Rahmenbedingungen spekulativer Geschäfte.

Auf den Finanzmärkten läßt sich die paradoxe Situation beobachten, daß eine große Anzahl hochspezialisierter Organisationen damit beschäftigt ist, Risiken auszuschalten – wären aber die Bemühungen von Ratingagenturen und Risikomanagern vom Erfolg gekrönt, so bedeutete dies das Ende der Finanzmärkte. Transparenz wäre unproduktiv und die Abwesenheit von Risiken wäre im Gegensatz etwa zu technologischen Risiken nicht wünschenswert.

Der Vertrauensmechanismus hat eine Komplexität-reduzierende und Akzeptanz-beschaffende Wirkung und ist unverzichtbare Handlungsvoraussetzung gerade in großen Organisationen, „where members interact with each other only infrequently because they are only rarely involved in joint production" (Shleifer et al.: 1996, S. 2). Eine einschränkende Bemerkung ist dennoch erforderlich. So sehr Vertrauen zwar einerseits eine unaufgebbare Grundsubstanz ist, die dafür sorgt, daß Unbestimmtheiten nicht in Risikoaversion umschlagen, so sehr ist Mißtrauen gerade in wissensintensiven Organisationen notwendig, damit nicht »blind vertrauend« eine Präferenz für »vertraute« Organisationsstrukturen, Traditionen, Handlungsmuster, Kooperationsschemata usw. ausgebildet wird, die zwar gestatten, schnell zu handeln, aber eben gerade auch, schnell das Falsche zu tun oder Neues zu unterlassen.[31] Unter stabilen

[31] In diesem Zusammenhang ist von Interesse, wo neues Wissen entsteht. Dies scheint ganz speziell in den »communities of practice« einer Organisation zu geschehen, in denen sich ein präkeres Verhältnis von Ver-

Umweltbedingungen ist der Rückgriff auf Tradition und den damit einhergehenden Vertrauensvorteil funktional und nützlich. Gerade die Rahmenbedingungen von Investmentbanken zeichnen sich aber durch ihr hohes Maß an Unbestimmtheit aus: *„Was die Einschätzung der Kapitalmärkte angeht, da hat das Wissen eine sehr kurze Halbwertzeit. Das ändert sich im Grunde von einer Stunde auf die nächste“* (C:3). Haben Organisationen mit rasch wechselnden Umweltparametern zu tun, zeigt sich das Janusgesicht von Tradition und Erfahrung, wobei Vertrauen dann die Rolle einer „retardierenden Bindekraft“ spielt (Kern: 1996, S. 11). Vertrauen, das auf ein Festhalten am Falschen gerichtet ist, erweist sich veränderungsresistent und wiegt somit gleichsam schwerer als »normale« Fehler.[32]

Im Kontext dieser Arbeit soll Vertrauen gleichsam als soziales Drehmoment professioneller Kooperationen verstanden werden. Innerhalb eines beliebigen Teams einer Investmentbank muß sich jeder auf die Richtigkeit des Wissens der anderen verlassen, auch und gerade weil niemand mehr die Wissensbestände der anderen überblicken und kontrollieren kann. Das Vertrauen in die Professionalität der übrigen Teammitglieder ist notwendige Bedingung eigenen Handelns, das von der Ungewißheit belastet wird, daß die Expertenmeinungen der anderen sich auch als unangemessen herausstellen können.[33] Die Mitglieder einer Organisation bedienen sich zu diesem Zweck der definierten Rollen, der Reputation und der Erfahrung von Personen als Ersatzcodes, die die Richtigkeit der proklamierten Expertise symbolisieren und auf die sich das Vertrauen in Personen und deren Wissen gründen kann. Nicht jede anfallende Entscheidung läßt sich über den Bezug auf Experten und damit »richtiges Wissen« behandeln. Sogenannte geschäftspolitische Entscheidungen lassen sich nur über Hierarchie und nicht qua Expertise in der Organisation abarbeiten. *„Letztendlich entscheidet der Vorstand. Es hängt*

---

trauen und Mißtrauen ergibt, weil jeder das Wissen der anderen einerseits einzuschätzen vermag, andererseits aber auch ein bestimmtes Maß an Mißtrauen zur Verfügung steht, das für die Entstehung von Innovationen unaufgebbar ist. Wir werden das Thema im Kapitel zur Organisation von Wissensarbeit aufgreifen.

32 Siehe nur das Werk von Shapiro: 1991, S. 50 f.: „When Volkswagen introduced the Beetle to the U.S. market in 1950, the company sold only 300 cars. U.S. carmakers (and many costumers) joked that the »bug« was little more than a toy. Few worried that the toy would become a threat to the industry because, as a 1952 Ford report explained, »to the average American, our present car and ist size represent an outward symbol of prestige and well-being« Eight years later, however, more than 100,000 Beetles were rolling onto American roadways annually, and by 1966 that number had quadrupled. But dispite the ever-increasing number of Beetles on U.S. soil, a favorite joke in Detroit concerned the three most overrated things in America: Southern cooking, home sex, and ...foreign cars.“

33 Zur Bedeutung von Vertrauen für professionelle Kooperationen siehe auch Wathne et al.: 19961, S. 63f. Daß diese Art von Vertrauen nicht in allen Hinsichten mobilisierbar ist haben Krackhardt et al. gezeigt. Sie unterscheiden ein »Trust-network« vom »Advice-network«. Die Mitarbeiter einer untersuchten Softwarefirma hatten bestimmte Experten, deren technische Expertise zwar vertraut wurde, denen aber mißtraut wurde, wenn es um die Vetretung von Interessen ging. „In his job, Harris was able to leverage his position in the advice network to get work done quickly. As a task force leader, however, his technical expertise was less important than his ability to moderate conflikting views, focus the group`s thinking, and win the commitment of task force members to mutually agreed-upon strategies. Because he was a loner who took more interest in computer games than in colleagues´ opinions, task force members didn´t trust him to take their ideas seriously or look out for their interests. So they focused instead on defending their turf.“ In: Krackhardt und Hanson: 1993, S. 107f.

aber auch davon ab, wie sie die Kompetenzordnung aufbauen. Wenn sie prinzipiell sagen, die Grundsatzentscheidung, ob sie den Kunden bringen dürfen, das ist ganz einfach eine Gesamtvorstandsentscheidung. Dann haben sie ihren Vorstandsdezernenten drauf, seinen Stellvertreter ... und dann geht das im Umlaufverfahren an den gesamten Vorstand. Da muß sich der Vorstand klar werden, wollen wir in die Branche. Die Frage, ob man Beate Uhse an die Börse bringen will. Das ist ein sehr florierendes, ertragreiches Geschäft direkt für den neuen Markt. Wachstumsstark in jeder Hinsicht. Nur ob man moralisch ... Das sind so Grundsatzentscheidungen, wo der Vorstand sagen muß ja. (...) Das sind geschäftspolitische Entscheidungen, insofern haben wir ein relativ einfaches Leben, wenn der Vorstand entschieden hat"(M:4).

So kondensiert etwa an der Rolle eines Team- oder Projektleiters das Vertrauen, das notwendig ist, um Handlungen in Gang zu bringen und Entscheidungen zu motivieren, deren Wirkungen nicht durch sichere Voraussicht zu beschreiben sind. Luhmann weist darauf hin, daß solche Rollen aufgrund der Intransparenz der Sache nicht anhand von Standards kontrolliert werden, sondern am Erfolg, eben weil das richtige Handeln nicht vorher erkannt oder entdeckt werden kann. „Erfolg aber stellt sich erst nach dem Handeln ein – oder nicht ein. Man muß sich jedoch vorher engagieren" (Luhmann: 1989, S. 26). Vertrauen dient in diesem Fall dann als Vorschußleistung auf den »erwarteten« Erfolg. Innerhalb der Organisation bildet sich aus diesem Grunde eine Präferenz für die Zusammenarbeit mit Personen, die auf eine breite Erfahrungsbasis zurückgreifen und viele Erfolge vorweisen können: „*Das ... sind Leute, die aufgrund irgendwelcher Talente einfach geniale Dealmaker sind. Das Wissen können sie nicht abgreifen. Das können sie nicht formalisieren. Sie können den Eric in eine business school stellen. Da kann er erzählen, wie er den Deal gemacht hat. Den kriegt aber trotzdem nur er hin. Diesen Instinkt zu haben, das ist biologisch oder ich weiß es nicht*" (W:3). Geschichten über »geniale Dealmaker« werden tradiert und gehen in die oral history der Investmentbank ein. Datenbanken, in denen der Erfahrungshintergrund der einzelnen Mitarbeiter erfaßt und dokumentiert wird, sorgen für ein Nichtvergessen der weniger mythisch verehrten Mitarbeiter einer Bank. Allerdings spielt auch der persönliche Kontakt für den Aufbau einer Vertrauensbasis eine wichtige Rolle. „*Wir haben natürlich Telefonlisten, wir wissen genau, wer ist wofür zuständig, da gibt es Organigramme, und da können sie auch direkt anrufen, und das ist auch kein Problem, aber es hilft natürlich, wenn sie Leute schon mal gesehen haben, das ist ganz klar. Es geht dann alles irgendwie schneller, reibungsloser*" (J:1).

Professionelles Verhalten verlangt also von den Mitarbeitern einer Investmentbank, daß gerade auch mit Personen kooperiert wird, mit denen keine Eigenerfahrungen vorliegen, von denen keine Heldensagen existieren und in deren Personalakte man noch nicht geblickt hat. »Temporäre Teams« zeichnen sich als die dominanten Aufbau- und Infrastrukturmuster von Investmentbanken gerade dadurch aus, daß sie einen von zentraler Stelle aus »gestafften«

Arbeitszusammenhang bilden, in dem laufend wechselnde Know-How-Träger zusammenwirken müssen. Investmentbanker werden beispielsweise mit Anwälten und Kapitalmarktexperten kombiniert, die die verschiedenen für einen bestimmten Deal als notwendig erachteten Kompetenzen aufweisen und zusammenführen. Es bleibt dann im Rahmen eines laufenden Deals schlicht keine Zeit, das Können der anderen auf Kompetenz zu untersuchen. Vertrauen spart Zeit und Anstrengung - das Informationsproblem wird einfach überwunden. Die hier weiter interessierende Frage lautet dann, wie die Anatomie des organisationsintern und -extern aufgebrachten Vertrauens zu begreifen ist.

Eine Organisation vergrößert ihre Kapazität zur Problemverarbeitung durch Differenzierung. Sie ermöglicht sich selbst, die Welt vielschichtiger und mehrdeutiger zu sehen, indem sie ihre eigene Komplexität steigert. Das Bild einer komplexen Welt läßt sich jedoch nur dann intern konstruieren, wenn die daraus resultierenden Lasten der Selektion geregelt und verteilt werden können, denn die Kapazität des einzelnen ist beschränkt und nur in engem Umfang steigerbar. Viele wissensintensiven Organisationen versuchen die Komplexität für den einzelnen jedoch durch Aufgabenrotation auszuweiten.[34] Üblicherweise werden von Organisationen Stellen- und Rollenbeschreibungen generiert, die im einzelnen festlegen, welche Mitglieder welche Beobachtungsaufgaben wahrzunehmen haben. Analysten wissen, welche Maßstäbe anzulegen sind, um den Wert eines Unternehmens festzustellen und bleiben, was die herrschende Methode angeht »state of the art«. Dealmaker konzentrieren sich auf Überzeugungs- und Verhandlungsstrategien. Branchenexperten beobachten bestimmte Industrien und kennen die wichtigen Trends und Player am Markt. Der Gesamtvorstand muß entscheiden, ob man an der Sex-Industrie verdienen darf. Über solche Rollenzuschreibungen konstruiert sich der Status des Experten, der den Rolleninhaber dann über die Unterscheidung zwischen »Experte« und »Laie« in der Lage versetzt, Vertrauen in Anspruch zu nehmen. Es handelt sich dabei um die generalisierte Erwartungshaltung, daß die Kompetenz eines Experten nachweisbar ist, so daß dann im Einzelfall darauf verzichtet werden kann.

Der Kapitalmarktexperte kennt zwar die Codes der Anwälte, und er kann zur Einschätzung der Lage auch auf seine Erfahrung aus abgelaufenen Deals zurückgreifen, dennoch ist er durch die organisationsintern getroffene Rollenbeschreibung als Kapitalmarktexperte auf diesen Wissensbereich festgelegt. Aber auch innerhalb eines Wissensbereiches, beispielsweise einer Going Public Abteilung, in der sich die Wissensbereiche der Mitarbeiter stark überschneiden, formieren sich bestimmte Experten/Laien-Relationen, die sich über Regeln konfigurieren: Projektleiter/Mitarbeiter-Stellungen (mit einem starken Verantwortungsbezug), zugeschriebene Erfolge und allgemein auch über die Zugehörigkeitsdauer zu einer einer bestimmten Community:

„... hier spielt natürlich Erfahrung eine sehr große Rolle. Das ist jetzt zum Beispiel eine Sache, auf die ich sehr stark zurückgreife. Wenn ich mir unsicher bin, daß ich dann einen erfahreneren Kollegen, im Zweifel dann meinen Vorgesetzten, der letztendlich auch irgendwann eine Entscheidung treffen muß, und da ist halt dann

schon sehr viel Gespür und Erfahrung vorhanden. Einmal vor dem Hintergrund, kann man das an die Börse bringen. Andererseits vor dem Hintergrund, wie sieht das bei uns geschäftspolitisch aus. Hat es Sinn, an einem solchen Kunden weiterzuarbeiten oder wird ..., letztendlich erfordert ja jeder Börsengang einen Vorstandsbeschluß, da muß der Vorstand dahinterstehen. Das geht dann praktisch so die Treppe hoch. Da besteht dann natürlich auch ein riesiger Erfahrungsschatz hier, was macht Sinn, was macht keinen Sinn. (...) Und daß letztendlich Entscheidungsträger da sind, an denen man einfach nicht vorbeikommt. Was andererseits einem auch Sicherheit gewährt, wo man weiß, wenn ich den zu Rate ziehe, dann habe ich ..., wenn er ja sagt, dann habe ich seine Rückendeckung, wenn er nein sagt, dann kann ich jederzeit mich auch verteidigen, wenn jemand sagt, wieso hast du da nicht weitergemacht. Da kann ich sagen, weil mir von der und der Stelle gesagt wurde, daran haben wir kein Interesse. Oder das ist so und so. Das ist natürlich insoweit schon allein durch die Hierachie institutionalisiert" (M:4).

Die Beziehung zwischen Investmentbankern und ihren Kunden wird insbesondere durch den Umstand konditioniert, daß der Klient die Leistung bzw. das Wissen des Experten zunächst selber gerade nicht beurteilen kann (vgl. Alvesson: 1992, S. 1006). Zwar hat das Wissen der Kunden selbst gerade in den Bereichen Asset-Management und Mergers & Acquisitions in den zurückliegenden Jahren deutlich zugenommen, dennoch erwartet der Kunde eine Leistung des Experten, die er selber nicht oder nur unter hohen Kosten erbringen könnte. Der Status des Experten konstituiert sich hier erst in der Konsultationsbeziehung durch den Zuschreibungsprozeß des Laien (Hitzler: 1994). Ein gutes Beispiel für die Komplexität und Rückbezüglichkeit des Interaktionssystems von Experten und Laien ist durch die Benutzung von Jargons gegeben, mit denen Fachleute Probleme und Lösungen kommunizieren. Indem diese Jargons von den Klienten nicht problemlos decodiert werden können, tragen sie zum Nichtverstehen bei. Die Klienten müssen daher auf alternative Beurteilungskriterien ausweichen, wenn sie überhaupt mit Berechtigung hoffen wollen, den richtigen Banker gewählt zu haben. Zu diesen Kriterien zählt dann insbesondere auch die Benutzung von Fachqualifikation symbolisierenden Spezialausdrücken.[35] Starbuck zählt weitere Kriterien auf: eine gewählte Ausdrucksweise, die Benutzung umfangreichen statistischen Materials, erfolgsignalisierende Kleidung, Logik der Analyse etc. Die Arbeit der Experten wird in dieser Hinsicht durch die Notwendigkeit erweitert, beim Laien um Vertrauen für sein Sonderwissen zu werben. Aufwendige Inszenierungen und Symbolisierungen der eigenen Professionalität sorgen für soziale Schließungseffekte, die einen Einbruch des Nichtwissens in Form von Mißtrauen in die Beziehung zwischen Experte und Laie verhindern sollen.

Neben dem Vertrauen in »abstract systems« sind gerade auch die Begegnungen mit den Vertretern der Expertise von besonderer Bedeutung. Während routinisierte Begegnungen, wie beispielsweise mit dem Hausarzt, auch noch auf Freundschaft und Intimität gründen können, gilt dies nicht für nur punktuelle oder sporadische Kontakte zwischen Experten und Laien. In

---

[34] So wird zwar nicht der aktuelle Beobachtungsradius erweitert, aber durch den Perspektivenwechsel bleiben alte Schemata aktuell und können leichter in Frage gestellt werden. Vgl. auch Willke: 1996, S. 153.

[35] Siehe zum »sozialen Rationalitätsgewinn« durch den spezifischen Sprachgebrauch von Experten William Ray Arney: 1991, S. 14 f.

solchen Fällen kommt es darauf an, die Symbole professioneller Vertrauenswürdigkeit besonders deutlich mitzuführen. Giddens bezeichnet sie als „displays of manifest trustworthinesse“ , wozu auch die Darstellung einer emotionslosen business-as-usual Haltung gehöre: „Facework commitments tend to be heavily dependent upon what might be called the *demeanour* of system representatives or operators“ (Giddens: 1996, S. 85). In Anlehnung an Goffman spricht Giddens hier von *backstage-* und *frontstage*-Leistungen, die vom Experten erbracht werden. Die strikte Trennung bzw. Kontrolle dieser Grenze zwischen sichtbaren und unsichtbaren Bereichen in der Tätigkeit des Experten unterstreicht die Bedeutung, die dem Verhalten des Experten zukommt, wenn es darum geht, Fehler und Pannen für Laien auszublenden (Marquard: 1981).

Abschließend muß darauf hingewiesen werden, daß Komplexität nicht überall und zu jeder Zeit über das Vertrauen in Wissen und Expertise abgebunden wird: Insbesondere in bestimmten Marktsegmenten taucht »persönliches Vertrauen« als dominante Form des Vertrauens auf, das erstrangig auf Personen und emotionale Bindungen abstellt.[36] Im Gegensatz dazu stellt das Systemvertrauen höhere Anforderungen an das Reflexionsvermögen. Das Vertrauen in die Bank setzt das Vertrauen voraus, daß auch alle anderen Akteure Vertrauen in die Liquidität der Bank haben und ihre Einlagen aus diesem Grunde auch nicht abziehen werden. Man vertraut darauf, daß die Bank sich in Asien nicht zu stark engagiert hat und daß nicht irgendein großer Marktteilnehmer ausfällt, eine Kettenreaktion auslöst und im schlimmsten Fall das ganze Finanzsystem gefährdet.[37]

Die Figur des persönlichen Vertrauens läßt sich hauptsächlich im Bereich mittelständischer Kunden ausmachen, für die bestimmte Formen professioneller Darstellungsleistung nicht ohne weiteres anschlußfähig wären, weil sie den Berater der Bank zu sehr auf Distanz bringen: *„Es wird kein deutsche Mittelständler einen englischsprachigen Youngster von London empfangen. Der mag vielleicht von seinem Auftreten her dem deutschen Investmentbanker »theoretisch« überlegen sein. Der Mittelständler braucht aber jemand, der mit Herz kommt, mit Verständnis aber trotzdem mit fachlichem know how. Und wir haben kein Problem, wenn wir dem Kunden gegenüber sagen, daß dieses Detail unser gegenwärtiges Wissen übersteigt. Der Kunde weiß, daß wir am nächsten Morgen um zehn Uhr wieder anrufen und wir es dann wissen“* (S:4). Hier baut das Vertrauen weniger auf abstrakte Wissensbestände und überlegene Expertise auf, die in ihrer für den Kunden unverständlichen Sinnperspektive vielleicht eher Furcht und Mißtrauen wecken als auf die beruhigende Vorstellung, in der Hand einer Spezialistin zu sein. Vertrauen wird vielmehr und vor allem dem anderen *Menschen* entge-

---

[36] Luhmann hatte in seinem 1968 erschienen Buch zum Thema die Unterscheidung zwischen persönlichem und Systemvertrauen eingeführt und darauf hingewiesen, daß letzteres in modernen, differenzierten Gesellschaften primär sei. Vgl. Luhmann: 1989, S. 40 f.; vgl. auch Beckert: 1997, S. 340 f.

[37] Das Systemvertrauen bezieht sich auf Systemrisiken. Siehe zur Problematik des Systemrisikos im Bankensektor: „Das Systemrisiko betrifft fast immer nur die Global Player“, Fragen an Edgar Meister, Direktor der tschen Bundesbank. In: FAZ vom 19.3.1998, S. 16.

gengebracht, dessen Leistung wie die eines guten Handwerkers selber zwar nicht besser erbracht werden kann, aber eben doch nachvollziehbar ist.

The trouble with using experience as a guide is that the final exam often comes first and then the lesson.
H. Ross Perot

3.3 Lernen unter den Bedingungen genuiner Unsicherheit

Dem Konzept der Wissensarbeit ist der enge Bezug zu Fragen der Lernfähigkeit organisierter Sozialsysteme eingebaut: Lernen ist der Prozeß, Wissen das Ergebnis (Willke: 1998a, S. 39). Im Zentrum der Diskussion um Wissensarbeit und Wissensmanagament steht zumeist die Verbesserung der organisatorischen Fähigkeiten, um »besser« entscheiden zu können. Mit Hilfe von Wissen als Ressource soll vor allen Dingen eine Steigerung der Reflexions- und Lernfähigkeit des Unternehmens erreicht werden. Aus diesem Grunde gehen viele Wirtschaftsorganisationen in Abgrenzung zur Steuerung über Hierarchie inzwischen dazu über, nach alternativen Modellen der Systemregulierung zu suchen. „Vernetzte, dezentralisierte (heterarchische) Organisationen bilden im optimalen Fall eine Kultur organisierter Komplexität aus, in welcher Lernen, die Organisation von Lernprozessen und Wissensmanagement auf den relevanten systemischen Kontext bezogen sind" (ebd., S. 41). Die effektive Steuerung und Nutzung von Wissen gilt als Bedingung für eine bessere Anpassungs- und Innovationsfähigkeit. Dies setzt allerdings voraus, daß die neuen Konzepte und Praktiken geeignet sind, immer komplexere Arbeitsabläufe, vielschichtige, sich teilweise widersprechende Umweltinformationen und transnationale Netzwerkkontakte mit verteilten Kompetenzen so zu organisieren, daß »wissensbasiert« Kriterien für Entscheidungen bereitgestellt werden.

Als kognitives Erwarten stellt Wissen explizit auf Enttäuschungen ab, und in dieser erzwungenen Umstellungsbereitschaft liegen sowohl das enorme innovative Potential der Wissensarbeit als auch die gravierenden Belastungen dieser Art von Arbeit. Sie läßt bei allen Kommunikationen in der Unternehmung die Möglichkeit mitlaufen, daß man sich an Erwartungen orientiert, die bereits nicht mehr aufrechterhalten werden können und daher gegen neue Erwartungen ausgewechselt werden müssen. Darum ist Wissen so anstrengend, und darum ist es auch nicht weiter erstaunlich, wenn sich ausgesprochene *Lernhemmungen* in den Organisationen festsetzen, die sich mit dem Ablauf der Zeit zu veritablen Lernabwehr-Routinen entwickeln können (Argyris: 1990).

Wer nun Lernbarrieren oder Ignoranz ganz grundsätzlich als »gefährlich« ansieht, der befindet sich auf einem erkenntnistheoretischen Irrweg. Zwar wird gemeinhin angenommen, daß ein System, das lernt, seinen Anpassung an die Umwelt verbessert und nicht verschlechtert. Und tatsächlich können sich die Lernanstrengungen eines Systems im Hinblick auf dessen Viabilität positiv auswirken, *sie müssen es aber nicht.* Begreift man Organisationen als autopoietisch geschlossene Systeme, deren Anpassungs- und Lernfähigkeit strukturell limitiert ist, so erklärt sich daraus eben auch ihre außerordentliche Robustheit, ihr Durchhaltevermögen und ihre Durchsetzungsfähigkeit gegenüber einer Welt, die sie nicht kennen können (Luhmann: 1992a, S. 210).

3.3.1 Anlässe und Ordnung des organisationalen Lernens

Die systemtheoretische Betrachtung von Lernprozessen im Rahmen organisierter Wissensarbeit kann einer gewissen Zweigleisigkeit nicht aus dem Wege gehen. Sie muß sich an einer Perspektive orientieren, „in der Prozesse des organisationalen Lernens nicht auf Handlungen von Personen beschränkt sind, sondern tief in die Systemdynamik und die Sprachstrukturen der Organisation" eingreifen (Willke: 1998a, S. 47). Weiter muß davon ausgegangen werden, daß eine Organisation als System zwar nur selbst lernen kann, daß sie aber gleichzeitig auf Irritationen (durch das Bewußtsein der Mitglieder) als Impulsgeber für organisationale Lernprozesse angewiesen ist. Als organisationales Lernen sind dann sowohl jene Prozesse zu bezeichnen, welche die Lernergebnisse der *Mitglieder* einer Organisation in die laufenden Operationen integriert, wie auch die Operationen der *Organisation*, die Lernerfolge auch ohne Rückgriff auf das Lernen ihrer Mitglieder erzielt. Diese Perspektive wirft Erklärungsbedarf auf.

An den Begriff der Unternehmenskultur ist eine theoretische Strömung gekoppelt, die organisationales Lernen als eine Veränderung der von den Organisationsmitgliedern geteilten Grundannahmen bezeichnet. Ein gemeinsames Wirklichkeitsmodell leistet wichtige Koordinationsfunktionen für die Gesamtorganisation, es vermag aber den Komplex Organisationslernen nicht hinreichend zu erklären, weil eine derartige Engführung des Lernbegriffes das Sonderwissen diverser kontextspezifischer Subsysteme einer Organisation unberücksichtigt lassen würde. Wie wir später zeigen werden, ist eine Investmentbank zwar auf die Kopplung unterschiedlicher Wissensgebiete angewiesen, die einzelnen Einheiten einer Investmentbank beobachten ihre Umwelt aber mit je eigenen Unterscheidungen und wissen gewiß *nicht* alle dasselbe. Weil die wissensbezogene Ausdifferenzierung einer Organisation der natürliche Gang der Dinge ist, wurde vorgeschlagen, von organisationalem Lernen immer dann zu sprechen, wenn die *Wissensbasis* der Organisation (d. h. inklusive Wissensbestände der einzelnen communities) genutzt oder verändert wird (vgl. etwa Pautzke: 1989, S. 106). „Eine organisationale Wissensbasis entsteht, wenn ein Unternehmen, eine Bank, eine Universität etc. als System lernt" (Willke: 1998a, S. 41). Organisationales Wissen ist in dieser Lesart das, was *prinzipiell* der Kommunikation innerhalb einer Organisation zugänglich ist, wobei offensteht, welche Personen oder Subsysteme »Träger« der Lernprozesse sind. Diese Begriffsfassung trägt auch dem Umstand Rechnung, daß nicht immer alle alles lernen und wissen müssen, sondern daß Organisationen ihre (System-) Rationalität nur dadurch erhalten, daß sie mit einem „Mindestmaß an Nicht-Lernbereitschaft" operieren (Japp: 1996, S. 167). Organisationen brauchen, darauf hatten wir bereits hingewiesen, insbesondere in turbulenten Umwelten Puffer, die konzentrierte Umstellungen unter hoher Frequenz verhindern, um so intern und extern genügend Erwartungssicherheit zu erzeugen.

Lernerfahrungen, die auf der Ebene von Standardverfahren, Regelsystemen und Programmen einer Organisation kondensieren, sind weitgehend personenunabhängig. Vieles von dem, was kodifiziert und formalisiert wurde, kann als Wissen auch dann seine Wirkung noch entfalten bzw. aktualisieren, wenn das Personal wechselt. Gerade im Investment Banking ist diese Art des überindividuellen oder anonymisierten Wissens von Bedeutung, weil diese Organisationen einen jährlichen Personal-Turn-over von 10 % und mehr verkraften müssen.

Jede Änderung von Regeln, Standardverfahren, Kommunikationsmustern usw. läßt sich zwar analytisch trennscharf von individuellen Lernprozessen abgrenzen, gleichzeitig ist die Beziehung zwischen diesen beiden Ebenen eben doch verwoben. So hängen einerseits Veränderungen auf der Ebene des organisationalen Wissens ab von individuellen Einsichten oder den Erkenntnissen bestimmter Subsysteme der Organisation (etwa den temporären Teams oder den communities of practice einer Investmentbank), andererseits konfiguriert der organisationale Kontext individuelle Handlungs- und Erkenntnischancen (Willke: 1998a, S. 48). Es sind die auf Organisation beruhenden Muster etablierter Kommunikationsbeziehungen, die Wissen hervorbringen, anschlußfähig machen oder zurückweisen. Es werden also kommunikationsbestimmende Strukturen ausgebildet, die von einzelnen Mitgliedern der Organisation abgelöst sind und ihre Wirkung dann unabhängig von bestimmten Personen entfalten. In den Interviews wurde oftmals etwas hilflos von der »Kultur« eines Hauses gesprochen, die bestimmte Handlungschancen wahrscheinlich macht und andere ausschließt. Wie massiv der Einfluß dominanter Kommunikationsmuster sein kann, zeigt sich etwa daran, „daß fähige und begabte Menschen in einem bestimmten institutionellen oder organisatorischen Kontext verkümmern, während sie in einem anderen Kontext zu Hochform auflaufen“ (ebd.).

Bevor wir nachfolgend auf die verschiedenen *Lernanlässe* und *Lernformen* eingehen, wollen wir der Frage nachgehen, wie sich das »Ergebnis« eines Lernprozesses denken läßt – damit ist aber nicht das Wissen selbst gemeint, sondern eher die Folgewirkungen, die sich für die lernende Organisation aus dem neuen Wissen ergeben. Wissen eröffnet Handlungschancen, soviel dürfte klar sein. In der Literatur scheint es darüber hinaus aber eine Präferenz für alteuropäische Rationalitätsvorstellungen zu geben. So richten verschiedene Autoren den Lernbegriff auf eine *Effizienzerhöhung* organisationalen Handelns (etwa Pautzke: 1989, S. 108). Einzuwenden gegen diese Art der Interpretation ist nicht nur, daß Effizienz Ziele und Mittel einer Handlung als gegeben voraussetzt und damit höhere Lernformen ausschließt, sondern vor allem auch, daß Lernprozesse und deren Nutzung zeitlich weit auseinanderfallen können. Wiesenthal schlägt deshalb auch vor, Lernziele in jede Richtung offenzuhalten und den *Kompetenzgewinn* als Ausgangsunterscheidung zu verwenden. Dies sei schon deshalb notwendig, weil in komplexen Organisationen verschiedenartige Lernprozesse zur gleichen Zeit abliefen, diese hätten zudem unterschiedliche Tempi und unterschiedliche Resultate

(Wiesenthal: 1995, S. 138). „Complex organizations are characterized by a multiplicity of leraning processes: each individual and each group within the organization have their own knowledge base and their own learning capabilities" (Dogson: 1993, S. 388). Ein weiterer Kandidat ist der Begriff der *Umweltanpassung*, der erstrangig auf ein Lernen aus Erfahrung abstellt. Unter diesem Blickwinkel ist das Lernen von Organisationen auf die beständige Kollision organisationaler Praktiken in einer komplexen Umwelt zurückzuführen. „Als Kompetenzgewinn interpretiertes Lernen geht nicht in Adaptionsprozessen auf", kann aber die Fähigkeit zur Adaption allemal steigern (Wiesenthal: 1995, S. 138). Organisationen lernen immer auch in Interaktion mit anderen lernenden Organisationen in ihrer Umwelt, was die Kontingenz eventueller Lernresultate noch steigert. Eine vollständige Adaption ist schon deswegen undenkbar, weil das Verhalten einer Organisation, also auch ihr Lernen, für andere Organisationen wiederum Umwelt darstellt, in der agiert wird usw. ad infinitum. Überhaupt zeichnet die Umwelt einer Organisation als Bezugsgröße für Lernaktivitäten nicht allein verantwortlich, vielmehr gibt es wichtige *endogene Faktoren*, die auf die Lernprozesse einer Organisation Einfluß haben. Diese endogenen Faktoren wirken nicht im Sinne der Anpassung an die Umwelt, sondern befördern eher die *Abkopplung* der Organisation von den Turbulenzen der Umwelt – eine robuste interne Stabilität vermag externe Instabilität effektiv zu kontern, auch so ist die Viabilität einer Organisation zu verstehen. Zusammenfassend plädieren wir dafür, erstens weder eine rationalistische Übereinstimmung von Denken und Sein noch von Handeln und Umwelt anzunehmen (vgl. Luhmann: 1992a, S. 67) und zweitens auch keine diesbezügliche Zweckmäßigkeit zu unterlegen.

Kommen wir nun wie angekündigt auf die *Auslösefaktoren* und *Verstärker* von Lernprozessen zu sprechen. Es läßt sich unterscheiden zwischen Faktoren, die eher durch unerwartete Beobachtungen evoziert werden und dann die Form von Problemen oder Krisen annehmen, und solchen Momenten, die dem sozialen Hintergrund der auslösenden Ereignisse zurechenbar sind, wie etwa Beobachterdissens oder Bemühungen um Verständigung (Pautzke: 1989, S. 118).

Probleme, Streß und Krisen können zwar einen Verhaltensdruck ausüben, der die Umstellung kognitiver Erwartungen wahrscheinlich macht, ihre Last kann aber auch so groß werden, daß die Aussicht auf Lernen umschlägt in die Unfähigkeit zu lernen. Gerade kritische Problemlagen scheinen den Zugriff auf etablierte Handlungsmuster zu unterstützen; ihre Krisenfestigkeit unterstützt den Prozeß der Institutionalisierung und verhindert so die Entwicklung weitreichender Alternativen (vgl. Pautzke, S. 120). Eine weitere Gruppe von Auslösemomenten läßt sich schlicht als »Gelegenheit« begreifen, die aufgrund von *organizational slack*, also nicht verbrauchte Handlungsfähigkeit zur Verfügung stehen (March: 1990). Es können dann Ideen oder Themen entstehen, für die man nur noch die passenden Probleme zu suchen braucht. Auch im Rahmen des organisationalen Personal-turn-over werden Lerngelegenheiten in die Organisation gespült, indem die zuvor vielleicht beim Konkurrenten beschäftigten Mitarbeiter ihr Wissen nun in der neuen Organisation aktualiseren und damit Lernprozesse in Gang setzen. Invertiert man diese Überlegung, kann auch die Entlassung von Personen Lernprozesse anregen, weil mit ihnen vielleicht auch bestimmte Kommunikationsbarrieren die Organisation verlassen. Neben der Blockade guter Ideen durch schlechte Führungskräfte können auch spontane Akte des Vergessens Lernprozesse möglich machen. Wiesenthal betont den Zusammenhang zur erhöhten Wahrscheinlichkeit der Umsetzung erstrangiger Lösungen, wenn zweitrangige Handlungsoptionen preisgegeben werden (Wiesenthal: 1995, S. 138). Verständigungsorientierte Kommunikation schließlich ist als Lerngelegenheit zu werten, die sich – von der „Aufgabe der Handlungsorientierung" entlastet – an der Überbrückung gleichwertiger, aber inkommensurabler Erfahrungsdefinitionen entwickeln kann (Pautzke: 1989, S. 122). Kommunikationsanregender Beobachterdissens, auftauchende Anomalien und gerade auch Ambiguitäten von Informationen, Regeln usw. können Lernprozesse auslösen und in Gang halten, weil *Konsistenz* für soziale Systeme eine besondere Wertigkeit besitzt. So ist die Zersplitterung der Organisation in inkommensurable Kontextgemeinschaften als Integrationsproblem manifest, dessen Lösung dann Lernen wäre. Daß dieses Mehr an „Kommunikation und sozial reflektierter Kommunikation (etwa im weiten Kontext von Gruppendynamik) zur Verständigung beitrage, statt den gegenteiligen Effekt zu haben" (Luhmann: 1992a, S. 66), ist jedoch nur eine hoffnungsvolle Annahme.

Mit Hilfe einer Ebenenunterscheidung wird es uns abschließend darum gehen, eine *Ordnung des Lernens* zu identifizieren. Durchgängig arbeitet die Theorie mit wenigstens zwei, häufig aber sogar mit drei Stufen des Lernens und leitet davon unterschiedliche *Lernkontexte* ab. Lernstufe und Lernkontext sind insofern synonym zu gebrauchen, als sich alle Behauptungen über das eine mühelos in die Form des anderen bringen lassen.

Die anspruchsloseste Form des Lernens, Bateson bezeichnet sie wenig schmeichelhaft als *Lernen Null*, ist die spezifische Reaktion auf eine Beobachtung, die keiner Korrektur unterliegt (Bateson: 1983, S. 397). Daß in diesem Fall überhaupt von einem Lernprozeß gesprochen werden kann, liegt an dem Unterschied, den die differenzgesteuerte Beobachtung für ein System bedeutet. Wenn ein wahrgenommener Unterschied einen Unterschied macht, prozessiert das System eine Information und durchläuft somit eine Transformation. Willke spricht diesbezüglich vom linearen Lernen, für das „einfache Regeln für relevante Differenzen und die Ableitung von Information" genügen (Willke: 1995a, S. 305). Argyris und Schön bezeichnen das einfache Lernen als *single-loop-learning*, das sich allein auf die Anwendung geltender Regeln beziehe (Argyris und Schön: 1978). Für Individuen bedeutet ein Operieren im einfachsten Lernmodus präzise Regelbefolgung und exakte Reaktion auf wahrgenommene Stimuli. Regeln können unter diesem Fokus Rollenbeschreibungen, Aufgabenprogramme, Normen und Routinen sein, die eine Berechenbarkeit der Organisationsprozesse herstellen. „Die Unfähigkeit von ausschließlich »einfach« lernenden Akteuren, eine Perversion ihres Lernverhaltens zu bemerken und zu korrigieren, kann Organisationen an den Rand ihrer Bestandssicherheit führen" (Wiesenthal: 1995, S. 140).

Das einfache Lernen aggregierter Einheiten (organisationales Lernen) betrifft dann die *Angemessenheit* von Regeln. Lernresultate sind dann beispielsweise neue Regeln, wenn sich die alten als ungeeignet erwiesen haben. Es handelt sich um eine versuchte Adaptionsleistung an eine Umwelt. Auf dem Hintergrund der Umweltanpassung kommt es zur Selektion von brauchbaren und unbrauchbaren Regeln. Hervorzuheben ist, daß es durchaus Kompetenzgewinne der Organisation bei gleichzeitigen Kompetenzverlusten der Mitglieder geben kann (wir denken etwa an die im Rahmen von Rationalisierungsprozessen vorgenommenen Entlassungen). Organisationales Lernen hängt entsprechend *nicht* vom Ausgang individueller Lernprozesse ab. Auch die üblichen organisationalen Praktiken des Kopierens anderer Organisationen und das Abwerben fremder Führungskräfte und Spezialisten sind als einfache Lernleistungen zu werten. Gerade die Internalisierung fremden Wissens durch Personen oder den Kauf einer ganzen Firma ist in komplexen Umwelten möglicherweise schneller als Bemühungen, das erfoderliche Wissen intern zu generieren und zuverlässiger als das Unterfangen, bestimmte Praktiken möglichst genau zu kopieren (Huber: 1991, S. 97).

Die nächst höhere Lernform wird als *komplexes* oder *double-loop Lernen* (in der Terminologie von Argyris und Schön) bezeichnet. Es stellt die Regeln unter Einbeziehung von Alternativen und Kontexten (Situationsanforderungen) in Frage und setzt so die Möglichkeit der Evaluation von Folgen einer Regelanwendung voraus. Es werden dann nicht einfach nur die Regeln selbst geändert, sondern die sie bestimmenden Kalküle und Annahmen. Der Lernstimulus kann im Fall des komplexen Lernens sowohl exogen wie endogen sein – wobei, wie Wiesenthal mit Verweis auf Dogson betont, beide Sorten in iterativer Weise zusammenwirken können. „Organizational learning cannot be created and eradicated by varying external stimuli. Organizations, and the forms of collective and individual learning within them, importantly affect learning processes and outcomes“ (Dogson: 1993, S. 387). Wenn Lernprozesse theoretisch auch rein endogen motiviert sein können, „darf die komplex lernende Organisation als ein sich selbst steuerndes Subjekt“ angesehen werden (Wiesenthal: 1995, S. 141). Als Lernanreize kommen dann beispielsweise Umwälzungen in der Wissensbasis in Frage, die zu einer Neubewertung von Informationen oder einem veränderten Umgang mit Ambiguitäten und Unsicherheiten führen, sowie spontane Akte des Erinnerns oder Vergessens. Komplexe Lernprozesse ermöglichen einem System eine größere Verhaltensvarianz und eine größere Unabhängigkeit von den Umweltbedingungen. Verhalten und Entscheidungen unterliegen bei einem Mehr an Wahlmöglichkeiten jedoch auch einer vergrößerten Irrtumswahrscheinlichkeit. Zwar lassen sich mit Hilfe komplexer Orientierungen tendenziell konsistentere Entscheidungen mit hohen Erträgen treffen, aber nur um den Preis des Risikos der falschen Entscheidung (Wiesenthal: 1995, S. 142). Obwohl sich dies zunächst paradox anhören mag, gleichen höhere Lernformen immer einem Fischen im Trüben, weil auch »erhabene« Reflexionsleistungen in einer unbekannten Welt stattfinden. Jedes Lernen ist immer auch stochastisch und enthält Komponenten von Versuch und Irrtum (Bateson: 1983, S. 371). Die hohe Irrtumsanfälligkeit komplexer Lernprozesse ist auch der Tatsache geschuldet, daß *Lernanlässe* mit negativen und positiven biases auf den *Lernprozeß* selbst einwirken. So kann man am Erfolg (und gerade dort) gezielt das Falsche lernen, weil Erwartungsstrukturen etabliert werden, die für zukünftige Herausforderungen ungeeignet sind. Gerade unter den

Bedingungen hoher Umweltkomplexität sind erfolgs- und mißerfolgsbezogene Attributionen von Kausalitäten nur unscharf möglich.

Als Königsform des Lernen gilt das *reflexive-* oder auch *Deutero-Lernen.* Es beruht auf der Idee, das Lernen selbst zum Gegenstand des Lernens zu machen. Grundsätzlich geht Bateson davon aus, daß schon während eines jeden Lernvorgangs ein gewisses Maß an Deutero-Lernen stattfindet. Argyris und Schön setzen hingegen abgeschlossene Lernerfahrungen der Organisationsmitglieder dem Deutero-Lernen voraus. „They reflect on and inquire into previous episodes of organizational learning, or failure to learn. They discover what they did that faciliated or inhibited learning" (Argyris und Schön: 1978, S. 27). Das Lernen zweiter Ordnung stützt sich auf die Beobachtung der eigenen Beobachtungsweise. Während diese Art der Reflexion für Individuen noch durchaus erreichbar erscheint, fällt die Vorstellung metakognitiver Kompetenzen eines organisierten Sozialsystems eher schwer. Willke sieht jedoch im aktiven *Wissensmanagement* einer Organisation mit Regeln für die gezielte Veränderung von Wissen eine organisationale Strategie der Veränderung der eigenen Identität. Dies wird als Grundvoraussetzung angesehen, um berechtigt vom reflexiven Lernen einer Organisation sprechen zu können (Willke: 1998a, S. 60 ff). Wir greifen das Thema Wissensmanagement wieder auf, wenden uns zunächst jedoch jenen »organisierten« Mechanismen zu, die Lernerfolge in und von Organisation hintertreiben und blockieren.

3.3.2 Lernhemmungen

Organisierte Wissensarbeit ist mit einem ebenso irritierenden wie unentrinnbaren Dilemma verkoppelt. So sehr Wissensarbeit einereseits auf einen kognitiven Erwartungsstil und damit einen »leidenschaftslosen« Umgang mit Enttäuschungen angewiesen ist, so sehr scheinen gescheiterte Erwartungen und Fehlschläge in einem Umfeld, in dem es auf »Bescheidwissen« und »Informiertsein« ankommt, eine kognitive Kontrolle von Handlungs- und Entscheidungsfolgen zu behindern. Eine ganze Reihe solcher Lernblockaden lassen sich in ihrer sozialen Konfiguration unterscheiden.

Im Zusammenhang mit unseren Überlegungen zum Zusammenhang von Entscheidung und Risiko deutete sich bereits an, daß Wissensarbeit hohl zu drehen droht, wenn die für riskantes Entscheiden notwendige Reduktion kognitiver Ungewißheit die Entscheidung überdauert und man die präferierte Entscheidung im weiteren Handlungsverlauf gegen Einwände und Mißerfolge verteidigt. Organisationen verzichten in solchen Fällen auf Strukturanpassung (Lernen), indem sie zum Beispiel negative Entscheidungsfolgen auf Personen zurechnen, die Verantwortung übernehmen. Effektive Voraussetzungen für ein Aussetzen jeder Folgenreflexion gibt es gerade auch im Rahmen von Gruppenentscheidungen, selbst wenn in Fällen gemeinsamer Entscheidung ein „rituelles Etikettieren von Sündenböcken" (Japp: 1996, S. 166) schwierig ist. Die sozialen Voraussetzungen, die riskantes Handeln und Entscheiden ermöglichen, sorgen im Zuge der Entscheidungsformierung für eine »gelernte Lernunfähigkeit« der Entscheider, es kommt zu *escalating commitments* (Staw: 1982, S. 88). Entscheider eskalieren ihre Investitionen, obwohl negative Feedbacks eine Änderung der Erwartungslage nahelegen. Auf seiten der Entscheider kondensieren aufgrund von *attentional biases* aber nur solche Beobachtungen, die die bisherigen Erwartungen und die bestehenden Erklärungsmuster bestätigen – Lerngelegenheiten gehen dabei als Rauschen verloren oder werden entsprechend manipuliert (Feldman: 1986, S. 275). Ganz in diesem Sinne wirkt der *hindsight bias*, indem er Überraschungen neutralisiert (Maass: 1995). Man hat es vorher gewußt, ist entsprechend nicht überrascht und braucht auch nicht zu lernen, weil alles strukturkonform *erschien*. Man hatte damit gerechnet und macht im »Gefühl von Wissen« weiter wie bisher.

Eine besondere Einschränkung erfährt Wissensarbeit, wenn sich *escalating commitments* formieren. Das Grundmuster dieser Art der Lernblockade basiert darauf, daß „the sunk costs that economists exclude from decision calculations may not be sunk psychologically" (Goitein: 1984 zitiert nach Japp: 1996, S. 166). Die Erwartung, daß sich ein positives Ergebnis bislang erfolgloser Maßnahmen doch einstellen wird und so bereits realisierte Verluste ex post noch zu rechtfertigen sind, führen zum *entrapment*. Eine derartige »Rechtfertigungsarbeit« findet ihre Motive zumeist in personal attribuierter Verantwortung. Beispielhaft gehen wir auf eine Laborstudie mit Studenten einer Business School von Staw ein (Staw: 1982). Die Studenten sollten die Rolle eines Managers übernehmen, der für die Zuweisung von Geldern für Forschungs- und Entwicklungszwecke zuständig ist. Konzeptioniert war das Experiment so, daß einem Teil der Studenten ein Feedback zu ihren (fiktiven) bisherigen Investitionsentscheidungen gegeben wurde und sie auf Basis dieses Wissens Anschlußentscheidungen für oder gegen weitere Investitionen treffen sollten. Die andere Studentengruppe wurde derart informiert, daß die Entscheidung zur Erstinvestition von einem anderen Manager als ihnen getroffen worden war. Im Ergebnis zeigte sich, daß diejenigen Studenten wesentlich weniger Geld in ein bestimmtes Entwicklungsprojekt investierten, deren Instruktionen sie von der Verantwortung für die Erstinvestition befreiten. „In short, when individuals escalate their commitment, they may be as motivated to rectify past losses as to seek future gain" (ebd., S. 93).

Eine öffentliche Übernahme von Verantwortung für Folgen und der daraus resultierende Druck zur Rechtfertigung vergangener Entscheidungen hat entsprechend einen erheblichen Einfluß auf das Bestreben, die Rationalität eigenen Verhaltens durch das Festhalten am ursprünglichen Ziel zu »beweisen«. Gesellschaftliche Konsistenznormen stützen ein derartiges Verhalten. Wer eisern seiner Linie treu bleibt, sich »durchbeißt« *und* anschließend dann mit Erfolg belohnt wird, kann damit rechnen, in einer Bewertung besser abzuschneiden als derjenige, der erst durch einen Strategiewechsel sein Ziel erreicht. In der Kommunikation wird auf »Weitsicht« zugerechnet, wo eventuell nur Blindheit und Zufall im Spiel sind.

Kommen wir nun zu einer kritischen Betrachtung der organisationalen Fähigkeiten, ihre Vergangenheit zu beobachten. Weiter oben wurde bereits deutlich, daß organisationale Beobachtungsleistungen systemspezifischen Deformationen ausgesetzt sind. Kognitive Fehlleistungen und Kurzschlüsse im Hinblick auf Vergangenheit scheinen häufig der Normalfall organisationaler Wissensgenese zu sein, obwohl die rückwärtige Interpretation von Geschehnissen gleichsam in einer Schutzzone stattfindet, weil Entscheidungsdruck nicht bevorsteht, sondern zurückliegt. Weder Handlungsrationalität noch Zeitdruck behindern ein möglichst rationales und selbstkritisches *screening* von Erfahrungen. Organisationen sollten (im Rahmen ihrer Möglichkeiten als geschlossene Systeme) in der Lage sein, »vernünftige« Schlüsse aus der Vergangenheit zu ziehen. Eine ganz grundlegende Schwierigkeit des Lernens aus Erfahrung besteht darin, daß Organisationen nicht ohne weiteres feststellen, daß es etwas zu lernen gibt (Feldman: 1986, S. 272). Organisationen benötigen eindeutige, von ihren bestehenden Erwartungen abweichende Beobachtungen, weil erst die Enttäuschung Lerngelegenheiten signalisiert. Wenn Organisationen allein auf ihre Erfahrungen rekurrieren, droht damit die Konservierung von in der Zukunft möglicherweise unzureichenden Interpretationsmustern und eine Kompetenzfalle zudem: „Akzeptable Ergebnisse, die mit suboptimalen Verfahren (eventuell zufällig) erzielt werden, liefern Scheinbestätigungen und lenken von der Suche nach besseren Verfahren ab“ (Wiesenthal: 1995, S. 149).

Ein ganz genereller Engpaß wissensbasierten Arbeitens konstituiert sich, wenn die Menge organsationaler Umweltbeobachtungen strukturell, etwa aufgrund einer besonders komplexen Umwelt, limitiert ist (March, Sproull und Tamuz: 1991). Dies führt zu einer Reihe von Einzelproblemen. Aus Mangel an Alternativen werden Beobachtungen zusammengezogen (pooling of information), die *nicht* vor dem Hintergrund einer gegebenen inneren kausalen Verbindung verschmolzen, sondern vielmehr auf Basis eines systematischen *sampling bias* gesammelt und verkoppelt werden. Plausibel zeigen läßt sich dies am Beispiel von Ereignissen, die mit nachhaltigen Konsequenzen aber nur geringer Wahrscheinlichkeit eintreten, wie etwa exponentielle Gewinne oder totale Verluste beim Handel mit Aktien. Die Tatsache, daß die meisten Fondsmanager derartiges selbst nie direkt erleben werden, führt dazu, daß sie die Wahrscheinlichkeit solcher Geschehnisse noch geringer einschätzen als statistische Modelle eigentlich nahelegen würden. Über-Pessimismus bezüglich positiver Ereignisse und Über-Optimismus in bezug auf mögliche Desaster sind die Folge (March: 1994, S. 242). In ähnlicher Weise kann auch der hierarchische Aufstieg erfolgreicher Entscheider zu Schieflagen der Erfahrungsbewertung führen. Wenn Erfolg dem Handeln eines einzelnen Entscheiders zugerechnet wird, sind systematische Überschätzungen seiner Potenz, Risiken zu umschiffen und Erfolge zu produzieren, wahrscheinlich. In der Organisation wird zudem durch die Beförderung erfolgreicher und die Entlassung erfolgloser Entscheider der Druck erhöht, Erfolge *darzustellen*. Diese Darstellungsleistung wirkt in hohem Maße selbstverstärkend auf die Kontrollillusion der Darsteller (geradezu klassisch der Fall Nick Leeson). „Such optimism can sometimes lead to self-confident behavior that is self-confirming. But it can also lead to foolish adventures“ (ebd.).

Kognitive Schieflagen bei der Beobachtungsleistung ergeben sich auch als Folge der Neigung von Organisationen, Erfolge wiederholen zu wollen (»Never change a winning team!«). Damit häufen sich (in relativ stabilen Umwelten) auch inhaltlich ähnlich ausfallende

Erfahrungen, so daß der Informationswert der einzelnen Erfahrung gegen null tendiert. Es wird gesehen, was man sowieso schon kennt. „Scientists, like organizations, tend to learn well what they do, and tend to do what they have learned to do well" (Huber: 1992, S. 108). Verkomplizierungen und Begrenzungen eines Lernens aus Erfahrung ergeben sich besonders auch aufgrund genuin unsicherer Bewertungsgrundlagen. Kausalstrukturen der Umwelt einer Organisation lassen sich nur unscharf ausmachen, und die Wirkung eigenen Verhaltens kann nicht zuverlässig von Zufallseffekten und der Turbulenz der Umwelt isoliert werden (Jaenecke: 1994, S. 6). Die inkrementale Vorgehensweise vieler Organisationen führt zudem dazu, daß Einzeleffekte nicht beobachtet werden können, weil sie in den Umweltturbulenzen untergehen. Viele kleine Veränderungen in komplexen Umwelten lassen sich nicht mehr im einzelnen verfolgen, so daß Rückschlüsse nicht gezogen werden können (March: 1994, S. 245).

Alltagsweltliche Vorstellungen, nach denen ein aus Lernprozessen gewonnenes Erfahrungswissen gleichsam per definitionem zu einer Verbesserung der Performanz einer Organisation führt, müssen unverkennbar zurückgewiesen werden. Auf dem Hintergrund strukturell deformierter Beobachtungsleistungen und kontingenter Umwelten erscheint ein erfahrungsgesättigtes Handeln und Entscheiden Risikobelastungen ausgesetzt zu sein, die sich nicht abschütteln lassen. „Erfahrung lehrt möglicherweise, unter *welchen* Bedingungen, aber kaum, *wie notwendig* das Ereignis stattfand" (Wiesenthal: 1995, S. 148). So einsichtig es ist, daß alternative Handlungsoptionen (etwa Beliebigkeit) nicht »sicherer« sind, so eindeutig ist, daß eine Übertragung von Vergangenheit auf Zukunft ein risikoreiches Unternehmen ist, weil eine Wiederkehr der Umstände im Sinne des Gleichen schon bei geringer Variablenzahl ausgeschlossen ist.

Weil die Produktion eigener Erfahrung zudem als aufwendig bewertet werden muß, ist für soziale wie psychische Systeme der Rückgriff auf die Erfahrung anderer (*vicarious learning*) ein interessanter Gegenentwurf. Wir behandeln diesen Vorgang als Lernform, weil auch in diesem Fall beobachtungsgeleitete Erwartungsumstellungen zu verzeichnen sind. Reproduktions- und Vervielfältigungesversuche von Erfahrungen lassen sich auf zwei Ebenen beobachten: einerseits innerhalb einer Organisation (so etwa die Bemühung, erfolgreiche Praktiken von einem Teil der Organisation auf einen anderen zu übertragen) sowie andererseits zwischen Organisationen (man beobachtet die Ausdifferenzierung eines Konkurrenten in neue Geschäftsfelder und zieht nach).

Gehen wir zunächst auf die organisationsintern ablaufenden Kopierversuche von Erfahrung ein. Prinzipiell ist zwar davon auszugehen, daß die blinden Flecken anderer leichter in den Blick zu bekommen sind als die eigenen, um so schwieriger zu beurteilen und zu dekodieren sind jedoch die durch politisches Handeln entstanden Zerrbilder dieser Erfahrung (March: 1994, S. 255). Wer öffentlich macht, was er erlebt hat, weiß, daß er sein Verhalten damit Beurteilungen aussetzt und auf Rechtfertigungsansprüche gefaßt sein muß. Nur Despoten können als letzten Grund ihres Handelns angeben, daß sie es so wollten; alle übrigen werden sich bemühen, ihrer Schilderung die guten Gründe für ihr Tun in allgemeinverständlicher Weise beizufügen. Ein Wissenstransfer, so folgert etwa Wiesenthal, scheint am besten „im technischen Bereich und in den hard sciences zu gelingen“ (Wiesenthal: 1995, S. 148). Eine »Übertragung« von Wissen ist also sämtlichen gravierenden Verwerfungen ausgesetzt, wie wir sie im Kapitel zur Sozialdimension der Wissensarbeit bereits behandelt haben.

Eine Bezugnahme auf die Erfahrung anderer findet auch im Rahmen von Imitationsbemühungen auf einer interorganisationalen Ebene statt. Es ist für Organisationen ein gängiges Verfahren, die Strategien, Technologien und organisationalen Praktiken ihrer Wettbewerber zu beobachten und partiell zu kopieren. Meyer und Rowan haben diesbezüglich den Standpunkt vertreten, daß die Imitation anderer Organisationen ein perverser Effekt des Umstandes sei, daß Organisationen unter der Dauerbeobachtung ihrer Aktionäre ständen, die auf die Unterlassung der Imitationspraktiken mit dem Verkauf ihrer Aktien reagierten (Meyer und Rowan: 1991, S. 53). Neben einer gewissen Rigidität und Anfälligkeit für blinde Flecken entwickelt sich in Folge eine Orientierung an *Moden*. Mit großer Zuverlässigkeit verführen Situationen der Unentscheidbarkeit, in denen man also nicht wissen kann, was zu tun ist, zu einer Imitation der Praktiken anderer (zu denken ist hier etwa an die derzeitige »Merger-Mania« im Banken-, Versicherungs- oder Chemiesektor). Unentscheidbarkeit wird durch Imitation zu Entscheidbarkeit (Luhmann: 1992, S. 192), und Unsicherheit wird in Erwartungssicherheit transformiert, ohne daß im eigentlichen Sinne Wissen generiert worden wäre. Man hält sich an das, was alle machen, und selbst, wenn dies nicht »richtig« ist, erscheint es als *state of the art* oder *best practice*. Gleichzeitig steigern schnelle Modewechsel die Möglichkeit, eventuell auch noch Erfolge zu realisieren. Man kann es eben nicht wissen. Modeabhängige Kommunikation *kann* zudem unter dem Einfluß schneller Veränderung „zu einem Medium für Themenwechsel, für Temporalisierung von Komplexität, für Steigerung der Irritabilität der Kommunikation“ werden (ebd., S. 193). Allerdings liegen die so realisierten Performanzgewinne einer Organisation jenseits rationaler Bemühungen.

Organisationale Retentionsprozesse zielen auf eine Speicherung der Produkte des Lernens, d. h. erfolgreicher Sinngebung. Es handelt sich dabei, von Imitationsbemühungen einmal abgesehen, um eine rückwärtige Interpretation der Erfahrung von Organisationen. Häufig geschieht dies, indem Regeln, Routinen, Konventionen, Strategien, Paradigmen usw. aus den Lehrstunden der Vergangenheit entwickelt werden, die das Verhalten von Organisationen in der Zukunft bestimmen sollen. Eine Kondensierung von Lernprozessen erfolgt immer in Unsicherheit darüber, „ob die vergangenen Bedingungen auch in der Zukunft noch zutreffen werden“ (Luhmann: 1995, S. 173). Die Retention in Form von Regeln gleicht insofern einem Reservoir an Überzeugungen, die das Verhalten von Organisationen in Zukunft steuern und für Konstanz sorgen, selbst wenn das Personal wechselt. Aufgrund einfacher Stimuli können Organisationen mit Hilfe von Regeln komplexe Handlungsmuster auslösen, ohne zuvor aufwendige Analysen durchführen zu müssen. Es zeigt sich, daß die Verwendung von Regeln dazu führt, daß Organisationen häufig einer *Logik der Angemessenheit* folgen, d. h. daß das Verhalten von Organisationen weniger an einer rationalen Kalkulation von Alternativen orientiert ist als vielmehr an der Suche nach der passenden Routine. „Action stems from a logic of appropriateness or legitimacy more than from a logic of consequentiality or intention. It involves matching procedures to situations more than it does calculating choices" (Levitt und March: 1988, S. 320). »Übliches« schiebt sich vor ein kognitives Abwägen von Präferenzen und möglichen Handlungsoptionen; auf diese Weise wird das Verhalten von Organisationen gewissermaßen ohne Anstrengung vorstrukturiert und gleitet über die Mehrdeutigkeit von Situationen hinweg. So mußten beispielsweise erst massive Verluste im Derivategeschäft anfallen bis die Finanzwelt realisierte, daß ihre alten, aus dem Bereich der Kreditvergabe stammenden Regeln zur Risikosteuerung und -begrenzung für die neuen viel dynamischeren Produkte offensichtlich unangemesssen waren (siehe nur Marshall, Prusak und Shpilberg: 1996). Interpretationen neuer Situationen erfolgen zunächst den alten Regeln gemäß, weil noch keine Alternativen zur Verfügung stehen. Regeln schaffen somit eine Handlungsrationalität, wie wir sie bereits oben beschrieben haben und vermögen es, Entscheidungen zu substituieren. Das kann Vorteile haben. Mit Entscheidungen kommt man nicht so schnell zum Handeln, weil Entscheiden unter den Bedingungen der Unsicherheit Zeit erfordert. Regeln bemächtigen sich der Schubkraft kognitiver Ignoranz, um Ressourcen zu sparen, die ansonsten für eine eventuell langfristige Suche nach Wissen verbraucht worden wären. Eine evolutionäre Annahme würde nun davon ausgehen, daß immer nur die besten Regeln bestehen bleiben. Es scheint aber so zu sein, daß Regeln, die einmal intern als erfolgreich definiert wurden, nicht mehr ohne weiteres geändert werden und einen normativ verfestigten Anspruch auf Gültigkeit besitzen. Dieser Befund der modernen Organisationssoziologie ist anschlußfähig an die systemtheoretische Sichtweise, nach der es keine *Anpassung* der Regeln an die Umwelt gibt, sondern nur Selbstreferenz, d. h. daß Organisationen ihre Regeln immer nur aufgrund ihrer *internen* Beobachtungs- und Interpretationsleistung verändern. Wenn also keine oder nur wenige Beobachtungen in der Organisation kondensieren, die eine Regeländerung nahelegen, geschieht in dieser Hinsicht auch nichts. Die Umwelt muß die Regeln tragen – etwa indem sie Organisationen, die ihre Regeln nicht ändern, verstaatlicht, wie dies derzeit im japanischen Bankensektor zu beobachten ist.

Organisationen, so legen die Überlegungen zum Entscheiden unter Ungewißheit und zum Umgang mit Regeln nahe, scheinen ihr Verhalten nur in einem eingeschränkten Umfang auf Wissen und Lernen zu gründen. Damit ist nicht gesagt, daß das Verhalten von Organisationen unintelligent wäre, im Gegenteil. Sie schaffen es, daß sogar die beschriebenen Lernhemmungen nur begrenzt ins Gewicht fallen. In diesem Sinne argumentiert Weick: „Perhaps organizations are not built to learn. Instead, they are patterns of means-ends relations deliberately designed to make the same routine response to different stimuli, a pattern which is antithetical to learning in the traditional sense. Organizations are fixed tools in search of new problems, and learning is a relatively minor part of this search" (Weick: 1991, S. 119).

3.3.3 Wissensmanagement

Allen epistemischen Blockaden zum Trotz steht organisierten Sozialsystemen keine intern plausible und vor allem nach außen auch vertretbare Alternative zum Bemühen um eine kognitive Grundhaltung zur Verfügung. Wie sonst, wenn nicht mit einer Präferenz für Lernbereitschaft sollten sie auf die Unwägbarkeiten einer undurchsichtigen Welt reagieren? Das Interesse an Wissensarbeit und Wissensmanagement wird von eben dieser Zwangslage getrieben. Den Begriff des Wissensmanagements beziehen wir nachfolgend auf die inzwischen vielfältig zu beobachtenden Versuche von Organisationen, mit Wissen als Ressource und Produkt umzugehen:

„Wissensmanagement meint die Gesamtheit organisationaler Strategien zur Schaffung einer »intelligenten« Organisation. Mit Blick auf Personen geht es um das organisationsweite Niveau der Kompetenzen, Ausbildung und Lernfähigkeit der Mitglieder; bezüglich der Organisation als System steht die Schaffung, Nutzung und Entwicklung der kollektiven Intelligenz und des »collective mind« in Frage; und hinsichtlich der technologischen Infrastruktur geht es vor allem darum, ob, wie und wie effizient die Organisation eine zu ihrer Operationsweise kongeniale Kommunikations- und Informationsinfrastruktur nutzt" (Willke: 1998a, S. 39).

Die Anstrengungen eines Managements von Wissen können auf ganz unterschiedliche Bereiche gerichtet und auch auf unterschiedlichen Ebenen einer Organisation angesiedelt sein: im Fall der Investmentbanken etwa die Bemühungen eines Transaktionsteams, nach einem Projekt die gesammelten Erfahrungen kritisch zu beleuchten und dieses Wissen für die Zukunft zu nutzen/ die Integration von Fragen der Kombination und Koordination unterschiedlicher Wissensbereiche in das Design von Geschäftsprozessen/ die elektronische Speicherung von Chart-Präsentationen für eine Mehrfachnutzung in verschiedenen Teilen einer Organisation/ ein Staffing von Projekten, das auf eine optimale Kombination fachspezifischer Experten und díe gezielte Weiterbildung junger Mitarbeiter ausgerichtet ist/ die Bündelung von Experten in virtuellen communities of practice zur Fortentwicklung strategischer Wissensfelder/ oder auch der Aufbau einer technologischen Infrastruktur für eine Vervielfachung und Vereinfachung der Kommunikationsmöglichkeiten in einer dezentral operierenden globalen Organisation. All diese Einzelaktivitäten repräsentieren bestimmte Aspekte eines Managements von Wissen, wie es sich in den Investmentbanken beobachten läßt, ohne allerdings organisationsintern so genannt zu werden. Organisationen können also Wissensmanagement betreiben, ohne es zu wissen, d. h. ohne daß dies auf die Ebene ihrer Selbstbeschreibung durchschlagen würde. Summa summarum läßt sich sagen, daß Wissensmanagement ein mehrdimensionales Projekt darstellt, das auf die Verbesserung der organisatorischen Fähigkeiten abzielt, um »besser« entscheiden zu können.

Tatsächlich stellen die meisten der normativ formulierten Ansätze zum Wissensmanagement auf einen positivistischen Wissensbegriff ab. Man betracht Wissen als ein beliebig teilbares personen- und kontextunabhängiges Gut, versteht Lernen als kumulativen Vorgang und legt den Organisationen nahe, in Informations- und Kommunikationstechnologie zu investieren, um die Prozesse der Generierung, Speicherung und Diffusion von Wissen zu automatisieren und Redundanzen zu vermeiden. Man tut, was man kennt: Einführung einer neuen EDV. Mit welchen Folgen ein solches »Paketmodell« des Wissensmanagements, das Softwareprogrammen mehr Aufmerksamkeit schenkt als den sozialen Kontexten, jedoch behaftet ist, wird (wenn überhaupt) erst dann beobachtet, wenn sich der gewünschte Erfolg *nicht* einstellt. Interessanterweise scheint die implizite, selbstorganisierte und nicht weiter reflektierte Organisation von Wissensarbeit der Investmentbanken den Besonderheiten der Ressource Wissen besser zu entsprechen. Ohne daß dies von bestimmten Mitgliedern initiiert worden wäre, bilden sich in den Investmentbanken jene sozialen Interaktionsprozesse aus, die dem Umstand Rechnung tragen, daß Wissen eben nicht allein *Produkt*, sondern gerade auch *Prozeß* ist. Die besonderen Formen des Managements von Wissen im Investment Banking werden im nachfolgenden Praxisteil dieser Arbeit ausführlich behandelt. Hier wird es zunächst darum gehen, einige theoretische Erwägungen vorzuschieben. Die Ausführungen beziehen sich einerseits auf die verschiedenen Optionen der Spezifikation unterschiedlicher *Formen des Wissens* (die dann entsprechende Managementbemühungen nach sich ziehen) und betrachten andererseits vor diesem Hintergrund noch einmal das Zusammenspiel von *personalen* und *organisationalen* Momenten wissensbasierten Operierens, wobei insbesondere die Entwicklung moderner *Kommunikations- und Informationstechnologie* in ihren Wirkungen auf das Wissensmanagement zu bestimmen sein wird.

Zunächst soll der im Rahmen einer allgemeinen Systemtheorie mit einem entsprechenden Abstraktionsgrad als kognitives Erleben oder lernbereite Erwartungshaltung beschriebene Wissensbegriff aufgefächert und dann auf die jeweils relevanten Bedeutungsebenen überführt werden. Eine solche Unterscheidung verschiedener Wissensarten ist für das Wissensmanagement unerläßlich.

Unserer theoretischen Ausgangslage entsprechend schließt sich ein positivistischer Wissensbegriff, der auf Fakten, Vernunft und experimentelle Erkenntnis abstellt, zu viele Wissensbereiche aus. Schon Berger und Luckmann haben eine solche Engführung des Wissensbegriffes, wie sie beispielsweise von Bell (1973) vorgeschlagen wurde, mit der Begründung zurückgewiesen, daß alles Wissen (systemintern) konstruiert sei (Berger und Luckmann: 1969). Der Wissensbegriff der semantischen Informationstheorie sucht das Wesen des Wissens zu fassen, indem er auf die in ihm enthaltene Information im Sinne einer Behauptung oder Botschaft abhebt, die „das Bestehen oder Nichtbestehen irgendwelcher Sachverhalte behauptet, gleichgültig ob zutreffend (»wahr«) oder nicht, argumentativ vertretbar (»rational«) oder nicht, verbalisiert (als sprachförmige »Aussage«) oder visualisiert, artikuliert (»explizit«) oder stillschweigend angenommen“ (Spinner: 1994, S. 25). Der so konzipierte Wissensbegriff grenzt keine gesellschaftlich relevanten Wissensbestände aus. Er trifft auf Zeitungsinhalte ebenso zu wie auf wissenschaftliches Wissen, auf Gerüchte oder sogar auf Lügen und Unternehmensbilanzen. Dabei ist der Begriff alles andere als sinnleer, denn er trifft das Wissen in seinem Kern, der Information. „Information ist Selektion aus der Alternativenmenge eines Möglichkeitsraums“ (ebd., S. 26). Wir spezifizieren den Informationsbegriff hier mit Bateson, indem wir definieren, daß eine Information ein Unterschied des Systems ist, der für das jeweils beobachtende System einen Unterschied macht und zwar ungeachtet jeder epistemologischen Qualifikation wie Gewißheit oder Vernunft (Bateson: 1983, S. 488). Damit knüpfen wir an die bereits vorgestellte Unterscheidungslogik eines Beobachters an, der auf Unterschiede reagiert, die er selbst unterscheidet.

Wissen ist nach Etzioni als Symbolreihe zu begreifen, die im wesentlichen zwei Funktionen erfüllt: sie stellt einerseits eine *Beziehung zur Realität* her (weil sie Informationen über die Umwelt enthält), und sie stellt andererseits Handlungssinn durch kognitive Interpretations- und normative Bewertungsleistungen bereit (Etzioni: 1975, S. 161). Auch Willke konzipiert seinen Wissensbegriff unter diesem doppelten Zugriff: „Verfestigung brauchbarer Beobachtungen" einerseits und „kognitiv stilisierter Sinn" (Willke: 1995, S. 237). Wissen produziert aktuelle Realitätsdefinitionen und transportiert auch die Bedeutung der Realität mit, wobei Beobachtungsebene und Bedeutungsebene unabhängig voneinander variieren können, was dann dazu führt, daß gleiche Beobachtungen unterschiedlich bewertet werden bzw. daß sich (bis zum Erreichen einer kritischen Masse) auch Beobachtungen niederschlagen können, die nicht in das Bild einer laufenden Bewertung passen. Wiewohl normative Bewertungen gerade von den Sozialwissenschaften als Zeichen von Konfusion und Ignoranz abgetan würden, seien »Tatsachen«, so Etzioni, ohne normative Interpretation von nur begrenztem Wert. Insofern gilt im Sinne Etzionis das Webersche Diktum: „Interessen (materielle und ideelle), nicht: Ideen, beherrschen unmittelbar das Handeln des Menschen" (Weber: 1988, S. 252). Gleichwohl setzt Weber »Interessen« dem Wissen voraus. So ist eine sozial-ökonomische Erscheinung nicht etwas, was einem Vorgang objektiv anhaftet, sondern ist vielmehr bedingt „durch die Richtung unseres Erkenntnisinteresses, wie sie sich aus der spezifischen Kulturbedeutung ergibt, die wir dem betreffenden Vorgange im einzelnen Fall beilegen" (ebd., S. 161). *Bewertungsarbeit* geschieht also nicht allein ex post, sondern bedingt die Art und Weise, wie wir die Welt wahrnehmen.

So wie jedes Wissen in seinem handlungsstiftenden Wert von Bewertungen abhängt, so ist jedes Wissensmanagement auf die Unterlegung bestimmter Unterscheidungen angewiesen. Die Kernunterscheidungen betreffen die Frage, wie Wissen in seiner Formenvielfalt differenziert wird. Operiert eine Wissensmanagementinitiative etwa mit der Unterscheidung zwischen implizitem und explizitem Wissen (Polanyi: 1985), so werden vielleicht besondere Anstrengungen unternommen, das implizite Wissen der Organisatiosmitglieder zu explizieren, um es dem Rest der Organisation zugänglich zu machen (vgl. Nonaka und Takeuchi: 1994). Wir werden nachfolgend den Differenzierungsversuch von Willke vorstellen. In diesem Ansatz werden fünf Dimensionen identifiziert (sozial, sachlich, zeitlich, operativ, steuerungsbezogen), in denen Organisationen Wissen ansammeln, das dann aber auch entsprechend professionell behandelt werden sollte (Willke: 1995a, S. 319). Jeder dieser fünf Dimensionen haftet das Risiko der Ignoranz an, d. h. bei Nichtbeachtung drohen Konsequenzen für die Überlebensfähigkeit einer Organisation, wenn die Konkurrenten dieses Wissen steuern und einsetzen:

1) »Personenwissen« liegt als kognitiver Bestand in der sozialen Dimension. Es ist dies das Wissen der Personen über die Organisation und vor allem das Wissen der Organisation über ihre Mitglieder und das Wissen über relevante Personen in den Umwelten der Organisation. Wissensmanagement dieser Dimension betrifft neben der Personalauswahl vor der Einstellung gerade auch die Personalauswahl für spezifische Arbeitsaufgaben in Projekten. Die Organisation muß dann beobachten, wer welche Erfahrungen besitzt und wem welche Erfahrungen fehlen, um vorhandenes Potential zu nutzen und genügend nachrückendes Talent zu produzieren.
2) »Strukturwissen« wird in einer Sachdimension verortet und bezieht sich auf organisationale Strukturmuster. Organisationen gehen davon aus, daß sie sich den Umweltbedingungen durch die Veränderung ihrer inneren Struktur anpassen könnn, um etwa der Umweltkomplexität gerechter werden zu können. Im Investment Banking zeigt sich die Diffusion des Strukturwissens etwa daran, daß mittlerweile fast alle Institute nach Industriegruppen aufgestellt sind.
3) »Prozeßwissen« liegt in der Zeitdimension. Dahinter steht ein Optimierungsgedanke, der sich auf den Ablauf (und nicht auf die Struktur) von Prozessen innerhalb der Organisation bezieht. Struktur ist aus dieser Perspektive die vom Prozeß abhängige Variable. Willke macht dies am Beispiel kurzer Entscheidungswege plausibel. Wenn schnelle Reaktionen das Ziel der Prozeßoptimierung sind, so ergibt sich in Folge, daß streng hierarchisch gegliederte Organisationen gerade verhindern, daß Informationen schnell und unbürokratisch aktualisiert werden können. Prozeßwissen steht für die gelingende Synchronisierung von organisationalen Abläufen, die in unterschiedlichen Abteilungen häufig mit unterschiedlichen Tempi ablaufen.
4) »Projektwissen« wird gefaßt als systematisiertes und organisiertes Wissen in der operativen Dimension, als Expertise im Management von Projekten, die als „integrierte Lösungen für ein Problem" (Willke: 1995a, S. 326) definiert sind. Dazu gehört beispielsweise auch die Einsicht, daß man bestimmte Dinge *nicht* kann und externe Hilfe benötigt. Das Organisationsproblem liegt dann darin zu gewährleisten, daß dieses Wissen zur richtigen Zeit in die Entscheidungsfindung einfließen kann, sowie die Integration von unterschiedlichen Expertise-Bausteinen.
5) »Steuerungswissen« liegt in der kognitiven Dimension und läuft meist als latentes Wissen in den Operationen der Organisation einfach mit. Dieses Wissen beantwortet die Frage: »Wozu sind wir eigentlich da?« und gibt in diesem Sinne Auskunft über die Umweltannahmen (»Vision«) und die Aufgabe, die sich eine Organisation selbst setzt (»Mission«). Über diese wirklich essentiellen Punkte wird in der Regel in einer Organisation nicht nachgedacht (sie werden nur in Form von Schlagworten auf Festreden angesprochen), und es signalisiert dann immer Krisen eines Unternehmens, wenn über ihre fundamentalen Lösungen reflektiert wird.

Tatsächlich erwies sich die vorgestellte Wissensdifferenzierung im Interview mit den Investmentbankern als durchaus anschlußfähig und wird im Praxisteil an verschiedenen Stellen ihr Korrelat finden. Allerdings wurden nicht alle diese strategischen Wissensfelder von den Banken auch als solche identifiziert und entsprechend auch nicht aktiven Managementbemühungen unterworfen.

Die genannten Wissensbereiche sind integraler Bestandteil der *Wissensbasis* einer Organisation, die insbesondere auch die Muster ihrer Verknüpfung beinhaltet. Diese Verknüpfungsmuster werden durch ein institutionelles Wissen bestimmt, das in den „personen-unabhängigen, anonymisierten Regelsystemen, welche die Operationsweise eines Sozialsystems definieren" steckt (Willke: 1995a, S. 291). Vor allem handelt es sich um *standard operating procedures*, *Leitlinien*, *Rezeptwissen*, *Routinen* und *Traditionen*. Sie bestimmen die kommunikativen Strukturen der ablaufenden Interaktionsprozesse, die in einer Organisation dafür sorgen, daß ein bestimmtes Wissen entsteht, verbreitet wird usw.:

„Structures form when communication uncovers shared occupational specialities, shared social characteristics, or shared values that people want to preserve and expand. The structures themselves create additional resources for communication such as hirarchical levels, common tasks, exchangeable commodities, and negotiable dependencies. These additional resources constrain subsequent contacts and define more precisely the legitimate topics for further communication" (Weick: 1987, S. 97).

Die Wissensbasis einer Organisation ist zwar von den Personen getrennt aber nicht unabhängig von ihnen zu verstehen, da die Veränderung der Regelsysteme eines Systems durch einen äußerst komplexen Prozeß der Wechselwirkung zwischen der Ebene der Person und der Ebene des Sozialsystems gestaltet wird. Wissen, das als relevant gekennzeichnet wurde, muß von Personen aufgeschrieben und formuliert werden, damit es eine gewisse Eigenständigkeit als Teil der Wissensbasis gewinnen kann. Derartige Texte können nicht gleichgesetzt werden mit dem aktuell operierenden Gedächtnis des Systems, sie sind vielmehr Möglichkeiten des Sichbefassens. „Eine immense Arbeit" geht im Rahmen der Textproduktion „in das Sichvorbereiten auf Gelegenheiten, die nie eintreten" (Luhmann: 1992b, S. 158). Aber erst wenn ein Wissen in irgendeiner Weise personenunabhängig »erfaßt« wurde, kann das organisationale Wissen zum Gegenstand des Wissens selbst werden und in der organisationsinternen Kommunikation thematisiert werden. Dies ist die Vorbedingung für einen aktiven Umgang mit Wissen, in dem Wissen über Wissen entsteht und Regeln über den Aufbau von Wissen reflexives Lernen der Organisation ermöglichen.

Erst wenn auch ein Lernen über die gesteuerte Veränderung dieser Regelsysteme stattfindet, läßt sich von Wissensmanagement im Sinne eines organisationalen Lernens sprechen (Willke: 1998a, S. 41). Kernpunkt der Idee des kollektiven Wissens ist nach Willke der Umstand, daß der Wert des Wissens von den *Relationen* und *Verknüpfungsmustern* der Wissenselemente abhängig ist. In diese Verknüpfungen gehen die Lernerfahrungen einer Organisation ein. Die Wissensbasis einer Organisation, gedanklich gefaßt als symbolisch repräsentiertes Wissen und die Muster seiner Verknüpfung, verfügt insofern über eine Eigendynamik (in tatsächlicher Unabhängigkeit von den Mitgliedern einer Organisation), als daß sie den schnellen und wechselvollen Wissensbewegungen an der Peripherie nur mit Verzögerung (und damit auch mit spezifischen Sicherheits- und Unsicherheitszonen) folgt und gleichzeitig die Basis zur Entstehung von Handlung und Entscheidung beeinflussenden Erwartungsstrukturen bildet, die insofern wieder auf sie selbst zurückwirken. Das Zusammenspiel von individueller und organisationaler Wissensbasierung läßt sich beschreiben als ein Programm, verstanden als die Menge der Prinzipien zur sozialen Produktion kollektiven Wissens in und durch Individuen. Insofern ist dann der Mensch zwar Schöpfer allen Wissens, aber die Menschen sind Geschöpfe eines spezifischen organisationalen Wissenssystems.

Die operative Geschlossenheit und Selbstreferentialität eines sozialen Systems machen es allerdings so besonders schwierig, überhaupt in irgendeiner Form »planend« in diese Lern- und Wissensprozesse einzugreifen (Willke: 1995a, S. 301). Die Zeitstruktur organisierter Sozialsysteme liefert einen brauchbaren Hinweis auf ihre relativ autarke Operationsweise, ihre Unbeeinflußbarkeit durch psychische Systeme und somit auch ihre Autonomie in der Sache. Sie realisieren weit unwahrscheinlichere Konstellationen und Kriterien als Personen. So durchlaufen Organisationen Veränderungsprozesse, die den Zeithorizont von Personen übersteigen, und sie sind in der Lage, Projekte zu realisieren, die ausgedrückt in »Mann-Monaten« die Lebenszeit eines einzelnen Menschen weit übertreffen. Organisationen können solcherart unwahrscheinliche Leistungen erbringen, weil sie über Leitmaximen und Regelstrukturen verfügen, die sie souverän generieren und fortentwickeln. „Die Erfindung abstrakter, überindividuell geltender Regeln ist das Kernstück des Prozesses der Absonderung organisationaler Identität und Wissensbasierung“ (ebd., S. 305). Wenn Regeln aufgestellt werden, die auf einer Metaebene die Erzeugung und Anwendung von Regeln organisieren, wird ein System reflexiv und beginnt, sich selbst zu steuern.

Von besonderem Interesse für Fragen des Wissensmanagements sind Organisationen, die eine regelbasierte Antizipation von Wissensbedürfnissen entwickelt haben. Die sogenannten *high-reliability organizations* (also eher unwahrscheinliche Organisationen, wie ein Flugzeugträger) machen vor, wie organisationales Lernen institutionalisiert wird. Fehler, die in diesen Organisationen schnell katastrophale Formen annehmen können, sollen durch Lernroutinen *präventiv* geortet werden. Das kann die Organisation als System natürlich nicht »selbst«. Sie kreiert aber beispielsweise Prinzipen, die unter den Mitgliedern einer Organisation wissensorientierte Normen institutionalisieren, etwa solche, die ein Verhalten fördern, Fehler zu orten und zu offenbaren, ohne daß dabei eine Werthaltung entwickelt wird, die Fehler nur verurteilt, wenn sie das zweite Mal geschehen. In diesen Organisationen werden Lernprozesse kontinuierlich in Gang gehalten, angesammeltes Wissen wird einer permanenten

Revision unterzogen. Gleichzeitig wird versucht, *jede* Lernmöglichkeit zu nutzen. Auch Fällen, in denen alles nach Plan gelaufen ist, wird ein gewisser »Wissens-Mehrwert« abgerungen (ebd., S. 310). Es wird eine Form des *armchair theorizing* betrieben, das in deduktiver Weise neues Wissen verfügbar machen soll (indem man vielleicht die Prämissen ändert oder andere Theorien benutzt), welches in anderen Organisationen nur als latentes Nichtwissen mitläuft (vgl. Pautzke: 1989, S. 124). Was für unser Thema wichtig erscheint, ist die Tatsache, daß in das System Regeln und Prozeduren eingelassen sind, die abgekoppelt sind von den spezifischen Urteilsheuristiken des – um am Beispiel zu bleiben – jeweiligen Piloten. Natürlich kommen diese Regeln nicht unabhängig von den Erfahrungen der Piloten zustande – nach jedem Übungsflug oder Kampfeinsatz wird aber versucht, aus dem Geschehen die kumulierten *lessons learned* abzuschöpfen, die dann wiederum in die Systemgestaltung einfließen.

Kaum eine wirtschaftliche Organisation wird je einen derartigen Aufwand treiben können, um Wissen aktualisierbar zu halten, von dem sie nicht wissen kann, ob sie es je brauchen wird. Eine wichtige Frage ist aber, wie Organisationen mit Wissen umgehen, das sich in kein Berichtswesen einfügen läßt, das jeder routinisierten Form der Bearbeitung entgeht und das sich nicht im Rahmen von *standard-procedures* bearbeiten läßt. Noch komplizierter wird es für unstrukturierte Informationen, wenn nicht zu entscheiden ist, ob dieses Wissen in Zukunft relevant oder irrelevant sein wird. Ganz allgemein sind diese Fragen z. B. auch damit verbunden, ob es für die Mitglieder einer Organisation Anreize gibt, die die Beschäftigung mit Themen nahelegen, für die es noch keine konkreten Nutzvorstellungen und damit auch keine rationale Form der Vergütung gibt. Ein Grundproblem (gerade in Wirtschaftsunternehmen) ist auch, das Kosten und Nutzen von Wissensinvestitionen zeitlich und räumlich auseinanderfallen. Man investiert in Wissen gleichsam *für alle Fälle* ohne genau sagen zu können, wann und in welcher Situation man es brauchen wird. Es ist bisher nur eine Hypothese, daß Innovationschancen und Lerngelegenheiten einer Organisation an die Entstehung *und* Nutzung unwahrscheinlichen Wissens gekoppelt sind und daß moderne Informations- und Kommunikationstechnologie (IuK) mit ihren Möglichkeiten zum Diskutieren, Stöbern und Ausprobieren diese geringe Wahrscheinlichkeit steigert.

Es ist argumentiert worden, daß im engen Zusammenhang zwischen Wissensmanagement und IuK-Technologie die „eigentliche Revolution“ dieses Ansatzes stecke, weil das auf Bildschirmen aufbereitete Wissen nicht mehr so einfach abgelehnt werden könne wie das in den Memoranden abgelegte Wissen (Baecker: 1997, S. 1). Die Botschaft, so formuliert Baecker in Anlehnung an McLuhan, liege im Medium (ebd., S. 23). Daß die *Ablehnungswahrscheinlichkeit* elektronisch erfaßten Wissens geringer ausfällt als im Fall traditioneller Speicherungsmedien, mag partiell so sein, trifft aber die Folgen der technologischen Entwicklungen wohl nur am Rande.

Neue Formen der elektronischen Vernetzung (und dies ist das entscheidende Stichwort) machen Wissen nicht nur zugänglicher, verfügbarer und weniger ignorierbar, sie stellen bestimmte Bereiche der organisationalen Wissensbasis auch unter eine *Dauerbeobachtung* und *Revision* durch die Mitglieder der Organisation. Zudem können mit Hilfe moderner IuK-Technologie auch zuvor *unwahrscheinliche Verbindungen* geknüpft werden – etwa zwischen einem New Yorker Chemieanalysten und seinen europäischen und asiatischen Kollegen. Wenn wir Wissenssysteme als symbolisch repräsentiertes Wissen fassen und von (in der Regel) schriftlichen Fixierungen ausgehen, liegt es auf der Hand, warum gerade Datenbanken eine besondere Rolle für die Entwicklung und Beschreibung einer organisationalen Wissensbasis spielen können. Mit den gestiegenen Möglichkeiten der Beobachtung eines Wissens aus verschiedenen Blickwinkeln der Organisation wächst auch die *Zufallskomponente* in der Wissensproduktion und -kombination. Strukturänderungen werden dann in zunehmendem Maße davon abhängig, daß in der Datenbank zufällig etwas entdeckt und gelesen wird, was in diesem Moment gedanklich auch verarbeitet werden kann (Luhmann: 1992b, S. 158). Die elektronische Vernetzung einer Organisation kann neue (soziale) Kommunikationspfade erschaffen, die sich *überraschend* auf das Gesamtgefüge des Systems auswirken können.

Für die Mitglieder einer Organisation, die eine IuK-basierte Vernetzung als Teil ihrer Wissensmanagementaktivitäten begreift, besteht ein Zwang, weite Teile ihrer Arbeitshandlungen in Form kodierte Zeichen zu dokumentieren, d. h. schriftlich (wie auch immer) niederzulegen. Damit löst sich die Kommunikation aus der Gebundenheit an Raum und Zeit, wie sie für die Interaktion unter Anwesenden gilt. Auch setzt die Dokumentation eine kognitive Auseinandersetzung mit dem eigenen Verhalten, den eigenen Beobachtungen etc. voraus. Bloßes Verhalten kann dieser Anstrengung entbehren: „Individuals tended not to think about what they knew; rather, they acted it out in their daily lives. (...) In contrast, writing sets up the conditions of objectivity, creating a new distance between the knower and the known" (Zuboff: 1988, S. 177). Die Vernetzung einer Organisation erlaubt ihren Mitgliedern durch die verschiedenen Datenbanken den Zugriff auf Material, das in einer auf Papier beruhenden Dokumentation nicht oder zumindest nur unter hohem Rechtfertigungsaufwand zugänglich wäre. „The access to the electronic text meant access to far more than discrete memos or reports could ever provide: the organization's work is made visible in a new way" (ebd.). Die Technologie erschließt den Angestellten Sicht auf das, was sie zuvor nichts anging: die Arbeit anderer, die Arbeit einer anderen Abteilung, andere Entscheidungszusammenhänge usw. In dieser Weise entfaltet die Technologie eine *panoptische Wirkung* und verändert die Fluchtpunkte für organisationales Verhalten (Wagner: 1992, S. 207).

„Now we have lots of specialists with in-depth knowledge in one area. Everyone has their own information system - usually in a drawer or written on small note cards. With the database environment, there is one information system for all to see. Tasks become more

comprehensive. You can see the whole, not just the part. People will need a broader skill base to take more of a helicopter view" (Bankmanager zitiert nach Zuboff: 1988, S. 202). Breit angelegte Reflexionsmöglichkeiten andernorts konstruierter Entscheidungen und Deutungsmuster bergen die Möglichkeit, diese auch zur Diskussion resp. zur Disposition stellen zu können. „When meaning is uncoupled from its action context and carried away in symbols, a new playfulness becomes possible. Events and the relationships among events can be illuminated and combined in new ways. As surrounding events and processes become the objects of a disengaged awareness, they become susceptible to examination, comparison, and innovation" (Zuboff: 1988, S. 181).

Wir gehen davon aus, daß die IuK-Technologie die Möglichkeiten organisationaler Reflexionsleistungen und spontaner Innovationen durch eine elektronisch vermittelte Rekombination des Gefüges einer Organisation steigern *kann*. Dies ist aber sicher nicht die einzig denkbare Wirkung. Vor allem kann nicht ausgeschlossen werden, daß durch die Informationstechnologie zudem die Codierungsschlüssel synchronisiert werden, die dann bereits im Vorgriff auf den organisationalen Verhaltensfluß einwirken. Wer vorher schon weiß, daß er hinterher Begründungen und Präferenzen offenlegen muß, wird sich von diesen Aussichten bei der Konstruktion von Entscheidungslagen leiten lassen. Auf diese Weise kann organisationsweit eine Homogenisierung von Präferenzen, Prioritäten und Argumentationsstilen angeregt werden, deren Folgen nicht beobachtet werden. Der Zwang zur Explizierung von Wissen weicht gerade auch die Geltungsansprüche von Experten und Spezialisten auf. „In dem Maße, da professionelle Entscheidungen und ihre Grundlagen durchsichtig und in ihrer Qualität vergleichbar werden, werden sie auch der Reflexion und Diskussion innerhalb der Organisation (auch für Fachfremde) zugänglicher" (Wagner: 1992, S. 209). Lokale Rationalitäten, Vorlieben, Praktiken verlieren damit an Legitimität und treten hinter solche zurück, die organisationsweit durchzuhalten sind. Wenn lokale Rationalitäten für die Organisation eine Funktion hatten, stellt sich unter den geschilderten Umständen die Frage nach den Folgen der Homogenisierung – Milch hält sich länger, ob dies auch für Organisationen gilt, darf bezweifelt werden.

Intendierte oder planende Eingriffe in das Wissenssystem einer Organisation sind, soviel dürfte deutlich geworden sein, eine hochsensible Angelegenheit, weil die falsche Intervention schwerwiegende disfunktionale Folgen nach sich ziehen kann. Mittlerweile mehren sich die Anzeichen, daß die zum üblichen Arsenal wissensintensiver Organisationen gehörenden geldbasierten Reward- und Incentive-Systeme, die finanzielle Belohnungen für eine bestimmte Form des Umgangs mit Wissen ausloben, in eine völlig falsche und sogar kontraproduktive Richtung weisen, weil sie die von Organisationspsychologen angemahnte intrinsische Motivation der Wissensarbeiter untergraben. Viele Organisationen begreifen ihre Mitarbeitern offensichtlich als Trivialmaschinen, deren Verhalten man mit einer *„Karotte“* (R:3) steuern könne. William Foote Whyte hat diese unterkomplexe Geisteshaltung des Managements zutreffend beschrieben: „Management also seems to assume that machines and workers are alike in that they are both normally passive agents who must be stimulated by management in order to go into action. In the case of machines, management turns to electricity. In the case of workers, money takes the place of electricity“ (Whyte zitiert nach Kohn: 1993, S. 25). Die unkontrollierbaren und deformierenden Folgen einer Motivation mit Hilfe systematischer »goodies« für organisationale Lern- und Kooperationsprozesse scheinen bei Organisationen bereits Risikowahrnehmungen angeregt zu haben. So suchen manche Investmentbanken eine Lösung des Problems in Autognosie. Sie versuchen, Beobachtungen zweiter Ordnung durchzuführen, um mehr über sich selbst und die Prinzipien ihres Umgangs mit Wissen zu erfahren. Beispielhaft zitieren wir hier aus einem 16 Seiten umfassenden Fragebogen einer US-amerikanischen Investmentbank (Bank 5), der Selbstaussagen der Mitarbeiter über die Qualität des intern erzeugten Wissens, Doppelspurigkeiten bei der Wissensspeicherung, die Zugänglichkeiten von Informationen, das eigene Informationsverhalten, das der Kollegen und vieles andere mehr in Form von Zustimmungswerten zu vorformulierten Aussagen erfassen soll.

Zwei Beispiele sollen an dieser Stelle genügen:

...

09. We do a good job sharing data and information among and between business lines.

a. strongly agree; b. somewhat agree; c. somewhat disagree; d. strongly disagree; e. no opinion.

...

20. People should be given incentives to create, share, and use shared information.

a. strongly agree; b. somewhat agree; c. somewhat disagree; d. strongly disagree; e. no opinion.

...

Interessant ist, daß die Mitarbeiter nicht allein zum Stand der Dinge, sondern gerade auch zu ihrer Haltung bezüglich *geplanter* Systemveränderungen befragt wurden. Die dabei mitschwingende Vorsicht ist informativ, wobei sich nur spekulieren läßt, welche Art von Erfahrung die Organisation mit wissensbezogenen Systemmanipulationen in der Vergangenheit gesammelt hat, da diesbezügliche Nachfragen im Interview zurückgewiesen und auch die Ergebnisse der Mitarbeiterbefragung nicht offengelegt wurden. So verständlich der Verzicht auf offene Fragen bei vielen tausend Mitarbeitern ist, so klar ist auch, daß die gewählte Interviewform gewissermaßen nur »programmierte« Informationen erzeugen kann. Die Organisation hat sich entschieden, das zu ignorieren, was sie nicht wissen will.

Trotz des introspektivem Aufwandes, der mit Hilfe von »besserem« Wissen ein informiertes Handeln ermöglichen soll, bleiben Aktivitäten mit dem Ziel *Management von Wissen* mit unkalkulierbaren Folgen und Nebenfolgen behaftet, selbst wenn zweckmäßigere Fragetechniken angewandt werden. Die Formel des paradoxen Steigerungsverhältnisses von Wissen und Nichtwissen gilt auch im Fall der auf Wissensarbeit bezogenen Wissensarbeit (Willke: 1998a, S. 4). Steuerung ist möglich, die Frage ist nur, wo ihre Grenzen liegen.

In real life no one has a crystall ball to read the future. All evaluations of capital and investment decisions, resting as they do on estimates of future earnings, must necessarily be guesses – accurate guesses based on much thought and information in some cases, wild guesses in other cases, but in every case uncertain guesses.

Paul A. Samuelson

4. Die Praxis der Wissensarbeit im Investment Banking

4.1 Fluchtpunkte und Umwelten des Investment Banking

4.1.1 Genese und Geschäft der Investmentbanken im Überblick

Das Investment Banking ist im wesentlichen eine Erfindung US-amerikanischen Ursprungs. Die treibenden Faktoren der Entwicklung lagen im Kapitalbedarf der ökonomischen Expansion des Landes im ausgehenden 19. Jahrhundert, als die Finanzierung der Eisenbahnen und Stahlwerke die nationalen Kapazitäten der damaligen Zeit weit überforderte. Amerikanische Banken suchten den Kapitalbedarf des Landes bei wohlhabenden europäischen Investoren und Kreditinstituten zu decken, die bereit waren, Kapital gegen verbriefte Forderungen zu tauschen und so Investitionsrisiken einzugehen. Die Substitution unverbriefter Kredittransaktionen zwischen Banken und Kreditnehmern durch verbriefte Kapitalmarkttransaktionen (»Securitization«), die dann an Wertpapiermärkten handelbar waren, stellte eine wesentliche Voraussetzung von Geldgeschäften dieser Art dar. Weil die okzidentalen Investoren aufgrund der geographischen Distanz nur eingeschränkt in der Lage waren, eine eingehende Evaluation der Projekte vorzunehmen, mußten sie sich auf die Urteilsfähigkeit der organisierenden amerikanischen Institute verlassen. Damit waren zwei weitere basale Grundelemente des modernen Investment Banking entstanden: Übernahme und Syndizierung von Risiken der Nichtzahlung.

„So investment bankers underwrote the issues, guaranteeing a set price and reselling the shares. If the shares failed to meet the price, the bank was out the difference. (...) Underwriting requiered bankers to be astute evaluators not only of the markets in which they traded, but of the enterprises whose stock they sold. This, in turn, led to a degree of specialization by investment-banking houses: Morgan and Kuhn Loeb in railroads and later steel; Halsey, Stuart & Co. and Blyth, Witter & Co. in utilities; and Lehman Brothers and Goldman, Sachs & Co. in retailing" (Hoffman: 1984, S. 10).

Gleichwohl läßt sich die Genese des Organisationstypus »Investmentbank« nicht allein auf diese Hintergründe zurückführen. Wie gesagt waren zwar zentrale Prinzipien des Investment Banking entstanden, aber die Finanzinstitute jener Zeit wiesen untereinander noch keine trennscharfe funktionale Differenzierung auf. Vielmehr handelte es sich um Mischformen, die eine aus heutiger Sicht avantgardistische Mischung darstellten, bestehend aus Anteilen des Private-, Commercial- und Investment-Banking. Als spezialisierte und autonome Organisationen haben sich die Investmentbanken erst im 20. Jahrhundert etablieren können. Der Entwicklungsschub der Branche ist zurückzuführen auf den Wall Street Crash vom Oktober 1929, in dessen Folge dann vier Jahre später das Gesetz über das Trennbankensystem, der sogenannte »Glass-Steagall Act« erlassen wurde. Mit diesem Gesetz entschied sich das damals von den Demokraten geführte politische System, daß amerikanische Banken sich entweder nur als reine Commercial Banks betätigen dürfen, die nur das Einlagen- und Kreditgeschäft betreiben und sich an der Abwicklung des Zahlungsverkehrs beteiligen, oder als Investment Banks, denen das Emissionsgeschäft und der Wertpapierhandel an den Sekundärmärkten vorbehalten ist (vgl. Benston: 1990 und Wilson: 1995). Die veränderte Rechtslage diente als Geburtshelferin des Investment Banking – so entstand 1934 die First Boston (heute Credit Suisse First Boston, CSFB), die aus dem Wertpapierarm der First National Bank of Boston herausgelöst wurde (Bloch: 1986, S. 35), wie z. B. auch die Investmentbank Morgen Stanley, die 1933 von J. P. Morgan abgetrennt wurde (Geisst: 1995, S. 25). Der Glass-Steagall Act war die drastische Antwort auf das im März 1928 an der New York Stock Exchange einsetzende Spekulationsfieber, das sich nicht zuletzt durch die enge Koppelung von Einlagen- und Wertpapiergeschäft epidemisch ausbreiten konnte. Einerseits hatten die US-Banken mit den Spareinlagen ihrer zum großen Teil ahnungslosen Kunden in großem Maßstab Aktientransaktionen durchgeführt und andererseits hatten Privatanleger ihre Börsenspekulationen mit großzügigen Bankkrediten finanziert. Nach dem massiven Kurs-Crash konnten die Banken ihre auflaufenden Verluste durch eigene Fehlspekulationen und faule Kredite nicht mehr durch Deckungsgeschäfte ausgleichen. Allein zwischen 1929 und 1933 wurden rund 4.000 Bankinstitute zahlungsunfähig (Reicheneder: 1992, S. 15; vgl. Behrens: 1990, S. 16). Die gesetzliche Trennung des Einlagen- und Kredtitgeschäftes vom Wertpapiergeschäft ist auf diesem Hintergrund weniger als ein funktionales Erfordernis anzusehen, sondern stellte vielmehr eine vertrauenbildende Maßnahme dar. Was geschehen war, sollte sich nicht wiederholen können. Ebenfalls 1933 wurde der Truth-in-Securities Act vom Kongress verabschiedet, der die Emittenten von Wertpapieren zwang, ihre finanzielle Lage detalliert offenzulegen, um so zu einer erhöhten Transparenz und damit einer verbesserten Risikoverteilung beizutragen. Zur Überwachung der gesetzlichen Maßnahmen wurde 1934 schließlich die Börsenaufsicht »Securities and Exchange Commision« (SEC) in Washington eingerichtet (Geisst: 1995, S. 27).

In den USA scheiterte zu Beginn des Jahres 1998 der elfte Versuch in zwanzig Jahren, die Trennwand zwischen Geschäftsbanken und Investmentbanken auch politisch wieder zu eliminieren (Notenbankchef Alan Greenspan und die Investmentbanken waren dafür, Finanzminister Robert Rubin, die Großbanken und die republikanische Führung im Repräsentantenhaus waren dagegen und setzten die Vorlage von der Tagesordnung. vgl. FAZ vom 3.4.1998, S. 17). De facto sind einige Banken, wie etwa J. P. Morgan schon längere Zeit wieder aktiv im Investment Banking (insbesondere im Ausland, das nicht den amerikanischen Gesetzen unterliegt), und machen ihren alten Schwestereinstituten (Morgan Stanley) Konkurrenz. Die europäischen Banken hatten diese rechtlichen Probleme nicht. Insbesondere die deutschen Institute haben als Universalbanken immer schon auch kapitalmarktbezogene Aufgaben übernommen. Einzig in England sind mit den sogenannten Merchant Banks organisational spezialisierte und eigenständige Institute des Investment Banking beobachtbar, die sich insbesondere im Bereich Corporate Finance-Dienstleistungen engagiert hatten. Während die deutschen Universalbanken sich jedoch auf eher traditionelle Grundfunktionen des Investment Banking konzentrierten, also etwa den Handel mit Wertpapieren, die Begebung von Anleihen usw., sind die Expertise-intensiveren Bereiche, wie die Beratung von Unternehmen bei Firmenübernahmen oder die Generierung von Innovationen durch »Financial engineering« eher Spezialitäten der amerikanischen und englischen Investment Banker. Heutzutage wird Financial engineering bei jedem etwas komplexeren Projekt angefordert, „since the vast variety of financing possibilities, juridico-fiscal provisions and effects, and the host of new financial instruments requiere a study by professionals" (Casper: 1990, S. 724, vgl. auch Weinhardt: 1995). Für die deutschen Institute gehörten solche Kompetenzen nicht zuletzt auch deshalb lange Zeit nicht zu ihrem Standardrepertoire, weil sie in Deutschland aufgrund der gering ausgeprägten Kapitalmarktorientierung der Unternehmen kaum einen Markt hatten. Das »moderne« Investment Banking wurde erst in den siebziger Jahren und Anfang der achtziger Jahre über den Euromarkt in Deutschland etabliert, als die von den amerikanischen und englischen Instituten entwickelten neuen Finanzierungsformen mit Erfolg angeboten wurden (vgl. Flach: 1990, S. 116). Inzwischen haben die Kapitalmärkte ganz massiv an Bedeutung gewonnen, allerdings ist nicht nur die Nachfrage nach privatem Kapital im Zuge der weltweiten Expansion der Unternehmen und der Privatisierung von Staatsbetrieben gewachsen, auch das Kapitalangebot in Gestalt von institutionellen Anlegern (Fondsgesellschaften, Versicherungen etc.) hat sich deutlich gesteigert. Und dennoch fällt es den meisten deutschen Großbanken außerordentlich schwer, im Investment Banking Fuß zu fassen, obwohl es im Kern nicht wirklich etwas substantiell Neues darstellt, geht es doch auch hier um Formen der Substitution von Zahlungen für Nicht-Zahlungen (vgl. Baecker: 1991, S. 65).

Es ist den inländischen Instituten bis heute nicht gelungen, zu den US-amerikanischen Musterinstituten aufzuschließen. Obwohl deutsche Institute Milliarden für den Kauf und die Integration kleiner (zumeist englischer) Investmenthäuser investiert haben, blieben sie derartig erfolglos in dem Versuch, Wissen und Reputation im Investment Banking aufzubauen und mit dem traditionellen Kerngeschäft zu verzahnen, daß selbst die Treuhand es vorzog, bei der

Veräußerung der ehemaligen DDR-Staatsbetriebe auf die Expertise amerikanischer Banken zurückzugreifen, obschon diese sich zum Teil erst kurz vor oder sogar nach dem Mauerfall mit Dependancen in Frankfurt am Main niedergelassen hatten. Auch deutsche Großunternehmen halten das Wissen der amerikanischen Investmentbanker für überlegen. Der Daimler-Benz Konzern ließ sich von US-Investmentbank Goldman Sachs nicht nur beim Gang an die New Yorker Börse NYSE 1993 beraten, auch die Auflösung der AEG, die Fusion der Automobilgesellschaft Mercedes-Benz mit Daimler und zuletzt auch das Zusammengehen mit Chrysler wurde von der amerikanischen Bank begleitet. Um ihre Expertise erfolgreich verkaufen zu können, müssen die Investmentbanker Wissen, Phantasie und Einfallsreichtum in anschlußfähig kommunizierte Problemlösungen umsetzen, die großräumigen Märkten gerecht werden, und gerade dies fällt den deutschen Banken so schwer.

Bevor wir nachfolgend auf entscheidende Rahmenparameter des Investment Banking und die Strategien einiger Global Player näher eingehen, wollen wir an dieser Stelle zunächst einmal nach Strukturenbeschreibungen dessen fragen, was Investmentbanken unter Investment Banking verstehen und so Unterschiede zwischen den Instituten markieren (inhaltlich setzen wir dabei die im einleitenden Teil der Arbeit dargestellte Gliederung der Geschäftsfelder voraus). Eine der gängigsten Definitionen des Begriffs Investment Banking besagt, daß damit alle bilanzunwirksamen Transaktionen einer Bank bezeichnet sind, die Provisionseinnahmen oder Handelsnutzen bringen und ganz überwiegend Wertpapiere zum Gegenstand haben (Burghagen: 1989, S. 37). Das Geschäft der Investmentbanken ist auch durch die vorrangige Bedeutung von Unternehmen und staatlichen Institutionen als Kunden von den Geschäftsbanken zu unterscheiden. Eine Ausnahme bildet die Vermögensverwaltung für wohlhabende Privatkunden: So hat die Investmentbank Goldman Sachs rund 360 professionelle Anlageberater, die sich um Kunden mit wenigstens fünf Millionen Dollar an liquiden Mitteln kümmern. In ihrem Hauptgeschäft mit institutionellen Kunden versuchen sie, eine Art Interface-Stellung zwischen kapitalsuchenden und kapitalgebenden Einheiten zu verteidigen, die sie dann aufgrund von Informations- und Wissensvorsprüngen kapitalisieren können: „The general source of corporate dependence is reliance on investment banks for access to critical resources, such as capital and market information. The main source of power for investment banks is control of access to investors“ (Baker: 1990, S. 591).

Trotz dieses basalen Strickmusters der Geschäftsbeziehungen gehen die Vorstellungen darüber, was Investment Banking denn tatsächlich ist in der Finanzwelt weit auseinander. Die definitorischen Vorstellungen der Praktiker orientieren sich auf der einen Seite der Skala ipso facto an den geschäftlichen Aktivitäten, die von den großen Wall Street Firmen betrieben werden. Sie schließen damit also ganz pragmatisch jede Dienstleistung und Aktivität ein, die von den hier interessierenden Organisationen erbracht werden. Auf der anderen Seite der Skala finden sich Definitionen, die im Gegensatz dazu eine extrem enggeführte und puristische Begriffsbestimmung vorziehen und dabei ausschließlich auf die Emission von Wertpapieren abstellen. „Traditional investment banking *was* the underwriting of basic common stock equity and investment-grade corporate bonds. But the financial world has changed dramatically and investment banking, the key catalyst of the metamorphosis, has widened its scope proportionally" (Kuhn: 1990, S. 386). Weil sich also der Möglichkeitsraum für zu erbringende Leistungen beständig ändert, ist eine Letztdefinition des Investment Banking schon aus diesem Grund nicht zu erwarten. Während etwa das Aktienresearch zu den eher traditionellen Diensten der Investmentbranche gehört, ist das Creditresearch, also die Analyse der Risiken und Chancen von Anleihen und Obligationen in Europa und Asien erst auf dem Vormarsch. „On Wall Street, large teams specializing in sectors as diverse as paper and forest products through to healthcare have been in place for over a decade. The depth and breadth of the US corporate bond market, together with the sophistication of institutional investors, justifies their existence" (Caplen: 1997, S. 59). Dabei handelt es sich um eine organisationsinterne Ausdifferenzierung, die auf eine wachsende interne und externe Nachfrage reagiert. Credit-Analysten beraten Firmen bei der Preisfindung ihrer Emissionen, sie bereiten sie auf die kritischen Nachfragen anderer Analysten und Investoren vor und helfen auch bei der Placierung der Anleihen. Das sogenannte »Rating advisory« ist eine weitere wichtige Leistung, in deren Rahmen Rating-unerfahrene Länder und Regionen auf die Methoden und Verfahren der Rating agencies vorbereitet werden.

Die nachfolgend vorgestellten Definitionsfassungen gehen auf eine Zusammenstellung von Kuhn zurück (Kuhn: 1990, S. 386 ff.) und machen einerseits auf die Heterogenität des Feldes aufmerksam, andererseits lassen sich anhand dieser Produktdifferenzierung auch bestimmte grundsätzliche strategische Weichenstellungen der Investmentbanken ausmachen, auf die wir weiter unten näher eingehen werden.

I. Investment Banking as Everything Major Firms Do:

Unter dieser Definition werden grundsätzlich alle von Investmentbanken angebotenen Leistungen auch als »Investment Banking« bezeichnet. Dazu gehören insbesondere die Bereiche Corporate Finance, das Emissions- und Konsortialgeschäft, die Wertpapiervermittlung und der Wertpapierhandel, Anlageberatung und Wertpapierverwaltung (Asset Management) und das Feld der Finanzinnovationen (Entwicklung und Handel von Produkten wie Swaps, Caps, Options und Futures). Aber viele Investmentbanken weiten ihre Aktivitäten weit über diese Bereiche aus. Einen atypischen Weg der Geschäftsausweitung verfolgte etwa Merrill Lynch & Co., die über viele Jahre die einzige amerikanische Investmentbank war, die auch das Geschäft mit Privatkunden betrieb. In der jüngsten Vergangenheit folgte Morgan Stanley im Rahmen des Zusammenschlusses mit Dean Witter dieser Vorgehensweise. Der Aufbau einer starken Vertriebsorganisation mit engen Kundenkontakten stellt eine plausible Strategie dar, wenn man bedenkt, daß »Distribution power« eine durchaus kritische Variable bei der

Begebung neuer Emissionen ist. Die Diversifizierung der Investmentbanken in neue Geschäftsbereiche dient gerade auch dem Versuch, den Tücken des ansonsten sehr zyklischen Investmentgeschäfts zu entgehen und die Erträge zu stabilisieren. Goldman Sachs etwa plant eine Beteiligung an einem Versicherungskonzern, und das größte japanische Wertpapierhaus Nomura wollte im Sommer 1998 rund 70.000 Wohnungen von der Wohnungsgesellschaft der Bundesversicherungsanstalt für Angestellte (BfA) übernehmen und damit selbst in das Immobiliengeschäft einsteigen (vgl. SZ vom 13.8.1998, S. 18). Es zeigt sich an diesen Beispielen sehr deutlich, wie traditionelle Grenzen zwischen Versicherungen, Banken, Investmentbanken, Brokerhäusern, Immobiliengesellschaften usw. durch gegenseitige Verflechtungen durchlässig werden.

II. Investment Banking as All Capital Market Activities:

In dieser Lesart dominiert der enge Kapitalmarktbezug das Wesen des Investment Banking. Kuhn nennt hier insbesondere die Bereiche Mergers & Acquisitions, das Merchant Banking, Fairness Opinions (unabhängige Expertise), Fundmanagement, Venture Capital Management, Investmentresearch, Riskmanagement u. a. m. Explizit ausgeschlossen sind die oben genannten Geschäfte mit Privatkunden, nicht aber der Handel mit Wertpapieren für institutionelle Investoren.

III. Investment Banking as Some Capital Market Activities:

In dieser dritten Kategorie zählen nur die klassischen intermediären Funktionen zum Investment Banking, also Underwriting, M&A, Fairness Opinions und dergleichen. Von dieser Definition ausgeschlossen werden Geschäftsaktivitäten, in denen Investmentbanker nicht die Rolle eines Katalysators spielen, sondern eine aktiv handelnde Aufgabe übernehmen. Dies bezieht sich besonders auf den Bereich Money management (Asset management, Venture capital management usw.). Als Money Manager treten die Investmentbanker aus ihrer Beraterrolle hinaus und übernehmen in größerem Umfang Verantwortung im Auftrag des Klienten. Ist der Kunde mit den finanziellen Ergebnissen der Bank unzufrieden, dann wechselt er die Gesellschaft. Die von den Money Managern erzielten Ergebnisse (Performance) sind relativ leicht vergleichbar, weil Benchmarks veröffentlicht werden. Schließlich wird auch der Eigenhandel, den eine Bank mit eigenem Kapital auf eigene Rechnung tätigt, von dieser Definition des Terminus Investment Banking ausgeschlossen.

IV. Investment Banking as Underwriting and Raising Capital:

Die restriktivste Position wird von den Traditionalisten bezogen, die mit ihrer Definition des Investment Banking auf die Wurzeln der Profession abzielen: „They float securities in the primary market and trade securities in the secondary market. They set up standards, conduct due diligence, and establish prices in the underwriting process (primary market), and they broker trades and make markets for the subsequent trading of those securities (secondary market)“ (Kuhn: 1990, S. 388).

Diese letztgenannte Definition ist am weitesten von dem entfernt, was sich empirisch heute noch finden läßt. Zwar bilden die Überprüfung von Unternehmen in wirtschaftlicher Hinsicht (»Due diligence«), die darauffolgende Preisfestlegung von Aktien- oder Bondemissionen und schließlich auch der Handel mit diesen Wertpapieren (»Market making«) im Rahmen personaler Interaktion an der Börse (Stockmarket) oder per Telefon/Computer (Bondmarket) auch heute gleichsam das »inner sanctum« jeder größeren Investmentbank (siehe etwa Carls: 1996 zum Going-public-Geschäft deutscher Banken oder die ethnographische Studie von Abolafia: 1996 zum Market making an der Wall Street). Aber es gibt derzeit wohl kein Haus mehr, das sich ausschließlich auf dieses aufgrund der Zinsabhängigkeit hochgradig zyklische Geschäft konzentriert. Die Diversifizierung in mehrere Märkte dient der Risikobegrenzung, und vor diesem Hintergrund ist auch das immense Innovationstempo der Branche in bezug auf Produkte, Märkte und Dienstleitungen zu verstehen (vgl. Bloch: 1986, S. 18).

Wir werden nachfolgend auf drei der wichtigsten Faktoren in der Umwelt der Investmentbanken eingehen – namentlich die Globalisierung der Finanzmärkte und Kundenbeziehungen, die Expansion der Kundenexpertise und den verschärften Wettbewerbsdruck (siehe Abb. 4, die neben den genannten auch weitere Faktoren bezeichnet).

Abb. 4 Rahmenbedingungen und Trends im Investment Banking

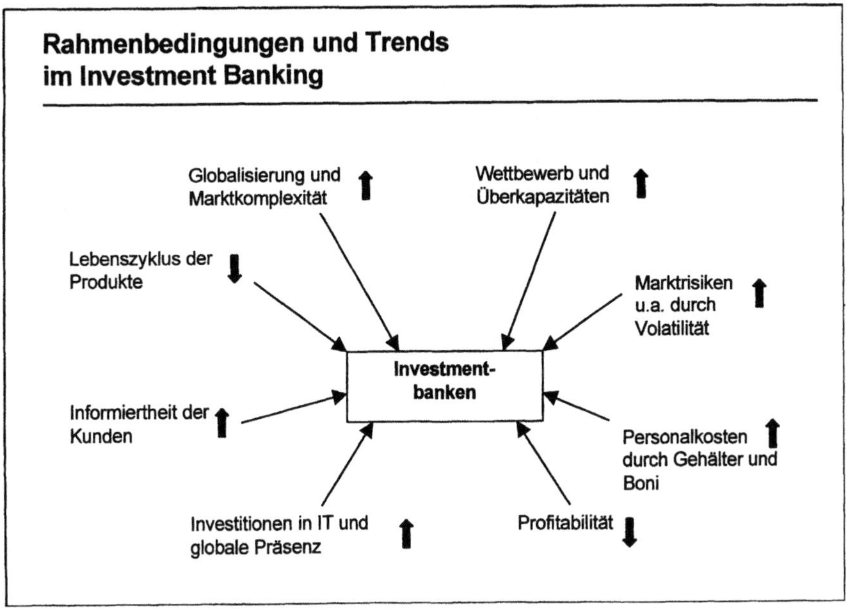

4.1.2 Rahmenbedingung 1: Globalisierung der Finanzmärkte

Jedesmal, wenn die Anlagestrategen der großen internationalen Investmentfonds fundamentale Entwicklungen als riskant wahrnehmen (Nichtpartizipation an Gewinnen/ Partizipation an Verlusten) und dann zu den bestmöglichen Bedingungen versuchen, in Risiken ein- bzw. aus Risiken auszusteigen, werden Milliarden-Positionen hin- und hergeschoben, die auf die Geschäftspolitik multinationaler Unternehmen ebenso Einfluß haben, wie auf das amerikanische Renditeniveau oder den US-Dollarkurs. Obwohl auch einzelne institutionelle Investoren durchaus beeindruckende Summen um die Welt schicken können, ist die Bedeutung der Kapitalmärkte innerhalb des Systems der Wirtschaft und für das System der Politik nur auf dem Hintergrund des scharfen Wettbewerbs unter den professionellen Vermögensverwaltern zu verstehen, in dem sich, weil keiner im Vergleich schlechter abschneiden möchte, orientierende Verhaltensmuster durchsetzen, welche die Bewertungen und Einschätzungen der professionellen Finanzmarktteilnehmer prägen und dann gleichsam *konzertierte* Aktionen nach sich ziehen. In den Anlageauschüssen der großen Fondsgesellschaften werden zwar die Grundzüge der Anlage festgelegt, also etwa die Art der Wertpapiere, Währungen, Länder, Sektoren usw., „*aber man schaut natürlich immer, was die anderen machen, gehen die jetzt verstärkt raus aus diesem und rein in das. Man kann sich davon auch nicht lösen, weil wenn alle das machen, dann verändern sich die Kurse natürlich auch real entsprechend*" (S:1).[39] Durch die wechselseitige Beobachtung der Marktteilnehmer und die Anwendung professioneller Grundsätze werden zumeist ähnliche Anlagestrategien gefahren, so daß Kumulationseffekte generiert werden, die etwa den Dow-Jones-Index an einem Börsentag innerhalb kurzer Zeit aus der Verlust- in die Gewinnzone bringen können und umgekehrt. Dem Kapital, so könnte man meinen, schlägt keine Stunde. Es überwindet fast ohne Zeitverbrauch die größten Entfernungen und steht nach Gott den transzendenten Eigenschaften der Zeitlosigkeit und der Allgegenwart am nächsten.

Und genau auf diese Eigenschaften des Kapitals kommt es an, wenn von der Globalisierung der Finanzmärkte die Rede ist. Für die Kapitalschuldner verringern sich die Kapitalkosten, weil sie instantan auf weltweiten Märkten die günstigsten Konditionen bekommen können. Für die Investoren von Kapital ergeben sich verbesserte Möglichkeiten der Relation von Rendite und Risiko, weil sie ihre Kapitalanlagen über Länder, Währungen,

[39] Das Gewicht von Anlageentscheidungen wächst dann entsprechend mit den von ihnen abhängenden Kapitalströmen. So weist zwar das Fondsvolumen der zur Deutschen Bank gehörenden Deutschen Gesellschaft für Wertpapiersparen immerhin weit mehr als 100 Milliarden DM aus, aber das rund um die Welt verwaltete institutionelle Wertpapiervermögen betrug 1996 insgesamt rund 21.000 Milliarden DM, davon hielten die großen Pensionskassen 12.000 Milliarden.

Branchen usw. diversifizieren können. Und für die Investmentbanken, die Treiber und Getriebene dieser Entwicklungen auf den Kapitalmärkten sind, ergeben sich neben den globalen Chancen vor allem auch globale Herausforderungen und Risiken. „Indeed, those banks without global capabilities will find it difficult to offer a tailored »solution« to an institution's financial problem. As in most industries, solutions carry far higher margins than products" (Hunt: 1995, S. 105, vgl. auch Bierer: 1989).

Wir verwenden den Begriff Globalisierung nachfolgend, um damit den Prozeß der zunehmenden Intensivierung von Verkehrs-, Kommunikations- und Austauschbeziehungen über nationale Grenzen hinweg zu kennzeichnen. Satellitentechnik, Luftverkehr und digitalisierte Kommunikationsmöglichkeiten verdichten und forcieren den Transport von Personen und den Austausch von Informationen und Wissensansprüchen, ohne dabei auf staatliche Trennungslinien zu achten. Es entstehen erweiterte und verdichtete Netzwerke, die eine Entfaltung von Systemen als Gesamtheit der füreinander erreichbaren Kommunikationen über nationale und regionale Beschränkungen ermöglichen. Unter diesen Gegebenheiten, so die für unser Thema wichtige These, kommt es unter anderem zu einer wachsenden Bedeutung von Wissensstrukturen und Expertensystemen. Der Unternehmenserfolg ist im Zeitalter der post-industriellen Gesellschaft weniger von der Verknüpfung der klassischen Produktionsfaktoren wie Kapital und Arbeit abhängig als vielmehr durch die Kombination von Wissenselementen bestimmt (Bell: 1973). Die in Folge technologischer Entwicklungen und Wissensbasierung der Produkte gewachsene Manövrierfähigkeit der Global Player, führt zu einer Gewichtsverlagerung im Verhältnis von Wirtschaft und Politik (Brock: 1997). In dem Maße, in dem professionelle Wissensstrukturen räumliche Distanzen immer weitreichender, immer schneller und immer billiger überbrücken können, kommt ihnen eine zunehmend entscheidende Funktion zu.

Die weltweite Vernetzung der Kapitalmärkte gleicht im Globalisierungsprozeß einer Triebfeder, die weitreichende Effekte anstößt. Sie ist inzwischen weit weniger ein Spiegelbild wachsenden Austausches von Waren und Dienstleistungen als vielmehr eine eigendynamische Kraft, die realwirtschaftliche Folgewirkungen nach sich zieht, von denen die Orientierung der Unternehmen am Shareholder Value nur die prominenteste ist.[40] Ihren Ausgangspunkt nahm diese Entwicklung vor rund 25 Jahren und reicht damit weit über die aktuelle Globalisierungsdebatte hinaus. Meilensteine dieser Entwicklung sind der Übergang zu flexiblen Wechselkursen (1973), die durch Schwankungen und Zinsdifferenzen neue Chancen und Risiken

---

[40] Solange die Finanzmärkte nationalstaatlich organisiert waren, konnten die Unternehmen weitgehend die Rahmenbedingungen, unter denen sie operierten, kontrollieren. Unter den Bedingungen der Globalisierung kann Kapital weltweit investiert werden, und die Unternehmen geraten in eine stärkere Abhängigkeit von den Interessen der Anleger. Die Eigendynamik und Bedeutung der Finanzmärkte zeigt sich beispielsweise auch daran, „daß von den durchschnittlichen täglichen Devisenmarktgeschäften von ca. 1.400 Mrd. US-$ nur rund 15 % auf den Export/Import und langfristigen Kapitalfluß zurückzuführen sind" (Welzmüller: 1997, S. 24).

produzierten und die völlige Liberalisierung der Kapitalmärkte (1990). Im Zuge der weltweiten Liberalisierung des Finanzhandels sind vor allem regionale und geschäftspolitische Schranken gefallen, so daß die politischen Systeme dieser Länder nicht allein Opfer der Globalisierung, sondern zugleich auch ihre Advokaten waren. Seitdem allerdings bestimmen die Kapitalmärkte mehr das Handeln der Regierungen als umgekehrt, was James Carville, politischer Berater von US-Präsident Clinton, zu folgender Äußerung veranlaßt hat: „I used to think, if there was reincarnation, I wanted to come back as the President or the pope or a .400 baseball hitter. But now I want to come back as the bond market. You can intimidate everyone“ (zitiert nach Bryan und Farrell: 1996, S. 1).

Finanzinstitute können fast überall Geschäfte machen, was den Wettbewerb enorm verschärft und so u. a. auch zum derzeitigen Fusionsfieber im Bankensektor geführt hat (wir erinnern hier nur an die »Mega-Merger« zwischen der Schweizerischen Bankgesellschaft und dem Schweizerischen Bankverein zur UBS und der US-amerikanischen Traverlers Group und der Citicorp zur Citigroup). Ermöglicht wurde die Globalisierung der Finanzmärkte insbesondere auch durch die technologischen Entwicklungen der letzten Jahrzehnte, die den Austausch und die Verfügbarkeit großer Datenmengen befördert haben. „Zwischen Unternehmen und innerhalb von Unternehmen ist eine Kommunikation möglich geworden, die unter anderem Kontrollen gestattet, physischen Transport – etwa von Papier – überflüssig macht, rasche Reaktionen auf Börsenkurse erlaubt, es vereinfacht, Dienstleistungen zu verlagern und zudem Zeitunterschiede überwindet“ (Friedrichs: 1997, S. 5; vgl. auch Willke: 1998, S. 36). Die nach wie vor dynamische Entwicklung der Informations- und Kommunikationstechnologie hat zur Folge, daß sich die Informations- und Transaktionskosten verringern: „Vendors such as Reuters, Knight-Ridder and Bloomberg allow firms to feed all their information into open computer systems. There it can be analysed at will. Mathematicans and quantum physicists have taken seats once occupied by seat-of-the-pants barrow boys. Head traders talk foundly of their „black boxes“, proprietary engines that run trading portfolios of great complexity“ (The Economist. Sonderbeilage: Turning Digits into Dollars. A Survey of Technology in Finance. 26. 10. 1996, S. 23). Die Technologie aber macht den Zugriff auf eine immer größere Menge an potentiell informativen Zeichen möglich, so daß *Auswahl* und *Bewertung* zur Hauptproblemstellung werden und sich die Leitfrage entpuppt, welches Wissen denn tatsächlich *wissenswert* ist. Damit werden jene als Euphoriker bloßgestellt, die Information und Wissen immer als unproblematische Ressource darstellen.[41]

---

[41] In der psychologischen Forschung hat diese Problemstellung unter dem Begriff „Information Fatigue Syndrome“ schon ihre eigene Begrifflichkeit gefunden – siehe dazu etwa die Arbeiten von David Lewis. Die charakteristischen Symptome, die unter diesem Etikett als Muster beobachtbar seien, sind etwa die Unfähigkeit, Informationen „richtig“ zu analysieren, die Zunahme von Zweifeln unter gleichzeitiger Zurechnung von Fehlern auf andere.

Eine der wichtigsten Grundannahmen der Globalisierungsdebatte lautet, daß die Entstehung einer globalen Ökonomie, also die Vernetzung wirtschaftlicher Aktivitäten, Rückwirkungen auf alle hieran Beteiligten hat. Entwicklungen innerhalb nationalstaatlicher Grenzen werden auf qualitativ neue Weise durch Entwicklungen in anderen Ländern der Welt beeinflußt. Mit der Genese transnationaler Finanzmärkte kam bestimmten Börsenplätzen, namentlich New York, Tokio und London die Funktion von Leitbörsen zu, die einen entscheidenden Einfluß auf die Kurse in Frankfurt, Paris und anderswo ausüben. Und nach wie vor weisen die Kapitalmärkte insbesondere einen starken amerikanischen »bias« auf, der für viele europäische Bankinstitute zum Problem gerät. So betrug die Börsenkapitalisierung an der New York Stock Exchange (NYSE) einschließlich des computerisierten Freihandels (NASDAQ) in 1996 über 13.000 Milliarden DM. Die entsprechende Vergleichszahl für Deutschland liegt mit 1.000 Milliarden DM absolut und relativ deutlich unter amerikanischem Niveau. Selbst die kumulierte Börsenkapitalisierung innerhalb der europäischen Union beträgt lediglich etwa die Hälfte des US-amerikanischen Wertes. Dieses internationale Ungleichgewicht hat für die deutschen Kunden der Investmentbanken zunächst einmal zur Folge, daß eine Orientierung allein am deutschen Kapitalmarkt nicht ausreicht. Bei der Börseneinführung der deutschen Telekom hätte das Plazierungsvolumen von über 20 Milliarden DM den deutschen Kapitalmarkt der erfolgreichen Mobilisierung vieler Kleinanleger zum Trotz schlichtweg überfordert. Ein Verkauf von Anteilen an internationale Anleger über eine Notierung an der NYSE war damit zwingende Notwendigkeit für den Erfolg des Börsengangs. Auch in anderen Bereichen des Wertpapiergeschäfts zwingt der noch unterentwickelte deutsche Kapitalmarkt die Unternehmen, sich global zu orientieren: Im Jahr 1996 entfielen etwa nur 6 % der Finanzschulden des Bayer-Konzerns von immerhin rund 6,3 Milliarden DM auf das deutsche Inland. Zudem werden 47 % der Aktien des Konzerns von ausländischen Anteilseignern gehalten – die amerikanischen Anleger bilden dabei mit 12 % die zweitgrößte Aktionärsgruppe.

Es muß zusammenfassend konstatiert werden, daß die US-amerikanischen Finanzmärkte sehr viel umfassender ausgebaut und durch breitere Emittenten- und Investorengruppen getragen werden, als dies in Europa derzeit der Fall ist. So finanzieren sich amerikanische Firmen nur zu 22% über traditionelle Bankkredite, während deutsche Unternehmen noch immer 78% ihrer Finanzierungsbedürfnisse direkt bei den Banken abdecken und nicht auf die liquiden Kapitalmärkten mit handelbaren Wertpapieren ausweichen. Allerdings wird von den meisten Experten erwartet, daß es mit dem Ablauf der Zeit und unter dem Druck der Globalisierung zu einer Angleichung der Kapitalmärkte kommen wird. Die Manager der großen und wachsenden Finanzkonzerne antizipieren eine dynamische Wachstumsentwicklung insbesondere der europäischen Kapitalmärkte aufgrund von Institutionalisierungstendenzen des privaten

Sparkapitals (d. h. Anlage in Fonds mit professionellem Management), aufgrund der Absicherungstendenzen von Rentenzahlungen auf Basis privater Rentenfonds und aufgrund der generell zunehmenden Handelbarkeit von Werten. Noch aber ist die US-amerikanische Hegemonie intakt; auch ein Vergleich der Aktienumsätze internationaler Börsen in inländischen Aktien unterstreicht die relative Gewichtung des Finanzplatzes New York:

Tab. 1: Börsenumsätze wichtiger Finanzzentren 1996

Börse	Umsätze in Mio. DM 1996
D (Frankfurt)	2.312.907
F (Paris)*	858.166
UK (London)	1.948.436
J (Tokio)*	2.732.352
USA (Nasdaq)*	9.877.622
USA (NYSE)*	11.594.114
*) Umsätze umgerechnet in Doppelzählung	Quelle: Deutsche Börse AG

Diese Zahlen erhellen die sich mit der Globalisierungsdynamik für die Investmentbanken ergebenden Probleme, denn sie müssen die Placierung von Wertpapieren deutscher bzw. multinationaler Unternehmen an den globalen Finanzmärkten de facto durchführen. Neben der Kenntnis rechtlicher insbesondere bilanzrechtlicher Rahmenbedingungen ist die spezielle Expertise der Anlagepräferenzen der großen institutionellen Anleger an diesen Märkten (zum Beispiel der großen US-Pensionskassen) unerläßliche Voraussetzung für die erfolgreiche Placierung von Wertpapieren. Die Globalisierung, und das deutet sich mit diesen Bemerkungen an, stellt sich für die Investmentbanken nicht allein als großer Chancengenerator dar (den sie selbst mit angeworfen haben), sondern gerade auch als wissensbezogene Problemstellung, die alle Sparten des Investment Banking betrifft: neben der Emission von Wertpapieren die Transaktionen auf den Sekundärmärkten, die Arbeit der Researchabteilungen, die Dienstleistungen im Bereich Corporate Finance, das Assetmanagement und nicht zuletzt auch das Risikomanagement.

Der Globalisierungsprozeß verändert die Spielregeln für die Teilnehmer auf diesen Märkten dergestalt, daß sich die Menge des potentiell Zu-Wissenden rasant ausbreitet. Eine unter diesen Umständen häufig zu beobachtende Strategie der Komplexitätsreduktion ist die Präferenz für das Lokale. So hat eine vergleichende Untersuchung der Universität Bamberg ergeben, daß etwa deutsche Portfolioanlagebestände, gemessen an der jeweiligen Börsenkapitalisierung, in geographisch naheliegenden Ländern wie der Schweiz, Österreich oder den

Niederlanden überdurchschnittlich groß sind, während die Anlagen in den geographisch entfernteren Ländern wie den USA, Neuseeland oder Kanada verhältnismäßig gering ausgeprägt sind. Es wird angenommen, daß Kulturunterschiede und geographische Entfernungen einen erheblichen Einfluß auf die Auswahl von internationalen Portfolioinvestitionen haben. Systematische Verzerrungen dieser Art führen zu niedrigeren Renditen bei gleichem Risiko gegenüber unverzerrten Portfolios. Das aggregierte Anlageverhalten der weltweit anlegenden deutschen Fonds zeigt folgende Abstufung: Der Anteil Schweizer Aktien übertrifft den Anteil britischer, amerikanischer und japanischer Aktien. (Schmidl: 1998, S. 9). Diese Untersuchung stützend mußte im Rahmen der Asienkrise festgestellt werden, daß die japanischen Banken ihre wesentlichen Engagements auf den asiatischen Raum konzentriert hatten. So plausibel die Vorliebe für scheinbar Kontrollierbares zu sein scheint, so verführerisch und damit riskant ist diese Einschätzung. Im Falle der japanischen Banken steigerte die Konzentration auf die asiatischen Märkte die Verluste beträchtlich. Die japanischen Banken mißachteten die einfachste Regel des Risikomanagements: Diversifizierung. Ereignisse wie die in Japan abreißenden Kreditketten offenbaren die in interaktiven und dicht gekoppelten Systemen liegende Gefahr sogenannter Systemrisiken, die dann Auswirkungen von globaler Reichweite haben, weil der Ausfall eines großen Marktteilnehmers Kettenreaktionen auslösen kann, die im Worst case die Stabilität des Finanzsystems insgesamt gefährden. Die drastischen Bewegungen der asiatischen Währungsrelationen hat niemand vorausgesagt. Weder die bankinternen Risikomodelle noch die führenden Ratingagenturen waren auf die komplexen Rahmenbedingungen gefaßt, sondern liefen den Märkten schaudernd hinterher. Die Globalisierung stellt das Risikomanagement der Investmentbanken vor eine wissensmäßig nicht kontrollierbare Aufgabe. Einzig eine ausreichende Eigenkapitalausstattung kann als letzter Puffer für durchschlagendes Nichtwissen nichtbeobachtete Risiken neutralisieren, wenn auch nicht kostenneutral.

Auch die Analysten in den Researchabteilungen der Investmentbanken erleben die Globalisierung der Banken- und Finanzwelt als eine dramatische Herausforderung, die sich primär über Anforderungen ihrer weltweit handelnden Kunden konfiguriert. Die internationalen Mandanten erwarten international angelegte vergleichende Analysen, auf deren Basis sie ihre Anlageentscheidungen treffen können (Mars: 1998, S. 302 f.). Die Ausdifferenzierung der Kundenansprüche vollzieht sich dabei sowohl entlang räumlicher Ordnungen als auch an inhaltlichen Orientierungen entlang. Solange Investoren hauptsächlich am jeweils eigenen Land interessiert waren, wurden Analysen über andere Länder nicht nachgefragt. Heute aber sind die Portfolio-, Asset- und Fondsmanager häufig spezialisiert auf bestimmte Länder oder Branchen. Die Analyse-Abteilungen versuchen, dieser veränderten Nachfragestruktur mit internen Entsprechungen entgegenzukommen, d. h. sie passen ihre Organisationsstruktur möglichst dicht an die Wissensnachfrage der Kunden an, indem sie in Form einer Matrixorganisation Länder und Branchen miteinander kombinieren. Fondsmanager finden entsprechend als Ansprechpartner Länder- und Branchenspezialisten. Je nach Kundenstruktur versuchen die Banken in der Betonung der einen oder der anderen Seite der Matrix den spezifischen Bedürfnissen ihrer Klientel besonders Rechnung zu tragen.

Die Globalisierung der Finanzmärkte zwingt die Investmentdienstleister dazu, Produkte und Expertise anzubieten, die weltweite Möglichkeiten berücksichtigen und die den Kunden, die selbst global operieren, Lösungen ihrer Finanzierungs- und Investitionsbedürfnisse verschaffen. Das setzt zumindest eine globale Beobachtungspräsenz und die Kenntnis der verschiedenen Märkte und der jeweiligen Akteure voraus (Jacob und Klein: 1996, S. 17). Doch eine derartige Minimalstrategie wird nur für relativ kleine Spezialinstitute anwendbar sein – große Häuser müssen auch global agieren und auf die dynamischen Bedingungen globalisierter Märkte reagieren können:

„For example, currency swaps and interest rate swaps grew out of the search to hedge clients' exposure to risk. Then, they became a weapon to win bond mandates by offering clients lower all-in financing costs relative to domestic sources through the use of structuring techniques. Now, structured transactions have become routine. Global investment bankers, all using similar techniques, compete with each other, rather than against domestic financing alternatives, to offer the best combination of derivatives to deliver the best all-in cost of financing to the clients. As this has taken place, the relative size of differences in financing costs have shrunk so that pricing differences are tiny (the issuers are capturing most of the value of any market anomalies rather than their investment bankers). For this reason, as the use of structured transactions to benefit issuers has become commoditizied, much of the action has shifted to serving »buy« side (investing) clients, rather than »sell« side (issuing) clients" (Bryan und Farrell: 1996, S. 53).

In den M&A-Abteilungen der Investmentbanken müssen die Teams für diversifizierungs- und wachstumswillige Konzerne Übernahmekandidaten finden und dann auch genügend lokal relevante Expertise mobilisieren, um die Transaktion entsprechend zu steuern – unabhängig davon, ob das Investitionsobjekt in Kanada oder Kasachstan liegt. Die nachfolgende Abbildung 5 verdeutlicht die Globalisierungstendenzen am Beispiel grenzüberschreitender M&A-Transaktionen im Automobilsektor. Es liegt auf der Hand, daß mit dieser Problematik auch die tatsächliche Präsenz am Ort des Geschehens verknüpft ist, also Fragen der strategischen Niederlassung in den Finanzzentren aufgeworfen werden. In den zurückliegenden Jahren ist unter den großen US-amerikanischen Instituten ein regelrechter Wettlauf um Netzwerke von Dependancen im Ausland entbrannt. Schwerpunkte der globalen Expansion waren vor allem die jungen Finanzmärkte, weil hier, so das Kalkül der Banker, große Mengen an Investitionskapital benötigt werden, das von den heimischen Kunden im US-Markt zu Verfügung gestellt werden kann. Daß dieses Kalkül aufzugehen scheint, zeigt das Beispiel Morgan Stanley: 1994 hatte die Firma rund die Hälfte des eigenen Kapitals im Ausland investiert, und es wurden bereits fast 40% der Umsätze im Ausland erzielt im Gegensatz zu 25% vier Jahre zuvor (The Economist/ manager spezial: Wall Street ist überall, S. 21).

„Multinationale Konzerne, die in einer globalen Welt expandieren wollen, trauen uns zu, daß wir ihnen helfen können – ganz einfach weil wir an den wichtigen Orten schon vertreten sind und uns besonders in Asien gut auskennen. Ich schätze, daß es höchstens acht globale Banken gibt auf der Welt, und nur eine davon sitzt in London. Unsere Topmanager sind nah bei ihren Kunden und verstehen deren Hintergrund und ihre Ziele. HSBC-Entscheider sitzen in Saudi-Arabien, in Brasilien, in Hongkong, Kanada oder in London – nicht zentral in Frankfurt" (Ziziert nach Fischer und Burgmaier: 1997, S. 159).

Dieser aus 1996 stammende Kommentar des damaligen Präsidenten der Hongkong and Shanghai Banking Corporation (nach Meinung des Fachmagazins Euromoney 1996 die „beste Bank der Welt") zu den Herausforderungen der Globalisierung zeigt, daß sich auch für Universalbanken mit Investment Banking Anteilen (bei HSBC im Verhältnis 80:20) eine globale Präsenz die dominierende strategische Option darstellt.

Abb. 5: Globalisierung des M&A-Geschäfts in der Automobilindustrie

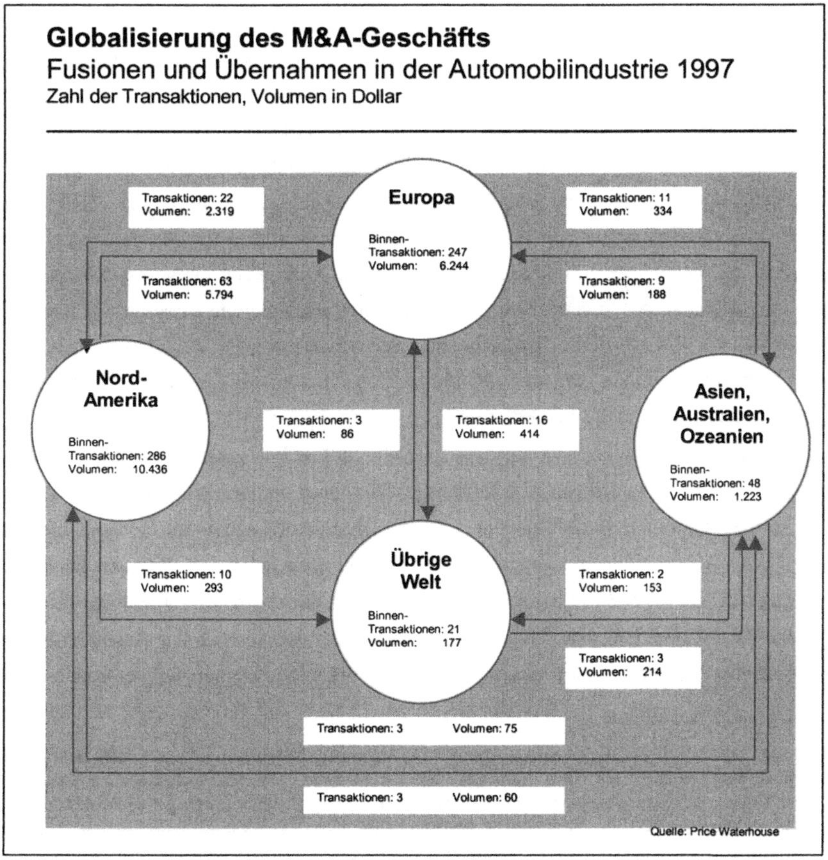

Obwohl modernes Wissen prinzipiell global strukturiert ist, haben Zugriffshindernisse also nicht allein mit Sprachgrenzen zu tun: „However, the most difficult hurdles are clearly the cultural and linguistic ones, since no amount of external advice can make up for an absence of local knowledge. In addition, the reason why one is looking at the deal in the first place always needs to be born in mind. All too often, the opportunity may have come about because the local business/financial community knew more than you did" (DeMynck: 1996, S. 48). Banken und insbesondere Investementbanken werden den Anforderungen der Globalisierung also nicht gerecht, wenn sie stand-by in der New Yorker Zentrale auf den nächsten weltweiten Kundenauftrag warten.

Ein überzeugendes Beispiel dafür liefert die kalifornische High-Tech-Industrie. Laut Securities Data beliefen sich die Initial Public Offerings (IPO) der Biotechnologie-, Kommunikations-, Elektronik-, Soft- und Hardware-Unternehmen rund um das Silicon Valley im Jahre 1990 auf 47 Transaktionen mit einem Gesamtvolumen von 914 Millionen Dollar. Fünf Jahre später waren es 219 IPOs mit einem Volumen von 8,4 Milliarden Dollar. Das Interessante daran ist, daß die großen Investmentbanken der Ostküste 1995 nur 49 % der Transaktionen durchführten im Vergleich zu 70 % im Jahre 1992. Der Anteil kleiner Investmentbanken von der Westküste, den sogenannten Investment-Boutiquen, stieg hingegen von 18 % in 1992 auf 37 % in 1995. Die High-Tech-Firmen selbst geben als Gründe für diese Verlagerung u.a. die geographische Nähe der zumeist in San Francisco niedergelassenen Investmentfirmen an. „It also helps that they are as nerdy and obsessed by technology as their clients. Companies want to know that their bankers' research is steeped in a thorough understanding of the companies and technology" (Himelstein: 1996, S. 44). Auch wenn einige der kleinen auf High-Tech spezialisierten Investmentfirmen inzwischen nach Europa expandieren, um ihre Expertise und vor allem auch ihre Möglichkeiten weiter auszubauen, erscheint es zum jetzigen Zeitpunkt unwahrscheinlich, daß die »Boutiquen« zu einer ernsthaften Konkurrenz für die Organisationen aus dem Bulge bracket werden.[42]

Der Problemstellung *Globalisierung* begegnen die großen Investmenthäuser also zunächst einmal mit der Präsenz in den strategisch wichtigen Regionen der Welt. So hat z. B. die Credit Suisse First Boston ihre Personalkapazität zu rund 39% in den USA, zu 48% in Europa und zu rund 13% in Asien verteilt und generiert ihre Umsätze auch in direkter Relation zu dieser Verteilung (CSFB: 1997, S. 42). Innerhalb einer Region kommt es dann allerdings zu einer differenzierten Auftrennung von Verantwortungsbereichen und so auch zur Ausbildung von Expertisezentren. So werden zwar in größeren Städten dezentrale kleinere Offices unterhalten,

---

[42] Allerdings beobachten die großen Firmen die Erfolge der kleinen Konkurrenz offenbar nicht untätig. So wurde im Zusammenhang mit einer High-Tech-Emission kolportiert, daß ein Analyst eines großen New Yorker Hauses die Hochtechnologiefirma von »Outperformer« auf »Neutral« zurückgestuft hatte, nachdem einem Institut bei der Emission nur die zweite Reihe im Syndikat angeboten wurde.

die dem Kontakthalten zu Kunden in bestimmten Regionen bzw. Ländern dienen, aber die Branchenexpertise und das Execution-Knowhow wird eher zentralisiert.

„Wir haben in der Investment Banking Division mehrere Offices in Europa. Headquarter ist London. Von dort aus wird die Investment Bank koordiniert. Da sitzt unser Investment Banking Board. Da sitzt auch die Londoner Investment Banking Division mit ungefähr 300 Mitarbeitern. Hier in Frankfurt wie gesagt ungefähr 100. Wir haben außerdem noch im Bereich Investment Banking, haben wir noch Offices in Stockholm, in Paris, in Mailand. Wir haben noch kleine in Portugal und Spanien. Aber da sitzen dann nicht soviele Mitarbeiter. Das betrifft Europa. Außerdem haben wir weltweit dann natürlich New York. Wir haben auch noch Kollegen in Asien sitzen, in Singapur, in Hongkong – also da sitzen auch noch Leute" (J:1).

„Wir haben das Zentrum in London sitzen. Dann haben wir Leute in New York. Hier in Frankfurt haben wir ausschließlich Exekutions-Knowhow. Wir machen hier viele Projekte und deswegen sitzt hier dieses Wissen, nicht in London. In New York und London sitzt das Kundenwissen. Was geht in der Branche vor, was machen welche Kunden von uns. Das ist die Marketingschiene. Die Vernetzung funktioniert nicht institutionalisiert. Das machen wir überwiegend telefonisch oder über Email. Oder durch gemeinsame Projekte, daß man sich da sieht. Wir machen keinen practice workshop alle zwei Wochen" (W:1).

Die Antwort der großen Investmentbanken auf die Herausforderungen der Globalisierung läßt sich, einige Unschärfen in Kauf nehmend, durchaus auf eine klare Formel bringen: Ihre Anstrengungen zielen darauf ab, weltweit ein lokales/regionales Geschäft aufzubauen unter Ausnutzung des globalen Netzwerkes der Organisation. In der erzwungenen Synthese aus lokal organisierten Absatzmöglichkeiten und der Produktion global strukturierten Spezialwissens liegt die Provokation weltweiter Vernetzungen, die nur durch eine beständige Metamorphose zu bearbeiten ist. In die Sprache der Wissensarbeit übersetzt werfen Globalisierungseffekte also Fragen der Verteilung und Koordination des vorhandenen Wissens auf. Daran anschließende Probleme können schlicht die Identifikation von Experten innerhalb der eigenen Organisation betreffen, aber auch auf komplexere Schwierigkeiten hinführen, die beispielsweise die Zusammenarbeit multikulturell gestaffter Teams betreffen. Es stellt sich für global operierende Einheiten wie die Investmentbanken auch die Frage, wieviel Ort- und Heimatlosigkeit solche Organisationen auf Dauer stellen können, wieviel Ungleichheit sie intern vertragen (man denke nur an die unterschiedlichen Managementvergütungssystem im neu geschaffenen Daimler Chrysler Konglomerat). Eine globale Organisation muß in genügendem Maß interen Homogenität erzeugen, um Transaktionskosten niedrig zu halten. Investmentbanken scheinen in dieser Hinsicht gewisse Erfolge verbuchen zu können, weil es ihnen gelungen ist, die interne Formierung von Netzwerken *nicht* zu unterbinden. Die Investmentbanker in Frankfurt stehen in stetigem Kontakt zu ihren Kollegen in den USA, Japan oder sonstwo auf der Welt. *„Ich kriege pro Tag was weiß ich so um die 200 E mails. Davon sind 2/3 intern und von denen vielleicht 50 % aus dem Ausland, meistens aus New York. Ich muß nicht auf alle reagieren, manche sind nur so zur Kenntnisnahme, aber es gibt jeden Tag* *mehrere Dutzend, die ich beantworten muß. Einschätzungen zum Markt, reine Informationen, manchmal auch wegen bestimmten Transaktionen. Das wird von mir erwartet, daß ich darauf antworte. Umgekehrt gilt das genauso. Wenn ich von dem New Yorker Chemieexperten wissen will, wie reagiert wohl der amerikanische Kapitalmarkt, wenn Hoechst die und die Firma dort kauft. Dann frag ich den*“ (O:2).

4.1.3 Rahmenbedingung 2: Expansion der Kundenexpertise

Das seit Jahren zunehmende Kapitalmarktwissen ihrer Kunden stellt die Investmentbanken vor massive Problem, weil es die eigenen Wissensansprüche in ihrer Exklusivität in Frage stellt. Sowohl auf seiten der Investoren (Versicherungs- und Fondsgesellschaften etc.) wie auch auf seiten der Schuldner (Staaten, Unternehmen etc.) und ihrer sonstigen Transaktionskunden müssen die Investmentbanken eine beträchtliche Sophistizierung zur Kenntnis nehmen. Kunden, die über tieferes Wissen und umfangreichere Erfahrungen verfügen, stellen höhere Ansprüche, sie wählen die dienstleistende Investmentbank im Rahmen sogenannter »beauty contests« unter mehreren, um die Transaktion konkurrierenden Instituten aus, oder sie internalisieren das Geschäft gleich selbst und verzichten auf die Leistungen der Spezialisten. Die interessante Frage hinsichtlich der Expansion von Wissen auf der Kundenseite ist, wie die Investmentbanken auf die oben benannten Folgewirkungen reagieren. Mit ihrer zunehmenden Informiertheit gehen auf Kundenseite Hoffnungen auf mehr Sicherheit einher. Man bemüht sich, »Bescheid« zu wissen, um die Einschätzungen der Experten eben besser einschätzen zu können. So sollen gute Angebote von schlechten unterschieden und die eigenen Kontrollfähigkeiten angehoben werden. Analytisch betrachtet nehmen die Probleme für die Kunden durch mehr eigenes Wissen jedoch nicht ab, sondern expandieren nur ebenfalls, weil mit einem Mehr an Wissen nicht gleichzeitig auch *mehr* Entscheidungssicherheit zur Verfügung steht, sondern *weniger*. Komplexität wird durch den Zuwachs an Information nicht eingefangen, sondern erschaffen.

Für die Investmentbanken hat das Unsicherheit ausstrahlende Wissen der Kunden zur Folge, daß sie ihre Bemühungen um ein »containment« steigern müssen. Es werden soziale Einrichtungen geschaffen, die gestiegene Unsicherheitslasten abfangen sollen: spezialisiertere Spezialisten, aufwendigere Inszenierungen, mehr Flugstunden, dickere Analysen, flachere Laptops und Reisen mit den Kunden zum Endspiel nach Paris. Soweit im Grunde nichts besonderes. Erstaunlich ist, daß es zu einer Art »Komplementaritätsphänomen« kommt: Während die Kunden also immer mehr von dem wissen, was eigentlich Sache der Investmentbanker wäre, versuchen die Investmentbanker immer mehr darüber zu erfahren, was man wissen muß, wenn man als Automobilhersteller oder Nahrungsmittelproduzent zu Markte geht. Auf diese Weise wird in der Kommunikation die notwendige Nähe und Vetrautheit erzeugt, auf deren Basis dann weitere Operationen anschließen können. In aufwendiger Weise inszenieren die Investmentbanken die Relevanz ihres Wissens und rufen so bei den potentiellen Kunden Sicherheitserwartungen hervor, an denen sich Entscheidungen wieder orientieren können.

Beginnen wir zunächst mit einigen Beobachtungen zur Rollenausdifferenzierung in den Kundenorganisationen und der zunehmenden Sophistizierung der dort tätigen Mitarbeiter. Das augenfälligste Beispiel für diese These geben die sogenannten »in-house M&A departments« ab, die sich seit Beginn der 80er Jahre in vielen großen Unternehmen etabliert haben. Das britische Chemieunternehmen Imperial Chemical Industries (ICI) hat nach eigenen Angaben in der Zeit von 1984 bis 1996 rund 75 Millionen Dollar an Honorarzahlungen für Investmentbanker eingespart, weil man viele Deals autonom abgewickelt hat. „Europe's biggest corporations are feeling increasingly confident about doing deals without a banker holding their hand. A surprising number of them have built up in-house teams of three to six people who provide investment banking services and boast deal flows that would be the envy of many a small to medium-size investment bank. Perhaps as much as one third of the value of all deals by Europe's blue chips are now done in-house" (Jenkins: 1996, S. 34). Die Organisationen internalisieren die Aufgaben der Invetsmentbanker aber nicht allein, um die hohen Kosten externer Experten einzusparen. Argumentiert wird auch, daß die organisationsinterne M&A-Abteilung die Interessen der eigenen Firma verfolgt, während für die Investmentbanker aufgrund der branchenüblichen Abrechnungsmodalitäten nur ein vollzogener Deal auch Deckungsbeiträge erwirtschaftet. Im Gegensatz zu den Klienten haben die Banken also immer ein gewisses Interesse daran, daß Transaktionen auch durchgeführt werden.[43] Nicht selten werden von den Unternehmen ehemalige Investmentbanker angeworben, die einen technischen Wissenskern schon mitbringen und überdies im Falle einer Zusammenarbeit mit einer Investmentbank bei größeren Projekten »professionell« mit ihnen umgehen können (vgl. Kahn: 1997). Die Mitarbeiter aus den In-house M&A-Abteilungen handeln also stärker auf die Interessen der eigenen Firma hin orientiert, verfügen über ein intimes Wissen über Firma und Branche und stellen bei der Zusammenarbeit mit Investmentbanken eine Art Filter dar,

---

[43] Fast alle interviewten Banker haben diesbezüglich darauf hingewiesen, daß Transaktionen nicht um jeden Preis durchgeführt werden. *„Wenn man schon sieht, daß das, was der Kunde will, das geht schief, dann macht man das nicht, weil ein schlechter Deal mehr Reputation zerstört als er Geld einbringt"* (O:3) *„Was ist das Risiko einer objektiven Beratung, wenn wir keine Transaktion machen? Der Kunde ist überzeugt davon, geht zu einem anderen, sie klappt, dann glaube ich, können wir immer noch guten Gewissens sagen, o.k, wir haben uns getäuscht. Und können immer noch zum Kunden kommen und können bei der nächsten Situation wieder in Verhandlungen oder in die Beziehung eintreten. Oder es geht schief, dann ruft uns der Kunde von ich aus an und kommt wieder zurück"* (S:2).

der die im Rahmen intransparenter Kommunikationsverhältnisse entstehenden Ideen und Vorschläge der Externen professionell überprüfen soll. In-house M&A Abteilungen unterstreichen in extremer Weise den Folgenreichtum, den ein umfangreiches eigenes Wissen des Kunden für die Handlungsmöglichkeiten und -notwendigkeiten der Investmenthäuser hat.

In den meisten Fällen internalisieren die Kunden das Wissen der Banker jedoch nicht so weitgehend, sondern machen das Geschäft für die Investmentbanken durch eigene Wissensansprüche nur komplizierter. Als zweiter Fall dienen uns hier die Analysten der Wertpapierhäuser – auch für sie steigerte sich die Komplexität ihres Handlungsumfeldes in den letzten Jahren enorm. Gerade die deutschen institutionellen Investoren sind mittlerweile sehr viel informierter und kritischer als noch vor wenigen Jahren. In der Regel unterhalten die Investoren Kontakte zu Analyseabteilungen unterschiedlicher Banken. *„Selbst unser eigenes Asset-Management bezieht seine Informationen nicht nur von uns. Wir werden von denen – auch schon durch die räumliche Trennung – behandelt wie Externe und müssen unser Wissen da präsentieren*“ (S:1). Während die Fondsmanager der großen Gesellschaften in den angelsächsischen Ländern schon länger über einen Stab eigener Analysten (»Buy-side-Analysten«) verfügen, gibt es in Deutschland noch ein Übergewicht an »Sell-side-Analysten« im Geschäftsbereich Aktienvertrieb. Doch auch hier beginnen sich die Verhältnisse zu wandeln, und es kommt zu einer Gewichtsverlagerung zwischen dem Analysten der Banken und seinen Kunden, den Assetmanagern und sonstigen Investoren. So wird die neugegründete Allianz Asset Management nach internen Planungen bis Ende 1999 über rund 100 eigene Analysten verfügen.[44] Zum Vergleich: die zur Deutschen Bank gehörende Deutsche Morgan Grenfell beschäftigt rund 270 (allerdings »reine« Aktien-) Analysten.

„Vor zehn Jahren habe ich hauptsächlich hier im Büro gesessen und meine Researchreports getippt und mit meinen Spreadsheets gearbeitet. Inzwischen verbringe ich viel mehr Zeit beim Kunden. Die wollen genaue Informationen haben, ich muß ihnen die Ergebnisse nahebringen. Für die Analyse bleibt da einfach weniger Zeit“ (S:2) Die Hausanalysten der großen Fonds sind zwar nicht so spezialisiert wie ihre Kollegen aus den Researchabteilungen der Banken, aber sie wissen eben die Empfehlungen besser zu beurteilen. Weil die Investoren zu Analysten unterschiedlicher Banken Kontakt haben und so über sehr viel und häufig auch widersprüchliche Informationen verfügen, wird der Marketingaspekt der Analyse wichtiger, *„d. h., daß man als Analyst sein Wissen »pushen« muß. Einen großen Teil der Reports, die so*

[44] Aufgabe der neuen Gesellschaft wird einerseits das Management der Wertpapieranlagen (Aktien, Renten und sonstige handelbare Assets) der in- und ausländischen Versicherungsgesellschaften der Allianz-Gruppe sein, andererseits soll der interne Dienstleister seine Kompetenzen auch extern anbieten und das Vermögensverwaltungsgeschäft für institutionelle und private Anleger übernehmen. Dieses neue, als Kerngeschäftsfeld angesehene Arbeitsprogramm weist darauf hin, wie sich der Umbau eines Versicherungskonzerns in Richtung Finanzdienstleister vollzieht. Siehe FAZ vom 20.5.1998, S. 28.

ein Portfoliomanager täglich auf seinen Tisch bekommt, die schmeißt er gleich weg. Einer hat mir mal gesagt, 1/3 geht ungelesen gleich weg, in den Müll, nur weil der Titel ihn nicht anmacht" (S:2). Um gelesen zu werden, müssen die Reports bestimmte Kriterien erfüllen: Sie müssen »money-making ideas« enthalten, *„die plausibel sind, man muß gute Begründungen und Ideen und ungewöhnliche Begründungen liefern. Die Investoren wollen das Gefühl haben, daß sie da etwas erkennen, was Gold wert ist. Daß sie da unter dem ganzen Haufen schlechter oder langweiliger Analysen, daß sie das Ding selbst entdecken"* (S:2). Die Menge potentiell verfügbarer Analysen muß durch die Fondsmanager reduziert werden. Würde alles Beachtung erfahren, könnte keine Entscheidung zum Kauf oder Verkauf bestimmter Aktien gefällt werden, weil die Analysten unterschiedliches empfehlen. *„Wir haben hier im Haus Analysten für private und für institutionelle Investoren, weil beide Gruppen unterschiedliche Informationsbedürfnisse haben. Da passiert es dann auch mal, daß in der Presse gegenläufige Empfehlungen aus unserem Haus auftauchen. Das ist natürlich nicht so günstig"* (O:3). Die Analysten müssen den Fondsmanager bei der Relevanzprüfung insofern helfen, als daß sie Leistungen erbringen, die nichts mit der Analyse selbst zu tun haben. Das Marketing von Wissen gestattet den institutionellen Investoren die Entscheidung trotz Kontingenz. Es wird in der Interaktion zwischen Analyst und Fondsmanager Plausibilität erzeugt, die sich auf überzeugende Argumente stützt.

Parallel zu der inzwischen hochentwickelten Expertise der großen Firmenkunden läßt sich seit längerem auch beobachten, daß sich die traditionell eher festen Bindungen zwischen Investmenthäusern und ihren Firmenkunden aufgeweicht haben und konkurrenzsensitiver geworden sind. Die Erosion der Bedeutung von Beziehungen als Grundlage von Geschäften stellt eine Entwicklung dar, die sich bis Mitte der 80er Jahre empirisch eindeutig entpuppt hatte (Baker: 1990, S. 598). Die sogenannte Transaktionsorientierung (»Transaction Banking«) der Kunden weist sich im Gegensatz zur Beziehungsorientierung (»Relationship Banking«) dadurch aus, daß nicht mehr alle Geschäfte automatisch mit der Investmentbank getätigt werden, die ihren Fuß schon in der Tür hat. So läßt sich ein Konzern bei einem anstehenden Merger vielleicht von der Firma Goldman Sachs beraten (die in diesem Bereich einen führenden Ruf genießt), die Absicherung gegen Wechselkursschwankungen aber von der Citibank durchführen. Die Geschäftsgrundlage wird im globalen Geschäft zunehmend wissensbasiert. Es reüssiert diejenige Bank, die sich auf kritische Nachfragen und informierte Bedürfnisse eingestellt hat, die das aufgeklärteste Angebot unterbreitet und komplexe Lösungen beherrscht, d. h. häufig, Kapital, Devisenhandel, Emissionen und Beratung aus einer Hand liefern kann.

Sowohl die Investmentbanken, als auch ihre Kunden beklagen nun in gewisser Weise unter gegenseitigen Schuldzuweisungen die gesteigerte Transaktionsorientierung, weil die nur episodische Zusammenarbeit mit empfindlichen Vertrauensverlusten verbunden ist. Die Investmentbanken der Wall Street mußten sich insbesondere in den 80er Jahren mit dem Vorwurf auseinandersetzen, nur auf den Vorteil des Tages bedacht zu sein, weil sie in Fällen, in denen sie als Agenten fungieren sollten, unerwartet »principal positions« übernahmen (vgl. Sender: 1987). Man sieht an diesem Fall sehr deutlich, daß die Zurechnung wachsenden Mißtrauens auf die Investmentbanken als »Verursacher« für die Kunden die Funktion hat, in der Kommunikation Anschlußfähigkeit für den Aufbau eigener Kompetenzen und entsprechender Strukturen herzustellen. Auf beiden Seiten läßt sinkendes Vertrauen die Wissenskosten und damit Möglichkeiten der Strukturentfaltung in die Höhe schnellen. Für die Kunden steigen die Wissenskosten, weil sie vor Probleme der Auswahl gestellt werden, die durch Entscheidungen markiert werden müssen. Wenn aber vorherige Entscheidungen (als Geschichte vorheriger Kontakte) für zukünftige Entscheidungen nicht mehr wie ein Leuchtfeuer den Weg weisen, wenn also neu entschieden werden muß, werden wissensbezogene funktionale Äquivalente benötigt, die die Entscheidung für eine Bank sozial schließen. Für die Investmentbanken bietet eine Transaktionsorientierung zwar einerseits die Möglichkeit, den »deal-flow«, d. h. ihren Geschäftsdurchsatz zu erhöhen, weil sie in ihrem Handeln weniger auf die Kundeninteressen bedacht sind und entsprechend ohne »Rück-sicht« agieren können, andererseits werden den Bankern auch interne Informationen der Kundenorganisation nicht mehr so leicht zugänglich gemacht, weil diese nicht wissen können, wann die Investmentbank dieses intime Wissen vielleicht gegen sie einsetzt.[45] Die Banken müssen unter diesen Bedingungen einerseits den »deal-flow« im Auge behalten und andererseits aber ein Übermaß an Opportunismus verhindern: „*Und immer noch unter der Überschrift, und das ist wahrscheinlich dieses Paradox, was jeder lösen muß, revenue generated oder geldgetrieben oder deal-driven. Auf der andern Seite auch relationship-driven. Und das ist, glaube ich, eine Polarisierung, die sich dort ergibt, die nicht unbedingt immer jedem leicht fällt*“ (S:1).

Das veränderte Beziehungsgefüge im Verhältnis zwischen Investmentbank und Klient und die kundenseitige Entwicklung von In-house-Expertise stehen in einem wechselseitigen Zusammenhang, der sich nicht kausal auflösen läßt. Tatsache ist, daß sich mit dem Übergang zu multiplen Beziehungen auf der Seite der Mandanten intern Stellen gebildet haben, die dem Wissen der Investmentbanken eigene Kompetenzen entgegenstellen. Gleichzeitig wächst mit der internen Ausdifferenzierung spezialisierter Stellen und dem steigenden Ausbildungsniveau der Kunden der Druck, die in Ideen und Vorschlägen formulierten Wissensansprüche der Investmentbanken in Frage zu stellen, weil eigenes Wissen intern auch das Nichtwissen stei-

---

[45] Allerdings werden in vielen Investmentbanken Stellen ausdifferenziert, die Interessenkonflikte etwa durch die Betreuung konkurrierender Kunden regulieren sollen.

gert und damit Zweifel provoziert. Nur wer die Kompetenz zur Formulierung von Fragen hat, kann diese auch stellen.

„As new opportunities and more active management of assets and liabilities have led to the use of more than one firm, companies have needed more active and sophisticated financial officers to manage transactions and deal with the investment banks. Viewed from the opposite perspective, as their level of sophistication increases, financial officers are more inclined to be critical of proposals and to negotiate aggressivly on the price. Consequently, they are likely to encourage solicitations from more than one firm. Furthermore, they are interested in receiving and are able to evaluate innovative ideas that can save their company money and contribute to their reputation, both within the company and in the broader financial community" (Eccles und Crane: 1988, S, 54).

An diese Überlegungen schließt sich dann die Frage an, wie in der Kommunikation zwischen Klient und Bank Intransparenz und Zweifel überbrückt bzw. unterdrückt werden können, damit die Geschichte nicht vorzeitig zu ihrem Ende kommt. Von den Kunden wird die Unsicherheitsproblematik als Wissensproblem konfiguriert: „The rising importance of expertise has inevitably led to a decline in banks' ability to leverage their relationship in one product family, such as lending, into another, such as bond or stock underwriting" (Hunt: 1995, S. 106). Die Kunden versuchen entsprechend, Wissen und Expertise einer Bank jeweils im konkreten Fall im Rahmen von Auswahlprozessen regelrecht abzufragen. Im »beauty contest« um ein Emissionsgeschäft vollziehen die Investmentbanken beispielsweise in ritualisierter Form Präsentationen über ihre Stärken, ihre konkrete Vorgehensweise bei der Emission, ihre Vorstellung über das pricing der Emission, sie referieren über ihre Kontakte zu den Investoren usw. (Jacob und Klein: 1996, S. 113). *„Sie müssen den Kunden überzeugen, ihn gewinnen, unter anderem, indem sie ihm Kompetenzbeweise aus der Vergangenheit liefern"* (O:2). Wissensmäßig ist dem nicht beizukommen, weil die Welt mit Unsicherheit durchsetzt ist und jedes Entscheiden unkalkulierbare Folgen nach sich ziehen kann.

Die bankseitige Hauptstrategie der Regeneration und Wiedereinführung von kundenseitigen Sicherheitserwartungen besteht mittlerweile darin, Nähe zum Objekt herzustellen. Die Investmentbanken gehen zunehmend dazu über, sich nach Industriegruppen aufzustellen, die die besonderen Probleme und Bedürfnisse ihrer Kunden branchenspezifisch abdecken und darstellen sollen. Indem die Banken intern den potentiellen Kunden spiegeln, signalisieren sie, ein kompetenter und angemessener Gesprächspartner zu sein, *„wobei Sie aufpassen müssen, daß Sie den Kunden nicht rechts überholen im Wissen um seine Branche, das ist auch nicht gut für die Kommunikation*" (W:1). Die Investmentbank erbringt einen Kompetenzbeweis, der nicht auf dem Feld des Bankenwissens liegt, sondern im Bereich des spezifischen Kundenwissens. Indem die Bank zeigt, daß sie die wichtigsten Branchentrends, die Wettbewerber, die Firmengeschichte, die Technologien usw. kennt, demonstriert sie ihre Anschlußfähigkeit für den Kunden.

„Industriegruppen haben sich auch deshalb durchgesetzt, weil die Kunden mit uns über strategische Themen sprechen wollen. Das ist eine Kundenanforderung. Da wird eben erwartet, daß man über Branchenentwicklungen sprechen kann. Das was uns vom Unternehmensberater unterscheidet, ist, daß wir auch den Kapitalmarktaspekt sehr stark abdecken. Insoweit vereinigen wir das Industrie- und Kapitalmarkt-know how. Diese Industriegruppen ist ein Mechanismus, um mit dem Kunden immer im Dialog zu sein. Darüber ergibt sich eine Vertrauensbasis. Investment Banking ist ja noch stärker als Unternehmensberatung vertrauensgetrieben. Längerfristiger, strategischer. Sehr viel stärker auf der Ebene des Vorstands" (W:2).

Daneben dient Branchenwissen auch der bankinternen Unsicherheitsreduktion. Gerade bei Finanzierungsgeschäften, die sich durch potentiell hohe Renditen bei gleichzeitig hohem Risikoniveau auszeichnen, wird auf Wissen Wert gelegt, das die Branchendynamik einschätzen hilft. Interessanterweise wurde in einem Interview zu diesem Punkt einschränkend bemerkt, daß es sich für die Bank nicht lohnen würde, dieses Wissen intern vorzuhalten, sondern daß statt dessen auf externe Branchenkenner zurückgegriffen wird, auf deren Wissen man sich dann wiederum verläßt.[46] Aber zurück zum Problem der Reinjektion von Sicherheitserwartungen in die Beziehung zwischen Bank und Kunde: „Today an investment bank's reputation for transaction experience, quality of advice, and knowledge of a client's industry has become the deciding factor in winning business" (Sweeney: 1996, S. 32). Daß das Marketing von Wissen und das Marketing mit Hilfe von Wissen für die Investmentbanken zunehmend wichtiger wird, zeigt sich an der Aufstellung der Investmentbanken nach Industriegruppen. Während früher einzelne Personen, an denen eine besondere Reputation kondensierte, ganz eindeutig im Vordergrund standen, läßt sich dieser Weg in Folge gestiegener und institutionalisierter Wissensbestände auf Kundenseite nicht mehr durchhalten. Inzwischen gilt: „ ... all banks utilize geographic and industry type variables for segmentation and develop industry and regional specialists teams in order to combine knowledge of local markets and specific industry expertise" (Turnbull und Moustakatos: 1996, S. 43). Einzelne Institute haben keine Wahl, wie sie sich intern organisieren, weil die gesamte Konkurrenz annähernd gleich strukturiert ist und die Kunden weniger nach Personen, sondern nach Strukturen fragen:

„Es gibt – gerade unter den jüngeren Kollegen – eine gewisse Leidenschaft für Industriegruppen. Da werden Fachzeitschriften abonniert, es sollen Bibliotheken angelegt werden, da wird gleichsam versucht, ein wissen-

---

[46] *„Industriegruppen sind auch dann relevant, wenn sie Produkte haben mit bestimmten Risiko, wo Branchen-Know how erforderlich ist. Beispielsweise wenn sie an bestimmte Finanzierungen denken. Oder High leverage transactions. Auch da müssen sie zur Einschätzung der Branchendynamik ein Industriewissen haben. Das braucht man aber als Bank für diese speziellen Produkte nicht intern vorzuhalten. Das können sie sich auch extern über Strategieberater holen. (...) Im US-Markt, wo besonders bei diesen Transaktionen die Margen besonders hoch sind, kann man sehen, daß sich die Banken auf Branchen spezialisieren. (...) Für die Casino-Industrie, Las Vegas etc., gibt es Banken, die ein spezielles Know how haben. Da macht eine Fokussierung Sinn. In Deutschland werden die Margen im traditionellen Kreditgeschäft dünner. Deswegen spezialisieren sich die Banken auf die High leverage transactions. Da wird Branchen-Know how immer wichtiger"* (W:2).

schaftliches Forschungsprogramm draus zu machen. Unter rationalen Gesichtspunkten halte ich das für überflüssig. Aber das Ganze hatte anfangs einen Marketingaspekt - man setzt sich damit von der Konkurrenz ab. Der Kunde fühlt sich verstanden und in der Besonderheit seiner Lage ernstgenommen und gewürdigt. Dazu kommt, sage ich mal, daß man natürlich auch viel »überzeugter« argumentieren kann, wenn man selber glaubt, daß man in großem Verständnis für eine Branche oder ein Unternehmen diesen oder jenen Weg vorschlägt und vertritt. Man glaubt sozusagen selbst daran. In der Sache spielt dieses Industriegruppenwissen eine nachgeordnete, fast zu vernachlässigende Rolle. Wer im Pharmabereich bei einem Merger berät, kann das ebenso gut oder schlecht im Stahlbereich" (W:1).

Zusammenfassend läßt sich folgendes festhalten: Mit der Bildung von Finanzmärkten und dem sie umgebenden institutionellen Gefüge aus Investoren, Schuldnern und Dienstleistern hat sich ein Wissenskomplex entfaltet, der nach immer mehr professionellen Beobachtungsleistungen verlangt. Es werden Beobachter bezahlt, die Beobachter beobachten und dann ihre Einschätzungen der Lage abgeben sollen. Dies alles vollzieht sich in zunehmendem Maße auf der Grundlage professionalisierter Heuristiken. Der Umfang des auf den Märkten erzeugten und dort auch nachgefragten Wissens hat sich insbesondere seit Anfang der 70er Jahre massiv gesteigert. Aus diesem Grund werden auch viele Informationsverarbeitungsaufgaben inzwischen von Computern erfüllt, auf denen z. B. Handelsprogramme, die im sogenannten Programmhandel nach von Organisationen festgesetzten Rahmenparametern Wertpapiere zu bestimmten Preisen automatisch kaufen oder verkaufen. Der Hintergrund der zunehmenden Wissensbasierung von Entscheidungen liegt ganz eindeutig in der Vorstellung, daß mit Wissen Sicherheit, Vorteile, letztendlich Gewinne, das heißt Zahlungsfähigkeit hergestellt werden könne. Unsicherheit ist der Ausgangspunkt, von dem aus mit Hilfe von Wissen Sicherheit erzielt werden soll. In dieser Perspektive ist Unsicherheit (und gerade auch temporäres gegenseitiges Mißtrauen) eine prinzipiell unendliche Ressource für den Strukturaufbau des institutionellen Gefüges, das sich um die Finanzmärkte herum lagert.

Das Bemühen um Sicherheit (durch mehr Wissen, komplexere Prüfoperationen etc.) erzeugt allerdings auch mehr Unsicherheit, die durch sozial konstituierte Sicherheitserwartungen (Schließung) absorbiert werden muß. Weil aber Entscheidungen, die unter dem Eindruck von Gewißheit getroffen wurden, dazu tendieren, Folgenreflexion einzuschränken, entstehen Risiken, die dann wiederum nicht mitbeobachtet werden.[47] Wer sich wie der Automobilhersteller VW nach eingehender Prüfung (Sicherheitserwartung) durch eigene Experten, Investmentbanker und Juristen für ein Investitionsprojekt in Milliardenhöhe entscheidet (Rolls

[47] Vgl. Japp: 1997, S, 64 f. Daß das Trachten nach Sicherheit nicht sicher ist, läßt sich etwa auch am Fondsmanagement plausibel zeigen. Fondsmanager agieren in der Regel risikoavers und legen ihren Anlageentscheidungen bemüht »konservative« Muster zugrunde. Sie vermeiden zumeist Hochrisikoanlagen und ziehen statt dessen solche Investments vor, „which have historically paid high returns and have not been subject to severe fluctuations. The problem with extreme conservatism is that it may guarantee a performance no better than the market and, in some cases, much worse" (Lowry: 1984, S. 31).

Royce Motor Cars) läuft Gefahr, aufkommende Warnsignale abzuwehren (Ausstieg BMW) und die Pointe zu verpassen (Rechte am Markennamen Rolls Royce). Soweit die Grundidee dieser Problematik.

4.1.4 Rahmenbedingung 3: Intensivierung des Wettbewerbs

Für das Verständnis der Geschäftsentwicklung und der Struktur der Investment Banking Industrie ist es unerläßlich, die relevanten Einflußgrößen in der Umwelt der Institute zu erfassen. Neben der Globalisierung der Finanzmärkte und der wissensbezogenen Kräfteverschiebung zwischen den Investmentbanken und ihren Kunden ist insbesondere auch die gravierende Zunahme der Wettbewerbsintensität als eine der treibenden Kräfte zu begreifen, die auf Art und Umfang der Leistungserbringung von Investmentbanken einwirken. Damit ändern sich gleichermaßen die Bedingungen der Wissensarbeit, die in Abhängigkeit von der Dynamik des direkt konkurrierenden Umfeldes zu sehen ist. So macht es einen Unterschied, ob eine Organisation in einem relativ stabilen und übersichtlichen Konkurrenzfeld agiert (wie vielleicht ein Hörgerätehersteller), oder ob sie in einem extrem unbeständigen und komplexen Markt operiert, in dem beständige Produkt- und Prozeßinnovationen und sonstige Turbulenzen das Tagesgeschäft bestimmen. Interne Strukturbildungen und Rekonfigurationen, die nicht allein formale Fragen der Aufbau- und Ablauforganisation, sondern gerade auch die informellen und »tatsächlichen« Arbeitsstrukturen betreffen, hängen davon ab, wie die Organisation ihre externe Umwelt intern zu rekonstruieren sucht. So tendieren in komplexen Umwelten agierende Organisationen dazu, externer Komplexität eine interne Entsprechung entgegenzustellen, die ein hohes Maß an Ungewißheit und Intransparenz auch verarbeiten kann.

Es besteht nun kein Zweifel daran, daß das Finanzgewerbe insgesamt und insbesondere das Investment Banking seit Mitte der 80er Jahre einem regelrechten »shake up« ausgesetzt ist. Dabei liegt das vergleichsweise kleine aber unter Umständen extrem profitable Geschäft der Investmentbanken im Gravitationsfeld des traditionellen Finanzgewerbes und weckt dort Begehrlichkeiten. Die Konzentrationswelle im Finanzgewerbe zielt nicht allein auf schiere Größe und globale Ausdehnung ab. Es sind vielmehr innovative Deals zu beobachten, die eine Verzahnung bislang getrennter Geschäftsbereiche zum Ziel haben und so neue Strukturen schaffen. Manche Übernahmen vereinen Universalbanken mit Versicherungskonzernen und andere Geschäftsbanken mit Investmentbanken.[48] Gerade für die europäischen Institute avancierte das »elegante« Investment Banking in den zurückliegenden zehn bis fünfzehn Jahren zu einer Art Zauberformel. In diesem Bereich wurde und wird von vielen die „Zukunft der Universalbanken" vermutet (so etwa Deutsche Bank-Vorstand Breuer: 1996, S. 64). Um die Bedeutung der Investmentbanken richtig zu verstehen, ist es allerdings notwendig, die Relation der Player auf den Finanzmärkten nicht aus den Augen zu verlieren. Durch den Zusammenschluß der amerikanischen Travelers Group (Versicherungen) mit der Citicorp (Bank) zum »Finanzsupermarkt« Citigroup 1998 ist beispielsweise ein Finanzkonglomerat mit einem Börsenwert von 151 Milliarden Dollar entstanden, das mit 160.000 Mitarbeitern 100 Millionen Kunden in über 100 Ländern bedient. Im Vergleich dazu nimmt sich die Investmentbank Salomon Brothers, die von der Travelers Group 1997 für rund 9 Milliarden Dollar erworben und dann mit der hauseigenen Brokerfirma Smith Barney der Travelers Group verschmolzen wurde, eher bescheiden aus. Ein ähnliches Bild bietet sich angesichts der Fusion zwischen den Großbanken Schweizerischer Bankverein und Schweizerische Bankgesellschaft zur United Bank of Switzerland (UBS) mit einer geschätzten Bilanzsumme von 1.100 Milliarden Mark. Die vom Schweizerischen Bankverein 1995 erworbene traditionsreiche britische Investmentbank S. G. Warburg (zunächst zu »SBC Warburg« und nach dem Merger mit Corporate Finance-Spezialisten »Dillon Read« zu »Warburg Dillon Read« umbenannt) wird innerhalb der UBS mit rund 14.000 Mitarbeitern sicher nicht die Hauptrolle spielen.[49] Und selbst die eigenständige Investmentbank Merrill Lynch, die aufgrund ihrer ausgedehnten Brokeraktivitäten 56.000 Mitarbeiter beschäftigt und als »Leviathan« unter den Wall Street Firmen gilt,

[48] Europäische Geschäftsbanken kaufen in der Regel englische Investmenthäuser, amerikanische Geschäftsbanken kaufen amerikanische Investmentbanken, schweizer Banken fusionieren mit anderen Eidgenossen. »Globalisierung« mag als hochfrequentiell genutztes Argument in allen denkbaren Hinsichten zum Einsatz kommen – die Übernahmeentscheidungen im Bankensektor verlaufen aber häufig eher entlang landeskultureller Grenzen. Das schützt freilich vor Überraschungen nicht – die amerikanischen Banken BankAmerica, Bankers Trust und die NationsBank kauften jeweils eine auf M&A und IPO-Geschäfte spezialisierte Invetsment-Boutique von der amerikanischen Westküste zu Preisen zwischen 500 Millionen und 1, 7 Milliarden Dollar. Diese Preise überstiegen den Buchwert der kleinen, auf High-Tech spezialisierten Institute um das 5 bis 9-fache und waren von der Hoffnung auf Synergieeffekte getrieben – allein die Mentalitätsunterschiede der Commercial- und Investmentbanker scheinen ein enorm retardierendes Momentum zu entfalten und legen so den Schluß nahe, daß man selbst bei Landsleuten nie ganz sicher sein kann. (siehe Celarier: 1998).

[49] Wir wollen an dieser Stelle nicht unterschlagen, daß die Investmentbanken zum Teil beträchtlich zu den Gewinnen eines Finanzkonzerns beitragen. Die zur Credit Suisse Gruppe gehörende Investmentbank Credit Suisse First Boston (CSFB) erzielte 1997 einen Überschuß von 1,6 Milliarden Franken; das war knapp die Hälfte des operativen Gewinns der gesamten Gruppe (3,4 Milliarden Franken). Im ersten Halbjahr 1998 konnte sie ihren Gewinn sogar noch um 24% auf 1,1 Milliarden steigern. Dann allerdings mußte die CSFB schon im August aufgrund ihrer Rußland-Engagements Wertberichtigungen (Verluste) in Höhe von 365 Millionen Franken einräumen. Die Credit Suisse gehört zu den größten Auslandsbanken in Moskau und hat einen beträchtlichen Marktanteil bei russischen Staatsanleihen. Nachdem die Devisenmärkte ihre Bewertung der politischen Situation des Landes in einer Kettenreaktion umgestellt hatten, ließ ein Kurssturz des Rubel den Wert russischer Staatsanleihen einbrechen. Die Konvertibilität des Rubel wurde praktisch eingestellt, um die Inflation und Rezessionsgefahr einzugrenzen.

befindet sich mit einem Börsenwert, der im Sommer 1998 mit rund 30 Milliarden Dollar sein absolutes Hoch erreichte, in deutlich anderen Dimensionen als Travelers und UBS. Gleiches gilt für die mit einem elitären Nimbus ausgestattete reine, d. h. ohne Retail-Geschäft operierende Investmentbank Goldman Sachs, die mit derzeit 10.000 Mitarbeitern als letzte Wall Street Firma (noch) als privates Partnership geführt wird und nach im Juni 1998 geäußerten Expertenmeinungen einen geschätzten Börsenwert von 25 bis 30 Milliarden Dollar hat (diese Expertenmeinungen wurden Ende September 1998 revidiert und um rund 50% nach unten korrigiert, nachdem sich herausstellte, daß der Gewinn von Goldman Sachs im dritten Quartal 1998 erheblich zurückgegangen war – auch die Aktien der anderen großen Wall Street Häuser wie Merrill Lynch, Morgan Stanley und Lehman Brothers verloren im Zeitraum von Juni bis September 1998 rund 50% ihres Wertes). Wir klammern an dieser Stelle Spekulationen darüber, inwieweit die im Konzentrationsprozeß des Finanzgewerbes entstehenden Megafusionen auf Dauer viabel und erfolgreich sein werden, bewußt aus und stellen nur fest, daß die Investmentbanken als Drahtzieher solcher Megadeals nun »Opfer« einer Entwicklung werden, die sie selbst mit angestoßen haben und bei ungewissem Ausgang nun nicht mehr kontrollieren.[50]

Für fast alle europäischen Universalbanken gilt, daß sie nicht ganz freiwillig in das Investment Banking expandieren. Vielmehr sind sie diesbezüglich in den letzten zehn Jahren scharf unter Druck geraten, weil die amerikanischen Häuser, wie etwa Goldman Sachs, J. P. Morgan oder Morgan Stanley Dean Witter ihre Dienstleistungen seit Beginn der 90er Jahre offensiv auch in Europa anbieten und ihre auf dem Heimatmarkt gesammelten Erfahrungen mit Erfolg auf den alten Kontinent transferieren: *„Der Wille, sich auf dem deutschen Markt zu etablieren. Also den Markt zu erkennen erstmal und zu sagen, das ist der Markt, wo was passieren wird. Sich auf den Markt seine Ressourcen zu fokussieren, zu sagen, wir wollen diesen Markt beherrschen. Expertise zu entwickeln, lokale Expertise und immer wieder, und immer wieder kümmere ich mich, immer wieder und »Wer sind die großen Häuser?«, »Wen wollen wir betreuen? Ja, also Häuser auf der Kundenseite. Und es ist einfach - es ist einfach ein brutaler Fokus darauf gewesen, ja?"* (R:3).

In den USA wie auch in Europa ist in den letzten Jahren ein Verwischen der Grenzen von Commercial und Investment Banking einerseits und eine Intensivierung des Wettbewerbs andererseits zu beobachten. Die Investmentbanken sind gezwungen, ihre Strategien zu überdenken, weil die Personalkosten höher, die Margen niedriger und insgesamt ein turbulenter Verdrängungswettbewerb stattfindet, von dem viele professionelle Beobachter annehmen, daß ihn langfristig nur wenige Institute als eigenständige Organisationen überleben werden (Hunt:

[50] Im Büro eines Analysten hing an der Wand folgendes Zitat eines New Yorker Branchenexperten aus der ZEIT: „Finanzkonglomerate sind wie Kommunismus: eine elegante Doktrin mit traurigem Ergebnis."

1995, S. 113). Während das Investment Banking in zunehmendem Maße auch darauf angewiesen ist, neben innovativen Ideen, Verhandlungsgeschick und Analysefähigkeit auch Kapital mobilisieren zu können, um z. B. eine Unternehmensübernahme im Zweifelsfall nicht nur zu begleiten, sondern diese auch gleich zu finanzieren, haben die Universalbanken lernen müssen, daß allein das Verleihen von Geld das Überleben nicht zu sichern vermag, weil die Firmenkunden ihren Finanzierungsbedarf in zunehmenden Maße zu günstigeren Konditionen am Kapitalmarkt zu decken versuchen.

Das Kalkül dieser Verschmelzung ist darauf angelegt, die besondere Expertise der Investmentbanken mit der finanziellen Potenz und den vertrauensgesättigten Kundenkontakten der Universalbanken zu koppeln. In diesem Sinne benannte auch Hilmar Kopper in seiner letzten Rede als Vorstandssprecher vor den Aktionären der Deutschen Bank die „vital three Cs - clients, capital and competence" Und gerade für die im kommerziellen Bankgeschäft tätigen Institute Europas gilt, daß sie ihren Firmenkunden in das Investmentgeschäft folgen, um nicht am Margenverfall im kommerziellen Bereich zu leiden. Da aber selbst den großen Universalbanken die operative Expertise für ein umfassendes Investment Banking zumeist fehlt, sind sie gezwungen, diesen Unternehmensbereich (sofern ansatzweise vorhanden) entweder massiv aufzustocken oder durch Zukauf bestehender Firmen überhaupt erst darzustellen. Ziel der Akquisitionen der europäischen Universalbanken waren zumeist die britischen Merchantbanken. „Both acquired and acquiring firms have been struggling for years to turn themselves into integrated global houses in an effort to exploit new business opportunities and to hold on to existing customers in the face of keen competition from Wall Street houses. (...) The Continentals may not have had the Anglo-Saxons' expertise, but they certainly had the capital to make acquisitions and buy talent" (Fairlamb: 1995, S. 58). So erwarb die Deutsche Bank 1989 die Morgan Grenfell für 1,5 Milliarden Mark, die Dresdner Bank zog 1995 mit der Kleinwort Benson (um die sich auch die Commerzbank zunächst bemüht hatte) für rund 2,2 Milliarden Mark nach, S. G. Warbung wurde wie erwähnt ebenfalls 1995 von der Swiss Bank Corporation gekauft, die holländische ING übernahm die bankrotte Baring Brothers, einzig die Credit Suisse erwarb mit der First Boston eine US-amerikanische Investmentbank.

Aus der Perspektive der britischen Merchantbanken, deren Räumlichkeiten in der Londoner City durch „*Ölgemälde ehemaliger Partner, Antiquitäten und gediegene Holzvertäfelung*" (O:2) den Traditionsreichtum unterstreichen, symbolisieren die Akquisitionen durch Festlandeuropäer allerdings weniger einen Anfang, als vielmer ein Ende. „Soon, nearly all merchant banks will be built in this way: retaining their historic name and image but no longer independent and no longer British. (...) Moody's, the international credit rating agency, believes London merchant banks are ripe for consolidation and acquisition. The agency pinpoints two areas of weakness: rising costs and volatility. Overall, it concludes, the capital bases of Britain's merchant banks may not be adequate for a modern, global investment bank"

(Blackhurst: 1995, S. 26). Die Übernahmen scheinen darauf hinzuweisen, daß die Eigenkapitalbasis der Merchant Banks einerseits zu klein war, um die internationale Konkurrenz gleichsam »in Schach« zu halten (Warburg) oder um Verluste zu absorbieren (Barings), andererseits die großen Geschäftsbanken eben die Expertise dieser Banken um (fast) jeden Preis erlangen wollten: Die Übernahmen sind insofern eindeutig auch in Abhängigkeit vom Wachstumswillen der Großbanken zu sehen und nicht allein eine Folge unzeitgemäßer Strukturen (vgl. auch Evans: 1994). *„Diese britischen Merchantbanken haben auch nicht so etwas wie »global reach«. Sie haben keine Ahnung, wie man ein Unternehmen an die NYSE bringt – noch nicht mal technisch – und sie können dir auch nicht helfen, wenn du in Asien oder sonstwo ein Unternehmen kaufen willst. Dann sagen sie »Sorry, so etwas machen wir nicht.« Das findet man als Unternehmer natürlich nicht so witzig*" (O:2). Die traditionsreichen Merchantbanken landen also zwischen zwei Stühlen: Sie verfügen einerseits nicht über die kritische Masse, um sich mit den kapitalkräftigen Instituten im globalen Wettbewerb zu messen, sie sind andererseits zu groß, um als unauffällige Nischenanbieter nur ganz spezialisierte Dienstleistungen zu erbringen.

Für die Universalbanken ist die strategische Akquisition von Merchantbanken allerdings problembeladen, denn das Geschäft der Investmentbanken ist risikoreich. Eindringlich demonstriert haben dies u. a. die Vorfälle bei der Morgan Grenfell Asset Management (MGAM) oder der Barings Bank. Diese, für die kommerziellen Banken »neuen Risiken« werden nicht nur von den bankinternen Gegnern eines eigengewichtigen Investment Banking mit Argwohn verfolgt, auch die internationalen Ratingagenturen beobachten diese Expansion nicht ohne kritischen Blick. So ist etwa die Deutsche Bank, die lange Zeit eine von weltweit nur vier Privatbanken war, denen mit einem »Triple-A credit rating« die höchste Kreditwürdigkeit zugeschrieben wurde, durch ihr finanziell folgenreiches Engagement im Investment Banking von den amerikanischen Ratingagenturen Moody's und Standard & Poor's zunächst mit einer verschärft-kritischen Begutachtung bedacht worden – allerdings ohne Herabstufung (The Economist, 14. September 1996, S. 86). Ende August 1998 schließlich entzog die Ratingagentur Standard & Poor's dem deutschen Bankenprimus ihr Vertrauen. Die folgende Abwertung von AAA auf AA verschärft die Lage für die Bank, denn am Gütesiegel des Rating bestimmt sich, zu welchen Konditionen sich die Institute mit Zahlungsfähigkeit versorgen können. Es sind dabei aber nicht allein die personenbezogenen Risiken, welche durch unsachgemäßes Handeln oder betrügerische Absicht (»moral hazard«) realisiert werden, die Investmenthäuser belasten und die von den Ratingagenturen mit Argusaugen beobachtet werden. Die international orientierten Investmenthäuser leiden massiv unter der prekären Kombination mehrerer sich verschränkender Faktoren, die zu einer Neuorganisation der Gruppe derjenigen Institute führt, die langfristig für Großkunden tätig sein werden. Die »Weltliga« wird in wenigen Jahren – vermuten Experten – nur noch aus einer Gruppe von zehn führenden

Finanzinstituten bestehen. Gemeinhin werden dazu die dominanten amerikanischen Investmentbanken Goldman Sachs, Merrill Lynch und Morgan Stanley, die schon heute über das Eigenkapital von Großbanken verfügen, gezählt. Des weiteren wird die (trotz der Glass-Steagall-Einschränkungen auf dem US-Markt) bereits heute weltweit im Investment Banking aktive Großbank J. P. Morgan dazugerechnet und eine Gruppe anderer internationaler Geschäftsbanken, die ihre Expertise im Investment Banking massiv ausbauen. Aspiranten sind die amerikanischen Banken Citigroup, die Schweizerische UBS, die Deutsche Bank sowie die 1996 aus der Fusion der amerikanischen Banken Chase Manhattan und Chemical Bank hervorgegangene »neue« Chase.

Ein von der renommierten Fachzeitschrift *Euromoney* durchgeführtes Ranking zeigt, daß es genau diese Banken sind, denen die Großkundschaft eine herausragende Expertise in den Bereichen Underwriting (Equities, Bonds), Trading (Eurobonds, Commercial Paper, Derivatives, Equities) und Advisory (Research, Risk management und Mergers & Acquisitions) zuschreibt. Basis sind eine Befragung von Marktteilnehmern (Händlern und Emittenten), sowie Daten über das Volumen durchgeführter Transaktionen.

Tab. 2: Ranking der Finanzinstitute 1997, 1996 und 1995

Gewichtetes Ranking der Bereiche Underwriting, Trading und Advisory

1997	96	95	Investmentbank	Gesamt (von 1000)	Underwriting (von 400)	Trading (von 375)	Advisory (von 225)
1	1	1	Merril Lynch (USA)	553.75	269.68	192.10	91.97
2	-	2	SBC Warburg Dillon Read (CH)	470.75	185.92	195.30	89.53
3	2	4	Goldman Sachs (USA)	440.37	219.04	136.27	85.06
4	5	5	JP Morgan (USA)	417.34	201.12	162.70	67.52
5	4	3	Morgan Stanley Dean Witter (USA)	391.77	206.38	114.35	71.03
6	6	12	Deutsche Morgan Grenfell (D)	321.94	103.45	180.81	47.68
7	7	9	Credit Suisse First Boston (CH)	290.24	171.69	88.22	30.33
8	8	6	Union Bank of Switzerland (CH)	249.72	94.78	108.70	46.25
9	9	11	Citicorp (USA)	203.71	21.05	107.95	74.70

1997	96	95	Investmentbank	Gesamt (von 1000)	Underwriting (von 400)	Trading (von 375)	Advisory (von 225)
10	11	10	HSBC (UK)	179.82	47.20	90.38	44.23
11	13	16	ABN Amro Hoare Govett (N)	167.70	73.02	86.05	10.62
12	10	18	Chase Manhattan Bank (USA)	153.33	27.48	86.59	39.25
13	14	8	Lehman Brothers (USA)	144.72	67.85	62.99	13.89
14	15	17	NatWest Group (UK)	132.66	14.08	99.53	19.05
15	21	14	Dresdner Kleinwort Benson (D)	131.00	34.34	76.96	19.70
16	-	13	Salomon Smith Barney (USA)	124.47	48.38	47.46	28.62
17	18	15	Banque Paribas (F)	108.75	45.82	55.30	9.62
18	12	7	Barclays Capital (UK)	99.55	21.81	69.61	8.13
19	16	19	Nomura Securities (J)	82.85	47.50	34.78	0.57
20	25	-	ING Barings (N)	60.75	23.48	23.49	13.77

Quelle: Euromoney, January 1998

Um im entbrannten Wettbewerb auf dem globalen Markt bestehen zu können, setzen die meisten Institute auf Expansion, was zu einer Explosion der Personalkosten geführt hat. Im Kampf um die Intelligenz der Branche versuchen die Banken, namhafte Experten und Teams von der Konkurrenz unter beträchtlichem finanziellen Aufwand abzuwerben, teilweise indem doppelte oder dreifache Gehälter geboten werden. So hatte etwa die (damalige) Deutsche Morgan Grenfell allein am Finanzplatz New York innerhalb weniger Monate rund 1.000 Finanzfachleute von Wettbewerbern abgeworben (FAZ vom 15.3.1997, S. 24). Für die Banken waren mit den »feindlichen Übernahmen« durchaus Erfolge verbunden. Als die Hongkong and Shanghai Banking Corporation (HSBC) 1996 ein Team von 10 Fondsmanagern der Credit Suisse Asset Management abgeworben hatte, wechselten gleich auch deren rund 1.000 Kunden mit zur HSBC. „Investment banks from London to Hong Kong are on a madcap hiring spree in a race to build up their asset management, corporate finance, and emerging-markets expertise. The goal is to make sure they have a place in the top tier of global investment banks“ (Dwyer: 1996, S. 46). Aufgrund dieser Beobachtungen greifen wir an dieser Stelle etwas vor: Der Wettbewerb um Kundenkontakte und Kompetenzen im Investment Banking wird zumeist sehr stark personalisiert ausgetragen. Die Organisation differenziert Stellen aus, die die Mitarbeiter von Wettbewerbern gezielt beobachten und dann auch abzuwerben suchen, wenn diesen Personen im Beobachtungsprozeß bestimmte Ressourcen wie Kundenkontakte oder besondere Fähigkeiten zugeschrieben werden. *„Es gibt sehr punktuelles Wissen, das kann man immer mitnehmen, also typisch ist z. B. Leute im Handelsbereich, bei denen ist das Wissen hauptsächlich ihr Kontakt zu gewissen Kunden und das was sie vermarkten, ob man hier in einen Reuters-Schirm guckt oder woanders ist eigentlich egal, und das sind also die berühmten Leute, die nur ihren Terminkalender zusammenfalten und woanders hingehen"* (W:1). Gehälter und Personalkosten steigen im Wettbewerb um die talentierten resp. beziehungsreichen Kräfte der Branche, gleichzeitig drücken die Kunden die Margen, weil die Leistungen der Investmentbanken vergleichbarer werden und den Charakter von austauschbaren Produkten erhalten (»commoditization«). Überkapazitäten führen zu einem Preisdumping, so daß die Margen bei vielen Produkten und Dienstleistungen um bis zu 30% gesunken sind. Hunt berichtet davon, daß beispielsweise ein Initial Public Offering 1995 schon um 25% günstiger zu haben war als noch wenige Jahre zuvor (Hunt: 1995, S. 110; vgl. auch Rutter: 1998, S. 16). Diese Entwicklung führte dazu, daß der durchschnittliche Return on equity global operierender Investmentbanken von 1980 bis 1995 von 51% auf 13% gefallen ist (Dwyer: 1996, S. 46).

Unter den aufgeführten Rahmenbedingungen gerät der von vielen Großbanken betriebene Ausbau des Investment Banking zu einer veritablen Risikooperation. Die Eigenkapitalrendite der beiden britischen Großbanken National Westminster und Barclays Bank fiel durch ihre Expansion im Investment Banking weit hinter die eigenen Erwartungen und den Branchendurchschnitt zurück. Daß ausgerechnet zwei britische Banken zu den ersten „Opfern im Investment Banking" wurden (FAZ), liegt einerseits wenig zweifelhaft daran, daß am Finanzplatz London die im Investment Banking tätige ausländische Konkurrenz besonders massiv auftritt und das Geschäft entsprechend schwer umkämpft ist. Andererseits aber muß den beiden betroffenen Banken auch ein Mangel an professioneller Expertise für ihre Expedition ins Investment Banking unterstellt werden. National Westminster (NatWest) hatte 1995 damit begonnen, ihr Investment Banking-Geschäft mit einer Milliardeninvestition zusammenzukaufen und neu zu strukturieren. Für 135 Millionen Dollar im Oktober 1995 die amerikanische Bankboutique »Mergers & Acquisitions Gleacher«, im Juni 1996 für 590 Millionen Pfund »Greenwich Capital Holdings« und im Oktober des selben Jahres die »Hambro Magan« (FAZ vom 26. 2. 1997, S. 21). Dann mußten im Frühjahr 1997 aber Verluste in Höhe von 240 Millionen DM eingeräumt werden, die durch Preismanipulationen eines Optionshändlers entstanden waren. Lange Zeit waren diese Manipulationen nicht entdeckt worden. Die Nichtbeachtung effektiver Management- und Kontrollsysteme hatte der Bank diesen vermeidbaren

Verlust und ein massives Imageproblem zugefügt: Der Ausbau der Sparte Investment Banking wurde zunächst gestoppt, dann zurückgefahren, und schließlich wurden fast das gesamte Investment Banking verkauft. Fast gleichzeitig trennte sich auch die Barclays Bank von ihren Investment Banking Aktivitäten (vgl. FAZ vom 5. und 7. 8. 1998, S. 21).

Wir wollen nun nachfolgend Formen des Wettbewerbs unterscheiden und eingehender analysieren. Eccles und Crane haben vier wesentliche Strategiedimensionen ausgemacht, nach denen sich die Investmentbanken positionieren können: Kundengruppen, Produkte, Distributionskapazität und Eigenkapitalausstattung (Eccles und Crane: 1988, S. 100 f.). Diese Dimensionen weisen in der Tat eine scheinbar universelle Gültigkeit auf und können auch heute noch wesentliche Unterschiede zwischen den Investmentbanken markieren. Anhand dieser Kategorien lassen sich die Investmentbanken zu Clustern jeweils ähnlicher strategischer Orientierung verdichten. Während Eccles und Crane jedoch unter Hinweis auf die mit dem Aufbau neuer Produkte, Kapazitäten und Kompetenzen verbundenen Schwierigkeiten eine eher statische Vorstellung solcher Cluster zu verbinden scheinen, sind wir der Meinung, daß strategische Orientierungen der Investmentbanken eher Momentaufnahmen darstellen. Solche blitzlichtartigen Aufnahmen dienen mehr dem eigenen »Sichzurechtfinden« der Organisation, als daß sie eine auf Dauer gestellte strategische Option reflektieren. Für Dauerlösungen, so scheint uns, sind Geschäft und Umfeld inzwischen zu volatil und kommen die berüchtigten »market swings« zu unberechenbar, als daß eine Firma es sich leisten könnte, an strategischen Überzeugungen festzuhalten. Zu unvorhersehbar scheint heute auch die Möglichkeit, als Investmentbank von einem größeren Fisch gefressen und dann in dessen Operationen integriert bzw. von dessen Operationen desintegriert zu werden. Der Verweis auf die Wirrungen um die Integration der britischen Merchantbank Morgan Grenfell in die Geschäfte der Deutschen Bank, die nach numehr fast zehn Jahren noch immer nicht abgeschlossen zu sein scheint und auf deren Einzelheiten wir weiter unten näher eingehen, mag an dieser Stelle genügen. Impulse für umwälzende Bewegungen werden aber durchaus auch endogen erzeugt und Zurechnungen auf konstruktive oder destruktive Folgewirkungen fallen je nach zeitlicher Beobachtungsperspektive unterschiedlich aus. Innerhalb einer Investmentbank tauchen Ideen für neue Produkte oder lukrative Geschäfte auf, werden vefolgt und wieder fallengelassen – wenn das dann noch möglich ist. Der Fall Barings hat gezeigt, wie eine britische Institution durch neue Geschäfte (Derivative) zu Fall gebracht wurde, deren Gewinne die Organisation interessierten von denen sie aber inhaltlich kaum etwas verstand.

Eine Segmentierung der Investmentbanken nach Kundengruppen, Produkten, Distributionskapazität oder dem Maß der Eigenkapitalausstattung bietet zwar keine beständigen Differenzierungsmöglichkeiten (und ohnehin ist eine gewisse Konvergenz zu beobachten), läßt aber zumindest temporäre Erfassungen zu und ist auch plausibel vor dem Hintergund, daß in den Investmentbanken strategische Diskussionen über diese Themen geführt werden. „*Es hieß immer: »Wir bauen das US-Geschäft aus, gehen in allen Bereichen aktiv in den Markt und schließen dann zu den JP's und Goldies dieser Welt auf«* [gemeint sind die Banken J. P. Morgen und Goldman Sachs, Anm. O.V.]. *Dann sind aber wichtige Leute zur First Boston gegangen, weil denen das Hin und Her des Managements zu blöde war und rumms spielt man wieder in der zweiten Liga, weil am M&A hängt auch immer so die Reputation – wenn man das gut macht, kriegt man auch andere Transaktionen.* " (P:1). Allein das Auftauchen von an Themen dieser Art orientierter Kommunikation kann dann Folgewirkungen zeitigen, die sich positiv oder negativ in den Bilanzen niederschlagen können.

Es gibt eine große Anzahl kleinerer Investmentbanken, die sich mit ganz speziellen Produkten wie High-Tech-IPOs in Kalifornien, M&A-Beratung in Lateinamerika, Finanzierung der Glückspielindustrie in Las Vegas etc. unter (zumeist) geographischer Fokussierung an ganz bestimmte Kunden wenden. Kleine Firmen bedienen zumeist kleine Kunden, die nur selten Kontakt zu Investmentbankern suchen, die keine globalen Leistungen nachfragen und zumeist auch über eine nur gering ausgeprägte eigene Kapitalmarktexpertise verfügen. Diesen »Investment-Boutiquen« gelten die nachfolgenden Bemerkungen nicht. Für die meisten anderen Investmentbanken, die sich nicht auf lokale Nischenmärkte mit in Kapitalmarktfragen ungeschulten Klienten beschränken, gilt, daß sie aufgrund ihrer an Globalität orientierten Strategien ähnliche Kundengruppen mit einer breiten Produktpalette bedienen können und müssen. Das ist ja gerade der Hintergrund der Globalisierungsüberlegung. Viele Produkte in vielen Ländern an viele Kunden verkaufen zu können, basiert auf dem Kalkül, nicht nur mehr Gewinne zu machen, sondern vor allem auch partielle volatilitätsbedingte Geschäftsrückgänge besser absorbieren zu können – sei es durch Gewinne, die man auf anderen Märkten macht oder auch durch die Verlagerung von personellen Kapazitäten. Abgesehen davon wirkt eine global operierende Firma nicht nur für Kunden potenter und professioneller, auch der karriereorientierte Nachwuchs wird durch die Fassade einer Weltfirma attrahiert. Zweifelsohne machen auch die Global Player nicht alle alles überall. Wenn aber eine Bank mit einem neuen lukrativen Produkt auf den Markt kommt, dann „*dauert das nicht so lange, bis andere das Prinzip dann kopieren. Wenn irgendeine neue Anleihe irgendwo rauskommt, schauen wir auch, wie wird das gemacht, wer sind die Kunden, lohnt sich das für uns usw*" (O:2). Wenn es für ein neues Produkt einen Markt gibt, dann bildet sich auch ein Wettbewerb um dieses Geschäft. Innerhalb des Clusters global operierender Investmentbanken hat zumindest potentiell jede Organisation die Möglichkeit, über kurz oder lang bestimmte Dienstleistungen oder Kundensegmente in das eigene Spektrum zu integrieren. Was diese globalen Institute allerdings voneinander sehr klar unterscheidet, sind ihre Eigenkapitalausstattung und ihre Distributionskapazität.

Eine limitierte Eigenkapitalausstattung begrenzt die Möglichkeiten einer Investmentbank. Sie kann ohne ausreichendes Eigenkapital z. B. nur in kleinem Umfang im phasenweise besonders lukrativen Eigenhandel tätig werden. Und sie hat vermutlich Schwierigkeiten, den bei einer Unternehmensübernahme unter Umständen notwendigen bridge-loan zur Verfügung zu stellen und muß andere Institute bemühen. Sie verfügt auch nicht über die Möglichkeit, in größerem Umfang strategische Akquisitionen für den Eigenbedarf durchzuführen. Überlegungen dieser Art haben die Investmentbank Goldman Sachs Mitte 1998 zu dem Beschluß veranlaßt, ihre als private Partnerschaft geführte Organisationsform aufzugeben und einen Teil der zukünftigen Goldman Sachs Aktien an der Börse zu placieren. Investmentbanken, die wie die Deutsche Morgen Grenfell oder Warburg Dillon Read von Großbanken erworben wurden, haben solche Probleme nicht. Allein 1996 investierte die Deutsche Bank rund eine Milliarde DM in die Aufrüstung ihres Investment Banking-Arms Morgan Grenfell (im selben Jahr mußte sie auch Millionenverluste der Morgan Grenfell Asset Management verkraften, vgl. FAZ vom 26.11.1997, S. 7). Investmentbanken ohne kapitalstarke Muttergesellschaften im Hintergrund handeln häufig risikoaverser und treiben ihre Entwicklung weniger expansiv voran.

Der zweite wichtige Distinktionsaspekt betrifft die Distributionskapazität eines Institutes. Es geht also um den Zugang zu potentiellen Investoren und die daran gekoppelte Möglichkeit, Wertpapiere *„in den Markt zu drücken*" (O:2). Einige Investmentbanken haben in den letzten Jahren versucht, wie die Investmentbank Merrill Lynch ein integriertes Retailgeschäft zu installieren, das den direkten Kontakt zu einer großen Anzahl privater Investoren gestattet, *„und sich so auch von den Institutionellen nicht so abhängig zu machen*" (O:2). Während Merrill Lynch dieses Geschäft aber sukzessive und »organisch« aufgebaut hat, sind beispielsweise die Investmentbank Morgan Stanley und die Brokerfirma Dean Witter 1997 durch eine Fusion zueinandergekommen. Die treibende Idee einer solchen Fusion ist nicht, vorhandene Kosten zu sparen, sondern Gewinne zu vermehren. Beide Geschäfte ergänzen sich zumindest theoretisch insofern, als daß einerseits die von Investmentbanken im Emissionsgeschäft produzierten Wertpapiere zum Teil auch gleich über die Kanäle der eigenen Brokerfirma an Privatpersonen vermittelt werden können und damit ein Abstazproblem gelöst wird. Andererseits erhält der Broker durch die Investmentbank Zugang zu attraktiven Emissionen, was ihm im Wettbewerb um Privatkunden hilft. Allerdings dürfte die Fusionsproblematik zwischen der Finanzexpertise der Investmentbanker und der im Massengeschäft erworbenen Distributionsexpertise der Brokerfirmen besonders schwer ausfallen, da Gehälter und Habitus der beiden Gruppen extrem verschieden sind. Es läßt sich auch noch nicht absehen, ob sich die Geschäfte der aus Fusionen hervorgegangenen Firmen wie z. B. »Morgan Stanley Dean Witter« oder »Salomon Smith Barney« so erfolgreich entwickeln, wie beim Vorbild Merrill Lynch, dem das Fachorgan Euromoney 1997 für die zahlreichen ersten Plätze in den diversen League-tables den Titel »Best Global Investment Bank« verliehen hat (Euromoney Juli 1997, S. 71).

Die nachfolgende Tabelle erfaßt die wichtigsten global operierenden Investmentbanken. Neben den Mitarbeiterzahlen des Jahres 1997 wurden auch die Anzahl der Büros und Länderniederlassungen in die Dartstellung aufgenommen. In der Spalte »Bemerkungen« finden sich Angaben zum jeweiligen Hintergrund der Investmentbank, der z. B. die Frage berührt, ob die Investmentbank autonom operiert, ob sie zu einem größeren Finanzkonzern gehört und ob sie über ein eigenes bzw. zugekauftes Brokergeschäft verfügt. Erst vor diesem Hintergrund lassen sich die Zahlen angemessen interpretieren: Aufschlußreich sind in dieser Hinsicht die für die Branche repäsentativen Zahlen der Firma Salomon Smith Barney, die für das Jahr 1997 noch einen nach Investmentbank und Brokergeschäft aufgeschlüsselten Geschäftsbericht vorgelegt hat und aus denen sich eine Relation zwischen Investmentbankern und den im Privatkundengeschäft tätigen Brokern von 1:3 ergibt.

Tab. 3: Weltweit operierende Investmentbanken 1997

Mitarbeiterzahlen, Büros und Länderstützpunkte der führenden Investmenthäuser

Investmentbank	Mitarbeiter	Büros	Länder	Bemerkungen
Merrill Lynch	54.000	750	43	Investmentbank mit großem Brokergeschäft
Morgan Stanley Dean Witter	47.200	439	28	Investmentbank und Broker, fusioniert 1997
J. P. Morgan	16.900	42	23	Großbank mit starkem Investment Banking
Warburg Dillon Read	15.000 (Planzahl)	/	40	Zwei Investmentbanken (US und GB), fusioniert 1997, gehören zur UBS
Credit Suisse First Boston	12.000	50	30	Investmentbank, gehört der Universalbank Credit Suisse
Lehmann Brothers	8.340	39	22	Investmentbank
Goldman Sachs	8.000	38	21	Investmentbank
Deutsche Morgan Grenfell	7.100	/	/	Investmentbank, gehört der Universalbank Deutsche Bank seit 1989
Salomon Brothers Smith Barney	6.800 28.000	33 500	23 USA	Investmentbank und Broker, Fusion 1997, gehören der Citigroup

Quellen: Financial Times, FAZ, Internet-Homepages der Institute. eigene Zusammenstellung

Vor dem Hintergrund der starken Konzentration von Mitarbeitern in den Finanzzentren New York, London und Tokio verdeutlichen diese Zahlen auch noch einmal, daß Wissensarbeit im Investment Banking vor offenbar ganz anderen Problemen steht als in anderen großen

Beratungsbranchen. Während z. B. weltweit vertretene Steuer- oder Unternehmensberatungen zwischen 25.000 und 90.000 Mitarbeiter haben und diese je nach Bedeutung des Marktes im jeweiligen Landes relativ gleich verteilen, wird im Investment Banking die Know how-Konzentration auf wenige Standorte als notwendig wahrgenommen. Dies wirft Fragen nach der Aufgabenverteilung zwischen zentralen Standorten mit vielen Mitarbeitern und peripheren Standorten mit wenigen Mitarbeitern auf, die durch die zu beobachtende hohe Mobilität personeller Ressourcen zusätzliche Plausibilität erlangen. Wir werden diesen Fragen nach der Organisation von Wissensarbeit in den nachfolgenden Kapiteln im Detail nachgehen.

Academics really care about ideas being right and about achieving a certain logical perfection, but business people care about ideas being useful.

Barr Rosenberg (Money Manager)

4.2 Leistungen ausgewählter Geschäftsbereiche

Nachdem vorstehend Entwicklungslinien und Rahmenbedingungen der Investment Banking-Industrie behandelt wurden, werden in diesem Kapitel konkrete Ausprägungen von Wissensarbeit in drei verschiedenen Geschäftsbereichen der Investmentbanken beobachtet und differenziert. Die Bereiche »Research«, »Mergers & Acquisitions« (M&A) und »Emission« stehen dabei im Zentrum der Analyse und decken die derzeit wichtigsten Leistungen von Investmentbanken ab.

Interessanterweise tun sie viel von ihrer Arbeit zunächst einmal kostenlos. Die Investmentbanken versorgen ihre Kunden häufig über Monate und sogar Jahre mit Informationen, Marktstudien, relevanten Expertisen, gutem Rat und sonstigem Beistand, *ohne* daß sie dafür Geld erhalten würden. Kein Anwalt, kein Steuerberater und kein Unternehmensberater würde sich unter solchen Bedingungen auch nur an den Schreibtisch setzen. Im Geschäft der Investmentbanken ist die lose Koppelung zwischen Lohn und Leistung üblich: Gezahlt wird erst, wenn der Deal gemacht ist. „Nearly all of the investment bankers we talked to about this practice expressed little interest in changing to a fee arrangement similar to that of conculting or law firms - an hourly or per diem rate. They were willing to bear the risk of uncompensated services in return for what they felt were the higher fees they could earn on a deal basis. This was particulary true in M&A, where compensation was based on a percentage of the value of the deal" (Eccles und Crane 1988, S. 39). Die Ablösung der Honorarforderung vom konkreten Prozeß der Wertschöpfung ist auch im Emissionsgeschäft zu beobachten. Auch hier laufen die wissensintensiven Analyse- und Beratungstätigkeiten ab, ohne daß diese wissensbezogen bezahlt würden: „*Die ganzen Beratungsdienstleistungen – bis zur Notizaufnahme kriegen Sie keinen Pfennig. Da haben Sie Reisekosten, Sie beauftragen einen Wirtschaftsprüfer – der nimmt Ihnen zwei, dreihunderttausend Mark ab und und und.* (...) *Von zehn ernsthaft geprüften Unternehmen gehen schließlich vier an die Börse. Ein Projekt läuft vielleicht schon zwei Jahre, Sie haben einen zweistelligen Millionenbetrag investiert, wo Sie den Kunden zu irgendwelchen Präsentationen schleppen, wo Sie immer um die Welt jetten, wo Sie ihm Wirtschaftsprüfer reinsetzen - das muß ich erstmal bezahlen, dafür bin ich auch der Auftraggeber, und dafür hab ich auch Einblick in das Gutachten, und dafür ist das dann auch unabhängig, weil der, der bestellt, zahlt auch*" (S:4).

Den Ausführungen vorausgeschickt werden muß, daß die Banken ihre interne Aufstellung in erheblichem Maße unterschiedlich strukturieren und nicht selten auch ändern. Für die beiden Geschäftsfelder Research und Asset Management gilt allerdings schon aus rechtlichen Gründen, daß sie grundsätzlich als eigenständige Einheiten organisiert sind und nur unter bestimmten Bedingungen in die Wissensprozesse der Gesamtorganisation eingebunden werden dürfen. So darf Research beispielsweise nicht durch M&A von den bevorstehenden Übernahmeaktivitäten einer Firma informiert werden, weil damit die Insidergesetze verletzt würden. Diesbezügliche *„Barriereschäden"* (S:2) liegen in der Natur der Sache, so daß normative Erwartungen des Gesetzgebers bisweilen enttäuscht werden.

Organisational weniger klar liegt der Fall in den Bereichen M&A und Emission. Während eine abteilungsmäßige Autonomie dieser Bereiche vor wenigen Jahren noch durchgängig üblich war, sind inzwischen einige Investmentbanken dazu übergegangen, die jeweils spezialisierten Teams unter einem gemeinsamen Dach zusammenzuführen. Dahinter steckt die Idee, daß die Organisation bestimmten Kundengruppen und Industrien folgen sollte, anstatt das Produkt in den Vordergrund interner Differenzierungs- und Spezialisierungsbemühungen zu stellen. Wenn also nachfolgend von den Abteilungen Research, Asset Management, Emission und M&A die Rede ist, so sind die beiden erstgenannten in jeder Investmentbank durch mehr oder minder durchlässige organisatorische Grenzziehungen als Einheit konzeptualisiert, für die beiden letztgenannten sind unterschiedliche aufbauorganisatorische Formen beobachtbar, in denen sich aber ausdifferenzierte und zuständige M&A- resp. Emissions-Teams mit eigenen WissensRessourcen, -anforderungen und auch -problemen ausmachen lassen.

Die drei Leistungsbereiche Research, Emission und M&A zeichnen sich durch je spezifische Wissenskulturen aus. Es lassen sich Unterschiede hinsichtlich ihrer primären Wissensarten finden, und zwar sowohl im Hinblick auf die in den internen Operationen genutzten Wissensressourcen, als auch bezüglich der nach außen gerichteten und darstellungsorientierten Expertise, die die Bankorganisation ihren Kunden als Produkt anbietet. Im Fall der Aktienanalysten liegt das von ihnen kultivierte Primärwissen beispielsweise in der Kunst der Unternehmensbewertung, in der Einschätzung von Gewinnaussichten und Strategien eines Unternehmens usw. Hingegen beruht M&A primär auf einem Industrie- und Branchenwissen, auf einer regionalen Expertise, d. h. einem Verständnis des jeweiligen Marktes und auf einem stabilen Corpus an Transaktionsexpertise, die ein gleichsam technisches Ablaufwissen umfaßt und Fragen des Financial- und Legal-Structuring berührt. Diese Wissensarten sind dann auch häufig durch bestimmte Funktionsträger innerhalb der Abteilung repräsentiert. Untereinander liegen die verschiedenen Abteilungen einer Investmentbank zum Teil in engen und verwobenen Leistungsbeziehungen, auf die wir im einzelnen auch eingehen werden. Sofern dies rechtlich zulässig ist, sind Investmentbanken auf eine gegenseitige Durchdringung von Abteilungsgrenzen angewiesen, um eine möglichst breite Nutzung und Einbettung des erzeugten

Wissens in die Organisationsprozesse zu ermöglichen. Die Komplexität der Geschäftsprozesse in einer Investmentbank wird durch die wechselseitigen Abhängigkeiten der diversen Produkte noch gesteigert und verlangt auf der Binnenseite der Bankorganisation einen enormen Koordinationsaufwand der einzelnen Abteilungen, die häufig für dieselben Klienten tätig sind. So ist es nicht allein üblich, daß große institutionelle Anleger wie z. B. ein Industriekonzern oder eine Versicherung einen Teil ihre Gewinne in professionell geführte Aktienfonds investieren; sie lassen sich von den fondsauflegenden Investmentbanken auch mit Hilfe von Derivaten gegen Schwankungen auf den Währungs- und Rohstoffmärkten absichern, sie verlassen sich im Bereich von Mergers & Acquisitions auf die komplexen Verfahren zur Bestimmung von Unternehmenswerten und die erfahrungsgesättigten Verhandlungsstrategien der Bankexperten, und sie decken mit Hilfe der Investmentbanken ihren Kapitalbedarf durch die Kreditbeschaffung auf den globalen Finanzmärkten oder die Emission von Aktien an den Börsen. Dabei kann die Profitabilität der einzelnen Produktlinien in erheblichem Umfang schwanken – diejenigen Produkte, die nur geringe oder keine Deckungsbeiträge erwirtschaften, werden häufig dazu genutzt, den Kontakt zum Klienten zu halten und zu pflegen, so daß die Bank über dessen Absichten und Strategien möglichst gut informiert ist. Dieses Informiertsein hat für die Investmentbanken höchste Priorität.

Kontraste in den Wissenskulturen der Abteilungen/Bereiche konstituieren sich aber nicht allein über unterschiedliche Inhalte des Primärwissens und die daran anschließenden Operationen. Vielmehr lassen sich, je nachdem ob Teams oder einzelne Personen auf der Schauseite der Organisation hervorgehoben werden, organisationsintern unterschiedliche Formen der Wissensarbeit ausmachen. Während etwa Aktienanalysten aufgrund personenbezogener Reputationsmechanismen meistens als Einzelkämpfer in Erscheinung treten, stehen bei M&A eher eine teamorientierte Projektorganisation im Vordergrund. Auch Teammitglieder bemühen sich allerdings, in der organisationsinternen Kommunikation als Person wahrgenommen zu werden, auf die Erfolge, Wissen, Kontakte usw. zugerechnet werden können: „*Ich will ja immer der sein, der die größten und besten Deals macht. Das will ja im Grunde jeder, das gibt keiner zu ... obwohl die meisten geben es sogar zu. Und jeder will natürlich »big swinging dick« sein. Und insofern ist natürlich auch da für solche Sachen sich selbst wieder, »Perception«, das ist natürlich auch wichtig*“ (R:3).

In jedem der vier Bereiche konfiguriert sich Wissensarbeit zudem in Abhängigkeit von den je spezifischen Umwelten und muß dabei mindestens zwei Bezugssystemen gerecht werden: einem internen und einem externen. Besonders für die Analysten aus den Researchabteilungen fallen die Anforderungsdifferenzen interner und externer Kunden zum Teil extrem auseinander und erzeugen Zielkonflikte, auf die wir später näher eingehen. Aufgrund der zunehmenden Sophistizierung der Kunden muß die Bank für das externe Bezugssystem (Kundenseite) Wissensleistungen erbringen, die für ihre internen Operationen vielleicht nicht unbedingt erforderlich wären. So muß die Bank etwa Analysten beschäftigen, die ausschließlich für bestimmte Branchen oder Länder zuständig sind, weil Fondsmanager erwarten, daß eine Researchabteilung »kompetent« auf seine Bedürfnisse und Nachfragen eingehen kann. Kompetenz wird u.a. durch ausdifferenzierte Rollen symbolisiert, die für bestimmte Wissensbestände exklusive Zuständigkeit reklamieren. Auf der anderen Seite der Unterscheidung muß die Bank für ihre internen Kunden (Bankseite) beispielsweise juristische Expertise vorhalten, um sich gegenüber eventuellen Regressansprüchen ihrer Kunden abzusichern. Sie muß also auch Wissen erzeugen, von dem ihre Kunden dann im Regelfall nicht erfahren. Insgesamt läßt sich beobachten, daß die Darstellungsebene von Wissen und Expertise, also die extern orientierte Kompetenzsymbolisierung in der jüngeren Vergangenheit enorm an Bedeutung gewonnen hat. Das Marketing von Wissen wird angesichts eines zunehmend als unsicher wahrgenommenen Umfeldes immer wichtiger, weil Rationalität nicht weiterhilft. Die Darstellung von Kompetenz und der Aufbau von Reputation und Beziehungen bilden das Koordinatensystem, mit dessen Hilfe sich die Kunden überhaupt für eine Bank entscheiden können.

Die jeweils unterschiedlichen Wissenskulturen zeichnen sich nicht zuletzt auch durch unterschiedliche Formen der Bewältigung durchschlagenden Nichtwissens aus. Hierbei geht es nicht um Formen der Absorption von Unsicherheit, sondern um die Frage nach der Bewältigung negativer Konsequenzen vertrauensgesättigten Entscheidens. Unzweifelhaft realisieren sich aufgrund erfolgreich absorbierter Unsicherheit laufend Risiken. Das heißt es tritt ein (beobachtet oder unbeobachtet), womit niemand gerechnet hatte. Aktienempfehlungen (»Strong Buy!«) erweisen sich (ex post) als falsch, das in Polen erworbene Textilunternehmen zeigt sich (ex post) als teure Fehlinvestition, der Emissionskurs unserer Aktie erweist sich (ex post) als zu hoch oder zu niedrig. Die jeweils relevanten Wissensarten finden ihren Bezugspunkt immer auf der Folie gegebener Unsicherheit, d. h. technisches Wissen reagiert auf technische Unsicherheit, rechtliches Wissen reagiert auf rechtliche Unsicherheit, strategisches Wissen reagiert auf strategische Unsicherheit usw. Daß Risiken dabei aber nicht durch Wissen aufgelöst, sondern erzeugt werden, indem Unsicherheit sozusagen nur in einen Nebel gehüllt wird, der die Entscheidungsbereitschaft vor einem Einbruch des Nichtwissens schützt, läßt sich an vielen Beispielen zeigen. Als der kalifornische Landkreis Orange County durch den Fehlschlag riskanter Börsenspekulationen einen Verlust von 1,6 Milliarden Dollar erlitten hatte und sich deswegen 1995 für zahlungsunfähig erklärte, wiesen die beratenden Investmentbanken jedes Fehlverhalten ihrerseits von sich, waren aber dennoch zu außergerichtlichen Kompensationszahlungen bereit: Merrill Lynch zahlte Mitte 1998 rund 430 Millionen Dollar, um so den Unwägbarkeiten eines langwierigen Gerichtsverfahrens zu entgehen. Die Investmentbank Credit Suisse First Boston hatte bereits im Mai desselben Jahres 55 Millionen Dollar und der Wirtschaftsprüfer KPMG Peat Marwick 75 Millionen Dollar gezahlt. Ende August 1998 einigte sich Merrill Lynch mit der amerikanischen Börsenaufsicht SEC wiederum außergerichtlich zusätzlich über eine Gelbuße von 2 Millionen Dollar, weil Merrill Lynch es versäumt habe, Investoren, die Anleihen des County gezeichnet haben, auf die besonderen Risiken der Investmentstrategie des County hinzuweisen. Dabei sei Merrill Lynch als Berater des County über diese Risiken informiert gewesen.

Die Leistung von Zahlungen oder Geldbußen angesichts realisierter Risiken stellt allerdings nicht den Standardfall der Bewältigung durchschlagenden Nichtwissens dar. Keine Investmentbank könnte es sich auf Dauer leisten, für die aufgrund ihrer Ratschläge entstandenen Verluste immer auch finanziell geradezustehen. Vielmehr haben sich in den einzelnen Geschäftsbereichen unterschiedliche Formen eines prophylaktischen Umgangs mit potentiellen Risiken etabliert. Aktienanalysten utilisieren in dieser Hinsicht die schiere Masse an veröffentlichten Empfehlungen und bauen dabei auf die Vergeßlichkeit des Marktes. Je weniger man sich als Analyst exponiert, sondern sich in seinen Empfehlungen am Mainstream orientiert, desto geringer das Risiko, für seine falschen Prognosen durch den Markt dauerhaft abgelehnt zu werden (siehe Trueman: 1994). *„So wird man zwar kein Star, behält aber andererseits seinen Job“* (S:1). M&A vermag Risikoprobleme durch Ambiguität zu lösen. Unternehmensübernahmen und Zusammenschlüsse sind derartig komplex, daß Fremdzurechnungen bei eintretenden Risiken vergleichsweise leichtfallen. Das eleganteste Verfahren der Bearbeitung unbeabsichtigter Folgen hat Going Public entwickelt. Die bei Aktienemissionen besonders kritische Variable »Emissionspreis« wird mittlerweile zumeist durch das sogenannte Bookbuildingverfahren ermittelt. Bei diesem Verfahren werden die professionellen Marktteilnehmer vor der eigentlichen Emission des Wertpapiers gefragt, was sie denn für einen verbrieften Anteil an einem Unternehmen zu zahlen bereit sind. Man sondiert das Terrain vor, verringert die Möglichkeit, neben den Markterwartungen zu liegen und kann, wenn trotzdem etwas schief geht, zumindest auf ein einwandfreies und logisches Verfahren verweisen.

Taking truth serum is not the idea here. Improving credibility is.
Robert Lawrence Kuhn (Investment Banker), 1988

4.2.1 Research: Prognose und Postgnose

Die in den Researchabteilungen der Investmentbanken arbeitenden Analysten interpretieren und erklären Geschehnisse der Vergangenheit, d. h. sie (er-)finden Kausalketten, die zu den rückwärtigen Marktbewegungen passen, und sie prognostizieren zukünftige Ereignisse und liefern so einen Orientierungsrahmen für das Handeln der Finanzmarktteilnehmer. In exakt dieser Hinsicht reduzieren sie Komplexität und Unsicherheit. Die »Entdeckung« von

»Ursachen« vergangener Ereignisse ist nun zwar nicht unmittelbar direktiv für zukünftiges Handeln, weist aber den plausibel argumentierenden Analysten als »Wissenden« aus, dem man dann für die Zukunft einiges zutraut. Analysten *beobachten* die Finanzmärkte und die hinter den gehandelten Wertpapieren stehenden Einheiten, sie *bewerten* ihre Beobachtungen auf dem Hintergrund ihrer spezifischen Erfahrungen und *instruieren* ihre verschiedenen Kundengruppen in Form von Handlungsempfehlungen.[51] Das von den Analysten erzeugte Wissen (Empfehlung) wird u.a. von den Portfolio- oder Asset-Managern der Banken und Investmentgesellschaften dazu genutzt, Entscheidungen zum Kauf oder Verkauf bestimmter Wertpapiere zu treffen. Die Portfolio-Manager übermitteln ihre Entscheidungen dann per Telefon bzw. Computer an die jeweilige Börse, wo sie von den Händlern umgesetzt werden. Analysten kaufen oder verkaufen also nicht selber und können für die Handlungen der Entscheider (Portfolio-Manager) auch nicht direkt zur Verantwortung gezogen werden.

Researchabteilungen richten ihre Aufmerksamkeit auf Unternehmen (corporate research), auf deren Aktien (equity research) und Schuldverschreibungen (bond bzw. preferred stock research). Sie beobachten insbesondere auch Banken und die von ihnen begebenen zumeist festverzinslichen Wertpapiere (fixed-income research), Staaten und deren Wertpapiere (municipal bond market research), sowie die generelle Entwicklung der Zinssätze (interest rate research). Dazu kann noch das Portfolio-Research kommen, also die Theorie und Strategie richtiger Anlagegestaltung (Rappaport: 1988, S. 68 f.). Die verschiedenen Beobachtungs- und Wissensfelder werden zumeist von jeweils spezialisierten Analysten betreut, die unterschiedliche interne und externe Kunden haben, unterschiedlichen Zwecksetzungen unterliegen und jeweils auch eigene Methoden haben, ihre Arbeit zu tun. Nachfolgend wird uns insbesondere die Arbeit der Aktienanalysten als Objekt eigener Beobachtungen dienen. Die Investment- und Geschäftsbanken bzw. Brokerhäuser haben ihre Aktienresearchaktivitäten zwar an allen wichtigen Finanzplätzen plaziert (NewYork, London, Tokyo und mit Einschränkungen auch Frankfurt), es lassen sich aber bestimmte Schwerpunkte für die einzelnen Institute ausmachen. So legen europäische Institute trotz globaler Ansprüche in der Regel verhältnismäßig mehr Wert auf die regionale Abdeckung ihrer »Heimatmärkte«, weil hier das Gros ihrer Kunden zu finden ist. Die nachfolgende Tabelle gibt einen Überblick über die Anzahl der beschäftigten Analysten der jeweiligen Banken und die Zahl der beobachteten Unternehmen.

---

[51] Die Einordnung von Beobachtungen (Informationen) in bestehende Erwartungshaltungen reduziert Komplexität. Neue Information wird dann nicht einer rationalen Bewertung unterzogen, sondern aufgrund eines vorherrschenden Bildes beurteilt. Hat ein Analyst zum Beispiel eine stabile Konjunkturlage als prägende Erwartungslage, beobachtet er anders und bewertet diese Beobachtungen anders, als wenn er beispielsweise eine Rezession kommen »sieht«. „*Wir stehen sowieso schon vor einer heftigen Korrekturphase an den Aktienmärkten, jeder weiß das. Wenn die Russen jetzt ihre Tilgungszahlungen aussetzen, dann kann es passieren, daß es kein Halten mehr gibt*“ (O:2).

Tab. 4: Aktienanalysten 1998

Anzahl beschäftigter Analysten und beobachteter Unternehmen

1998	Bank/ Brokerhaus	Zahl der Analysten	Beobachtete Aktien	Unternehmen/ Analyst-Ratio
1	Merill Lynch (USA)	438	4669	10,6
2	SBC Warburg[1]	361	4584	12,6
3	Auerbach Grayson	279	2685	9,6
4	Deutsche Morgan Grenfell	277	1971	7,1
5	UBS[1]	271	3215	11,8
6	HSBC James Capel	256	2482	9,6
7	ABN Amro Hoare Govett	255	3189	12,5
8	Robert Fleming	250	3378	13,5
9	Salamon Smith Barney	212	2810	13,2
10	Credit Suisse First Boston	191	2027	10,6
...	...	...	...	
15	Dresdner Kleinwort Benson	173	2426	14,0
	zum Vergleich:			
	WestLB	75	700	9,3
	Commerzbank	37	160	4,3
	DG Bank	31	210	6,7
	Bayerische Vereinsbank	26	200	7,6
	Bankgesellschaft Berlin	13	180	13,8
	Sal. Oppenheim	11	270	24,5

[1]inzwischen fusioniert — Wirtschaftswoche 1998, Nr. 14, S. 164; eigene Berechnungen

Die Genese professioneller und systematisierter Beobachtungskompetenz ist partiell mit dem dramatischen Einsturz der US-amerikanischen Aktienkurse 1929 erklärbar. Nach der Aktienhausse der 20er Jahre hatten viele Privatanleger ihr Kapital im Börsencrash verloren und zogen sich zunächst verunsichert aus dem Aktiengeschäft zurück. Angesichts nicht limitierter Folgewirkungen durchschlagenden Nichtwissens konnte Vertrauen nur unter Besinnung auf vermeintlich sicheres Expertenwissen zurückgewonnen werden. Die Entstehung einer Berufsgruppe, die exklusiv mit der Beschaffung kognitiver Erwartungen zukünftiger Aktienkursverläufe beschäftigt ist, läßt sich vor diesem Hintergrund als Antwort auf unübersichtliche Verhältnisse begreifen. Allerdings beanspruchte die tatsächliche Etablierung beruflicher Aktienanalysten noch weitere 30 Jahre und ist in ihrem Verlauf eng an die Entstehung institutioneller Investoren gekoppelt (vgl. Blume et al.: 1993, S. 105 f.; Lowry: 1984, S. 23 f.). Während das Handelsvolumen an den amerikanischen Aktienmärkten vor dem zweiten Weltkrieg noch zu rund 80% auf private Anleger zurückzuführen war, hat sich das Verhältnis bis 1980 nahezu umgedreht. Insbesondere die »pension funds«, mit denen die Pensionszahlungen der meisten amerikanischen Angestellten organisiert werden, stiegen in den 50er und 60er Jahren verstärkt in den Handel mit Aktien ein, da sich hier höhere Renditen des eingesetzten Kapitals erzielen ließen als mit langlaufenden festverzinslichen Anleihen privater und öffentlicher Schuldner, die auf den wenig dynamischen Bond-Märkten gehandelt wurden. So betrug die durchschnittliche jährliche Rendite im Zeitraum zwischen 1950 und 1990 bei Anleihen 4,7 %, während Aktien durchschnittliche Kapitalrenditen von 12,3 % erzielten (Blume et al.: 1993, S. 106). Heute sind die Pensionskassen die mit Abstand wichtigste Kapitalquelle auf den Finanzmärkten. Die Gewichtsverlagerung von »sicheren« Anleihen zu »riskanten« aber renditeträchtigen Aktien in den Portfolios der Pensionskassen führte bei den Portfolio-Managern zu einem steigenden Bedarf an überzeugendem Wissen, daß Unsicherheiten auf den Aktienmärkten zu absorbieren vermochte. Als John F. Kennedy 1963 in Dallas erschossen wurde, brach der Dow Jones Industrial Index zunächst um 21 Punkte ein. Der Aktienhandel wurde aufgrund des starken Verlustes einige Tage ausgesetzt. Als der Handel dann wiedereröffnet wurde, stieg der Dow um über 30 Punkte. Ähnliche Muster wurden beim Korea-Krieg, der Kuba-Krise und einem Dutzend weiterer Ereignisse beobachtet (Lowry: 1984, S. 23). Dahinter steht ein für die damalige Zeit typisches Verhalten der unterschiedlichen Anlegergruppen: Die Privatanleger verkauften ihre Aktien in Anbetracht einer unsicheren Zukunft, und die institutionellen Anleger stiegen dann, gestützt auf sichere Erwartungen professioneller Analysten zu niedrigen Preisen ein und trieben so den Kurs wieder nach oben.

„Diesen Effekt kann man immer nach Katastrophen sehen: Zuerst knickt der Kurs ein, und dann kommt aber ein Rebound, weil man ja weiß, daß es Versicherungen gibt oder daß das von den Medien hochgekocht wird. Es gab mal eine Serie von Unfällen bei [Firmenname], da haben unsere großen Kunden dann angerufen, die wollten wissen ob das nur ein Zufall war. Ich hab die dann beruhigt und sie haben dann gekauft, was sie kriegen konnten. Ich hatte da einen guten Kontakt bei der Werkschutz, der hat mir erklärt, daß es eigentlich keine ernsten Probleme gibt" (B:4).

Es stellt sich die Frage, warum die institutionellen Investoren die Generierung prognostischen Wissens nicht einfach internalisiert haben, sondern diese gleichsam »entscheidende« Ressource statt dessen von externen Quellen beziehen. Die Antwort darauf fällt zweiseitig aus. Sie hat einerseits einen institutionellen Bezugspunkt und verweist andererseits auf die Form der Bearbeitung von Risiken auf den Finanzmärkten.

In ihrer institutionellen Dimension läßt sich der Fremdbezug von Expertise aus den Rahmenbedingungen des Beziehungsmusters zwischen Investoren und Investmentbanken erklären. Für die Investmentbanken liegt die Grundlage dieses Geschäfts in der Generierung von Provisionseinnahmen. Für jede Kauf- oder Verkauf-Order, die von den Banken im Auftrag der Investoren an den Börsen umgesetzt wird, wird eine Provision erhoben, die in ihrer Höhe bis in die 70er Jahre durch die jeweilige Börse festgesetzt wurde. Aufgrund der »fixed commissions« war es den Banken nicht möglich, bei großen Handelsvolumina Rabatte zu gewähren. Vor diesem Hintergrund wurde »Research« für die Investmentbanken zu einem probaten Mittel, um Kunden zu gewinnen. Die Investoren plazierten ihre Orders bei denjenigen Banken, deren Research sie bezogen und bevorzugten. Noch heute wird für die wissensintensiven Dienstleistungen der Analysten nicht direkt bezahlt; vielmehr revanchieren sich die Investoren für »gutes« Research, indem sie einen entsprechenden Anteil ihres Handelsvolumens über die jeweilige Bank abwickeln, die dann Provisionseinnahmen zwischen 0,5 und 20 Promille vom Auftragswert ausmachen (Reimer: 1998, S. 168). Die mit einem Millionenaufwand verbundene Unterhaltung großer Researchabteilungen rentiert sich für die Investmentbanken jedoch nicht allein durch die Generierung von Provisionseinnahmen. Daneben dienen die Beobachtungsposten auch der externen Reputationsbildung und werden zudem als interne Think tanks in vielfältiger Weise in die Leistungserbringung der Gesamtorganisation eingebunden – dazu weiter unten mehr.

Die durch Banken und Brokerhäuser gegebene kostenneutrale Bezugsmöglichkeit der Analystenexpertise stellt einen nicht unerheblichen Faktor für den weitgehenden Verzicht der institutionellen Investoren auf eigene ausgedehnte Forschungsanstrengungen dar. Gleichwohl kommt noch ein wichtiges Element hinzu, das, wie bereits angedeutet, unmittelbar mit der Bearbeitung von Risiken dieser Organisationen verkoppelt ist. Offene Zukünfte machen grundsätzlich jede Entscheidung für diese oder gegen jene Wertanlage zu einem riskanten Unterfangen und zwar in Form realisierter Verluste oder entgangener Gewinne. Der Portfolio-Manager muß nun zwar die wiederum riskante Entscheidung fällen, auf welche Analystenmeinung er sich stützt, kann aber einen Teil der Verantwortung fremdzurechnen, indem er eigenes Handeln in einen Verweisungszusammenhang von externen Wissensansprüchen stellt. Falsche Entscheidungen lassen sich damit zwar für die Zukunft nicht ausschließen, aber man kann seinen Analysten leichter wechseln als Mitglieder der eigenen Organisation entlassen (Blume et al.: 1993, S. 111). Jede zukünftige Orientierung kann zudem dann denjenigen Analysten folgen, die in der Vergangenheit richtiggelegen haben. Die kommunikative Fremdzurechnung von Mißerfolgen ist aber nur ein Teil des Gewinns, der sich aus dem externen Bezug von Expertise eröffnet. Der andere Teil liegt in der temporären Zurechnung von Erfolgen, weil die Unterstellung überlegenen Wissens wechselnder Analysten ein enormes Potential für die Neutralisierung von zukünftiger Risikowahrnehmung bereitstellt. Es lassen sich auf diese Weise immer Analysten finden, von denen man annehmen kann, daß sie in der jüngsten Vergangenheit »Bescheid wußten«, und auf die man sich dann bei kommenden Entscheidungen stützen kann. Mißerfolge können durch einen Wechsel der Analysten bearbeitet werden, ohne daß auf Unsicherheitsabsorption verzichtet werden müßte. Das ist zwar nicht entscheidungsrational, aber handlungsrational (Brunsson). Was in der Vergangenheit nicht erreicht werden konnte, wird zumindest für die Zukunft nicht ausgeschlossen. Die einschlägigen Fachjournale wie Institutional Investor, Euromoney oder das Wall Street Journal leisten in dieser Hinsicht wichtige Beiträge, indem sie regelmäßig Statistiken und Befragungsergebnisse veröffentlichen, die für eine entsprechende Transparenz derjenigen Analysten und Researchabteilungen sorgen, die (mit »hindsight«) Recht hatten.

Tab. 5: Being in the know: Repution europäischer Analystenteams
Zuschreibungsergebnisse nach einer Umfrage unter 350 Großanlegern 1997

1997	Bank/ Brokerhaus	Punkte
1	SBC Warburg (CH)	46
2	Merrill Lynch (USA)	41
3	UBS (CH)	34
4	Nat West Securities (GB)	24
5	Goldman Sachs (USA)	19
6	BZW (GB)	13
7	Dresdner Kleinwort Benson (D)	13
8	ABN Amro Hoare Govett (NL)	11
9	Deutsche Morgan Grenfell (D)	10
10	HSBC James Capel (GB/HK)	10
		Quelle: Institutional Investor 1998

Kommen wir nun zur Form der Wissensarbeit in den Researchabteilungen und ihrer Einbettung in den Kontext einer Investmentbank. Einige wenige Bemerkungen zu den Arbeitsinhalten der Analysten seien hier aber zunächst für ein besseres Verständnis vorangestellt (ausführlich dazu die Arbeit von Mars: 1998).

Das von den Analysten erzeugte Wissen ist prognostischer Natur, wobei die Frage berechtigt ist, was genau prognostiziert wird. Um Empfehlungen zum Kauf oder Verkauf einer Aktie aussprechen zu können, muß der Analyst einerseits die Zukunft des Unternehmens »sehen«, andererseits den Kurs der Unternehmensaktie vorhersagen, der wiederum nicht allein von der »Performance« des Unternehmens abhängig ist. Er kann sich in seiner Tätigkeit also nicht darauf beschränken, allein auf das hinter der Aktie stehende Unternehmen und dessen Umwelt zu schauen, sondern er muß auch die Stimmungen auf den Märkten vorwegnehmen und die Reaktionen der Märkte auf bestimmte Informationen erahnen. Der Analyst muß etwas von der »Psyche« der Märkte verstehen: „*Wenn man jetzt mal diese Internetaktien nimmt. Yahoo zum Beispiel: Börsenwert über drei Milliarden Dollar. Gewinn im ersten Quartal 1998 bei vier Millionen oder so, und trotzdem werden sie so hoch bewertet. Der Analyst von Merrill Lynch schreibt Gewinnanstieg nächstes Jahr 150 %, aber woher will der das wissen? Der kann es nicht wissen, der schreibt das nur so. Das ist Phantasie, ein »wild guess«, weil man nicht verpassen will, wenn es richtig losgehen sollte. Man sagt, die haben ne lange Anlaufphase, o.k., aber irgendwie ist das schon irre. Und trotzdem: man muß da auch ein Stück weit mitgehen, weil der Markt es eben so will. Der hat das letzte Wort*" (S:1).

Dieser Umstand versetzt den Analysten in eine Art Zwickmühle, weil auf den Finanzmärkten die Vorstellung dominiert, daß der Kurs einer Aktie ihren inneren, d. h. rational begründeten Wert reflektiert. Investoren gehen in der Regel davon aus, daß der Marktpreis (Kurs) den Wert einer Aktie repräsentiert. Das ist hochgradig konstruktiv, denn auf diesem »Glaubenssatz« basiert jeder Markt! Der Kurs einer Aktie, so die Annahme weiter, nimmt die zukünftigen Erträge eines Unternehmens vorweg: Jährliche Erträge multipliziert mit einem Faktor x ergibt den Börsenwert des Unternehmens (man spricht vom sogenannten Kurs/Gewinn-Verhältnis, kurz KGV). Allerdings variiert der Faktor x von Unternehmen zu Unternehmen, von Branche zu Branche und verändert sich auch mit dem Ablauf der Zeit, d. h. Unternehmen werden heute fundamental anders bewertet, als noch vor zehn Jahren. „Financial academics and investment professionals agree that earnings are a major determinant of stock prices. The heart of modern security analysis centers on the attempt to predict stock prices movements by fine-tuning near-term earnings estimates" (Berry et al.: 1995, S. 30). Es ist (nicht nur für Soziologen) leicht vorstellbar, daß die Ermittlung zukünftiger Gewinne eine heikele Angelegenheit ist (man denke nur an Unternehmen, die noch gar keine Gewinne machen, wie etwa Internet- und Biotechnologiewerte). Dennoch »macht« diese allgemein akzeptierte und geteilte Annahme den Markt, der dann als Überraschung erlebt wird wenn sich nicht einstellt, was alle geglaubt haben. Von den Analysten wird entsprechend erwartet, daß sie die Bilanz-Kosmetik eines Unternehmens durchblicken, daß sie abschätzen können, „*wie erfolgreich das Unternehmen in Zukunft sein wird, welche zukünftigen Erträge zu erwarten sind etc*" (C:3). Analysten sind in der Regel wirtschaftswissenschaftlich ausgebildet und verfügen über eine umfassende Branchenkenntnis der Unternehmen, die sie beobachten. Um Innovationen oder das Kalkül junger Technologieunternehmen kompetent beurteilen zu können, benötigen die Researchabteilungen selbst technisches Wissen. Aus diesem Grund werden zunehmend auch fachfremde Chemiker, Ingenieure, Soft- und Hardwarespezialisten angestellt. „*Die Kollegen im Pharmabereich, die arbeiten mit einem emeritierten Professor zusammen, der ihnen hilft, neue Produkte und Verfahrensweisen einzuschätzen*“ (P:1). Die Analysten müssen alle möglichen »fundamentalen« Rahmendaten auswerten, die in irgendeiner Weise Einfluß auf die Ergebnisse eines Unternehmens haben können: Zinsentwicklung, Wettbewerbssituation, Gesetzesänderungen, Managementveränderungen etc. pp. Am Beispiel der durch Krupp geplanten Übernahmeattacke auf Thyssen läßt sich anschaulich zeigen, wie vielfältig das Beobachtungsrepertoire von Analysten ausfällt. So konstatierte ein in London ansässiger Analyst der Salomon Brothers, daß es in *politischer Hinsicht* leichter durchzusetzen sei, wenn nur die Stahlproduktionen der beiden Konzerne zusammengelegt würden. Mit Blick auf den Wirtschaftsraum Europa und unter Bezugnahme auf *volkswirtschaftliche Effizienzkriterien* sei, so der Analyst, eine Verringerung der Stahlproduktion um zwei bis drei Millionen Tonnen nötig. Mit Blick auf Dortmund wurde in *betriebswirtschaftlicher Hinsicht* in London festgestellt, daß wesentliche Teile der dortigen Krupp-Standortes geschlossen werden müßten, weil Krupp bei Flachstahlerzeugnissen so „extrem schlecht abschneide“. Synergien der beiden Konzerne erwartete der offensichtlich *technisch versierte* Analyst bei der Kokserzeugung und im Hochofenprozeß und auch, weil statt zwei nur eine „Dünnbrammen-Stranggußanlage“ gebaut werden müßte (FAZ vom 20. März 1997, S. 20). Dieses Beispiel zeigt, daß Beobachtungen auf unterschiedlichsten Ebenen gefragt sind, wenn es um die plausible und extern anschlußfähige Beurteilung und Einschätzung von Investitionschancen geht. „*Pharmaunternehmen: Da muß ich nicht nur einschätzen können, welche Bedeutung jetzt dieses oder jenes Medikament haben wird. Das kostet die vielleicht 500 Millionen Entwicklungskosten, da ich muß auch schauen, wie schnell kriegen die ne Zulassung dafür. Jeder Tag ist da im Grunde wichtig. Je nach Krankheit gehts dann auch immer noch darum, zahlt das Gesundheitssystem das – ich muß also zumindest auch eine Idee davon haben, wie das von den Kassen und Seehofer bewertet wird*“ (C:3).

Beim Aktienresearch stellt die Analyse u. a. Fragen nach der Strategie eines Unternehmens, der Güte des Managements, den Beteiligungsverhältnissen und dem erwarteten Cashflow. Insbesondere das angelsächsische Research fragt nach dem zukünftigen Potential des Unternehmens und ist weniger vergangenheitsorientiert. Statt einer ausschließlich »bodenständigen« Analyse der Vergangenheit anhand von betriebswirtschaftlichen Kennziffern, wie sie in den deutschen Analyseabteilungen lange praktiziert wurde, werden in London die Strategien untersucht, die Unternehmen potentiell erfolgreich machen können. Deutsche Bank und Dresdner Bank haben ihr Aktienresearch weitgehend nach London in die zugekauften Investmentbanken verlagert, weil die Analysten und Fondsmanager in der deutschen Zentrale zu sehr an deutschen Titeln und festverzinslichen Wertpapieren orientiert seien (Ehren und Nölting: 1997, S. 140).

Es läßt sich beobachten, daß von Branche zu Branche jeweils unterschiedliche Wissensbestände eine dominante Rolle für die Analysten spielen können. Dabei handelt es sich insbesondere um Wissensbereiche, die durch ein hohes Maß an Intransparenz gekennzeichnet sind – was jeder Analyst weiß und gleich einschätzt, schafft für die Arbeit der Analysten zwar den »common ground«, auf dem dann jede Analyse aufsetzt, aber es wird durch dieses Wissen eben auch keine Neuigkeit für die Investoren geschaffen, so daß dieses Wissen mithin auch keinen Informationswert aufweist. Wenn gerade Wissensbereiche, die durch Unsicherheit und Intransparenz gekennzeichnet sind, eine besondere Relevanz haben, liegt auf der Hand, welche wichtige Wirkung Nichtwissen in diesem Feld zu entfalten vermag. Bewertungen der Aktie der Deutschen Telekom sind in besonderem Maße durch die Beurteilung des rechtlichen Umfeldes dieses Unternehmens geprägt – wird sich die Regulierungsbehörde gegen die Klage der Deutschen Telekom mit ihrer Forderung nach Senkung der Preise für das hochdefizitäre Kabelnetz durchsetzen? Wird das Kartellamt die Digitalallianz der Telekom mit Leo Kirch genehmigen oder zurückweisen? Diese Fragen waren es, mit denen sich die Telekommunikationsanalysten im Mai 1998 erstrangig beschäftigten und die auch dafür sorgten, daß ihre Prognosen permanent auf wackeligen Füßen stehen. Zwar wurde von den Analysten auch begrüßt, daß die Telekom ihren Schuldenberg in den letzten Jahren deutlich abgetragen hat (1997 um 12,8 auf 87,9 Milliarden DM), Personal abgebaut hat (1997 um 5 % auf 197.000 Mitarbeiter) und der Gewinn je Aktie von DM 0,83 auf DM 1,20 um knapp 50 % angestiegen ist,[52] aber die Unsicherheit der Regulierung schlug voll auf die Bewertung der Aktie durch.

Aktienanalysten kommen in der Regel auf zwei Wegen zu ihrem Wissen. Die Arbeit der Junioranalysten, intern als »number-cruncher« tituliert, ist im wesentlichen dadurch bestimmt, die öffentlich zugänglichen Quellen nach jeder Art von relevanter Information zu durchforsten. Der Markt für solches Datenmaterial ist stark segmentiert: Kommerzielle Anbieter wie Reuters, Bloomberg und Night-Ridder sind hier an erster Stelle zu nennen, da sie durch ihre weite Verbreitung und die entsprechende Marktmacht von den Unternehmen selbst bevorzugt informiert werden und die Informationen auch schon stark vorstrukturieren und aufbereiten.[53] Zu den kommerziellen Informationsdienstleistern gehören auch Datenbankanbieter, die internationale Wirtschaftspresse und die Banken selbst. Zu nennen sind weiter Vereinigungen und

---

[52] So etwa Andreas Köchling, Analyst der Landesgirokasse Stuttgart in einer Aktienanalyse in: Blick durch die Wirtschaft, 20.05.1998, S.7.

[53] Der Verkauf von Echtzeit-Finanzinformationen ist inzwischen selbst ein Milliardengeschäft. Vor kurzem verkaufte der Medienkonzern Dow Jones & Co., New York (u.a. »Wall Street Journal«) seine angeschlagene Tochtergesellschaft für Finanzinformationen an die Bridge Information Systems Inc., New York. Als Kaufpreis für die »Dow Jones Markets« – die ehemalige Telerate – wurden 510 Millionen Dollar in bar und Bridge Vorzugsaktien vereinbart. Dow Jones hatte die Telerate Ende der achtziger Jahre für 1,6 Milliarden Dollar übernommen und war dann mit dem Versuch gescheitert, den Dienst gegen die starke Konkurrenz von Reuters (270.000 Kunden) und Bloomberg (90.000 Kunden) auf Erfolgskurs zu bringen. Bridge hatte im Mai 1996 bereits Knight Ridder übernommen und zuletzt nach eigenen Angaben rund 75.000 Nutzer gehabt. Bridge verfolgt das Prinzip der „offenen Architektur“, nach dem alle Dienste auf jedem PC empfangen werden können - der Bloombergdienst setzt hingegen auf proprietäre Terminals. FAZ vom 20. März 1998, S. 27.

Verbände (Industrie- und Handelskammern, Import-/Export-Organisationen, Industrieverbände usw.), Ministerien und öffentliche Institutionen (Wirtschaftsministerium, Statistisches Bundesamt, Wirtschaftsforschungsinstitute) und internationale Organisationen (Weltbank, GATT, UN Statistical Office, Economic Cooperation and Development OECD, die Europäische Union u.a.m.).

Bedeutungsvoller für die Arbeit der Analysten ist aber die Infomation, die sie auf nicht offentlich zugänglichen Wegen erhalten. Die Wissensgenerierung der Aktienanalysten bewegt sich dabei in einem Spannungsfeld zwischen beobachtetem Objekt einerseits und den Adressaten dieser Beobachtungen, den Investoren andererseits. Der Umgang mit Wissen hat sich auf beiden Seiten dieser Unterscheidung in der jüngeren Vergangenheit erheblich gewandelt. Für die Seite der Investoren gilt, daß ihr Wissensdurst in deutlichem Umfang gestiegen ist – das limitierte Vokabular der Wall Street (Buy! Hold! Sell!) vermag die informierten Fragen der Investoren nicht mehr zu befriedigen. Während der Analyst früher hauptsächlich im Büro über seinem sogenannten »spreadsheet« saß, auf dem er anhand der diversen Kennzahlen und seinen subjektiv gewonnenen Gewichtungen die Zukunft eines Unternehmens »ausrechnete« und dann in seinem Researchreport zusammenfaßte, verbringt er heute viel mehr Zeit bei seinen Kunden, um seine Meinung und Expertise zu plausibilisieren. Die Investoren wollen schneller und umfassender informiert werden, damit sie ihre Investments beständig überprüfen können, so etwa der Leiter des Technologie-Analystenteams von Goldman Sachs (Reimer: 1998, S. 164). Zudem werden »gute Gründe« wichtiger, weil andererseits nur Kursphantasie bei den Investoren anschlußfähig ist. Auf der Seite der analysierten Unternehmen wird im Rahmen der sogenannten *Investor Relations* (IR) Transparenz und Zugänglichkeit für externe Analysten eine erhöhte Bedeutung beigemessen (Marston: 1996), weil das Unternehmen einen hohen Aktienkurs haben möchte und der Analyst als Mittler zwischen dem Unternehmen und den Investoren steht. Zwar ist den Analysten klar, daß die Informationen der IR-Manager immer mit einem gewissen Bias versehen sind, doch falsche Informationen oder überoptimistische Umsatzprognosen sind – von Ausnahmen abgesehen – eher selten, weil damit die sensible Vertrauensbasis dieser für beide Seiten wichtigen Beziehung zerstört würde. Jüngstes Beispiel sind in dieser Hinsicht die bereits erwähnten Biotechnologiewerte. British Biotech plc. stand vor zwei Jahren mit einem Börsenwert von zwei Milliarden Pfund kurz vor der Aufnahme in den britischen FTSE-Index der hundert größten Unternehmen des Landes. Das ist um so erstaunlicher, als daß Unternehmen bis heute kein einziges Medikament auf den Markt gebracht hat. Die Hoffnungen der Anleger und Analysten ruhten auf zwei vielversprechenden Medikamenten gegen Krebserkrankungen und Entzündungen der Bauchspeicheldrüse. Hier löste „Vorsicht den Jubel ab" (FAZ), als im April 1998 der Leiter der Versuchsreihen eine Analystin von Goldman Sachs und die zwei größten institutionellen Aktionäre über die seiner Meinung nach übertriebene Darstellung der Forschungsfortschritte durch die Geschäftsleitung informierte. Innerhalb von zwei Jahren verlor die Aktie rund 90 % ihres Wertes (FAZ vom 8.7. 1998, S. 28 und 3.9.1998, S. 21).

Die IR-Manager unterrichten die Analysten über die eingeschlagenen Strategien des Unternehmens und vermitteln Gespräche mit den Vorständen etc. (House: 1996). Aufgrund der Bedeutung, die Analystenmeinungen für den Kurs eines Unternehmens haben können, läßt sich inzwischen auch in Deutschland beobachten, *„daß die Beziehungen zu den Vorständen und zum leitenden Management enger werden. Nicht nur auf den Analystenkonferenzen, die die Unternehmen immer veranstalten, um ihre Quartalsergebnisse zu präsentieren. Ich telefoniere eigentlich wöchentlich mit Leuten aus den Unternehmen, die ich betreue. Ich weiß dann so ungefähr, was da los ist, was bei denen ansteht. Die wollen mir ja zeigen, was für eine tolle Firma die haben, wie zukunftsträchtig ihre Ideen sind usw*“ (S:1). Die Beziehungsnetze zwischen Analyst und Unternehmen und ihre darauf gründende Informiertheit über unternehmensinterne Vorgänge machen die Analysten zu wichtigen Ansprechpartnern für die anderen Abteilungen einer Investmentbank. Sie wissen häufig nicht nur mehr über ein bestimmtes Unternehmen und seine Bedürfnisse, ihr Zugang zu den Entscheidern basiert auch auf anderen Voraussetzungen, weil *„unsere IBD-Leute [Investment Banking Division, O.V.], die wollen ja etwas verkaufen, das weiß der Finanzvorstand natürlich auch. Die sind nicht unbedingt mißtrauisch, aber es schon was anderes*“ (S:1). Die Einbindung der Analysten in die Geschäftsprozesse der Gesamtorganisation und ihre Folgewirkungen werden uns weiter unten beschäftigen.

Im Zentrum der Beobachtung stehen inzwischen weniger einzelne Firmen, sondern zunehmend ganze Sektoren (siehe etwa Minto: 1997). Der Ansatz der »Global sector analysis« erfordert, daß die wichtigsten Unternehmen einer Branche weltweit beständig analysiert, auf Kurschancen untersucht und verglichen werden. Der an den internationalen Investoren ausgerichtete Übergang von einem Länderansatz der Analyse zu einem internationalen Sektorresearch führt zu veränderten Austauschbeziehungen innerhalb der traditionell eher individualistisch und zumeist regional orientierten Researchabteilungen. *„Ich muß mich heute mehr austauschen mit den Kollegen in USA und auch Asien, früher gab es nen Austausch – wenn überhaupt – nur auf europäischer Basis. Wir reden jetzt darüber, wie die bestimmte Sachen bewerten, was ich dazu denke und vor allem auch, wie wir unsere Kennzahlen berechnen, das muß ja jetzt eigentlich homogen gemacht werden, wenn man was über die Branche global sagen will. Ich kann ja den Wert einer deutschen Firma nicht anders berechnen, als den eines Konkurrenten in den USA*“ (P:1). Die Idee hinter dem von Analysten verfolgten Branchenansatz lautet, daß ein Unternehmen wie die deutsche SAP nur vor dem vergleichenden Hintergrund einer Analyse seiner globalen Konkurrenten wie etwa der amerikanischen Firma Oracle richtig zu verstehen und zu bewerten ist. Auf diese Weise kommt es innerhalb einer Gruppe von Analysten, die an unterschiedlichen Standorten arbeiten, deren

Unternehmen aber zur gleichen Branche gehören, zu Kommunikationen über Beobachtungen und deren Einschätzung und schließlich auch einer gewissen Homogenisierung des Bewertungswissens. Gerade dieser letztgenannte Punkt, die gemeinsame Reflexion über Bewertungswissen, ist für die Analysten nicht unkritisch, weil dieses Wissen, das sich insbesondere in den unterschiedlichen Gewichtungen bestimmter und auch besonders errechneter Koeffizienten und Kennzahlen auf den Spread-sheets zeigt, das proprietäre Wissen des Analysten ist. Nur er weiß, wie er auf eine bestimmte Gewinnprognose kommt. „*Wenn ich jetzt kündigen würde, dann müßte ich mein Spread-sheet natürlich hierlassen, aber ich bezweifle, daß ein anderer Analyst wirklich nachvollziehen könnte, was und wie ich da rechne. Woher da bestimmte Kennzahlen kommen, wie sich das bei mir niederschlägt, wenn der Dollar so und so ist*“ (S:1). Die Analysten halten zwar in der Regel Morning-meetings ab, in denen sie mit den übrigen Analysten und den Volkswirten der Abteilung aktuelle Tagesereignisse, wichtige Trends usw. besprechen, aber wie die einzelnen Gruppen zu ihren Vorstellungen über die Zukunft kommen, bleibt weitgehend intransparent. „*Ich* [als Stahlanalyst] *diskutiere vielleicht mit einem Automobilanalysten, um abzusehen, wie entwickelt sich der Markt für Spezialstahl, wenn VW umstellt. Aber wenn der mir jetzt sagt, nächstes Jahr setzen die 10 % mehr Autos ab, wie der das rechnet, das kann ich nicht sagen*“ (S:1). Die Zusammenarbeit mit anderen Analysten im Rahmen des Sektorresearch erzwingt also eine erweiterte Transparentmachung der eigenen Arbeitsweise.

Indem Investoren ihre Anlageentscheidungen in der Regel auf die Wissensansprüche von Analysten stützen, denen sie Vertrauen entgegenbringen, werden diese Analysten mittelbar an der Dynamik der Kursentwicklung beteiligt. Dabei ist zu beachten, daß Aufstieg und Fall von Aktienkursen in keinem Fall wesentlich von »tatsächlichen« Ereignissen bestimmt wird, sondern ganz grundsätzlich auf der Meinung über die richtige Interpretation von Ereignissen und der Globalsituation beruht. Die »richtige« Bewertung fußt wiederum auf Vermutungen darüber, wie der Kursverlauf der Zukunft sein wird (Frey und Stahlberg: 1990, S. 107). Cutler et al. haben zeigen können, daß die meisten der besonders starken Kursbewegungen in der Periode von 1871 bis 1986 auf nicht direkt ökonomische Ereignisse (Eisenhowers Herzanfall 1955: -6,62 % des S&P Index) oder sogar überhaupt nicht auf bestimmte »Ereignisse« zurechenbar sind. Kursrelevante Geschehnisse lassen sich auch deswegen nicht über eine Art Positivliste definieren, weil man nicht wissen kann, welche zukünftigen Ereignisse von den Marktteilnehmern antizipiert werden und dann entsprechend auch schon im Kurs enthalten sind bzw. welche zukünftigen Ereignisse als Überaschung erlebt werden. Für die meisten klassischen Finanzmarktereignisse (Zinserhöhungen etc.) gilt, daß sie für die Börsen nur noch bloße Vollzugsmeldungen darstellen.

Da von Analysten die beständige Kommentierung des Marktgeschehens erwartet wird, müssen auch Kursausschläge bei Nichtereignissen von den Experten ex post erklärt werden. In dieser Weise »machen« die Kurse erst die Information. Die Analysten begründen die Kursveränderungen ohne erkennbaren Anlaß zumeist, indem sie auf Ängste oder Hoffnungen der Anleger abstellen. Die Analysten betreiben insofern ein genuines Sense-making (Weick: 1995). Sie legen die Spuren, sie finden heraus, worüber man reden kann und schaffen damit die Voraussetzung für zukünftiges Handeln. Die Analysten konstruieren also Anlässe für (Neu-)Bewertungen, die dann als Basis für anschließende Konstruktionen des Marktes dienen. Die Autoren der oben erwähnten Studie leiten aus den Kursbewegungen bei Nichtereignissen eine wichtige Hypothese ab: „If many investors accept market prices as indicators of value and so do not trade on the basis of their own assessment of values, market values will be more susceptable to those who trade on the basis of their own opinions" (Cutler et al.: 1993, S. 149). Die von den Marktteilnehmern weithin geteilte Vorstellung, daß die Kurse einen inneren Wert der Aktie spiegeln und infolgedessen eigene Bewertungen nachrangig behandeln, kann also dazu führen, daß Kursbewegungen von wenigen Marktteilnehmern in Gang gesetzt werden, die in ihrer fundamentalen Bewertung vom übrigen Markt abweichen. Neue und vom Markt abweichende Fundamentalbewertungen kommen zumeist durch Begründungszusammenhänge einflußreicher Analysten ins Spiel.

Analysten tendieren dazu, sich an zuvor veröffentlichte Studien anderer Analysten zu orientieren. Damit kommt es zu einer Art Herdenverhalten der Analysten: „In some cases analysts choose to release earnings forecasts that do not differ greatly from prior expectations, even though their private information justifies more extreme earnings forecasts" (Trueman: 1995, S. 115). Anlegerreaktionen auf Analystenstudien fallen um so deutlicher aus, je größer das Reputationspotential, auf das die betreffenden Analysten zurückgreifen können (Stickel: 1995). Neben der Reputation der Gesamtorganisation ist im Fall der Aktienanalysten insbesondere die Reputation bestimmter »Stars« von Bedeutung (die zumeist auch bei großen und entsprechend einflußreichen Instituten arbeiten). Deren Einfluß wird zusätzlich amplifiziert, weil weniger angesehene Analysten sich in ihren Empfehlungen an den Urteilen ihrer bekannteren Kollegen orientieren, die entsprechend als »Meinungsführer« auf den Finanzmärkten in Erscheinung treten. Die weniger bekannten Analysten stilisieren sich diesbezüglich zu »Opfern« der Meinungsführer, weil diese sie daran hinderten, die Prognosen zu veröffentlichen, die aufgrund ihrer »Forschung« eigentlich angezeigt wären: *„Die fundamentalen Daten können sein wie sie wollen, wenn* [Eigenname] *in New York sagt, es ist so und so, dann geht der Kurs auch in diese Richtung"* (M:3). Besonders einflußreich sind seit einigen Jahren die zumeist optimistischen Einschätzungen der Goldman Sachs-Analystin Abby Joseph Cohen. Es ist zu vermuten, daß ihre Interpretationen der anstehenden Tagesereignisse, die sie allmorgendlich Stunden vor der Eröffnung der New Yorker Börse in einer Konferenzschaltung Goldman-Analysten rund um die Welt mitteilt, einen wesentlichen Einfluß auf den tatsächlichen Verlauf der Kurse haben (Baumann: 1998). Mit diesen Bemerkungen wird deutlich, daß das System der wechselseitigen Beobachtungen und Interpretationen unter den Bedingungen enger Kopplung derart eskalieren kann, daß eine Mehrheit der Anleger geteilte Erwartungen aufweist und in diesem Sinne dann auch Tatsachen schaffen kann. „Das beste Beispiel hierfür ist die »Crash-Situation«, in der alle Marktteilnehmer erwarten, daß es nur noch abwärts gehen wird" (Frey und Stahlberg: 1990, S. 108). Im Normalfall allerdings wird es immer gegensätzliche Analystenmeinungen anderer Star-Analysten geben, so daß das Auf und Ab der Kurse nur bestimmten Trends unterliegt, die nicht in eine Eskalation führen.[54]

Die Tatsache, daß die Kauf- oder Verkaufsempfehlungen der Analysten einen erheblichen Einfluß auf den Aktienkurs eines Unternehmens haben können (siehe auch Brennan et al.: 1993), ist mit zwei wichtigen Folgewirkungen für die Wissensarbeit der Analysten und ihre organisationale Einbettung verbunden. So ist zu beobachten, daß sich einerseits die untersuchten Unternehmen auf die Arbeit der Analysten einstellen, indem sie deren Beobachtungskriterien antizipieren und ihr äußeres Bild darauf abstellen. Auf der anderen Seite werden die Analysten von der eigenen Organisation insofern instrumentalisiert, als daß von ihnen in bestimmten Situationen Leistungen erwartet werden, die zur Generierung von Geschäft der übrigen Abteilungen einer Investmentbank beitragen sollen. Wir gehen zunächst auf den erstgenannten Aspekt kurz ein.

Die börsennotierten Unternehmen sind aus verschiedenen Gründen an einem hohen Kurs ihrer Aktien interessiert. Eine gute Börsenperformance verbessert die Möglichkeiten, die sich aus Fremd- und Eigenkapitalemissionen für das Unternehmen ergeben, weil z. B. bei einer Neuemission die Aktien einen höheren Emissionskurs erzielen; ein hoher Aktienkurs verbessert auch das öffentliche Ansehen des Unternehmens – es erscheint in den Medien als »sicheres« und »gesundes« Unternehmen; zudem verringert eine hohe Börsennotierung die Chancen eines Wettbewerbers, das Unternehmen durch den Aufkauf seiner Aktien im Rahmen eines »hostile takeover« zu übernehmen. Vor diesem Hintergrund ist zu verstehen, daß die Vergütungssysteme internationaler Großkonzerne zunehmend an den Aktienkurs des Unternehmens gekoppelt werden, etwa indem Optionen auf die eigenen Aktien an das Topmanagement ausgegeben werden. Gleichzeitig ändern die Unternehmen aber auch ihre Informations*politik* den Analysten gegenüber, die sie als Bindeglieder und Vermittler zu den Kapitalmärkten ansehen. Unternehmen integrieren die Wissensstrukturen ihrer Beobachter unter anderem auch, indem sie Analysten abwerben und einstellen. Analysten wissen, was

[54] Bestimmte Analysten folgen sogar der sogenannten contrary-opinion-Hypothese, die sich von fundamentalen Daten nicht irritieren läßt, sondern immer nur das Gegenteil von dem annimmt, was die Mehrheit gerade glaubt. Vgl. etwa Neill: 1963.

Analysten hören wollen. Sie versuchen, ihr Handeln und Entscheiden mit den Kriterien der Zunft auf Passung zu bringen und das dann auch entsprechend *darzustellen*. In formaler Hinsicht passen sich auch die deutschen Unternehmen zunehmend den Beobachtungskriterien des vagabundierenden Weltkapitals an, was sich u.a. darin äußert, daß sie ihre Bilanzierungspraktiken an die International Accounting Standards (IAS) oder Generally Accepted Accounting Standards (US-GAAP) anpassen und den Investoren somit eine Vergleichbarkeit mit den ausländischen Emittenten erlauben. „*Unternehmen können sich nach deutschem Bilanzrecht ganz einfach reich oder arm rechnen. Die bilden stille Reserven, die in den Bilanzen versteckt werden, oder sie rechnen alles nach oben. Dann tauchen auch Erlöse aus Unternehmensverkäufen in den normalen Gewinnen auf. Damit fällt dann auch die Aussagekraft von Kennzahlen. Die amerikanischen Standards machen die Verschleierung viel komplizierter für die Unternehmen*“ (C:3). Diese Standards werden in den USA durch berufsständische Organisationen und die Börsenaufsicht SEC (Securities and Exchange Comission) geregelt und deren Einhaltung kontrolliert.[55] Die Spiegelung der Wissensstrukturen der Analysten durch die Unternehmen macht den Analysten ihre Arbeit also leichter und schwerer: die Vergangenheit wird durch die neuen Bilanzierungspraktiken transparenter, die Zukunft durch wechselseitige Unbestimmtheit doppelt kontingent.

Kommen wir nun zur Lage der Analysten innerhalb ihrer eigenen Organisation und deren Auswirkung auf die Arbeit. In gewisser Weise liegt die Tätigkeit der Researchabteilung quer zu den übrigen Bereichen einer Investmentbank. In die Aufgabenstellung der als Cost-center geführten Researchabteilungen sind Zielkonflikte eingebaut: Sie sollen einerseits die übrigen Abteilungen mit Analysen und Prognosen unterstützen, andererseits aber auch unabhängig in ihrem Urteil sein. Um dieser Unabhängigkeit Nachdruck zu verleihen, haben gerade deutsche Institute aufgrund ihrer Industriebeteiligungen damit begonnen, ihre Researchabteilungen in unabhängige Töchter auszugliedern (SZ vom 22.2.1997, S. 21). Auf diese Weise soll vermieden werden, daß ein Analyst ungünstige Prognosen für ein Unternehmen zurückhält, an dem die eigene Bank vielleicht selbst Anteile hält. Offizell soll auch verhindert werden, daß „*kritische Berichte über große oder potentielle Kunden zurückgehalten und schöngefärbt*“ (S:1) werden. Ausgliederung und Abschottung der Analyse- und Researchabteilung sollen den

---

[55] Nachdem der Gesetzgeber mit der Verabschiedung des Kapitalaufnahmeerleichterungsgesetzes den vom HGB abweichenden Konzernabschluß nach IAS oder nach den amerikanischen Rechnungsregeln US-GAAP zugelassen hat, beginnt jetzt die Inklusion dieser Vorschriften in die Praktiken deutscher Bilanzierung. Für die Aufstellung und Interpretation der Regeln ist wie in den USA und anderen Ländern auch ein nationales Standardisierungskomitee zuständig. Der zu diesem Zweck installierte Standardisierungsrat soll auch die Interessen der deutschen Wirtschaft bei der Weiterentwicklung internationaler Rechnungslegungsgrundsätze innerhalb des in London ansässigen International Accounting Standards Committees (IASC) wahrnehmen und die Bundesregierung bei der Gesetzgebung beraten.

Ergebnissen der Arbeit aber nicht nur ein größeres Maß an Unabhängigkeit und Objektivität bescheren.

Der Researchbereich einer Investmentbank ist partiell und temporär aber auch deswegen von anderen Organisationseinheiten durch sogenannte »chinese walls« abgeschirmt, weil sie nichts über die Aktivitäten der eigenen Bank wissen *dürfen*. Wenn Analysten beispielsweise vor der Öffentlichkeit von der geplanten Fusion zweier Unternehmen aus der Abteilung Mergers & Acquisitions erfahren würden, so wäre dieses Wissen zwar extrem kursrelevant und gewinnversprechend, aber eben auch illegal.[56] Nicht zuletzt um Insidergeschäfte zu unterbinden, nehmen Analysten eine Sonderstellung in den Banken ein: *„Man wird sicherlich versuchen, das Know how der Analysten zu nutzen, nur aus Insiderbestimmungen ist es enorm wichtig, daß man sie nicht über die chinese wall hinüberhebt. In dem Moment, wo die Analysten Insider know how bekommen, dürfen sie keine Empfehlungen mehr abgeben über Kaufen oder Verkaufen dieser Aktien. Das heißt, Sie können zwar das Know how versuchen abzugreifen, müssen aber aufpassen, daß Sie den Analysten nicht erzählen, was passiert"* (J:1). Die chinese walls sind als geplante Kommunikationsbarrieren zu begreifen, die von der Bankorganisation durch räumliche Trennung (verschiedene Gebäude, Stockwerke, Zimmer), aufgabenbezogene Trennung (Projektgruppen, Abteilungen) oder verfahrensmäßige Trennungen (selektive Verteiler, Tagesordnungspunkte) aufgebaut werden (Bülow: 1997).

Der langjährige Kolumnist der Business Week („Inside Wall Street") Gene Marcial beschreibt die »chinese wall«, die Analysten von den übrigen Bankmitarbeitern gemäß der Insider-Gesetzgebung abtrennen soll, im wesentlichen als ein Feigenblatt für offizielle Erklärungen. Die bankinternen Barrieren scheinen de facto porös und leicht zu überwinden:

„The truth is that the left hand of an investment house knows *exactly* what the right hand is doing. In many cases they shake on the deal! In fact, securities analysts have become one of the linchpins in the world of corporate finance. Analysts on the sixteenth floor have become solicitors for the investment bankers on the seventeenth floor. The companies the analysts cover become prime canditates for in-house underwriting work. What's the big problem with this arrangement? Simple: It can and it does lead to the temptation for full-service securities firms to create or at least imply this kind of »synergy«: You let us do some underwriting or other financial jobs for your company, and in return we'll see to it that your company gets a good rating in our analysts' reports" (Marcial: 1995, S. 195).

Investmentbanken bewegen sich zwischen zwei Polen, von denen der eine »Research-driven sales« und der andere »Sales-driven research« heißt (vgl. Mars: 1998, S. 315 f.). Nähert sich die Organisation dem ersten Pol an, sind die Analysten in ihrer Meinung weitge-

---

[56] Siehe etwa Hopt und Wymeersch: 1991. Ebenso illegal wie das Insider-trading, also der Kauf oder Verkauf von Aktien aufgrund von Insider Informationen ist das sogenannte »Front-running«. In diesem Fall werden Aktien entweder vom Analysten (bzw. dessen Freundin), guten Kunden oder im Rahmen des Eigenhandels der Investmentbank gekauft oder verkauft, bevor eine mit hoher Wahrscheinlichkeit kursbeeinflussende Studie des Analysten veröffentlicht wird, um an der Kursdifferenz zu verdienen.

hend unabhängig vom Rest der Organisation. Die Analysten können dann ohne Rücksicht auf die Kunden der übrigen Abteilungen die Unternehmen bewerten und ihre Schlüsse veröffentlichen. Analysten werden dann zu internen Beratern, die etwa Going Public darauf hinweisen, ein bestimmtes Unternehmen besser nicht an die Börse zu bringen. Unter den Bedingungen kompletter Meinungsfreiheit sind die Analysten also nicht in ein irgendwie geartetes Verpflichtungsnetzwerk eingebunden, und ihre Wissensarbeit unterliegt dann nur den ganz normalen Restriktionen, wie beispielsweise der Unfähigkeit, in die Zukunft zu sehen. Daß Analysten in Investmentbanken einen Zustand absoluter Autarkie genießen oder daß ihr Wissen organisationsintern sogar als letzte Instanz akzeptiert wird, ist allerdings der unwahrscheinliche Fall. Glaubhafter ist, daß die Analysten *mehr oder minder* zu einem Sales-driven Research gedrängt werden, daß also ihre Stellung in der Organisation insofern einen Einfluß auf die Ergebnisse ihrer Arbeit hat, als daß kognitive Erwartungen (Wissen) aufgrund von organisationsinternen normativen Erwartungen (Normen) partiell bzw. temporär negiert werden müssen.

Ein erster Anhaltspunkt für diese Vermutung ergibt sich aus der Finanzierungsart der »Kostenstelle« Research. Wie erwähnt, wurde Research traditionell aus den Provisionseinnahmen der Sales-Abteilung finanziert. „*Sales greift laufend auf uns zu. Die rufen an, wir sollen mit deren Kunden reden und denen dann unsere Story erklären. Warum die jetzt Hoechst kaufen sollen. Die Kunden wollen mit dem Analysten sprechen, obwohl wir denen dann ja auch nicht was anderes erzählen als in der Studie drinsteht. Die wollen auch das Privileg, sie wollen von uns den »first call« kriegen und nicht von den Sales-Leuten mit Banklehre was aufgeschwatzt bekommen. Sales kann das vielleicht nicht so sophisticated rüberbringen, warum wir jetzt denken, Hoechst steigt trotz der vielen Kritik*“ (S:1). Vor dem Hintergrund, daß den Kunden Anlässe (Studien) geliefert werden müssen, damit diese ihr Portfolio überhaupt umschichten, d. h. Wertpapiere kaufen oder verkaufen, erscheint eine davon abhängige Finanzierung in einem besonderen Licht. Ganz generell werden von den Analysten mehr Kauf- als Verkaufsstudien geschrieben, weil kein börsennotiertes Unternehmen, das immer auch ein potentieller Kunde für eine M&A-Beratung oder die nächste Kapitalerhöhung der Bank ist, gerne auf einer Verkaufsliste steht. Aus diesem Grunde gilt die in einer Studie gegebene Empfehlung »Halten« als kosmetisches Synonym für »Verkaufen«. Ein Analyst muß den Investoren gute Gründe liefern, Aktien eines bestimmten Unternehmens zu kaufen, und diese Gründe bestehen in der Regel aus Erwartungen über kommende Gewinne des Unternehmens. Es hat sich nun empirisch gezeigt, daß die Gewinnprognosen der Sell-side Analysten der Banken regelmäßig optimistischer ausfallen, als die Erwartungen der sogenannten Buy-side Analysten auf der Seite der Investoren (Dugahr und Nathan: 1995) und sich zudem rückblickend (und regelmäßig) als *zu* optimistisch erweisen (Berry und Dreman: 1995, vgl. auch Galbraith: 1996).

Nicht nur die Sales-Abteilung hat einen Einfluß auf die veröffentlichten Ansichten der Analysten. Reflektiert wird dies durch veränderte Finanzierungspraktiken innerhalb der Investmentbanken. Bei Morgan Stanley wurden die Kosten der Researchabteilung 1991 zu rund 40 % von der Investment Banking Group getragen, die beispielsweise für das M&A-Geschäft zuständig ist. Im Jahr zuvor lag diese Quote noch bei 30 %. Das ist an sich nicht problematisch und in gewisser Hinsicht sogar einsichtig, denn das in den Researchabteilungen der Investmentbanken aggregierte Wissen ist ohne Frage von großem Wert für die Arbeit der auf IPO- und M&A-Geschäfte spezialisierten Investment Banking bzw. Corporate Finance Gruppen. Die Analysten kennen die einflußreichen Manager der Unternehmen, die sie jeden Tag beobachten. Sie interviewen die Vorstände zur Finanzstrategie des Unternehmens, zu geplanten Akquisitionen oder Veräußerungen. Da die Analysten zudem Branchenspezialisten sind, kennen sie auch die kleineren Player am Markt, die vielleicht von der Abteilung Going Public an die Börse geführt werden oder eine lohnende Akquisition für ein großes Unternehmen darstellen könnten. Sie haben auch das nötige Vergleichswissen, um solche nichtbörsennotierten Unternehmen marktbezogen bewerten zu können. Und ihr Wissen um die Präferenzen der institutionellen Investoren bietet ihnen die Möglichkeit, Vorschläge über Strukturierungen von Finanzierungen zu machen, die an den Kapitalmärkten auch anschlußfähig sind (Welles: 1983). Dieses Wissen dürfen sie mit dem »Deal-Maker« auch teilen, solange die Insidergesetze im Anschluß an solche Gespräche (in denen der Analyst vielleicht Insider-Informationen erhält) eingehalten werden.

Die Grundlagen der Wissensarbeit der Analysten wird durch die Zusammenarbeit mit den anderen Abteilungen immer dann ausgehebelt, wenn auf Gefälligkeit basierende Studien und Meinungen erwartet werden, die potentielle Kunden positiv stimmen sollen. Dann findet Wissensarbeit ihr Ende, jedenfalls was das Wissen angeht. 1990 drang ein internes Memo des damaligen Leiters der Equity Markets Group von Morgan Stanley nach außen, daß weitere Aufklärung bringt: „As we are all too aware, there have been too many instances where our research analysts have been the source of negative comments about clients of the firm. (...) Our objective is to have zero failure rate on this subject and to adopt a policy, fully understood by the entire firm, including the research department, that we do not make negative or controversial comments about our clients as a matter of sound business practice" (zitiert nach Regan: 1993, S. 10). Dieses interne Papier löste in der Branche zwar eine gewisse Entrüstung aus, zeigt aber zugleich, mit welcher Selbstverständlichkeit manche Investmentbanken gewohnheitsmäßig »politisches« Verhalten von ihren Analysten erwarten.

Es besteht (fast) kein Zweifel darüber, das bestimmte Investmentbanken sehr streng darüber wachen, daß ihre Analysten nicht von den anderen Abteilungen zur Generierung von Geschäft genutzt werden. Diese Organisationen haben Prinzipien durchgesetzt, die weniger auf den Vorteil des Tages bedacht sind, sondern eine eher langfristige Perspektive verfolgen.

Dahinter steht die Einsicht, daß die lebenswichtige Reputation einer Firma von Kompetenzbeweisen abhängig ist, die sich, wenn überhaupt, am ehesten von unabhängigen Researchabteilungen am Markt erbringen lassen, deren Blick nicht durch den Druck von Investoren, Corporate Finance-Kunden und die eigenen Investmentbanker geblendet wird. Wer sowieso schon im Trüben fischt, hat es schwer genug.

Das ist eindeutig der Traum eines Investmentbankers.
(Fondsmanagerin über die Flut von Fusionen und Übernahmen)

4.2.2 Mergers & Acquisitions: Jenseits der Höflichkeiten

Der hier verfolgte Fall, die Beratung von Unternehmen bei ihren Fusions- und Übernahmeaktivitäten bzw. -ängsten, ist in den Investmentbanken organisational zumeist in Bereichen aufgehängt, die unter Dienstbezeichnungen wie Corporate Banking Group oder auch Investment Banking Division operieren. Eine solche Einheit gliedert sich formal fast immer in die Sektionen Finanzierungskonzepte, Financial Engineering, Risikomanagement und Mergers & Acquistions (M&A). Wir wollen hier auf den M&A-Bereich näher eingehen, weil diese Spezialität einerseits als „*absolute Königsdisziplin*" (P:1) des Investment Banking gilt und weil sie andererseits nicht isoliert von den anderen genannten Bereichen steht. Vielmehr ergeben sich gerade für die M&A-Gruppe laufend Notwendigkeiten, Expertise aus den übrigen Bereichen der Abteilung zu integrieren. Vor dem Hintergrund, daß beispielsweise der Kauf bzw. die Übernahme einer anderen Firma zumeist so kostspielig ist, daß sie nicht aus dem laufenden Cash Flow des Unternehmens bestritten werden kann, ist M&A auf entsprechende Finanzierungskonzepte angewiesen, die den Deal dann z. B. über eine Eigenkapitalemission für den Kunden möglich machen sollen. Und auch bei Unternehmens*fusionen*, in deren Rahmen zumeist kein »Geld« benötigt wird, sondern die mit einem hohen Kurs/ Gewinn-Verhältnis (KGV) begünstigte Aktie als Akquisitionswährung dient, sind Spezialkenntnisse von Experten außerhalb der eigentlichen M&A-Abteilung gefragt. Zusammenschlüsse erfolgen – wie im Falle Daimler/Chrysler – durch einen Aktientausch, bei dem die Aktionäre dann proportional zum Wert »ihres« Unternehmens am neuen Konzern beteiligt werden. Entsprechend ist dann die Wertsetzung beider Unternehmen die kritische Wissensfrage. „*Man muß in so einem Fall moneywise gemeinsam definierte Bewertungsgrundlagen schaffen, und genau darüber können Analysten dann Stunde um Stunde diskutieren*" (C:3). Wir werden die verschiedenen beteiligten Wissensbereiche weiter unten im einzelnen benennen.

Es sieht so aus, als ob die Globalisierungstendenzen der Wirtschaft mittel- und langfristig größere Einheiten hervorbringen und möglicherweise auch evolutionär begünstigen wird. Gerade auch im Dienstleistungsbereich (etwa im Feld der Versicherungs-, Bank- und

Telekommunikationskonzerne) zeichnet sich dies momentan unverkennbar ab. Die meisten Großkonzerne verfügen inzwischen wie bereits weiter oben erwähnt über In-house M&A-Abteilungen, die Transaktionen mittlerer Größe ohne den Rat der Finanzberater durchführen und zwar häufig nicht nur billiger, sondern auch informierter. Aber die Investmentbranche sieht nicht untätig dabei zu, wie ihre Kunden Expertise und Know-how aufbauen und das lukrative Geschäft internalisieren. In zunehmendem Maße gehen die Investmentbanken dazu über, aktiv zu werden, noch bevor ein Unternehmer Übernahmpläne schmiedet. In den M&A-Abteilungen machen sich die Banker Gedanken über ihren Dream-Merger, formulieren Ideen, konkretisieren und strukturieren sie und treten dann an den Unternehmer mit ausgearbeiteten Vorschlägen zur Übernahme einer anderen Gesellschaft heran. „If a German corporate wants to buy a South American company, we could provide a list, analysis and suggest which fits best. But that's not as productive as going to the CFO [Chief Financial Officer, O.V.] and saying that we have developed a good idea for his company. We think they should purchase something in India and here is why and the target and so on" (Selbstdarstellung der Deutschen Bank in Euromoney: 1998, Nr. 2, S. 30). Die nachfolgende Tabelle gibt einen Überblick über die bislang größten Fusionen und Übernahmen und deren Transaktionsvolumen. Was bei M&A-Transaktionen *„at the end of the day herauskommt"* (R:3), ist ungewiß (beispielhaft Aufstieg, Fall und Rebound des »integrierten Technologiekonzerns« Daimler Benz): *„Häufig ist auf der Kundenseite da viel wishful thinking im Spiel"* (R:3) und zwar unabhängig von der Größe des jeweiligen Vorhabens.

Tab. 6: Die größten Übernahmen und Fusionen

Käufer, Verkäufer und Branche; Transaktionsvolumen in Milliarden Dollar

Käufer	Kaufobjekt [1]	Branche	Land	Jahr	Preis (in Mrd. DM)
Citicorp.	Travelers Group	Banken	USA	1998	260
SBC	Ameritech	Telekommunikation	USA	1998	110
Daimler-Benz	Chrysler	Automobilindustrie	D/USA	1998	62 [2]
Worldcom Inc.	MCI Communications	Telekommunikation	USA	1997	60
Sandoz (Novartis)	Ciba-Geigy	Pharma	CH	1996	51
KKR & Co.	RJR Nabisco	Zigaretten	USA	1988	45
UBS Schweiz. Bankges.	Schweiz. Bankverein	Banken	CH	1997	40
Mitsui Bank	Tayo Kobe	Banken	J	1989	36

Walt Disney	ABC	Radiosender	USA	1995	35
Bell Atlantic	Nynex	Telekommunikation	USA	1996	34
American First Union	Core States	Banken	USA	1997	27
Zürich Versicherungen	BAT	Tabak/Finanz	CH/GB	1997	27
SBC Communications	Pacific Telsis	Telekommunikation	USA	1996	27

[1]Bei Fusionen, die als Zusammenschluß von Gleichberechtigten angekündigt wurden, gilt die Gesellschaft mit der höheren Börsenkapitalisierung als Käufer; [2] geschätzt Quelle: Securities Data

Es behauptet sich in den entsprechenden Fachjournalen aber seit Jahren der Vorwurf, daß mehr als 50 % aller Übernahmen oder Fusionen nach Ablauf einer gewissen Übergangszeit als gescheitert bewertet werden müssen, weil sie den Aktionären in den darauffolgenden Jahren eine nur unterdurchschnittliche Rendite einbrinden würden. Eine aktuelle McKinsey-Studie hat 116 Akquisitionsprogramme (die jeweils eine Reihe von Akquisitionen umfassen) amerikanischer und britischer Großunternehmen in den Jahren von 1972 bis 1983 untersucht und kommt zu folgendem Ergebnis: „Ex post analysis indicates that 61 percent of the programs evaluated ended in failure, and only 23 percent in success; the results of the rest were indeterminate“ (Copeland et al.: 1996, S. 433). Als Bewertungsgrundlage dieser Studie diente nicht die Performance des Börsenkurses der Unternehmen, sondern die Frage, ob die Unternehmen die mit den Akquisitionen verbundenen Opportunitätskosten durch Gewinne kompensieren konnten. Als ursächlich für die schlechten Erfolgschancen von Akquisitionen werden von den Autoren vier beobachtbare Tendenzen ausgemacht: 1. Der Käufer und seine Berater bewerten das Marktpotential des Verkäufers zu hoch (insbesondere wenn Unternehmen aufgrund unterdurchschnittlicher Gewinne eine niedrige Börsenperfomance aufweisen und als günstiger Deal gesehen werden). 2. Potentielle Synergieeffekte werden überschätzt. 3. Es kommt zu einem »Overbidding« (d. h., es wird im Zuge der Verhandlungsdynamik ein ungerechtfertigt hoher Preis gezahlt); und 4. schließlich die mangelhafte Integration des erworbenen Unternehmens in die Käuferorganisation.

Auf dem Hintergrund der genannten Zahlen lohnt es sich, an dieser Stelle ein Wort über die Honare der beratenden Investmentbanker zu verlieren. In den USA wird öfters nach der sogenannten Lehman- oder auch 5-4-3-2-1-Formel bezahlt, d. h. für eine abgeschlossene Transaktion (Erfolgsprinzip) erhalten sie dann 5 % für die erste Million Dollar der Kaufsumme, 4 % für die zweite Million, 3 % für die dritte Million, 2 % für die vierte Million und 1 % für alle darüber liegenden Beträge (Reicheneder: 1992, S. 65). Allerdings geht der Trend (auch in Europa) eher zu fixen Prozentsätzen, die jeweils individuell verhandelt werden und je nach Größenordnung und Komplexität der Transaktion im Normalfall zwischen 0,1 und 1 % des Transaktionsvolumens betragen. In Einzelfällen kann das Beratungshonorar als prozentualer Anteil des Transaktionsvolumens auch weit darüber hinaus gehen – selbst bei Megadeals. So kassierte Morgan Stanley im Fall der Sandoz/Ciba-Geigy Transaktion (Volumen: 51 Milliarden Mark) rund 500 Millionen Dollar als Beratungshonorar. Dieser Betrag variiert auch mit dem Umfang der erbrachten Dienstleistung, die weiter unten näher spezifiziert werden.

Weltweit fanden 1996 rund 23.000 Fusionen und Firmenkäufe mit einem Gesamttransaktionsvolumen von 1.100 Milliarden Dollar statt. 1997 betrug die Gesamtsumme schon 1.400 Milliarden Dollar, und für 1998 erwarten die Experten noch einmal eine Steigerung des Transaktionsvolumens. Allein für den europäischen Raum geht etwa J. P. Morgan von einem Wachstum um 20 % aus (1997: 507 Milliarden Dollar) und für Deutschland wird sogar eine Progression von 50 % (1997: 44 Milliarden Dollar) erwartet (FAZ vom 17. Juni 1998, S. 27). Die nachfolgende Tabelle veranschaulicht die führende Rolle, die den amerikanischen Instituten in diesem ebenso prestigeträchtigen wie einträglichen Geschäft zukommt.

Tab. 7: Weltweite Marktanteile im Bereich Mergers & Acquisitions 1997
Investmentbanken nach dem Wert der Transaktionen in Milliarden Dollar

1997	Investmentbank	Wert der abgeschlossenen Transaktionen (in Milliarden Dollar)	Marktanteil
1	Morgan Stanley	280,93	22,2
2	Goldman Sachs	251,67	19,9
3	Merrill Lynch	247,18	13,7
4	Credit Suisse First Boston	173,06	13,7
5	Lazard Houses	139,65	11,0
6	Salomon Smith Barney	135,37	10,7
7	J. P. Morgan	128,73	10,2
8	SBC Warburg Dillon Read	86,71	6,9
9	Bear Stearns	81,03	6,4
10	Lehman Brothers	69,14	5,5
11	Donaldson Lufkin & Jenrette	66,51	5,3
12	Union Bank of Switzerland	57,10	4,5
13	BT Alex.Brown/Wolfensohn	48,56	3,8

14	Wasserstein, Perella	45,52	3,6
15	Schroder Group	45,14	3,6
16	Deutsche Morgan Grenfell	42,48	3,4
			Quelle: Securities Data

Etwa ein Drittel des Volumens aller europäischen M&A-Geschäfte wurde 1997 durch Zusammenschlüsse generiert, bei denen entweder beide Unternehmen oder zumindest das Käuferunternehmen in Großbritannien beheimatet war. So haben britische Unternehmen in 1997 rund 8,7 Milliarden Pfund für Akquistionen im kontinentaleuropäischen Raum ausgegeben – so viel wie nie zuvor. 1996 lag der vergleichbare Betrag noch bei 6,5 Milliarden Mark. Mit 266 Unternehmensübernahmen durch britische Unternehmen war 1997 das stärkste Jahr seit 1990. Gut verdient haben an diesen Fusionen und Übernahmen die Investmentbanken: 1997 haben sie mit 1,3 Milliarden Pfund einen Rekordbetrag an Gebühreneinnahmen erzielt (Vorjahr 1,1 Milliarden). Die nachfolgende Tabelle gibt einen Überblick des englischen M&A-Marktes. Dabei fällt auf, daß die beiden von deutschen Instituten übernommenen englischen Investmentbanken Kleinwort Benson und Morgan Grenfell selbst auf ihrem ehemaligen Heimatmarkt weit abgeschlagen hinter den amerikanischen Instituten auf den hintersten Plätzen rangieren. Auch in Deutschland, in Europa und in den USA dominieren amerikanische Institute das Geschehen, weil ihnen von den Kunden eine herausragende Expertise in diesem Bereich zugeschrieben wird. Dies dürfte nicht zuletzt auch daran liegen, daß in den 80er Jahren in den Vereinigten Staaten regelrechte Übernahmeschlachten unter breiter Medienberichterstattung stattfanden, in denen die Investmentbanken sophistizierte Taktiken zur Übernahme und Verteidigung von Unternehmen entwickelt haben. Selbst Hollywood widmete sich dem Thema (siehe etwa »Wall Street«).

Tab. 8: Beispiel England - Die erfolgreichsten M&A-Berater 1997

Investmentbanken nach dem Wert der Transaktionen in Milliarden Pfund

1997	1996	Investmentbank	Wert von beratenen Übernahmen und Fusionen (in Milliarden Pfund)
1	2	Lazard Brothers	21,9
2	3	SBC Warburg Dillon Read	19,8
3	4	Schroders	12,3
4	10	Goldman Sachs	8,4
5	5	NM Rothschild	8,3

6	11	Morgan Stanley	7,5
7	1	Baring Brothers	6,6
8	9	Merrill Lynch	6,2
9	8	UBS	5,9
10	13	BZW	4,8
11	16	JP Morgan	4,7
12	6	Dresdner Kleinwort Benson	4,3
13	14	Deutsche Morgan Grenfell	4,3
			Quelle: Acquistions Monthly 1998

M&A-Geschäfte sind dadurch gekennzeichnet, daß die Leistung der Investmenbank nicht standardisierbar ist. Jeder Fall, jeder Deal ist einzigartig und wird sich in seiner Struktur nicht wiederholen. Für den Investmentbanker ist mit jedem Auftrag verbunden, sich auf komplett neue Objekte des Unternehmenshandels (Target-Unternehmen) einstellen zu müssen. „Er ertrinkt auch dabei schon in einer Flut von allesamt relevanten Vergangenheits- und Prognosedaten über Käufer, Verkäufer, Objekt und Umwelt, die sich nicht nur täglich ändern, sondern dabei auch die Spielregeln für seine Planung dauernd umgestalten“ (Cayatas und Mahari: 1988, S. 24.). Der Investmentbanker ist insofern immer nur Experte für das Projekt/Unternehmen, an dem er gerade arbeitet. Damit unterscheidet sich M&A etwa vom Feld der Derivate, wo bestimmte Produkte in immer gleicher Form verkauft werden. „It seems unlikely that the M&A market will ever turn into a commodity business, although a number of firms have developed some standard in-house procedures for handling many M&A transactions“ (Williamson: 1988, S. 219).

Bevor wir primär auf die Binnenseite der Investmentbankorganisation wechseln, um die Art ihrer Dienstleistungen und die Form der dort ablaufenden wissensbezogenen Aktivitäten in Augenschein zu nehmen, sind an dieser Stelle noch ein paar prinzipielle Anmerkungen zu den Rahmenbedingungen dieses außergewöhnlich einträglichen Beratungsgeschäftes zu machen.

Als wichtigste Voraussetzung ist anzunehmen, daß in Organisationen überhaupt hinreichend rational begründbare Motive auftauchen, die eine Fusion, den Verkauf und insbesondere auch den Kauf von anderen Unternehmen oder Unternehmensteilen nahelegen. Doch mit dieser Prämisse fangen die Schwierigkeiten für die beratenden Investmentbanken schon an, und nicht selten stellt die Motivbeschaffung (als Voraussetzung einer Auftragserteilung) latent eine wesentliche Aufgabenstellung für die Investmentbanken dar. Gerade wenn ein Unternehmen unter großem finanziellen Mitteleinsatz ein anderes Unternehmen kaufen will, muß die Organisation gute, d. h. rational »abgesicherte« Gründe mobilisieren können, weil es plausible Alternativen gibt, z. B. Ausschüttung von Gewinnen an die Unternehmenseigentümer (Aktionäre). Dieser Gegenentwurf scheint aber für Organisationen nicht einmal denkbar zu sein, weil er ihrer gleichsam »natürlichen« Neigung zu Komplexitätssteigerungen zuwiderläuft. Es ist von kaum einer Wirtschaftsorganisation (insbesondere wenn Eigentum und Management wie bei börsennotierten Unternehmen auseinanderfallen) vorstellbar, daß sie ihren Cash Flow aus dem Verkauf von Produkten, die ihre Marktsättigungsgrenze erreicht haben und keine zusätzlichen Investitionen in Forschung, Produktion oder Vertrieb rechtfertigen, an ihre Eigentümer, die Aktionäre abgibt (Keller: 1990, S. 256). Während viele Autoren als Ursache dieser Verhaltensweise auf den »Machismo« und das »Ego« des Managements zurechnen (man denke etwa an die umstrittene VW/Rolls Royce Transaktion), vermuten wir, daß der »Eigenwille« einer Organisation zu Wachstum, Ausdehnung und Komplexitätsaufbau neigt, der sich so lange durchsetzt, bis Disfunktionalitäten manifest werden. „Luhmann vermutet, daß ein System seine Komplexität steigern kann, bis ein Punkt erreicht wird, an dem jede weitere Steigerung die Fähigkeit des Systems, seine eigene Komplexität zu bewältigen, überfordert wird“ (Baecker: 1997, S. 23). Es ist dann zu beobachten, daß Wirtschaftsorganisationen unter Berufung auf Diskurse der Managementliteratur z. B. »Verschlankungen« ihrer Strukturen und die Reduktion auf »Kernkompetenzen« verfolgen, wobei sie Teile ihrer selbst meistbietend verkaufen (wiederum mit Hilfe von Investmentbanken, die, %ual immer an den Transaktionswerten beteiligt, Jahre zuvor vielleicht mitgeholfen haben, diese Konglomerate überhaupt erst zusammenzukaufen). Sinn und Unsinn solcher Strategien können nicht verhandelt werden, weil es keine »wahren« Letztargumente gibt, sondern allein gute Gründe. Das Interessante für uns daran ist, daß die Investmentbanker auch als Beschaffer dieser Gründe und Strategiebewerter gefragt sind. Im Gegensatz etwa zu Storck gehen wir sogar davon aus, daß diese strategisch-beratende Leistung der Investmentbanken unverzichtbar ist für deren Generierung von Geschäft (vgl. Storck: 1993, S. 105 f.). Es geht bei den M&A-Dienstleistungen der Investmentbanken also nicht um ein reines Erfüllungsgehilfentum, das auf ein irgendwie technisch funktionierendes Ablaufwissen aufbaut, sondern um die anspruchsvolle Aufgabe der Reduktion von Handlungskomplexität. Die Legitimität der Investmentbanker gründet sich dabei auf ihren exklusiven Anspruch der Deutung und Bewertung von strategischen Optionen als Stellvertreter der Finanzmärkte. Investmentbanken sind also nicht allein für die Durchführung von Deals, sondern auch für deren strategische Bewertung zuständig. Entlohnt werden sie aber nur für die Duchführung einer Transaktion. Es ist insofern nicht weiter erstaunlich, wenn Fälle dokumentiert werden, in denen der »drive for deals« der Investmentbanken dazu geführt haben soll, daß ihre Prognosen und Gewinnschätzungen von einem gewissen Überoptimismus geprägt waren. Kunden hätten sich z. B. aufgrund unrealistischer Ertragschancen dazu verleiten lassen, ein anderes Unternehmen zu kaufen, hinterher dann aber mit enttäuschten Erwartungen zu kämpfen. Selbst wenn eine Investmentbank die Käuferseite vertritt, wachsen mit steigendem Akquisitionspreis die Einnahmen der Bank, d. h. ein schlechteres Resultat führt zu einem besseren Ergebnis. Diese klassischen »agency conflicts« werden für die Kunden noch verschärft, weil die durchschnittliche Komplexität der Transaktionen so zugenommen hat, daß für die Kunden eine Bewertung der strategischen Handlungsempfehlungen der Investmentbanken schwieriger geworden ist. „The large scope and complexity of current deals have made corporations highly dependent on professional advice from investment banks, further diminishing the clients' ability to judge or even question the investment banks' performance" (Kosnik und Shapiro: 1997, S. 9). Die Intransparenz der Lage und die Ambiguität von Einschätzungen machen es den Bankern leichter, zu *agieren*, d. h. strategische Empfehlungen auszusprechen und zu rechtfertigen. Wo Instabilität und Unsicherheit überwiegen, lassen sich passende *Reaktionen* sowieso nicht ausmachen.

In der Organisation »Investmentbank« sind die Bereiche Geschäftsanbahnung (»Solicitation«) und Durchführung einer Transaktion (»Execution«) personell getrennt. Solicitation hat die Aufgabe, Deals zu generieren, d. h. auf Kundenanfragen zu reagieren bzw. potentielle Kunden auf strategische Themen anzusprechen und über die gezielte Kommunikation *„in Kontakt mit dem Unternehmen zu sein*" (F:1). Im Vorfeld einer Erstansprache (»cold calling«) oder einer Präsentation unter Bedingungen bestehender Kundenbeziehungen versucht der verantwortliche Solicitation-Manager, das über den Kunden und die Branche bestehende Wissen der Bankorganisation zu poolen: *„Das ist etwa so, daß, wenn wir zu Bayer gehen, wir uns Gedanken über deren Pharma Strategie machen. Da muß einer einen ersten Entwurf machen. Da wird der herumgereicht an möglichst viele Leute, die sich mal damit beschäftigt haben. Und dann sammelt man das Wissen der Leute ein. So funktioniert das eigentlich*" (F:1).

Insbesondere auf dem deutschen Markt mußten Kunden zunächst aber überhaupt von den Vorteilen des Investment Banking überzeugt werden. *„Und in Deutschland weiß ich, war immer der Ausdruck, daß ... der härteste Konkurrent in Deutschland war immer, daß es keine Konkurrenten gab. Das war eigentlich viel schwieriger hier noch zu verkaufen, warum man eigentlich Investment Banking braucht. Ja das ist eigentlich so ein Lernprozeß für den Markt gewesen*" (R:3). Solicitation hält dann strategische Präsentationen beim Kunden ab, es wird die »Equity-Story« des Unternehmens aus der Sicht der Analysten aufgezeigt, und auf Basis einer gemeinsam erzeugten Wahrnehmung des Unternehmens und den daraus abgeleiteten Schlußfolgerungen kommt es bei einem Erstkontakt zu ersten kleineren Transaktionen, die von den Investmentbanken als eine Art Service- oder Vorleistung erbracht wird, *„ohne daß damit Geld verdient wird*" (W:1). Auf diese Weise gewinnt Solicitation Einblicke in das Unternehmen, auf deren Grund dann Vorschläge für große und ertragreiche Transaktionen generiert werden können, und es entsteht eine Geschichte gemeinsamer Geschäfte, eine

Beziehung, auf die sich folgende Geschäfte berufen können: »Deals generate Deals«. „*Wir wählen die Kunden ganz strategisch aus. Wo wir sagen, da ... in den nächsten fünf Jahren können wir da X Prozent, X Mark Fees verdienen, oder X Dollar. (...) Und da müssen wir, das müssen wir pressieren, mit denen müssen wir im Bett sein, ja? Und, naja, aber so fängst du halt nicht an. Das dauert eben lange, so eine Beziehung aufzubauen. Und bei* [Firmenname] *ist es auch so gewesen, da habe ich über Jahre ganz kleine Transaktionen gemacht, wo wir gar nicht selbst dran verdient haben. Das sind die große Transaktionen, die kommen. Und wir haben schließlich auch viele große gemacht, wir haben auch die Verschmelzung von* [Firmenname] *und* [Firmenname] *gemacht, die Verschmelzung und dann die Auflösung von* [Firmenname] *und und und gemacht – alle großen Dinger haben wir gekriegt*" (M:3).

Um die Beziehung zum Kunden erfolgreich zu gestalten, müssen die Spielregeln hierarchischer Ebenen eingehalten werden, indem die Kundenorganisation gespiegelt wird: „*Ja, da ist die Beziehungsschiene noch auf einer anderen Ebene. Denn die Beziehung im M&A ist irgendwo ... ist so bei den Big Guys oben, ja? Das ist so der IBS-Mann zum Vorstand, der IBS-Mann zum Leiter der M&A-Abteilung und so, zum Finanzvorstand oder so was. Und die Transaktion ist eigentlich eine untere Ebene, das ist die Execution. Auf der oberen Schiene ... die werden wahrscheinlich auch zusammen in die Oper gehen. Das heißt, da spiegelt sich das schon so zu anderen hierarchischen Ebenen*" (R:3). Während die Execution-Teams, die je nach Umfang der Transaktion zumeist aus zwei bis zehn Personen bestehen, gewissermaßen für die eigentliche Arbeit der Transaktion zuständig sind, d. h. Bilanzen durchforsten, Datenbanken durchsuchen, Zahlenmaterial für Präsentationen aufbereiten usw., „ ... *kommen die anderen dann zu den Big-Picture-Meetings, ja, machen sich die Finger nicht schmutzig. Deren Job ist es im Grunde, im Club drin zu sein, ja? Da muß man drin sein, sonst kommt man nicht an die großen Transaktionen. Und dann kommen halt Teams rein, die immer neu gebildet werden und auch auseinandergehen für Transaktionen, und die dann diese Transaktionen durchführen*" (R:3). Sowohl auf der konkreten Ebene der Execution, wie auch auf der eher strategischen Beratungsebene Solicitation ist eine profunde Kenntnis der Umfeldsitution des Kunden unerläßlich, um eine ausreichende Vertrauensbasis zu generieren: „*Wenn sie bei M&A Transaktionen den Kunden beraten wollen, müssen sie die Branche kennen, sonst nimmt der Kunde sie nicht ernst, sonst können sie dem Kunden auch nicht Ratschläge geben bezüglich der weiteren Vorgehensweise, was einzelne Divisionen angeht, Verkauf, Kauf von einzelnen Bereichen – dafür müssen sie wissen, was in der Branche passiert. Sie müssen wissen, wie werden solche Bereiche in der Branche sonst behandelt, wie werden sie bewertet, wo geht der Trend hin, da müssen sie sich auskennen*" (J:1).

Jedes potentielle Projekt muß allerdings zunächst eine doppelte bankinterne Hürde überspringen. Angesichts knapper Ressourcen wird von einem Entscheidungsgremium einerseits unter ökonomischen Erwägungen darüber verhandelt, ob ein bestimmter Deal überhaupt gemacht werden soll, d. h. ob die erwarteten Erträge den Aufwand rechtfertigen oder ob es andere Projekte gibt, deren Verhältnis von Aufwand und Ertrag günstiger ist. Andererseits muß geklärt werden, „*ob wir irgendwo conflicted sind weltweit ja? Denn wir können wahrscheinlich nicht Daimler Benz beraten, wenn wir in den USA schon Chrysler beraten in derselben Transaktion. Aber das ist auch eine wichtige Aufgabe des Staffers, der heißt wirklich auch Staffer, das conflict-clearing*“ (R:3). Die Funktion des Conflict-clearing wird in Bank 3 vom Staffing abgehandelt, während Bank 2 dafür zentral in New York ein spezielles Komitee aufweist: „*Wir brauchen z. B. auch ein Commitment-Comittee, das führt weltweit die Fäden zusammen, um zu überprüfen, ob wir in irgendeiner Situation Konflikte haben. Wir können ja z. B. das Unternehmen A beraten, das Unternehmen B beraten wir nicht. Aber das Unternehmen B wird aus New York, von der Muttergesellschaft, die wir auch beraten auf einer anderen Transaktion, da haben wir dann einen Konflikt, den müssen wir lösen*“ (S:2).

Sind potentielle Konflikte ausgeschlossen oder gelöst, z. B. personelle Trennung durch eine chinesische Mauer, kann das Projekt formal beginnen. In Strategiesitzungen antizipieren und erzeugen die Senior-Banker von Solicitation Zukunft – es werden dann gemeinsam mit den Kunden mögliche Entwicklungsszenarien entworfen resp. vorgeschlagen, die beispielsweise vor dem Hintergrund einer Expansionsstrategie des Unternehmens die Frage betreffen, wie wohl die Kapitalmärkte an den Börsen auf derartige Veränderungen reagieren werden – wird man für sein Handeln belohnt (steigende Kurse) oder bestraft (fallende Kurse).[57] „*Man geht dann zum Kunden und redet mit dem über deren strategische Situation. Wie sehen die Kapitalmärkte euch und aus unserer Sicht, wir haben uns überlegt, ihr solltet vielleicht das und das Unternehmen ausgliedern oder ganz raus aus dem und dem Geschäft und nur noch das und das machen und dazu das und das dazukaufen und unsere Analysten sagen, daß die Investoren das folgendermaßen finden werden. Und das wollen die auch hören, das sind so die issues*“ (C:3). In solchen Strategiesitzungen, hinter denen ja immer auch die Generierung von Geschäft steht, scheitern aber auch bestimmte Ideen des Unternehmensmanagements am inneren Widerstand der Investmentbanker. Einige Interviewpartner legten auch großen Wert auf die Feststellung, daß sie nur die strategischen Ideen der Unternehmen prüfen, als eine Art »sounding-board« für Visionen dienen und dann helfen, diese umzusetzen:

„*Und du kannst eigentlich nur helfen, diese Vision umzusetzen, und du kannst deine Meinung dazu geben. Und ... also wir sind auch in vielen Fällen sind wir auch so, daß wir sagen: »Unser Wissen und unsere Erfahrung ... sagt uns das und das, und Sie möchten das vielleicht nicht hören.« Wir sind ... also wir machen das wirklich sehr häufig, daß wir den Leuten das erzählen, was sie nicht hören wollen. Und da haben wir schon viele Mandate daraus bekommen. Wir haben sicher auch viele verloren, aber wir sagen erstens auch in Themen wie Bewertung*

[57] Hier kommen dann, wie bereits weiter oben angedeutet, u.U. Freundschaftsdienste der Analysten ins Spiel, die das Geschehen für die Marktteilnehmer bewerten. Wird also ein großer Konzern gerade von M&A beim Kauf eines großen Wettbewerbers beraten, so erscheint unwahrscheinlich, daß die eigenen Analysten diese Strategie dann als riskant einstufen und die Aktie von »buy« auf »hold« herabstufen werden.

... aber auch wenn Einschätzungen von strategischen Situationen ... haben wir eigentlich die Einstellung, daß wir den Kunden ehrlich unsere Meinung sagen. Und wir dann sagen »Das macht keinen Sinn die Transaktion, weil die Bewertung, die uns von den anderen Häusern gesagt wird für den Verkauf Ihres Tochterunternehmens ist zu hoch. Das werden Sie nicht erzielen. Und Sie können das Mandat anderen Leuten geben, die diese Zahlen versprechen, aber wir versprechen Ihnen, Sie werden da nicht hinkommen.« Und dann verlierst du auch Mandate, wenn du sagst die Bewertung ist 500 Millionen und die anderen sagen, es ist 1,2 Milliarden, da sagt der »Huh! Ich habe lieber 1,2 Milliarden in der Kasse.« Und dann kommen sie ... im Endeffekt kommt irgendwo raus, entweder hatten wir Recht oder nicht. Du kannst auch immer nur sagen: »Das ist der Wert des Unternehmens«, du kannst nicht sagen: »Das ist der Preis, den Sie erzielen werden«, ja?" (R:3).

Was die potentiellen und argumentativ brauchbaren Motive der Käufer von Unternehmen angeht, lassen sich zwei wesentliche Motivgruppen unterscheiden (siehe Jacob und Klein: 1996, S. 42f.; Reicheneder: 1992, S. 44f.). Erstens sind hier die sogenannten leistungswirtschaftlichen Überlegungen zu nennen, die etwa auf eine vertikale (Kauf von Lieferanten oder Kunden), horizontale (Kauf eines Wettbewerbers; Fusion mit einem Wettbewerber) oder laterale (»Conglomerate Acquisition«, d. h. Expansion in Geschäftsfelder, von denen die Organisation eigentlich nichts versteht) Diversifikation und Verbreiterung des Angebotsspektrums hinauslaufen. Die Absorption einer anderen Organisation erscheint deswegen für die Käufer so verlockend, weil es eben „weitaus teurer [ist], ein Unternehmen samt komplexer Organisationsstruktur, Marktbeziehungen und Anlagenkombination vom Grundstein aus zu schaffen, als es binnen weniger Wochen, in denen der Schlaf der Top-Manager und ihrer Berater vielleicht etwas zu kurz kommt, im generalstabsmäßigen Handstreich oder auch in harmonischem Einvernehmen aufzukaufen" (Cayatas und Mahari: 1988, S. 27). Es wird, so möchten wir ergänzen, zudem auf diesem Weg ein großes Potential an belastender Ungewißheit vermieden, weil „*man ja schon weiß was man bekommt. What you see is what you get. Man weiß, was verdient wird, wer die Kunden sind usw. Und wenn du eine Forward oder Backward Integration machst, also einen Zulieferer oder Kunden kaufst, dann spricht dafür natürlich auch, daß du dann Einblicke in ein Segment nehmen kannst, wo vorher einfach auch eine Wissensgrenze war*" (P:1). Das zweite extern anschlußfähige Argumentationsspektrum fußt auf finanzwirtschaftlich begründeten Motiven. Hier sind die Risikoreduktion durch Diversifizierungsinvestitionen (Verringerung von Renditeschwankungen), der Genuß steuerlicher Vorteile (Ausnutzung von Verlustvorträgen) und die Ausnutzung von Unterbewertungen von Unternehmen durch den Markt (der Marktwert des Unternehmens ist geringer als die Reproduktionskosten der Aktiva) zu nennen.

Geschäfte auf dem Markt für Unternehmenskontrolle mögen gute Gründe finden – einfach sind sie nicht. Dieser spezielle Markt ist mit denjenigen für Güter und Dienstleistungen nicht vergleichbar, weil mit der Übertragung von Eigentumsrechten an Firmen die Eigenlogiken von Management, Gläubigern, Fiskus, gesellschaftlichem Umfeld usw. tangiert werden (hier ist etwa an den allgemeinen Aufschrei im Zuge der versuchten Übernahme im Fall

Krupp/Thyssen zu denken). Die Auflösungsdynamiken, die mit dem Aufkauf eines Unternehmens (resp. der Fusion zweier Unternehmen) auf der Systemebene der Organisation in Gang gesetzt werden, stellen häufig die wohl schwerwiegendsten Hemmnisse bei derartigen Transaktionen dar. Virulent werden diese Probleme insbesondere dann, wenn eine Organisation gegen ihren Willen im Rahmen einer feindlichen Übernahme in eine andere Organisation integriert werden soll.[58] Möglich ist dies allerdings nur im Fall von börsennotierten Unternehmen, dessen Aktien dann aufgekauft werden, bis schließlich die Unternehmenskontrolle beim »gegnerischen« Unternehmen liegt. Gerade für den deutschen Markt aber gilt, daß der »Hostile takeover« im Gegensatz zu den USA derzeit noch zu den Ausnahmen des Kapitalismus zählt, was nicht zuletzt auch daran liegt, daß die vornehmlich mittelständischen Unternehmen Deutschlands erst damit beginnen, sich über einen Gang an die Börse auf den Kapitalmärkten zu exponieren.

Aber auch ganz allgemein gilt, daß Firmenübernahmen und -verkäufe im deutschen Umfeld noch nicht die Verbreitung gefunden haben wie etwa auf dem US-Markt. Dennoch haben die deutschen Banken im Zuge der Wiedervereinigung lernen müssen, daß sie die diesbezügliche Expertise und vor allem auch die notwendige Reputation sukzessive aufbauen müssen, wollen sie langfristig nicht ihren Heimatmarkt an die US-amerikanischen Konkurrenz verlieren; der bisherige Erfolg ist aber allenfalls schwach.[59] Viele Firmen, die Betriebe der ehemaligen DDR von der Treuhand kaufen wollten, ließen sich von amerikanischen In-

---

[58] Ein bekannter Spruch in der Investmentbranche lautet: »Mergers and acquisitions is not a finance business but a human business.« Neuere Untersuchungen über die Erfolgsausichten von Übernahmen und Fusionen kommen – je nach Studie – zu dem Ergebnis, daß bei Großfusionen nur jede zweite oder gar nur jede dritte nach einigen Jahren als Erfolg zu bewerten ist. Und häufig ist diese wenig mutmachende Quote nicht darauf zurückzuführen, daß vielleicht ein zu hoher Kaufpreis gezahlt worden wäre, der dann finanziell nicht zu bewältigen gewesen war. Als besonders problematisch entpuppen sich immer wieder die weichen Faktoren einer Fusion, also der Komplex von sozialen und psychischen Reaktionen und Emotionen, die eine Übernahme in der Regel begleiten, insbesondere, wenn es sich um einen »Hostile takeover« handelt. Als Hauptursache eines Fusionsschocks läßt sich gerade jenes Moment ausmachen, das für das Gelingen der Transaktion zunächst unabdingbar ist: Überraschung. Sowohl auf seiten der Bank, als auch in der Führungsmannschaft des Unternehmens weiß nur ein innerer Entscheidungszirkel von den Plänen, damit nichts nach außen dringt, was den Deal dann noch gefährden könnte. Der Übernahmekandidat soll überfallartig übernommen werden, damit er keine Zeit hat, sich in Abwehrformation zu bringen (zu den diversen Taktiken, eine solche feindliche Übernahme zu verhindern, kommen wir weiter hinten). Bei einer solchen geheimnisvollen Vorgehensweise wird von den Beteiligten in Kauf genommen, daß der Coup die Mitarbeiter – beider Seiten – wie ein Blitz trifft. Das in der Literatur unter dem Namen „Flashlight-Syndrom" behandelte Phänomen sorgt dafür, daß die Betroffenen zeitweise außerstande sind, „eine über Nacht dramatisch veränderte Unternehmenssituation rational zu beurteilen" (Boyens: 1998, S. 3). Die Mitarbeiter des gekauften Unternehmens fühlen sich von ihrem Arbeitgeber hintergangen und betrogen. Wenn dann noch erschwerende Umstände – wie etwa unterschiedliche kulturelle Hintergründe bei einem interkontinentalen M&A-Fall – hinzu kommen, ist nicht weiter verwunderlich, daß die Mitarbeiter mit Angst und Obstruktion antworten. „Das erste Gebot der Übernahmestunde heißt daher: Transparenz schaffen, die neuen Ziele verständlich machen, positive Perspektiven aufzeigen, die Unsicherheit abbauen und alle guten Mitarbeiter zum Mitmachen bewegen" (ebenda.).

[59] Weder die Deutsche Morgan Grenfell (Deutsche Bank) noch die Kleinwort Benson (Dresdner Bank) hatten in 1997 bezogen auf das von ihnen betreute Transaktionsvolumen einen Platz unter den ersten zehn M&A-Beratern in Europa.

vestmenthäusern beraten. Experten erwarten, daß es im Vorfeld der Einführung des Euro zu etlichen Unternehmenszusammenschlüssen und -übernahmen kommen wird – so etwa in der Chemie- und Pharmaindustrie, in der Automobilzulieferindustrie, dem Handel und bei den Banken und Telekommunikationsanbietern. Insgesamt repräsentieren die M&A-Dienstleistungen einen Zweig des Investment Banking, der im Zuge der Globalisierung eine eher stärkere Bedeutung bekommen wird. Mehr und mehr Transaktionen sind sogenannte Cross-border-transactions. Folgerichtig werden Märkte im M&A-Geschäft nicht mehr nach Ländern oder Regionen abgegrenzt, sondern (in Analogie zum Sektorresearch der Analysten) nach Branchen, um so zu einer besseren Einschätzung der Konsolidierungstendenzen in der Unternehmenslandschaft zu gelangen.[60]

Die Beratungsleistungen von M&A beziehen sich jeweils auf bestimmte Aspekte struktureller Unsicherheit, die in den verschiedenen Phasen eines Fusions- oder Übernahme/ Verkaufsprozesses zum Tragen kommt und die wir nachfolgend am Beispiel der Akquisition eines börsennotierten Unternehmens eingehender analysieren.[61] Diese Unsicherheit wird absorbiert, indem sich die Kundenorganisation auf die kognitiven Erwartungshaltungen der Investmentbanken verläßt, dieses Wissen in ihre eigenen Entscheidungsprogramme einbaut und dann auf Basis »sicherer« Erwartungen handelt, also kauft oder verkauft.

Im Rahmen einer Kaufberatung beginnt das M&A-Core-Business mit Überlegungen zu den Transaktionskriterien und der Analyse des Mandanten (Storck: 1993, S. 106). In einem ersten Screening wird Fragen nachgegangen wie: „*Was soll gekauft werden, wie paßt das ins bisherige Unternehmensprofil, welche Größe des Targets ist finanziell auf welche Weise zu stemmen usw*" (O:2). Anhand eines festgelegten Profils erfolgt die Suche nach geeigneten Transaktionspartnern. „*Wobei es durchaus passieren kann, man findet ein Unternehmen, das eine ideale Ergänzung ist, aber eben nach Kriterien, die man vorher noch gar nicht hatte, worauf man gar nicht gekommen war.* (O:2). Nachdem also im Handlungsvollzug eine eventuelle Anpassung der eigenen Präferenzen stattgefunden hat, erfolgt die Ansprache der sogenannten A-Targets durch die Investmentbank. Je nach Reaktion des Target-Unternehmens werden dann unterschiedliche Wege der Informationsbeschaffung beschritten. Stößt das Kaufinteresse beim Management des Target auf Ablehnung, muß das Unternehmensprofil allein anhand von externen Quellen erstellt werden. Bei Gesprächsbereitschaft des Target beginnt eine eingehende Analyse von Informationen, die vom jeweiligen Unternehmen zur

---

[60] Siehe etwa das Interview mit der Coleiterin von Morgan Stanley Deutschland, Naneen H. Neubohn, in der FAZ vom 22. April 1997, S. B1.

[61] Im Fall nichtbörsennotierter Unternehmen fallen wesentliche Möglichkeiten der Verkomplizierung aus: Es gibt keine feindliche Übernahmen, weil das Targetunternehmen das Ansinnen des Käufers einfach ablehnen und damit den Fall beenden kann. Ist das Target interessiert, sind auch in diesem Fall die wesentlichen Probleme zu bewältigen: die Bewertung des Targets und die Verhandlung bezüglich des Preises.

Verfügung gestellt werden. Neben rechtlichen Verhältnissen, der Organisationsstruktur, Management, leistungswirtschaftlichen Daten (Produkte Verfahren, Patente, Vertriebswege, Kunden u.a.), einem eher allgemeinen Teil (offene Rechtsfragen, Umweltbelastungen, Mitarbeiterfragen etc.), sind insbesondere die finanzwirtschaftlichen Informationen (etwa Jahresabschlüsse) von Interesse (Jacob und Klein: 1996, S. 49 f.). Die vom Unternehmen zur Verfügung gestellten Informationen werden von der Investmentbank aufbereitet und analysiert, zu einem „*Buch*“ (R:3) verarbeitet und dann dem Käufer präsentiert. Wenn die Initiative vom Verkäufer ausgeht, stellt die Investmentbank des Verkäufers auch die Informationen über das Unternehmen zusammen. „*Es gibt halt immer eine Bewertung. Da gibt es bestimmte Parameter, bestimmte Systeme, die angewendet werden, um ein Unternehmen zu bewerten. Es wird meistens ein Selling-Memo geschrieben, d. h. das Unternehmen wird beschrieben. Das wird an Investoren, an potentielle Käufer rausgeschickt. Und über den Inhalt kannst du natürlich stundenlang streiten, was rein muß, was nicht, wie du eine Bewertung, wie du Zahlen interpretierst und wie nicht. Da kannst du ja stundenlang diskutieren*“ (R:3). Der nächste Schritt ist ggf. die Erstellung eines sogenannten »Letter of Intent« mit dem der Käufer eine Absichtserklärung, aber noch kein verbindliches Kaufangebot abgibt und in dem die grundsätzlichen Transaktionscharakteristika und die diesbezügliche Einigung der Parteien dokumentiert wird. Im Rahmen dieser formellen Absichtserklärung wird auch der Umfang der sogenannten »Due Dilligence« (gebotene Sorgfalt) festgelegt, einer sehr viel tiefergehenden Prüfung des Unternehmens durch den Käufer und seine Investmentbank. Nach Abgabe des Letter of Intent ist der Verkäufer verpflichtet, Informationen zur Verfügung zu stellen, die aus Wettbewerbsgründen normalerweise nicht zugänglich gemacht werden. Mit diese Prüfung versucht die Käuferseite, das Risiko von Enttäuschungen zu minimieren und unter Umständen den Kaufpreis erheblich zu drücken. Auch die Due Dilligence beschränkt sich nicht auf die Analyse von Jahresabschlüssen und Planungszahlen des Unternehmens. Es werden zudem das große wirtschaftliche Umfeld, die gesetzlichen Rahmenbedingungen, mögliche Umweltbelastungen, drohende oder anhängende Rechtsstreitigkeiten, gegebene Garantien und wesentliche vertragliche Verpflichtungen in Einkauf, Absatz und sonstigen Bereichen erfaßt. Bei der Erstellung der Unterlagen, der Prüfung und Einschätzung der Situation, hilft den Investmentbankern, daß sich branchenspezifische Fragestellungen wiederholen, so daß sich Spezialisierungsvorteile einstellen. „*Es gibt bestimmte Dinge in der Abwicklung, die wiederholen sich immer wieder. In der Chemieindustrie ist das die Frage, wie löse ich was aus dem Standort raus. Integrierte Standorte müssen sie da rauslösen. Sie haben immer die Umweltproblematik, Lieferverträge über Rohstoffe. Da entwickelt man spezielles Wissen. (...) Und die Kunden werden dann relativ rasch konkret und wollen wissen, wie das abläuft*“ (F:1).

Die Ausgangslage für den nun anschließenden Verhandlungsprozeß ist dann zumeist die, daß es einen Käufer, einen Verkäufer und jeweils eine beratende Investmentbank gibt, die die Interessen ihrer Seite vertritt. Im Zentrum des Verhandlungsprozesses steht dabei die Preisfindung, die aufgrund der Unternehmensbewertung erfolgt, sowie eine Einigung über die Finanzierungsinstrumente, mit denen die Transaktion umgesetzt werden soll. Sowohl die Verhandlungsführung selbst (*„das hat viel mit Spieltheorie zu tun“* (J:1)) als auch die Bewertung eines Unternehmens und die Konstruktion der Finanzierung sind als zentrale Handlungsfelder von M&A zu begreifen. Die verschiedenen Kompetenzen bündelnd, ließe sich von einer speziellen Deal-making Expertise sprechen, die insbesondere auch Konstruktionsleistungen über das Unbekannte einschließt. „Die Einbeziehung von Investment-Banken in den Prozeß der Unternehmensbewertung läßt sich zum einem mit Informationevorsprüngen bei für die Bewertung relevanten Marktdaten (z. B. Branchenbeurteilung, Daten über die Struktur vergangener, vergleichbarer Transaktionen), aber auch mit spezieller Expertise beim Einsatz von Bewertungesmethoden begründen“ (Jacob und Klein: 1996, S. 57). Dabei ist zu berücksichtigen, das es »den Wert« eines Unternehmens nicht gibt. Reflektiert wird dies zum einen im Vorhandensein sehr unterschiedlicher Methoden der Unternehmensbewertung und zum anderen in der Praxisbeobachtung, daß wohl noch keine Preisverhandlung am Ende durch exaktes Rechnen entschieden wurde. Vielmehr dient die Kunst der Unternehmensbewertung eher als eine Art Spielbein, das von den Investmentbanken je nach Einschätzung der taktischen Lage mal nach vorne und mal nach hinten verschoben wird. Aus diesem Grunde wollen wir an dieser Stelle auch nicht tiefer in diese Thematik einsteigen, zur groben Orientierung aber zwei Formen der Bewertung unterscheiden (ausführlich dazu Jacob und Klein: 1996, S. 64f.; Reicheneder: 1992, S. 82f.). Zum einen gibt es Verfahren, die auf den verfügbaren Kapitalmarktdaten beruhen. Ist ein Unternehmen börsennotiert, läßt sich die Marktbewertung anhand des aktuellen Aktienkurses leicht ermitteln. Ist das Unternehmen nicht an der Börse notiert, werden Marktbewertungen vergleichbarer börsennotierter Unternehmen oder Preise vergangener Transaktionen herangezogen. Die anderen Verfahren beruhen auf einer Fundamentalanalyse des Bewertungsobjektes. Innerhalb dieser Gruppe lassen sich Verfahren unterscheiden, die auf die Bewertung von Vermögensgegenständen und Schulden des Bewertungsobjektes abstellen und so den sogenannten Substanzwert feststellen, während andere Bewertungsformen eine Analyse der zukünftigen Zahlungsströme betreiben. Diese letztgenannten Formen (die sich wiederum aufschlüsseln lassen in das Ertragswertverfahren und die sogenannte Discounted-Cash-Flow-Methode) haben sich inzwischen in praxi durchgesetzt.

Aufgrund der Tatsache, daß diese Verfahren der Unternehmensbewertung auf der Antizipation zukünftiger Zahlungsströme beruhen, stellen sie ein ausreichendes Maß an Mehrdeutigkeit zur Verfügung, so daß der Artikulation von Preisvorstellungen der beteiligten Parteien nichts im Wege steht und das Verhandlungsspiel beginnen kann:

„Eine M&A-Transaktion, wenn Sie sich sowas wie Krupp-Hösch ansehen, ist sicherlich auch enorm facettenreich, enorm interessant. (...) Da wird sicherlich die Verhandlungssituation mitunter noch interessanter sein als die rein rechnerische Bewertung. Sie müssen hier vielleicht noch etwas taktischer und strategischer an die ganze Sache herangehen. Sie müssen Ihren Kunden, was die Verhandlungsführung angeht, sehr gut beraten" (J:1).

„Und deine Zahlen können dir viel sagen, aber im Endeffekt mußt du auch sehr taktisch vorgehen, wenn du kaufst oder verkaufst, denn du weißt ja nicht, ob ich der einzige Käufer am Markt bin oder nicht. Es gibt ja den Ausdruck »All it takes for a good race is one blind horse«, d. h. wenn du dem potentiellen Käufer das Gefühl gibst, da sind noch fünf andere im Rennen, die das ernsthaft kaufen wollen, dann kann es sein, daß der viel mehr bezahlt als er eigentlich wollte. Insofern auch so Sachen, die vielleicht gar nicht so quantitativ zu messen sind, sondern irgendwo viel mehr so Soft issues sind" (R:3).

Die Unternehmensbewertung spielt insofern zwar zunächst eine wichtige Rolle für die Schaffung von Entscheidungsgrundlagen, wird dann aber mit dem Auftreten oder Ausbleiben von weiteren Interessenten aus der »entscheidenden« Position verdrängt (Cayatas und Mahari: 1988, S. 65). Während die jeweils gegnerische Investmentbank versucht, den Preis zu drücken bzw. in die Höhe zu treiben, werden Käufer und Verkäufer von der eigenen Investmentbank dahingehend beraten, Grenzziehungen vorzunehmen, die einen Höchst- bzw. Mindestpreis der Transaktion möglichst fixieren sollen. *„Es muß verhindert werden, daß ... in the heat of the deal ein Preis gezahlt wird, den man dann hinterher vielleicht bereut. Deswegen ist es wichtig, vorher festzulegen, was man höchstens zu zahlen bereit ist"* (P:1). Aus diesem Grunde hat sich in einer amerikanischen Bank die Praxis etabliert, Bewertungen einem speziellen Komitee vorzutragen, das nicht direkt an einem Deal beteiligt ist. Die dort versammelten Experten sollen mit ungetrübten Blick die Grundlagen und Annahmen des Bewertung – etwa des Zinsatzes – überprüfen. In Anbetracht der Tatsache, daß die direkt Beteiligten *„jeden Deal machen wollen, weil die ja ihre Credits dafür kriegen"* (R:3), erscheint die Institutionalisierung »unabhängiger« Komitees als Möglichkeit, die Beobachtungen der Ausführenden kontingent zu setzen und Beobachtungen zweiter Ordnung in den Prozeß einzuführen. *„Im evaluation comittee sitzen z. B. Leute, die mit der Transaktion gar nichts zu tun haben. Und sie gehen dort als Projektleiter hinein und präsentieren ihre Bewertung. Und sie werden dort gegrillt. (...) Ich würde mal sagen, das ist die Minimierung von Risiken und die Minimierung von Fehlern in einer Bewertung, die sehr sensibel ist. Es gibt bestimmte Hebel, Effekte bei der Veränderung eines Zinssatzes. Und da muß man sehr genau und fokussiert arbeiten in bestimmten Bandbreiten. Das zeichnet auch die Qualität einer Arbeit aus. Das sind alles Senior Manager der Bank, die in der Summe wahrscheinlich zweihundertfünfzig Jahre Erfahrung haben. Ich weiß nicht genau. Aber sehr, sehr erfahrene*

Senior-Manager, die aus ganz Europa zusammengeflogen werden und dann an diesen Meetings teilnehmen“ (S:2).

Die Unternehmensbewertung wird also einerseits dazu genutzt, interne Stoppregeln zu generieren, die eine Eskalation von Ressourcen „*im Eifer des Gefechts*“ (P:1) verhindern sollen. Andererseits bildet sie eine wichtige Grundlage für die Argumentation im Rahmen der Verhandlung. Handelt es sich um eine primär kompetetive Verhandlungssituation, beginnt die Eröffnung häufig mit der Präsentation von Maximalforderungen, von denen dann mit dem Ablauf der Zeit und unter taktischen Gesichtspunken abgewichen werden kann. Verhandlungsgegenstand ist ferner die Form der Finanzierung. Während der Verkäufer an einem Gegenwert interessiert ist, der rasch liquidiert werden kann, liegt es im Interesse des Käufers, die Finanzierung möglichst kosteneffizient zu gestalten, etwa durch einen Aktientausch, bei dem der Käufer die Aktien des Target übernimmt und im Gegenzug einen bestimmten Anteil der Aktien des neuen Unternehmens an den Verkäufer abgibt (Reicheneder: 1992, S. 94). Weil sich gerade bei großen Transaktionen eine reine Barzahlung aufgrund der damit zusammenhängenden Verschuldung für den Käufer meistens verbietet, lassen sich häufig auch Mischformen beobachten. So hat etwa der britische Kabel- und Satellitensender BskyB den Aktionären des Fußballclubs Manchester United ein Übernahmeangebot von 1,79 Milliarden Mark gemacht, bei dem BskyB 240 Pence je Aktie bietet, je zur Hälfte in bar und in neuen BskyB Aktien. Der Verwaltungsrat von Manchester United hatte dem Übernahmeangebot zugestimmt, nachdem BskyB sein erstes Gebot um 50 Millionen Pfund erhöht hatte. Er empfahl seinen Aktionären (Manchester United gehört zu 60 % institutionellen Investoren, das Management hält rund 20 % und der gleiche Anteil wird den Fans der Mannschaft zugerechnet), auf das Angebot einzugehen, das 51 % über dem letzten Kurs vor Bekanntwerden der Übernahmepläne liegt (FAZ vom 10. 9. 1998, S. 23). Daß BskyB zur Zahlung eines »Premiums« bereit ist, das 51 % über dem Marktwert des Clubs liegt verdeutlicht noch einmal, wie relativ Unternehmensbewertungen jeglicher Art tatsächlich sind. Dabei ist auch zu berücksichtigen, daß BskyB offensichtlich Ertragserwartungen hegt, die sich allein aus der organisationalen Kombination der beiden Geschäftsaktivitäten ergeben können.

Wir kommen nun zu einer Form der Akquisition, die nicht auf Verhandlungen mit dem Management des Target beruht. Die sogenannte »feindliche Übernahme« zeichnet sich dadurch aus, daß der Käufer versucht, die Aktionäre des Target-Unternehmens direkt anzusprechen und ihnen ein Übernahmeangebot ohne die Zustimmung des Target-Managements zu machen. Das akquirierende Unternehmen bietet den Aktionären an, die Wertpapiere des Target zu einem Kurs zu übernehmen, der wesentlich über dem aktuellen Börsenkurs liegt. Dieses Premium liegt im Mittel 40 % über dem aktuellen Börsenkurs vor Bekanntgabe der Offerte (bei freundlichen Übernahmen werden in der Regel 30 % Premium gezahlt). Das

Unternehmen bietet entweder eine Zahlung in Geld und/oder in Aktien des neuen Unternehmens an. Dieses Verfahren wird als Tender-Offer bezeichnet. Beim Hostile takeover versucht der Käufer, zunächst möglichst unbemerkt einen bestimmten %satz der gehandelten Aktien des Target zu übernehmen, indem er diese durch die beauftragte Investmentbank am Markt erwirbt. Zu diesem Zeitpunkt zahlt er noch Marktpreise für die Aktien. In den USA muß der sogenannte »Bidder« seine Übernahmeabsichten inzwischen innerhalb von 10 Tagen der Securities and Exchange Comission melden, sobald er 5 % der Aktien des Target erworben hat. Innerhalb dieser zehn Tage können gute Arbitrageure aber noch einen beträchtlichen Teil des Target erwerben – im statistischen Durchschnitt 13,9 % (Reicheneder: 1992, S. 121). Die Aktien müssen so unauffällig wie möglich erworben werden, damit kein Run auf den Titel losgetreten wird, der den Kurs unweigerlich in die Höhe treibt. Die Melde- und Veröffentlichungspflicht für Übernahmeabsichten war eine Reaktion auf die Praxis der »Creeping-Tender-Offerte«, bei der Aktienpakete über einen längeren Zeitraum verteilt und durch diverse Strohmänner aufgekauft wurden, um so die Zahlung eines Premiums an die Aktionäre zu umgehen.

Eine besondere Variante der Tender-Offer ist das sogenannte »Saturday Night Special«. Diese Strategie zielt darauf ab, die Übernahmeofferte an die Aktionäre zu einer unmöglichen Zeit abzugeben – also etwa am Samstagabend, Weihnachten oder zum Jahreswechsel, so daß die Geschäftsleitung des Target keine Zeit für Krisensitzungen und Gegenreaktionen hat. Der Hintergrund dieses überfallartigen Vorgehens liegt in der Wahlfreiheit der Aktionäre. Sie können auf die Offerte eingehen und Gewinne einstreichen. Sie können aber auch – aus guten Gründen – abwarten. Sie könnten z. B. darauf spekulieren, daß das Angebot noch einmal erhöht wird. Sie können sich aber auch von Target-Management vom einem Verkauf abbringen lassen, etwa indem auf Emotionen gesetzt wird und der Käufer als Arbeitsplatzvernichter hingestellt wird. Oder es wird angezweifelt, daß der Käufer überhaupt genügend Liquidität besitzt, um den Deal zu finanzieren. Es erstaunt nicht, daß die Investmentbanken nicht nur Taktiken und Standardprozeduren für die Durchführung eines Hostile takeover entwickelt haben, sondern sich auch Instrumente und Strategien für die Verteidigung eines Unternehmens ausgedacht haben (Williamson: 1988, S. 240 f.). Die Lage verkompliziert sich für den Käufer und seine Investmentbank wesentlich, wenn sich das Management des Target einem Übernahmeangebot widersetzt und mit Hilfe einer eigenen Investmentbank Gegenmaßnahmen (»Raid defense«) ergreift. Eine wehrhafte Verhaltensweise erscheint angesichts der andernfalls verlorenen Unabhängigkeit und möglichen Entlassung als nicht eben unwahrscheinliche Option des Target-Managements.[62] Zu den langfristigen Möglichkeiten, feindliche

---

[62] Im oben zitierten Fall von Manchester United wurde dem Vorstandsvorsitzenden des Clubs ein Platz im Verwaltungsrat von BskyB angeboten, zudem erhält er für seinen Anteil am Club 85 Millionen Pfund. Die

Übernahmen zu verhindern, zählt beispielsweise, zu den institutionellen Großaktionären eines Unternehmens im Rahmen der Investor Relations so gute Verbindungen aufzubauen, daß diese auf Übernahmeangebote nicht eingehen. Auch die breite Streuung der Unternehmensaktien und die damit verbundene Vervielfachung von Entscheidern kann als Strategie begriffen werden, Übernahmen oder auch nur Einflußnahme schwieriger zu machen:

„Es gibt einen sehr großen Versorger mit Sitz in Düsseldorf, der bei den drei Großbanken seit Jahrzehnten betreut wird. Dieser Versorger kam auf uns zu und wünschte im Investment Banking, sei es im Konsortium, sei es im Rentengeschäft, mehr mit uns zu tun zu haben. Dieser Versorger hatte festgestellt, daß über zehn % seines Grundkapitals in den Staaten plaziert ist, was nicht schlecht ist. Aber die zehn % Grundkapital, was im Milliardenbereich ist, ist nur an sieben Investoren verteilt. Da kam dieser Großversorger und sagte, daß er es nicht wünsche, daß seine Großbank bei institutionellen Anlegern, womöglich bei seinen Konkurrenten, sein Aktienkapital plaziere. Sondern er wolle den genossenschaftlichen Sektor anzapfen, um breitgestreut in 1000er oder 500er Paketen verteilen, so daß uns keiner während der Hauptversammlung das Leben schwermachen kann“ (S:4).

Weitere beispielhafte Möglichkeiten der Raid defense bestehen etwa in der kurzfristigen Bekanntgabe optimistischer Gewinnprognosen oder dem Verkauf von strategischen Geschäftsbereichen bzw. Aktiva, an denen der Raider ein starkes Interesse besitzt, einer Taktik, die unter dem Namen »Crown Jewels« bekannt ist. Ferner kann das Target (nach einer Gesetzesänderung inzwischen auch in Deutschland) den eigenen Aktionären ein Rückkaufangebot machen, das natürlich über dem Angebot des Raiders liegt, oder sogar ein eigenes Übernahmeangebot für das bietende Unternehmen aussprechen (»Pac Man«).

Im Falle einer feindlichen Übernahme wird weniger das Verhandlungsgeschick als Schlüsselqualifikation der Investmentbanken angesehen, als vielmehr ein geschicktes Timing von Handlungen und die qualifizierte Antizipation der Schritte des gegnerischen Managements und insbesondere des Verhaltens der Aktionäre. Schneller zu sein als die Gegenseite, wird als das Alpha und das Omega des Wettbewerbs um die Unternehmenskontrolle angenommen. Dabei helfen die Branchenexperten, seien dies Analysten oder Investmentbanker. Ihnen wird zugetraut, daß sie das Verhalten der Gegenseite vorhersagen können, weil sie bei anderer Gelegenheit schon ausführlich mit diesen Managern deren Geschäftsstrategie durchdacht haben. Und schließlich glauben die Investmentbanker auch, die Handlungsweisen der Aktionäre abschätzen zu können. Im Wissen um die Kapitalmärkte liegt ja gerade die besondere Expertise dieser Organisationen. *„Im Grunde ist es ja so, daß der Aktionär Gewinn machen will. Und den will er so schnell wie möglich machen und nicht erst in fünf Jahren. Wenn ein gutes Angebot da ist, greift er zu, es sei denn, das Management kann ihm dann noch was Besseres versprechen – period*“ (O:2). Die Investmentbanken sind ohne jeden Zweifel enorm kreativ, was die Entwicklung von Strategien zur Übernahme von Unternehmen und deren

---

unter Motivationsgesichtspunkten vielfach verfolgte Beteiligung des Managements an einem Unternehmen erscheint auf diesem Hintergrund riskant!

Verhinderung angeht.[63] Jede Maßnahme scheint aber ihre Gegenmaßnahme zu finden. Im Zuge dieser Entwicklungs- und Eskalationsdynamik wächst der Raum des potentiell Möglichen, womit nicht allein zusätzliche Chancen für den weiteren Strukturaufbau geschaffen werden, sondern gleichzeitig auch der Kontingenzraum jeglichen Vorgehens ausgedehnt wird. Unternehmen und Investmentbank müssen sich auf »Eventualitäten« vorbereiten. Damit ist das Risiko verbunden, daß nicht eintritt, was man erwartet hatte. *„Die hatten da so eine Art »early warning system« installiert, um ungewöhnliche Aktienkäufe zu registrieren, bevor ein Bidder wirklich auftaucht. Als sie dann glaubten, da passiert was, begannen sie, Assets zu liquidieren, um genügend Kapital für den Gegenschlag zusammenzubekommen. Wenn man das nicht rechtzeitig schafft, dann war es das. Da ist das Timing alles. Es gibt da so einen Spruch: »A bad bidder makes a good target«. Und dann stellte sich heraus, daß das gar nichts war. Loch Ness. Alles umsonst*" (O:2).

Die Investmentbanker werden also nicht zuletzt auch für die Antizipation des Nichtantizipierbaren bezahlt. Es wird von ihnen eine temporäre Form der Sicherheit erzeugt, indem das Geschehen mit der Illusion unterlegt wird, daß eine weitgehende Kenntnis und Analyse des Marktes möglich wäre. Es wird ausgeblendet, daß es sich bei den Kommentierungen der Banker um Beschreibungen handelt, bei denen man nie sicher sein kann, was eigentlich beschrieben wird, noch ob die Beschreibung zutreffend ist. Paradoxerweise generiert gerade diese Ignoranz Handlungschancen (die anders nicht zu kriegen sind), die dann auch jene Realitäten schaffen können, die man erwartet hat – oder auch nicht. Man glaubt, die taktischen Schritte des Gegners kognitiv vorwegnehmen zu können und wendet dann eine Geschwindigkeit im Handeln auch auf Vorgänge an, die diese vielleicht gar nicht vertragen. Es läßt sich schlicht nicht rational durchkalkulieren, welche Dynamiken bei einer im Handstreich durchgeführten Übernahme in der Targetorganisation losgetreten werden. Es erstaunt dann auch nicht weiter, wenn Dinge zunächst gut oder schief laufen und dann einen Ausgang nehmen, mit dem niemand gerechnet hatte.

In den USA ist die feindliche Übernahme eine übliche Geschäftspraxis, während sie in Deutschland erst im Zuge der geplanten (und dann geplatzten) feindlichen Übernahme des Thyssen-Konzerns durch den kleineren und schwächeren Konkurrenten Krupp der breiteren Öffentlichkeit bekannt wurde: Unter dem Phantasienamen »Hammer und Thor« wurde in aller Stille ein Projekt initiiert, an dessen Ende ein Großkonzern gegen seinen Willen mit einem anderen verschmolzen werden sollte. Die Spezialisten von Goldman Sachs feilten drei Monate

---

[63] Insbesondere die First Boston hatte diesbezüglich einen inzwischen legendären Ruf. Das 80er Jahre M&A-Führungsteam der First Boston bestand aus Joseph Perella, Bruce Wasserstein und Bill Lampert, dessen Visitenkarte ihn als »Creative Director« auswies. (Perella und Wasserstein machten sich dann 1988 selbständig und nahmen leitende Mitarbeiter der First Boston mit. 1997 betreute ihre Firma Wasserstein, Perella bereits ein Transaktionsvolumen von rund 45 Milliarden Dollar.)

an dem Plan und legten bis ins Detail fest, wie der Takeover ablaufen sollte. Das Kaufangebot an die Thor-Aktionäre, die Finanzierung des Kaufpreises und die bilanzielle Bewältigung der finanziellen Belastung innerhalb weniger Jahre. Rund 200 Millionen Mark sollte Krupp an die Analysten und Investmentbanker von Goldman Sachs für die Ausarbeitung des Plans zahlen inklusive der Erfolgsprämie. Der Kauf von Thyssen, so der Plan der Krupp-Berater, sollte sich durch Einsparungen, Verkäufe von Konzernteilen und Synergieffekte selbst finanzieren. Die Bankstrategen errechneten allein im Stahlbereich ein Einsparungspotential von 500 Millionen Mark pro Jahr, so heißt es in dem Konzept der Berater, das so geheim war, daß selbst die Namen der Beteiligten verschlüsselt wurden. Diskretion ist in so einem Fall unabdingbare Voraussetzung für das Gelingen eines Takeovers, weil sämtliche Planungen des Bidders auf einem bestimmten Preis beruhen, zu dem das Target gekauft werden soll. Dringen Übernahmeabsichten vor der Zeit an die Öffentlichkeit, steigt der Kurs des Target so weit, daß eine Übernahme nicht mehr zu finanzieren ist. Zwar sind an einem komplexen und großvolumigen Takeover durchaus viele Experten der Bank und des Bidders beteiligt, aber eben nicht mehr als unbedingt notwendig, um so die Wahrscheinlichkeit einer Informations-Leckage so gering wie möglich zu halten.

Daß Einfallsreichtum, Wissen, Kapital und Verschwiegenheit *Erfolg* allerdings nicht garantieren können, mußten auch die „enigmatischen Drahtzieher“ (Schuman: 1989, S. 299) von Goldman Sachs erfahren: Der Krupp/Thyssen-Deal stieß auf starken öffentlichen Protest und ging nicht auf. „Local bankers say it indicates how little the bank understood the complicated industrial structure. In Germany decisions are made in the wider interests of company's so-called *stakeholders* – not only shareholders but also customers, suppliers, bankers and employees, whose representatives sit on supervisory boards“ (Celarier: 1997, S. 63). Eine Bewertung der Folgen dieser Fehleinschätzung für die Investmentbank Goldman Sachs läßt sich nicht allein als Summe der entgangenen Advisor-fees ausdrücken. Goldman Sachs war bislang immer darauf bedacht, die Begleitung und Durchführung von *feindlichen* Übernahmen zu vermeiden, um das Vertrauen ihrer wichtigen Firmenkunden nicht zu verlieren. Die Unternehmen, so das Kalkül der Banker, könnten sich in der Offenlegung von strategischen Zielsetzungen, finanzpolitischen Interna usw. zurückhalten, wenn sie fürchten müßten, daß die Goldman-Spezialisten mit diesem intimen Wissen beim nächsten Deal vielleicht die gegnerische Seite zu vertreten. Der Krupp/Thyssen-Deal stellte aber ganz offensichtlich den Versuch dar, an einem Trend zu partizipieren, der die Unternehmenslandschaft in Kontinentaleuropa kräftig verändern und die Einnahmen der Investmentbanker in die Höhe treiben wird.

Die M&A-Dienstleistungen einer Investmentbank werden in der Regel nicht von einer Abteilung allein erbracht. Analysten, Kapitalmarkt- und Branchenexperten, Juristen, selbst die

Hilfestellung auf Zuruf und ohne Zeitverzögerung sozial absichert, erlaubt den spontanen »Zugriff« auf das Wissen nicht direkt Projektbeteiligter. Auffallend ist insgesamt, daß M&A massiv auf Unterstützungsleistungen anderer Bereiche der Bank angewiesen ist, daß M&A andersherum aber aufgrund rechtlicher Einschränkungen (Chinese Wall) oder in Ermangelung funktionaler Gewinne keine oder nur geringe Aufgaben für die übrigen Abteilungen wahrnehmen kann. Der Wissenstransfer verläuft also relativ einseitig.

Die Analysten verfügen, wie bereits im vorherigen Kapitel angedeutet, über Wissensbestände, die für M&A von herausragender Bedeutung sind: „Securities research people can generate valuable leads to a merger and acquisitions department. Securities analysts are in a position to know which companies are in trouble and may welcome advice leading to acquisition or divestiture. They are in a position to know, which companies are valnurable to takeovers, because of undervalued assets. And they are in a position to know which companies are likely to be looking for acquistions. At the same time, securities analysts can answer the questions of merger and acquisitions people looking for buyers or sellers to meet the needs of a client“ (Williamson: 1988, S. 225). Auch für die zentrale Aufgabe der Unternehmensbewertung sind die Analysten hilfreich: „*Wir versuchen in den meisten Fällen, einen Analysten für Bewertungsfragen mit ins Boot zu bekommen. Manchmal sind die vielleicht nicht so erpicht darauf, weil sie dann ja nicht mehr Empfehlungen aussprechen dürfen, wenn sie wissen, was vor sich geht, aber sie sind vielfach unverzichtbar – sie werden auch gefragt, wie bewerten die Kapitalmärkte das, wenn ein Unternehmen wie* [Firmenname] *jetzt aus dem Chemiebereich aussteigt und die Sparte verkauft*“ (P:1). Weil die Analysten keine direkten Umsätze generieren können, sind sie organisationsintern fast nie in der Lage, sich Anfragen von M&A zu entziehen.

Von zentraler Bedeutung für M&A ist auch die Corporate Finance Abteilung. Beide Bereiche sind eng miteinander verwoben und nicht selten wechseln auch die Mitarbeiter je nach Auftragslage zwischen den Abteilungen hin und her. Die Experten für Unternehmensfinanzierung generieren nicht nur Ideen über die Finanzierung des vielleicht gerade zum Erwerb anstehenden Unternehmens, sie denken sich auch die Konzepte aus, nach denen der Kauf oder Verkauf einer Firma in Restrukturierungen der Finanzierungsform des Gesamtunternehmens mündet. „*Muß man vielleicht Teile des erworbenen Unternehmens verkaufen, um die Gesamtbelastung zu begrenzen, also so ein Splitting, und wir sagen dann vielleicht, wer als Käufer für diesen Teil in Frage käme. In welchem Maße kann man vielleicht die Verlustvorträge des erworbenen Unternehmens nutzen, um die Steuerlast des Käufers zu reduzieren usw. Das sind so die Fragen. Was für ein Design könnten neue Finanzierungsinstrumente haben, wenn es jetzt um eine große Akquisition geht. Macht man das mit Eigen- oder Fremdkapital*“ (C:3). Während die Corporate Finance-Experten Strukturen und Instrumente entwickeln, sind die Trading- oder Handels-Abteilungen direkt mit dem Kauf und Verkauf solcher

Finanzierungsinstrumente beschäftigt. *„Die haben sozusagen ihr Ohr am Markt“* (C:3). Trader wissen aufgrund ihrer vielfältigen Kontakte zu Investoren, welche Art von Finanzierungsinstrument sich gut an den Märkten plazieren läßt, und sie können unter Rückgriff auf ihre Erfahrungen auch die Chancen innovativer Möglichkeiten einschätzen.

Wichtige Einschätzungen und Vorschläge für viele M&A-Leistungen kommen auch von der Abteilung für Risk-arbitrage. Die sogenannten Arbitrageure decken sich mit Aktien von Firmen ein, von denen sie aus gutem Grund annehmen, daß der Kurs durch bevorstehende Übernahmeaktivitäten steigen wird. Wenn Unternehmen A beispielsweise das börsennotierte Unternehmen B kaufen möchte, unterbreitet A den Aktionären von B ein öffentliches Kaufangebot für deren Aktien, wobei dieses Angebot höher liegt als der derzeitige Kurs der Aktie. Arbitrageure verfügen über Informationsnetzwerke, die sie mit (legalen und illegalen) Informationen und Gerüchten versorgen, bevor diese den breiten Markt erreichen. So können sie zum »normalen« Kurs in Aktie B einsteigen und dann zum höheren Kurs verkaufen, sobald Unternehmen A seine Übernahmeofferte unterbreitet hat oder sogar darauf spekulieren, daß die Offerte sogar noch erhöht wird, falls sich zum Kurs X nicht genügend Aktionäre zu einem Verkauf bereit erklären.[64] Für M&A sind die Arbitrageure der eigenen Bank eine wichtige Informationsquelle für ungewöhnliche Marktaktivitäten, weil die Märkte von ihnen beständig nach Anomalien und brauchbaren Informationen und Hinweisen abgesucht werden. Arbitrageure haben ihre »Fühler« am Markt und versetzen M&A so eventuell in die Lage, Unternehmen B vor dem Versuch einer feindlichen Übernahme durch A warnen zu können (und so auch das entsprechende Verteidigungsmandat zu bekommen), noch bevor es zu einer offiziellen Übernahmeerklärung gekommen ist. Weil die Arbitrageure selbst von der Deutung und Bewertung dieser Zeichen leben, sind sie Experten für die Einschätzung der von M&A für ein Unternehmen A geplanten Übernahmeangebote bzw. Verteidigungsangebote. Sie wissen, wie der Markt darauf reagieren wird, weil sie selbst der Markt »sind«.

Wie wichtig ferner die Rechtsabteilung einer Investmentbank im Rahmen von M&A-Aktivitäten ist, zeigt sich etwa am Negativbeispiel der VW/Rolls Royce-Transaktion. So wurde der VW-Konzern, der zunächst im Ringen mit BMW um die britische Luxusfirma Rolls Royce obsiegte, schließlich doch noch ein Opfer der unübersichtlichen Rechtslage. Nachdem VW schließlich BMW überboten und den Automobilhersteller Rolls Royce für 1,7 Milliarden DM vom Rüstungskonzern Vickers übernommen hatte, stellte sich heraus, daß die wertvollen Namensrechte nicht mitveräußert worden waren, sondern mit dem Verkauf von Rolls Royce Motor Cars an den Hersteller von Flugzeugtriebwerken Rolls Royce plc. gefallen

---

64 Arbitrageure verkaufen erst zu einem Kurs, von dem sie annehmen, daß er den Grenznutzen für das übernehmende Unternehmen darstellt. Wenn eine Investmentbank Zweifel an dem von ihr genannten Übernahmepreis aufkommen läßt, können die Kosten der Übernahme in die Höhe getrieben werden, weil die Marktteilnehmer darauf wetten, daß die Offerte erhöht wird (siehe zum Beispiel Currie: 1998, S. 32).

sind, an dem wiederum die BMW mit 40 % beteiligt ist. Obwohl sich die Analysten aller Banken seit Beginn der Übernahmediskussion darüber einig waren, daß der Wert der Autoschmiede Rolls Royce nicht in den Fabriken, dem Know How der Forscher und Entwickler o. ä. zu suchen ist, sondern daß dieser Wert eben fast gänzlich aus den Nutzungsrechten des Markennamens Rolls Royce besteht, liegt der Fall nun so, daß VW einen Kaufpreis bezahlt hat (der von den meisten Analysten sowieso schon als überteuert angesehen wurde), in dem nun aber noch nicht einmal die Namensrechte enthalten sind. Im konkreten Fall wird die Schuld für die fatale Fehleinschätzung der rechtlichen Lage zwar in erster Linie der VW-eigenen Rechtsabteilung zugeschoben – *„Ich vermute, daß die die Leute von [Firmenname] gar nicht weiter gefragt haben, sondern daß der Oberindianer das weitgehend ohne externe Kräfte abwickeln wollte“* (B:4) – aber die Rolle juristischer Expertise wird auf dem Hintergrund zunehmender Cross-Border-Transaktionen und der damit zusammenhängenden rechtlichen Unübersichtlichkeit auch für die Investmentbanken immer wichtiger (Ward: 1997, S. 64, Williamson: 1988, S. 227, Chu: 1996). Bei größeren M&A-Geschäften werden von den Investmentbanken aus diesem Grund immer auch große global operierende Anwaltskanzleien zur Absorption rechtlicher Unsicherheit eingeschaltet. *„Als Daimler und Chrysler in die Fusionsverhandlungen gingen, saßen da wohl gut zwei Dutzend Anwälte der beiden zusammen“* (C:3). Deren Aufgabe bestand weniger in der routinierten Ausarbeitung von Verträgen, sondern gerade auch in der Antizipation zukünftiger Gesetzgebungsmöglichkeiten, die für die Wahl der Gesellschaftsform des Großkonzerns (AG nach deutschem Recht) von entscheidender Bedeutung gewesen ist.

Die Norm teamorientierten und kooperativen Arbeitens wird innerhalb der Organisation einer Investmentbank durch personenorientierte Reputations- und Vergütungssysteme enorm unter Druck gesetzt. Dies gilt insbesondere für den Bereich beratungsnaher Dienstleistungen wie M&A, weil sich Erfolg nicht anhand von Zahlen auf einzelne Personen zurechnen läßt. Die kollegiale Zusammenarbeit wird dabei durch kompetetive Verhaltensmuster durchbrochen, um die eigene Leistung und Person wahrnehmbar werden zu lassen. *„Da mußt du dich halt schon positionieren. Gerade ... vielleicht noch viel mehr auch in Bereichen, die nicht so direkt mit Gewinn- und Verlustrechnungen rechnen wie Sales and Trading, sondern im Bereich eben wie Investment Banking, ja? Wo eben »Perception« unheimlich wichtig ist, ja, als jemand, der große Deals macht, der super Transaktionen durchführt, ja?“* (R:3). Innerhalb der Teams setzen sich beobachtbare Verhaltensweisen als Standards durch, die auch in der Außenwahrnehmung der Investmentbanker eine große Rolle spielen. Investmentbanker gelten als „Arbeitstiere“ (C:3), die ohne Schlaf auskommen (*„Ich hab das mal ausgerechnet – in meiner härtesten Woche bin ich auf 120 Stunden gekommen“* (R:3)), aber dennoch Spitzenleistungen bringen. Sie präsentieren sich als kühle Wissensarbeiter, deren Arbeitsbedingungen so unmenschlich sind, daß ihre Kunden nicht mit ihnen tauschen wollten. Externe Darstellungsleistungen finden ihre interne Entsprechung in Form von »Facetime«. *„Thema Investmentbanking – wer am härtesten arbeitet, wer die meisten Stunden im Büro sitzt ... ist natürlich total kontraproduktiv, weil du jegliche Effizienz bestrafst, und weil Facetime im Grunde ein riesen Issue ist, ja? (...) Wenn du halt abends irgendwo rumsitzt, ja, und du bist eigentlich fertig um zehn, aber du siehst, daß alle anderen Typen noch da sitzen ... guckst so links und rechts, weil wir alle in Großraumbüros sitzen, in so cubicals und du bist schon gestern Abend um halb elf schon nach Hause gegangen und die anderen haben wieder bis drei Uhr morgens da gesessen ... das ist halt irgendwann die Frage, ob du nicht auch äh ... ein bißchen länger da bleibst, weil ... ja, und das ist natürlich ... das ist halt Perception, ja? Wenn ich unheimlich hart arbeite, dann bin ich sicher auch ein guter Banker, ja? Das ist ein bißchen überspitzt ... manchmal geht so die Wahrnehmung so ein bißchen in die Richtung" (R:3).*

In der Kommunikation werden Erfolge auf Teams, aber eben auch auf Personen zugerechnet, indem man sich im Rahmen eines Teams positioniert als jemand, der hart arbeitet, der gut verhandeln kann, der innovative Lösungen generiert, der in kritischen Situationen das Ruder herumreißen kann. Wer sich »in Szene setzt«, *„... der vermarktet mehr »Ich habe das, das und das gemacht«, wobei, das ist auch eine gewisse geschmacklose Selbstreklame, die heute um sich greift, dieses Ich, Ich, Ich, und es wird darüber übersehen, daß da eine Rechtsabteilung, eine Steuerabteilung mitgewirkt hat und daß ein Team mitgearbeitet hat und daß das Ganze letztlich ohne einen Backround, die Franchise der Organisation nie geklappt hätte, das ist halt der Sittenverfall unserer modernen Berufswelt ... ähm diese Selbstdarstellung mit der dann einer zu Markte geht und sagt, ich bin derjenige, der das für eine andere Organsiation genauso machen kann. Und das geht manchmal gut und manchmal geht es nicht gut, also da gibt sicherlich auch sehr viele Enttäuschungen" (W:1).* Die Zurechnung von Erfolgen und Mißerfolgen auf Personen ist im Investment Banking enorm verbreitet. An »Stars« knüpfen sich Hoffnungen und feste Erwartungen – sie werden für besondere Fälle extra eingeflogen, nicht zuletzt, „*weil die Kunden darauf bestehen, daß [Eigenname] das Team leitet*" (C:3). Eccles und Crane zitieren einen Kapitalmarktexperten, dessen Aufgabe darin lag, das Pricing für ein Übernahmeangebot festzulegen: „We hoped to lure them [die Eigentümer] with a clear short-term gain. I said I was totally convinced we could get 80 percent of the bonds at these prices. It was a »trust me« situation, but that's why they pay me" (Eccles and Crane: 1988, S. 23). Vertrauen kann an Personen gebunden werden, weil man es ihnen auch wieder entziehen kann, ohne sich in Kontingenzerfahrungen zu verlieren.

Die Risiken, die sich aus einer Orientierung ergeben, die erstrangig auf Personen und nicht auf Prinzipien abstellt, werden allerdings zumeist nicht mitbeobachtet. Wir vermuten, daß die Ignoranz derartiger Risikobelastungen durch beobachtende Systeme ihre »Ursache« in einer weitgehenden Überforderung findet, die sich formiert, sobald die Beobachtung struktureller Kontingenz schwerer wiegt als eine partielle Inkaufnahme von Risiken, die sich auf Personen bezieht. Man findet immer Personen, die in der Vergangenheit Erfolge für sich verbuchen konnten und kann dann bei Bedarf, d. h. im Enttäuschungsfall den Favoriten wechseln. Wer allein auf Wissen, Prinzipien, Prozeduren und dergleichen setzt, tut sich damit ungleich schwerer, weil Erwartungsstrukturen dieser Art eine kognitive Bearbeitung zeitigen können (Lernen), die dann allerdings auch Erfahrungen des Mißerfolgs mit sich bringen (können). Wer Wissen, d. h. seine eigenen Beobachtungsformen kontingent setzt, verbaut sich möglicherweise Handlungschancen, die sich nur aus dem Vertrauen in eine erkennbare Welt speisen. Zwar lassen sich alle möglichen Formen der Ignoranz negativer Entscheidungsfolgen ausmachen, die sich zusammenfassend als »Rechtfertigungsarbeit« (Japp: 1996, S. 107) bezeichnen lassen, aber die Zurechnung von Erfolgen und gerade eben auch von Mißerfolgen auf Personen hat für die Organisation den Vorteil, daß diese Art von Anstrengung unterbleiben kann. Sie braucht ihre Programme nicht zu wechseln und auch keine guten Gründe erfinden – es reicht, den erfolglosen Experten zu entlassen nach dem Motto, die Mannschaft spielt schlecht, gefeuert wird der Trainer.

Die zu beobachtende Personen- bzw. Expertenfixierung in Wissensorganisationen wie dem Investment Banking hat aber noch einen weiteren Hintergrund, der ganz unmittelbar mit dem Wesen der Wissensarbeit selbst verknüpft ist. Wissensarbeit baut darauf, daß sich Verknüpfungsleistungen mit Hilfe von Wissen herstellen lassen, die Entscheidungen vorbereiten. Das funktioniert so lange, wie die Komplexität der Lage soziale Schließungen für diese oder gegen jene Entscheidung wissensbasiert auch zuläßt. Das System kollabiert, sobald Wissen nicht mehr mit Hilfe von Wissen verknüpft werden kann, d. h. wenn sich die Verknüpfungsfähigkeit von Wissenselementen nicht mehr aus diesen selbst ergibt. Genau hierauf achten die Experten in ihrer Arbeit: Sie selegieren das Wissen mit Blick auf seine Verknüpfungs- und Anschlußfähigkeit. Aus diesem Grunde beobachten Analysten Umsatzzahlen, die Zinsentwicklung, Kursbewegungen, die Maschinenauslastung und den Personalaufwand und in gewissem Umfang auch chemische Formeln, neue Verfahren der Stahlverarbeitung und vieles andere genau so wie sie es tun. Alles jenseits ihrer Unterscheidungen muß im Dunkeln bleiben. Und genau aus diesem Grunde muß auch jede Form des organisationalen Wissensmanagements darauf achten, daß sie ihre Experten nicht mit einem Zuviel an Wissen überfordert, sondern im Gegenteil sogar ein gewisses Maß an Mehrdeutigkeit unterschlägt. Organisationen können mit Hilfe eines Managements von Wissen die Effizienz ihrer Experten erhöhen, wenn sie ihnen brauchbares, passendes, bestärkendes, mit einem Wort anschlußfähiges Wissen liefern.

Bewerber, die nach dem Examen ins Investment Banking einsteigen wollen, fallen in den Assessmentcentern dann durch, wenn sie im Rollenspiel dem fiktiven Kundenvorstand nicht klar machen können, warum er auf Basis eines bestimmten Wissens genau diesen Preis für sein Tochterunternehmen bekommen kann. Ein »Anfängerfehler« besteht dann darin, daß die Bewerber dazu neigen, auf die tatsächliche Ambivalenz von Information zu verweisen, ihre eigene Unsicherheit offenzulegen, zuzugeben, daß es so oder anders ausgehen könnte.[65] Wissensbasierte Entschiedenheit ist gefragt, nicht nachdenkliche Zögerlichkeit, weil Wissensarbeit immer auch Überzeugungs- und Ordnungsarbeit ist. In präzise diesem Sinne spricht auch Alvesson davon, daß wissensintensive Organisationen »Systems of persuasion« sind, die im Rückgriff auf Personen Handeln trotz prinzipiell unendlicher Kontingenzräume gestatten - »that's why they pay me«.

...just say Herkst!

(Investor-Relations-Kampagne der Firma Hoechst in den USA)

4.2.3 Emissionsgeschäft: Das Management von Risiken

Die Plazierung von Wertpapieren beim anlagesuchenden Publikum und institutionellen Investoren, das sogenannte Emissionsgeschäft, werden wir im folgenden vor allem unter dem Aspekt betrachten, wie die Investmentbanken in diesem Bereich durch die Kombination spezifischer Expertisefelder Folgenunsicherheit kommunikativ einschränken und so einer kontingenten Umwelt Handlungs- und Entscheidungfähigkeit abringen. Die Produktion von – zusammenfassend ausgedrückt – »Emissionsexpertise« ist zunächst einmal als Leistung der Bank für ihren Kunden, den Emittenten zu verstehen, der sich auf dieses Wissen bezieht und so eine in Entscheidungen mündende Selbstbindungsbereitschaft mobilisieren kann. Der scharfe Wettbewerb um das Emissionsgeschäft zwingt die Banken im Rahmen solcher Transaktionen aber dazu, in größerem Umfang auch selbst Risiken zu übernehmen. In diesem Sinne ist es in bestimmten Segmenten des Emissionsgeschäftes üblich, daß die Emissionsbank die Funktion des »underwriting« übernimmt, d. h. sie kauft zunächst die Wertpapiere vom Emit-

---

[65] Wir zitieren an dieser Stelle eine Sequenz aus einem Bewerbungsverfahren, das von der ZEIT aufgezeichnet wurde:
»Wir schlafen gleich ein«, sagt der Vorstandschef zu den Leuten von der Investmentbank, die sich vorn am Overheadprojektor aufgestellt haben. »Jetzt sagen Sie uns endlich: Wieviel können wir kriegen, wenn wir die Firma verkaufen?« »Unsere Berechnungen haben 2,4 bis 3,2 Milliarden Mark...« »Genauer!« blafft der Vorstand. »Wieviel denn nun genau?« Der Mann am Projektor redet einfach weiter. »Die Bandbreite erklärt sich...« »Ja, kriegen wir die 3,2 Milliarden oder nicht?« »Mindestens 3 Millarden«, heißt es von vorn; die Stimme klingt nicht mehr so fest. »Aber warum reden Sie dann von 2,4 bis 3,2, wenn Sie so sicher sind, daß wir 3 Milliarden kriegen?« Der Vorstandchef schaut zur Decke. »Außerdem«, sagt er, »dachten wir mehr so an 3,5 bis 4 Milliarden.« »Ja, ja«, stammelt der Investmentbanker, wir dachten ... also mindestens drei Milliarden Dollar, wahrscheinlich mehr.« Jetzt hat er auch noch Mark und Dollar durcheinander gebracht. »Schönen Dank, das war's«, sagt der Vorstandsvorsitzende, »wir werden uns heute noch fünf andere Banken ansehen.« (in: Die Zeit, vom 7. Mai 1998, S. 18).

tenten zu einem festen Übernahmekurs und versucht sie anschließend beim Anleger abzusetzen. So ein »firm commitment« ist von »best-effort« Vereinbarungen zu unterscheiden, bei denen das Plazierungsrisiko beim Emittenten verbleibt und die Bank lediglich verspricht, sich redlich zu bemühen, die Papiere auch unterzubringen (Bloch: 1986, S. 122). Wir werden das näher erläutern, wollen aber zunächst zum besseren Verständnis der Hintergründe zwei »Archetypen« von Wertpapieren unterscheiden.

Es gibt für Wirtschaftsorganisationen zwei Wege, sich mit Zahlungsfähigkeit zu versorgen, die zumindest temporär unabhängig von ihrem Cash flow, also den laufenden Einnahmen sind. Sie haben die Möglichkeit, Kredite aufzunehmen, oder sie können sich über einen Gang an die Börse, d. h. über den Verkauf von Firmenanteilen mit, wie man so sagt, »frischem« Kapital versorgen. Im ersten Fall spricht man von »Fremdkapital«, im zweiten von »Eigenkapital«. Fremdkapital hat den Vorteil, daß eine Organisation in ihren internen Entscheidungen weitgehend autonom bleibt. Man leiht sich Geld – etwa für die Investition in große Forschungsanstrengungen, eine neue Fabrik oder für die Ablösung von Schulden – gegen das Versprechen, dieses Geld innerhalb einer gewissen Zeit zurückzuzahlen, ohne daß der Gläubiger einen Eigentums- oder gar Mitspracheanspruch an das Unternehmen stellen kann. Der gewichtige Nachteil an dieser Art der Finanzierung besteht darin, daß sie vergleichsweise teuer ist, denn für die Kapitalleihgabe müssen Zinsen gezahlt werden. Üblicherweise liegt dieser Art von Transaktion das Kalkül zugrunde, daß die interne Verzinsung des Kapitals – z. B. durch eine neue Fabrik – eine höhere Rendite erwirtschaftet, als die Kapitalkosten betragen, die mit einer externen Finanzierung entstehen. Der Verkauf von Firmenanteilen in Form von Aktien folgt einer anderen Logik. Das Unternehmen erhält für die Veräußerung eigener Anteile Kapital, das einerseits nicht rückzahlbar ist und auch nicht mit direkten Zinszahlungen verbunden ist. Dennoch handelt es sich bei dieser Form der Finanzierung nicht um eine gleichsam bedingungslose Übertragung von Zahlungsfähigkeit. Erstens ist – je nach Art der Aktie – mit dem sogenannten »Going Public« ein gewisser Autonomieverlust verbunden: Aktionäre „*können auf Hauptversammlungen unangenehme Fragen stellen, und große institutionelle Investoren können hinter den Kulissen auch so manche Managemententscheidung beeinflussen*“ (S:1). (Auf die Risiken, die sich mit der Eigenkapitalexponation an der Börse im Zusammenhang mit dem Markt für Unternehmenskontrolle verknüpfen, haben wir im vorhergehenden Kapitel bereits ausführlich hingewiesen.) Und zweitens erwarten auch die Aktionäre eine Rendite des von ihnen eingesetzten Kapitals – entweder in Form einer vom Unternehmen ausgeschütteten Dividende oder durch Kurssteigerungen der Aktie. Der Aktionär wird im Normalfall sogar eine Prämie erwarten, die aufgrund der von ihm eingegangen Risiken der Nichtzahlung höher liegt als die marktdurchschnittliche Verzinsung des Fremdkapitals (Reicheneder: 1992, S. 241). Weil die Erwartungen der Aktionäre nicht durch spezifizierte Versprechungen des Unternehmens »abgesichert« sind, spricht man auch von

Risikokapital.[66] Die Investmentbanken bereiten diese Form der Kapitalbeschaffung, also die Ausgabe von handelbaren Wertpapieren, inhaltlich vor und führen sie durch. Insgesamt gehört die Emission von Wertpapieren für Unternehmen und staatliche Einheiten zum operativen Kern des Geschäftes der Investmentbanken.[67] Dies gilt auch für den sich im internationalen Vergleich mit einiger Verzögerung entwickelnden deutschen Kapitalmarkt. Der Börsengang wird als Kapitalquelle immer beliebter, und auch Fremdkapitaltitel haben den klassischen Bankkredit als kurz- oder langfristige Finanzierungsform privater Unternehmen inzwischen vielfach abgelöst (die festverzinslichen Anleihen des Bundes haben allerdings schon eine längere Tradition).

Analog zu der Unterscheidung zwischen Eigen- und Fremdkapital sind zwei Formen von Wertpapieren unterscheidbar: Eigenkapitaltitel einerseits (Aktienerstemissionen, Kapitalerhöhungen und Equity-Carve-outs) und Fremdkapitaltitel andererseits (längerfristitge Anleihen, sog. »Bonds« und kurzfristige Anleihen »Commercial Paper«). Aufgrund der bereits angesprochenen Unterschiede dieser beiden Formen der Finanzierung läßt sich feststellen, daß die Emission von Eigenkapital (insbesondere die einmalige Umwandlung eines privaten Unternehmens in eine Publikumsgesellschaft durch den Gang an die Börse) von ihrem Hintergrund her sehr viel strategischer angelegt ist, als eine Fremdkapitalemission. *„Ein Börsengang hat mehr Bedeutung für die Strategie eines Unternehmens als wenn ich mir Kapital über ne Fremdkapitalemission besorge. Das ist ja im Grunde nichts anderes, als daß ich zur Bank gehe und mir Geld hole, nur jetzt mal nicht bei einer Bank, sondern eben mit Intermediation an den Kapitalmarkt, und dann hole ich mir das Geld da. Für ein Unternehmen ist ein Bond-Issue ... ist nicht unbedingt so das wichtigste, was passiert*“ (R:3). Wegen der größeren Bedeutung und der erhöhten Komplexität eines Going Public wird diese Art des Emissionsgeschäftes nachfolgend am intensivsten behandelt.

Für beide Wertpapierformen gilt, daß die Leistung der Investmentbanken für den Emittenden strukturell darin besteht, Wissen über die Finanzmärkte zu generieren und so bestimmte Unsicherheitszonen einer Emission ausleuchten zu können. Die Emittenten vertrauen dabei

---

66 Bei Fremdkapitaltiteln geht der Gläubiger davon aus, daß das Unternehmen seinen Zahlungsverpflichtungen nachkommen wird, er hat es ja vertraglich versprochen! Die Wahrnehmung von Kontingenz fällt für den Investor schärfer aus, wenn er sogenannte »junk-bonds« gekauft hat. Das sind »Hochrisikoanleihen«, die im Erfolgsfall enorme Zinsen versprechen. Von einem soziologischen Standpunkt aus betrachtet ist natürlich jede Investitionsentscheidung »riskant«. Die im Feld übliche semantische Differenzierung zwischen Kapitalanlagen und Risikokapitalanlagen markiert nicht zuletzt auch eine Orientierung an Statistik, die ja gerade nichts über den Einzelfall aussagt.

67 Es ist vielfach argumentiert worden, daß die Investmentbanken ihren Aufstieg nach dem 1929er Crash wesentlich dem Finanzierungsbedarf nachfolgender Kriege zu verdanken haben (so etwa Behrens: 1990, S. 18). In diesem Zusammenhang besonders erwähnenswert sind etwa die Regierungsanleihen zur Finanzierung der Rüstung des Korea-Krieges (1950/53) und die Wertpapieremissionen der Rüstungslieferanten zur Vorfinanzierung des Vietnam-Krieges bis in die 70er Jahre hinein.

auf überlegene Methoden und Wissensbestände ihrer Berater, weil sie sich selbst den Zumutungen von Marktkomplexität und Intransparenz nicht aussetzen wollen. Nachdem die amerikanische Security and Exchange Comission (SEC) im Februar 1982 die umstrittene Rule 415 erlassen hatte, die es den Unternehmen erlaubte, ihre Wertpapiere ohne die helfenden und kontrollierenden Hände der Finanzintermediäre an der Börse zu plazieren, geschah, was niemand erwartet hatte: „To the surprise of many observers, most corporations continued to market their shares through the investment banks. After all, they had been dealing with the banks for years, and most of them lacked direct contact with institutional investors and, perhaps even more important, the intuitive knowledge of market conditions that would determine when and for how much they could offer their shares" (Hoffman: 1984, S. 109). Diese von den Investmentbankern absorbierte Unsicherheit bezieht sich auf drei wesentliche Aspekte einer Wertpapieremission. Hier ist zunächst die Wertsetzung (Pricing) von Wertpapieren zu benennen. Im Fall von Eigenkapitalemissionen wird den Investmentbankern ein überlegenes Wissen darüber zugeschrieben, wieviel ein Unternehmen wert ist und zu welchem Kurs dessen Aktien an den Märkten plaziert werden können. Und sie wissen – im Falle von Fremdkapitalemissionen – die Bonität des Emittenten und die allgemeine Zinsentwicklung an den Kapitalmärkten einzuschätzen und können entsprechend Aussagen darüber treffen, welche Zinszahlungen ein Unternehmen (oder ein Staat) versprechen muß, damit die Anleihen auch abgenommen werden. Der zweite wichtige Aspekt betrifft das Zeitmanagement einer Emission (Timing). Der Erfolg einer Wertpapieremission hängt stark vom Zeitpunkt ihrer Begebung ab. Hier ist ein Wissen über die zukünftige Marktentwicklung ebenso entscheidend, wie auch die Kenntnis anderer geplanter Emissionen und deren Zeithorizont. So werden Aktienemissionen beispielsweise in Zeiten unsicherer Marktenwicklung eher zurückgestellt, um nicht das Risiko fallender Kurse und damit verbundene Reputationsverluste hinnehmen zu müssen. „The underwriter must be decisive in order to capitalize on market conditions and to bring an issue out promptly. If the delay is too long, the market may shift and the window of opportunity will close. A bad market does not merely determine if and when a company will be taken public. It may keep the company from raising as much capital as it wants, may reduce valuations, and may generate problems in the aftermarket" (Kuhn: 1990, S. 253). Der dritte Blickpunkt gilt der Formgebung (Design) der Wertpapiere. Die Investmentbanken wissen, welche Art von Aktie (mit oder ohne Stimmrecht z. B.) oder Anleihe (festverzinslich oder nicht, Währung etc.) an den Märkten auf welches Interesse treffen und versuchen, schon in der Entstehungsphase positiv auf die Erfolgschancen einer Emission zu wirken.

Die Investmentbanken müssen sowohl in der Zusammenarbeit mit dem Emittenten als auch im weiteren Prozeßverlauf in ihren Beziehungen zu den Investoren Kommunikationen in Gang setzen, die unter der Belastung genuiner Unsicherheit zukünftiger Entwicklungen trotzdem Handlungsfähigkeit und Selbstbindungsbereitschaft mobilisieren können. Kontingenzirritationen müssen durch Erwartungen abgefedert werden, die unter Bezugnahme auf Wissen, Expertise und die Reputation der Bank Sicherheitsvorstellungen generieren. Die nach zwei Seiten ausgerichtete Marktbeziehung ist für die Investmentbanken mit bestimmten Risiken verbunden, die in der ablaufenden Wissensarbeit ihr direktes Korrelat finden. „*Bei der M&A-Transaktion ist das ein bißchen anders. Da sind sie Makler. Da gehen sie eigentlich kein Risiko ein. Sie vertreten eine Partei, nämlich ihren Mandanten. Und den werden sie vertreten, komme was wolle. Sie werden in seinem Interesse versuchen, mit der anderen Partei zu verhandeln. Sie haben ganz klar Interessen, sie sind ganz klar ausgerichtet. Kein Interessenskonflikt. Beim Börsengang ist das anders. Sie sind Vermittler zwischen den zukünftigen Aktionären und zwischen dem Emissionär. Sie haben eigentlich zwei Kunden. Und sie sind schon vom Gesetzgeber hier schon in die Pflicht genommen worden, sich um die Interessen beider zu kümmern. Das ist eine etwas andere Situation*" (J:3). Die spezifische Form der Generierung von Wissen und der Kommunikation von Expertise im Rahmen eines Emissionsprozesses ergibt sich für die Investmentbanken insofern auch aus ihrer besonderen Stellung zwischen den kapitalnachfragenden Unternehmen und den kapitalanbietenden Investoren. Die Partikularbedürfnisse der einen wie der anderen Seite müssen sich in den internen und externen Vernetzungen der Investmentbank spiegeln. So muß die Emissions-Abteilung oder -gruppe innerhalb der Bank u.a. mit den Bereichen Sales und Research zusammenwirken, und in ihren externen Bezügen muß die Arbeit beispielsweise mit Wirtschaftsprüfern und anderen, an der Emission beteiligten Banken koordiniert werden. (Bei Emissionen einer bestimmten Größe bilden die Banken unter der Führung eines Lead Managers Konsortien oder Syndikate, die die Lasten des Plazierungsrisikos verteilen. Die emissionsführende Bank übernimmt dabei die wesentlichen Aufgaben, die nachfolgend spezifiziert werden.) Diese wissensbezogenen Vernetzungen erfüllen unverzichtbare Sicherungsfunktionen im Rahmen einer Emission. Dabei wirken die jeweiligen Wissensbstände und -ansprüche der Experten als Ankerpunkte, die unter gegenseitiger Bezugnahme Unsicherheit reduzieren und Entscheidungsgrundlagen liefern. Der Geschäftsprozeß »Going Public eines Unternehmens« wird uns aus Sicht der emissionsführenden Investmentbank nachfolgend als Ausgangspunkt weiterer Analysen dienen.

Die Durchführung eines Initial Public Offering (IPO), insbesondere die Erstausgabe von Eigenkapital in Form von Aktien hat für die Investmentbank eine strategische Bedeutung für ihre Beziehung zu Firmenkunden und Investoren, weil sich damit die Hoffnung auf Folgegeschäfte verknüpft. Wenn eine Bank das Going Public für ein Unternehmen durchführt, „*dann ist es eben auch wahrscheinlich, daß wir auch die nächste Kapitalerhöhung für die durchführen oder sie überhaupt in ihrer strategischen Ausrichtung beraten können*" (C:3). Und auch für ihre Beziehung zu den Investoren ist die Versorgung mit »guten«, d. h. ertragsstarken Wertpapieren eine wichtige Geschäftsgrundlage. Darüberhinaus stellt eine Börseneinführung immer auch ein öffentlichkeitswirksames Ereignis dar, das sich bei positivem Verlauf der Emission immer auch im Hinblick auf die Reputation der begleitenden Bank niederschlägt. Der antizipierte Erfolg eines Unternehmens, der sich nach dem Going Public zunächst einmal durch steigende Kurse nach der Börseneinführung öffentlich dokumentiert, stellt insofern immer schon ein zentrales Auswahlkriterium potentieller Going-Public-Kandidaten dar. „In general, investment bankers look for exicting companies in growth industries; companies with a solid record of achievement and profitability; and companies with outstanding potential based on mastery of a complex technology, a unique product or service, or ownership of patents or exclusive licensing agreements. (...) The main justification for going public is the company's promise of growth" (Kuhn: 1990, S. 248 f.). Ein börsenreifes Wachstumsversprechen, das bei den Investoren entsprechend auch genügend Kursphantasie freisetzt, kann von einem Unternehmen in unterschiedlichen Formen gezeigt werden. Entweder das Unternehmen weist eine seit Jahren oder unter Umständen sogar seit Jahrzehnten stetige Wachstums- und Gewinnentwicklung nach, d. h. die vergangene Entwicklung läßt eine positive Zukunft wahrscheinlich erscheinen, oder das Unternehmen operiert in einer Branche, der die meisten Marktbeobachter enorme Ertragschancen zurechnen. Dann kann ein Unternehmen auch an die Börse gehen, ohne daß bislang bestimmte Umsätze oder Gewinne erwirtschaftet wurden – dies galt in der Vergangenheit etwa besonders ausgeprägt für Biotechnologiewerte oder Internetunternehmen.

Was den Zugang einer Investmentbank zu potentiellen Going-Public-Kandidaten angeht, lassen sich zwei basale Muster unterscheiden, die mit der Größe der Kundenorganisation und ihrem Hintergrund zu tun haben. Handelt es sich um ein junges oder mittelständisches Unternehmen, gehen die Bemühungen primär von der Investmentbank aus. Die für Akquisition zuständige Gruppe von Going Public sucht aktiv nach aussichtsreichen Unternehmen, die dann gezielt auf einen Börsengang angesprochen werden. Dabei gehören die beständigen Screeningprozesse der Unternehmenslandschaft zu den ausgesprochenen Kernkompetenzen dieser Gruppe, die ihre Suchroutinen immer auf die Adressaten der Emissionen, die Investoren abstellen. In so einem Fall muß der Unternehmer von den Vorteilen eines Börsenganges häufig jedoch erst noch überzeugt werden.

„Da gibt es zwei typische Fälle: Jetzt neuer Markt [gemeint ist das Börsensegment »Neuer Markt«, Anm. O.V.], mehr so derjenige, der das vor zehn Jahren gegründet hat und wahnsinnig hohe Wachstumsraten hatte und praktisch so der typische self-made man ist. Der also mit einem kleinen Startkapital eine tolle Idee hatte und jetzt Mulitmillionär ist. Und der andere Fall ist eben das Familienunternehmen. Der hat das vom Vater übernommen und der vom Großvater. Und jetzt ist das Unternehmen so groß geworden, daß man einen Börsengang macht. Das sind so die zwei typischen Fälle. Beiden Fällen gemeinsam ist auf jeden Fall, daß die emotional unheimlich an der Sache beteiligt sind. Also natürlich kann das einem angestellten Vorstand von einem riesigen Unternehmen auch nicht egal sein. Der steht auch unter dem Druck, daß dieser Börsengang, dieses Projekt ein Erfolg wird. Aber für einen Mittelständler hängt da halt noch viel mehr drin. Dann ist es noch

so, daß diese mittelständischen Firmenführer teilweise auch Menschen sind, die mehr von der technischen Seite kommen, weniger von der kaufmännischen. Die sind jetzt nicht so, wie soll ich das jetzt sagen, das ist noch ein anderer Schlag Mensch. (...) Und darauf muß man eben im Zuge eines solchen Projekts bei mittelständischen Kunden Rücksicht nehmen. Das ist ganz wichtig, daß man da so ein Einfühlungsvermögen hat. Und daß man das Ganze nicht so sehr von der technischen Seite, daß man das alles nicht so klinisch behandelt. Von wegen: »Sehen Sie mal, wir kaufen Ihnen jetzt die Aktien ab und plazieren das.« Sondern daß man da so eine Vision rüberbringt. »Das ist jetzt ihr Unternehmen und wir bringen das jetzt an die Börse. Das ist eine Aufwertung und wir kümmern uns da ganz stark drum, und wir sind jederzeit für Sie auch ansprechbar. Ihre Probleme sind auch unsere Probleme.« Also daß man eben da dem Kunden auch signalisiert und seine Aktionen auch ganz klar tranparent macht: »Wir sind für diesen Monat, in dem wir dieses Projekt betreuen Dein Partner. Deine Interessen sind auch unsere«" (M:4).

In anderen Fällen geht die Initiative eher vom Unternehmen selbst aus. Dabei handelt es sich in der Regel um Großkunden, die häufig auch ohne einen externen Impuls den Gang an die Börse anstreben. Unter diese Rubrik fallen auch Abspaltungen von Konzernmüttern. Der Bayer-Konzern kündigte zum Ende 1998 an, seine hundertprozentige Tochter Agfa-Gevaert mit dem Ziel an die Börse zu bringen, sich von dieser Beteiligung weitgehend zu trennen. Aufgrund des verstärkten Wettbewerbs um große Kunden im Emissionsgeschäft insbesondere bei hohen Volumina führen auch deutsche Unternehmen mittlerweile sogenannte »beauty contests« durch, bei denen mehrere Investmentbanken eingeladen werden, erste Ideen und Konzepte auf Grundlage einer begrenzten Datenbasis im Rahmen einer Präsentation vorzustellen (Trobitz und Wilhelm: 1996, S. 166). Während bei mittelständischen Kunden die Überzeugung in der Sache selbst das Hauptproblem für die Investmentbank bildet, geht es beim Beauty contest vor einem Großkunden nicht mehr um den Börsengang als solchen, sondern erstrangig um den Preis, den eine Investmentbank für ein Unternehmen zu erzielen glaubt, sowie um das Plazierungskonzept, also die Frage, wie die Aktien gezielt an bestimmte Investorengruppen verkauft werden können.[68]

Ist der Wettbewerb vorläufig entschieden, erhält die ausgewählte Bank Zugang zu den vertraulichen Firmeninformationen, die dann dazu genutzt werden, die Planung der Emission festzulegen und mit dem Emittenten auszuhandeln. Im Zentrum eines Going Public steht das aus Unternehmensbewertung, Plazierungskonzept, Equity Story, Ausgestaltung der Aktien und Marketingkonzept bestehende *Gesamtkonzept* der Emission. Bei der Equity story handelt es um Informationen, die auf die Gruppe der potentiellen Investoren gerichtet sind. Sie schließen neben Preis- und Risikodarlegungen die wichtigsten Unternehmensaktivitäten, die Märkte, die Wettbewerber, das Management usw. mit ein. Die Bank ist bei der Generierung dieser firmenspezifischen Informationen unbedingt auf Glaubwürdigkeit bedacht, weil jede

---

[68] Das Emissionsvolumen bestimmt auch die Attraktivität des Emittenten für eine Investmentbank, da sich ihre Möglichkeiten zur Ertragsgenerierung prozentual aus der Größe der Emission ableiten (Jacob und Klein: 1996, S. 112).

falsche Darstellung nicht nur erhebliche rechtliche Konsequenzen nach sich ziehen würde (»Prospekthaftung«), sondern auch die Reputation der Bank irreparable Schäden erleiden würde. Die Feststellung der Emissionsfähigkeit eines Unternehmens ist insofern keinesfalls ein Selbstläufer. Die Erstellung eines derartigen Gesamtkonzeptes durch die beratende Investmentbank berührt zahlreiche sensitive Bereiche des emittierenden Unternehmens: die Offenlegung der langfristigen Strategie, die Planung für die kommenden Geschäftsjahre, die Schaffung einer stringenten Unternehmensstruktur; dazu kommen Einblicke in die Beteiligungsverhältnisse und die Durchforstung der finanzwirtschaftlichen Kennzahlen. Offenlegung und Diskussion dieser sensiblen Bereiche setzt ganz entscheidend das Vertrauen des Unternehmens in die Investmentbank voraus, denn das genaue Wissen um Strategien und Fähigkeiten des Managements, um betriebs- und finanzwirtschaftliche Kennzahlen darf weder nach außen dringen noch intern in die falschen Hände gelangen. Eine Kontrolle der bankinternen Informationsflüsse ist unabdingbare Voraussetzung für die Stabilisierung vertrauensvoller Beziehungen zum Kunden – dies gilt immer wieder in besonderem Maße für die Kontakte zu den eigenen Analysten: „*Wenn wir eine Börseneinführung durchführen, dann gibt es da zwar keine Insiderproblematik. Allerdings müssen wir auch in so einem Fall aufpassen, daß wir die Information nicht völlig teilen mit dem Analysten – denn wenn dieses Unternehmen an der Börse ist, dann ist es den Unternehmen mitunter nicht recht, daß der Analyst in die Bücher reingeschaut hat. Nehmen Sie den Börsengang eines Automobilzulieferers: Der Analyst kennt alle Details, der Analyst weiß genau, mit welchem Produkt und mit welchem Kunden was verdient wird, und am nächsten Tag geht er zu VW und führt da ein Gespräch. Das wäre dem Unternehmen wahrscheinlich nicht sehr recht, wenn dieser Analyst so tief Bescheid wüßte*“ (J:1).

Die in vielen Fällen wohl kritischste und im Hinblick auf unser Thema auch besonders interessante Variable bildet die weiter oben bereits angesprochene Bewertung eines Unternehmens, aus der sich dann der Preis ergibt, zu dem die Aktien den Investoren offeriert werden. »Kritisch« ist dieser Punkt, weil es sich dabei nicht um eine Aufgabe handelt, die allein wissensbezogen abgehandelt werden kann. Vielmehr konvergieren in der Preisfestlegung nicht nur die Eigenlogiken des Unternehmens einerseits und der potentiellen Investoren andererseits, es spielen auch Risikoüberlegungen der Emissionsbank in diese Frage hinein, so daß sich der Emissionspreis primär nicht als Ergebnis rationaler Kalkulation ergibt, sondern mit einem Bein auch auf politischen Formen der Wissensbearbeitung basiert. Es gibt im Emissionsgeschäft einen eingebauten Zielkonflikt zwischen Emittent und Investor im Hinblick auf die Höhe des Emissionspreises. Der Emittent, also der oder die Altgesellschafter und auch die Gesellschaft selbst haben ein Interesse, daß der Emissionserlös möglichst hoch ist. Der Investor ist hingegen an einem möglichst niedrigen Plazierungspreis des Wertpapiers interessiert, um an Gewinnen durch Kurssteigerungen nach der Emission zu verdienen. Aufgrund der oben bereits angesprochenen Praxis des Underwriting, also der Übernahme des Plazierungsrisikos durch die Bank, ist auch diese an einem Preis interessiert, der das Risiko der Nichtabnahme der Aktien durch die Investoren möglichst gering hält. Gelingt es ihr nicht, alle Aktien zu verkaufen, muß sie die Papiere in ihrem eigenen Portfolio halten und dann zu Marktpreisen verkaufen. *„Die stehen dann in unseren Büchern, und wir werden sie nicht zu dem Preis los, den wir dafür bezahlt haben*" (M:4).

Ausgangspunkt der bankseitigen Preisüberlegungen bildet eine Fundamentalanalyse des Unternehmens, wie wir sie schon im Kapitel über Aktienanalysten kurz beschrieben haben. Sie basiert zumeist auf einem standardisierten Verfahren der Deutschen Vereinigung für Finanzanalyse und Anlageberatung (DVFA). Allerdings gibt es auch konkurrierende Modelle. So findet der Ansatz des »Economic Value Added« (EVA) zur Zeit immer mehr Anhänger. Investmentbanken wie Goldman Sachs, Credit Suisse First Boston oder Salomon Smith Barney, aber auch institutionelle Anleger wie Amerikas größter Pensions-Fonds Calpers greifen auf dieses Verfahren zur Unternehmensbewertung zurück. DVFA- und EVA-Verfahren definieren bestimmte, quantifizierbare Größen und operationalisieren diese. Es werden dann normierte Kennzahlen nach definierten Regeln zueinander in Beziehung gesetzt und so der entsprechende »Wert« des Unternehmens auf Basis eines Ertragswertverfahrens ausgerechnet (siehe dazu etwa Carls: 1996, S. 172 f.). Der Spielraum für die Verhandlung des Emissionskurses tritt in Form des zugrunde gelegten Kurs/Gewinn-Verhältnis (KGV oder engl. Price/Earning-Ratio: PE-Ratio) der Aktie in die Beziehung zwischen Emittent und Bank. Dieses Verhältnis beschreibt die Relation von Gewinnerwartung und Aktienkurs. Das KGV schwankt bei einzelnen börsennotierten Unternehmen und zwischen einzelnen Branchen ganz erheblich und zwar trotz aktuell ähnlicher Gewinndimensionen, weil die Gewinn*erwartungen* nicht allein von den de facto derzeit erzielten Gewinnen abhängig sind, sondern durch die an die Zukunft adressierten Chanceneinschätzungen für bestimmte Unternehmen oder Branchen bestimmt sind. Die Erwartungen der Börsenteilnehmer müssen durch die Banken vorweggenommen werden, um das »richtige« KGV zu definieren. Wie unterschiedlich die Erwartungen zukünftiger Gewinnmöglichkeiten bestimmter Unternehmen durch professionelle Beobachter bewertet werden läßt sich z. B. auch daran ablesen, daß Buchwert und Börsenwert der Unternehmen in ganz unterschiedlichem Maße auseinanderfallen: Börsenwerte schwanken zwischen dem Zwei- und Neunfachen ihres rechnerischen Buchwertes. Manche Beobachter gehen davon aus, daß diese Bewertungsdifferenz das sogenannte »intellektuelle Kapital« eines Unternehmens reflektiert (siehe etwa Edvinsson und Melone: 1997 oder auch Stewart: 1997). Es sind dies die »intangible assets« eines Unternehmens, wie Wissen, Erfahrung, Strategie, Qualität der Prozesse, die organisatorischen Abläufe oder die Innovationskraft. Obwohl die Schwierigkeiten einer bilanziellen Darstellung und eindeutiger Erfassung solcher Werte auf der Hand liegen, arbeiten sowohl die amerikanische Börsenaufsicht (SEC) wie auch das Komitee für die internationalen Bilanzierungsvorschriften (IASC) derzeit an der Entwicklung von Bilanzierungsprinzipien, die eine gewisse Transparenz herstellen sollen.

Es sind nicht zuletzt diese, nur durch genuine Zuschreibungsprozesse ermittelbaren »Werte«, die im Verhandlungsprozeß zwischen Investmentbank und Emittent für gewisse Meinungsdifferenzen bezüglich der Emissionspreisfindung sorgen. *„Am DVFA-Ergebnis kann man ja im Prinzip nichts drehen. Das Entscheidende ist der KGV, das ist der Knackpunkt. Da kann es dann sein, der Emittent sagt »Wir haben aber das Know how, um dann und dann Marktführer zu werden«. Das kann ja sein, aber woher will man das wissen. Wenn man sich dann geeinigt hat, steht dann im Vertrag mit dem Emittenten halt formelmäßig drin, der Emissionskurs setzt sich zusammen aus DVFA-Ergebnis mal Multiplikator KGV*" (M:4). In Bank 4 gibt es eine für Unternehmensbewertung und KGV-Ermittlung speziell zuständige Gruppe, die nicht direkt mit der für Akquisition und Transaktionsdurchführung verantwortlichen Gruppe verbunden ist, damit in der Kommunikation mit dem Emittenten auf eine gleichsam objektive Emissionskursberechnung gepocht werden kann und so die Verhandlungsposition gestärkt wird. *„Die rechnen das DVFA-Ergebnis aus und machen auch den KGV und sind dem Bereichsleiter unterstellt, weil da eine Unabhängigkeit gewahrt sein muß. Weil das ist ja ein heikler Bereich im Preis. Und da muß man nach außen kommunizieren können: Wir haben hier objektiv und unabhängig von unserer Akquisition und von unserem Kundenbereich, haben wir hier objektiv den Firmenwert ermittelt*" (M:4). Die organisationale Aufspaltung der Gruppen für Bewertung und Akquisition/Durchführung innerhalb von Going Public dient in erster Linie der Darstellung objektiven Wissens im Hinblick auf den Emittenten und die Investoren. Argumentativ unterfüttert wird das KGV im Pricing-Prozeß durch die Beobachtung der Börsenbewertung vergleichbarer Unternehmen und der allgemeinen Marktverfassung. Dabei helfen den Investmentbanken vor allem ihre Sekundärmarktaktivitäten, bei denen sie als Händler oder Broker in Funktion treten. Die Abteilungen Research, Trading und Sales haben hier eine nur schwer zu überschätzende Bedeutung für die Wissensgenerierung, weil bei den Beobachtungen dieser Abteilungen Informationen über die Gegebenheiten und Mechanismen von verschiedenen Wertpapiermärkten und die dortigen Akteure anfallen. Bezüglich der Wertpapieremission geht es neben der bereits benannten Frage der Emissionspreisfindung um die Fragenkomplexe der Bestimmung des Emissionszeitpunktes und der Plazierung emittierter Finanztitel.

Ihren Anspruch auf Expertise über durchsetzbare, d. h. marktgängige Emissionskurse setzen die Investmentbanken zwar einerseits ein, um die Vorstellungen und Wünsche der Emittenten zu begrenzen (*„Man muß ihm ganz klar sagen, das geht und das geht nicht*" (B:4)), andererseits ist es auch genau dieses Wissen um die Abschätzung von Plazierungsrisiken, das von den Emittenten bezahlt wird. „The more risk that the investment bankers perceive, the higher the underwriting fees they will charge. In this respect, an initial public offering is more costly than a primary or secondary distribution for an established company because the investment bankers cannot be certain of the price the new issue will fetch from investors. Put another way, the »art« side of the pricing mechanism where the investment banker adds ist nonquantitative expertise to a pricing decision becomes equal if not greater in importance than the »science« side of a pricing dictated purely by calculations, and that expertise must be appropriately compensated" (Geisst: 1995, S. 66). Die Investmentbanken führen für die Ermittlung eines passenden Emissionspreises ihre jeweiligen Experten von Sales, Trading, Research und Going Public virtuell oder real zusammen. Die Expertise dieser Abteilungen in bezug auf die Wertpapiere vergleichbarer Unternehmen reflektiert zukünftige Absatzchancen von Unternehmensaktien, die noch gar nicht gehandelt werden. Man orientiert sich z. B. an einem Referenzunternehmen A, das in ähnlichen Märkten mit ähnlichen Produkten operiert und geht davon aus, daß der Markt Unternehmen B bei einem Going Public ähnlich bewerten wird. Im Rahmen bestimmter Verhandlungsparameter sind die Invetsmentbanken unbedingt auf die Durchsetzung ihrer Preisvorstellung gegenüber dem Emittenten bedacht, weil sie erstens verhindern wollen, Aktien wegen eines zu hohen Emissionskurses nicht verkaufen zu können, und zweitens liegt es auch in ihrem Interesse, daß sich der Kurs der Aktie nach der Emission positiv entwickelt. Der Emissionskurs muß Luft nach oben haben, um steigen zu können. „*Wir haben da ja auch noch ein Standing-Risiko. Denn vielleicht kann man die Bank nicht verklagen, wenn was schiefgeht, aber wenn auf Dauer die Kurse sinken von unserer Neuemission, werden die Investoren irgendwann bei uns keine Aktien mehr kaufen wollen. Daß heißt sie müssen sich sehr genau mit dem Unternehmen befassen*" (J:1). Neben den finanziellen Risiken aus der Übernahmeverpflichtung erwächst den Investmentbanken also auch ein Risiko, das sich aus negativen Reputationseffekten ergibt.

Um bezogen auf Investoren und Emittent zusätzliche Glaubwürdigkeit zu erzeugen und um mit Blick auf die bankinternen Entscheidungsprozesse Unsicherheit weiter zu absorbieren, werden ergänzend externe Plausibilitätsprüfer von der Bank damit beauftragt, ihre eigenen Gewinnschätzungen für den Emittenten und ihre sonstigen Berechnungen auf Evidenz zu untersuchen und vor allem – zu bestätigen. „*Und wenn das Unternehmen da total einbricht oder wenn das Unternehmen auf einmal Umsatzeinbußen macht oder keine Gewinne mehr erwirtschaftet, dann sagt man da: Wen habt ihr da an die Börse gebracht. Und dann können wir irgendwo auch sagen, wir haben unser Möglichstes getan. Risiko bleibt immer noch. Aber wir können zum Beispiel sagen, wir haben sogar noch zusätzlich einen Wirtschaftsprüfer eingeschaltet, der sich deren Planung angesehen hat. Und dann haben wir ein Gutachten an der Hand, mit dem wir sagen können, das war dem seine Einschätzung*" (M:4). Der Wirtschaftsprüfer prüft Planzahlen, die zuvor bereits von der Akquisitions-Gruppe von Going Public und dann von der Unternehmensbewertung-Gruppe der Bank ausgerechnet und hinterfragt wurden. In der Bank wird gerechnet, damit man sich bestätigen lassen kann. Die Bank läßt ihr Wissen, ihr Vorgehen und ihre Annahmen durch eine bankexterne Stelle zertifizieren, so daß im Fall negativer Entwicklungen ein Teil der Verantwortung auf die beauftragte Wirtschaftsprüfungsgesellschaft zugerechnet werden kann. „When companies collapse, for whatever reason, and have previously received a »clean« opinion from the auditors, public reaction focuses first on those auditors and the possibility of their failure" (Power: 1997, S. 25 f.). Diese Art der »Absicherung« durch formalisierte Wissensbestände, die nicht »sicher«, aber »verläßlich« vor Fehlern schützt, kostet die Investmentbanken schon bei kleineren Goung-Public-Kandidaten einige hunderttausend Mark. Bei alledem ist zu berücksichtigen, daß die *Produktion* von Experteneinschätzungen wichtiger ist als deren anschließende *Verwendung*. Die Expertise wird benötigt, um zu bestätigen, was man vorher schon wußte. Das gilt nicht allein für die Expertise eines unabhängigen Wirtschaftsprüfers, sondern auch für Rechenleistungen der Banker: „*Wenn man jetzt weiß, aha, der Kunde XY, den wollen wir auf jeden Fall gewinnen, weil da soundsoviel Mark Fees hinterherkommen und der will unbedingt ein KGV von 14, obwohl andere Unternehmen in der Branche nur mit 12 bewertet sind, dann muß man sehen, wie man dahin kommt, daß man dann auch sagen kann, daß das gerechtfertigt ist. Das muß ja dem Investor auch kommuniziert werden, daß das so ist*" (C:3).

Der Aufbau einer Verweisungsstruktur von sich aufeinander beziehenden Expertenmeinungen, die mit jeder Bezugnahme Schritt für Schritt die Richtigkeit und Objektivität des Wissens verstärken und genuine Unsicherheit abschmelzen lassen, dient der sozialen Begrenzung wahrgenommener Risiken. Die Genese überzeugender Expertise erfolgt zunächst über interne Verzweigungen und erhält ihr ultimatives und außenorientiertes Plazet dann organisationsextern durch eine Wirtschaftsprüfungsgesellschaft. Ihre unsicherheitsabsorbierende Wirkung entfaltet diese prozedural erzeugte Rationalität sowohl innerhalb der Investmentbank, beim Emittenten und schließlich auch bei den Investoren:

1. Das Verfahren der internen und *abschließend* externen Überprüfung von Zahlen und Annahmen absorbiert in der Bankorganisation Schritt für Schritt Erwartungs- und Folgenunsicherheit in bezug auf den zu erzielenden Emissionspreis. Die Überprüfung von Zahlen und Erwartungen, auf die man sich bei der erneuten Überprüfung aber gleichzeitig auch verläßt,[69] dient der Herstellung von Sicherheitserwartungen, ohne die eine Bank sich nicht für die Übernahme der vielfältigen Risiken (Underwriting-, Standing- und Prospekthaftungsrisiko) entscheiden könnte.

---

[69] Es wird nach-gerechnet aber nicht neu-gerechnet. In diesem Zusammenhang ist an den im September 1998 bekanntgewordenen Fall eines hohen Beamten im Finanzministerium zu erinnern, der auf Basis einer falschen Berechnungsgrundlage Steuereinnahmen prognostiziert hatte, die einige Milliarden Mark zu hoch lagen. Auch der beauftragten Wirtschaftsprüfungsgesellschaft war die Verwendung der falschen Berechnungsgrundlage nicht aufgefallen; sie hatte die Zahlen des Beamten bestätigt.

2. Obgleich der Emittent eine gewisse oppositionelle Grundhaltung gegenüber den von seiten der Investmentbanken diagnostizierten erzielbaren Emissionspreisen einimmt, knüpft auch er schließlich seine Entscheidungsbereitschaft an das Wissen der Banker.
3. Und schließlich verlassen sich auch die Investoren auf das von der Investmentbank generierte Wissen, ohne dieses mit gleichem Aufwand erneut zu prüfen. Dabei spielt auch die Reputation einer Bank eine entscheidende Rolle. Sie hilft den Investoren, von vergangenen auf zukünftige Fälle zu schließen, ohne selbst aufwendige Prüfungsverfahren durchführen zu müssen.

Das im Emissionsgeschäft zentrale Wissensproblem der »korrekten« Bestimmung des Emissionspreises wurde in der Vergangenheit häufig zu Ungunsten der Emittenten entschieden. Die Investmentbanker nutzten ihre überlegene Expertenposition insofern aus, als sie Emissionspreise gegenüber den Emittenten durchsetzten, die zum Teil deutlich unter dem lagen, was der Markt nach der Emission zu zahlen bereit war. Auf diese Weise vermieden die Banken, die von ihnen im Rahmen des Underwriting übernommenen Aktien nicht verkaufen zu können. Dieses unter dem Namen »Underpricing« bekannte Phänomen dokumentierte sich in rasant steigenden Kursen der Aktien nach dem Going Public. Als Reaktion auf die nicht zufriedenstellend zu lösende Aufgabe, die tatsächlichen Zeichnungen der Investoren vor der Emission zu einem bestimmten Kurs durch Wissen vorwegzunehmen, etablierte sich seit Mitte der 90er Jahre auch in Deutschland ein Ansatz, der als Bookbuilding-Verfahren bezeichnet wird. Dabei werden die zukünftigen Investoren direkt in den Prozeß der Preisfindung eingebunden. Allerdings wird auch beim Bookbuilding von den Banken eine Unternehmensbewertung vorgenommen, die allerdings nur zu einer Bandbreitenindikation für den Plazierungspreis verdichtet wird. *„Man sagt den Investoren dann, wir bieten euch die [Firmenname]-Aktie mit einer Spanne von zum Beispiel 36 bis 44 Mark an. Wieviele Aktien zu welchem Preis werdet ihr voraussichtlich zeichnen?“* (S:4). Es werden dann die Zeichnungswünsche der großen Investoren einschließlich ihrer Preisvorstellungen vom Lead Manager der Emission quantitativ und qualitativ abgefragt und in einem »Buch« erfaßt, auf dessen Basis dann Transparenz erzeugt und schließlich der Emissionspreis als eine Art gewichteter Mittelwert der Angebote festgelegt werden soll.

Das Wissensproblem und die damit verknüpfte Risikoproblematik bezüglich des Emissionspreises wird also von den Banken in den Markt verlagert. Strukturell bedeutet dies, daß die Banken Lernanstrengungen im Sinne der Antizipation zukünftiger Wertsetzungen ausweichen und diese nahezu komplett an den Markt delegieren. Die Erhebung der Nachfragestruktur und die Berücksichtigung des Kaufinteresses der Investoren ist insofern auch als Eingeständnis der Banken zu betrachten, daß allein mit analytischen Überlegungen zum Emissionspreis kein verläßliches Wissen zu erzeugen ist. Es liegt auf der Hand, daß nur eine

Bank, die über entsprechende Kontakte zu den wichtigen Investorengruppen verfügt, eine Verlagerung der Generierung von Bewertungswissen in der beschriebenen Weise durchführen kann.

Unabhängig davon, ob die Emission im Festpreis- oder Bookbulding-Verfahren an den Markt gebracht werden soll, muß die Bank im Vorfeld der Bekanntgabe des Emissionspreises bzw. des Preisrahmens dafür sorgen, daß das Unternehmen bei den Investoren bekanntgemacht wird. Für die Ausrichtung dieser Marketingaktivitäten spielt das weiter oben bereits erwähnte Gesamtemissionskonzept der Emission eine zentrale Rolle. Weil die Investoren (Versicherungen, Investment Fonds, Pensionskassen, Vermögensverwaltungsgesellschaften u. a.) jeweils spezifischen Anlagemustern folgen, muß die Bank aus vergangenen Fällen schließen, welche Investorengruppen bei einem »gegebenen« Chancen/Risiko-Profil des Emittenten gezielt angesprochen werden sollen. Aus dem Plazierungskonzept versucht die emissionsführende Bank auch abzuleiten, welche anderen Banken sinnvoll in das Konsortium integriert werden. Diese Überlegungen werden vor dem Hintergrund angestellt, daß die Sales-Abteilungen der einzelnen Banken jeweils über spezifische Investorenkontakte verfügen, so daß die Kombination mehrerer Banken in einem Konsortium nicht nur das Plazierungsrisiko verteilt, sondern auch unterschiedliche Plazierungskanäle für eine Emission zusammengeführt werden. Bei großen international ausgerichteten Emissionen muß der Global Coordinator über weltweite Kontakte zu regional etablierten Instituten verfügen und die Arbeit koordinieren. Organisational werden dies Aufgaben von spezialisierten Einheiten, den sogenannten Syndikat-Abteilungen übernommen. *„Also, ... Börsengang ist, was die Einbindung von verschiedenen Parteien anbelangt, sicherlich etwas komplizierter als der M&A-Fall. Da haben sie nach meiner Erfahrung weniger beteiligte Parteien. Hier müssen sie bei einem Börsengang nach außen hin die Vermarktung koordinieren mit den Kollegen, die dafür zuständig sind bei uns. Sie müssen sich über die Vermarktung Gedanken machen, werfen also den gesamten Vermarktungsapparat der Bank und auch der anderen beteiligten Banken mit an. Sie müssen also sehen, wie sie das Marketing aufbauen. Finanzwerbung, Anlagemanager, das ist ein sehr wichtiger Prozeß, daß sie nach außen hin die richtigen Informationen weitergeben, damit die Story des Börsenganges vernünftig rüberkommt*" (J:1) Die »Story« des Börsengangs gibt die Antwort auf die Frage, warum ein Investor die Aktien eines Unternehmens überhaupt kaufen soll. Sie wird getragen von dem Versprechen auf zukünftige Gewinne. Verschiedene Maßnahmen bauen dieses Versprechen auf und sorgen für eine ausreichende Plausibilität. So wird die Research-Abteilung beauftragt, Studien zu schreiben, die den Emittenten entsprechend positiv bewerten (Sales-driven research). Diese bei den Analysten „*verhaßten Auftragsstudien*" (S:1), werden häufig auch nach der Emission noch benötigt, weil die »Kurspflege« zumeist Teil des Vertrages zwischen Bank und Emittent ist. *„Und wenn über eine Aktie nie etwas in der Zeitung steht, dann kauft die keiner. Dann besteht da keine*

Liquidität, und dann hätte man sich auch den Börsengang auch sparen können. Dann wird manchmal auch so gesagt, daß der Kurs so aussieht wie das EKG von einem Toten. Also da tut sich nichts. Und da lassen sich natürlich auch keine Folgetransaktionen durchführen, sprich: Kapitalerhöhungen oder so etwas" (M:4). Eine andere Möglichkeit, Kurspflege zu betreiben, besteht darin, daß die Bank als »market maker« für eine gewisse Zeit Unterstützungskäufe tätigt, die den Aktienkurs im Rahmen bestimmter, zuvor ausgehandelter Rahmenparameter hält.

Bevor das eigentliche Marketing mit einer Pressekonferenz beginnt, auf der der Preis bzw. der Preisrahmen für die Emission bekanntgegeben wird, müssen die Führungskräfte des Emittenten auf die Gespräche mit der Presse, den Investoren und den Analysten anderer Banken vorbereitet werden. Die Bank muß den unter Umständen in Kapitalmarktfragen unerfahrenen Führungskräften beibringen, mit welchen Unterscheidungen und Codes die Financial community operiert: Es müssen „*Botschaften einstudiert werden, die den künftigen Aktionär auch erreichen*" (B:4). Emittent und Bank werben bei den Investoren um Vertrauen, indem deren Erwartungen in Form von strategischen Aussagen gespiegelt werden. Dabei hat die Bank den Vorteil, relevante Information von irrelevanter Information unterscheiden zu können, weil sie die handlungsleitenden Annahmen der Investoren kokreativ mit geprägt hat. Im Zentrum der weiteren Marketingaktivitäten steht dann zunächst die Publikation eines Prospekts, der neben Hintergrundinformationen und Kennzahlen des Unternehmens die wichtigsten Gründe auflistet, warum die Aktien dieses Unternehmens gezeichnet werden sollten und schließlich die sogenannte Roadshow, die dem eigentlichen IPO einige Wochen vorausgeht. Im Rahmen dieser auch als »Dog-and-pony-show« bezeichneten Veranstaltung reisen der zukünftige Emittent und seine Investmentbanker zu den wichtigen Finanzplätzen, halten kurze Chart-Präsentationen über das Unternehmen, stellen sich und das Managment dar und beantworten die Fragen der institutionellen Investoren, der Finanzanalysten und sonstigen Meinungsführer. „Increasingly, institutional and retail investors base their decision whether to purchase shares of an IPO on their opinion of management, an opinion often formed during a 25-minute roadshow presentation. Years of hard work and business progress can be undermined or even undone by an inept roadshow perfomance. The roadshow is thus a kind of trial for the issuer's business plan, where the verdict is rendered in the size of the investor's order and the maximum price at which the order will hold" (Kuhn: 1990, S. 270).

Der Erfolg eines Börsenganges, so wollen wir hier festhalten, hängt ganz entscheidend davon ab, inwieweit es Emittent und Bank gelingt, bei der Gruppe der Investoren in ausreichendem Maße Erwartungen zu animieren, die den Kauf von Aktien des Emittenten *auf Dauer* nahelegen. Entscheidend für den Erfolg im Wettbewerb ist dann die Fähigkeit, auf breiter Basis hochspezialisiertes Wissen unter Einschluß des Gesellschaftsrechts, des Steuerrechts des Bilanzrechts und der Bewertungsexpertise anzubieten. Im Prozeß des IPO bilden zunächst der Zeitpunkt und der Preis der Emission wesentliche Parameter des Erfolgs, anschließend sind es die Maßnahmen zur Kurspflege, die zu einer guten Performance der Aktie im sogenannten Aftermarket beitragen sollen. Um Vorstellungen über den »richtigen« Preis und den »optimalen« Zeitpunkt der Emission zu generieren, muß die Bank ihre Horchposten auf die Finanzmärkte ausrichten – in diesem Sinne sind die Beiträge ihrer Research-, Sales- und Trading-Abteilungen im Rahmen eines IPOs zu verstehen. Weil sich beide Parameter nicht rational durchkalkulieren lassen, ist die Bank auf die Entwicklung eines »Gefühls« (Geisst: 1995, S. 65) für den Markt angewiesen, das dann als Basis kognitiver Erwartungen dient. Zusätzlich abgefedert wird die Entscheidungslast unter den Bedingungen genuiner Unsicherheit einerseits durch Preisfindungsverfahren, die das Wissensproblem in den Markt abschieben (Bookbuilding) und andererseits durch ausgedehnte und viele Millionen Markt teure Marketingaktivitäten, die aktiv in den Konstruktionsprozeß der Wahrnehmung von Kaufgelegenheiten der potentiellen Investoren eingreifen. In diesem Sinne ergänzen sich die Bemühungen der Investmentbanken um die Antizipation von Nachfrage und die Schaffung von Nachfrage.

Während wir uns bisher im Bereich der Eigenkapitalemission insbesondere auf den Fall des Going Public privatwirtschaftlicher Unternehmen konzentriert haben, geht es nun darum, unsere Überlegungen zum Emissionsgeschäft der Investmentbanken mit einigen Anmerkungen um die Emission von Fremdkapitaltiteln abzuschließen. Mittelfristig ist damit zu rechnen, daß sich der europäische Anleihemarkt ähnlich stark ausweiten und differenzieren wird wie der amerikanische, aber bislang sind deutliche Unterschiede zwischen diesen beiden Fiananzmärkten zu konstatieren, die wir hier kurz bennenen wollen. Der US-Markt ist nicht nur um ein Vielfaches größer, er hat auch sehr viele verschiedene Typen von Anleihen hervorgebracht. So gibt es in den USA etwa einen wichtigen Markt für kommunale Anleihen (Refinanzierung der Kommunen durch die Begebung eigener Anleihen). Auch spiegelt sich in diesem Markt, daß die US-amerikanischen Unternehmen den Schwerpunkt ihrer Finanzierung in den Wertpapiermärkten haben – im Gegensatz dazu finanzieren sich europäische Unternehmen noch weitgehend traditionell vor allem mit Hilfe von Bankkrediten. In den Ländern der europäischen Währungsunion wird der Markt für Anleihen durch öffentliche Schuldner bestimmt: 1998 waren 89 % des Anleihevolumens in den EWU-Ländern Staatsanleihen und nur 4,6 % Unternehmensanleihen. Es steht zu vermuten, daß sich mit der Einführung des Euro auch in Kontinentaleuropa neue Kategorien von Vermögenswerten am gemeinsamen Markt etablieren werden, wie etwa die Asset-Backed-Securities, also Anleihen, die durch Vermögenswerte wie Kreditkartenforderungen abgesichert sind. Insgesamt steht der europäische Anleihemarkt vor schwerwiegenden Veränderungen, die zum einen dem steigenden Druck inzwischen weltweit orientierter institutioneller Anleger zuzurechnen sind, zum anderen aber mit einer Dynamik zusammenhängen, die von den Finanzdienstleistern selbst ausgeht.

Die Prozeßmuster der Emission von Eigen- und Fremdkapital sind durchaus nicht unähnlich, und auch bei Fremdkapitalemissionen sind als die zentralen von den Investmentbanken bearbeiteten Wissensfelder die Preisfindung, das Timing und insbesondere auch das Design der Wertpapiere zu identifizieren. Während beim Going Public jedoch die Preisfindung als zentrale und kritische Variable hervorsticht, sind die mit Fremdkapitalemissionen befaßten Abteilungen sehr viel stärker mit der Formgebung der Wertpapiere beschäftigt, weil die Risikowahrnehmung im regulären Anleihegeschäft sehr viel standardisierter und vergleichbarer verläuft (auf den Sonderfall »riskanter« Anleihen gehen wir weiter unten kurz ein). Im Zentrum steht auch weniger die Generierung von Sicherheitserwartungen als vielmehr die Koordination der spezifischen Bedürfnisse von Investoren und Emittenten, die sich im Design der Wertpapiere niederschlägt. Dabei haben die Investmentbanken mit viel Phantasie innovative Finanzierungsinstrumente geschaffen, die in ihrer Ausdifferenzierung auf den ersten Blick äußerst komplex erscheinen, jedoch in ihrem Konstruktionsprinzip immer auf die Kombination bestimmter Elemente zurückgreifen. Von zentraler Bedeutung sind dabei die Faktoren Zins, Laufzeit und Währung, die zunächst isoliert und anschließend so zusammengefügt werden, daß ein Finanzprodukt entsteht, das bestimmte Leistungsmerkmale bündelt (Reimnitz: 1989, S. 255). So gibt es etwa Doppelwährungsanleihen, deren Tilgung beispielsweise in Dollar, Zinszahlungen aber in Yen gezahlt werden (Dual-currency yen bonds), Euro-Dollar-Anleihen australischer Einheiten (Down-under bonds), Zinsvariable Notes (Floating-rate coupon securities), deren Zinszahlungen sich variabel auf bestimmte Parameter beziehen und viele andere mehr (für einen Überblick siehe Bloch: 1986, S. 77).

Da jeder Emittent darauf bedacht sein wird, seinen Zahlungsversprechen auch nachzukommen, weil er ansonsten seine Glaubwürdigkeit auf den Kapitalmärkten auf Dauer verspielen würde, sind Ausfälle vergleichsweise selten aber nicht ausgeschlossen. Mit den sogenannten Rating Agencies haben sich auf den Finanzmärkten Institutionen gebildet, deren Arbeit in der Beobachtung und Bewertung von derartigen Ausfallrisiken besteht. Unternehmen und staatliche Einheiten werden im Rahmen des Ratings einer Analyse unterzogen, die sich im wesentlichen auf Aspekte finanzpolitischer Risikokalkulation beschränkt. Die Untersuchungsergebnisse werden dann in Form von Buchstabenkombinationen von den Rating Agenturen veröffentlicht. So wird beispielsweise der Deutsche Bank mit einem »Triple A credit rating« die höchste Kreditwürdigkeit zugeschrieben, während die Deutsche Telekom aufgrund ihrer etwas schlechteren Verschuldungsstruktur derzeit nur »AA« von den beiden großen Rating Agenturen erhält und an den Kapitalmärkten bei der Begebung von Anleihen etwas höhere Zinsen zahlen muß als die Deutsche Bank – so weit das Grundprinzip (siehe für einen Überblick zur Praxis des Credit Rating etwa Everling: 1991). Wegen der im Vergleich zu Aktiengeschäften insgesamt geringeren Risiken sind im Anleihebereich bei Unternehmen mit guter Bonität Kupons üblich, die bei einer mehrjährigen Laufzeit Verzinsungen bringen, die nur einen geringfügigen Renditeabstand zu vergleichbaren Bundesanleihen aufweisen. Die Leistungen der Emissionsbanken sind in diesem Segment des Anleihegeschäftes relativ austauschbar, weil die Kenntnis der Risikowahrnehmung und -bewertung seitens der Anleger zur Abschätzung der Kapitalkosteneffekte ubiquitär verfügbar ist. Die Finanzwelt schätzt das jeweilige Risiko der Zahlungsunfähigkeit von Daimler Benz, der Bundesrepublik Deutschland oder einem anderen großen und renommierten Schuldner weitgehend und nicht zuletzt durch die Arbeit der Rating Agenturen homogen ein. Aus diesem Grund ist für die Generierung von Geschäft in diesem Gebiet nicht Fachwissen die entscheidende Disziplin, sondern die Pflege von informellen Kontakten. Die einzelnen Kundensegmente des Anleihegeschäftes werden in der Organisationsstruktur einer Investmentbank durch bestimmte Personen reflektiert, deren Aufgabe dann primär darin besteht, ein Wissen über Personen in der Kundenorganisation aufzubauen, persönliche Nähe herzustellen und diese Basis schließlich in den Abschluß von Deals zu überführen. *„Ich bin jetzt zuständig nur für Hypothekenbanken, Refinanzierung von diesen Banken. Selbst wenn ich jemandem mein ganzes Fachwissen gebe, dann kommt der nicht weit, weil bei mir jetzt in meinem Geschäft ganz persönlich ein großer Teil so die menschliche Komponente ist. (...) Das ist irgendwo eine informelle Geschichte. Es gibt ja -zig andere Leute, die genau dasselbe von denen wollen, aber warum sollen die jetzt den Deal mit mir machen und nicht mit jemand anderes. Oder auch weil sie gern mit mir zusammenarbeiten, weil sie gern mit mir am Telefon über ihre Freundin reden oder ich mit denen abends ein Bier trinken gehe und all so Sachen. Und ich glaube, das ist schon ein sehr wichtiger Teil. Mit den Leuten hast du einen engen, auch privaten, Kontakt sozusagen, ja?"* (R:3). In vielen Bereichen präsentiert sich das Anleihegeschäft derzeit noch als reiner Inlandsmarkt, der von den Marktteilnehmern als weitgehend transparent wahrgenommen wird. Auch hier prägen zwar Erwartungen bezüglich der Zinsentwicklung, der Inflationsrate usw. das Design der Anleihen, aber diese Erwartungen sind eben weitgehend einheitlich und bekannt. Die relative Abwesenheit von Entscheidungsüberforderung durch Komplexität und Mehrdeutigkeit raubt den Investmentbanken die Möglichkeit, sich durch den Aufbau spezifischer Wissensstrukturen auf dem Markt zu positionieren. Weil Routinen (Nicht-Lernen) ausreichen, bleibt den Banken nur, sich mit den Kunden zu duzen und gemeinsam zu trinken: *„Gerade in der Industrie sind ja unheimlich viel Unterhaltungen, immer große Veranstaltungen und das Händlertreffen, und da wird tierisch viel getrunken und so. Das war nicht besonders harte Arbeit, und da wurde immer viel getrunken und gefeiert und so, ganz gemütlich alles. Die Leute erwarten eben auch, daß du sie einlädst zu Sachen, daß du was mit ihnen machst, ja? Deswegen habe ich neulich drei Leute eingeladen, mit zum Endspiel mit nach Paris zu fahren. (...) Diese Seite ist für die Generierung von Geschäft mit existentiell sozusagen ... ich würde* *sagen, das ist fast genauso wichtig wie die fachliche Seite. Also es ist bestimmt fünfzig/fünfzig gewichtet. Denn so smart bin ich auch nicht. Da gibt es sicher Leute, die smarter sind. Ich glaube die menschliche Komponente ist unheimlich wichtig. Das ist unheimlich ... das ist so ein In-Club, also entweder bist du drin oder nicht. Und die Leute kennen sich untereinander alle, duzen sich alle und so, und „HaHaHa" und „Wie geht's" und da mußt du halt irgendwie rein in diesen Club. Wenn du im Club drin bist, dann ist fein, ja?*" (R:3).

Erst ganz allmählich wird der Markt internationalisiert und erwacht aus seinem Dornröschenschlaf. Mit dem Auftauchen globaler Investoren und Emittenten verschiebt sich langsam auch die Risikowahrnehmung auf den Anleihemärkten, denn mit steigender Zahl der Player wachsen die Verknüpfungsmöglichkeiten und somit auch die allgemeine Intransparenz des Geschehens, die wir als Basisvoraussetzung für einen wissensmäßigen Strukturaufbau in der Organisation einer Investmentbank betrachten. Denn darin besteht ja gerade das Angebot dieser Organisationen: Sie stellen Struktur- und Funktionswissen über Finanzinnovation bereit (die sie selbst erfunden haben) und reduzieren Entscheidungskomplexität. Es bedarf also eines gewissen Maßes an wahrgenommener Intransparenz, damit man den Rat der Investmentbanker auch benötigt.

Eine andere Form der Einführung von Intransparenz in das Marktgeschehen besteht darin, extrem komplizierte Anleiheformen zu entwickeln, die von den Marktteilnehmern zwar in ihrer Mechanik, nicht aber in ihrer komplexen Dynamik »verstanden« werden können. Risiko-Anleihen etwa internalisieren ein so hohes Maß an Umweltkomplexität, daß selbst die Witrschaftsmathematiker (»Quants«), die diese Finanzkonstrukte erdenken, nicht in der Lage sind, Folgendynamiken auszurechnen und vorwegzunehmen. Ein Beispiel dafür ist der sich seit Mitte der 90er Jahre entwickelnde Markt für sogenannte Katastrophen-Anleihen, auf dem Versicherer einen Teil ihrer Risiken an die Inhaber solcher Anleihen abgeben. Die großen Investmentbanken an der Wall Street haben inzwischen eine ganze Reihe solcher catastrophe bonds (»Cat-Bonds«) aufgelegt, die in ihrer Struktur auf den Eintritt bzw. Nichteintritt bestimmter Naturkatastrophen ausgerichtet sind. So haben Goldman Sachs, Merril Lynch und Lehman Brothers im Juni 1997 für die Versicherung USAA Inc. eine Anleihe im Nominalwert von 400 Millionen Dollar aufgelegt, deren Laufzeit vom 15. Juni 1997 bis zum 15. Juni 1998 reichte. Hätte der Emittent in diesem Zeitraum aufgrund eines Hurrikans an der amerikanischen Ostküste an seine Versicherungskunden mehr als eine Milliarde Dollar auszahlen müssen, hätten die Investoren dieser Anleihe ihr eingesetztes Kapital verloren. Die Eintrittswahrscheinlichkeit eines entsprechend zerstörerischen Hurrikans wurde von Fachleuten mit weniger als 1 % angegeben. Tatsächlich kam es nicht dazu, und die Investoren wurden mit einem Zins belohnt, der 400 Basispunkte über dem Libor lag (FAZ vom 24. 06. 1998, S. 34). Andere Anleihen knüpfen die Haftung des Zeichners z. B. an den Richterskala-Wert eines Erdbebens etc. Es liegt auf der Hand, daß Emittenten wie professionelle Anleger sich vor der

Herausforderung sehen, ganz andere und neue Informationen zu beschaffen und auszuwerten. Investoren genügt es nicht mehr, die Kreditwürdigkeit eines Emittenten einzuschätzen, sie müssen sich mit Eintrittswahrscheinlichkeit von Feuersbrünsten und Wirbelstürmen auseinanderzusetzen.

Unter derart unübersichtlichen Verhältnissen wird das Pricing, also die Festlegung des Zinskupons und zur Feinsteuerung die Definition des Ausgabekurses auch im Anleiheemissionsgeschäft zu einer Kunst, die unbekannte Umweltvariationen auf bekannte Sachverhalte reduzieren hilft. Die Ausbreitung von Expertensystemen und organisierter Wissensarbeit ist vor diesem Hintergrund sowohl als Folge wie auch als Ursache für die Ausdehnung unendlicher Kontingenzräume anzusehen.

4.3 Eckpfeiler eines Managements von Wissen

Dieses Kapitel behandelt spezifische Formen der Generierung, der Speicherung und der Diffusion von Wissen in den Organisationen des Investment Banking. Damit sind zwar gewissermaßen auch die analytischen Grundbausteine einer *organisierten* Wissensarbeit benannt, dies sollte jedoch nicht darüber hinwegtäuschen, daß wir im Feld der Investmentbanken nicht einem *aktiven* und *reflektierten* Versuch des Managements von Wissen begegnen. Auf der Ebene ihrer Selbstbeschreibungen gibt es zwar durchaus einen gewissen Konsens dahingehend, daß man sich als »Wissensorganisation« erlebt, die von Informationen (Beobachtungen) und Expertise (Einbettung von Beobachtungen) abhängig ist, aber *„wir sind noch nicht so weit, daß wir knowledge officers haben, deren Aufgabe darin besteht, das interne know how zu brokern, da sind uns die Beratungsfirmen ganz klar voraus*" (F:1). Von partiellen Ausnahmen abgesehen gibt es keinerlei durchgreifende Ansätze, einen reflektierten Umgang mit der Resource Wissen zu pflegen. Gleichwohl lassen sich in den Investmentbanken *etablierte* und *auf Organisation beruhende* Formen der Generierung, der Speicherung und auch der Diffusion von Wissen erkennen, sie sind allerdings als Routine für die Organisation selbst nicht mehr ohne weiteres anschaubar und reflexionsfähig angelegt.

Es kann nun an dieser Stelle nicht darum gehen, sich an einer erschöpfenden Darstellung der benannten Teilaspekte von Wissensarbeit zu versuchen. Organisationen bestehen aus Kommunikationen, bei denen das Wissen in den Verhältnissen (Baecker: 1997, S. 7), d. h. ihren spezifischen Verknüpfungsmustern steckt, die sich niemals vollständig rekonstruieren lassen. Es kann also nicht jeder Kontext der Entstehung von Expertise ausgeleuchtet, nicht jede Art der Memorierung lernbereiter Erwartungen dargestellt und auch nicht jeder Mechanismus der Diffusion kognitiver Erwartungen behandelt werden. Wie die Organisation selbst, so treffen auch wir an dieser Stelle als Beobachter eine Auswahl aus einem Möglichkeitsraum potentiell relevanter Sachverhalte. Auf allen drei benannten Ebenen von Wissensarbeit lassen sich in den Investmenthäusern bestimmte Muster identifizieren, deren Aussagekraft uns für das Verständnis des Gesamtsystems besonders vielversprechend erscheint und die wir aus diesem Grunde herausgreifen wollen.

Das von den Investmentbanken erstrangig erzeugte Wissen ist dadurch gekennzeichnet, daß es im wesentlichen ein Wissen über die Umwelt des Systems »Investmentbank« ist. Auch uns wird es speziell um diese Art des Wissens gehen. Es ist dies ein Wissen, das sich aus der intensiven Beobachtung von Kunden, Branchen, Produkten, Finanzmärkten, der Steuergesetzgebung, den Wettbewerbern etc. speist, aber nicht ohne eine Einbettung und Einordnung in bestehende Erwartungslagen und die Kombination und Kopplung von Wissensansprüchen auf organisationaler Ebene zum Tragen kommt. Für die Erzeugung dieses Umweltwissens sind die von der Organisation ernannten Experten der jeweils zuständigen Abteilungen und Einheiten verantwortlich. Sie besetzen die Grenzstellen der Investmentbank und erzeugen im System ein hochselektives Expertenwissen über die Außenseite der Organisation, indem sie sich im Rahmen ihrer Kundenkontakte beständig über neue Entwicklungen informieren. So wird innerhalb der Organisation routinemäßig enorm viel Wissen über die Umwelt der Bank erzeugt und in die internen Abläufe eingespeist. Die Organisation entscheidet dann darüber, ob sie dieses Wissen für Entscheidungen verwendet oder ignoriert, ob sie es verbreitet oder zurückhält, ob sie es im Gedächtnis behält oder vergißt. Dieser hochselektive und absolut autonome Umgang mit Information und Wissen macht die Organisation zur Organisation.

Angemerkt werden sollte, daß die Menge dieses systemintern erzeugten Expertenwissens über die Umwelt in einem sehr ungleichen Verhältnis zu Quantität und Qualität desjenigen Wissens steht, das die Bank durch Selbstbeobachtung über ihre Innenseite erzeugt wird. Investmentbanken muten sich Reflexionen ihrer selbst nur in gleichsam homöopathischen Dosen zu – nicht zuletzt auch, um durch die Unterdrückung von Zweifeln bezüglich der Richtigkeit eigener Annahmen Handlungsfähigkeit aufrecht zu erhalten. Das ist in den meisten Fällen ganz gewiß funktional. Investmentbanken können viele Gewinne nur realisieren, weil sie bestimmte Informationen *nicht* zur Kenntnis nehmen und vor allem diese Ignoranz widerum ignorieren. Diejenigen Banken, die sich die Unsicherheit von Hedge-Fonds quasi vor Augen führten und sich nicht an deren Finanzierung beteiligten, mußten Ende 1998 zwar auch keine Gelder zur Rettung notleidender Fonds lockermachen, partizipierten aber eben auch nicht an den enormen Gewinnen, die z. B. Long Term Capital Management (LTCM) in den Jahren zuvor erwirtschaftet hatte. Desungeachtet weichen die Investmentbanken aber auch solchen Lerngelegenheiten aus, die in handlungsrationaler Hinsicht zu ebenso »harmlosen« wie nützlichen Erkenntnissen führen könnten. Durchgängig zu beobachten ist etwa, daß nur in den allerseltensten Fällen über *entgangene Geschäfte* nachgedacht wird. In der Going Public Abteilung von Bank 4 ist etwa allgemein bekannt, daß von zehn Unternehmen, die unter großem finanziellen Aufwand auf ihre Börsentauglichkeit geprüft werden, schließlich nur vier tatsächlich den Sprung zum Going Public schaffen und so für die Bank auch tatsächlichen Umsatz bedeuten (zur Erinnerung: die Arbeit der Investmentbanken wird nur dann vergütet, wenn ein Deal auch vollzogen wird). In der Abteilung ist indessen bislang nie systematisch der Frage nachgegangen worden, warum die Screening-Prozesse potentieller Börsenkandidaten offensichtlich derart fehlerbehaftet sind, daß mehr ungeeignete als geeignete Unternehmen in die engere Wahl genommen werden. Und im M&A-Geschäft von Bank 1 werden zwar routinemäßing sogenannte *lost business notes* geschrieben, wenn die Bank beim *pitching* um einen Auftrag einem anderen Institut unterlag, aber die Organisation gelangt nicht über die Generierung folgenloser Einsichten hinaus. „*Das ist so ein kleines Blättchen, das ist im Grunde genommen noch keine Analyse, aber das ist ein*

Aufhänger dafür, daß man einfach sagt, hier ist etwas nicht zum Erfolg geworden. Dahinter steht eigentlich ein bißchen mehr das amerikanische Muster, man pitched, und entweder hat man Erfolg oder man hat keinen Erfolg. Das Wissen bleibt aber mehr auf ner persönlichen Ebene verharrt, d. h. derjenige, der betreuende Direktor dieses Projektes, der weiß das eigentlich, warum es es nicht zum Geschäft gekommen ist. Von der Idee her heißt das: Wenn man das wissen will, kann man den ja fragen. Aber da fehlt ein bißchen der organisatorische Impetus zu sagen, wir institutionalisieren dieses Wissen oder so, wobei eine vertiefte Problemanalyse ja auch sehr aufwendig ist, wobei die Anstrengung lohnt auf jeden Fall" (W:1). Obwohl in den beiden Beispielen potentiell ein Wissen über negative Entscheidungsfolgen anfällt, rechnet die Organisation Fehler oder Schwierigkeiten im Zweifelsfall auf Personen zu (Nichtlernen), anstatt auf der Basis von Wissen strukturelle Konsequenzen für die laufende Entscheidungsproduktion zu ziehen (Lernen).

4.3.1 Generierung: Aufbau von Kommunikationsgelegenheiten

Das Problem der Generierung von Wissen ist auf organisationaler Ebene unmittelbar mit seiner wichtigsten Qualität verknüpft: Wissen muß in der Kommunikation einer Organisation auftauchen, um seine Wirksamkeit zu entfalten. Nur wenn Wissen kommuniziert wird, besteht auch die Möglichkeit, daß es bestimmte Selektionen und damit Entscheidungen provoziert, die ohne dieses Wissen eben nicht möglich bzw. wahrscheinlich gewesen wären. Weil Wissen in diesem Sinne also an die *Vollendung* von Kommunikation geknüpft ist, sind Datenbanken, lost business notes, wie auch Experten für eine Organisation wissensmäßig gänzlich ohne Wert, wenn die Datenbanken nicht durchsucht, die business notes nicht gelesen und mit den Experten nicht gesprochen wird. Es handelt sich dann nicht um ein Wissen der Organisation, sondern vielmehr um kostspielige verpaßte Gelegenheiten, von denen man noch nicht einmal hinterher weiß, was man verpaßt hat, weil die Kommunikation eben nicht abgeschlossen wird. Diese Vorbemerkungen gelten grundsätzlich für jedes Wissen. Das heißt betroffen ist sowohl Wissen, das in einer Organisation bereits irgendwie »vorhanden« ist (sei es in schriftlicher Form, in den Köpfen der Mitarbeiter etc.) wie auch jedes zukünftige Wissen. Damit ist die wesentliche Restriktion auch für die Generierung von Wissen klar bezeichnet. Jede Operation einer Organisation, die auf die Einführung neuen Wissens abzielt, muß den Imperativ der Kommunikation beachten. Für die Organisation selbst heißt dies, daß die Generierung von Wissen an die Notwendigkeit gebunden ist, Kommunikationsgelegenheiten bereitzustellen, die wiederum auf eine Steigerung ihrer Kommunikationslasten hinauslaufen.

Im Investment Banking läßt sich auf der organisationalen Ebene ein vorherrschendes Muster der Wissensgenerierung in dem Versuch identifizieren, Wissen einfach einzukaufen.

Dies setzt natürlich voraus, daß bestimmte Erwartungen in anderen Zusammenhängen auf gleichsam »ehrliche« Weise in aufwendigen Prozessen der Überführung von imlizitem Wissen zu explizitem Wissen erzeugt, sprich: generiert wurden (Nonaka: 1995). Wer nun übereilt daraus schließt, daß der von den Investmentbanken betriebene Einkauf von Wissen gar nicht einer Generierung von Wissen entspricht, sondern vielmehr ein Lernen von der Erfahrung anderer sei, der liegt nicht ganz falsch, verpaßt aber die Pointe. Investmentbanken generieren ihr Wissen »just in time«. Sie generieren Kommunikationsgelegenheiten, die erst innerhalb der Organisation oder in der Interaktion mit dem Kunden vollendet werden. Indem eine Organisation einen Experten, ein Team oder ein ganzes Unternehmen aus ihrer Umwelt in die systemeigenen Operationen einbindet, versucht sie, Kommunikationen einzuführen, die einerseits das Wissens und die Kompetenz im Handeln und Entscheiden Externer internalisieren und die andererseits durch Rekombination vorhandenener und neuer Wissensansprüche zu überzeugenden Innovationen anregen. Weithin bekannt sind etwa der Kauf der britischen Merchantbank Morgan Grenfell durch die Deutsche Bank, die Übernahme von Kleinwort Benson durch die Dresdner Bank und die Akquisition der amerikanischen Investmentbank First Boston durch die Credit Suisse. Alle drei Banken (u. a. m.) haben ihr Investment-Banking-Wissen zunächst durch die Akquisition bestehender Investmentbanken sozusagen aus dem Stand generiert respektive grundlegend erweitert und zwar unter einem immensen finanziellen Aufwand. So hat allein die Dresdner Bank für das Londoner Investmenthaus Kleinwort Benson (um das sich auch die Commerzbank zunächst bemüht hatte) rund 2,2 Milliarden DM zahlen müssen. Allerdings kann die Wissensgenerierung qua Unternehmenskauf durchaus problembehaftet sein: Neustrukturierung und Aufteilung des Investment Banking bei der Dresdner Bank zwischen Frankfurt und London führten etwa zu Streitereien um Kunden, Produkte und Geschäft (Schulz: 1997, S. 20). Diese »Kommunikationsschwierigkeiten« hatten einen unmittelbaren Einfluß auf die Nutzungsmöglichkeiten des eingekauften Wissens.

Während die Akquisition eines ganzen Unternehmens der Natur der Sache entsprechend eher zu den Ausnahmefällen der Wissensgenerierung gehört, kann die Abwerbung einzelner Experten oder ganzer Teams als ein extrem gängiges und vor allem auch systematisch betriebenes Verfahren zur Internalisierung und damit Generierung spezifischer Wissens- und Kompetenzbereiche bezeichnet werden. Die nachfolgende Tabelle gibt unter Verwendung der im Feld üblichen Termini einen Überblick über die möglichen Akquisitionsebenen und die jeweiligen Wissensschwerpunkte.

Abb. 7: Wissensgenerierung durch Abwerbung und Einkauf
Wissensmatrix: Ebenen der Inklusion von Wissens- und Kompetenzbereichen

	IB-Produkt- bzw. Servicelinewissen	Wissen über ein Kundensegment	Personenwissen und Kontakte
Graduates		X	
Mid-career-hires	X	X	
Renowned experts	X	X	X
Teams	X	X	X
Organisation	X	X	X

Unterschieden wird zwischen den Ebenen Universitätsabsolventen (Graduates), berufserfahrene Wechselwillige (Mid-career-hires), weithin bekannte Experten (Renowned experts), festen Teams und ganzen Organisationen auf der einen Seite und den unterschiedlichen wissensmäßigen Erwartungen, die an den Einkauf bestimmter Wissensträger geknüpft werden, auf der anderen Seite. So bezieht sich das Investment Banking Produkt- bzw. Serviceline-Wissen auf Erfahrungen und Expertise mit bestimmten Produkten bzw. Transaktionstypen und umfaßt bei einem berufserfahrenen Analysten beispielsweise ein solides Bewertungswissen bezogen auf eine bestimmte Branche, von berufserfahrenen M&A-Spezialisten werden entsprechend Verhandlungsexpertise und Projektwissen erwartet etc. Die Kategorie »Wissen über ein Kundensegment« bezeichnet ein besonderes Branchenwissen, das der Experte entweder bei einem Konkurrenzunternehmen oder aber in der Branche selbst erworben hat. Und die Kategorie »Personenwissen und Kontakte« kennzeichnet die Kompetenz von Personen, Teams oder Organisationen, persönliche Beziehungen zum Topmanagement von Kundenorganisationen zu erhalten bzw. aufzubauen. Wir werden die verschiedenen Ebenen nachfolgend weiter ausbauen und plausibilisieren.

Für die Investmentbanken ist intimes Wissen und Detailkenntnis über Strukturen, Abläufe, Probleme und Visionen ihrer Kunden von strategischer Bedeutung. Nur wenn eine Investmentbank eine Vorstellung davon hat, wohin sich etwa die Automobilbranche entwickelt, kann sie langfristig brauchbare Vorschläge für strategische Optionen der Automobilhersteller erarbeiten, mögliche Akquisitionen mit den Kunden diskutieren, Joint Ventures oder die Veräußerung von Geschäftsfeldern. Das Wissen über derartige Zusammenhänge und

Entwicklungen kann eine Bank nicht aus sich selbst schöpfen. Um diese Expertise generieren zu können, ist sie auf vielfältige direkte und indirekte Kontakte mit der jeweiligen Branche angewiesen.

So kann die Bank im Rahmen ihres Human Resource Managements neue Mitarbeiter direkt an denjenigen Universitäten rekrutieren, die für bestimmte Industriefelder ausgewiesene Schwerpunkte mit engen Praxiskontakten ausgebildet haben. *„Gießen beispielsweise, da lehrt der Professor [Eigenname]. Wer von dort kommt, weiß einfach sehr viel schon über die Lufthansa, die Bahn, die ganzen Transportunternehmen"* (C:3). Um an vielversprechende Universitätsabsolventen heranzukommen, wird zunächst der Kreis der potentiell als relevant wahrgenommenen Universitäten auf jene Hochschulen eingeengt, an denen Professoren mit einem besonderen Ruf lehren. *„Uns geht es da um die jungen Talente, das sind Absolventen der Universität. Da haben wir einen sehr systematischen Approach gewählt. Wir haben 6 Universitäten als aktive Ansprechpartner. Und haben für diese aktive Ansprechpartner einen bestimmten Produktmix vorgehalten. Im Sinne von, wir haben uns vorgenommen, mit jeder unserer Top universities dreimal im Jahr Kontakt zu haben. Mit unterschiedlichen Instrumenten wie Workshops, Vorlesungen und On-Campus-Präsentationen, Dinner- und Coktail-Parties. Aus diesen sechs generieren wir ungefähr 50, dieses Jahr 75 % unserer Talente auf der Graduate-Ebene"* (S:2). Im Rahmen von Workshops und Planspielen werden schließlich diejenigen Kandidaten herausgefiltert, denen ein Angebot gemacht wird. Die genannten Maßnahmen haben einerseits die Funktion, talentierte Studenten möglichst frühzeitig zu identifizieren und eine Bindung zu erzeugen, so daß die begehrten Nachwuchskräfte bei der Abgabe ihrer Diplomarbeit ihren Arbeitsvertrag möglichst schon unterschrieben haben. Auf der Absolventen-Ebene steht insgesamt weniger ein konkretes Wissen über das Geschäft der Investmentbanken im Vordergrund (*„Ich hatte bei meinem Vorstellungsgespräch hier im Messeturm eigentlich gar keine Ahnung, was Investment Banking eigentlich ist"* (R:3)), als vielmehr ein extern anschlußfähiges Wissen über bestimmte Kundensegmente.

Wichtiger als die Absolventen sind für diese Art der Wissensgenerierung die sogenannten Midcareer-hires. *„Das sind für mich Leute, die aus der Branche kommen, also aus der Investment-Banking-Branche und dort nach einer gewissen Zeit fremder Erfahrung sich dann überlegen, einen Schritt zu [Bank 2] zu machen. (...) Also wir haben eine Position, wo die interne Besetzung sich für uns nicht als opportun erklären läßt und sagen, jetzt gehen wir an den Markt. Und dann benutzen wir, ich nenne es Broker, Headhunters oder eher Brokers, weil wir die Leute meistens kennen und sagen: diese vier Leute könnten wir uns vorstellen, diese Position zu füllen"* (S:2). Die Mid-career-hires bringen vom Wettbewerber sowohl Investment Banking-Know-how mit, als auch spezifische Kenntnisse über die von ihnen betreuten Kunden. *„Parallel dazu haben wir einen aktiven Approach. Das heißt, ich habe eine Datenbank von 15 bis 20 Leuten und immer, wenn sich eine dieser Personen verändert, hebe* *ich die Hand und sage: we are ready to take you*" (S:2). Das Wissen über besonders fähige Investmentbanker der Konkurrenz speist sich aus den vielfältigen Situationen, in denen ein Kunde aufgrund der Komplexität der Lage von mehr als einer Investmentbank beraten wird. In solchen Interaktionen treffen die Banker aufeinander und haben so die Gelegenheit, Fähigkeiten und Kompetenzen von Wettbewerbern kennenzulernen. „*Sie sehen einfach Leute, wie sie agieren beim Meeting. Sie müssen sich austauschen. Investmentbanken sind zwar Berater für den Kunden, aber die tauschen sich auch untereinander aus. Und sie merken genau die Qualität der Arbeit, die dahinter steht. Da kann ich Ihnen genau sagen, welche Leute in dieser Transaktion eine spezielle Performance abgegeben haben. Und wenn sie eine Bewertung bei Thyssen sehen oder bei Krupp, dann wissen sie genau, wer die gemacht hat. Und sie wissen genau, welches Team das gemacht hat. Und sie können durch Kontaktpflege, durch Kontaktaufnahme einfach herausfinden, wer hat das gemacht*" (S:2).

Um besseres Wissen über bestimmte Kundensegmente und deren Bedürfnisse zu generieren, versuchen die Investmentbanken auch, neue Mitarbeiter unmittelbar aus den Communities of practice anzuwerben, also etwa von großen Unternehmensberatungsgesellschaften oder, um am Beispiel zu bleiben, direkt aus der strategischen Planungsabteilung eines Automobilkonzerns. Das Wissen dieser »Insider« ist so wertvoll, daß es nichts ausmacht, wenn sie die Codes der Investmentbranche bei der Einstellung noch nicht verstehen.

„*Ich nenne sie mal Lateral hires. Im Sinne von aus der Industrie hereinnehmen, aus dem Consultingbereich hereinnehmen. Wir müssen sehr viel stärker dahinkommen, Pipelines zu haben. Und wir haben eine sehr starke Pipeline-Focussierung im Sinne von, ich muß die Business needs, die sich aus dem Land Deutschland ergeben, in einer German Pipeline reflektiert sehen. Mit Erfahrung, mit Wissen, etc. Wenn ich z. B. darüber nachdenke, im Automobilsektor, so ist der Automobilsektor ein sehr technischer Sektor, der im Moment gerade einen prozeßorientierten Umbruch mitmacht. Im Sinne von, wie organisiere ich meine Arbeit neu. Das ist tendenziell eine Consulting-orientierte Aufgabe, das ist keine Investment-Banking-Aufgabe. Aber das hat möglicherweise Implikation auf den Finanzmarkt. Weil sie höhere Investitionen haben oder langfristige Rückzahlungsmodalitäten haben. Möglicherweise brauchen sie dann auch jemanden innerhalb einer Investmentbank, der diese Sprache spricht, der die Treiber hinter diesen Investitionen sieht und das entsprechend umsetzen kann auf dem Finanzmarkt oder der Kapitalmarktseite. Deswegen sind wir darum bemüht, immer wieder Consultants zu integrieren, Leute aus der Industrie zu integrieren, Leute aus anderen Bereiche zu integrieren*" (S:2).

Wie weiter oben bereits angedeutet ist es in der Branche üblich, daß Investmentbanken sich auch gegenseitig besonders bekannte Spezialisten und erfolgreiche Teams abwerben. Dieser von seinen Betreibern etwas euphemistisch »selective hiring« genannte Ansatz hat insbesondere der Deutschen Bank schon einen entsprechenden Ruf bei der Konkurrenz eingebracht, das Wort vom Scheckbuch-Banking machte die Runde. So warb das Frankfurter Institut beispielsweise in den USA 1996 eine Gruppe hochbezahlter Spezialisten für Technologieunternehmen vom Konkurrenten Morgan Stanley ab. Die Expertise und Kontakte dieser Gruppe waren der Deutschen Bank so wertvoll, daß extrem üppige Vergütungen und Abwerbesummen gezahlt wurden. Zudem wurde dem Technologie-Team zugestanden, etablierte Strukturen und Abläufe beizubehalten, so daß in gewisser Hinsicht ein Unternehmen im Unternehmen entstand. Weil es den Kunden auf die Expertise dieser Gruppe ankam und nicht auf den Namen des Arbeitgebers, konnten die Spezialisten nach dem Wechsel übergangslos »ihre« Kunden weiter bei Fusionen und Übernahmen beraten sowie bei Aktien-Emissionen betreuen. In den ersten zwei Jahren bearbeitete das Team über 100 Transaktionen mit einem Gesamtvolumen von mehr als 23 Milliarden Dollar, die der Deutschen Bank Einnahmen von 205 Millionen Dollar brachten (Lee: 1998, S. 39). Dem berühmten Chef der Gruppe und Spezialisten für Informationstechnologie-Unternehmen Frank Quattrone soll die Deutsche Bank ein Jahresgehalt von 8 Millionen Dollar auf drei Jahre garantiert haben. Nicht zuletzt das atemberaubende Gehaltsgefälle zwischen Mitarbeitern der Bank in USA/England und Deutschland hat unter internen und externen Kritikern des Investment Banking die Frage aufgeworfen, ob sich mit einer hochspezialisierten »Söldnertruppe« teamorientiert zusammenarbeiten läßt. Im Juli 1998 wurden die Zweifler dann entgültig bestätigt, als das gesamte, aus rund 130 Experten bestehende Technologie-Team unter Superstar Quattrone nach nur zwei Jahren Tätigkeit für die Deutsche Bank zum Konkurrenten Credit Suisse First Boston (CSFB) wechselte. Für die Deutsche Bank war dieser Weggang um so bitterer, als die kostspielige Anwerbung des Quattrone-Teams nur der erste Schritt sein sollte, für alle wichtigen Industrien Top-Teams aufzubauen bzw. einzukaufen, um mit den großen Konkurrenten Goldman Sachs und Morgan Stanley im globalen Geschäft mithalten zu können.

Das moderne Phänomen »Team-move« hat für die akquirierenden Investmentbanken den Vorteil, daß sich komplette Geschäftsfelder gleichsam aus dem Stand aufbauen lassen, ohne daß lange Anlaufzeiten und aufwendige Institutionalisierungen in Kauf genommen werden müssen. Die Wissensgenerierung in einem eingespielten Team, auf die wir im Kapitel über »Communities of practice« näher eingehen werden, verläuft wesentlich friktionsloser als dies bei Neuzusammenstellungen zu erwarten wäre. Im Gegenzug macht der neuartige Trend die Investmentbanken aber auch verletzlicher – verläßt ein wichtiges Team das Haus, klafft in der Organisation eine Wissenslücke, die nicht ohne weiteres wieder geschlossen werden kann. Vor diesem Hintergrund stellt sich für das Management einer Investmentbank auch die Frage, wie groß und mächtig man einzelne Teams im eigenen Unternehmen werden lassen sollte bzw. ob die Übernahme eines großen Teams von hundert und mehr Mitarbeitern und einem einflußreichen Star an der Spitze nicht ein gefährliches Unterfangen darstellt, das sein Janusgesicht immer erst nach dem nächsten Wechsel zeigt.

Wenn »Renowned experts« abgeworben werden, dann liegen die Gründe hierfür nur zum Teil in der außerordentlichen Expertise, im Geheimwissen, im besonders innovativen Blickwinkel eines Experten. Neben seinem intellektuellen Vermögen, Probleme zu lösen, zählt gerade auch sein »soziales Kapital«, Probleme gemeinsam mit dem Kunden erfinden zu können, für deren Lösung dann Investment Banking das Mittel der Wahl ist. Bezahlt wird insofern auch für die engen Kundenkontakte, die ein bestimmter Experte unterhält und pflegt. *„Unser M&A-Chef hier, der war zum Beispiel eigentlich Herzchirurg und hatte gar keine Ahnung davon, was er jetzt so macht. Ein brillanter Kopf, total analytisch und so. Vor allem hat er auch einen super Kontakt zum Vorstand von Daimler in Stuttgart. At the end of the day zählt eben der Zugang, den jemand hat. Ganz einfach auch, ob man zum Beispiel die private Telefonnummer von dem und dem Vorstand hat*" (R:3). Der besondere Wert eines solchen Netzwerkes liegt dabei auch in der Möglichkeit frühzeitig, d. h. vor der Konkurrenz, Wissen über die Absichten, Pläne und Strategien eines Kunden zu erhalten, also auch in dem Vertrauensbonus, den ein bekannter Spezialist bei den potentiellen Kunden genießt. Die »Zauberer« der Branche haben ein Gespür für Märkte und technologische Neuerungen sowie die Fähigkeit, Kunden zu existentiellen Weichenstellungen zu bewegen, etwa sich zu einer Fusion mit einem Konkurrenten zu entschließen. Ein Experte ist sein Geld also wert, wenn es ihm gelingt, *gemeinsam* mit dem Kunden in dem Sinne Wissen zu erzeugen, als daß positive (aber lernbereite) Erwartungen in bezug auf verkäufliche Lösungen hin strukturiert werden. Enge Kundenkontakte und Vertrauen werden im übrigen vor allem auch dann zu einer wichtigen Geschäftsgrundlage, wenn das Produkt oder die Problemlösung mehr oder minder von jeder Bank erbracht werden kann.

Diese Bemerkungen leiten über zum zweiten wichtigen Muster der Wissensgenerierung im Investment Banking, auf das wir an dieser Stelle noch kurz eingehen wollen und das eng an einen bestimmten Typus von Wissen gekoppelt ist: Wissen über Kunden. Für die Generierung strategischen Kundenwissens sind die tatsächlichen Interaktionssitutationen mit den Mandanten noch sehr viel wichtiger als die weiter oben bereits benannten indirekten Zugriffsmöglichkeiten durch die Einstellung von »Lateral hires« aus der entsprechenden Branche. Das Wissen über ein bestimmtes Unternehmen, seine Bedürfnisse, seine Strategien läßt sich nur partiell öffentlich zugänglichem Material wie etwa der Bilanz einer Aktiengesellschaft oder anderer grauer Literatur entnehmen. Das verborgene Wissen über Problemlagen und Kontextbedingungen der Kunden, das den Investmentbankern die Möglichkeit gibt, relevante und im betreffenden Unternehmen auch an- und abschlußfähige Vorschläge, Ideen und Konzepte vorzulegen, erhalten die Banken vornehmlich im Rahmen einer kontinuierlichen Versorgung mit gutem Rat, lange bevor es zu einem wirklich rentablen Deal kommt. „When an investment bank has acces to detailed financial statements beyond what is publicly available, it is better able to propose ideas for deals that the customer will accept. The information cycle – deals generate information, which in turn generates more deals – is especially strong when a relationship exists" (Eccles und Crane: 1988, S. 57). Auch dies verdeutlicht noch einmal die wichtige Erkenntnis, daß zentrale Phasen der Wissensgenerierung just in time in den Ablauf eines Projektes eingelagert sind und daß die hier generierten Erwartungen sich nicht irgendwie vorhalten lassen.

Banken versuchen, solche Beziehungen zu den sogenannten Big ticket clients auf- und auszubauen, indem sie diese kostengünstig und laufend mit neuem Wissen versorgen. Dabei geht es um Beobachtungen der Konkurrenz, Einschätzungen über das Verhalten der Kapitalmärkte, Veränderungen in der Branche des Kunden usw. „By seeing how the customer responds to theses ideas, the investment banker hopes to learn more about what the customer's needs really are and the kind of deals it really does want to do" (ebenda. S. 60). Diese Form der Wissensgenerierung gerät jedoch zunehmend unter den Druck sinkenden Vertrauens. Wenn große Firmen Beziehungen zu mehreren Investmentbanken unterhalten, kann dies auf beiden Seiten zu einem Mangel an Loyalität führen. Der Kunde etwa mag kritische Informationen vor den Beratern geheimhalten, weil er befürchtet, die Banker könnten beim nächsten Deal schon auf der anderen Seite des Verhandlungstisches sitzen und dann über Wissen verfügen, das ihn verwundbar macht (Baker: 1990, S. 597). Aus Sorge, der Kunde könnte mit einer neuen Idee zur Konkurrenz wechseln, die das Geschäft dann zu günstigeren Konditionen durchführt, verhalten sich aber auch Investmentbanker manchmal zurückhaltend. Nichtsdestotrotz leben sie davon, ihre Ideen mit den Kunden zu teilen – dies gilt insbesondere für die Analysten. Beim Gespräch mit dem Investor kommt es in gewissen Umfang auch zu einem Rückfluß an Ideen und Vorstellungen, die der Kunde dem Analysten in der Hoffnung präsentiert, daß dieser sein fachmännisches Urteil dazu abgibt und hilft, Einschätzungen einzuschätzen. *„Es kommt schon ab und zu vor, daß ich im Gespräch mit einem Investor eine wirklich gute Idee oder Begründung höre, warum diese oder jene Aktie unterbewertet ist. Ich kann allerdings nicht wissen, ob das nun originär seine ist oder die von einem Kollegen aus einer anderen Bank. Solche »Money making ideas«, die vielleicht eine Entwicklung oder Trend frühzeitig beschreiben oder ungewöhnlich und trotzdem plausibel sind, damit kann man dann etwas anfangen. Das ist extrem wertvoll"* (S:1).

In engem Zusammenhang zur genauen Kenntnis von Kundenbedürfnissen entsteht auch Wissen über potentiell erfolgreiche neue Produkte und Geschäftsstrategien. Dieses Wissen taucht einerseits nah am Markt auf, d. h. im operativen Tagesgeschäft häufig auch junger Investmentbanker, und es wird andererseits in den »communities of practice« generiert, auf die wir in einem späteren Kapitel detailliert eingehen werden. Die Ideen für neuartige Dienstleistungen müssen sich dann ihren Weg nach oben bahnen – die Organisation prüft den Impuls am eigenen Widerstand. Allerdings müssen entsprechende Strukturen und eine fördernde Kultur vorhanden sein, die neue Ideen für die Organisation auch wahrnehmbar machen und den mit Innovationen verbundenen internen Arbeitsaufwand, der ja gerade noch nicht durch den Kunden bezahlt wird, durch geeignete Bonussysteme belohnen. Die genannten Bedingungen laufen also darauf hinaus, daß die Organisation die Wahrscheinlichkeit von

Kommunikation und gerade auch von unüblicher Kommunikation steigern muß, damit neues Wissen und überzeugende Innovationen kommunikativ auch eine Durchsetzungschance erfahren.

4.3.2 Retention: Zwischen Struktur und Datenbank

Wenn die Angestellten einer Investmentbank am »casual friday«, dem häufig einzigen Tag in der Woche, den sie überhaupt im Firmenbüro und nicht auf einem Projekt beim Kunden verbringen, am Abend das Büro ohne Schlips und Kragen mit dem Aufzug wieder verlassen, dann steht die Investmentbank, bezogen auf ihr verfügbares Wissen, relativ verwaist da. Die Mitarbeiter sind *in ihren Arbeitsrelationen* sowohl der wichtigste Generator kognitiver Erwartungen als auch das zentrale Reservoir für die Speicherung und die nachfolgende kommunikative (Neu-)Aktivierung derartiger Erwartungen. Man weiß als Investmentbanker, wen man zu fragen hat, wenn es um die Einschätzung eines Mandanten oder eines Kollegen geht, wer für das Umkonfigurieren von EDV- und Telefonanschlüssen zuständig ist oder wer die interessantesten Partys veranstaltet. Die meisten Informationen dieser Art lassen sich nicht irgendwo nachlesen. *„Man kriegt sowas mit der Zeit spitz"* (P:1). Die an Personen adressierten Erwartungsbündel sind für die Organisation also von zentraler Bedeutung und gleichzeitig, wir hatten dies zuvor schon angedeutet, macht die Bedeutung von Personen als *Wissensspeicher* die Banken auch enorm empfindlich, weil dem System mit dem eventuellen Weggang eines Mitarbeiters eben auch wichtige Möglichkeiten zur wissensbasierten Programmierung von Entscheidungshandeln wegbrechen können. Diese Verletzlichkeit macht es für die Organisation so interessant, Wissen zu speichern.

Der Wissensspeicher bzw. das Gedächtnis einer Organisation läßt sich beschreiben als ein System, um Erlebtes, Erfahrenes und Wahrgenommenes über die zeitliche Dauer des Ereignisses hinaus zu speichern, und zu einem späteren Zeitpunkt wieder abrufbar zu machen. Allerdings ist es ein offenes Experiment, was bei der Reaktivierung gespeicherter Erwartungen herauskommt, und es ist davon auszugehen, daß die Erinnerung und Nutzung älteren Wissens wichtige Aspekte einer Neuschöpfung hat. Die Wiedereinführung bestimmter Unterscheidungen ist nicht dasselbe wie die Einführung. „Creating, applying and preserving interwine and complement each other. At least over long periods, merely storing knowledge does not preserve it. For old knowledge to have meaning, people must relate it to their current problems and activities. They have to translate it into contemporary language and frame it within current issues. Effective preserving looks much like applying. As time passes and social and technological changes add up, the needed translations grow larger, and applying knowledge comes to look more like creating knowldge“ (Starbuck: 1992, S. 722).

Gerade im Investment Banking hat das Gros des erzeugten Wissens einen zeitlich eng limitierten Nutzwert, so daß es für die Organisation keinen Vorteil brächte, sie routinemäßig irgendwie symbolisch repräsentiert auf Dauer abzulegen. Im Gegenteil, was heute richtig ist (Rationalität), kann mit dem Ablauf der Zeit dysfunktional sein (Pathologie), so daß sich die Banken sogar über Prozeduren des Vergessens und Entlernens Gedanken machen müssen, um nicht von radikalen Marktveränderungen ausgezählt zu werden. Das Gedächtnis einer Organisation muß also die Einheit von Erinnern und Vergessen organisieren, d. h. es muß laufend die eine oder die andere Möglichkeit zurücksetzen.

Das betrifft die organisationalen Strukturen ebenso, wie die spezifischen Kompetenzen ihrer Mitarbeiter oder auch Prozeßabläufe. Gewußtes Wissen wird schließlich geschätzt, so daß Organisationen wie Personen Gefahr laufen, die eigene Expertise in ihrer Bedeutsamkeit an den Kundenbedürfnissen vorbei zu verteidigen. Goldman Sachs etwa versucht dieser Problematik zu begegnen, indem auf eine Personalentwicklungsstrategie gesetzt wird, die ein Generalistentum mit einer gewissen Spezialität zum Bildungsziel erklärt. „Rapidly changing markets reduce or even make obsolete the need for certain specialists and increase or create the need for others. The advantages of specialization must be balanced against the advantages of keeping people fungible, as investment bankers like to say, so that the firm's human resources do not become so specialized that they cannot adapt to changing market circumstances“ (Eccles und Crane: 1988, S. 127). Neben den bereits diskutierten Marketingaspekten dürfte die Ermöglichung institutionellen Dazulernens ein weiterer Grund für die sich im Investment Banking immer weiter ausbreitende Aufstellung nach Industriegruppen sein, bei der eben nicht Produkte, spezialisierte Verfahren usw. im Vordergrund stehen, sondern Kundensegmente organisational abgebildet werden.

Strukturen und *Prozesse* scheinen eine ebenso abstrakte wie elementare Möglichkeit zur Speicherung von Wissen im Investment Banking darzustellen. Mit Hilfe derartiger kontingent-selektiver Verknüpfungsprogramme gelingt es der Organisation, bestimmte Erwartungen in personen-unabhängige Formen zu bringen, die dann die weitere Operationsweise eines Sozialsystems bestimmen (Willke: 1998, S. 16). Trotz eines jährlichen Turn-overs von durchschnittlich 10 % bleibt Morgan Stanley eben Morgan Stanley und Merrill Lynch bleibt Merrill Lynch. Jede Struktur und jeder definierte Prozeß grenzt Wahlmöglichkeiten ein und sorgt somit für eine gewisse Sicherheit und Stabilität von Erwartungen. Strukturen und Prozesse fixieren aber nur Formen der Bildung von Erwartungen, sie sind nicht die Erwartung selbst. *„Wenn ich jetzt eine Unternehmensbewertung mache, dann muß ich mit bestimmten Zahlen von den Volkswirten arbeiten. Die machen die Vorgaben für die Rahmendaten, die muß ich nehmen, das ist die Regel, ob es mir paßt oder nicht*“ (C:3). Tiefe und Reichweite interner

Differenzierungsprozesse (Strukturaufbau) sind ein hochgestellter Aspekt organisationaler Wissensspeicherung. Die Differenzierung bestimmt, wie die Organisation ihre Beobachtungsposten ausrichtet und somit, welche Informationen erzeugt und wie sie kombiniert werden. Wenn eine Abteilung erst einmal besteht, dann sehen ihre Mitarbeiter, was sie sehen und nicht, was sie nicht sehen. Mit anderen Worten: Was in einer Organisation an Wissen gespeichert wird, hat nicht nur einen beträchtlichen Einfluß darauf, was die Organisation dann weiß, sondern auch, was sie zukünftig wissen *kann*.

Leitlinien, Routinen und Traditionen, die sich in Abteilungen manifestieren, an Produktlinien oder an geographischen Einheiten entlang ausbilden, sind also nicht nur einfach gespeichertes, älteres Wissen. Diese Form konservierten Wissens hat zudem deutlich normative Züge, d. h. es wird gegen Widerstände und Einwände und vor allem auch gegen neues Wissen verteidigt. Und gerade in bezug auf in Form von Abteilungen (o. ä.) etablierte Strukturen kommt hinzu, daß sie mit der Zeit auch bestimmte Ansprüche zementieren. Die Herrscher und Seilschaften, die sich innerhalb einer solchen Struktur einrichten, wehren sich gegen Veränderungen ihrer Privilegien, so daß der Fortbestand solcher »Fürstentümer« in der Organisation dann zumeist politisch verteidigt und nicht wissensbasiert diskutiert wird. Wenn etwa eine Bank ihre länderspezifische Organisationsform aufgrund des Drucks der Globalisierung zugunsten einer produkt- und kundenorientierten Form verändern möchte, so sind Konflikte programmiert, die nicht auf intellektuellem Terrain ausgetragen werden. „*Es gibt natürlich Probleme, wenn Sie einem Direktor, der seit 20, 30 Jahren gewisse Rollenverständnisse hatte und Arbeitsvorgänge gewohnt war, wenn Sie dem plötzlich sagen, Ihr Büro ist nun nur noch halb so groß wie früher, Sie haben keinen direkten Mitarbeiter mehr. Jetzt müssen Sie zusehen, daß Sie sich mit ihrem Team jedesmal neu wieder vertragen. Es ist klar, daß er sich nicht freut*“ (J:1). Mit diesen Bemerkungen soll nicht gesagt sein, daß das organisationale Wissen, welches in Strukturen, Traditionen und Leitlinien gespeichert ist, im Hinblick auf Veränderung und Umstellung prinzipiell aversiv angelegt ist. Grundsätzlich handelt es sich um Festlegungen »bis auf weiteres«, die von der Organisation in gewissen Zeitabständen oder bei irritierender Information revidiert werden können.

Wenn Wissen in den Strukturen und Prozessen einer Organisation gespeichert wird, so haben wir es gewissermaßen mit einer Bürokratiesierung des Wissens zu tun. Die Anwendung von Schablonen auf Prozesse der Wissensbearbeitung ist insofern durchaus ambivalent zu beurteilen. Die Formalisierung individueller Rollen und die Einführung von Arbeitsvorschriften erleichtert zwar einerseits den Austausch von Personal und auch die Fixierung erfolgreicher Verhaltensmuster der Vergangenheit, setzt aber gleichzeitig auch die Wahrscheinlichkeit von Innovationen und die Flexibilität des Gesamtsystems herab. In einem zu rascher Veränderung neigenden Umfeld hat eine Regidisierung interner Strukturen und Abläufe unzweifelhaft gravierende Nachteile für die Adaptionsfähigkeit einer Organisation.

Daneben muß davon ausgegangen werden, daß ein in hohem Maße standardisiertes Arbeitsgefüge den Vorstellungen und Wünschen der eher kreativitäts- und entfaltungs-orientierten Wissensarbeiter nicht eben entgegenkommt. Eine Organisation, die sich durch Standards vor den negativen Konsequenzen einer Abwanderung von Know-how-Trägern schützen will, provoziert durch ihre Sicherungsmaßnahmen möglicherweise genau das, was sie eigentlich verhindern wollte. Im Investment Banking scheint es neben den Strukturen, Standardabläufen und Routinen »auf Abruf« aber auch ein Wissen zu geben, das sich in Form von »Meta-Regeln« außerordentlich langfristig im Systemgedächtnis der Organisation niederschlägt und dort eine Wirkung entfaltet, die sich sehr positiv auf die Lernbereitschaft und damit der Viabilität des Systems auswirkt. Wir werden diesen Meta-Modellen im Kapitel über die Organisation von Wissensarbeit weiter nachgehen.

Eine zweite Form der Speicherung von Wissen ist eng an die zunehmenden Bemühungen um eine weitgehende informationstechnische Unterstützung von Arbeitsprozessen im Investment Banking geknüpft. Indem bestimmte Wissensarten in den proprietären Datenbanken einer Organisation topologisiert und abgelegt werden, sind diese Bestände damit nicht nur für die Organisation gesichert (allerdings ohne damit gegen Veraltung und zeitabhängige Bewertungen gefeit zu sein), auch die Zugriffsmöglichkeiten auf dieses Wissen können organisationsweit ausgedehnt werden. In Bank 1 wurde von Equity-Research zum Beispiel eine Datenbank gepflegt, auf der die Firmenprofile von vielen hundert internationalen Unternehmen gespeichert und nach Kategorien abrufbar waren, die als potentielle Übernahmekandidaten gehandelt wurden. Auf diese Datenbank hatte auch M&A ungehindert Zugriff, so daß die Investmentbanker auf das Wissen der Analysten zufassen konnten, ohne diese über die Chinese Wall zu heben.

Es fällt allerdings auf, daß ganz bestimmte Sorten von Wissen, die auf diese Art und Weise vor dem Vergessen geschützt und für die Organisation nutzbar gemacht werden, ein eindeutiges Übergewicht haben. Es handelt sich bei diesem elektronisch gespeicherten Wissen nämlich weniger um ein geistiges Kondensat komplexer Erwartungshaltungen und Reflexionsleistungen zur Vorbereitung interner Entscheidungen, als vielmehr um solche Produkte kognitiver Bemühungen, die erstrangig für eine externe Nutzung bei der Arbeit *vor* dem Kunden gedacht sind und nun auf den Festplatten der Server und Laptops zur Adaption für einen erneuten Gebrauch bereitliegen. Mehr und mehr Investmentbanken gehen dazu über, die bei ihren Kunden gehaltenen *Präsentationen* in weltweit verfügbaren Datenbanken abzuspeichern, so daß jeder Banker aufwandslos an diese Informationen gelangt und so unter Umständen eine Menge Zeit spart, wenn er vor ähnlichen Präsentationsaufgaben steht. „*Wir haben da diese Plattform auf Lotus Notes, auf der Sie weltweit bestimmte Dinge abfragen können. Da ist meines Erachtens [Bank 2] auch eines der führenden Häuser. Wir haben eine weltweite Datenbank, wo Sie alle Präsentationen hinterlegen müssen, die Sie Kunden geben. D. h., Sie geben ein Stichwort ein und sagen Pharmazeutische Industrie mit dem Schwerpunkt auf Onkologie und kriegen alle Präsentationen heraus, die wir da jemals gemacht haben*“ (S:2). Dieses Wissen wird nur sekundär auch für den Gebrauch im Rahmen interner Entscheidungsleistungen vorgehalten, sondern dient primär für das Zur-Schau-Stellen von Wissen im Angesicht des Kunden. Es geht also weniger um »Entscheiden«, sondern mehr um »Zeigen«.

„*Aber auch bestimmte Standardseiten für Präsentationen über Industrien, Industrieumfeld, Markumfeld, all solche Sachen. Generell alles, was mehr als einmal benutzt werden kann. Vielleicht bei zweimal lohnt es sich vielleicht noch nicht unbedingt, aber wenn du es mehr als zwei-, dreimal benutzen kannst, sollte es sicher der Masse zugänglich sein, soweit es nicht sehr sensitiv ist von der Information her. Aber sei es Credentials für die Firma, ja, also so die League-Tableseiten für die Firma und all solche Sachen, ja ... was man so als GS / BS bezeichnet, ja - Goldman Sachs Bullshit. Und League-Tables, Marktupdates, ja ... es gibt z. B. in New York - gibt es immer sehr viel Standardseiten über Marktupdates, wo du siehst was am Markt passiert ist und all solche Sachen. Es ist eine Serviceleistung. Es ist nicht standardisiert im Unternehmen. Die Frage ist halt auch, lohnt es sich, so einen Prozeß so zu standardisieren und auf andere Büros auszudehnen. Denn in New York brauche ich vielleicht mein Marketupdate jeden Tag, ja, weil meine Kunden schon da oben sind vom Wissensstand her. Die wollen jeden Tag genau wissen, was am Markt passiert, ja? Aber hier unten, das sind die in Deutschland. Die Unternehmen meinetwegen in Deutschland ... die Banken sind auch schon recht effizient, aber ... Die brauchen nicht jeden Tag zu wissen, was am Markt passiert, das interessiert die gar nicht, die machen alle, alle heilige Jahre, alle Jubeljahre mal ein Bond-Issue, ja? Und die würden ja wahnsinnig, wenn die jeden Tag von mir ein Fax kriegen. D. h., was hier sinnvoll ist, jemanden zu haben, der jeden Tag diese Marktupdates schreibt ... das ist im Büro in Frankfurt vielleicht überhaupt nicht sinnvoll*“ (R:3).

Diese Passage macht deutlich, daß es hier nicht um die Speicherung von Wissen für den internen Gebrauch im Sinne einer Programmierung von Entscheidungshandeln oder den diesbezüglichen Rückgriff auf die Erfahrung anderer geht, sondern um Darstellungsleistungen vor dem Kunden. Natürlich gibt es in jeder Bank auch mehrere Datenbanken, die ein Wissen speichern, das in erster Linie für den internen Gebrauch vorgehalten wird. Die Speicherung selbst dient dabei jedoch nicht der Bewahrung eines als »unersetzlich« angesehenen Wissens, sondern eher einer profanen Einsparung von Zeit. „*... wenn jemand z. B. schon mal eine Branchenanalyse da gemacht hat. Und jetzt mache ich ein zweites Unternehmen aus der gleichen Branche, dann kann ich die ersten zehn Seiten ganz fröhlich daraus zusammenschustern. Und wenn ich da sehe, wie jemand das gemacht hat, klar könnte ich das auch selber machen. Das würde mich vielleicht eine Nacht kosten, aber wieso soll ich die im Büro verbringen, wenn es das schon mal gibt*“ (W:2). Die elektronische Wiederverwendung von Branchenanalysen und Präsentationen jeglicher Art bleibt natürlich nicht ohne Folgen für die Wissensverarbeitung einer Investmentbank. Mit der Speicherung kommen mimetische Prozesse in Gang, die nicht nur Zeit sparen, sondern gleichsam durch die Hintertür auch zu einer Angleichung von Erwartungshaltungen führen.

In anderen Fällen ist die Standardisierung von Verhalten und Ergebnissen durchaus organisational intendiert. „*Wir da sind auch schon dabei, z. B. bestimmte Bewertungsmodelle für*

Industrien, die immer wieder gemacht werden von den ... da gibt es ja Industrie-Focus-Groups, die dann halt diese Bewertungsmodelle immer up to date haben, wo du einfach drauf zugreifen kannst, die du vielleicht auch im Intraweb ... ja, was wir haben, dieses Intranet ... wo du drauf zugreifen kannst und so. Das sind sicher Bereiche gerade die Bewertung, weil das halt einfach ein furchtbar manueller Prozeß. Und da kannst du unheimlich viel Zeit sparen" (P:2). Wenn bestimmte Bewertungsmethoden, die sich zum Beispiel in Form eindeutig definierter Formeln eines Spreadsheet-templates manifestieren, individuellen Gestaltungsfreiräumen entzogen und zum organisationalen Standard gemacht werden, dann handelt es sich um das Grundmuster der Umwandlung personaler Expertise in organisationales Wissen. Im Bereich von Unternehmensbewertungen fanden sich Fälle der beschriebenen Art insbesondere bei den Analysten aus den Researchabteilungen wie auch bei den auf M&A spezialisierten Teams.

In keiner der untersuchten Banken gab es Bestrebungen, Erfahrungen aus abgelaufenen Projekten zu reflektieren, dieses Wissen abzuschöpfen und der Gesamtorganisation zur Verfügung zu stellen. Während etwa Unternehmensberatungen mit Hilfe sogenannter after-action-reviews versuchen, Lernprozesse zu initiieren, sind Reflexionsleistungen dieser Art in den Investmentbanken in allenfalls rudimentärer Form zu beobachten.

„Das, was wir machen teilweise ... das mache ich auf der Kapitalmarktseite ... wenn ich eine Transaktion gemacht habe, dann schreibe ich darüber eine einseitige Casestudy. Und diese Casestudy hat im Grunde ... beschreibt die Struktur, beschreibt die Highlights der Struktur, beschreibt das Marktniveau, beschreibt die Distribution, wo wir es gekauft haben und so. Und das ist im Grunde so eine Art Vermarktung der Transaktion, das kann ich intern rumschicken, und das schicke ich auch an Kunden raus. Das ist eigentlich so eine doppelte Wirkung. ... in Capital Markets in Europa ist das so geregelt, daß man nach einer großen Transaktion ... machst du eine Casestudy und die wird an Capital Markets Europe geschickt und alle können sich das angucken. Schauen die sich das alle an? Wahrscheinlich nicht. Ich schaue mir auch nicht an, was alle anderen machen, ja? Es gibt keine Casestudy-Library und das ist ja alles e-mail. Das kannst du ganz einfach irgendwo abspeichern. Ja also, wo benutze ich jetzt ... also ich weiß nicht ... für mich ist halt hilfreich, daß ich meine eigene Transaktion nehme und das wieder bei anderen Emittenten vermarkte. (...) Für andere Leute ... ich weiß nicht, ob die das alle lesen, aber ich denke mir, was die damit machen ist, wenn wir so pitch-Bücher haben, d. h. wenn wir also ein neues Geschäft generieren wollen und Präsentation halten irgendwo, und du hast irgendwo einen vergleichbaren Markt in einem anderen europäischen Land, dann kannst du diese Casestudies da reintun und sagen: »Schaut mal, was wir hier in Deutschland gemacht haben, das ist ein vergleichbarer Emittent und das haben die und die gemacht, und das haben sie daraus gelernt, und das funktioniert folgendermaßen.« Ja, daß du irgendwo so analog irgendwie eine Studie hast. Das wird sicher gemacht. Aber auch beim M&A-Geschäft, wo sicher auch viel Wissen generiert wird, da gibt es das nicht. Da gibt es das nicht in der Form, und das wäre sicher hilfreich, das glaube ich schon" (R.3).

Obwohl das Wesen einer *Casestudy* geradezu in der Bearbeitung und Aufbereitung von Vergangenheit liegt, wird ihr Potential zur Generierung und Speicherung von Erfahrungswissen in Bank 3 nicht genutzt. Anstatt die Form der Casestudy als Studienobjekt und Lernplattformen zu nutzen, die auf organisationaler Ebene zur Veränderung und auch zur

Wissensbidung und –nutzung beitragen könnte, dienen sie primär den Marketingbemühungen des Schreibers selbst und seiner Generierung von neuem Geschäft.

Der Bereich, der sich am ehesten als eine Art Reflexion begreifen läßt und der organisationalen Nutzbarmachung der daraus gewonnen Erkenntnisse dient, ist die in drei der vier Banken stattfindende elektronische Dokumentation vergangener und laufender Projekte. Gespeichert wird dabei allerdings nicht das Wissen selbst, das auf den Transaktionen generiert wurde. Die Projektdokumentation hat zumeist zwei Zielsetzungen. Sie verbessert erstens die Steuerungsfähigkeit der Organisation, indem das Management aktuelle Informationen über laufende Projekte erhält. *„Sie können den einzelnen Deal anschauen, Sie können sehen, welcher Mitarbeiter wo dran sitzt oder auch, welche Transaktionen führen wir gerade mit diesem oder jenem Großkunden durch. Sie können auch auswerten, was macht welcher Kundenbetreuer. Kundenbetreuer werden stärker beurteilt nach dem, was sie für das Unternehmen auch erwirtschaften. Sie können also rausfinden, was für Projekte hat er in welchem Jahr durchgeführt. Was war das erwartete Fee-Volumen, was ist tatsächlich dabei rausgekommen. Diese Auswertung können Sie dann fahren"* (W:1). Neben der Ermöglichung von zeit- und leistungsorientierten Auswertungen führt die zentralisierte Erfassung von Projektinformationen auch dazu, daß die Organisation ganz einfach auch weiß, was sie gerade tut. Das ist der erste Schritt, um auch einmal eine Kostenkalkulation durchführen zu können: Was hat welches Projekt eigentlich stundenmäßig gekostet, und was hat es am Ende des Tages gebracht. Für die Bank ist das eine wichtige Betrachtung, um zwischen Relationship Banking und Transaction Banking nicht ziellos hin- und herzuwandern. Das Wissen zwingt sie zu überlegen, was bestimmte Projekte überhaupt bringen. Diese, in der Industrie längst bekannte Form der Kostenrechnung, erzeugt für die Investmentbanken ein qualitativ neues Wissen, mit dem die Experimente gerade erst beginnen.

Die Projektdokumentation zielt zweitens auf den Aufbau eines speziellen organisationalen Gedächtnisses für die Erfahrung der Organisation. Sie gibt Antwort auf die Frage, welche Personen Erfahrungen mit welcher Art von Transaktion bei welchen Kunden gesammelt haben. Dieses Wissen wird einerseits von zentraler Stelle für das Staffing, d. h. die reflektierte Besetzung von Projekten genutzt, und andererseits erlaubt der Zugriff eines Projektmitarbeiters auf Wissen dieser Art eine Steigerung des selbstorganisierten Rekombinationsvermögens der Organisation. Gerade die jüngeren Mitarbeiter haben so die Möglichkeit, gezielt erfahrenere Mitarbeiter mit Expertenstatus für bestimmte Transaktionen, Kunden oder sonstige Fragestellungen anzusprechen. *„Wir haben innerhalb der letzten eineinhalb Jahre verschiedene Systeme aufgebaut, die sich erstmal damit befaßt haben, überhaupt so etwas wie einen Deal flow festzuhalten. Das sie überhaupt mal festhalten, wer arbeitet an welchen Projekten. Und es wird festgehalten, welche Projekte gibt es, in Frankfurt, in London, wo auch immer, und was sind die Charakteristika dieser Projekte. Wie groß ist das vermutete*

Transaktionsvolumen, wer ist der Chef auf dem Projekt, wer ist der Kundenbetreuer, wer arbeitet daran mit, und in welchem Stadium ist das Projekt – gibt es schon ein Mandat, gibt es noch kein Mandat. Es gibt also eine Reihe von Kriterien, zehn, fünfzehn Kriterien, die festgehalten werden, so daß sie den Deal flow überhaupt erstmal systematisch analysieren können“ (J:1).

Die »Staffer« in Bank 1 und 2 verfügen über spezielle Datenbanken, die nicht nur den systematischen Einsatz von vorhandener Expertise erlauben sollen, sondern auch zur planvollen Entwicklung der Mitarbeiter herangezogen werden. Die Datenbanken dienen insofern als Schemata, die kondensierten und konfirmierten Sinn repräsentieren. „*Und es gibt natürlich auch ein Organigramm, was nicht so unbedingt verstreut wird, wo drauf steht, welche Leute in welchen Teams verfügen über welche Erfahrungsstufe. Das ist klar, da gibt es Leute, denen würde man zutrauen, eine Börsentransaktion in führender Rolle zu begleiten, anzuführen, die sind nicht automatisch dann diejenigen, die vielleicht bei einer M&A-Transaktion dann genommen würden, d. h. es gibt durchaus da interne Organigramme wo man dann sagt, o.k., das ist über alle Teams hinweg jetzt diese Senioritätsstufe, die jetzt in Frage kommt*“ (J:1).

Den Investmentbanken scheinen, so lassen sich die bisherigen Überlegungen zusammenfassen, nur eingeschränkte Formen der Speicherung von Wissen zur Verfügung zu stehen. Strukturen und Prozesse wie auch Datenbanken, welche die Erfahrungen der Mitarbeiter erfassen, repräsentieren zudem niemals kognitive Erwartungen selbst, sondern Relationen und Verknüpfungsmuster, die sich auf den Umgang mit Wissen auswirken und in den Operationsweisen einer Organisation niederschlagen. Es werden also primär »Erwartungserwartungen« memoriert, deren Lernbereitschaft noch dazu relativ ist. Das Wissen selbst bleibt, von wenigen Ausnahmen abgesehen, weitgehend abhängig von den an Kommunikation beteiligten Mitgliedern der Organisation. Ihre durch spezifische Muster gesteuerte Teilnahme oder Nichtteilnahme an Kommunikation bzw. ihre Einbindung oder Nichteinbindung in die Geschäftsprozesse bestimmt, welches Wissen in die Organisation eingespielt wird.

Die Organisation entzieht sich der wissensmäßigen Abhängigkeit von ihren Mitgliedern also allenfalls auf einer Metaebene. Sie weist die Auswahl und Revision »passender« Regeln, Verhaltensnormen und Praktiken ihren Mitgliedern zu und behält sich damit auch vor, Fehlleistungen und Fiaskos unter Beibehaltung ihrer eigenen Strukturen und Prozesse entsprechend auf Personen zuzurechnen, ohne (im Normalfall) als Organisation gravierende Konsequenzen ziehen zu müssen. Erst auf diesem Hintergrund läßt sich die wohl wichtigste Form der Speicherung von Wissen im Investment Banking richtig verstehen. Es handelt sich dabei um die ausreichende Versorgung ihrer Experten mit Motiven, die zum Bleiben animieren. Die Konstruktion von Austrittbarrieren hält das Wissen in der Organisation, wenn auch unter Inkaufnahme ganz spezifisch personenbezogenen Gedächtnislücken, die sich u. a. aus der

Logik organisationaler Muster ergeben, die Erfolge und Mißerfolge erstrangig auf Personen zurechnen. Wir werden das Thema »Austrittsbarrieren« in einem späteren Kapitel zur Loyalität wieder aufgreifen.

4.3.3 Diffusion: Jenseits des Organigramms

Daß die Wissensdiffusion in weiten Bereichen des Investment Banking personenbezogen und im face-to-face Kontakt erfolgt, kann vor dem Hintergrund des bereits Gesagten nicht weiter überraschen. Gleichzeitig ergießt sich eine aufgrund der Vernetzheit der Kapitalmärkte und der immer leistungsfähiger werdenden Übertragungsmöglichkeiten immer weniger überschaubare Menge an Preis-, Markt-, Fundamentalinformationen und on-line-Nachrichten laufend in die Büros der Trader und Investment-Manager einer Investmentbank (siehe nur Essinger: 1995). Beide Berufsgruppen leben davon, innerhalb relativ kurzer Zeitspannen Entscheidungen aufgrund von Informationen zu treffen, die ihnen automatisiert zugeführt und dann zum Teil in Sekundenschnelle bewertet werden müssen. Für die übrigen Geschäftsbereiche der Bank, wie etwa Reserach, M&A oder Emission gilt, daß sie wesentlich langfristiger orientiert sind und es genügend Spielraum für die Kommunikation von und über Wissen gibt. Für die in diesen Bereichen der Organisation auftauchenden kognitiven Erwartungen läßt sich zeigen, daß es im wesentlichen die *Personen-Netzwerke* sind, die für die kommunikative Verwertung von Wissen von zentraler Bedeutung sind. Während etwa für einen Händler der Markt zu fast hundert % anonym bleibt, kennt der Analyst die Vorstände und leitenden Mitarbeiter der ihn interessierenden Firmen und hat zumeist schon offene Gespräche mit ihnen geführt. Und er gibt sein Wissen eben häufig auch im persönlichen Kontakt an die Kollegen aus anderen Abteilungen weiter (natürlich wird, gerade im Research, auch eine unübersichtliche Masse an Studien für die Kunden geschrieben). Diese quer zur ohnehin flachen hierarchischen Struktur liegenden Netzwerke sorgen für eine Verteilung des Wissens aufgrund von Nachfrage. *„Im Grunde sind die Leute in jeder wissensbasierten Organisation selbst dafür verantwortlich, daß Informationen gebrokert werden. Das passiert bei uns nicht durch dedicated people. Sondern jeder macht das auf seine Weise. (...) Ich glaube, bei einer Investmentbank ist es schon hilfreich, bestimmte Leute zu haben. Man wächst ja auch in die Rolle des Informationsbrokers rein. Je mehr Senior sie werden, desto eher wachsen sie da rein. Das erwartet man auch von ihnen. In amerikanischen Investmentbanken ist es ja eine der Hauptrollen der Partner für die jüngeren Leute, sich als Informationsbroker zur Verfügung zu stellen"* (F:1). Diese Form der Diffusion kognitiver Erwartungen, die von den Mitgliedern der Bank selbstorganisiert, kooperativ und nachfrageorientiert gestaltet wird und sich formelhaft auf das Prinzip »knowledge on demand« reduzieren läßt, bildet das Leitmotiv von Wissensarbeit im Investment Banking schlechthin.

Brokering, Selbstorganisation, Kooperation – diese Begriffe weisen auf Wege der Diffusion von Wissen, die sich nicht an Aufbau- oder Ablauforganigrammen orientieren. Wir beobachten vielmehr eine strukturell eingepaßte Informalität, die als funktionales Komplement der formalen Organisation einer Investmentbank zu verstehen ist. Informalität untergräbt nicht, sie unterstützt. „If the formal organization is the skeleton of a company, the informal is the central nervous system driving the collective thought processes, actions, and reactions of its business units“ (Krackhardt und Hanson: 1993, S. 104). Die begriffliche Unterscheidung zwischen dem informellen »sharing« von Wissen und dem formellen »reporting« von Wissen greift beide Seiten auf und wird uns hinführen auf die Vor- und Nachteile dieser beiden basalen Diffusionsmöglichkeiten, auf die noch näher einzugehen sein wird. *„Du kannst auch zu Leuten gehen, die nichts mit dem Projekt zu tun haben, die aber vielleicht ein bißchen mehr davon schon verstehen, von der ganzen Sache, du kannst es mit denen diskutieren, und die nehmen sich auch Zeit für dich, obwohl es gar nicht ihr Projekt oder ihr Problem ist. Ja, das ist schon so bei ganz banalen Sachen oder sei es bei der Entwicklung von einem neuen Produkt, wo du plötzlich lauter neue Leute reinbringst, auch aus anderen Büros und so, und die sagen »O.k., wir machen es hier so und so, und vielleicht kann man das und das machen, und wir machen das hier so und so.«“* (R:3).

Es sind gerade die informellen Netzwerke, die beispielsweise auch für die Anbahnung eines Deals den entscheidenden Hinweis liefern können, ganz einfach, weil auch nur wenige formal definierten Berichtspflichten existieren: Jeder berichtet jedem, den es etwas angeht oder interessieren könnte. Damit wird vermieden, was in vielen formal und hierarchisch strukturierten Organisationen an der Tagesordnung ist: „Information is garbled as it wends its way through formal channels; often it arrives too late to do any good. Conflicting and ambiguous massages create a dull buzz of confusion. Critical details are lost in aggregated summaries. At worst, reports are sanitized, numbers massaged; information is hoarded and withheld, even fabricated“ (Baker: 1996, S. 210).

Die Diffusion von Wissen über Wege der informellen Vernetzung überläßt die Organisation zwar weitgehend ihrem Personal, sie stellt ihm aber wichtige »Gelegenheiten« zur Verfügung, diese Kontaktnetze zu knüpfen. Diese Gelegenheiten haben zumeist entweder eine themenorientierte oder eine aufgabenorientierte Struktur. *Themenorientiert* ist die Aufstellung der Investmentbanken nach den Industriesegmenten ihrer Kunden. *„Die Investmentbanken sind ja im Vergleich zur Beratungsbranche relativ spät dahinter gekommen, daß es Sinn macht, sich nach Industrien aufzustellen. Man könnte das know how natürlich auch stärker nach Produkten bündeln. Beim Berater wären das Qualitätsmanagement etc. Bei uns wären das die typischen Produkte des Investmentbanking M&A oder Bewertungs-know-how. Das* *könnte man ja auch machen. Wir haben halt jetzt eine Gliederung, die sich nach Industriegruppen richtet*" (F:1). Die Industriegruppe bildet für die Banker mehr und mehr die orientierende Matrix ihres Arbeitslebens in der Bankorganisation. Der erfahrene Investmentbanker ist dann in erster Linie ein Spezialist für die Konsumgütergindustrie und weniger ein IPO-Experte oder ein M&A-Mann bzw. -Frau. Innerhalb einer Industriegruppe wie etwa consumer goods werden von den Experten wichtige Informationen ausgetauscht und Erfahrungen diskutiert. Eine Industriegruppe repräsentiert den typischen Fall einer »community of practice«, auf deren Bedeutung für die Wissensarbeit einer Investmentbank wir später weiter eingehen werden. *Aufgabenorientierte* Gelegenheiten zur informellen Vernetzung innerhalb der Bank sind die immer wieder neu zusammengestellten Projektteams. Je nach Hierarchiestufe ist jeder Bankmitarbeiter an bis zu vier verschiedenen Projekten gleichzeitig beteiligt. Obwohl ein deutsches Büro typischer Größe mit rund 100 Mitarbeitern relativ überschaubar ist, lernen die Banker im Projektrahmen immer wieder auch unbekannte Mitglieder der Organisation kennen. Ein Projektteam bildet nicht allein den Kontext für die Genese von Kontakten, der Projektzusammenhang ist auch selbst ein System zur Diffusion, Homogenisierung und Entstehung von Wissen. „*Das fängt bei ganz banalen Sachen an. Wie ich Zahlen in der Bilanz interpretiere, wo wirklich lange drüber diskutiert wird »Ist das jetzt so nach der Rechnungslegung so und so oder so und so«. Es ist nicht so alles »Es geht schon irgendwie«, sondern die holen wirklich alle ihre Bücher raus und fangen an nachzugucken und überlegen das, obwohl alle total busy sind*" (R:3).

Gerade für die neuen Mitarbeiter werden von der Investmentbank geeignete Kontexte geschaffen, in deren Rahmen erste Kontakte geschaffen werden können. So wird den jungen Bankern etwa auf Basisseminaren nicht nur ein gewisses firmenspezifisches Handwerkszeug beigebracht, es geht auch um die Schaffung von Kontakten, die im Laufe der Zeit dann in Form einer Baumstruktur weiter ausgebaut werden und die Basis beruflicher Erfolge bilden.

„*Wir haben Seminare, für die jungen Kollegen – die Ausbildung findet in London statt. Wichtig ist vor allem auch der persönliche Kontakt, es ist wichtig, daß sie überhaupt erstmal wissen, wer wofür zuständig ist, das können sie innerhalb des Frankfurter Teams noch relativ gut hinbekommen – wie sitzen hier auf vier Stockwerken, und es gibt auch genug Veranstaltungen und Parties, wo man sich denn auch mal kennenlernt. Da kriegen sie das noch hin, aber weltweit wird es schwierig, wenn da nicht ein Austausch stattfindet. Wir haben ab und zu einen Austausch, d. h. junge Kollegen sind schon mal in London in den Industriegruppen für ein Jahr und lernen da das Handwerkszeug, was sie dann in der gleichen Industriegruppe in Frankfurt weiter einsetzen. Außerdem gibt es für Universitätsabsolventen Ausbildungsprogramme, die in London zentral stattfinden, wo dann weltweit alle Investment Banking Kollegen zusammenkommen, alle Neueinstellungen, die dann gewisse Handwerkszeuge wie Bewertung dann beigebracht bekommen. Und über den Weg schaffen sie erstmal persönliche Kontakte*" (J:1).

Eine zwingende Voraussetzung formaler wie informaler Wissensdiffusion global operierender Organisationen ist der Aufbau einer entsprechenden technologischen Infrastruktur.

Seitdem transnationale Kommunikation rein technisch (über Telefon, e-mail, Videokonferenzen etc.) problemlos möglich ist, stellt sich für die Organisationen vor allem die Frage, inwieweit ihnen die länderübergreifende Stabilisierung einer gemeinsamen System/Umwelt-Grenze gelingt. Je besser eine Investmentbank einen »shared context« auch über Ländergrenzen hinweg erzeugen kann, desto wahrscheinlicher, daß sich Wissenstransfers von einem Teil der Organisation in den anderen ergeben, ohne daß dies auf regelmäßigen Länderkoordinationstreffen erst diskutiert und definiert werden müßte. *„Ein Problem ist, daß du gar nicht mehr weißt, was die anderen machen. Eine sehr effiziente Möglichkeit, um das zu vermeiden, das ist eigentlich Voice-mail und e-mail, daß du nämlich ... wenn ich ein Analyst bin, und ich muß eine Unternehmensbewertung machen für einen Reifenhersteller in Deutschland, dann schicke ich entweder eine Voice-mail oder eine e-mail an alle Analyst-Associates world wide und sage: »Ich suche Bewertungen, die kürzlich gemacht worden sind, von Reifenherstellern weltweit«. Ich muß sowieso alle Reifenhersteller damit reinbringen weltweit und muß sehen, wie die gehandelt werden. Und insofern kannst du das dann halt vermeiden, da kriegst du halt auch Antworten drauf und verhinderst da nämlich genau, daß du das Rad noch mal erfindest"* (S:1). Um von den Erfahrungen organisationsinterner Experten profitieren zu können, müssen die Mitglieder der Organisation zunächst einmal persönliche Suchroutinen entwickeln, die sie zu den entsprechenden Spezialisten führen. Man fragt sich sozusagen durch die Organisation. In der Kommunikation mit den gefundenen Experten müssen dann allerdings auch noch bestimmte Regeln beachtet werden. Weil man mit eigenen Fragen die Zeit der anderen beansprucht, ohne dafür zu bezahlen, gehört es zu den ungeschriebenen Gesetzen, umfangreiche Wissensbedürfnisse möglichst auf mehrere Informanten zu verteilen. So sucht man sich seine Erkenntnisse aus verschiedenen Quellen zusammen und behelligt die ausgewiesenen Experten nur noch mit Spezialproblemen.

„Das war über Research und die Leute haben sich unterhalten. Haben also Leute in den USA angerufen und gefragt: »Wie sieht das aus, was waren die Probleme?« und haben einfach so Erfahrungen ausgetauscht, dann sich wieder zusammengesetzt, darüber gesprochen, über Themen, und das so dann in der Präsentation kondensiert, das Wissen. Und haben das dann mit Zahlen auch hinterlegt. Also dafür muß man natürlich erstens wissen, wer was weiß. Und das erfahre ich, indem ich wiederum Leute frage. Ich frage halt bei mir Seniorleute in der Organisation, die mich umgeben, frage ich: »Wen kann ich denn da und da fragen dazu.« Und dann kannst du die Leute schon anrufen und ihnen auch e-mails schicken und so. Du mußt halt nur wissen, daß die Leute alle extrem busy sind, d. h. man kann sich mit denen nicht eine Stunde hinsetzen oder erwarten, daß die einem eine Stunde alles erklären, sondern nur noch so ein bißchen die Sachen, die man vorher schon rausfinden kann bei anderen Leuten, muß man schon mal rausgefunden haben, dann kann man mit denen, um noch ein paar Punkte zu klären, nochmal zu denen gehen. Das ist so eine ungeschriebene Open-Door-Policy, ja. Du kannst eigentlich überall reinlaufen" (R:3).

Erleichert wird die Wissensdiffusion innerhalb der Investmentbank (gerade auch über Ländergrenzen hinweg), wenn durch ein Projekt temporär ein gemeinsamer Kontext geschaffen wird. Dann können gemischt gestaffte Projektteams zusammengestellt werden, in denen die jeweilige Expertise durch Personen kombiniert wird, so daß die Gesamtorganisation davon profitiert.

„Als wir mitgeholfen haben bei der Entwicklung in Deutschland des Pfandbrief-Futures, also ein neues Futures-Instrument für Pfandbriefe. Das hat es bisher noch nicht gegeben. Und wir sind gefragt worden von den Hypothekenbanken, was unsere Meinung dazu ist. Und da gibt es einen sogenannten Münchener Kreis, wo man das präsentieren kann, wo diese ganzen Hypothekenbankenvorstände drin sind. Da sind wir hingegangen, die beiden Heads von unserem Global-Government-Bond-Trading, das sind Partner und sehr lange schon bei der Firma, sehr einflußreich, und haben uns angeschaut, mit Researchern zusammen aus den USA, unsere Erfahrungen, die wir als Firma gemacht haben in dem Municipal-Bond-Market-Future in den USA in den 70er Jahren und haben das analysiert. Und haben gesagt: »O.k., das ist ja recht ähnlich vielleicht, weil das ist auch ein Instrument, dahinter steht Public-Sector-Debt, genauso wie bei Pfandbriefen und dies und das, und haben das gleiche gemacht« und haben dadurch so das aufgebaut, ja, also sowas wie ne Präsentation" (R:3).

Der Wissenstransfer im Investment Banking vollzieht sich überwiegend durch die Interaktion von Personen. Diese Interaktionen finden zum einen im Rahmen formaler Arbeitszusammenhänge wie etwa einem temporären Projektteam statt, zum anderen sind es gerade auch die informellen Vernetzungen zwischen den Mitgliedern der Organisation, die eine »Wissensdiffusion auf Zuruf« ermöglichen. Die Spezialisten der verschiedenen Bereiche stellen sich ihre Expertise wechselseitig zur Verfügung, wissend, daß sie beim nächsten Mal in der Situation sein können, auf Informationen und Wissen anderer angewiesen zu sein. Auf diese Weise entsteht ein gegenseitiger Verpflichtungszusammenhang, der ein Mindestmaß an notwendiger Kooperationsbereitschaft gleichsam endogen sicherstellt.

Neben der Pflege und/oder der Toleranz informeller Netzwerke ist die internationale Migration von Wissensarbeitern als wichtige Strategie der Investmentbanken zu werten, Expertise kurz-, mittel- oder langfristig an die Orte zu transferieren, an denen sie z. B. im Rahmen komplizierter Deals benötigt und nachgefragt wird. In der überwiegenden Zahl der Fälle handelt es sich um kurzfristige Einsätze – wenige Menschen sind soviel mit dem Flugzeug unterwegs wie Investmentbanker. Am Fall der Mergers & Acquisitions-Abteilung der Credit Suisse First Boston wird auch deutlich, daß die Banken auf die Mobilität ihrer Mitarbeiter gar nicht verzichten können: Die M&A-Abteilung hat rund 130 Mitarbeiter, die auf 21 Standorte in Europa, Nordamerika und Asien verteilt sind. Neben der geographischen Verteilung werden von der Gruppe 15 verschiedene Industriearten (von *Chemicals* bis *Waste Management*) schwerpunktmäßig beobachtet und betreut, hinzu kommt noch die ausdifferenzierte Produktexpertise (von *Acquisitions* bis *Tracking Stock*). Es ist vor diesem Hintergrund schlicht ausgeschlossen, daß an jedem Ort die besten Frauen und Männer für jedwede Problemlage direkt verfügbar sind, so daß »extensive traveling« zu den Standards in den Stellenausschreibungen der Investmentbranche gehört. Neben dem reinen Transfer von Wissen hat die Mobilität guter Ressourcen noch weitreichendere Bedeutung für die Banken. Dazu der Personaldirektor einer britischen Investmentbank: „The bank sends personnel overseas for the following reasons. One, local staff do not have the skills to undertake many of the banking functions. Two, overseas assignments are a means of developing both UK and international staff. Three, it is beneficial for the bank to cross-fertilise – for the exchange of views and working practices, as well as to improve the cohesivness of the bank. Four, many banking techniques, products and services are developed in the UK and the skills need to be transferred to international locations."[70]

Die Stärkung der organisationalen Kohäsion, der Transfer von Praktiken und auch ganz praktischer Informationen waren auch der Anlaß für die Anwesenheit eines US-amerikanischen Junior Investmentbankers in der deutschen Dependance von Bank 2, der vier Monate vor dem Interview vom Hudson River an den Main gekommen war. *„Der Grund dafür, daß ich für den Wechsel vorgeschlagen wurde, war einfach, sie wollten erstens einen Junior hier haben, der auch in New York gearbeitet hat. Sie wollten die Verknüpfung zu New York stärken. Vorher, glaube ich, auch unter den jungen Mitarbeitern, wußte man nicht so recht, wie es in New York abläuft. Alle verschiedene Möglichkeiten an Informationen und so. Es gibt sehr viele Datenbanken, wo alle Zugang haben. Das Problem ist, daß, wenn niemand in New York gearbeitet hat, hat niemand davon gewußt, daß es in New York einen Server gibt. Es gibt eine Datenbank über alle amerikanischen Firmen, die wir von einem anderen Anbieter bekommen haben. Wir können das in New York sehr schnell greifen, drucken und zum Beispiel zu einem VP gehen. Hier wußte man z. B. nichts davon*" (D:2). Während Bank 2 mit dieser Form der Wissensdiffusion gerade erst begonnen hatte, verfügen Bank 1 und 3 schon über etablierte Austauschbeziehungen, in deren Rahmen regelmäßig Mitarbeiter zwischen New York, London und Frankfurt hin- und hergeschoben wurden. Bank 4 hat als lokales Institut keine Möglichkeiten dieser Art.

Eher zu den Sonderfällen organisationalen Wissenstransfers läßt sich zählen, daß die US-amerikanische Investmentbank Goldman Sachs 1998 ein Buch intern als Lehrbuch eingeführt hat, das von einem ehemaligen Konkurrenten geschrieben worden war.[71] Acht Jahre war der Autor im Corporate Finance Geschäft der Credit Suisse First Boston (CSFB) tätig, zuletzt als Direktor des Investment Banking. Er beschreibt detailliert 25 Fälle, in denen Unternehmen Kapital an der Börse aufgenommen haben, eine globale Transaktion durchgeführt haben, eine Privatisierung abgewickelt wurde oder Unternehmen an den amerikanischen Markt gingen. Die Beispiele reichen von Akzo über Daimler-Benz, Nokia, Tele Danmark bis Wellcome und Zeneca und beschreiben die Besonderheiten der Transaktionen, die Vorteile, aber auch die Nachteile und Fehler, die bei den Geschäften gemacht wurden. Dabei stützt sich der Autor auf mehr als 300 Gespräche mit Fachleuten, die an den Transaktionen mitgearbeitet haben, mit

[70] Zitiert nach Beaverstock und Smith: 1996, S. 1390. Siehe zu den Problemen des Personalmanagements unter den Bedingungen der Globalisierung Pucik: 1997 oder auch Bartlett, Doz und Hedlund: 1990.

Bankern, anderen Beratern der Branche und mit institutionellen Anlegern. Dabei werden in den Gesprächen durchaus auch die sehr kontroversen und oft gegensätzlichen Ansprüche deutlich, die Unternehmen, Investmentbanker und Anleger an eine Börsentransaktion stellen. Neben Komponenten »technischen Wissens«, also etwa bestimmten gesetzlichen Reglementierungen, Vorschriften, börsenrechtlichen Fragen etc., sind es gerade die »Fälle«, die es dem Leser gestatten, eine lebendige Vorstellung der Inhalte zu erzeugen.

[71] Lilja, Robert. International Equities – the Art of the Deal. London 1998.

Wer sich opportunistisch verhält, wird bestraft in dieser Organisation.
(Interview: J:1)

4.4 Die Organisation von Wissensarbeit

Der Titel dieses Kapitels läßt bewußt Raum für mehrdeutige Interpretationen. Wenn Arbeit als »organisierte Arbeit« thematisiert wird, knüpfen sich daran in einem traditionellen Organisationsverständnis Assoziationen, die auf dem geistigen Koordinatensystem in der Nähe von Konzeptionen wie *Regelhaftigkeit, Dienstweg* usw. zu finden sind. Vorstellungsverknüpfungen dieser Art regen dann auch zu Fragen an: Wer oder was organisiert denn da? Gemeinhin gilt: Vorgesetzte führen – Mitarbeiter folgen. Als Grundlage von Führung wird dabei im allgemeinen nicht das »Amt« angesehen, sondern die sich darin dokumentierende »Fachkompetenz«, die bei Bedarf auch dargestellt werden kann. Diese allgemein gepflegte Illusion dient im Kommunikationsprozeß als eine Art abkürzende Unterstellung, die zur Reibungslosigkeit der Abläufe beiträgt (Luhmann: 1995). Führungskräfte führen also mit überlegenem Fachwissen, und so läßt sich in vielen Organisationen eine regelrechte Fachwissenshierarchie feststellen, an deren Spitze der oberste Sachbearbeiter steht. In Organisationen dieser Art werden Entscheidungen mit steigendem Schwierigkeitsgrad an die Spitze der Hierarchie zur weiteren Bearbeitung getrieben. Das mag insbesondere in solchen Organisationen gut funktionieren, die ihre Umwelt weitgehend ignorieren können, wie vielleicht eine KFZ-Zulassungsstelle. Investmentbanken können sich derartig überspannte Vereinfachungen normalerweise nicht leisten, jedenfalls nicht auf Dauer. Sie müssen der Umwelt trotz Intransparenz Informationen abgewinnen und lernen, besondere Ressourcen für den Umgang mit genuiner Intransparenz vorzuhalten. Zu denken ist dabei etwa an die laufende Beobachtung »kritischer« Umweltfaktoren, die rasche Mobilisierung von Handlungsfähigkeit, die Wissensbasierung von Entscheidungspraktiken etc. (vgl. Luhmann: 1997, S. 56). Vor diesem Hintergrund erscheint es dann auch folgerichtig, die Aufmerksamkeit auf den einzelnen Mitarbeiter zu richten, der aufgrund seiner langjährigen operativen Erfahrung in der Lage ist, schnell die richtigen Entscheidungen zu treffen.

Und in der Tat könnte eine oberflächliche Analyse der Situation im Investment Banking zunächst zu der Schlußfolgerung gelangen, daß die Organisation nichts, der Spezialist für Automobilwerte, der Experte in Sachen mittelamerikanischer Kreditsyndizierung oder die Primadonna des Initial Public Offering hingegen alles ist. Dafür spricht in gewisser Hinsicht, daß die Angestellten der Investmenthäuser exorbitante Gehälter und Boni erhalten, die Organisation selbst hingegen nur relativ geringe Erträge im Sinne von Shareholder Value erzeugt. „In general, the employees of investment banks have done much better than their shareholders. While compensation has risen steadily over the years, volatility in business performance has been absorbed by the shareholders" (Hunt 1995, S. 112). Die Bonuszahlungen erreichten in London 1997 eine neue Rekordsumme, so daß daraufhin die Immobilienpreise in den bevorzugten Wohnlagen Londons wie an der Cote d'Azur kräftig angezogen haben (Gutt 1997, S. 7). Nicht nur die Gehälter lassen es unzweifelhaft erscheinen, daß Investment Banking in wesentlichen Bereichen *people driven* ist: „Expertise, Know-how und Produktkenntnis sind die Faktoren, die in erster Linie von den Mitarbeitern abhängen" (Breuer 1996, S. 65).

Allerdings, und aus diesem Grunde führt eine Hypostasierung des Akteurs in die falsche Richtung, ist keine einzelne Person in der Lage, genügend »richtiges« Wissen, Überzeugungsmacht und Vertrauen generieren und auf sich vereinen zu können, die nötig wären, um die Feinheiten großer Deals zu erdenken, den Deal einzufädeln und abzuwickeln. Auch in der Entwicklung von Finanzprodukten manifestiert sich eine Qualität von Arbeit, die allein systemisch angemessen zu begreifen ist: „Technology, derivatives, and structuring techniques have transformed the search for market anomalies from an ad hoc process driven by individual investment bankers searching for opportunities for their issuing clients and individual traders looking for »quick kills« into a highly organized and institutionalized process" (Bryan und Farrell: 1996, S. 50). Ein Geschäft von üblicher Größe und Komplexität besteht aus der Expertise mehrerer Abteilungen der Bank. Die Arbeit einer Investmentbank erfordert also »Organisation«, die primär in der Kombination und Koordination einer Vielzahl interner Wissensansprüche besteht. Eine ganze Reihe solcher Wissensarten haben wir bereits angesprochen: Kundenwissen, Branchenwissen, gesamtwirtschaftliches Rahmenwissen, juristische Expertise, finanz- und betriebswirtschaftliches Fachwissen, Produktwissen, Personenwissen u. a. m. Dazu kommt noch ein Wissen über die Steuerung der Organisation, also etwa Wissen über die Wirkung von Bonus- und Kontrollsystemen oder wirkungsvolle Prinzipien der Organisation von Wissensarbeit. Um dieses Wissen geht es uns an dieser Stelle vor allem.

Dabei fällt auf, daß Wissensarbeit nicht erstrangig von speziellen Personen organisiert, sondern von systemischen Prinzipien geleitet wird. Die Kernfrage lautet also nicht: *»Wer* organisiert denn da?«, sondern: *»Was* organisiert denn da?«. Ganz generell ist die Organisation im Investment Banking – soviel sollten die Ausführungen der vorgehenden Kapitel deutlich gemacht haben – weniger durch zentral festgelegte und formalisierte Strukturen und Leistungsbeziehungen geprägt, als vielmehr durch ein weitgehend flexibel aufgehängtes personenbasiertes Arrangement wechselseitig orientierter Kooperationsmuster. Natürlich besitzen und brauchen die Investmentbanken ausdifferenzierte und entscheidungsfähige Hierarchien. Und natürlich ist auch zu beobachten, daß das Top-Management intensiv mit Fragen organisationaler Kontrolle beschäftigt ist. Und es gibt, um ein letztes Beispiel für die relative Normalität dieser Organisationen zu geben, Bereiche, in denen Ablaufsicherheit zu den, wie man so sagt, »essentials« des Geschäfts gehört. Hierzu zählen vor allem die von allen Banken vorangetriebenen Bemühungen, wirksame Systeme des Managements von Risiken zu installieren (siehe nur Marshall, Prusak und Shpilberg: 1996). Aber, und darauf kommt es uns hier an, diese festgefügten und zentral gesetzten Strukturmerkmale werden überlagert und durchwirkt von systemisch-flexiblen Organisations*prinzipien*, die gleichsam den »eigentlichen« und tragfähigen Boden bereiten, auf dem Wissensarbeit stattfindet.

Eine Investmentbank muß sich mit einer basalen inneren Unruhe abfinden, die sich aus sich laufend neu konfigurierenden internen Kommunikationsbeziehungen ergibt. Wir vermuten, daß die Bank diese (Komplexität steigernde) Binnendifferenzierungsfähigkeit einer eskalierten Umweltkomplexität entgegengesetzt. Sie begegnet äußerer Komplexität mit endogener »Nervosität«, die nur durch eine gewisse metastrukturelle Ruhe gekontert wird. Entscheidungen werden in der Prozeßkette so weit wie möglich »nach vorne« verlagert und dabei durch informelle Wissensnetzwerke und hierarchiebasierte Regelsysteme plausibel und intern weiter anschlußfähig gemacht. Wegen der mangelnden Kodifizierbarkeit des Expertenwissens selbst ist es einer Investmentbank weitgehend unmöglich, das Wissen an sich zu organisieren. Sie ist daher auf den Experten als »Träger« des Wissens angewiesen und muß entsprechend adäquate Möglichkeiten der Organisation von Arbeit wählen, die personenabhängige mit personenunabhängigen Möglichkeiten der Wissensarbeit flexibel kombinieren. Von diesen Operationsprinzipien, die Arbeit auf einer metastrukturellen Ebene organisieren, scheinen uns drei besonders bemerkenswert.

(1) Wir gehen davon aus, daß eine Investmentbank als *self-designing organization* (Hedberg et al.: 1976) oder *adhocracy* (Mintzberg et al.: 1985) viele basale Geschäftsentscheidungen, die für die Organisation formgebend sind und die auch ihre Anpassungsfähigkeit maßgäblich prägen, von unteren Stufen der Hierarchie direkt in der Operation treffen läßt. Parallel dazu ist ein Strategiefindungsprozeß zu beobachten, der ausgeprägt bottom-up getrieben ist, also die Organisation von unten nach oben durchläuft und nur unter gelegentlicher Mitwirkung des Top-Managements Form gewinnt.

(2) Es läßt sich beobachten, daß Investmentbanken über verschiedene *communities of practice* verfügen, die als *Kompetenzzentren* der Organisation die Aufgabe übernehmen, eine an Themen orientierte Form der Entwicklung, Pflege und Kodifikation spezialisierter Wissensbestände zu betreiben. Das heißt, daß die Verantwortung für die Generierung, die Speicherung und den Transfer von Wissen und Expertise an Subsysteme delegiert wird, die sich überwiegend evolutionär entwickeln.

(3) Und schließlich ist eine Präferenz für die Organisation von Arbeit in *temporären Projektteams* feststellbar, in denen die heterogenen Wissensansprüche der Organisation aufeinandertreffen und dann über Diskurse und eine teaminterne Hierarchie abgearbeitet werden.

Diese drei Organisationsprinzipien bilden den Kern neuer Formen der Arbeitsorganisation, die sich unter dem Druck von Wissensbasierung und Wissensintegration gegenüber traditionellen Organisationsstrukturen im Investment Banking durchsetzen.

4.4.1 Investmentbanken als self-designing organizations

Jede Organisation erschafft sich selbst in dem Sinne, daß sie sich als autopoietisch geschlossenes System laufend aus sich selbst heraus reproduziert. In sozialen Systemen sind die Bedingungen der Reproduktion des Systems Produkte desselben – auch Investmentbanken können nur auf ihrer Innenseite operieren. Das Konzept der self-designing organization meint aber etwas anderes. Wir benutzen den Topos in diesem Zusammenhang, um die Art und Weise zu kennzeichnen, wie eine Investmentbank auf operativer Ebene ihre beständige Umsteuerung von *Konturen*, *Prozessen* und *Strategien* (ihre relative Instabiltät also) initiiert und gleichzeitig, indem sie diese Prinzipien des Wandels auf Dauer stellt, eine gewissermaßen metastrukturelle Stabilität erzeugt. „*Worauf man hier wirklich bauen kann ist, daß morgen komplett andere Regeln gelten können. Auch du kannst sie ändern. Wenn du Erfolg hast. Dann machst du die Strukturen. Du bestimmst, wen du ins Boot holst, wen du involvierst, und das wird auch so toleriert*“ (O:2). Wie oben bereits angedeutet, lassen sich die Kompetenzen zur Umsteuerung gerade nicht ausschließlich an der hierarchischen Spitze ausmachen. Eine Investmentbank ist als »Expertokratie« insbesondere dadurch gekennzeichnet, daß sie den möglichen Problemen und Konflikten ausweicht, die sich immer dann ergeben, wenn diejenigen, die das nötige Wissen haben nicht identisch sind mit denen, die über die geforderten Entscheidungsbefugnisse verfügen. Investmentbanken driften allerdings nicht führerlos im Strom einer turbulenten Umwelt, vielmehr haben sie systemische Qualitäten der Selbststeuerung entwickelt. Nicht verbesserte Kognitionen sind davon zu erwarten, sondern allein die Fähigkeit, passabel im Modus selbsterzeugter Unbestimmtheit zu operieren.

Investmentbanken haben wie alle wissensbasierten Organisationen damit zu kämpfen, daß sie aufgrund ihrer Präferenz für Lernbereitschaft mit erhöhten Lasten an Mehrdeutigkeit und Unsicherheit umgehen müssen. Sie operieren in komplexen Umwelten (äußerer Rahmen), die eine Steuerung durch vorausgreifende und vorschreibende Regeln verbieten, und sie haben Mitglieder, die das Unternehmen weniger als »Heimat«, sondern mehr als »Plattform« erleben (innerer Rahmen), von der aus sie ihr Wissen und ihre Fähigkeiten einsetzen können. Wissensarbeiter sind zumeist extrem vielseitig qualifiziert und flexibel; sie haben die Wahl. Wenn das Management nicht Freiheitsgrade schafft, die den hochqualifizierten Mitarbeitern entgegenkommen, dann hat die Organisation das Nachsehen und muß mit einem hohen turn-over zurechtkommen. Diese Bedingtheiten des inneren und des äußeren Rahmens zwingen die Institute dazu, Steuerungskompetenz »nach unten« zu verlagern. „The trend away from routine work towards more creative, information and people-focused activity involving intellective and social skills is associated with higher levels of ambiguity and uncertainty. This in turn leads management to cede more control over the work process to employees and requires strategies to ensure reciprocated trust“ (Frenkel et al.: 1995, S. 786).

Das Führungssystem einer Investmentbank ist gekennzeichnet durch eine gewisse Unschärfe der Strukturen und Abläufe, die Flexibilität verleiht und Schnittstellenprobleme überwinden hilft. Getragen wird es von Teams, die weitgehend eigenständig arbeiten, aber durch eine Kultur der Zusammenarbeit eng miteinander verknüpft sind. Eine zentrale Aufgabe der Führungskräfte ist es, die Teams optimal zusammenzustellen. Eine unscharfe und mehrdeutige Strukturierung von Abläufen und Verantwortungszurechnungen hilft den Investmentbanken, eine Kontrolle und Infragestellung ihrer Operationsweisen auf Dauer zu stellen: „Ambiguous authority structures, unclear objectives, and contradictory assignments of responsibility can legitimate controversies and challenge traditions. Incoherence and indecision can foster exploration, self-evaluation, and learning. Redundant task allocations can provide experimental replications, and partial incongruenties can diversify portfolios of activities“ (Hedberg, Nystrom und Starbuck: 1976, S. 45). Auf diese Weise werden gesteigerte Potentiale wechselseitiger Beobachtung und Selbstüberprüfung in der Organisation mobilisiert. Es kann zu einer verschärften Thematisierung des Auseinanderfallens der unterschiedlichen Wissensansprüche und -perspektiven kommen. Wir gehen davon aus, daß durch zeitliche und funktionale Verschiebungen ausgelöster *Beobachterdissens* die Fähigkeit einer Organisation zur *Selbstirritation* steigern kann und sie so „ihrem Verhängnis unkontrollierter Überraschungen“ möglicherweise entgeht (Japp: 1996, S. 158). Das hat nichts mit herkömmlichen Rationalitätsvorstellungen zu tun, es handelt sich eher schon um einen Rationalitäts*zerfall*. Es geht um die Irritierbarkeit der Organisation in einer unbekannten Welt, um eine interne Kontrolle der eigenen Weltkonstruktionen durch laufend realisierten Dissens innerhalb der eigenen Reihen. Die Kontrolle besteht in der Prüfung der Weltkonstruktionen am inneren Widerstand (Luhmann: 1995, S. 135). In der zeitlichen Dimension betrifft dies die beobachterabhängige Differenz von Vergangenheit und Zukunft – die Vergangenheit liegt gleichsam zur Wiedervorlage bereit, es läßt sich zwar nichts mehr ändern, aber instruktive Schlüsse (richtige und falsche) können gezogen werden. Und in der Sachdimension wird beobachterrelativer Dissens über das sachlich Richtige möglich. Man kann nun nicht wissen, wie derartige Konflikte ausgehen, aber der Konflikt als solcher sorgt für die Entstehung von *Gelegenheiten*, Annahmen über die Wirklichkeit zu ändern und Wissen somit vorläufig und reversibel zu halten, damit es nicht in Dogmen umschlägt. Die Umstellung von Erwartungen durch Selbstbeobachtungen zweiter Ordnung laufen nicht notwendig auf eine Verbesserung hinaus; gutgemeinte Forderungen nach beständiger Innovation einer Organisation müssen daher zurückgewiesen und ersetzt werden durch die Empfehlung, „die Irritabilität der Organisation zu erhalten und zu pflegen“ (ebenda, S. 138). Dabei ist eine Form der Kommunikation gefragt, die sich immer stärker dem Modus der Verhandlung annähert, „weil anders hochkomplexe Sozialsysteme nicht mehr angemessen zu koordinieren sind – wobei »angemessen« meint, daß die Innovativität, der Optionenreichtum, der Reichtum an Unterschieden, Lebensqualitäten, Ausdrucksmöglichkeiten, Individualitäten und Autonomien sonst nicht zu erhalten sind“ (Willke: 1995, S. 284). Organisationswandel verläuft durch das hohe Maß an Eigenkomplexität solche Systeme allerdings nicht unter Gesichtspunkten der Rationalität, sondern evolutionär.

Das organisationale Wissen kann sich für die Überlebensfähigkeit der Organisation als notwendig, mit dem Ablauf der Zeit aber auch als hinderlich herausstellen, denn Investmentbanken operieren in Umwelten, die sich phasenweise innerhalb von Momenten ändern. Das heißt, daß die Banken laufend Gefahr laufen, sich mit dem Festhalten an Überzeugungen für das Falsche entschieden zu haben. Entsprechend formuliert Hunt als zentrale Anforderungen, auf die sich Investmentbanken unter den Bedingungen der Moderne einstellen müssen, die Flexibilität ihrer Strukturen und die Fähigkeit, neues Wissen über ihre internen Grenzen hinweg fließen lassen zu können:

„These businesses are based on highly skilled individuals and are completely dependent on their motivation and leadership. Moreover the organization itself must be flexible enough to respond to major swings in business volume and opportunity: people and capital must be very fluid across organizational boundaries. This fluidity is required of information as well. The sharing of insights between one part of the organization and another must occur rapidly and horizontally; the opportunities will not wait for knowledge to be passed up and down the chain of command. These features are difficult to design into an organization, and are radically different from the characteristics of many of today's banks“ (Hunt 1995, S.115).

Die Viabilität einer Investmentbank hängt also ganz entscheidend davon ab, inwieweit interne feed-back-Signale verzögerungsfrei auf Abweichungen hinweisen und sich dann auch in angepaßten Strukturen und Prozessen niederschlagen. Eine zentral gesteuerte Organisation ist unter den Bedingungen sich schnell ändernder Marktgegebenheiten nicht in der Lage, dieses Wissen just in time zu erzeugen und umzusetzen. „These conditions of complexity and uncertainty require a grass-roots strategy formulation process, since business strategies are best determined by the people who are closest to the market and can identify opportunities and act on them in a timely fashion. Top management simply does not have the time and expertise to get deeply involved in all business strategies, especially in the largest firms“ (Eccles und Crane: 1988, S. 122). Investmentbanken sind »tolerante« Organisationen, die den einzelnen Mitarbeitern Spielräume einräumen, die der Dynamik des Marktes entsprechen. Den Mitarbeitern wird dabei eine fast unternehmenrische Freiheit zugestanden. Wer den Markt »sieht« und Gelegenheiten ausmacht, kann sich ab einer bestimmten Hierarchiestufe vernetzen, wie es ihm sinnvoll und angemessen erscheint. *„Das hat aber auch mit der Natur des Geschäfts zu tun. Im Investment Banking ist jeder so ein bißchen sein eigener Unternehmer. Jeder hat sein eigenes Geschäft und deshalb bist du viel stärker ... so dieses Vernetzen, sich selbst zu vernetzen, ist viel wichtiger. Insofern mußt du halt sehen, wenn du deine eigene Show machst, wie kann ich mich in der Organisation am besten leveragen. Das Ganze ist ja ein Hebel. Wie kann ich meine Effizienz steigern, meinen Hebel steigern? Und das kann ich, indem ich andere Leute einsetze. Das heißt, daß ich die bewußt mit reinbringe, dadurch daß ich deren Wissen nutze, daß ich mich über die positioniere, ja, das sind ja auch ganz menschliche Gesichtspunkte auch, ich will ja immer perceived sein »as the big hitter«*" (M:3). Laterale Formen der Kommunikation und Koordination durch wechselseitige Information und guten Rat prägen ein Geschehen mehr als vertikale Formen, die instruieren und anweisen. Die spontanen und vielschichtigen »reporting relationships« erzeugen eine Vielfalt an Verbindungen, so daß eine Masse an denkbaren Formen von Struktur schon latent vorhanden sind. *Persönlichkeit* ist wichtiger als *Struktur*, und *Konfiguration* wiegt schwerer als *Organisation*. Diese knappe Formel erzeugt eine effektive Koordination mit einem Minimum an traditioneller Hierarchie (Hedberg et al.: 1997, S. 31).

Zusammenfassend läßt sich folgendes sagen: Um der Organisation die schnelle und informierte Reaktion auf wahrgenommene Umweltveränderungen und Geschäftsgelegenheiten zu ermöglichen, verzichten die Führungsebenen der Investmentbanken in bestimmten Bereichen auf hochgetriebene Steuerungs- und zentralisierte Entscheidungsansprüche. Keine größere Firma könnte sich die Verzögerung im Handeln und die Inkompetenz in der Sache leisten, die durch ein Top Management ausgelöst würde, das *immer* mitentscheiden wollte: zu viele Möglichkeiten gingen verloren. Statt dessen werden Entscheidungen, die sich ganz konkret auf bestimmte Produkte, Kunden und Märkte beziehen, in die Operation verlagert. So wird vor Ort entschieden, welche Kunden wie angesprochen werden sollen, welches Produktdesign und welcher Produktmix sinnvoll ist, wie bestimmte Produkte weiterzuentwickeln sind und welche internen Kompetenzen zu bündeln sind. Die Mitarbeiter entscheiden über die operativen Strukturen, Prozesse und Strategien. Eccles und Crane sprechen in diesem Zusammenhang von den sogenannten »business strategies« einer Investmentbank, die im Gegensatz zu den »corporate strategies« nicht vom Top Management, sondern von den Hierarchieebenen darunter bestimmt werden (Eccles und Crane: 1988, S. 121). Hier ist allerdings einschränkend zu bemerken, daß diese business strategies nicht, wie der Begriff Strategie vielleicht gemeinhin nahelegt, »erdacht« und anschließend implementiert werden, sondern eher (ex post) »gesehen« werden (vgl. Mintzberg: 1985). Man tut, was erfolgreich ist. Die Strategien kommen dort zustande, wo Akteure Gelegenheit zum Lernen haben und wachsen aus dem Geschäft heraus. Nicht in jedem Fall aber diffundieren sie dann auch durch die Organisation – eine Marktnische etwa kann sich schon wieder geschlossen haben, lange bevor aus Handlungen Muster werden und das entsprechende Wissen in eine aktive Strategie umgewandelt wurde.

Das Top Management verzichtet im Bereich der operativen Geschäftsstrategien auf *Steuerung* (von Informationsflüssen, Verantwortungsbereichen, Kriterien usw.), nicht aber auf eine *Kontrolle* bestimmter Formen von Ergebnisqualität, wobei wir Kontrolle verstehen als „Selbstbeobachtung eines Systems nach Steuerungsversuchen" (Luhmann: 1997, S. 70).[72] Vielfach läuft Kontrolle aber auf ein digitales »erreicht/nicht erreicht« hinaus, das den Bedürfnissen des Top Managements zwar entgegenkommt, im übrigen aber wenig Hilfe verspricht. In allen Investmentbanken sind die Bonus- und Gehaltssysteme »leistungsorientiert«; von der Vieldeutigkeit des Leistungsbegriffs und der Erwartungsabhängigkeit von Leistung läßt sich aber kaum ein Management irritieren.[73] Dies gilt auch für die im Prozeß der Leistungserstellung ubiquitär auftauchende Ambiguität. Die genuine Mehrdeutigkeit des Rahmens wird ignoriert, was zählt, ist Erfolg *im Vergleich zu anderen*. (Wir werden in einem anderen Zusammenhang auf die zaghaften Versuche einiger Banken eingehen, Bonussystme »intelligenter« und weniger kurzsichtig zu gestalten.) „Rather than acting as a set of prescriptive rules, bureaucratic mechanisms begin to function more as a codified, normative foundation for control through performance standards; and while the tendency for technical control to replace direct control over the work *process* continues, the emphasis shifts towards control over work outcomes *qua performance*" (Frenkel et al.: 1995, S. 787). Das Management einer Investmentbank kann etwa ihren »deal-flow« analysieren und sehen, welche Mitarbeiter wie lange auf welchem Projekt gearbeitet haben. Es kann sehen, wieviel Umsatz bestimmte Projektleiter bringen und wie das Verhältnis von Aufwand und Gewinn aussieht. Die Verantwortung für Ergebnisse wird dann Personen zugeschrieben. Ganz abgesehen von der Fragwürdigkeit der Methoden und der Offenheit der Frage, ob verstärkte Kontrollen die Qualität der getroffenen Entscheidungen erhöht, könnte es auch sein, daß die Ausweitung von Kontrollaktivitäten zu vorsichtigeren, aber auch weniger erfolgreichen (weil risikoaversen) Handlungsstrategien der Mitarbeiter führen. Allein schon die Tatsache, daß differenzierte Erfolgsmaßstäbe erst noch gefunden werden müssen, macht die Steuerung von Kontrolle so schwierig. Wer jeweils die richtige Zinseinschätzung hat, gewinnt immer. Und obwohl es bislang keine Methode gibt, die sicher zum Ziel einer richtigen Zinsprognose führt,

---

72 Die Nichteinmischung des Top Managements ist zugleich natürlich auch eine elegante Form, Verantwortung loszuwerden. Jede Art der Steuerung, ob nun zentral oder dezentral, erfordert die spekulative Antizipation von Zukunft, die sich hinterher immer als falsch herausstellen kann.

73 So berichtet Mars etwa von der Klage der Aktienanalysten, ihre Vorgesetzten würden die *Anzahl* der geschriebenen Studien im Bonus mehr berücksichtigen, als die *Qualität* der Analysen. Statt die Trefferquote der Prognosen zu messen und andere qualitative Kriterien wie z. B. die Zufriedenheit der betreuten Kundengruppe zu erheben, würden nur rein quantitavie Maßstäbe angelegt, die dem Selbstbild und den Ansprüchen der Analysten nicht entsprechen. Mars: 1998, S. 292.

weiß jeder Kontrolleur hinterher (»Postgnose«), wer Recht hatte und einen entsprechenden finanziellen Bonus erhält.

Das Design von Gehalts- und Bonussystemen gehört ohne Zweifel in den Verantwortungsbereich des Top Managements ebenso wie die Formulierung der »corporate strategies«, die den Handlungskorridor der operativen Geschäftsstrategien bilden. „The overall corporate strategy, defined in terms of the relative emphasis on broad market segments, such as large, frequent financers versus middle-market companies, and the broad product categories, such as equity, investment- and non-investment-grade debt, mortage-backed securities, and M&A, is determined by top management" (Eccles und Crane: 1988, S. 120). Aber auch für die vom Top Management festgelegten Firmenstrategien gilt zumeist, daß sie nicht einem der Operation entrückten Top Management entspringen, sondern »aus der Mitte« der Organisation erwachsen. Es handelt sich also um eine Art Emergenzphänomen, bei dem Muster, die von operativen Einheiten der Organisation erfolgreich verfolgt werden, systematisiert und formalisiert werden. Wo genau der Übergang von implizitem zu explizitem Wissen vollzogen wird, ist dabei nicht immer eindeutig zu klären. Sobald neue Muster für das Top Management beobachtbar werden, wird es diesen internen Impuls nach bestimmten Chancen/Risiko-Kalkülen beurteilen und, sofern die Erwartungserwartungen denn positiv sind, in Strategien und Strukturen überführen. An der Spitze der Organisation auftauchen wird ein Handlungsmuster jedoch nur dann, wenn es sich über einen gewissen Zeitraum auch »erfolgreich« in der Organisation hält oder *„wenn es Zukunft verspricht*" (O:2). Letzteres ist beispielsweise auch dann der Fall, wenn eine Investmentbank einen neuen Markt *„aufrollen*" (O:2) will, in dem sie zuvor noch gar nicht agiert hat. Idealtypisch zeigt sich eine solche Konstellation etwa in der strategischen Entscheidung der beiden im Rahmen der vorliegenden Untersuchung befragten US-Institute, sich auf dem deutschen Markt zu etablieren. *„Wir wollten in den deutschen Markt (...) wir hatten früher nie mit [Firmenname] Kontakt und haben dann irgendwann entschieden, es ist eigentlich eins der wichtigsten Unternehmen in Deutschland überhaupt. (...) Wir haben so verschiedene Stufen. Es gibt so »Elephant-transactions«, das sind große Transaktionen, wo wir drin sein müssen. Es gibt ... weiß nicht, so Top-irgendwas – Top-number-clients und von denen müssen wir X % haben. Das ist ein sehr formalisierter strategischer Prozeß*" (R:3). Fundamentale mittel- und langfristige Weichenstellungen dieser Art gehören zu den wenigen Ausnahmen, in denen das Top Management »einsame« Entscheidungen trifft und diese weder durch organisationseigene Erfahrungen quasi absichern noch durch Verantwortungszurechnungen in die Organisation abgeben kann.

Dem Top Management einer Bank stehen nun im wesentlichen vier Bereiche offen, in denen es steuernd einzugreifen vermag: die globale Strategie der Bank, die grobe Struktur, die Kontroll- und Bonussysteme und nicht zuletzt auch die Definition und Festsetzung der wichtigsten Geschäftsprozesse. Mit diesen Elementen muß das Management eine Gradwanderung leisten zwischen funktionaler Differenzierung und Integration, auf die die Organisation angewiesen ist. Differenzierung führt zu unterschiedlichen Zielsetzungen einzelner Abteilungen, zu unterschiedlichen Haltungen und Einstellungen und auch zu unterschiedlichen Zeitvorstellungen. Trader etwa haben andere Zeithorizonte als Emissionsberater, Analysten von Automobilwerten andere als diejenigen, die hauptsächlich die Computerbranche beobachten. Die Strategien der Institute scheiden sich z. B. entlang der Entscheidung, welche Tätigkeitsfelder als eigenständige Abteilung organisiert werden und in der Frage, ob eine bestimmte Dienstleistung als cost- oder profit-center geführt wird. Es sei hier noch einmal betont, daß die Führungsmannschaft einer Investmentbank diese Steuerungsversuche in der Regel auf ein Wissen gründet, das die Organisation »osmotisch« durchdringt.

Ein angemessenes Interventions- und Steuerungsmaß ist für die Führungsebene dennoch ganz gewiß nicht rational zu bestimmen. Fest steht aber, daß zuviel oder zuwenig Steuerung und Einmischung des Top Managements zu Konflikten, dem »exit« wichtiger Mitarbeiter und auch zum Abstieg einer Investmentbank führen können. Den empirischen Beweis zu erbringen, bemüht sich die Führungsspitze der Deutschen Bank seit einigen Jahren. Sehr offensichtlich führten die Vorstände und Manager in Frankfurt ihre 1989 für 2,6 Milliarden Mark erworbene Londoner Investmentbank Morgan Grenfell nicht als self-designing organization, in der wichtige strategische Entscheidungen durch einen organisationsinternen bottom-up Prozeß »wissensbasiert« werden. Auch ging das Konzept, sich durch die Abwerbung Hunderter von Mitarbeitern Expertise und Marktanteile zu kaufen, für die Deutsche Bank nicht auf, weil die Integration mißlang. Ein fragwürdiges Management führte zum enttäuschten Weggang vieler alter und neuer Mitglieder. Damit wurden Löcher in die Organisation gerissen, die die proklamierte globale Kompetenz unglaubwürdig machten und so Zweifel auf der Kundenseite animierten. Die sich nach jedem Mißerfolg anschließende Zurechnung von Verantwortung auf Personen führte zu einem beständigen Wechsel des jeweils zuständigen Managements in London und Frankfurt. Gerade die andauernden personellen Wechsel im Group Executive Committee, das dem Vorstand der Deutschen Bank direkt untersteht und für das Tagesmanagement des Investment Banking zuständig ist, wirkte sich negativ aus. Das Organigramm war immer wieder so schnell veraltet, daß bei Mitarbeitern wie Kunden schließlich nur noch Konfusion herrschte. Nicht einmal der Daimler Benz Konzern, an dem die Deutsche Bank immerhin mit rund 21 % beteiligt ist und dessen Aufsichtsratschef von der Bank gestellt wurde, ließ sich beim Merger mit Chrysler von den Investmentbankern der Hausbank beraten. Der beständige Eingriff unterschiedlicher Manager in Führungsstruktur, Zuständigkeiten, Organisationsprinzipien usw. wirkte nachhaltig zerstörerisch und untergrabend. Unfehlbarkeit und Präzision, für die Aura der Deutschen Bank lange bestimmende Werte, waren nicht mehr darstellbar. Es hat sich nicht ausgezahlt, für viele Millionen Dollar erfolgreiche Top Manager von der Konkurrenz abzuwerben.

Andernorts erfolgreiche Strukturen, Prozesse und Strategien können einer Organisation nicht einfach »übergestülpt« werden – im Gegenteil. Diese Vorgehensweise hat den wichtigen Prozeß der innerorganisationalen Osmose erfolgreicher Handlungsstrategien ausgehebelt. Das Top Management, so fassen wir zusammen, weiß auch nicht mehr, als die Bank selbst.

4.4.2 Communities of practice als Infrastrukturmuster der Wissensentwicklung

Das Funktionsprinzip der self-designing organization reagiert auf den in komplexen Umwelten zu erwartenden Normalfall des partiellen Ausbleibens von Erwartungserwartungen. Wo es nicht möglich erscheint, der Umwelt einigermaßen verläßliche und präzise Informationen zu entlocken, lassen sich auch organisationsintern nur sehr bedingt feste Strukturen in die Architektur des Systems einziehen, die auf das Unvorhersehbare abgestimmt sind. Vielmehr scheinen das relative Offenhalten von Strukturen und Abläufen, das spontane und situative Vernetzen und die Erfindung von Handlungsstrategien aus dem Handeln heraus (vergleichbar dem »sensemaking« in der Terminologie von Weick) durchaus geeignete Maximen zu repräsentieren, um im Zustand selbsterzeugter Unbestimmtheit Aktionsfähigkeit zu erhalten und Handlungsmöglichkeiten zu eröffnen. Wir haben es mit einer „Kultur organisierter Komplexität" (Willke: 1998, S. 41) zu tun, die Erwartungsumstellungen (Lernen) begünstigt, Wissensarbeitern ausreichend Freiheitsgrade einräumt und das Fundament einer dezentralisierten (heterarchischen) und vernetzten Organisation bildet.

Ein zweites für die Wissensorganisation einer Investmentbank charakteristisches Prinzip besteht in der Delegation von Aufgaben, die mit der Entwicklung und Pflege bestimmter Wissensbestände zu tun haben, in speziell zusammenhängende Erfahrungskontexte. Diese in der Literatur unter der Bezeichnung »communities of practice« bekannten formellen oder informellen Gruppen bzw. Gemeinschaften, bilden sich als Subsysteme häufig über räumliche, divisionale und gerade auch funktionale Grenzen einer Organisation hinweg und unterhalten einen jeweils spezifischen Bestand an Spezial- und Sonderwissen.[74] Die communities of practice dienen als Transmissionsriemen organisierter Wissensarbeit im Investment Banking, indem sie Cluster organisationsspezifischer Lernerfahrungen formen, die dann als systemisches Wissen der Gesamtorganisation zur Verfügung stehen. Es handelt sich um dezentrale Kompetenzzentren der Organisation, die als „sites of innovating" (Brown und Duguid: 1991, S. 41) für die Entstehung von Wissen, dessen Fortentwicklung und Revison

---

[74] Im folgenden werden wir bei der Verwendung des englischen Begriffs *community* im Sinne einer sozialen Einheit bleiben, da eine Übersetzung ins Deutsche Probleme aufwirft. Wichtige Aspekte des jeweils anderen Begriffs werden bei der Benutzung von *Gemeinschaft* oder *Gruppe* ausgeschlossen.

eine tragende Rolle übernehmen. Sie bündeln die Experten eines zusammenhängenden Wissensgebietes und bilden einen *dichten Interaktionskontext*, der für alle Stufen der Wissensbearbeitung (Generierung, Speicherung und Transfer) unerläßlich ist. Zur Plausibilisierung greifen wir zunächst auf einen Fall von Lessard und Nohria (1990) zurück. Die beiden Autoren zeigen am Beispiel einer Studie zum Wechselkurs-Management multinationaler Organisationen, daß derartige Aufgaben sinnvoll weder von einer zentralisierten und vom Rest der Organisation abgekapselten Stabsabteilung gelöst werden können, noch komplett dezentralisierbar, über die Organisation verteilt und unabhängig voneinander bearbeitbar sind. Einerseits sind Entscheidungen an verschiedenen Stellen der Organisation auf Wechselkurserwartungen angewiesen, andererseits ist die Generierung und Entwicklung dieser Expertise auf die Interaktion der Fachexperten angewiesen (zudem muß die Strategie der Absicherung gegen Wechselkursrisiken, das sogenannte »Hedging«, koordiniert werden). Weil gerade die kritischen Preisfindungs-, Produktions- und Einkaufsentscheidungen verzögerungsfrei auf Marktereignisse (Änderung Wechselkurs) reagieren müssen und zudem in den einzelnen Ländergesellschaften des Konzerns getroffen werden, haben die operativen Abteilungen vieler der untersuchten Konzerne jeweils eigene Forex-Experten, die eine Entscheidungsfindung schnell und am Ort des Geschehens mit ihrer Expertise unterstützen. Andere Organisationen unterhalten Expertenpools, „linking itself into the relevant areas of activity" (Lessard und Nohria: 1990, S. 209). Die wie auch immer organisierte Mischung aus dezentral-operativer Einbindung der Experten in die Entscheidungsprozesse und einer zumindest temporär stattfindenen Vernetzung der Experten untereinander scheint für die hochspezialisierte Entwicklung und die organisationsweite Nutzung solcher Expertise eine unausweichliche Vorbedingung zu sein.

„The most successful firms in our sample created units to deal with operational exchange rate impacts and responses other than the traditional forex group in treasury. In several cases this was a task force that cut across functional lines, in one a planning group, and in another a special purpose unit in treasury seperate from the transactional foreign exchange group. Those firms that left the cordination of operational exposure to a transaction-oriented foreign exchange group at best appeared to hedge these exposures well, though they provided little support for operating responses. At worst these groups' interactions with the rest of the firm centered on reconciling actual and budgeted hedging results" (Lessard und Nohria: 1990, S. 209).

Interessant ist, daß derartige communities immer dann auch organisationsübergreifend zu beobachten sind, wenn Experten sich nicht allein ihrer Mitgliedschaft in einer bestimmten Organisation verpflichtet fühlen, sondern gerade auch dem betreffenden professionellen Wissensbestand. „Occupational communities are groups of people engaged in work with such a high professional content that the norms of the professions transcend the norms of the organization that employ them. (...) Members of occupational communities share values, norms, and perspectives, and their contacts with one another frequently extend beyond their work life" (Pickering und King: 1995, S. 482). Für den Fall der akademischen Forschung ist die Wissensproduktion heute ohne internationale Kontaktnetze (und damit: Zusammenarbeit) der einzelnen Experten in vielen Bereichen gar nicht mehr denkbar, weil komplexe Forschungsvorhaben eine kritische Masse an Erfahrungen benötigen, ohne die es schlicht keinen Erkenntnisgewinn gibt. Im Investment Banking findet ein organisationsübergreifender Erfahrungsaustausch unter Experten meist eher informell statt. So sind beispielsweise die Gespräche unter Analysten am Rande von Firmenpräsentationen als Kommunikationsstrukturen zu deuten, die für den Austausch von Einschätzungen und Erfahrungen durchaus wichtige Beiträge leisten. Zwar gibt es auch formelle Arbeitskontexte, in denen die Experten zweier Investmentbanken aufeinandertreffen – etwa wenn der Kunde dies aufgrund der Komplexität oder Größe der Transaktionen wünscht – bei Interaktionen dieser Art steht aber die komprimierte Zusammenführung *unterschiedlicher* Expertisen im Vordergrund und nicht die gezielte Weiterentwicklung eines homogenen Wissensgebietes.

Viele der *innerhalb* des Systems einer Investmentbank zu beobachtenden communities of practice sind formalisiert in der Hinsicht, daß die Mitglieder der Organisation einer bestimmten community zugeordnet sind. Allerdings ist zu beachten, daß diese communities sich ganz im Sinne der self-designing organization evolutionär aus der Praxis heraus entwickelt haben und häufig erst ex post facto auch formal »implementiert« wurden. Sie liegen zumeist quer zum Organigramm einer Bank und sind an langfristigen Themen orientiert, die nicht unbedingt deckungsgleich sind mit den funktionalen Differenzierungen der Organisation. Communities sind also nicht an Abteilungsgrenzen gebunden. Im Investment Banking fallen derzeit insbesondere die bereits erwähnten Industriegruppen auf, die als virtuelle Bezugssysteme jeweils spezifischen Kundensegmenten folgen. In diesen communities geht es nicht so sehr um die weitere Vertiefung von Produktexpertise, sondern um die formgerechte Anlehnung an die Bedürfnisse einer bestimmten als homogen wahrgenommenen Kundengruppe. Es wird ein Wissensbestand gepflegt, welcher der Organisation als systemische Expertise zur Verfügung steht.

„Der Spezialisierungsgrad der Mitarbeiter geht auf den ersten Blick zurück. Es gibt aber gegenläufige Entwicklungen. Es gibt Industriegruppen. Industriegruppen sollen dafür sorgen, daß Industrie-Know-how bei bestimmten Personen aufgehängt wird. Wenige Personen, die zuständig sind für Bereiche wie Chemie und Pharma beispielsweise, für Automotive, für Financial Institutions, Media and Leisure, also Freizeitwerte, für Capital Goods, alles was mit Industriegütern zu tun hat, da gibt es acht, neun Bereiche, die sich die Investment Banking Division herausgesucht hat, weil wir meinen, daß in diesen Bereichen sehr interessante Transaktionen durchgeführt werden in der Zukunft. Und in diesen Bereichen hat sie Industrieexpertise jetzt vorgehalten“ (J:1).

In Bank 1 sind die Industriegruppen nicht bereichsübergreifend organisiert. Die Industriegruppe »Media and Leisure« rekrutiert ihre Experten aus der Investment Banking Division und läßt damit beispielsweise Sales oder Asset Management außen vor. Das besondere Wissen von Sales wird erst in einen Geschäftsprozeß integriert, wenn es auch von den Projektbeteiligten nachgefragt wird. Die verschiedenen Produktgruppen der Investment

Banking Division scheinen sich einen derartigen Separatismus nicht leisten zu können. Die Fragestellungen in komplexen Deals sind zu integriert, zu viele Variablen hängen voneinander ab, als daß die M&A-Chemieexperten auf einen konstanten Austausch mit den Kapitalmarktexperten der Chemiebranche verzichten könnten. „*Die Mitarbeiter sind in der Art einer Matrixorganisation zum einen im Bereich der Execution von Transaktionen zuständig, zum anderen aber auch dafür zuständig, sich in diesen Branchen fortzubilden. Es werden spezielle Zeitschriften dann im kleinen Umlauf nur an diese Leute geschickt, es werden spezielle Transaktionen, die in London oder woanders durchgeführt werden, diesen Leuten mitgeteilt, hier wird also versucht, weltweit Industriegruppen über alle Einheiten der Investment Banking Division weltweit verstreut herzustellen, die dafür sorgen, daß [Bank 1] sagen kann, ja in diesem Bereich haben wir die Industriegruppe, da kennen wir uns aus. Wir wissen, was in Chemie und Pharma für Transaktionen gelaufen sind, wir haben in jedem Office Leute, die sich speziell diesem Thema widmen*" (J:1).

Die von communities bearbeiteten Wissensgebiete können sich an Produktsparten, Kundengruppen, geographischen Einheiten und vielen anderen Kategorien orientieren, und sie können sich längs oder quer zu diesen Schnitten positionieren. Es ist zu vermuten, daß sie mit dem Ablauf der Zeit auf veränderte interne Erfordernisse der Investmentbank reagieren, sich anpassen und so vielleicht sogar das Layout einer zukünftigen Organisationsstruktur vorwegnehmen.

„*Es gibt bestimmte Dinge in der Abwicklung, die wiederholen sich immer wieder. In der Chemieindustrie ist das die Frage: Wie löse ich was aus dem Standort raus. Integrierte Standorte müssen sie da rauslösen. Sie haben immer die Umweltproblematik, Lieferverträge über Rohstoffe. Da entwickelt man spezielles Wissen. (...) Und die Kunden werden dann relativ rasch konkret und wollen wissen, wie das abläuft. Deswegen setzt sich jetzt immer mehr der integrierte Ansatz durch. Die Industriegruppe hat nun nicht mehr eine Marketingfunktion und umfaßt nun auch Leute, die sich speziell um die Exekution in einer bestimmten Branche kümmern. Das ist nicht für alle Branchen erforderlich. Nicht z. B. im Maschinenbau, Einzelhandel, Consumer goods. Die speziellen Issues sind in der Chemieindustrie gegeben, am extremsten ist es im Banken und Versicherungsbereich. Da braucht man ein hohes Maß an Wissen, um überhaupt ein Spieler in dem Markt zu sein*" (F:1).

Die Beobachtung des community-Phänomens hat in der Literatur seit Beginn der 90er Jahre eine verstärkte Aufmerksamkeit erfahren und inzwischen unterschiedliche Bezugspunkte ihrer Funktionen in Organisationen ausgemacht. Kofman und Senge sprechen etwa von *communities of commitment* und kennzeichnen damit vorwiegend freiwillige Zusammenschlüsse von Experten unterschiedlicher Fachgebiete, deren Zielsetzung es ist, gezielt Lern- und Innovationsmöglichkeiten zu öffnen (Kofman und Senge: 1993). Auch Brown und Duguid betonen den lernorientierten und informellen Charakter von *communities of practice*, die sich als Orte der Innovation in einem systemischen Reflex bei Krisen und wachsender Umweltkomplexität konstituieren. In den Rahmen geplanter organisationaler Differenzierung und zunehmender Spezialisierung stellen hingegen Boland und Tenkasi ihre Analyse von *communities of knowing* (Boland und Tenkasi: 1995). In dieser Perspektive ist Entstehung von lokalen *communities* als organisationale Strategie zu begreifen, mit externer Komplexität umzugehen.

Für das theoretische Konzept der communities of practice spielt es keine Rolle, inwieweit sie mit dem Ablauf der Zeit den Charakter von »Abteilungen« aufweisen, ob sie spontan entstehen oder von zentraler Stelle ins Leben gerufen werden – das Prinzip dahinter ist interessant. Im Kern geht es um die Beobachtung, daß der regelmäßige Austausch unter Experten, deren Problemstellungen auf die eine oder andere Weise miteinander vernetzt sind, sinngenerierend wirkt und zur Fortentwicklung und Transmission eines bestimmten Wissensbereiches dient. Jedes Mitglied einer community generiert in seiner eigenen Praxis Wissen über den thematischen Zusammenhang der Gruppe. Die Interaktion mit den übrigen Experten erlaubt es ihm, seine eigenen Erfahrungen zu reflektieren, sie in einen Diskurs einzuführen und entsprechend weiterzuentwickeln. Das Wissen wird dabei expliziert und transferfähig gemacht, sofern es im Kern anschlußfähig ist an die bisher gültigen Wissensbestände. Es hängt dann von den spezifischen Bedingungen einer community ab, inwieweit grundsätzlich neues Wissen bisheriges in Frage stellen kann. „*Wir hatten da eine Diskussion, wie sich [Unternehmensname] präsentieren sollte. Ich hatte die Idee, daß die Investoren irgendwie ein Thema brauchen, das ihnen logisch und einsichtig erscheint. Da habe ich dann gesagt, daß wir den als »Monopoly Challenger«, also als Gewinner der Deregulierung darstellen sollten. Da haben die anderen zunächst gesagt, nee, das sei einfach ein Telekommunikationskonzern. Als dann aber richtige Themen-Indizes auf den Markt kamen, da war dann klar, daß der Kapitalmarkt da also beginnt, die Dinge anders zu beobachten*" (O:2). Welches Wissen in einer community zum Zuge kommt, hängt also gerade auch von den autoritativen Strukturen innerhalb dieser community statt. Handelt es sich um eine Lernkultur, so sehen sich die Experten als gleichrangig und gleichberechtigt und ringen um die besseren Argumente – dies gilt auch für die jüngeren Investmentbanker. „*Vom ersten Tag an war meine Meinung gefragt. Es zählt einfach, ob du plausibel argumentierst. Natürlich lerne ich hauptsächlich von den anderen, die sich schon lange damit auskennen, aber es ist absolut nicht so, daß du nur so die kleine Nummer bist*" (P:1). Handelt es sich um eine eher hierarchische Kultur mit einem »Guru« an der Spitze, so wird Wissen nach anderen Regeln legitimiert, kann sich aber unter Umständen effektiver verbreiten.

Sprachliche Kommunikation ist für den Prozeß der Generierung und des Transfers von Wissen innerhalb und zwischen disparaten communities von tragender Bedeutung. Allerdings ist eine gelingende Verständigung zwischen unterschiedlichen Wissensgemeinschaften als voraussetzungsvoll anzusehen, weil mit der Entwicklung einer community gleichzeitig ein spezifischer Sprachcode heranwächst, der wiederum die Voraussetzung für die Entstehung von Wissen ist. Von Boland und Tenkasi stammt die hilfreiche Unterscheidung von Kommunikationsstilen, die einerseits für die Entwicklung von Wissen innerhalb einer »knowledge community« obligat sind, und solchen Formen der Kommunikation, die andererseits die Anschlußfähigkeit von Wissen unter den verschiedenen »centers of expertise« einer Organisation ermöglichen. „Knowledge production involves communication within and between a firm's multiple communities of knowing. We refer to communication that strengthens the unique knowledge of a community as perspective making, and communication that improves its ability to take the knowledge of other communities into account as perspective taking" (Boland und Tenkasi: 1995, S. 351). Herauszustellen ist, daß sprachliche Äußerungen, wenn sie distinkte Vokabulare in Relation zu anderen communities oder der Gesamtorganisation verwenden, eher trennen als daß sie verbinden, denn der Sprachcode stabilisiert das soziale System einer community im Hinblick auf die System/Umwelt-Differenz.

Jede Organisation muß lernen, mit diesen Problemen der Anschlußfähigkeit von Wissen umzugehen, weil die Umweltkomplexität intern nur noch durch den Aufbau multipler »communities of knowing« mit je eigener Disziplin, Expertise und eigenen Sinngebungsmechanismen entsprochen werden kann. Willke spricht in diesem Zusammenhang von verschiedenen Wissens(teil)systemen, die für „kontextsensitives Handeln und Entscheiden" unerläßlich sind.[75] Auch Wiesenthal stellt klar, daß Organisationen unter Bedingungen hoher Umweltkomplexität immer nur für einzelne Bereiche ihrer Umwelt instruktives Wissen gewinnen können (Wiesenthal: 1995, S. 151). Organisationen müssen also strukturelle oder prozessurale Dreh- und Knotenpunkte vorhalten, die eine organisationale Integration der unterschiedlichen Wissensansprüche ermöglichen. Desintegration wäre eine risikoreiche Option, weil unterschiedliche Wissensbestände sich unter ungünstigen Bedingungen gegenseitig in Frage stellen und damit auch die Verfolgung übergeordneter Ziele behindern können. Das Spezialwissen einzelner communities muß also angemessen über laterale Organisationseinheiten hinweg integriert werden. Wir gehen davon aus, daß in den Investmentbanken die zu beobachtenden teamförmigen Organisationsstrukturen als integrative Mechanismen dienen, die der Komplexität der Gesamtorganisation im kleinen Rahmen Rechnung tragen. Die Bedeutung von funktional gemischten Teams für die Bearbeitung von organisationaler Eigenkomplexität wird uns im nächsten Kapitel weiter beschäftigen.

Die Praktiken des perspective making und perspective taking stützen sich auf narrative Reflexion. Die Versprachlichung von Erlebnissen, Kenntnissen oder auch von Übung und Routine, kurz die Explizierung eines impliziten Wissens wird von Boland und Tenkasi zutreffend als ein zentrales Moment der Wissensproduktion skizziert und als Voraussetzung des

---

[75] Willke: 1995a, S. 297. Gerade für »high-reliability organizations« wie Flugzeugträger oder Atomkraftwerke wird Kontextsensitivität als wesentlicher Faktor für die relative Wahrscheinlichkeit ihres Nicht-Scheiterns genannt. In dieser Hinsicht bezieht Willke Kontextsensitivität insbesondere auf unterschiedliche Operationsmodi derselben Personen beispielsweise in Normal- oder Krisensituationen.

Transfers von Wissen und seiner Instruktivität ausgemacht. „We narrativize our experience almost continually as we recognize unusual or unexpected events (the noncanonical) and construct stories which make sense of them (restore canonically)" (Boland und Tenkasi: 1995, S. 351). Wie schwierig und voraussetzungsvoll die Explizierung von *tacit knowledge* tatsächlich ist, hat Polanyi eindrucksvoll herausgearbeitet (1985). Dabei ist dann vor allem auch zu beachten, daß es sich um aktive Konstruktionsprozesse handelt. Jeder erlebt tagtäglich, daß andere Personen auch andere Meinungen, Darstellungsweisen und Interpretationen zu ein und demselben Geschehen liefern. Eine subtile Eigenheit der rückwärtigen Interpretation ist die immanent »eigenlogische« Konstruktion und Darstellung der Vergangenheit. Der narrative Aspekt kognitiver Vorgänge leistet also, was das Modell »Datenverarbeitung« nicht vermag: er transportiert Sinn. Aus diesem Grunde notiert Weick, daß *Geschichten* eine wichtige Rolle spielen, weil sie *Plausibilität* erzeugen und so die Leistungsfähigkeit in bezug auf die Sinnstiftung bestimmen. „Stories posit a history for an outcome. They gather strands of experience into a plot that produces that outcome" (Weick: 1995, S. 128). Eine weitere wichtige Funktion des Erzählens von Geschichten ist die Sozialisation neuer Mitglieder einer community. Lernen ist nicht eine Frage der richtigen »Instruktion«, wonach Wissen beim anderen dann vorhanden ist, wenn es erfolgreich umgefüllt wurde. Lernende erhalten nicht irgendein objektives Wissen, sondern lernen innerhalb einer Gemeinschaft. Sie lernen, eine Funktion zu übernehmen, sich in einer Wissensgemeinschaft zu bewegen, den Code zu sprechen und sich hineinzuversetzen in die Perspektive der Erfahrenen:

„In meinem Job bin ich sozusagen die Schnittstelle zwischen den Ressourcen und dem, was mein Chef haben will. Ich bin sozusagen der Filter, der das in die richtige Form bringt. Eine typische Frage ist z. B.: »Schreiben Sie mir kurz was auf über Klöckner« oder sowas. Irgendeinen DAX-Wert. Dann grenzt er das vielleicht noch ein und sagt, die Situation ist so und so, die wollen was verkaufen, die haben sich schlecht entwickelt, die haben gerade schlechte Zahlen veröffentlicht. Die Fragen sind, würde ich sagen, allgemein. Schauen Sie sich mal die Branche an, schauen Sie sich mal das Unternehmen an, sagen Sie mir, was da passiert ist. Ich bin damit auch immer noch verloren und stelle tausend Fragen, weil mir die Erfahrung fehlt. Aber ich schaue mir das alles an, was ich da habe und versuche, das in ein Format zu bringen, was nützlich ist. Ich stelle mir vor, was würde ich wissen wollen, wenn das meine Frage wäre. Den Rest schmeiße ich raus. Ich glaube, man macht das und geht dann einen Schritt zurück und fragt, ob mir das jetzt was bringen würde, wenn mir das abgegeben würde. Welche Fragen wären dann bei mir noch offen?" (W:2).

Jede community formuliert und kodifiziert mit der Zeit ihre eigene Sinnperspektive, die bestimmt, wie die Welt gesehen wird. *„Wir haben die downside der momentanen Entwicklung schon viel früher gesehen als die Insurance-Group. Die waren praktisch noch dabei, mit ihren Kunden über Neuemissionen zu sprechen, als wir uns schon personell auf den veränderten Rahmen eingstellt hatten. Wir haben zwar auf den Konferenzen auch immer mit denen diskutiert, aber man sieht eben auch immer nur, was man auch sehen will"* (O:2). Nur aus einem bestimmten Blickwinkel können Ereignisse (auch unerwartete) überhaupt erst identifiziert werden, und es entscheidet sich im weiteren Verlauf, ob ihr Auftreten als Anomalie, Rauschen oder Information wahrgenommen wird, ob die basale Sinnperspektive geändert wird oder nicht. Modifikationen können nur dann vorgenommen werden, wenn die entsprechenden autoritativen Ressourcen bei den beobachtenden Mitgliedern vorhanden sind. Grundlegendes in Frage zu stellen und Wissen neu zu strukturieren bzw. zu revidieren, kann sich nur herausnehmen, wer über eine erfahrungsgestützte Reputation innerhalb der community verfügt. Neben einer sozial konstituierten Legitimität erfordert die Setzung neuen Wissens auch personale Reflexionsfähigkeit und ein sprachliches Geschick, überzeugend und einsichtig zu argumentieren. „It lies in perspective taking: being able to reflect upon and renarrativize the familiar to open up new insights and understandings“ (Boland und Tenkasi: 1995, S. 355). Es ist zu vermuten, daß es die normativen Stützpfeiler von tendenziell lernbereiten Erwartungen sind, die sich hemmend auf jegliche Form der Veränderung auswirken und die sich nur dann abreißen lassen, wenn Alternativen vorhanden sind. Gute Argumente allein reichen häufig aber nicht aus, um wichtige Weichenstellungen innerhalb einer community vorzunehmen. Es sind in erster Linie Geschichten, die als Vehikel des Wandels dienen. Sie wecken Interesse, führen Plausibilität mit sich und werden geglaubt. Umgekehrt erlauben Geschichten den Zugriff (wenn natürlich auch nur selektiv) auf die Annahmen und Interpretationsmuster, die in einer community of knowing als Deutungsmodell und -mechanismus fungieren.

Eine Erneuerung eigener Grundannahmen kann nun wie erläutert sowohl aus dem Kernbereich der community selbst kommen, als auch exogen angeregt werden, etwa wenn andere Sichtweisen aus der Organisation Druck ausüben. Boland und Tenkasi ziehen daraus zwei für unseren Themenzusammenhang sehr wichtige Schlüsse: „ ... memories of errors and anomalies are important to maintain and review openly, and that the isolation of communities necessary for their development should be punctuated by periods of interaction between communities“ (Boland und Tenkasi: 1995, S. 356). Die partielle Öffnung einer community nach außen ist nicht nur für deren Entwicklung und Veränderung notwendig, sondern auch der Ausgangspunkt für die Integration des Wissens auf organisationaler Ebene. Duncan und Weiss merken dazu an: „The overall organizational knowledge base emerges out of the process of exchange, evaluation, and integration of knowledge. Like any other organizational process, it is comprised of the interactions of individuals and not their isolated behavior“[76] Die Einpassung unterschiedlicher Wissensbereiche und Perspektiven innerhalb einer Organisation wird also nicht durch die bloße Zugangsmöglichkeit der jeweils anderen zu den eigenen Wissensbeständen geleistet, sondern muß durch eine Explizierung der erkenntnisleitenden Grundannahmen unterstützt werden.

---

[76] Duncan und Weiss: 1976, S. 86. Zitiert nach Boland Tenkasi, S. 358.

Unsere bisherigen Überlegungen haben die communities zunächst als virtuelle Räume skizziert, in denen die Experten eines oder mehrerer Fachgebiete, einer oder mehrerer Organisationen zusammenkommen, fakultativ oder verfügtermaßen sozialisiert werden, ihr Wissen durch Kommunikation bündeln und neues Wissen schaffen. Doch die verschiedenen communities einer Investmentbank haben eine noch wesentlich subtilere Bedeutung. Sie sind auch zu verstehen als eine Art »Pufferzone« für den organisationalen Umgang mit Nichtwissen. Sie bilden ein lebendiges Lernumfeld, in dem die auf ungesicherten Annahmen beruhende Entstehung *innovativer Praktiken* und *überzeugender Innovationen* einen angemessenen Kontext findet.

„There are no teachers with correct answers, only guides with different areas of expertise and experience that may help along the way. Each of us gives up our own certainty and recognizes our interdependency within the larger community of practitioners. The honest, humble, and purposeful »I don't know« grounds our vision for learning organization" (Kofman und Senge: 1993, S. 21).

Hier läßt sich die Idee eines besonderen Sozialstils anschließen, der den Umgang mit Nichtwissen durch *Thematisierungen* toleriert und Unsicherheiten aushält (Luhmann: 1992a, S. 191). Erst dieser tolerante Umgang mit Unsicherheit gestattet es den communities, als Innovationsgeneratoren zu fungieren, die Praktiken ausprobieren, die noch nicht zum Repertoire der Organisation gehören. Innovation ist dann, systemtheoretisch übersetzt, die Möglichkeit, anders zu entscheiden als zu erwarten gewesen wäre. Die Welt neu zu sehen, erlaubt der Organisation, sich selbst neu zu sehen: „Rather than being objective, what we call the parts is highly subjective. No set of categories is natural or coherent in a system. There is no intrinsic right or wrong. It is a matter of purpose and awareness of choices, and of remembering the genealogy of categories invoked – the distinctions that we now see »out there« arose within a certain tradition and are contingent on it" (Kofman und Senge: 1993, S. 13).

4.4.3 Horizontale Kommunikation in temporären Teams

Ein Großteil der Weiterentwicklung strategischer Wissensfelder einer Investmentbank findet in ihren communities of practice durch den permanenten Akt des perspective making statt – neues Wissen festigt im Regelfall die Grundannahmen und Deutungsmuster einer community und elaboriert ihren Sprachcode. Die Perspektive einer community entwickelt sich fort mit der Differenzierung des community-eigenen Vokabulars, der Methoden, der Theorien, der Werte und der akzeptierten Logik. Progreß und Ausdifferenzierung einer Wissensperspektive sind an Kommunikationsprozesse gebunden, so daß jede Form der Wissensentwicklung auch an die Bereitstellung von Gelegenheiten gekoppelt ist, die eine

Interaktion unter den Experten erlaubt, die nicht durch die sonstigen Aktivitäten der Organisation gestört und überlagert wird.

Um nun die *organisationale Integration* der unterschiedlichen Wissensansprüche zu realisieren, werden prozessurale und strukturelle Dreh- und Knotenpunkte benötigt. Auf dem Hintergrund der Integrationsnotwendigkeit im Zuge der Leistungserstellung ist das herausragende Merkmal organisierter Arbeit im Investment Banking insbesondere US-amerikanischer Provenienz zu begreifen: ihre Präferenz für interdisziplinäre Transaktions- oder Projektteams.[77] Deals mögen häufig von einer einzelnen Person angedacht und angeschoben werden – etwa einem Partner, der über gute Vorstandskontakte verfügt – aber noch vor der ersten Präsentation formiert sich eine Gruppe von spezialisierten Mitarbeitern um eine Transaktion (oder eine Angebotserstellung), die als temporäres und crossfunktionales Projektteam einen definierten Arbeitszusammenhang bilden. Auch die britisch geprägten Investmentbanken folgen mit ihrer Vorliebe für Teamorganisation dem Muster der amerikanischen Unternehmen, dessen Stärke von vielen Investmentbankern darin gesehen wird, daß es dem Team gelingt, die Organisation ihrer Aktivitäten auf den *Erfolg von Projekten* auszurichten.

Die vom »Staffer« einer Investmentbank zusammengestellten Teams sind für die Dauer einer Transaktion weitgehend unumschränkte *Entscheidungs- und Aktionszentren*. Dagegen sind gerade die europäischen Geschäftsbanken vergleichsweise »überpolitisiert«. Zwischen den Prozeßbeteiligten stehen zum Teil starre Barrieren, die sich entlang von Abteilungen, Berufskategorien und Fachgruppen gebildet haben und die in Folge ein fokussiertes und zielorientiertes Vorgehen behindern. Auch die tiefgehende Ausprägung hierarchiegeprägter Verhaltensweisen verhindert eine effektive Dealorientierung. Abteilungsleiter verlangen von ihren Teammitgliedern, in crossfunktionalen Projektteams Abteilungsinteressen durchzusetzen, so daß durch das Gegeneinander der Abteilungen Reibungsverluste entstehen und jede Orientierung auf die gemeinsame Aufgabe erschwert wird. Ebenso retardierend wirkt auch die Neigung von vielen Banken, »Schornsteinkarrieren« zu sanktionieren. Man steigt innerhalb seines Funktionsbereiches auf, hat geringe Erfahrung mit anderen Bereichen, was die eigenen Sichtweise deutlich verengt. Bewertungs- und Bezahlungssysteme honorieren den erkennbaren Individualbeitrag unter Vernachlässigung der Leistung des einzelnen nach den Erfordernissen der Projektarbeit. In der Arbeitspraxis und den Karrieremustern der deutschen Unternehmen werden mit dieser Versäulung der Arbeitsteilung und der Fixierung auf die Interessen der Fachabteilung oder Berufskategorie Orientierungen perpetuiert und verfestigt, deren Fundamente bereits in der Ausbildung gelegt werden.

---

77 Diese temporären Teams sind nicht deckungsgleich mit den Teamformationen bzw. Gruppen, die geschlossen den Arbeitgeber wechseln (wie beispielsweise die Technologiegruppe der Deutschen Bank). Vielmehr rekrutieren sich die temporären Transaktionsteams größtenteils aus einer solchen zusammenhängenden, zahlenmäßig zumeist relativ großen Arbeitsgruppe.

Die Transaktionsteams einer Investmentbank werden zahlenmäßig und bezüglich der Expertise und Rangordnung ihrer Mitglieder bedarfsorientiert zusammengestellt. Es gibt keine definierte Einheitsgröße – je nach Komplexität und Größe der Transaktion können die Teams zwei bis zwanzig und in Ausnahmenfällen mehr Mitglieder haben. Und auch wenn horizontale Formen der Kommunikation eine wesentliche Rolle für die Wissensintegration in diesen temporären Arbeitszusammenhängen spielen, bilden Transaktionsteams keine hierarchiefreien Zonen, sondern sind mit drei bis vier internen Hierarchieebenen durchaus tief gestaffelte Beispiele herkömmlicher Organisationsweisen.

„*Eine Projektstruktur besteht immer aus ein bis zwei Erfahrenen und dann drei bis vier mittlerer Erfahrung und einem Rest wenig Erfahrener. Und es gibt Teams mit einer Größe zwischen drei und zwanzig Leuten. Wenn wir das Mittel nehmen, sagen wir mal von zehn Leuten, da haben sie zwei Vice Presidents, da haben sie vier Associates und haben vier Analysten, das wären zehn. Oder sie haben zwei VP's, vier Associates und sechs Analysten, das ist ungefähr dasselbe. Da haben sie immer Interns mit dabei, die dann so bestimmte Sachen noch übernehmen. Das wäre ein mittelgroßes Projekt. Dann haben sie die Erfahrungskurve, haben den Kundenkontakt hier mit drin, nur Exekutionteam. Und haben dann die Associates, die letztendlich sehr stark auch leadership auch wahrnehmen können und sich auf der Lernkurve befinden Richtung Vice President*" (S:2).

Der Staffer wird immer bemüht sein, die »richtigen« Mitarbeiter auf eine Transaktion zu setzen. Ein Mitarbeiter »paßt« auf einen Deal, wenn er solche oder ähnliche Transaktionen bereits oft begleitet hat und entsprechend als Experte angesehen wird oder aber, wenn er gezielt im Hinblick auf bestimmte Erfahrungen gefördert werden soll. Ein Mitarbeiter hat bisher vielleicht für verschiedene Automobilkonzerne Kapitalerhöhungen durchgeführt aber noch nie an einer Unternehmensübernahme oder einem Merger mitgearbeitet. Bietet sich eine Gelegenheit, wird der Staffer diesen jungen Mitarbeiter auf das Projekt setzen, sofern er auch verfügbar ist. Die zeitgerechte »availability« einer Personen für eine bestimmte Transaktion ist ein zentrales Problem, da jeder Banker im Regelfall an zwei bis drei Transaktionen gleichzeitig arbeitet und so eventuell schlicht keine Zeit für ein weiteres Projekt hat. Das Staffing findet in jeder der vier untersuchten Banken, was den gezielten Einsatz von erfahrenen Mitarbeitern angeht, »suboptimal« statt, weil im Personalpool kein Overhead zur Verfügung steht. Was an Geschäft reinkommt, wird durch diejenigen Mitarbeiter betreut, die gerade zur Verfügung stehen, es sei denn, es handelt sich für die Bank um eine außergewöhnlich wichtige Transaktion. Im Falle strategischer Transaktionen (beispielsweise Akquisition eines bedeutsamen Kunden) entscheidet die operative Führungsspitze gemeinsam mit dem Staffer nach anderen Kriterien und zieht die Spezialisten aus laufenden Projekten ab, um sie auf das neue Mandat zu setzen. „*Das hat auch mit ganz banalen Faktoren zu tun wie Availability, ja? Alle sind total busy, M&A das ist eine wachsende Industrie, das ist einfach alles understafft, ja ...? »You need another warm body«, ja? Wen findest du da? Das ist auch so eine Frage, ob ich ...wer zur Verfügung steht, ja? Und ich meine in großen wichtigen Transaktionen wird natürlich auch freigeräumt, da bringst du die richtigen Leute drauf*" (R:3).

Bei komplizierten Cross-Border-Transaktionen sind zumeist mehrere Teams an einem Deal beteiligt, die jeweils unterschiedliche Aufgabenbereiche übernehmen. Die Aufteilung von Arbeit findet dann zumeist auf Basis einer lokal spezifizierten Wissensanforderung statt. So wird für eine Transaktion zwischen Kontinentaleuropa und Nordamerika nicht nur ein jeweils auch länderspezifisches juristisches und steuerrechtliches Wissen benötigt, die Teams müssen auch ihren »Home-Market« verstehen, sie müssen einschätzen können, wie z. B. die Investoren auf eine Merger-Ankündigung reagieren werden (Zustimmung oder Ablehnung), und wie die Kapitalmärkte im allgemeinen eine solche Absicht bewerten (steigende oder falende Kurse).

„Und eine Cross-Border-Transaktion bei großen Transaktionen, Stichwort Daimler-Chrysler, da hast du natürlich mehrere Teams, ja. Da hast du vielleicht ein Team in Deutschland und wahrscheinlich eins in ... da gibt's irgendwo auch einen Link nach London, wenn du eine europäische Koordination hast – und sicher auch ein großes US-Team. Das ist ja eben auch deren ... denn du mußt natürlich auch ... jedes Team muß natürlich seinen Home-Market auch verstehen, und gerade bei so großen Transaktionen gibt es ja auch viele juristische Themen, und was du eben nur machen darfst, wann und wie und so, d. h. du mußt eben auch die lokale Expertise da irgendwo drin haben" (R:3).

Die innere Komposition eines Teams wird zu einem wesentlichen Teil von sachlich-qualifikatorischen Erfordernissen getragen. Steuerfachleute, Analysten, Verhandlungsexperten, Juristen, Strukturierungs- und Branchenspezialisten unterschiedlicher Erfahrungsstufen u. a. m. werden bei komplizierten Transaktionen flexibel kombiniert. In ihrer internen Zusammensetzung spiegeln die Teams aber nicht nur ein Gefüge von als notwendig erachteten Expertisefeldern. Es gibt auch ein Oben und Unten. Ihr hierarchisch abgestufter Aufbau reflektiert zudem auch die Rangordnung der Kundenorganisation, um für bestimmte Gelegenheiten anschlußfähige Kommunikationsbeziehungen offerieren zu können. So wird etwa ein einfacher Associate im Regelfall nicht mit dem Finanzvorstand des Kunden konferieren, sondern mit dessen Mitarbeitern. Ein Team wird natürlich auch deswegen *„hierarchisch ausgewogen"* (W:1) besetzt, um eine Form der inneren Ordnung zu festigen, die in Zweifelsfällen entscheidungsfähig ist. Die Hierarchie dient aber auch als Kanal symbolischer Kommunikation: *„Ich würde sagen, daß ist sicher auf dem Senior-Level wichtiger als auf dem Junior-Level für das Team, weil auf dem Senior-Level, das sind die Leute, die die Transaktionen strukturieren und auch gegenüber dem Klienten vertreten. Auf dem Junior-Level da mußt du halt auch einfach viel arbeiten. Jemand muß ja auch sich die Hände schmutzig machen"* (R:3).

Jede inhaltliche Verteilung von Arbeit orientiert sich an der internen Hierarchie des Teams. Die Analysten stehen als letztes Glied in der Kette und müssen mühsame Detailarbeit leisten, die aufgrund von vorgegebenem Zeitdruck häufig auch bis spät in die Nacht dauert. Dazu gehört es beispielsweise, sogenannte Bücher zusammenzustellen, die das relevante finanzwirtschaftliche Zahlenmaterial darstellen und aufbereiten. Es handelt sich dabei nicht zuletzt auch um Tätigkeiten, die vergleichsweise standardisiert ablaufen und nur mit gelegentlichen Kundenkontakten verbunden sind. *„Je länger du dabei bist, desto interessanter wird die Arbeit. Die Rolle des Analysten ist im Grunde, die ganze Arbeit zu machen, also Bewertungsarbeit, Wordprocessing, Bücher zusammenzustellen, irgendwie das Unternehmen beschreiben, so Broschüren und so, das zu verschicken, das ganze Projekt wirklich zu organisieren. So ein bißchen wie eine glorifizierte Sekretärin. Schon ein bißchen besser, aber du machst auch jede Menge Shitwork"* (M:3). Je weiter ein Mitarbeiter in der Hierarchie aufsteigt, desto eher ist er in der Position, das Projekt zu strukturieren und »Shitwork« zuzuweisen. Die mittlere Hierarchieebene (Associate) ist aktiv am Prozeß der Projektsteuerung beteiligt und übernimmt auch bestimmte schriftliche Ausarbeitungen selbst. *„Der Associate, der denkt schon mehr, der organisiert das Projekt eigentlich, der teilt die Arbeit zu und sagt: »O.k. jetzt müssen wir das machen, jetzt müssen wir das machen" und so, das ist so das day to day management of the project. Aber er ist sehr aktiv auch involviert in diese ganze Erstellung der Unterlagen und so. Er schreibt auch Sachen selbst und so*" (M:3). Während der Associate-Level also am eigentlichen Prozeß der Leistungserstellung direkt beteiligt ist, übernehmen die darüberliegenden Hierarchieebenen repräsentative, kontrollierende und »soziale« Aufgaben. Vice Presidents, Managing Directors oder Partner geben die Richtlinien vor, kommen zu den »Big-Picture Meetings« mit den Klienten, präsentieren dort Ergebnisse und wichtige Vorschläge, überwachen die Arbeit des Kernteams und halten den Kontakt zu den Führungsspitzen des Klienten.

„Und der Vice President, der gibt so die Guidelines vor und sagt: »O.k., als nächstes ... wir haben eine Präsentation in drei Tagen, da denke ich müssen wir die und die Themen anschauen, die folgenden fünf Themen würde ich mir dazu ansehen, und jetzt macht mal. Stellt mal ein Buch dazu zusammen.« Also ein Buch dazu zusammenzustellen heißt, irgendwie Unterlagen, Repräsentationen, ja, Repräsentationen zu machen. Und der ist dann auch derjenige, der vielleicht teilweise mit dem Associate zusammen das präsentiert gegenüber dem Klienten. Und sagt: »Wir haben uns das und das überlegt, und das sind die Themen, und so und so sollten wir das machen.« Das ist eigentlich so derjenige, der so Big Picture macht, der VP. Da gibt es manchmal noch eine Ebene höher, daß so ein MD, ein Managing Director dabei ist, der noch so die ganz große Big Picture Sache macht. Also, wenn das ein wirklich wichtiger Kunde ist z. B. Und es hängt auch ab von der Art des Meetings. Es gibt halt Meetings, das sind so Arbeitsmeetings, da kommt sicher kein MD, da kommt vielleicht auch kein VP dazu, aber das hängt einfach davon ab auch, wer von der Kundenseite da ist und so" (M:3).

Gehen wir nun genauer auf die funktionale Bedeutung von Teams für die Organisation ein. Wir hatten bereits angedeutet, daß ein Team als temporärer crossfunktionaler Arbeitszusammenhang den Nachteilen der traditionellen Binnendifferenzierung wie Abteilungsegoismen, mangelnder Zielorientierung etc. auszuweichen scheint (Willke: 1998, S. 49). Für die Dauer einer Transaktion stellt das Team einen fast »unternehmerischen Nukleus« dar, dem die Organisation die Verantwortung für den Erfolg oder Mißerfolg eines Projektes überträgt. „Es entstehen multizentrische Strukturen, die ihre Dynamisierung aus jenen marktnahen Einheiten erfahren, die erfolgreich ihr spezifisches Geschäft zu gestalten wissen" (Wimmer: 1997, S. 110). Im Team werden die erforderlichen Wissensbestände der Organisation zeitgleich verknüpft, und indem den Teams ein hohes Maß an Eigenständigkeit in der Definition ihrer Ziele und Arbeitsschritte zugestanden wird, verlagern sich auch die mit einer Wissensintegration verbundenen Probleme in die Struktur eines Team hinein. Die Organisation erzeugt zeitlich terminierte Kommunikationsgelegenheiten, die unter den Druck gestellt werden, ein *aufeinander abgestimmtes Verhalten* hervorzubringen.

Derartige interfunktionale Abstimmungsprozesse gehen mit Verständigungs- und Aushandlungsprozessen einher, deren schwerwiegender Nachteil darin besteht, daß sie Zeit beanspruchen. Daß die Zusammenführung unterschiedlicher Wissensbestände der Organisation dem Team trotzdem und sogar bei hohem Tempo gelingt, hat mehrere Gründe. Indem das Team von der Organisation auf eine gemeinsamen Aufgabenstellung eingeengt wird (Hierarchie!), werden die unterschiedlichen Sinnperspektiven von einer gemeinsamen Zielvision überlagert, die sofort wieder zusammenbricht, sobald ein Projektteam aufgelöst wird. Das Team kann zweitens auf bewährte Standardprozeduren und Routinen zurückgreift, die intern nicht mehr diskutiert werden müssen (Nichtlernen!). „*Es ist normalerweise eigentlich recht, recht eindeutig, was gemacht werden muß, weil so irgendwo die Vorgehensweise doch recht standardisiert ist. Es gibt natürlich immer neue Themen und neue Issues, die du so besprechen mußt, aber es ist eigentlich recht standardisiert, was man so machen muß*" (R:3). Und schließlich dient auch die teaminterne Hierarchie als Mittel, langwierige Aushandlungsbemühungen effektiv abkürzen zu können.

Obschon die vorhandene und funktionstüchtige Hierarchie des Teams, wie der Fall der Arbeitsverteilung gezeigt hat, eine extrem wichtige Ressource für die Struktur- und Ordnungsbildung darstellt, ist die teaminterne Kommunikation auf Konsens orientiert. Trotz Hierarchie wird die »Fiktion« einer relativ konfliktfreien und horizontalen Kommunikation unter Experten aufrechterhalten. „*Stundenlange Diskussionen, doch die gibt es, ja, absolut. Die gibt es immer. Und möglicherweise auch morgens um zwei, wenn du dazu überhaupt keine Lust hast. Das kann es schon geben, daß du von zwei bis vier Uhr morgens irgendwas diskutierst. Ich würde es gar nicht als Konflikt unbedingt bezeichnen, sagen wir einfach mal als Meinungsverschiedenheit? Man streitet mit den besseren Argumenten, oder? Ja, genau!*" (R:3). Es wird weitgehend vermieden, Konflikte über Hierarchie oder Kompromisse abzuarbeiten. In Zweifelsfällen wird nach einer kreativen Intergation und Synthese der vorhandenen Sichtweisen gesucht, die einen »dritten Weg« aufzeigen (vgl. dazu Mintzberg et al.: 1996, S. 61). „*Also, ich glaube, daß eigentlich bei der Firma generell die Einstellung herrscht, daß ... also, es gibt immer Ausnahmen, und ich weiß auch nicht, wie das in anderen Büros ist, ich kenne halt nur das deutsche Büro – aber daß sehr sachlich argumentiert wird und daß Leute auch, die Senior sind, auch erwarten, daß sachliche Argumente vorgebracht werden. Und sind auch offen, wenn Leute gute Ideen haben oder irgendein Problem sehen, sich das anzuhören und dementsprechend neu zu entscheiden oder so. Das ist nicht so, daß das, was der Seniortyp sagt, gilt, sondern wenn jemand was findet, was er meint ist wichtig, dann wird da auch aufmerksam zugehört und das mal eingebaut und so. Also, worauf du hinaus willst ist ja, daß jemand entweder sagt: »So wird es jetzt gemacht« oder daß es Streit gibt oder was, das gibt es aber eigentlich nicht*" (R:3).

Der horizontale Kommunikationsmodus im Team steigert die Irritierbarkeit jedes einzelnen gegenüber neuem Wissen, so daß die Differenz zwischen Wissen und Nichtwissen im Hinblick auf die Option Lernen/Nichtlernen produktiv genutzt werden kann. „*Und es ist ja eigentlich interessant, unter welchen Umständen bin ich bereit, das zu ändern? Und da kann man sich fragen, wann nimmt man Wissen an, und wann lehnt man es ab? Morgens um vier nimmt man es nicht so gerne an. Aber generell, glaube ich, sind die Leute sehr bereit, Wissen anzunehmen. Das ist eigentlich was, das mich sehr überrascht hat bei dieser Firma, daß alle Leute immer unheimlich begierig sind, Sachen neu zu lernen, neu zu verstehen, neu anzugehen und Interesse daran haben, Sachen so auch im Detail so rauszufriemeln*" (R:3). Es ist leicht vorstellbar, daß sich eine Präferenz für horizontale Kommunikationsformen nur in *überschaubaren* Strukturen (dem Team, dem eigenen Netzwerk etc.) durchhalten läßt. Die Komplexität großer Organisationen besteht ja gerade darin, daß ihre Verknüpfungsfähigkeit an Grenzen gerät. In dem Moment, wo die Verknüpfungsfähigkeit an Komplexität kollabiert, müssen hierarchische Mechanismen Komplexität radikal reduzieren. Während Hierarchie also die Komplexität vorhandener Wissensansprüche in der Organisation auf eine „einfache Komplexität" reduziert (vgl. Baecker: 1997, S. 35), steigert die nichthierarchische Form der Interaktion unter Experten die Kommunikationsmenge im definierten »Experimentierspielraum« des Teams und damit auch die Wahrscheinlichkeit des Zustandekommens unwahrscheinlicher Kommunikationen in einer Organisation. Es gehört zu den gravierenden Nachteilen der hierarchischen Teamstruktur im Investment Banking, daß die Kommunikation bei auftretenden Krisensituationen (die häufig mit hohem Zeitdruck einhergehen) auf vertikale Formen der Interaktion umschalten kann. Gerade dann also, wenn bedeutsame Lernerfahrungen gemacht werden können, weichen Teams unter Entscheidungsdruck dem Streß horizontaler Kommunikation aus.

Bei alledem darf nicht vergessen werden, daß Teamarbeit eingebettet ist in die netzwerkförmigen Binnenstrukturen der Investmentbanken, wie wir sie weiter oben bereits beschrieben haben. Die Fragen, welche Informationen wo in der Organisation eingeholt werden, wie sie teamintern verknüpft werden und an wen sie außerhalb des Teams weitergegeben werden, wird durch diejenigen beantwortet, die direkt mit einem Deal befaßt sind. Die Arbeit der Teammitglieder besteht nicht zuletzt im permanten und selbstorganisierten Rückkoppeln in die Organisation hinein. Die Bewältigung der so gesteigerten Kommunikationslasten avanciert zum „zentralen Engpaß" der Wissensarbeit (Wimmer: 1997, S. 126). Dabei spielt auch die Entwicklung immer neuer, immer elaborierterer Computeranwendungen und Vernetzungstechnologien eine tragende Rolle. Sie sollen die Flexibilität, die Innovationsfähigkeit, die interne Integration und die Generierung und Nutzung des organisationalen Wissens verbessern. „As companies struggle to redesign and remake themselves in a new image, many are turning to advanced information technologies to enable more flexible and integrated processes" (Orlikowski: 1995, S.1). Allerdings stellen die „Merkmale organisierter Komplexität" wie Differenzierung, Spezialisierung, verteilte Dislozierung und lokale Autonomie eine Umsetzung dieser Organisationskonzepte zunächst einmal in Frage (Willke: 1995a, S. 288). Im Zentrum der Überlegungen zu einer Reformulierung vormoderner Organisationskonzepte steht so die Frage, wie sich Wissen und Expertise in einer Form koordinieren lassen, die eine Auflösung starrer Arbeitsteilung in »temporary dynamic structures« erlaubt. Gemeint ist damit eine auf Teamarbeit beruhende Organisationsform, in der allerdings zeitliche und strukturelle (das heißt funktionale und geographische) Räume nur noch auf Abruf bestehen. Wir beobachten in den Investmentbanken nicht nur das Teamwork einer definierten Transaktionsgruppe, sondern eben zunehmend auch »virtuelle Teams«, in denen ein Kenner der mittelamerikanischen Kapitalmärkte oder ein Experte in französischer Steuergesetzgebung nur über Voice- und E-Mail oder Videokonferenz in bestimmte Arbeitsschritte des Transaktionsteams eingebunden wird.

Als dominantes Aufbau- und Operationsmuster basiert die deal-orientierte temporäre Teamstruktur auf dem situativen und spontanen Rückgriff auf Wissen aus verschiedenen Expertisefeldern der Organisation. Prinzipiell ist jedes Organisationsmitglied ein potentiell relevanter Experte. Dabei werden innerorganisationale Abteilungsgrenzen beständig und »auf Zuruf« überbrückt und durchdrungen, um Interdependenz und Zeitdruck gerecht zu werden. Das Verlagern von Durchführungs- und Entscheidungskompetenzen auf das Team, das im Investment Banking die operative Unternehmensebene darstellt, läßt den Bedarf an Informationen und Know-how bei den involvierten Mitarbeitern sprunghaft ansteigen. Das gilt insbesondere für das Wissen, wer in der Organisation was weiß. Die nachfolgenden Äußerungen eines Senior Executive machen allerdings deutlich, daß viele Organisationen sich auf ihrer Systemebene mit Unterstützungsmaßnahmen offensichtlich noch relativ schwer tun: Vieles scheint dem Zufall überlassen zu werden.

„Wichtig ist vor allem auch der persönliche Kontakt, es ist wichtig, daß sie überhaupt ersmal wissen, wer wofür zuständig ist, das können sie innerhalb des Frankfurter Teams noch relativ gut hinbekommen – wir sitzen hier auf vier Stockwerken, und es gibt auch genug Veranstaltungen und Parties, wo man sich auch mal kennenlernt. Da kriegen sie das noch hin, aber weltweit wird es schwierig, wenn da nicht ein Austausch stattfindet. Wir haben ab und zu einen Austausch, d. h. junge Kollegen sind schon mal in London in den Industriegruppen für ein Jahr und lernen da das Handwerkszeug, was sie dann in der gleichen Industriegruppe in Frankfurt weiter einsetzen.

(...) Das geschieht, und über den Weg schaffen sie erstmal persönliche Kontakte. Wir haben natürlich Telefonlisten, wir wissen genau, wer ist wofür zuständig, da gibt es Organigramme, und da können sie auch direkt anrufen, und das ist auch kein Problem, aber es hilft natürlich, wenn sie Leute schon mal gesehen haben, das ist ganz klar. Diese informellen Kontakte sind insbesondere wichtig, weil wir hier über vier Stockwerke verteilt sitzen. Wenn sie als jüngerer Mitarbeiter an einer Transaktion arbeiten, dann kann es durchaus so sein, daß er nicht weiß, daß zwei Stockwerke tiefer jemand sitzt, der schon mal an einem ähnlichen Deal gearbeitet hat. Hier muß man schauen, daß man Systeme hinbekommt, wo die Leute über Datenbanken Zugriff haben auf Informationen, daß man weiß, wer ist wo Experte" (J:1).

Die Leitung dieser Bank experimentiert ganz vorsichtig mit der »Institutionalisierung« zufälliger Austauschprozesse, weil man erkannt hat, daß die informellen Wege allein nicht mehr ausreichen, um dem Wandel der benötigten Wissensbasis gerecht zu werden. Einmal pro Jahr wechseln 50 % der Mitarbeiter aus dem Professionalbereich ihren Arbeitsplatz. Dieses Merry-go-round über vier Stockwerke soll einerseits die Bildung von immer neuen Wissensseilschaften fördern, andererseits die Bildung von Herrschaftswissen verhindern. Die Durchführung regelmäßiger bonusrelevanter Bewertungen des Personals der Bank durch sich selbst (horizontal und vertikal) hat ein Übriges dazu beigetragen, daß sich unternehmenskulturelle Veränderungen ergeben haben.

„Ich glaube sehr stark, daß es hier soziale Ordnungen gibt, die sich auch sehr stark herausprägen im täglichen Miteinander. Sie kriegen, wenn Sie soundsoviel Stunden mit den Leuten pro Tag zusammensitzen, Sie kriegen mit, wer hat hier Probleme, wer kennt sich aus, wer hat Ahnung, wer hat nicht Ahnung, wer hat die und die Stärken und Schwächen. Das kristallisiert sich heraus, und dieses Wissen verbreitet sich auch. (...) Das hat auch bei einigen Direktoren dazu geführt, daß halt Leute, die früher 'n anderen Stil gewohnt waren, daß sie jetzt kollegialer geworden sind, daß sie jetzt Wissen und Hintergrundinformationen mehr teilen, daß ihre in einem Projekt involvierten Mitarbeiter auch wissen, warum wurde jetzt welche Entscheidung getroffen. Daß diese Mitarbeiter auch involviert werden bei Telefonaten, bei Gesprächen, das ist 'ne ganz andere Situation, als noch vor einigen Jahren. Die lokalen Fürstentümer sind ganz sicher dadurch zerschlagen worden, auch durch die Großraumbüros. Es gibt keine Zweierbüros mehr, es gibt keine Abtrennung mehr, sondern es ist alles relativ transparent geworden" (J:1).

Die Betonung »unternehmerischer« Handlungsmuster beflügelt einerseits die freiwillige und selbstorganisierte Vernetzung der Mitarbeiter einer Investmentbank, steht ihr andererseits aber auch entgegen, so daß Handlungen zwischen Kooperation und Konkurrenz schwanken.

Everyone is a profitcenter, a hunter for his business.
Hideo Ishihara (Chairman Goldman Sachs, Japan), 1997

4.5 Paradoxien wissensintensiver Organisationen

Investmentbanken können uns nahezu als Musterfall wissensintensiver Organisationen gelten. Die ebenso disziplinierte wie unersättliche Umweltbeobachtung, die Generierung ungewöhnlicher Information, das Abwägen von vieldeutigen Wissensansprüchen und die Präferenz für kognitive gegenüber normativen Verhaltenserwartungen bilden so eindeutig das Koordinatensystem der Operationen dieser Organisationen, daß sich schwerlich anschaulichere Fälle finden ließen. Unberührt bleibt von diesen Beobachtungen die Tatsache, daß über das Wissen selbst nicht »rational« entschieden werden kann. Wissensintensität meint also gerade auch: Kommunikation *mit Hilfe* von Wissen jenseits der Rationalität. Die im Investment Banking auffällige außenorientierte »Darstellung« von Kompetenz und Expertise unterstreicht, daß wir es mit einer wissensintensiven Organisation zu tun haben, für die überlegenes Wissen die wichtigste Ressource und das zentrale Produkt ist. Daß Wissen diese »intelligenten« Organisationen zugleich aber auch in veritable Problemlagen hineinmanövriert, die sich nicht auf »Beschaffungsschwierigkeiten« reduzieren lassen, ist an verschiedenen Stellen der vorliegenden Arbeit bereits deutlich worden. In diesem Kapitel sollen Belastungen und Engpässe von Wissensarbeit betont werden, die sich aus inhärenten Paradoxien wissensbasierten Arbeitens ergeben. In den Blick genommen werden also jene Schwierigkeiten, die nur als organisationale Dilemmata begreifbar sind; mithin handelt es sich um Fälle, die nicht auf das eine oder das andere zu beschränken sind. Mit Paradoxien muß man leben, ihre Unausweichlichkeit ist eingebaut.

Herausgegriffen werden zwei Bereiche, die uns am Rande bereits begegnet sind und nun eingehender in ihren Konsequenzen analysiert werden sollen:

(1) Zunächst interessieren uns die (unerwünschten) Nebenfolgen der Ablösung hierarchiegestützter Muster der Arbeitskoordination durch temporäre Teamstrukturen und selbstgesteuerte spontane Akte innerorganisationaler Vernetzung. Die beobachtbaren Konsequenzen solcher Art moderner Arbeitsorganisation lassen sich begrifflich als „Labilisierung" (Wimmer: 1997) der Beziehungsmuster fassen. Es kommt im Rahmen der Wissensarbeit auf personaler Ebene zu einem Oszillieren zwischen kooperativen und kompetetiven Momenten, die kommunikativ kontinuierlich austariert werden müssen. Wissensbasierung forciert einerseits eine komplementäre Abhängigkeit der Wissensarbeiter voneinander und läßt auch wechselseitige Verpflichtungsnetzwerke entstehen (siehe das Kapitel zur Diffusion von Wissen) – gleichzeitig führt die Bedeutung von Wissen als organizational currency aber zu einer Kultur, in der jeder als *„big hitter"*

(R:3) wahrgenommen werden möchte. Das Geschehen wird doppelt kontingent, weil die Mitarbeiter sich laufend doppelt entscheiden müssen: für die eigenen Ziele oder für die Kooperation.

(2) Der zweite Punkt betrifft die wohl grundlegendste Voraussetzung von Organisation überhaupt: die Mitgliedschaft ihrer Angestellten. Es ist ganz klar, daß die Vertrauensbasis zwischen Organisation und Wissensarbeiter in dem Maße brüchiger wird, in dem sich die Experten in ihrem Selbstverständnis als „freelancing high flyers" (Kern: 1996) betrachten, die nicht auf eine bestimmte Firma angewiesen sind. So sehr Investmentbanken einerseits auch auf die Wertschätzung der Expertise und Kompetenz ihrer Mitglieder angewiesen sind, so sehr müssen sie sich andererseits aus eben diesem Grunde um neue Formen der Einbindung und Beteiligung ihrer wertvollsten Ressource bemühen und gleichzeitig Strategien für das »coping« mit der Austrittsmöglichkeit ihrer Mitglieder entwickeln.

4.5.1 Wissensarbeit zwischen personaler Kooperation und Konkurrenz

Der Relevanz, die dem Faktor »Wissen« bezüglich des Erfolgs oder Mißerfolgs einer Investmentbank zukommt, ist in den zurückliegenden Jahrzehnten deutlich angestiegen. Keine Bank kann es sich heute noch leisten, intern vorhandene Kompetenzen und Expertise für die Entscheidungsvorbereitung oder die Außendarstellung *nicht* zu nutzen. Als Konsequenz dieser Entwicklung haben sich neue Formen der Binnendifferenzierung in den Investmentbanken kristallisiert, die berücksichtigen, daß Mitarbeiterinnen und Mitarbeiter in ihren Teilgebieten vielfach besser Bescheid wissen als ihre Vorgesetzten. Investmentbanken sind zu Dienstleistungsorganisationen mit einem komplexen inneren Gefüge herangewachsen, denen die traditionelle Herrschafts- und Führungsstruktur aus der einfachen Welt der Industrie nicht zuletzt auch deshalb nicht mehr gewachsen ist, weil sich häufig »vorher« nicht mehr eindeutig bestimmen läßt, welches Wissen wann tatsächlich benötigt wird.[78] Die netzwerkförmige Konfiguration von Wissensarbeit im Investment Banking ist solchen Problemlagen besser gewachsen, weil sie a) flexiblere Abstimmungsmechanismen zur Kombination mehrerer Wissensansprüche zur Verfügung stellt und weil sich b) bei durchschlagendem Nichtwissen Fehler aufgrund der Verflüchtigung fester Strukturen mühelos auf Personen zurechnen lassen.

---

[78] Auch in den Organisationen des produzierenden Gewerbes ist die Unsicherheitswahrnehmung eine unübersehbare Größe geworden, in deren Kielwasser sich jede Menge unterschiedlicher Wissensansprüche tummeln – man denke etwa an die Firma Microsoft und die Frage, ob eigentlich die Programmierer, die Marketingexperten oder die Anwälte die wichtigsten Spezialisten dieses Unternehmens sind.

Die Durchlöcherung der klassischen Organisationsstrukturen ist allerdings kein »Selbstläufer«, sondern durchaus auch von bewußten Akten der Veränderung abhängig, die wiederum nicht friktionslos durchzusetzen sind: *„Es gibt natürlich Probleme, wenn sie einem Direktor, der seit zwanzig, dreißig Jahren gewisse Rollenverständnisse hatte und Arbeitsvorgänge gewohnt war, wenn sie dem plötzlich sagen: Ihr Büro ist nun nur noch halb so groß wie früher, Sie haben keinen direkten Mitarbeiter mehr. Jetzt müssen Sie zusehen, daß Sie sich mit ihrem Team jedesmal neu wieder vertragen. Es ist klar, daß er sich nicht freut*" (W:1). Von den untersuchten Banken ist Bank 1 im Hinblick auf den Organisationswandel als Schlußlicht identifizierbar – erst nach dem Kauf einer Londoner Investmentbank vor einigen Jahren paßte sie ihre internen Strukturen den angelsächsischen Mustern der Arbeitsorganisation an. Das Organisationsgerüst im deutschen Mutterhaus wurde partiell aufgeweicht und für »intuitive« Vernetzungen durchlässiger gestaltet. Daß die Art der Zusammenarbeit heute anders verläuft, zeigt sich nicht zuletzt am Umgang mit Wissen:

„Ich vergleiche das auch sehr stark mit der Situation von vor zwei, drei Jahren, wo die Struktur eine ganz andere war. Im Vergleich dazu sind wir jetzt ein gewisses Paradies. Jetzt hat keiner mehr Interesse daran, daß Informationen auf seinem Tisch bleiben. Wir haben jetzt ne Situation, wo Sie an alle Präsentationen rankommen, die gehalten wurden. Nicht, wenn es ein Spezialprojekt ist, Krupp-Hösch oder was auch immer. Es gibt durchaus Fälle, wo man sagt, das ist so relevant, das muß in der Phase des Projekts, wo es noch nicht publik ist, da muß es auch so geheimgehalten werden, daß auch innerhalb der Division Leute nichts davon wissen. Es gibt auch solche Projekte. Davon abgesehen haben sie Zugang zu allen Infos. Es ist nicht verboten, in die Akte des Kunden XY reinzuschauen, wir sind da alle irgenwie die Insider, zumindest after the fact, wenn solche Transaktionen dann publik sind, können Sie im Nachhinein da reinschauen. Und allein schon dadurch ist es nicht möglich, Wissen hier für sich zu behalten. Es wird über kurz oder lang bestraft, wenn die Kollegen, daß sie nicht unterstützend tätig sind. Sie müssen ja eines Tages auch mal Projekte leiten. Und als Projektleiter werden sie nicht akzeptiert durch ihren Titel, sondern nur durch Kompetenz, durch vernünftiges Umgehen mit den Kollegen. Sie können hier nicht motivieren dadurch, daß sie sagen, ich bin der Chef und ihr müßt springen. Sie müssen natürlich innerhalb des Projekts klarmachen, wer wofür verantwortlich ist. Aber letztendlich werden sie nur durch vernünftiges Verhalten und Kompetenz akzeptiert. Das ist ein anderes System. Und das führt dazu, daß sie kooperativer und kollegialer sein müssen" (J:1).

Neben den neu geschaffenen Zugangsmöglichkeiten zu »Projektwissen«, an das sich dann Möglichkeiten zur Kontaktaufnahme zu den projektbeteiligten Personen knüpfen, zielen die getroffenen Maßnahmen gerade auch darauf ab, lokale Fürstentümer aufzulösen und durch eine laufende Mischung von Mitarbeitern eine Verbreiterung der Kontaktbasis eines jeden einzelnen Organisationsmitgliedes zu erzielen. Man versucht, die Entstehung von Herrschaftswissen dadurch zu verhindern, daß die Teams einmal im Jahr durcheinandergeworfen werden. Die auf vier Stockwerke verteilten Personalpools, in denen Mitarbeiter z. B. des Execution-Bereichs für M&A, für Kapitalmarkttransaktionen usw. verteilt sitzen, wurden nicht allein gebildet, weil sie dort gemeinsam Projekte durchführen, sondern weil man es für erforderlich hielt, irgendeine organisatorische Einheit zu schaffen. Jedes Großraumbüro bzw.

Stockwerk bildet zwar formal eine Einheit (bestehend aus ca. 15 »Professionals«, das sind die Mitarbeiter mit Universitätsabschluß, plus Sekretärinnen und Support), aber die Projekte werden bei Bedarf auch quer durch die Büros gestafft. „*Es ist klar, daß sie innerhalb eines Großraumbüros besser an Informationen drankommen, als wenn sie jetzt von einem Stockwerk zum anderen übergreifend sich informieren wollen. Vor diesem Hintergrund wäre es sicherlich besser, wenn wir statt vier vielleicht nur zwei Räume hätten, oder wenn diese vier Räume zumindest auf einer Etage liegen würden. Deswegen macht es auch Sinn, daß ruhig einmal im Jahr ein bißchen durchzumischen, dafür zu sorgen, daß diese vier Gruppen eben nicht über fünf Jahre so zusammenhocken. Das steht auch jetzt wieder an: Über 50 % der Leute werden jetzt zum Ende des Monats ihre Plätze innerhalb dieser vier Etagen wieder wechseln*“ (S:1).

Eine solche Arbeitskonfiguration geht allerdings einher mit der Labilisierung von Beziehungsstrukturen, weil der weitgehende Verzicht auf starre Kommandoketten und eine straffe Linienorganisation die Form der Zusammenarbeit zwischen den Mitgliedern der Organisation gleichsam zur *Verhandlungssache* macht. Diese neue Zerbrechlichkeit ist die »downside« einer Form der Koordination, die in vielen Teilaspekten täglicher Arbeit auf eindeutige und klare Strukturen bewußt verzichtet. Die Paradoxie besteht dann darin, daß die Organisation einerseits auf ein vertrauensabhängiges Teamwork ihrer Mitglieder aufsetzt, daß sie aber parallel dazu auch Werthaltungen provoziert, die von Mißtrauen und internen Wettbewerbssituationen geprägt sind. Die Stabilisierung von Sicherheitserwartungen zwischen Kooperationsnotwendigkeit einerseits und Konkurrenzwahrnehmungen andererseits wird den Mitgliedern der Organistaion übertragen und ist nur durch eine Steigerung der Kommunikationsintensität zu leisten, eben weil kaum andere als situative und spontane Strukturen verfügbar sind. Kooperatives Verhalten beruht auf der gemeinsam geteilten Illusion, daß der jeweils andere das investierte Vertrauen nicht enttäuschen wird. Die Situationsbeschreibung, daß der Mißbrauch bzw. das Scheitern der Kooperation die unwahrscheinliche Option darstellt, muß kommunikativ beständig aktualisiert werden.

Ab einer gewissen Hierarchiestufe bestimmt die umsatzbezogene »Performance« eines Mitarbeiters die Höhe seiner jährlichen Bonuszahlungen, die das Grundgehalt in den meisten Fällen weit übersteigen. Zwar gibt es auch solche Kriterien der Leistungsmessung, die etwa das Informationsverhalten eines Mitarbeiters bewerten, aber die Generierung von Geschäft ist das zentrale Unterscheidungsmerkmal zwischen »guten« und »schlechten« Angestellten. Die erstrangige Zurechnung von Erfolg (oder Mißerfolg) auf Personen ist jedoch nicht allein eine unterkomplexe Sicht der Dinge, sie dirigiert zudem den Modus der Einbettung des einzelnen in der Organisation und stilisiert das Bild des »Einzelkämpfers«. De facto wird jedoch kein Deal von einzelnen Personen durchgeführt. Jeder ist beständig auf die Beihilfe und zuweilen den Beistand anderer angewiesen. „*Ja, das ist schon irgendwo ein Widerspruch. Auf der einen*

Seite gibt es die Einsicht, jeder ist irgendwo sein Einzelkämpfer. Auf der anderen Seite gibt es irgendwo auch eine Einsicht, glaube ich, bei den meisten Leuten, daß du es ganz alleine eben nicht schaffen kannst. Und daß im Endeffekt man schon miteinander arbeiten muß, um irgendwo was für die Firma zu tun, aber ich habe es nicht allein gemacht, sondern credit to all diesen Leuten hier. Und es ist schon irgendwo ... das wird immer anerkannt, das ist keine one-man-show, daß alles gemeinsam gemacht wird. Aber es hängt auch so ein bißchen vom Bereich ab, wo du bist. Wenn du ein Trader bist, das ist halt eine one-man-show" (M:3). Die Unumgänglichkeit von Teamwork wird insbesondere von denen empfunden, die Zusammenarbeit nicht *anordnen* können. Es hängt von seinem »Standing« in der Organisation ab, ob ein in der Hierarchie untenstehender Banker bei einem Kundenbesuch auch mal einen »Big Guy« mitbringen und so seine eigene Wichtigkeit dokumentieren und festigen kann. Dieses Standing wird bestimmt von seinem Geschick, derart kommunikative Bindungen zu erzeugen, daß Kooperation und Hilfeleistung als naheliegende Option erscheinen. „*Und auch nach außen zum Kunden, ja, daß du eben zu Kunden gehen ... daß ich nicht immer alleine da hinein muß, sondern daß ich den Partner mitbringe, der das europäische Kapitalmarktgeschäft leitet. Die wollen ja auch die Big Guys sehen, die wollen ja nicht immer den blöden [R:3] nur wieder sehen, den haben sie ja schon fünfzehn mal gesehen und der hat sowieso nichts Neues mehr zu erzählen. Ob der dann mitkommt, wenn ich es will, hängt eben dann auch von dem Draht ab, den ich zu ihm habe"* (R:3).

Die überwiegend individualistische Kultur des Investment Banking wird in zwei der vier untersuchten Institute auf der Ebene ihrer Selbstbeschreibung bewußt negiert. Ein »Starkult« gilt offiziell als unerwünscht, und statt dessen wird das Bild einer gemeinsamen Handlungsgrundlage gesetzt. „*Was ich für die Firma tue ... „What's good for the firm, is good for me!". Ja? Im Endeffekt. Denn wenn es der Firma gut geht, dann geht es mir auch irgendwo gut, ja? Und innerhalb dieser prosperierenden Firma möchte ich halt der Star sein. Wir haben halt keine Kultur, die so, eigentlich so Stars, Starkultur erlaubt. Bei uns gibt es eigentlich kaum Stars, ganz wenige. Und das ist aber auch ... das ist eigentlich positiv. Das ist irgendwo, das macht es natürlich schwer für Leute, die immer nur auf sich gucken und immer nur sich gegen andere nur positionieren wollen. Auf der anderen Seite gibt es aber auch irgendwo ein besseres Gemeinschaftsgefühl, weil von der Einstellung her sagen auch die Leute, wenn du jetzt Ideen hast ... »Ja, das ist prima, vielen Dank. Vielen Dank für eure Hilfe«"* (R:3). Kulturelle Selbstbeschreibungen dieser Art suggerieren eine Form der Beziehungssicherheit, die helfen soll, Differenzen im Hinblick auf kommunikative Durchsetzungschancen auszublenden. Allerdings werden die Spannungen zwischen Kooperation und Konkurrenz damit nur in den Latenzbereich der Organisation ausgelagert.

Das Vertrauensproblem und die Frage der Beziehungssicherheit werden besonders in Situationen virulent, in denen mehrere Teams oder einzelne Mitglieder der Organisation zumindest potentiell um bestimmte Geschäfte und Erfolge konkurrieren. Die Investmentbanken versuchen diesen internen Verwerfungen entgegenzuwirken, indem etwa das IPO-Geschäft zwischen Nord- und Süd-Gruppe aufgeteilt wird oder M&A-Teams entweder für High-Tech-Unternehmen oder für Industriekonzerne zuständig sind. Konzentriert die Organisation einen Geschäfttypus auf ein einzelnes Team oder gar eine Einzelperson, erübrigen sich viele Anreize, Wissen nicht zu teilen, und das Informationsverhalten kann sich stärker an Kooperationserwartungen orientieren. *„Ja, aber ich habe auch eigentlich ... der Anreiz ist auch nicht da, weil ich der einzige bin, der mein Geschäft macht. Es gibt keinen anderen, der neben mir Hypothekenbanken macht, und wenn das der Fall wäre, wäre es sicher ganz anders. Aber da ich der einzige bin, kann ich eigentlich meine Informationen frei teilen ... all mein Wissen, denn für die ist es nur ... die können daraus keinen zusätzlichen Wert ziehen für sich persönlich, sondern mehr für die Firma, weil sie es ja wissen, ja?“* (R:3). Gerade in den Geschäftsbanken mit starkem Investment Banking brechen allerdings Konflikte auf, die sich nicht rational lösen, sondern allenfalls durch geschäftspolitische Entscheidungen der Führungsspitze unterbrechen lassen. So konkurrieren beispielsweise das kapitalmarktseitige Investment Banking und das kreditorientierte Bankengeschäft um die Versorgung großer Kunden mit Zahlungsfähigkeit. Die einen argumentieren für, die anderen gegen einen Gang an den Kapitalmarkt, weil Gewinn der einen Verlust der anderen bedeutet.

Die Balancierung zwischen kooperativen und kompetetiven Beziehungsmustern hat jedoch nicht allein Konsequenzen für die Frage, ob Zweifelsfälle eher durch Vertrauen oder durch Mißtrauen aufgelöst werden. Zudem ist eine gravierende *Politisierung* des Informationsverhaltens die Folge, die sich unter anderem in einer Zunahme der symbolischen Kommunikation von Wissen äußert. Wer Informationen und Wissen mit potentiellen Konkurrenten teilt, muß darauf achten, daß er auch solche Personen von seinem Wissen (und seiner Kooperationsbereitschaft) in Kenntnis setzt, die mit der Sache an sich eigentlich nichts zu tun haben. Man kooperiert mit Hilfesuchenden und setzt gleichzeitig »Mächtige« ins Bild, die für die eigenen Entwicklungschancen in der Organisation von Bedeutung sind. *„Das ist halt eine Frage der Positionierung, ja ... was das halt ... wenn du dein Wissen teilen willst, mußt du es so teilen, daß die Leute verstehen, daß es von dir kommt. Nicht daß jemand anderes kommt und sich selbst damit positioniert. Das ist ... indem du es gleich an die richtigen Leute schickst. Du mußt halt ... angenommen der Junge neben dir, der betreut halt die Hypothekenbanken von einer anderen Seite, von der Aktivseite und der ist bekannt als jemand, der sich positioniert, dann gebe ich ihm trotzdem die Information, aber ich gebe es gleichzeitig, z. B. in einer e-mail, gebe ich es gleichzeitig dem Partner, der die Firma in Europa leitet. Und so habe ich ihn im Bild gehalten und mich positioniert. Also es ist jetzt ... ich meine, ich denke da, ehrlich gesagt, gar nicht so furchtbar viel drüber nach. Aber das kann man halt easy machen“* (R:3). Die Arbeitskonstellation »konfliktorische Kooperation« sorgt folglich dafür, daß Kommunikationen in Gang gesetzt werden, deren Zusammenhang zwischen Information und Entscheidung schwach ist. Nicht-sachdienliche Kommunikation häuft Informationen an, die von der Organisation nach Maßgabe feststehender Präferenzen für politische Zwecke verwendet wird: „*Wenn du halt als jemand giltst, der unheimlich informiert ist, dann ist das natürlich positiv für deine Karriere. Nur, man muß sein Wissen eben auch nach außen also bzw. nach oben hin dokumentieren*“ (C:3).

Investmentbanken, so läßt sich aus dem Gesagten schließen, sind nicht so sozial integriert, als daß Wissen *voraussetzungslos* geteilt oder gar in eine Datenbank eingegeben würde. Die schwierige Ausgangslage noch verschärfend, kommen gerade in einem »high-pressure« Umfeld wie dem Investment Banking mit starken Beschleunigungstendenzen der Leistungserstellung Anreize hinzu, die jedem kooperativen Impuls, Wissen mitzuteilen, entgegenstehen. Hier ist gerade auch ein Mangel an Zeit zu unterstellen. Intern herrscht die Regel, daß geleistete Arbeitsstunden bestimmten Deals zurechenbar sein müssen. Da dies häufig auch ein wichtiges Kriterium für die Leistungsbewertung der Angestellten ist, werden *non-billable hours* gemieden, wo immer es geht. Jede Form der Kooperation über den eigenen Deal hinaus nimmt aber Zeit in Anspruch. Wenn die Organisation aber keine Phasen wechselseitiger Information und gemeinsamer Reflexion einkalkuliert, so wird kooperatives Verhalten von vornherein in Frage gestellt, weil sie dem einzelnen überlassen bleibt.

Wissen *nicht* zu teilen ist als Verhaltensmuster wie gesagt schon in der kompetetiven Systemlogik der Investmentbanken angelegt. Eine Kultur relativer Gegnerschaft beginnt in Organisationen bereits mit den üblichen Personalauswahlverfahren. Hier entscheiden zum einen die Wissensbestände, die ein Bewerber aus der Ausbildung oder von einem anderen Arbeitgeber mitbringt und die im Einstellungsgespräch oder Assessmentcenter bewiesene Durchsetzungs- und Überzeugungsstärke. Der Konkurrenzkampf läßt sich auf der Ebene der Selbstbeschreibung von Organisationsmitgliedern als eine der wichtigsten verhaltensleitenden Vorstellungen beschreiben. Dies hat nicht zuletzt auch negative Auswirkungen auf die Lernfähigkeit der Organisation. Es wird, so beobachten es Senge und Kofman, unter Managern darum gekämpft, wer Recht hat, wer mehr weiß, wer seine Argumente überzeugender durchbringen kann usw. „Team project leaders compete to show who is the best manager, even if it means covering up problems for which, ultimately, everyone will pay“ (Senge und Kofman: 1993, S. 9). Man beharrt auf der Richtigkeit seines Wissens, weil jedes Fehlereingeständnis zum eigenen Ansehensverlust gerät und den Konkurrenten Vorteile verschafft. Gespräche über Fehler kommen nicht zustande, im Gegenteil, was geschieht, wird in ritualisierter Form als Erfolg dargestellt und der eigenen Expertise zugeschrieben, so wird Lernmöglichkeiten systematisch ausgewichen und der bewußten Manipulation Vorschub geleistet.

Entsprechend der zumindest zwiespältigen Ausgangslage für Kooperationsleistungen innerhalb der Organisation einer Investmentbank erscheint es nur folgerichtig, wenn das Management auf der Steuerungsebene versucht, Einfluß auf die Muster der Arbeitsbeziehungen zu nehmen. Es werden Systeme der Sanktionierung von Verhalten installiert, die einen Horizont für die Sinngebung in der Organisation aufspannen, vor dem das Teilen von Wissen als vorteilhaft erscheint. „*Wenn Sie Teamchef sind und Informationen nicht weitergeben, dann haben die Leute irgendwann keinen Spaß mehr bei dem Projekt. Und außerdem, es wird auch Ihre Beurteilung treffen. Es gibt 360 Grad Beurteilungen, d. h., sie werden nicht nur von oben beurteilt, Sie werden auch von unten beurteilt. Direktoren genauso. In einem jährlichen Rhythmus, ist neu eingerichtet worden, d. h. wir haben dieses Jahr auch unsere Chefs beurteilt, und ganz klar, wenns hier Chefs gibt, die nach oben hin buckeln, nach unten hin treten, das würde sich bemerkbar machen, das funktioniert nicht. Die Anreize in einem solchen System müssen so sein, daß Sie versuchen, Ihren Kollegen zu helfen, weil Sie dann wissen, daß Ihnen auch selbst wieder geholfen wird.* (...) *Und wenn sich rumspricht, daß einer Wissen nicht teilt, dann kriegen Sie Probleme, vor allem auch, weil sich keiner mehr drum reißt, mit Ihnen zusammenzuarbeiten. Wer sich opportunistisch verhält, wird bestraft in dieser Organisation*" (J:1).

In drei der vier untersuchten Banken wurden die sogenannten 360-Grad Beurteilungen eingeführt, die dazu beitragen sollen, eine Kultur des Teilens von Wissen und gegenseitiger Hilfestellung entstehen zu lassen. Wer sich dem entzieht und nur auf seinen eigenen Vorteil bedacht ist, so das Kalkül solcher Beurteilungsverfahren, soll durch negative Beurteilungen von Kollegen, Chefs oder Mitarbeitern auffallen. Diese schriftlichen ein bis drei Seiten umfassenden Bewertungen werden bonusrelevant behandelt, d. h. wer Wissen nicht teilt und anderen nicht weiterhilft, bekommt weniger, wer von den Kollegen positiv beurteilt wird, mehr Geld. In den Interviews wurde allerdings auch deutlich, daß keine Bank es sich bisher leisten konnte, Wissenstransfer und Kooperationsleistungen höher zu bewerten als die erfolgreiche Generierung von Geschäft. Wer also Erfolg beim Kunden hat, kann sich innerhalb der Organisation auch unkollegiales Verhalten leisten: „*Es ist eben einfach so: »at the end of the day money talks«, ja? Also wenn du Umsatz bringst, kannst du fast so ziemlich alles machen. Wenn du nicht gerade silberne Löffel klaust. Also es ist schon bonusrelevant, aber es ist sicher nicht gleichberechtigt mit Generierung von Geschäft*" (R:3). Allerdings wurde in den Interviews auch deutlich, daß die bloße Einrichtung von Beobachtungsinstrumentarien, die das Informations*verhalten* in den Blick nehmen, durchaus auch auf der sozialen Ebene der Organisation Effekte zeitigen kann, die zu einer informellen Sanktionierung unkollegialen Verhaltens führen können. Wer sein Wissen für sich behält, wird von den übrigen Mitgliedern im wahrsten Sinne des Wortes aus der Organisation ausgegrenzt. „*Das gab es sicherlich in der alten Struktur. Das kann ich ganz offen sagen. Vor zwei, drei Jahren gab es regionale*

Bereiche. Da gab es Chefs einer Region Süd, Nord, West, da gab es Situationen, wo die Ellbogen stärker ausgefahren wurden, wo man auch nicht alles untereinander teilte, was man wußte. (...) Wenn Sie Informationen heute für sich behalten, bewußt für sich behalten, kommt das irgendwann raus. Irgendwann wirds einer merken und in dem Moment sind Sie bei den Leuten unten durch. Es hat Leute gegeben bei uns, die deswegen gegangen wurden. Weil dieses Teamdenken ist enorm wichtig. Wenn Sie bei uns hier versuchen, sich als Einzelkämpfer durchzuwühlen - das funktioniert nicht, die Kollegen bekommen es mit und nur die Kollegen, denen Sie helfen, wo Sie sagen: Hier, du bist auf dem Projekt, ich hab da ne Idee, die merken sich das und Sie kriegen eines Tages den Gefallen zurück. Es kommt hier nicht darauf an, daß Sie alleine Projekte durchführen - das können Sie gar nicht, Sie sind nur so gut wie das Team. (J:1).

Die offiziell legitimierte Beobachtung von Verhalten anhand bestimmter Unterscheidungen (kollegial vs. nicht kollegial; koooperativ vs. nicht kooperativ) generiert Informationen einer neuen Qualität, die dann, eingespielt in die Operationen der Organisation, zur Inversion bestehender sozialer Ordnungen führen können. Die Steuerung von Handlungen mit Hilfe von formellen Evaluationsprozessen kann also durchaus »Erfolge« zeitigen, die u.a. darin bestehen, daß das eigene Verhalten und das der Kollegen nun laufend auch im Lichte anderer Möglichkeiten betrachtet wird, so daß jeweils zeitgebundene Sinngebungen für dieses Verhalten produziert werden müssen. Der »Erfolg« besteht also zunächst einmal in einer Kontingenzsteigerung: Wer vorher in den Informationen der Kollegen primär »biased information« gesehen hat, kann sich nun nicht mehr ganz sicher sein. Nicht zuletzt, weil viele Tätigkeiten nicht direkt beobachtet und bewertet werden können (»hidden action«), ist die Lage für den einzelnen Mitarbeiter enorm kompliziert und mehrdeutig. Insbesondere zu offiziellen Anlässen (etwa ein Interview) bildet sich jedoch eine Präferenz für positive Situationsbeschreibungen heraus. Wie das nachfolgende Zitat zeigt, wird der Strom möglicher Ereignisse in seiner Komplexität reduziert und auf die Wahrscheinlichkeit einer Möglichkeit (Kooperation) eingeengt:

„*Es ist ganz einfach ein konstituierendes Merkmal dieser Kultur, Wissen zu teilen, proaktiv zu teilen. Wenn sie nur technologische Systeme haben, dann nützt Ihnen das gar nichts, weil Sie können jedes System aushebeln. Ist ganz simpel: garbage in, garbage out. Wenn Sie eine know how feindliche Umgebung haben, dann nützen Ihnen die besten Systeme nichts, weil niemand wird bereit sein, sein Monopolwissen weiterzugeben. (...) Es fördert auch die Akzeptanz in unserer Organisation, im Bereich seines know how sein Wissen auch zu teilen mit anderen, das erwartet auch jeder. Das Verhalten wird gesteuert durch den evaluation-process. Da geht also sowas wie Teamgeist, contribution to the practice mit rein, das wird abgefragt, das wird mit bewertet. Und durch die Projektorganisation gibt es da also eine Vielzahl von Beurteilungen von oben, unten, links und rechts, so daß da ein umfassendes Bild in dieser Hinsicht entsteht. Bei den entscheidenden Promotions wird das dann mit berücksichtigt*“ (O:2).

Wenn das Management einer Investmentbank (um Risiken zu vermeiden) versucht, den »gesinnungslosen« Tendenzen innerhalb der eigenen Organisation mit dem Design von Bonussystemen entgegenzuwirken, die auch berücksichtigen sollen, welche Beiträge der einzelne für das Team oder die Gruppe insgesamt geleistet hat, so handelt es sich dabei um eine Handlungsoption, die selbst wiederum riskant ist. Die Bonussysteme umfassen nicht allein das Informations- bzw. Kooperationsverhalten, auch die Rekrutierung »neuer Talente« oder die Vermeidung unverhältnismäßiger Risiken sollen sich positiv auf das Gehalt auswirken. Weitere Maßnahmen, die eine bestehende Anreizstruktur vom Vorteil des Tages ablenken sollen, sind sogenannte *Deffered boni*, worunter Einkommen zu verstehen sind, die beispielsweise über Aktienoptionspläne oder die Verknüpfung an langfristige Unternehmensziele aufgewertet werden. Ob sich mit Hilfe derartiger Systemmanipulationen opportunistische Verhaltensweisen tatsächlich eindämmen lassen, erscheint zumindest zweifelhaft. Auf die gegenläufigen Befunde, die auf die *pathologischen Wirkungen* von Anreizsystemen hinweisen, sind wir bereits weiter oben eingegangen. Dazu kommt, daß neue Risiken auftauchen. So verlor die Investmentbank Salomon Brothers wichtige Mitarbeiter schon als das Management mit neuen Bonussystemen nur experimentierte (Gutt 1997, S. 7). Das Risiko des »Exits« entscheidender Mitglieder der Organisation führt uns zu der im Zentrum des nächsten Kapitels stehenden Loyalitätsproblematik, von der die Investmentbanken als Wissensorganisationen in besonderem Maße betroffen sind.

4.5.2 Wissensarbeiter zwischen Loyalität und Söldnertum

Investmentbanken haben einen extrem hohen »turn-over« ihres Personalstammes zu bewältigen – jährliche Abwanderungsraten von 10 % und mehr sind nicht die Ausnahme, sondern die Regel, und dies gilt auch für die Investmentbanken aus dem erlesenen »bulge-bracket«: „*Also, das Witzige ist ... ich hatte immer gedacht, daß wir eine sehr viel höhere Loyalität haben als andere Banken. Neulich hat man hier aber intern gesagt, der Turn-over wäre genau so hoch, oder nicht unwesentlich niedriger als das auch bei anderen großen Investmentbanken der Fall wäre. Ich kann mir das eigentlich nicht vorstellen. Vielleicht bei anderen großen amerikanischen Investmentbanken, ja, wenn ich mir so anschaue die Newcomers im Markt, da gibt es einen noch viel höheren Turn-over, kann mir keiner erzählen*" (R:3). Der Weggang von Mitarbeitern erzeugt nicht nur jede Menge »Paperwork«, sondern ist für die Organisation immer auch mit einem Aderlaß an Wissen und Expertise verbunden, der in Ausnahmefällen sogar existentielle Lücken in das bestehende Kompetenzgefüge reißen kann. Die Verletzlichkeit auch großer Investmentbanken gegenüber dem Ausstieg wichtiger Wissensarbeiter ist eine direkte Folge ihrer weitgehenden Unfähigkeit, das Wissen von

Personen auf ein systemisches Niveau zu überführen. Verläßt etwa ein wichtiger Aktienanalyst das Haus, so kann dies Effekte für die Reputation der Bank in diesem Segment haben, der Analyst nimmt mit großer Wahrscheinlichkeit auch einen bedeutenden Teil *seiner* Kunden mit, und der Nachfolger ist vermutlich noch nicht einmal in der Lage, die Spread-Sheets des Analysten richtig zu verstehen, weil ihm bestimmte Hintergründe zu den verwendeten Formeln und Gewichtungen fehlen. Der Analyst verfügt also über ein in hohem Maße proprietäres Wissen. Verschärft wird die Problematik des Wissensverlustes im Zuge von Personalabwanderung, wenn nicht einzelne Mitglieder die Organisation verlassen, sondern gleich komplette Teams.

»Team-moves« zwischen den Investmentbanken wie derjenige der angesehen Fixed-Income Crew um Edson Mitchell, die 1996 Merrill Lynch verließ, lassen sich seit Anfang der 90er Jahre in immer höherer Frequenz beobachten (siehe dazu auch das Kapitel zur Wissensgenerierung). Besondere Beachtung fand etwa der High-Tech Guru Frank Quattrone (der z. B. Netscape an die Börse brachte), als er 1998 mit 130 seiner Getreuen von der Deutschen Bank zum Konkurrenten Credit Suisse First Boston abwanderte. Teamwechsel gibt es nicht allein im M&A-Bereich, der traditionell durch intensive Teamarbeit gekennzeichnet ist – auch Analysten wechseln inzwischen häufig in Gruppen den Arbeitgeber. Ende 1997 verließ zum Beispiel der Chefanalyst die deutschen Privatbank Schröder Münchmeyer Hengst (SMH) mit 30 weiteren Kollegen, um beim französischen Brokerhaus Cheuvreux de Virieu, das zu Frankreichs größter Bank, der Crédit Agricole gehört, seine Arbeit fortzusetzen. Die SMH-Analysten gingen nicht zuletzt auf das Angebot der Franzosen deswegen ein, weil ihr alter Arbeitgeber an die Schweizer Großbank UBS verkauft worden war und die Zukunft der Analysten im neuen Konzern ungewiß war. Die Gründe für den geschlossenen Wechsel kompletter Teams sind relativ eindeutig. Aus der Sicht des Teams selbst ist zu vermuten, daß die Arbeitsgruppe in einem von Moden und schnellen Trendänderungen geprägten Umfeld als Subsystem des Unternehmens zu einer Art zweiten Heimat wird. Die Mitgliedschaft in einem funktionierenden Team bietet eine Sicherheit, die das Geschäftsumfeld immer weniger garantieren kann. Ein wichtiger Hintergrund für die besonderen Fähigkeiten bestimmter Teams liegt sicher in der Qualität der Beziehungen der Teammitglieder untereinander. Diese Verbindungen bilden eine Struktur, die zuweilen auch als »organisationale Intelligenz« bezeichnet wird. Weick und Roberts zeigen etwa am Beispiel der Arbeit von Fluglotsen, wie wichtig ein ausgeprägtes gegenseitiges Verständnis der Lotsen für die Flugsicherheit ist. Eingespielte Teams können auf geteilte Vergangenheitserfahrungen zurückgreifen, sind sich der Vernetzung verschiedenster Aktivitäten bewußt und können so mit deutlich niedrigeren Fehlerzahlen operieren als neu zusammengesetzte Teams, welche formell das gleiche Fachwissen besitzen. Personalfluktuation kann schnell zu einer deutlich herabgesetzten »Intelligenz« des Fluglotsenteams führen, ebenso wie soziale Störungen des Beziehungsgefüges.

Unabhängig davon, ob nun einzelne Mitglieder des Unternehmens oder ganze Teams die Organisation verlassen, lautet eine zentrale Kategorie zum Verständnis dieses Tatbestandes »Loyalität«. Es ist heute unumstritten, daß gerade wissensintensive Unternehmen vor dem Problem einer brüchigen und labilen Vertrauensbasis zwischen Organisation und Wissensarbeiter stehen, weil die Experten sich in ihrem Selbstverständnis häufig als »freelancing high flyers« begreifen. Sie sind nicht auf die Mitgliedschaft in einer bestimmten Firma angewiesen, weil sie in der Lage sind, ihre wichtigsten Arbeitsgrundlagen – Wissen und Beziehungen – in manchen Bereichen fast friktionslos mitzunehmen. Sie wechseln den Arbeitgeber, weil sie es können. Eine Investmentbank vermag als Organisation der wissensmäßigen Abhängigkeit von ihren Mitgliedern nicht auszuweichen. Sie muß entscheidende Handlungen den Selbstorganisationskräften in der Ebene überlassen, weil anders in einem unübersichtlichen und von abrupten Marktveränderungen geprägten Umfeld nicht zu operieren ist. Eine hochgetriebene organisationale Zentralisierung und die Zerlegung von Arbeitsschritten in bequem kontrollierbare Einheiten würde zumindest zu riskanten Verzögerungen im Handeln und Entscheiden führen, wenn unter solchen Umständen überhaupt noch inhaltlich adäquate Aktivitäten zu erwarten sind. Angewiesen auf den »entrepreneurial spirit« ihrer Mitarbeiter, setzen sich die Investmentbanken gleichzeitig dem Risiko aus, verlassen zu werden, wenn sich einem Experten bessere Verhältnisse bieten. Loyalität ist dabei diejenige selbst- oder fremdadressierte Größe, die bestimmt, unter welchen Bedingungen der »Exit« erfolgt. Sie wirkt als retardierende Bindekraft, die verhaltenssteuernd wirkt in dem Sinne, daß sie über vieles hinwegsehen läßt: das niedrige Einkommen, den misanthropischen Chef, Frankfurt am Main usw. Die Handlungs- und Erlebenszumutung findet aber eben auch ihre Grenzen.

Es ist anzumerken, daß eine Anreiz- und Bindungsstruktur, die im wesentlichen über eine außergewöhnliche finanzielle Kompensation organisiert ist, eine überaus riskante Strategie darstellt. Der beständig drohende »moral hazard« der eigenen Mitarbeiter scheint unter diesen Bedingungen geradezu herausgefordert – daran zeigt sich auch die Borniertheit der Organisation (grundlegend zur negativen Wirkung geldbasierter Incentive- und Reward-Systeme siehe Kohn: 1993). So hat eine Befragung von Wissensarbeitern gezeigt, daß Geld ein wichtiger, aber keinesfalls der einzige Faktor ist, der Motive zum Verbleib in der Organisation zur Verfügung stellt. „Once the financial rewards offered meet those prevailing in the industry it is the other three motivators, namely personal growth, operational autonomy, and task achievment, which managers should use to achieve motivated behaviour from their staff" (Tampoe: 1996, S. 184; vgl. auch Rappaport: 1988, S. 135f). Ein geldbasiertes Reward-and-penalty System ohne jede Fehlertoleranz, das Abweichungen bestraft und Belohnungen für vergangenes Handeln verspricht, kann die Entstehung einer konkurrenzintensiven, lernunwilligen, kurzsichtigen und von Illoyalität geprägten Firmenkultur provozieren, die das opportunistische Verhalten der Angestellten geradezu herausfordert (siehe dazu auch Ansoff: 1988, S. 170). Die Folgewirkungen für Lern- und Kooperationsprozesse sind schlicht unkalkulierbar.

Ein schwerwiegendes Problem eines nach hinten schauenden Gehaltssystems liegt in der Tatsache begründet, daß Abweichungen als Fehler beobachtet und eben gerade nicht als wichtige Informationen gewertet werden, die als Leitsystem für das weitere Vorgehen, für Kooperation und individuelle Förderung dienen könnte. Caplen hat festgestellt, daß führende Investmenthäuser versuchen, ihre eigene Kultur auf Kooperation und Langzeitorientierung auszurichten und umzubauen. „A key behavioral pattern that has to be established is that mistakes can be tolerated, but that surprises and failure to come clean on errors cannot. (...) Chief executives must cultivate a more liberal atmosphere if they want to hear about mistakes before they are irrevocably overwhelmed by them“ (Caplen: 1995, S. 39).

Es lassen sich mehrere Motivgruppen identifizieren, die einen erfolgreichen Experten an seiner Mitgliedschaft in einer Organisation festhalten lassen. Die Unterscheidung von materiell und sozial zugrundelegend, wollen wir zwei solcher Motivbündel kurz präzisieren. Der klassische und von vielen Expertenorganisationen wie etwa Unternehmensberatungen oder auch Anwaltskanzleien verfolgte Weg zur Schaffung von materiellen Austrittsbarrieren besteht in der Organisation der Unternehmung als Partnerschaft. Für die Investmentbanken, die fast ausnahmslos als Partnerschaft begannen, erwies sich diese Konstruktion aber auf Dauer aufgrund der damit verbundenen geringen Eigenkapitalausstattung als so nachteilhaft, daß bis auf Goldman Sachs kein weiteres großes Institut diese Unternehmensform beibehalten hat.[79] Der Chef von Goldman Sachs, Jon S. Corzine, betont die Bedeutung, die eine Partnerschaftsstruktur auch für die Rekrutierung von Talenten hat: „Ein großer Vorteil der Partnerschaft ist, daß das Kapital der Firma den Partnern gehört. Wenn das eigene Geld zur Disposition steht, paßt man ganz besonders gut auf. Die Beteiligung am Eigenkapital schafft einen Anreiz, Höchstleistungen zu bringen und die Firma zum Erfolg zu führen. Jeder hat bei uns sehr reale Chancen, vermögend zu werden. Das trägt maßgeblich dazu bei, daß wir bei der Rekrutierung des Nachwuchses die Besten aus der ganzen Welt gewinnen“ (Corzine: 1997, S. 72). Die Partnerschaft bildet eine Austrittsbarriere für diejenigen Experten, die den Sprung zum Partner geschafft haben, und sie motiviert die nichtbeteiligten Mitarbeiter, extrem hart und ausdauernd zu arbeiten, um in den Club der Teilhaber aufgenommen zu werden.

„Ich glaube schon, daß die Loyalität bei uns relativ hoch ist, erstmal weil diese Teamkultur stark ist, d. h. die Leute fühlen sich wohl bei der Firma. Zweitens ist es bisher noch ein Partnership, ja, ein privates Unternehmen, d. h. diese Karotte, am Ende mal Partner zu werden und richtig viel Kohle zu verdienen, hat halt auch Leute hier gehalten. Und drittens ist die Firma auch sehr erfolgreich und wächst sehr stark, d. h. wenn eine Firma sehr

[79] Wir hatten bereits darauf hingewiesen, daß auch Goldman Sachs über einen Börsengang nachdenkt. Partner würden dann zu Aktionären, weil nach den Planungen der Bank nicht alle Anteile öffentlich verkauft werden sollen.

stark wächst, du wenig Leute hast ... hast du eigentlich immer riesen Opportunities, karrieremäßig. Das heißt, daß es für Leute auch interessant ist, hier zu sein, denn sie können sich entfalten, sie können eigentlich immer mehr Verantwortung übernehmen, als du irgendwo in etablierten Unternehmen übernehmen kannst. (...) Und du willst natürlich auch immer bei der Nummer Eins arbeiten. Und ich glaube, daß die meisten Leute, die hier im Unternehmen sind, glauben, daß hier die Nummer Eins ist im Investment Banking. Da kannst du zwar immer hin und her argumentieren, aber am Ende des Tages, glaube ich, sind die Leute hier, weil sie der Meinung sind, das ist wahrscheinlich das führende ... wenn nicht eins der zwei, drei führenden, wenn nicht das führende Haus ist" (R:3).

Die übrigen der zumeist als Aktiengesellschaften organisierten Investmentbanken bedienen sich eines funtkionalen Äquivalents zur Partnerschaftsstruktur, indem sie versuchen, ihre leitenden Mitarbeiter durch Aktienbeteiligungen und Optionspläne an die Firma und deren Erfolg zu binden. Allerdings ist die Bindung eines Aktionärs an ein Unternehmen wesentlich brüchiger als die Teilhabe als Partner, so daß der mit einem Wechsel verbundene Ausstieg aus einer Firma wesentlich erleichtert ist.

Auf eine weitere Form motivationaler Bindung machen Bonora und Revang aufmerksam, indem sie auf die Hebelwirkung hinweisen, die eine Organisation dem einzelnen umsatzverantwortlichen Mitarbeiter zur Verfügung stellt:

„Another form of material exit barrier is the knowledge and information access a firm can provide its employees. Because of the amount of work done and the quality of it is dependent on access to information and knowledge, a firm with well developed systems for sharing knowledge and experience as well as access to files, archives and books, give the individual possibilities for a higher income which he or she may not aquire working for a competitor with less developed systems for supporting subjective knowledge" (Bonora und Revang: 1993, S. 206).

Während die Autoren hier einen analytischen Ausgangspunkt wählen, der die materielle Dimension auf einer personalen Ebene betont, wollen wir statt dessen die genuin sozial konstituierten Wirkungsmomente des beschriebenen Sachverhalts hervorheben. Das entscheidende Argument lautet, daß die Organisation als formalisiertes Sozialsystem den einzelnen Mitarbeiter befähigt, Transaktionen in einer Qualität durchzuführen, die ihm Anschlußgeschäfte und damit steigende Umsätze und schließlich auch persönliche Gewinne ermöglicht. Obschon materielle Anreize für das Handeln des einzelnen eine gewichtige Rolle spielen mögen, scheint uns unter diesem Blickwinkel die Bedeutung des sozialen Systems der Organisation nicht ausreichend gewürdigt.

„*Es geht eben auch tatsächlich darum: »How do I get things done«, ja, und wenn ich ... schau, ich bin ja ein kleines Licht hier in der Firma ... wenn ich die größte Bond-Transaktion, die es jemals in Euromarks gegeben hat, mache, dann kann ich das nicht alleine, d. h. ich muß die Leute, die da wichtig sind wie z. B. ... wenn ich eine Roadshow mache, ich mache dann eine Roadshow um die Welt, und wir sind in London, und ich mache eine Salesforce-Präsentation, dann muß ich mit dem Partner, der Head of Sales in Europa ist, muß ich mich so gut verstehen, daß der seine Salesleute da reinpeitscht in die Präsentation. Wenn die nun schon wieder einen Emittenten sehen sollen, denn sie da haben die nun auch kein Bock mehr drauf. Die sehen jede Woche drei davon und die müssen auch mal ihr Geschäft machen und wollen nicht immer nur Emittenten sehen, ja? Und das*

Produkt kennen sie nun auch schon in- und auswendig. Aber das müssen wir halt machen gegenüber dem Emittenten. Das ist so ein bißchen übertrieben jetzt, aber insofern mußt du die Leute da kennen, die müssen wissen, wer du bist, und das ist so dein Leverage. Du gehst zu ihm hin und sagst »I need you!«, weil du willst ja nicht zu 500 Salesleuten gehen und sagen: »Könntest du bitte bitte kommen?«, sondern da gehst du nach oben und sagst: »O.k. I need you to bring these guys into the room, I need you to ...« Der muß das eröffnen, ne kleine Rede halten und so und wir haben eine Videokonferenz mit New York und Frankfurt und so, das muß alles so eine riesen Show sein. So! Wie mache ich eine Riesenshow? Ich als kleiner Pups hier werde die Riesenshow nicht abziehen können alleine, insofern das ist so dein Leverage" (C:3).

Der organisationale »Leverage« erst befähigt ihre Mitglieder, Dinge zu tun, die ohne den Hintergrund der Verkettung und Kombination von Kompetenzen nicht möglich wären. Es wird in der Organisation ein gegenseitiger Verpflichtungszusammenhang erzeugt, der nicht *ohne weiteres* zu durchbrechen bzw. wieder zu verlassen ist. Nur wenn die Experten in *(irgend-)eine* Organisation eingebunden sind, können sie tun, was sie selbst gewollt haben.

Die Investmentbanken unternehmen große Anstrengungen, um ihre Mitarbeiter an Bord zu halten. Sie bezahlen ausgefallen hohe Gehälter, sie bieten weitreichende Entfaltungs- und Gestaltungsspielräume, sie verzichten auf bürokratische Strukturen, und sie geben selbst Einsteigern schon die Möglichkeit, an Entscheidungen mitzuwirken, weil ihnen Lernchancen eröffnet werden sollen und weil man erkannt hat, daß unkonventionelle und neue Ideen gerade auch »von unten« kommen können. Vor allem bieten die Investmentbanken als self-designing organizations ihren Wissensarbeitern die Möglichkeit, die Strukturen ihrer Tätigkeit selbst zu schaffen. Das hohe Maß an Selbstbestimmtheit und operativer Autonomie scheint eine der wesentlichen Voraussetzungen für die relative Zufriedenheit ihrer Mitarbeiter zu sein. All diese Bemühungen und Zugeständnisse der Investmentbanken können den jährlichen Exodus von 10 % ihrer Belegschaft aber nicht abfangen, sondern allenfalls Schlimmeres verhindern. Parallel zu den Anstrengungen, die mit der (Ein-)Bindung der Investmentbanker für die Organisation verbunden sind, werden Strategien für das »coping« mit der Austrittsoption entwickelt. Die Strategien von Bank 2 zielen beispielsweise primär darauf ab, eine weitere Eskalation des Geschehens zu vermeiden. Das bedeutet konkret, daß die Bank im Regelfall auf die Loyalitätskündigung des Mitarbeiters nicht mit »Exkommunizierung« reagiert – sie wird im Gegenteil sogar versuchen, den Mitarbeiter so gut es geht in seinem Entschluß zu unterstützen. Das dahinterliegende Kalkül lautet schlicht: Böses Blut hilft nicht. Es muß dann vor allem auch unterschieden werden, ob der entsprechende Mitarbeiter zu einem Konkurrenten oder einem Kunden wechselt. Ist letzteres der Fall, verliert die Bank zwar einen Mitarbeiter, kann aber durch eigenes Wohlverhalten einen vielleicht loyalen Kunden gewinnen.

„Wir können heute nicht mehr planen, daß junge Leute von Tag eins bis zum 55. Lebensjahr bei [Bank 2] bleiben. Sie werden sich verändern. Das ist auch unsere Planung, das ist auch unser Vorhaben. Wir begleiten das sogar. Wir unterstützen junge Talente, sich neue Opportunitäten zu suchen. Weil ich davon überzeugt bin, daß es Mehrwert schafft, auch für unsere Organisation. Wenn ich Beziehungsorientierung mir auf die Fahne

schreibe, das ist nicht nur zum Kunden, das muß auch gegenüber dem Mitarbeiter gelten, um die Glaubwürdigkeit zu erhalten. Und d. h., wenn ein junger Mann, eine junge Dame sagt: Ich will zu Siemens, weil ich in München ansässig bin und das eher zu mir paßt, in so einer Organisation zu arbeiten, dann öffnen wir dort Türen bei solchen Kunden. Wir begleiten jemanden, aber gleichzeitig wird der uns positiv in Erinnerung behalten. Es gibt drei C's: Colleage, Competitor oder Client. Ich hoffe, daß jeder, der uns verläßt, ein Client von uns wird. Also dieses klassische Alumni-System " (S:2).

Auch in Bank 3 wird die Abwanderung von Mitarbeitern in Kundenorganisationen im positiven Licht der Generierung enger Beziehungen gewertet. „*Ich sehe das nicht als Verlust. Ich sehe die Investition. Wenn ich, ganz betriebswirtschaftlich, die Investition von Tag null bis zum Ausscheiden rechne, dann bin ich davon überzeugt, daß es vielleicht gerade auf Null aufgeht. Sehe ich die Investition aber heute und sehe sie dann aber im längeren Horizont, und ich kann nur sagen, bei den Leuten, mit denen ich zu tun habe, die bei [Bank 3] auch waren und dann ausgeschieden sind, haben wir auch heute noch sehr enge Beziehungen. Und wir generieren dadurch auch beziehungsorientierte Mandate*" (M:3).

Kritischer als der Verlust eines Mitarbeiters an einen potentiellen Kunden ist zweifelsohne der Weggang eines Experten zur Konkurrenz. In den Interviews hielten sich die Gesprächspartner zu diesem Punkt wenig überraschend recht bedeckt. Ganz generell hielt man sich im Zweifelsfall an die Regel, „*daß man sich zum Wettbewerber nicht äußert*" (B:4) – wir vermuten, weil es sich um potentielle Arbeitgeber handelt.

5. Zusammenfassung und Ausblick: Die Ignoranz der wissensbasierten Ökonomie

Nachfolgend werden zunächst zentrale Ergebnisse dieser Arbeit rekapituliert, d. h. es wird erstens um die Frage gehen, wie die Leistung organisierter Wissensarbeit angesichts einer unbekannten Welt angemessen zu begreifen ist und zweitens darum, wie sich Arbeit unter den Bedingungen struktureller Unsicherheit und Wissensintensität rekonfiguriert. Im Anschluß wird dann ein Ausblick auf mögliche Konsequenzen der spezifischen Operationsweisen wissensintensiver Organisationen gegeben, der Hinweise gerade auf potentiell negative Folgewirkungen eines Vorrangs des Steuerungsmediums Wissen liefert, die von den Organisationen selbst in der Regel nicht mitbeobachtet werden. Diese Hinweise sind in ihrem Anspruch zwar nur spekulativ, aber durch Befunde der vorliegenden Arbeit angeregt, so daß sie eine brauchbare Spur für zukünftige Forschungsanstrengungen bilden können.

Überlegungen zum Komplex *Wissen-Arbeit-Organisation*, die auch die Frag-Würdigkeit des Wissensbegriffs beachten, scheinen bislang nur eine geringe Chance auf externe Anschlußfähigkeit zu haben, vermutlich weil sie die Kontingenzwahrnehmungen der organisationalen »Entscheider«, die in einer nicht zugänglichen und unbekannten Welt handeln müssen, nur weiter steigern würden. Gerade an ökonomisch orientierten Beiträgen der aktuellen Wissens-Debatte fällt auf, daß der Wissensbegriff selbst vielfach als eine Art Mantra fungiert, das die tiefgreifenden Brüche und Unwägbarkeiten der modernen Gesellschaft mit dem Anschein einer relativ vorhersehbaren Entwicklung überzieht, in der *Wissen* die übergeordnete, treibende und vor allem auch rationale Kraft der Veränderung bildet. Die Verwendung eines auf die Abbildung von Wirklichkeit hin konfigurierten Wissensbegriffs führt dann in ihrem konnotativen Schlepptau Gewißheit, Sicherheit und Überzeugung in die Kommunikation ein und hat so eine beruhigende und entlastende Funktion, die darüber hinweghilft, daß man beispielsweise gar nicht wissen kann, welches Wissen denn das zukünftig richtige oder wichtige ist. So wird das Wort zum Tröster. Ihr Maximum an entlastender Wirkung erzielt die Sprache in einzelnen Schlagwörtern, die nicht weiter differenziert werden, und genau dies läßt sich an der Wissensthematik gut zeigen. Von vielen Autoren werden normative Konzepte zum optimalen und richtigen Umgang mit Wissen entwickelt, die entscheidende Probleme zu lösen vorgeben, dabei aber wichtige Fragen ignorieren. Die Möglichkeit, mit Hilfe von Wissen Risiken kalkulierbar und steuerbar zu machen oder zwischen Alternativen die bessere wählen zu können, machen das Thema so attraktiv – insbesondere für Organisationen, die sich wie die Investmentbanken in einem zunehmend wissensintensiven Wettbewerbsumfeld bewegen. Auf dem Hintergrund von Heilsversprechen ist das enorme Interesse der Organisationen und ihrer Manager am Wissensthema durchaus verständlich: Man hofft, mit Hilfe von Wissen tragfähige Kontingenzeinschränkungen zu erzielen. Daß das Wissen selbst allerdings keine Sicherheit bietet (sondern Unsicherheit nur in Risken überführt), wird von den meisten Wissensmanagement-Ansätzen ausgeblendet, eben weil sie andernfalls einen guten Teil ihrer Akzeptanz einbüßen würden, die sich nicht zuletzt auch auf ein Festhalten an alteuropäischen Denktraditionen gründet, in der Erkenntnis immanent rational ist, Lernen immer Besserung verspricht und Rationalität als installierbares Programm begriffen wird (Luhmann: 1992a, S. 66).

Die Probleme beginnen, sobald man sich der Unterscheidungen bewußt wird, mit denen der Zusammenhang von Wissen und Arbeit in der Szene der Berater, Management-Theoretiker und -Praktiker bearbeitet wird und dann auch noch beobachtet, wie die Differenzen kollabieren. Üblicherweise wird Wissen zumindest latent auf der Differenz von *kommerziell vorteilhaft/nicht vorteilhaft* aufgebaut, d. h. als Wissen wird das bezeichnet, was kommerzielle Anschlüsse ermöglicht, ganz so, als könnten die genauen Bedingungen und Kriterien angegeben werden, nach denen ein bestimmtes Wissen Profite erwirtschaften wird oder Fehlentscheidungen verhindern hilft. Diese Möglichkeit ist aber (mit Sicherheit) nicht gegeben; wir denken zurück an die beiden Nobelpreisträger Merton und Scholes und den Beinah-Zusammenbruch des Investmentfonds LTCM. Ob es um eine mathematische Formel zur Wertberechnung von Derivaten oder etwa um die chemische Formel zur Herstellung von Thalidomid geht – das Muster ist immer dasselbe: An ein Wissen werden Sicherheitserwartungen geknüpft, die dann Handeln trotz Unsicherheit gestatten, ohne daß diese Sicherheit vor Katastrophen (Contergan) schützen würde.

Die Wahrheit und die Qualität eines Wissens sind als solche nicht objektiv feststellbar und zwar weder vor noch nach einer Entscheidung. Die Ungewißheit einer Welt, die man nicht kennen *kann*, hat zur Folge, daß Handlungsstrategien nicht einfach von den Zielen her festgelegt werden können und daß Entscheidungen nicht auf wissensbasierte Zweck/Mittel-Rationalitäten rückführbar sind. Die an Wissen geknüpften Sicherheitserwartungen sind handlungsnotwendige *soziale Konstruktionen*, die nicht in der Welt vorliegen, sondern an sie herangetragen werden; Wissensarbeit als eine Art Erfolgsgarantie für die Organisation im Sinne einer dauerhaften Operationsfähigkeit zu begreifen wäre also eine fatale Fehlbewertung. Lernen, mehr lernen, in Frage stellen, Reflexion und andere Wissenstechniken können nicht vor Überraschungen schützen, das gilt für das Handeln auf den Finanzmärkten ebenso wie für die Risiken der Großtechnologie: Handeln und Entscheiden bleiben riskant.

Kein einziger Hochgeschwindigkeitszug auf der Welt überwacht seine Räder elektronisch während der Fahrt. Auch die Bundesbahn hat dieses sicherheitsrelevante Bauteil im Gegensatz zu den Bordtoiletten, über deren Zustand der ICE-Chef beständig informiert wird, immer nur im Rahmen regulärer Wartungsintervalle überprüft. Beim 1998 in Eschede verunglückten ICE war dieser turnusmäßige Routinecheck am Tag vor dem Unglück durchgeführt worden. Hätte man es also wissen können oder müssen? Dazu kommen Schwierigkeiten bei der Zurechnung von Ursachen. Der französische TGV war vor dem deutschen Drama schon mehrfach entgleist – allerdings ohne daß dabei Passagiere ernsthaft verletzt worden wären. Diese Entgleisungen hatten immer auf freier Strecke stattgefunden, so daß keine Brücke oder ein anderes Hindernis den Ablauf der Entgleisung negativ beeinflussen konnte. Die Auswertung des ICE-Unglücks ließe insofern auch den Schluß zu, daß in der Streckenführung bestimmte Mindestabstände zu Brücken berücksichtigt werden müssen. Oder man kommt zu dem Ergebnis, daß die Geschwindigkeit des Zuges schlicht zu hoch war, daß mithin die Hochgeschwindigkeitstechnik selbst Risiken berge, die nicht kalkulierbar sind usw. Katastrophale Geschehnisse sind mithin mehrdeutig auf diverse Umstände zurechenbar.

Auch auf den Finanzmärkten wird an den Sicherheitstechnologien herumexperimentiert, die einen sogenannten »Crash« verhindern sollen. Aber im Gegensatz zu Hochgeschwindigkeitszügen leben die Finanzmärkte sogar geradezu von Intransparenz der mit ihnen verwobenen Risiken. Vollkommene Transparenz, das sei an dieser Stelle noch einmal betont, wäre in höchstem Maße unproduktiv. Wenn alles formal und wissensmäßig zu entscheiden wäre, dann wäre nichts mehr zu entscheiden, und erst diese Freiheit macht die Organisation zur Organisation. Natürlich hängen Handlungschancen andererseits von Erkenntnis und Reflexion ab, und in Anbetracht der Tatsache, daß sich mit letzter Sicherheit nicht wissen läßt, welches Wissen in einer bestimmten Entscheidungssituation zu beachten ist, kann man nur darüber nachdenken und diesen Prozeß über Stoppregeln zeitlich begrenzen. Gerade auf den Finanzmärkten werden allen Wissensprozessen zumeist durch eng konstruierte Zeitfenster äußerer Ereignisse klare Grenzen gesetzt. Kunden wechseln schlicht die Bank, wenn die sich nicht entschließen kann, diesen oder jenen Ratschlag zu erteilen. Um in entsprechend kurzer Zeit genügend Entscheidungsbereitschaft mobilisieren zu können, müssen Investmentbanken bestimmte Techniken beherrschen, die es ihnen gestatten, gleichsam im Gefühl von Wissen zu handeln. Entschiedenes Handeln leistet dann einen wichtigen Beitrag, Planungen und Prognosen machtvoll zu realisieren – bessere Prognostiker vermögen da nur eingeschränkt zu helfen. Wissensarbeit besteht also nicht nur aus »Messen«, sondern immer auch aus »Entscheiden«.

Wie der Begriff der Wissensarbeit jenseits aller Wahrheits- und Gewißheitssemantik zu fassen ist, damit er dennoch eine brauchbare analytische Kategorie für die Erforschung primär des Wirtschaftssystems abgibt, war ein zentrales Anliegen der vorliegenden Arbeit. Als Ausgangsunterscheidung zur Entschlüsselung dieser besonderen Form der Arbeit diente uns diejenige zwischen der Leistung von Wissensarbeit auf der einen und ihrem Modus auf der anderen Seite. Bevor näher auf diese Differenz eingegangen wird, sollen in knappen Zügen zunächst die drei wesentlichen Rahmenparameter des hier behandelten Falles *Investment Banking* rekapituliert werden, da sie für die spezifische organisationsinterne Konfiguration von Wisensarbeit eine zentrale Rolle einnehmen.

Den ersten wichtigen Fluchtpunkt für die Arbeit der Investmentbanken bilden die Bedingungen weltweiter Finanzmärkte. Die großen Investmentbanken reagieren auf ihre Beobachtung einer globalen Herausforderung mit der Anstrengung, weltweit ein lokales/regionales Geschäft aufzubauen unter Ausnutzung des globalen Netzwerkes der Organisation. In dieser erzwungenen Synthese aus lokal organisierten Absatzmöglichkeiten und der Produktion global strukturierten Spezialwissens liegt die Provokation weltweiter Vernetzungen, die nur durch eine beständige Metamorphose organisationaler Strukturen und Prozesse zu bearbeiten ist. In die Sprache der Wissensarbeit übersetzt werfen Globalisierungseffekte also Fragen der Verteilung und Koordination des vorhandenen Wissens auf. Daran anschließende Probleme können schlicht die Identifikation von Experten innerhalb der eigenen Organisation betreffen, aber auch auf komplexere Schwierigkeiten hinführen, die beispielsweise die Zusammenarbeit multikulturell gestaffter Teams betreffen. Es stellt sich für global operierende Einheiten wie die Investmentbanken auch die Frage, wieviel Ort- und Heimatlosigkeit solche Organisationen auf Dauer stellen können und wieviel Ungleichheit sie intern vertragen.

Die zweite wichtige Rahmenbedingung wird durch das seit Jahren zunehmende Kapitalmarktwissen der Kunden konstituiert. Dieses Kundenwissen stellt die Investmentbanken vor massive Probleme, weil es deren Wissensansprüche in ihrer Exklusivität zunächst in Frage stellt. Auf seiten der Investoren wie auch auf seiten der Schuldner und ihrer sonstigen Transaktionskunden müssen die Investmentbanken eine beträchtliche Sophistizierung zur Kenntnis nehmen. Zu beobachten ist in diesem Zusammenhang ein erstaunliches *Komplementaritätsphänomen*: Während die Kunden immer mehr von dem wissen, was in den Wissensbereich der Investmentbanker fällt, versuchen die Investmentbanker immer mehr über das Wissen zu erfahren, welches von ihren Kunden im täglichen Handeln angewandt wird. In der Kommunikation wird auf diese Weise Kontakt und Vertrautheit erzeugt, auf deren Basis von den Kunden dann *Vertrauen* investiert werden kann. Die Hauptstrategie der Investmentbanken zur Regeneration und Wiedereinführung von kundenseitigen Sicherheitserwartungen besteht also darin, *Nähe zum Objekt* herzustellen. Aus diesem Grunde gehen die Investmentbanken dazu über, sich nach Industriegruppen aufzustellen, die die besonderen Probleme und Bedürfnisse ihrer Kunden branchenspezifisch abdecken, spiegeln und darstellen sollen. Es wird ein Kompetenzbeweis erbracht, der nicht auf dem Feld des Bankenwissens liegt, sondern im Bereich des spezifischen Kundenwissens.

Die Zunahme der Wettbewerbsintensität ist die dritte treibende Kraft, die Art und Umfang der Leistungserbringung von Investmentbanken massiv prägen. So führt der intensive Wettbewerb einerseits zu einem extrem unbeständigen und komplexen Markt, in dem beständige

Produkt- und Prozeßinnovationen zu beobachten und bearbeiten sind, und andererseits steigert dieser Wettbewerb den Druck, Kompetenzbeweise zu erzeugen, die sich von den Kunden auf überlegenes Wissen zurechnen lassen. Die bankinternen Strukturbildungen und Rekonfigurationen, die neben formalen Fragen der Aufbau- und Ablauforganisation gerade auch die informellen Arbeitsstrukturen betreffen, hängen davon ab, wie die Organisation ihre externe Umwelt intern zu rekonstruieren sucht. Investmentbanken tendieren dazu, externer Komplexität eine interne Entsprechung entgegenzustellen, die ein hohes Maß an Ungewißheit und Intransparenz auch verarbeiten kann.

In gesellschaftstheoretischer Hinsicht liegt der zentrale Leistungsbezug von Wissensarbeit im Investment Banking in der Bearbeitung struktureller Intransparenz und Unsicherheit. Diese Rolle hat sich in den zurückliegenden Dekaden gefestigt, denn die Globalisierung hat das Schicksal der modernen Gesellschaft nicht eben gewisser gemacht. Die Investmentbanken nehmen diesbezüglich eine hervorgehobene Position ein, weil sie aus dem innersten Kern des ökonomischen Komplexes heraus operieren und mit einer einmaligen Autorität ausgestattet sind. Ihnen kommt im ökonomischen Gefüge nicht nur eine Schlüsselposition zu, sie gelten auch als Inbegriff von Rationalität, von Modernität schlechthin. Der Investmentbanker personifiziert eine höhere Objektivität und die Einsicht ins Notwendige – er wird als »unpersönliche Intelligenz« erkannt. Allerdings wissen auch die Investmentbanken nicht mehr als die Finanzmärkte. Die komplizierten Spreadsheets der Aktienanalysten, die erfahrungsgesättigten Dealstrategien der M&A-Experten und auch die Bewertungsmethoden der Emissionsberater gestatten keinen Blick auf die Wirklichkeit der Welt. Immer handelt es sich um systemintern erzeugte Beobachtungen. Das gilt auch für die bei Entscheidungsproblemen vielfach hinzugezogenen Wissenschaftler. Die Investmentbanken erzeugen vielmehr »Gewißheitsäquivalente« (Luhmann: 1989), die Sicherheit sozial in die Welt bringen. So gesehen ist die Umwandlung von Unsicherheit in Sicherheit weniger ein Wissensproblem, sondern primär eine soziale Herausforderung für die Experten.

Als eine wesentliche Voraussetzung für die erfolgreiche Produktion von Sicherheitserwartungen erscheint die Wissensbasierung der bankinternen Geschäftsprozesse. Weil die Operationen der Investmentbanken zumindest potentiell reflexions- und lernfähig organisiert sind, können ihre Kunden mit guten Gründen Vertrauen investieren. Gleichzeitig aber erzeugt der Wissensbezug bankintern ein ausuferndes Komplexitätsproblem, das nicht allein in der Vielzahl der potentiell relevanten Faktoren besteht, sondern gerade auch darin liegt, daß die immer komplexeren Arbeitsabläufe, die vielschichtigen, sich teilweise widersprechenden Umweltinformationen und transnationale Netzwerkkontakte mit verteilten Kompetenzen so zu organisieren sind, daß »wissensbasiert« Kriterien für Entscheidungen bereitgestellt werden. Hier kommt die im Investment Banking zu beobachtende Personen- bzw. Expertenfixierung zum Tragen. Wissensarbeit baut darauf, daß sich Verknüpfungsleistungen mit Hilfe von Wissen herstellen lassen, die Entscheidungen vorbereiten. Das funktioniert aber nur so lange, wie die Komplexität der Lage soziale Schließungen für diese oder gegen jene Entscheidung wissensbasiert auch zuläßt. Das System bricht zusammen, sobald Wissen nicht mehr mit Hilfe von Wissen verknüpft werden kann. Die Verknüpfungsfähigkeit von Wissenselementen muß sich aus diesen selbst ergeben und genau hierauf achten die Experten in ihrer Arbeit: Sie selegieren das Wissen mit Blick auf seine Verknüpfungs- und Anschlußfähigkeit. Analysten beobachten Umsatzzahlen, die Zinsentwicklung, Kursbewegungen, die Maschinenauslastung und den Personalaufwand und in gewissem Umfang auch chemische Formeln, neue Verfahren der Stahlverarbeitung und vieles andere genauso wie sie es tun, um die Verknüpfungsfähigkeit aufrechtzuerhalten. Alles jenseits ihrer Unterscheidungen bleibt im Dunkeln und muß es auch. Und genau aus diesem Grunde muß auch jede Form des organisationalen Wissensmanagements darauf achten, daß sie ihre Experten nicht mit einem Zuviel an Wissen überfordert, sondern im Gegenteil sogar ein gewisses Maß an Mehrdeutigkeit unterschlägt. Organisationen können mit Hilfe eines Managements von Wissen die Effizienz ihrer Experten erhöhen, wenn sie ihnen brauchbares, d. h. anschlußfähiges Wissen liefern.

Im Hinblick auf den Umgang mit Komplexität ist für die Investmentbanken auch problematisch, daß sie die durch eigene Beobachtungen erzeugte Komplexität nicht einfach an ihre Kunden weiterreichen können. Umfangreiche und zumeist mehrdeutige Umweltbeobachtungen müssen im Zuge organisationsinterner Prozesse zu eindeutigen Empfehlungen verdichtet werden, weil Analysen Handlungen animieren sollen. Die Banken müssen Umweltkomplexität an ihren wissensbasierten Prozessen zu eindeutigen, prägnanten und weltweit legitimen Entscheidungshilfen kondensieren lassen und gleichzeitig dafür sorgen, daß auf der Kundenseite das Vertrauen erhalten bleibt, daß die Investmentbanker die Umweltkomplexität »im Griff« haben. Gesellschaftstheoretisch liegt diesem Befund letztlich die These zugrunde, daß eine Organisation sich insofern von der Gesellschaft unterscheidet, als es sich bei Entscheidungssystemen immer um den Versuch der Zuspitzung von Kommunikation (Unsicherheitsabsorption) handelt, wohingegen es der Gesellschaft um Offenhalten von Kommunikationen geht.

In der Kommunikation müssen Problem (Unsicherheit) und Lösung (Wissen) zusammenfallen, und das gelingt den Bankern nur, wenn sie in der Interaktion mit den Kunden auch ein ausreichendes Maß an Vertrauen für das eigene Wissen erzeugen können. Weil Wissen die Annahme von Kommunikationen wahrscheinlich macht (indem es als Gewißheit Vertrauen und Legitimität erzeugt), erlaubt Wissensbasierung die Überführung genuiner Unsicherheit in tragfähige Risikoannahmen. Investmentbanken können so Risikobelastungen im Rahmen begrenzter Rationalität halten und erlauben es ihren Kunden, unter Unsicherheit »sicher« zu entscheiden. Die entscheidende Ressource für diesen Kunstgriff liegt in ihrem Reputations-

und Beziehungskapital, das sie mit jedem Geschäftsvorgang allerdings auch riskieren, weil die Kunden Mißerfolge auf minderwertige Expertise zurechnen können. Die aus vergangenen Erfolgen erwachsene Reputation und die (zumeist personenbezogenen) Kontakte der Investmentbanken sind für diese Organisationen unverzichtbar, weil die Kunden über die Expertise der Banken nicht rein »sachlich« entscheiden können und objektive Vergleiche zwischen den Banken aus diesem Grunde nicht möglich sind. Die Entscheidung für oder gegen die Zusammenarbeit mit einem bestimmten Finanzinstitut wird durch Reputationsdifferenzen der Banken und ggf. auch durch die Geschichte einer bereits vorhandenen Beziehung gesteuert.

Aus der funktionalen Bedeutung der Investmentbanken für die Absorption von Unsicherheit und dem sich daraus ergebenden Zwang, das eigene Reputationskapital zu mehren, ergeben sich wichtige Implikationen für die Art und Weise, wie die Investmentbanken mit Wissen umgehen, d. h. insbesondere, wie sie Expertise *darstellen* und den Back-stage-Bereich der Leistungserbringung gegenüber ihren Kunden *abschirmen*. Information und Wissen sind nicht allein Entscheidungshilfen, sondern auch Projektionsflächen für das Bestreben, rational zu handeln. Das in Folge von Reputationsabhängigkeit praktizierte Darstellen mit Hilfe von Wissen dient dann weniger dazu, sich besser an die beobachtete Umwelt anzupassen als sich dieser gegenüber zu behaupten (vgl. Japp: 1996, S. 93). Investmentbanker sind die objektiven Orakel in einer unbekannten Welt, die aber, indem sie selber an das glauben, was sie sagen, andere in Bewegung setzen können. Ihre Visionen bauen auf das Prinzip, daß die verläßlichste Wirklichkeit immer noch diejenige ist, die man selbst erfindet. Im Fluchtpunkt der Globalisierung, die doch der puren Rationalität zum Durchbruch zu verhelfen vorgibt, steht also ein höchst irrationaler Vorgang. Erfüllen sich die Vorhersagen der Analysten und Investmentbanker nämlich nicht, dann wird der Irrtum auf die Rahmenbedingungen zurückgeführt, die sich geändert hätten; den *Kern* des Glaubens berührt das nicht.

Die vorangegangene Argumentation zur Funktion von Investmentbanken führt auf die andere Seite der Unterscheidung von Wissensarbeit: ihren Modus. Das in die Investmentbanken gesetzte Vertrauen, ihre gesellschaftliche Legitimität und Autorität gründen sich ebenso auf ihre als »nüchtern« wahrgenommene Wissensbasierung wie auf ihre Kapazität, in den internen Operationen Unsicherheit abfangen und abbinden zu können. Wissensbasierung bedeutet, daß Prozesse der Wissensgenerierung, der Wissensretention und der Wissensdiffusion immer wieder in den Basisoperationen der Organisation konvergieren mit dem Ziel, einem aktuell durchsetzungsfähigen Wissen *Gelegenheit* in der Kommunikation zu verschaffen.

Prozesse der Generierung, der Speicherung und der Diffusion von Wissen laufen in jeder Organisation ab – manchmal geplant, immer aber auch ungeplant. Versucht eine Organisation, gezielt in diese Abläufe steuernd einzugreifen, sind damit die Eckpfeiler eines Managements von Wissen aufgestellt. In den Investmentbanken ist das Wissen weitgehend abhängig von den an Kommunikation beteiligten Mitgliedern der Organisation, d. h. Datenbanken und festgeschriebene Verhaltens- und Verfahrensregeln spielen eine eher untergeordnete Rolle. Von größter Wichtigkeit für eine weltweit operierende Organisation mit *global clients* ist jedoch die technologische Infrastruktur (etwa voice- und e-mail-Verbindungen), sowie die ungeschriebenen Regeln der informellen Experten-Vernetzung. Die Generierung von Wissen besteht erstrangig im Aufbau von Kommunikationsgelegenheiten (zu denen dann auch die Abwerbung neuer Mitarbeiter bei der Konkurrenz zählt), die Speicherung von Wissen im Aufbau von *Erwartungserwartungen*, die auf die Relationen und Verknüpfungsmuster in der Organisation wirken, und die Diffusion kognitiver Erwartungen läßt sich schließlich auf die Formel »knowledge on demand« bringen, d. h. jedes Mitglied der Organisation agiert als sein eigener Informationsbroker, der seine spezifischen Kontakte in der Bank unterhält.

Daneben lassen sich in den Investmentbanken aber auch Aktivitäten beobachten, die einen gezielten und planenden Umgang mit Wissen zur Zielsetzung haben und so das weitgehend in Selbstorganisation entstehende interne Vernetzungsgefüge ergänzen. Allerdings, und auch das ist ein Ergebnis dieser Arbeit, sind intendierte oder planende Eingriffe in das Wissenssystem einer Organisation eine hochsensible Angelegenheit, weil die falsche Intervention schwerwiegende dysfunktionale Folgen nach sich ziehen kann. So mehren sich die Anzeichen, daß die zum üblichen Arsenal wissensintensiver Organisationen gehörenden geldbasierten Reward- und Incentive-Systeme, die finanzielle Belohnungen für eine bestimmte Form des Umgangs mit Wissen versprechen, in eine völlig falsche und sogar kontraproduktive Richtung weisen, weil sie die von Organisationspsychologen angemahnte intrinsische Motivation der Wissensarbeiter untergraben. Viele Organisationen begreifen ihre Mitarbeiter offensichtlich als Trivialmaschinen, deren Verhalten man mit einer „*Karotte*“ (R:3) steuern könne. Aber es finden sich in der Praxis auch eine Reihe eher harmloser Beispiele eines gesteuerten Umgangs mit Wissen. Zwei der vier untersuchten Banken analysieren etwa ihren Deal-flow und erhalten so Aufschluß darüber, welcher Mitarbeiter auf welchem Gebiet Experte ist. So informiert, wird an einem auf Kompetenzen basierenden Team-Management gearbeitet. Dieses Wissen wird dann auch in der Organisation partiell transparent gemacht, so daß nicht nur das für das Projekt-Staffing zuständige Management, sondern auch andere Mitglieder der Organisation für ad-hoc-Anfragen auf diese Informationen zugreifen können. Ein anderes Beispiel begegnete uns in Form der Speicherung von Chart-Präsentationen, die das wichtigste Kommunikationsmedium der Solicitation- und Transaktions-Teams bilden. Charts sind gleichsam die kleinste Wisseneinheit im Geschäft. Deren kurzfristige Zusammenstellung – etwa im Rahmen einer Angebotserstellung – ist im schnellen Investment Banking durchaus üblich, so daß die weltweite und unkomplizierte Zugriffsmöglichkeit auf bereits existierende Präsentationen eine wesentliche Zeitersparnis bedeuten kann.

Ganz offensichtlich erfordert Wissensarbeit im Investment Banking eine Organisation von Operationen: Eine Vielzahl interner Wissensansprüche muß im Zuge der Leistungserstellung kombiniert und koordiniert werden. Allerdings meint *Organisation* in diesem Zusammenhang nicht primär eine Steuerung über Hierarchie und von »oben« verfügte Abläufe, Verfahren usw., vielmehr haben sich in den Investmentbanken alternative Modelle der Systemregulierung durchgesetzt, die sich als ein weitgehend flexibel aufgehängtes personenbasiertes Arrangement wechselseitig orientierter Kooperationsmuster beschreiben lassen. Die durchaus vorhandenen zentral gesetzten Strukturmerkmale (etwa Risikomanagementsysteme) werden überlagert und durchwirkt von systemisch-flexiblen Organisationsprinzipien, die den Boden für Wissensarbeit bereiten. Investmentbanken verzeichnen eine basale innere Unruhe, die sich aus sich laufend neu konfigurierenden internen Kommunikationsbeziehungen ergibt. Die Organisation steigert ihre Komplexität, indem sie ihre Binnendifferenzierungsfähigkeit ausbaut und einer eskalierten Umweltkomplexität entgegensetzt. Sie begegnet äußerer Komplexität mit endogener »Nervosität«, die nur durch eine gewisse metastrukturelle Ruhe gekontert wird. Die meisten Entscheidungen werden in der Prozeßkette so weit wie möglich »nach vorne« verlagert und dabei durch informelle Wissensnetzwerke und hierarchiebasierte Regelsysteme plausibel und intern weiter anschlußfähig gemacht. Wegen der mangelnden Kodifizierbarkeit des Expertenwissens selbst ist es einer Investmentbank weitgehend unmöglich, das Wissen an sich zu organisieren. Der Experte muß das Wissen auswählen und muß entsprechend auch adäquate Möglichkeiten der Organisation von Arbeit wählen, die personenabhängige mit personenunabhängigen Möglichkeiten der Wissensarbeit flexibel kombinieren. Die drei wichtigsten im Investment Banking wirkenden Operationsprinzipien, die Arbeit auf einer metastrukturellen Ebene organisieren, haben sich unter dem Druck von Wissensbasierung und Wissensintegration gegenüber traditionellen Organisationsstrukturen durchsetzen können.

Dabei handelt es sich erstens um das Prinzip der sich (bottom-up) selbst reproduzierenden Organisation, das viele basale Geschäftsentscheidungen, die für die Organisation formgebend sind und die auch ihre Anpassungsfähigkeit maßgäblich prägen, von unteren Stufen der Hierarchie direkt in der Operation treffen läßt. Parallel dazu ist zweitens zu beobachten, daß Investmentbanken über verschiedene mehr oder minder lose Expertennetzwerke verfügen, die als *Kompetenzzentren* der Organisation die Aufgabe übernehmen, eine an Themen orientierte Form der Entwicklung, Pflege und Kodifikation spezialisierter Wissensbestände zu betreiben. Und das dritte Prinzip schließlich betrifft die ausgeprägte Präferenz für die Organisation von Arbeit in *temporären Projektteams*, in denen die heterogenen Wissensansprüche der Organisation aufeinandertreffen und dann über Diskurse und eine teaminterne Hierarchie abgearbeitet werden.

Alle drei Prinzipien weisen darauf hin, wie entscheidend offensichtlich die Fähigkeit zur Selbststeuerung des Systems ist. Der Wandel soll nicht mehr von oben, sondern von unten kommen. Investmentbanken wirken als ein sich in ständiger Bewegung befindliches System. Strategie wird weniger erdacht, sondern wächst aus der laufenden Operation heraus (also dort, wo die Mitglieder der Organisation Gelegenheit zum Lernen haben) und wird dann hinterher gesehen und zugeschrieben. Man handelt, und aus Handlungen erwachsen dann Muster – wenn dafür genügend Zeit ist. Damit liegt die Betonung auf der dynamischen und nicht auf der statischen Komponente von Organisation, bei der die Mitarbeiter weitgehend für das Design von Strukturen, Strategien und Prozessen verantwortlich sind und das Management die Ergebnisqualität überwacht. Es erscheint durchaus plausibel, davon auszugehen, daß die Organisation ihre Viabilität mit der Sensibilität für intern auftauchende Feedback-Signale steigert, weil diese auf mögliche Abweichungen bestehender Erwartungen hinweisen und so ein Umdirigieren von Abläufen und Handlungen ermöglichen.

Bei alledem ist die organisierte Wissensarbeit der Investmentbanken jedoch mit anscheinend unentrinnbaren Schwierigkeiten verkoppelt. Neben den rein kognitiven Limitationen wissensbasierten Entscheidens sind es gerade auch die sozialstrukturellen Bedingungen eines zumindest partiell maßgeblich durch Gier, Nepotismus und Opportunismus geprägten Umfeldes, in deren Fußangeln sich Wissensarbeit so leicht verfangen kann. So sehr Wissensarbeit nämlich einerseits auf einen kognitiven Erwartungsstil und damit einen »leidenschaftslosen« Umgang mit Enttäuschungen angewiesen ist, so sehr scheinen gescheiterte Erwartungen und Fehlschläge in einem Umfeld, in dem es auf »Informiertsein« ankommt, eine kognitive Überprüfung von Handlungs- und Entscheidungsfolgen zu behindern, so daß sich ausgesprochene Lernblockaden formieren können. Damit ist dann auch klar, was es für eine Organisation u. U. bedeuten kann, wenn sie Fehler bestraft und Belohnungen nur für vergangene Erfolge vergibt. Aus dieser Lage instruktive Schlüsse zu ziehen hieße, sich über ganz neue Formen der Entlohnung und des Umgangs mit Fehlleistungen und Irrtümern Gedanken zu machen; davon aber sind die Investmentbanken weit entfernt.

Der organisierte Mangel an kognitiver Folgenkontrolle ist aber nur ein Aspekt im reichen Spektrum der Deformierungen der Wissensarbeit. Organisationen müßten sich auch die Frage gefallen lassen, was denn eigentlich zu Wissen wird und informativer: welchen Aspekten auftauchender Kognitionen dies *nicht* gelingt. Denn, und das ist recht eindeutig, Wissen wird immer durch organisationale Praktiken hergestellt, die bestimmten Konventionen entspringen, die automatisch das selegieren und marginalisieren, was man aus bestimmten Gründen nicht wissen will. Die Form der Wissensarbeit wird auch durch die Sozialdimension der Organisation unterlaufen, die, sobald dem »Bescheidwissen« in einer Organisation ein zentraler Stellenwert zukommt, jedes rein auf Kognition bezogene Zusammenwirken der

»Kognitarier« verhindert. Es setzt sich durch, wer den besten Eindruck macht, sein Wissen in taktisch klugen Situationen nur andeutet, um dann zu gegebener Zeit zum Zuge zu kommen.

Diese dysfunktionalen Wirkungen einer auf Wissen abstellenden Form der Arbeit wurden ausführlich behandelt und sollen hier nicht im Detail wiederholt werden. Auch die im Zentrum des nachfolgenden Ausblicks stehenden Nebenfolgen einer allein auf Wissen fokussierten Operationsweise können sich dysfunktional im Sinne der Wissensarbeit auswirken, ihre Ursachen aber sind in einem sehr viel weiteren Zusammenhang zu sehen. Es kommt uns darauf an, nach den möglichen Risiken und Restriktionen zu fragen, die sich aus dem beschriebenen Modus der Arbeit in wissensintensiven Organisationen unter Umständen ergeben können. So soll einerseits die Spur für anschließende Forschungsarbeit gelegt werden und andererseits noch einmal die Frage in den Raum gestellt werden, wieviel Lernbereitschaft sich eine Organisation denn leisten kann.

Es scheint so zu sein, daß der besondere Operationsmodus von Wissensarbeit, der – wie gezeigt – insbesondere in der hochgetriebenen Flexibilisierung von Arbeitskonfigurationen zu sehen ist, dort zu Pathologien führt, wo die Grenzen organisationsinterner Komplexität erreicht werden und dies auf die Sozialdimension der Organisation durchschlägt. Das geschieht auf unterschiedlichen Wegen. Eine der vermutlich schwerwiegendsten Nebenfolgen der Operationsweise wissensintensiver Organisationen ist der fundamentale Wandel ihres internen Zeitgefüges, der den Horizont *überschaubarer Entwicklungen* für den einzelnen Mitarbeiter immer stärker zu stauchen scheint. In den Investmentbanken sind Arbeitsplatzbeschreibungen nur noch selten stabil, es geht immer weniger um den »Job«, den ein Mitarbeiter für die Zeit seiner Mitgliedschaft in der Organisation ausfüllen soll und immer mehr um temporäre »Projekte«, die nur ein kurzzeitiges Engagement für eine bestimmte Sache und in einem definierten Gruppenzusammenhang mit sich bringen. Für fast alle Bereiche des Arbeitsgeschehens einer Investmentbank kann festgestellt werden, daß die Flexibilisierung von Prozessen, die Labilisierung von Konstellationen und das Offenhalten interner Strukturierungen ganz zentrale Charakteristika ihres Gefüges beschreiben. Wir beobachten ein Management *von* Komplexität *durch* Komplexität. Nichthierarchische Kommunikation, laufend wechselnde Teamkonstellationen, selbstorganisierte Vernetzungen, all dies sind Anzeichen für eine Steigerung interner Komplexität im Hinblick auf noch unbekannte Möglichkeiten. Dabei wird die Persönlichkeit des einzelnen Mitarbeiters zum Profit-Center, das sich im Gefüge der Organisation beständig justieren muß. Diese »neue Mobilität« ist aber weniger auf eine physische Beweglichkeit bezogen, als vielmehr auf die kommunikative Leistungsfähigkeit und sämtliche kognitiven Reserven. Den Investmentbankern wird eine grenzenlose Verknüpfungsfähigkeit abverlangt, die, wie weiter oben bereits angedeutet, ihre Sollbruchstellen dort findet, wo Wissen nicht mehr mit Hilfe von Wissen verknüpft werden kann. Flexibilität, Verknüpfungsfähigkeit, Mobilität etc. sind das, was aus der Autonomie der Moderne geworden ist. Sie ist nun allerdings kein Heilsversprechen mehr, sondern eine Verpflichtung, ja eine Drohung, die es nahelegt, sich auf nichts zu verlassen.

Die Reduzierung überschaubarer Zeithorizonte im Rahmen von nur noch episodischen Vernetzungen und »Einweg-Beziehungen« sowie die Drosselung von Erwartungen durch ein erzwungenes Offenhalten von Möglichkeiten führen zu einer Reihe von Problemen, von denen der Verlust an *Loyalität* und *Vertrauen* die vermutlich bedeutsamsten sind. Die netzwerkartigen Arrangements der Investmentbanken sind auf laufende Umkonfiguration ihrer Strukturen ausgerichtet, was auf Kosten der Erwartungssicherheit der einzelnen Mitglieder der Organisation geht. Es kommt immer häufiger zu gleichsam nur noch oberflächlichen und artifiziellen Formen der Kooperation, weil keiner der Beteiligten weiß, *wann* oder *ob* man noch einmal aufeinandertreffen wird und ob die wissensbezogene Kooperation dann auch noch mit den eigenen Zielsetzungen zu vereinbaren ist. Verkürzte Zeitbezüge steigern zwar die Flexibilität für den Umgang mit dem Unvorhersehbaren, verringern aber gleichzeitig die Vertrauensressourcen, die für Wissensarbeit absolut unverzichtbar sind. „Take the matter of commitment and loyalty. »No long term« is a principle which erodes trust, loyalty, and mutual commitment. Trust can, of course, be a purely formal matter, as when people agree to a business deal or rely on another to observe the rules in a game. But usually deeper experiences of trust are more informal, as when people learn on whom they can rely on when given a difficult or impossible task. Such social bonds take time to develop, slowly rooting into the cracks and crevices of institutions“ (Sennet: 1998, S. 24). Weil die Vorhersehbarkeit von Entwicklungen und Beziehungen immer weniger gegeben ist, müssen auch die Grenzen zwischen Kooperation und Konkurrenz beständig neu austariert werden. So erhöht der Mangel an Vertrauen die Transaktionskosten in der Organisation und ihren Zeitbedarf zudem.

Ein Ausfall an Erwartungssicherheit läßt sich auch für die Kriterien von Beförderung und Entlassung verbuchen. Weil es keine festen Regeln dessen mehr gibt, was als richtig oder falsch bezeichnet werden kann, und statt dessen weitgehend die Zurechnung von Erfolg oder Mißerfolg zählt, werden Handeln und Entscheiden unter Risikobelastungen gestellt, die einerseits zu Pathologien nach beiden Seiten (Aversion oder Eskalation) animieren können und andererseits auch die Loyalität der Mitglieder gegenüber »ihrer« Organisation untergraben. Die Loyalität wird noch dazu durch das enorm zyklische Geschäft der Investmentbanken unter eine erhöhte Bogenspannung gesetzt. „*Job-security ist in diesem Business eher nicht so gegeben. Also, dafür verdient man natürlich auch enorm. Insofern ist es dann auch wieder nicht so schlimm – Du gehst dann für eine Zeit in den Süden oder sonstwo und wenn die Märkte sich wieder beruhigt haben, dann findet man auch wieder was*“ (P:1). In Zeiten schwacher Kapitalmärkte oder bei plötzlich auftretenden Krisen wie zuletzt Ende 1998 entlassen die Investmentbanken kurzfristig viele Tausend ihrer Mitarbeiter, eben weil es nicht mehr genug zu tun gibt. Ob ein Mitarbeiter in solchen Situationen dann bleiben darf oder aber gehen muß, hängt weitgehend davon ab, inwieweit es ihm gelungen ist, sich im Netzwerk der Organisation zu positionieren, und wie geschickt er in den strukturell instabilen Arbeitsgefügen manövrieren kann.

Die Kontraktion des Zeitgefüges zieht in wissensintensiven Organisationen offensichtlich Wirkungen nach sich, die eine Überbrückung des Abgrundes zwischen genuiner Unsicherheit und Handlungskompetenz nicht eben sicherer machen. Es empfiehlt sich, mit leichtem Gepäck zu reisen.

6. Literaturverzeichnis

Abolafia, Mitchel Y. Hyper-Rational Gaming. In: Journal of Contemporary Ethnography. 1996b, Vol. 25, Nr. 2, S. 226 - 250.

Abolafia, Mitchel Y. Making Markets. Opportunism and Restraint on Wall Street. Cambridge, Mass. 1996a.

Adler, Patricia A.; Adler, Peter. Introduction. In: Adler, Patricia A.; Adler, Peter (Hrsg.). The Social Dynamics of Financial Markets. Greenwich; London 1984, S. 1 - 15.

Adler, Patricia A.; Adler, Peter. The Market as Collective Behavior. In: Adler, Patricia A.; Adler, Peter (Hrsg.). The Social Dynamics of Financial Markets. Greenwich; London 1984, S. 85 - 105.

Alvesson, Mats. Management of Knowledge-Intensive Companies. Berlin; New York 1995.

Alvesson, Mats. Organizations as Rethoric: Knowledge-Intensive Firms and the Struggle with Ambiguity. In: Journal of Management Studies. 1993, Vol. 30, No. 6, S. 997 - 1016.

Anslinger, Patricia L.; Copeland, Thomas E. Growth Through Acquisitions: A Fresh Look. In: The McKinsey Quarterly. 1996, Nr. 2, S. 96 - 109.

Ansoff, Igor H. The New Corporate Strategy. New York, Chichester 1988.

Argyris, Chris. Overcoming Organizational Defenses. Facilitating Organizational Learning. Englewood Cliffs 1990.

Argyris, Chris; Schön, Donald. Organizational Learning - A Theory of Action Perspective. Reading Mass. 1978.

Arney, William Ray. Experts in the Age of Systems. Albuquerque 1991.

Arnold, Rolf. Theorie und Praxis des Systemischen Lernens. In: Geißler, Harald (Hrsg.). Organisationslernen und Weiterbildung. Neuwied; Berlin 1995, S. 352 - 361.

Axworthy, John. Aggressive Recruitment in Corporate Finance. In: Acquisitions Monthly. September 1996, S. 44 - 45.

Baden, Kay. Börsenbriefe: Glücksspirale. In: Manager-Magazin. 1995, Vol. 25, Nr. 2, S. 130 - 136.

Baden, Kay. Börsenbriefe: Sind die Aktienempfehlungen ihr Geld wert? In: Manager-Magazin. 1996, Vol. 26, Nr. 2, S. 94 - 98.

Baden, Kay. Fonds: Wie die Stars den Markt schlagen. In: Manager-Magazin. 1995, Vol. 25, Nr. 7, S. 178 - 181.

Baecker, Dirk. Zum Problem des Wissensmanagements in Organisationen. unveröffentlichtes Manuskript, Witten/Herdecke 1997.

Baecker, Dirk. Einfache Komplexität. In: Ahlemeyer, Heinrich W.; Königswieser, Roswita (Hrsg.). Komplexität managen. Frankfurt am Main 1997, S. 21 - 50.

Baecker, Dirk. Soziologie des Unternehmens. unveröffentlichtes Manuskript, Bielefeld 1992.

Baecker, Dirk. Womit handeln Banken? Frankfurt am Main 1991.

Baecker, Dirk. Information und Risiko in der Marktwirschaft. Diss. Universität Bielfeld 1986.

Baetge, Jörg; Jerschensky, Andreas. Beurteilung der wirtschaftlichen Lage von Unternehmen mit Hilfe von modernen Verfahren der Jahresabschlußanalyse. Bilanzbonitäts-Rating von Unternehmen mit Künstlichen Neuronalen Netzen. In. Der Betrieb. 1996, Vol. 49, Nr. 32, S. 1581 - 1591.

Baetke, Jörg. Rating von Unternehmen anhand von Bilanzen. In: Die Wirtschaftsprüfung. 1994, Vol. 47, Nr. 1, S. 1 - 10.
Bagnoli, Mark; Lipman, Barton L. Stock Price Manipulation Through Takeover Bids. In: The Rand Journal of Economics, 1996, Vol. 27, Nr. 1, S. 124 - 147.
Bain, Simon. Corporate Finance: Closing in on the deal. In: CA Magazine. 1997, Nr. 1088, S. 12 - 14.
Bainbridge, William Sims et al. Artificial Social Intelligence. In: Annual Review of Sociology. 1994, Vol. 20, S. 407 - 436.
Baker, John S.; Chapman, Colin; Friedman, George; Friedman Meredith. The Intelligence Edge. How to Profit in the Information Age. New York 1997.
Baker, Wayne E. Building Intelligence Networks. In: Myers, Paul S. (Hrsg.). Knowledge Management and Organizational Design. Boston 1996, S. 209 - 228.
Baker, Wayne E. Market Networks and Corporate Behavior. In: American Journal of Sociology. 1990, Vol. 96, Nr. 3, S. 589 - 625.
Balzer, Arno. Banken im Umbruch. In: Manager Magazin. 1996, Vol. 26, Nr. 4, S. 48 - 60.
Bamelis, Pol. Unabhängige Externe. Eigene Beteiligungsgesellschaft der Bayer AG. In: Unternehmensbeteiligungen. Sonderbeilage der Frankfurter Allgemeinen Zeitung vom 22. April 1997, S. B3.
Barney, Lee. Risk Czars: New Lords on the Trading Block. In: Wall Street & Technology. 1995, Vol. 13, Nr. 8, S. 14 - 18.
Bartlett, Christopher A.; Doz, Yves; Hedlund, Gunnar. (Hrsg.). Managing the Global Firm. London, New York 1990.
Barua, Anitesh; Lee, C.-H. Sophie; Whinston, Andrew. Incentives and Computing Systems for Team-based Organizations. In: Organization Sciences. 1995, Vol. 6, No. 4, S. 487 - 504.
Bateson, Gregory. Ökologie des Geistes. Frankfurt am Main 1983.
Baumann, Michael. Börsenstars. In: Wirtschaftswoche. 1998, Nr. 6, S. 124 - 126.
Baxter, Brian. Consultancy Expertise: a Post-Modern Perpective. In: Scarbrough, Harry (Hrsg.). The Management of Expertise. New York 1996, S. 66 - 92.
Beaverstock, Jonathan V.; Smith, Joanne. Lending Jobs to Global Cities: Skilled International Labour Migration, Investment Banking and the City of London. In: Urban Studies. 1996, Vol. 33, Nr. 8, S. 1377 - 1394.
Beck, Ulrich. Der clevere Bürger. Bemerkungen zu Anthony Giddens' Konzeption „reflexiver Modernisierung„. In: Soziologische Revue. 1996, Vol. 19, S. 3 - 9.
Beck, Ulrich. Risikogesellschaft. Auf dem Weg in eine andere Moderne. Frankfurt am Main 1986.
Beck, Ulrich; Giddens, Anthony; Lash, Scott. Reflexive Modernisierung. Eine Kontroverse. Frankfurt am Main 1996.
Beckert, Jens. Grenzen des Marktes. Frankfurt am Main1997.
Beelitz, Frank F. M&A in den USA. Der Prozeß und die Player. In: Siegwart, Hans et al. (Hrsg.). Meilensteine im Management. Bd. 1 Mergers & Acquisitions. Basel; Frankfurt a. M. 1990, S. 107 - 125.
Behrens, Rolf; Merkel, Reiner. Mergers & Acquisitions: das Milliardengeschäft im gemeinsamen europäischen Markt. Stuttgart 1990.
Bell, Daniel. The Coming of Post-Industrial Society. New York 1973.
Benston, George J. The Seperation of Commercial and Investment Banking. The Glass-Steagall Act Revisited and Reconsidered. London 1990.

Benveniste, Guy. The Politics of Expertise. Berkeley 1972.
Berblinger, Jürgen. Marktakzeptanz des Rating durch Qualität. In: Büschgen, Hans E.; Everling, Oliver (Hrsg.). Handbuch Rating. Wiesbaden 1996, S. 21 - 110.
Bernstein, Peter L. Wider die Götter. Die Geschichte von Risiko und Risikomanagement von der Antike bis heute. München 1997.
Bernstein, Peter L. Risk as a History of Ideas. In: The Fiancial Analysts' Journal. 1995, Vol. 51, Nr. 1, S. 7 - 11.
Bernstein, Peter L. Capital Ideas. The Improbable Origins of Modern Wall Street. New York 1992.
Bernstein, Richard. Börsengewinne mit Branchen-Rotation. Frankfurt; New York 1997.
Berry, Michael A.; Dreman, David N. Analyst Forecasting Errors and Their Implications for Security Analysis. In: Financial Analysts Journal, 1995, Vol. 51, Nr. 3, S. 30 - 41.
Bertin, William J. et al. Overreaction to Takeover Speculation. In: The Quaterly Review of Economics and Finance. 1996, Vol. 36, Nr. 1, S. 89 - 115.
Bessembinder, Hendrick et al. An Empirical Examination of Information, Differences of Opinion, and Trading Activity. In: Journal of Financial Economics. 1996, Vol. 40, Nr. 1, S. 105 - 134.
Bierer, Hermann. Tiefgreifender Wandel im Investmentbanking durch Globalisierung der Kapitalmärkte. In: Die Bank. 1989, Nr. 3, S. 124 – 127.
Biggadike, Ralph E. Research on Managing the Multinational Company: A Practitioner's Experiences. In: Bartlett, Christopher A.; Doz, Yves; Hedlund, Gunnar. (Hrsg.). Managing the Global Firm. London; New York 1990, S. 303 - 325.
Bird, Ronald J.; Cammann, Walter E. Shark Repellant. Unerwünschte Übernahme- und Beteiligungsversuche. In: Siegwart, Hans et al. (Hrsg.). Meilensteine im Management. Bd. 1 Mergers & Acquisitions. Basel; Frankfurt am Main 1990, S. 321 - 344.
Blackhurst, Chris. Great past... Small Future. In: Management Today. März 1995, S. 24 - 27.
Blackler, Frank. Knowledge, Knowledge Work and Organizations: An Overview and Interpretation. In: Organization Studies. 1995, Vol. 16, Nr. 6, S. 1021 - 1046.
Blackler, Frank. Knowledge and the Theory of Organizations: Organizations as Activity Systems and the Refraiming of Management. In: Journal of Management Studies. 1993, Vol. 30, No. 6, S. 863 - 884.
Bloch, Ernest. Inside Investment Banking. Homewood, Illinois 1986.
Bloomfield, Brian; Vurdubakis, Theo. Re-Presenting Technology: IT Consultancy Reports as Textual Reality Constructions. In: Sociology. 1994, Vol. 28, No. 2, S. 455 - 477.
Blume, Marshall E.; Siegel, Jeremy J.; Rottenberg, Dan. Revolution on Wall Street. New York; London 1993.
Boland, Richard J.; Tenkasi, Ramkrishnan. Perspective Making and Perspective Taking in Communities of Knowing. In: Organization Science. 1995, Vol. 6, No. 4, S. 350 - 372.
Boland, Richard J.; Greenberg, Ralph H. Metaphorical Structuring of Organizational Ambiguity. In: Pondy, Lois R. et al. (Ed.). Managing Ambiguity and Change. Chichester; New York 1988, S. 17 - 36.
Bonomo, Vittorio A.; Johnson, Dana J.; Thompson, Rodney G. The Impact of the Source and Sequence of Information in Primary Equity Offerings. In: The Financial Review. 1995, Vol. 30, No. 1, S. 23 - 40.
Bonora, Elda A.; Revang, Oivind. A Framework for Analysing the Storage and Protection of Knowledge in Organizations. In: Lorange, Peter et al. (Hrsg.). Implementing Strategic Processes: Change, Learning and Co-operation. Oxford; Cambridge 1993, S. 190 - 213.

Boyens, Wilhelm Friedrich. Wie vom Blitz getroffen. Das Merger-Syndrom. In: Blick durch die Wirtschaft. 1998, Nr. 100, S. 3.

Brady, Simon; Hagger, Euan. Risk Management: Banks Embrace Derivatives Relationships. In: Corporate Finance. Juli 1995, S. 52 - 56.

Brennan, Michael J. et al. Investment Analysis and the Adjustment of Stock Prices to Common Information. In: The Review of Financial Studies. 1993, Vol. 6, Nr. 4, S. 799 - 824.

Breuer, Rolf-E. Investmentbanking als Zukunft der Universalbanken. In: Bank Magazin. 1996, Nr. 10, S. 64 - 66.

Brock, Ditmar. Wirtschaft und Staat im Zeitalter der Globalisierung. In: Aus Politik und Zeitgeschichte. 1997, B33 - 34, S. 12 - 19.

Brockman, Paul. The Role of Reputation Capital in the Investment Banking Industry. In: Applied Economics Letters. 1996, Vol. 30, Nr. 7, S. 455 - 458.

Brockner, Joel (et al.). Escalation of Commitment to an Ineffective Course of Action: The Effect of Feedback Having Negative Implications for Self-Identity. In: Administrative Science Quaterly. 1986, Vol. 31, S. 109 - 126.

Brown, John Seely; Duguid, Paul. Organizational Learning and Communities-of-Practice: Toward a Unified View of Working, Learning, and Innovation. In: Organization Science. 1991, Vol. 2, No. 1, S. 40 - 57.

Brown, Keith C; Harlow, W.V.; Starks, Laura T. Of Tounaments and Temptations: An Analysis of Managerial Incentives in the Mutual Fund Industry. In: The Journal of Finance, 1996, Vol. 11, No.1, S. 85 - 110.

Brown, Lawrence D. Analysts Forecasting Errors and Their Implications for Security Analysis: An Alternative Perspective. Financial Analysts Journal. 1996, Vol. 52, Nr. 1, S. 40 - 47.

Brown, Stephen J. et al. Mutual Fund Styles. In: Journal of Financial Economics. 1997, Vol. 43, Nr. 3, S. 373 - 399.

Brunsson, Nils. The Organization of Hypocrisy: Talk, Decisions and Actions in Organizations. Chichester; New York 1989.

Brunsson, Nils. The Irrational Organization: Irrationality as a Basis for Organizational Action and Change. Chichester; New York 1985.

Bryan, Lowell; Farrell, Diana. Market Unbound. Unlashing Global Capitalism. New York; Chichester 1996.

Bulkley, George; Harris, D.F. Irrational Analysts' Expectations as a Cause of Excess Volatility in Stock Prices. In: The Economic Journal. 1997, Nr. 441, S. 359 – 371.

Bülow, Stephan. Chinese Walls: Vertraulichkeit und Effizienz. In: Die Bank. Nr. 5, 1997, S. 290 – 293.

Burgess, Guy. Social and Political Pathologies of Risk Decision Making. In: Mann, D. (ed.). Environmental Policy Formation. Lexington, Mass; Toronto 1981, S. 149 - 159.

Burghagen, Volker. Investment-Banking im Europa der neunziger Jahre. In: Bühler, Wilhelm; Feuchtmüller, Wolfgang; Vogel, Michael (Hrsg.). Investment-Banking. Wien 1989. S. 37 - 49.

Büschgen, Hans E.; Everling, Oliver (Hrsg.). Handbuch Rating. Wiesbaden 1996.

Büschgen, Hans E.; Kurt Richolt (Hrsg.). Handbuch des internationalen Bankgeschäfts. Wiesbaden 1989.

Bushrod, Lisa. It's a rich man's world. In: Acquisitions Monthly. February 1997, S. 42 - 43.

Calkins, Nancy et al. Does the Emperor Waer Clothes or Not? The Final Word (or Almost) on the Parable of Investment Management. In: Financial Analysts Journal, 1996, Vol. 52, Nr. 4, S. 9 - 15.

Caplen, Brian. Credit Research: The rising stars. In: Euromoney, March 1997, S. 59 - 61.

Caplen, Brian. Time for a cultural revolution. In: Euromoney, Dezember 1995, S. 36 - 41.

Cappelli, Peter; Crocker-Hefter, Anne. Distinctive Human Resources Are Firms' Core Competencies. In: Organizational Dynamics. Winter 1996, S. 7 - 22.

Carleton, Willard T.; Dragun, Brian; Lazear, Victoria. The WPPSS Mess, or „What's in a Bond Rating?„ A Case Study. In: International Review of Financial Analysis. 1993, Vol. 2, No. 1, S. 1 - 16.

Carls, Andre. Das Going-public-Geschäft deutscher Banken. Markt- und risikopolitische Implikationen. Wiesbaden 1996.

Carroll, Michael. Morgan Stanley's global gamble. In: Institutional Investor. 1995, Vol. 20, Nr. 3, S. 44 – 57.

Carter, Richard B.; Dark, Frederick H. An Empirical Examination of Investment Banking Reputation Measures. In: The Fiancial Review. 1992, Vol. 27, Nr. 3, S. 355 - 374.

Caytas, Ivo G.; Mahari, Julian I. Im Banne des Investment Banking. Stuttgart 1988.

Celarier, Michelle. US Investment Banking: It started in Scarsdale. In: Euromoney. March 1998, S. 44 - 46.

Celarier, Michelle. US Bank Mergers: Picking a winning combination. In: Euromoney, March 1997, S. 51 - 54.

Celarier, Michelle. Mergers & Acquisitions: With friends like these... In: Euromoney, July 1997, S. 61 - 63.

Celarier, Michelle. Merrill Lynch: Four Legs Good, Two Legs Bad. In: Euromoney. Januar 1996, S. 24 – 29.

Celarier, Michelle. US Banks Dare to Cross Cultures. In: Euromoney. 1998, Nr. 2, S. 46 – 49.

Cerny, Keith. Making Local Knowledge Global. In: Harvard Business Review. May - June 1996, S. 22 - 38.

Chauvin, Keith W.; Hirschey, Mark. Advertising, R&D Expenditures and the Market Value of the Firm. In: Financial Management, 1993, Vol. 22, Nr. 4, S. 128 - 140.

Chen, Carl R.; Mohan, Nancy J. Timing the Disclosure of Information: Management's View of Earnings Announcments. In: Financial Management, 1994, Vol. 23, Nr. 3, S. 63 - 69.

Chomrack, Rudolf. Fondsmanagement heute - Basis des Erfolgs. In: Zeyer, Fred (Hrsg.). Investmentfonds-Management. Frankfurt am Main 1993, S. 69 - 82.

Chu, Wilson. The Human Side of Examining a Foreign Target. In: Mergers & Acquisitions. 1996, Vol. 30, Nr. 4, S. 35 39.

Chung, Seungwha (Andy). Performance Effects of Cooparative Strategies among Investment Banking Firms: A Loglinear Analysis of Organizational Exchange Networks. In: Social Networks. 1996, Vol. 18, Nr. 2, S. 121 - 148.

Coffee, John C. Shareholders Versus Mangers: The Strain in the Corporate Web. In: Coffee, John C.; Lowenstein, Louis; Rose-Ackerman, Susan (Hrsg.). Knights, Raiders, And Targets. The Impact Of The Hostile Takeover. New York; Oxford 1988, S. 77 - 134.

Coffee, John C.; Lowenstein, Louis; Rose-Ackerman, Susan (Hrsg.). Knights, Raiders, And Targets. The Impact Of The Hostile Takeover. New York; Oxford 1988.

Cohen, Michael D. Individual Learning and Organizational Routine: Emerging Connections. In: Organization Science. 1991. Vol. 2, No. 1, S. 135 - 139.

Cohen, Michael D.; March, James G.; Olsen, Johan P. A Garbage Can Model of Organizational Choice. In: Administrative Science Quaterly. 1972, Vol. 17, No. 1, S. 1 - 25.

Coleman, James S. A rational choice perspective on economic sociology. In: Smelser, Neil J.; Swedberg, Richard (Hrsg.). The handbook of economic sociology. Princeton, N.J. 1994, S. 166 - 180.

Conley, John M.; O'Barr, William M. Managing Relationships: The Culture of Institutional Investing. In: Financial Analysts Journal, 1992, Vol. 48, Nr. 5, S. 21 - 27.

Copeland, Tom; Koller, Tim; Murrin, Jack. Valuation. Measuring and managing the value of companies. New York; Chichester 1996.

Corzine, Jon S. Interview mit dem Chef der Investmentbank Goldman Sachs. In: ManagerMagazin, 1997, Vol. 27, Nr. 3, S. 68 - 75.

Covill, Laura. „Made in Germany„ doesn´t yet appeal. In: Euromoney. March 1998, S. 75 - 78.

Covill, Laura. Banks bash the Brokers again. In: Euromoney. March 1998, S. 69 - 72.

Covill, Laura. Dresdner Kleinwort Benson: Hofman the go-between. In: Euromoney, May 1997, S. 36 - 40.

Cowan, Arnold Richard. Inside Information and Debt Rating Changes. In: Journal of the Midwest Finance Association, 1991, Nr. 4, S. 47 - 58. ????

Currie, Antony. Goldman's Loss of Energy. In: Euromoney. 1998, Nr. 7, S. 29 – 32.

Cutler, David M. et al. What Moves Stock Prices? In: Thaler, Richard H. (ed.). Advances in Behavioral Finance. New York 1993, S. 133 - 151.

Daft, Richard L.; Huber, George P. How Organizations Learn: A Communication Framework. In: Research in the Sociology of Organizations. 1987, Vol. 5, S. 1 - 36.

Daft, Richard L.; Weick, Karl E. Toward a Model of Organizations as Interpretation Systems. In: Academy of Management Review. 1984, Vol. 9, No. 2, S. 284 - 295.

Davenport, Thomas H. Information Ecology. Mastering the Information and Knowledge Environment. Oxford 1997.

Davenport, Thomas H. Some Principles of Knowledge Management. In: Strategy & Business. 1996, Vol.2, S. 34 - 40.

Davenport, Thomas H. Think Tank. The Future of Knowledge Management. In: CIO magazine. 1995, Vol. 9, Nr. 6, S. 30 - 32.

Davenport, Thomas H.; Eccles, Robert G.; Prusak, Laurence. Information Politics. In: Sloan Management Review. 1992, Vol. 34, No. 1, S. 53 - 65.

Davenport, Thomas H.; Jarvenpaa, Sirkka L.; Beers, Michael C. Improving Knowledge Work Processes. In: Sloan Management Review. Summer 1996, S. 53 - 65.

Davis, Tim R. Managing Knowledge-Work Support Functions. In: Journal of General Management. 1996, Vol. 22, Nr. 1, S. 68 - 86.

De Bond, Werner F. et al. Does the Stock Market Overreact? In: Thaler, Richard H. (ed.). Advances in Behavioral Finance. New York 1993, S. 249 - 264.

De Muynck, Patrick. Banking on increasing internationalisation. In: Acquisitions Monthly, March 1996, Nr. 3, Supplement, S. 48 - 50.

Deiser, Roland. Architektur des Wandels - Designprinzipien für lernende Organisationen. In: Geißler, Harald (Hrsg.). Organisationslernen und Weiterbildung. Neuwied 1995, S. 308 - 325.

Demuth, Michael. Die private Vermögensverwaltung und ihre auf Fonds bezogene Anlagestrategien. In: Brunner, Wolfgang L; Vollath, Johann (Hrsg.). Handbuch Finanzdienstleistungen. Stuttgart 1993, S. 307 - 320.

Der Spiegel. Crash im Revier. 1997, Nr. 13, S. 92 - 101.

DiMaggio, Paul. Culture and economy. In: Smelser, Neil J.; Swedberg, Richard (Hrsg.). The handbook of economic sociology. Princeton, N.J. 1994, S. 27 - 57.

DiMaggio, Paul; Powell, Walter. The Iron Cage Revisited: Institutional Isomorphism and Collective Rationality in Organizational Fields. In: American Sociological Review. 1983, Vol. 48, S. 147 - 160.

Dobson, Rebecca. The rise of DMG. In: Euromoney, January 1997, S. 112 - 113.

Dogson, Mark. Organizational Learning: A Review of Some Literatures. In: Organization Studies. 1993, Vol. 14, S. 375 - 394.

Dörner, Dietrich. Die Logik des Misslingens. Reinbeck 1991.

Douglas, Mary. Wie Institutionen denken. Frankfurt am Main 1991.

Doz, Yves; Prahalad, C.; Hamel, Gary. Control, Change, and Flexibility: The Dilemma of Transnational Collaboration. In: Bartlett, Christopher A.; Doz, Yves; Hedlund, Gunnar. (Hrsg.). Managing the Global Firm. London, New York 1990, S. 117 - 143.

Drucker, P. Post-Capitalist Society. New York 1984.

Dugar, Amitabh; Nathan, Siva. The Effect of Investment Banking Relationships on Financial Analysts´ Earnings Forecasts and Investment Recommendations. In: Contemporary Accounting Research. 1995, Vol. 12, Nr. 1, S. 131 - 160.

Dugar, Amitabh; Nathan, Siva. The Effect of Investment Banking Relationships on Financial Analysts´ Earnings Forecasts and Investment Recommendations. In: Contemporary Accounting Research. 1995, Vol. 12, Nr. 1, S. 131 – 160.

Dwyer, Paula. Global Banking: London Banks are Teaming Up, Teaming Up. In: Business Week. February 6. 1995, Nr. 3394, S. 50 - 51.

Dwyer, Paula. Where Bankers Are Making Out Like Bandits. In: Business Week. 15. Juli 1996, Nr. 3468, S. 46 - 47.

Eccles, Robert G.; Crane Dwight B. Managing Through Networks in Investment Banking. In: California Management Review. 1987, S. 176 - 195.

Eccles, Robert G.; Crane, Dwight B. Doing Deals. Investment Banks at Work. Boston, Mass. 1988.

Edvinsson, Leif; Malone, Michael S. Intellectual Capital. Realizing Your Company's True Value By Finding Its Hidden Brainpower. New York 1997.

Ehren, Harald. Glücks-Rat. In: managermagazin. 1997, Nr. 5, S. 144 - 150.

Ehren, Harald; Nölting, Andreas. Neue Macht. In: managermagazin. 1997, Nr. 5, S. 138 - 142.

Eisenstadt, Shmuel N. Breakdowns of Modernization. In: Economic Development and Cultural Change, 1964, 12. S. 245 - 367.

Eliasson, Gunnar (et al.). The Knowledge Based Information Economy. Stockholm 1990.

Eliasson, Gunnar. The Knowledge Based Information Economy. In: Eliasson, Gunnar (et al.). The Knowledge Based Information Economy. Stockholm 1990, S. 9 - 87.

Ellis, Charles D. Attracting Corporate Clients. In: Williamson, Peter J. (ed.). The Investment Banking Handbook. New York, Chichester 1988, S. 55 – 61.

Ericsson, Anders; Smith, Jacqui. (Hrsg.) Toward a General Theory of Expertise. Cambridge 1991.

Essinger, James. Decisions on the Information Edge. In: Euromoney, Dezember 1995, S. 64 - 70.
Etzioni, Amitai. Die aktive Gesellschaft. Eine Theorie gesellschaftlicher und politischer Prozesse. Opladen 1975.
Evans, Gerry. Can Ujiie clean up Nomura? In: Euromoney, June 1997, S. 52 - 57.
Evans, Gerry. Stuck in the Second League? In: Euromoney, August 1994, S. 40 - 44.
Everling, Oliver. Credit Rating durch internationale Agenturen. Wiesbaden 1991.
Everling, Oliver. Ratingagenturen an nationalen und internationalen Finanzmärkten. In: Büschgen, Hans E.; Everling, Oliver (Hrsg.). Handbuch Rating. Wiesbaden 1996, S. 3 - 17.

Fahrion, R.; Gemein, M. Die Point & Figure Chart-Analyse: Eine rationale Anlagestrategie? Schriftenreihe des Alfred-Weber Instituts der Universität Heidelberg, März 1993, Nr. 192.
Fairlamb, David. Reinventing the City. In: Institutional Investor. November 1995, S. 56 - 66.
Fairlamb, David. Vorstandsdämmerung. In: Institutional Investor. 1995, Nr. 12, S. 50 – 60.
Feldman, Jack. On the Difficulty of Learning from Experience. In: Sims, Henry P. (et al.). The Thinking Organization. Dynamics of Organizational Social Cognition. San Francisco 1986, S. 263 - 292.
Feldman, Martha S.; March, James G. Information in Organisationen als Signal und Symbol. In: March, James G. (Hrsg.), Entscheidung und Organisation. Wiesbaden 1990, S. 455 - 477.
Fiano, Andrea. Olivetti: A Financial Executive Caught in the Crossfire. In: Global Finance, 1996, Vol. 10, Nr. 9, S. 19.
Fiano, Andrea. Olivetti: An Investor Relations Debacle. In: Global Finance, 1996, Vol. 10, Nr. 5, S. 51 - 52.
Field, Peter. The art, not science, of risk management. In: Risk. 1995, Vol. 8, Nr. 6, S. 2 - 9.
First Consulting Limited. Global Investment Banking. Interne Studie, London 1996.
Fischer, Manfred; Burgmaier, Stefanie. Schottische Seele. Auch in turbulenten Zeiten bleibt die traditionsreiche Bank HSBC Maßstab für die Konkurrenz. In: Wirtschaftswoche, 1997, Nr. 45, S. 148 - 158.
Fischermann, Thomas. Showdown in der City. In: Die Zeit vom 24.01.1997, S. 22
Flach, Uwe E. Investmentbanking für den deutschen Markt. In: Rudolph, Bernd (Hrsg.). Instrumente und Strategien im Investment Banking. Frankfurt am Main 1990, S. 113 - 134.
Fores, Michael; Glover, Ian; Lawrence, Peter. Professionalism and Rationality: A Study in Misapprehension. In: Sociology, Vol. 25, No. 1, 1991, S. 79 - 100.
Foti, Andrew A. Investment Lending by Banks in a Networked Environment: Conflicts of Interest and Chinese Walls Revisited. In: Banking & Finance Law Review. 1995 - 1996, Vol. 11, S. 397 - 421.
Fox, Craig R.; Rogers, Brett A.; Tversky, Amos. Options Traders Subadditive Decision Weights. In: Journal of Risk and Uncertainty, 1996, S. 5 - 17.
Fox, Craig R.; Tversky, Amos. Ambiguity Aversion and Comparative Ignorance. In: The Quarterly Journal of Economics. 1995, Vol. 110, Nr. 4, S. 585 - 603.
Frankfurter Allgemeine Zeitung. Die Deutsche Bank will in Amerika unter die Top Ten vorstoßen. 20. März 1997, S. 32.
Frankfurter Allgemeine Zeitung. Ein Jahr voller Umstrukturierungen bei NatWest. 26. Februar 1997, S. 21.
Frankfurter Allgemeine Zeitung. Nach der Super-Hausse gibt es jetzt hohe Gehälter in Wall Street. 15. März 1997, S. 24.

Frankfurter Allgemeine Zeitung. Skepsis über Aufschub der Übernahmeattacke. 20. März 1997, S. 20.

Franks, Julian et al. Hostile Takeovers and the Correction of Managerial Failure. In: Journal of Financial Economics. 1996, Vol. 40, Nr. 1, S. 163 - 181.

Freeman, James L. Sales and Trading. In: Williamson, Peter J. (ed.). The Investment Banking Handbook. New York, Chichester 1988, S. 183 – 207.

French, Kenneth R. et al. Investor Diversification and International Equity Markets. In: Thaler, Richard H. (ed.). Advances in Behavioral Finance. New York 1993, S. 383 - 390.

Frenkel, Steve et al. Re-constituting Work: Trends Towards Knowledge Work and Info-normative Control. In: Work, Employment & Society. 1995, Vol. 9, Nr. 4, S. 773 - 796.

Frey, Dieter. Psychogramm eines Traders. In: Manager Magazin. 1995, Vol. 25, Nr. 4, S. 243 - 245.

Frey, Dieter; Stahlberg, Dagmar. Erwartungsbildung und Erwartungsveränderung bei Börsenakteuren. In: Maas, Peter; Weibler, Jürgen (Hrsg.). Börse und Psychologie: Plädoyer für eine neue Perspektive. Köln 1990, S. 102 - 139.

Friedland, Roger; Alford, Robert R. Bringing Society Back In: Symbols, Practices, and Institutional Contradictions. In: Powell, Walter W.; DiMaggio, Paul J. The New Institutionalism in Organizational Analysis. Chicago 1991, S. 232 - 263.

Friedrichs, Jürgen. Globalisierung - Begriff und grundlegende Annahmen. In: Aus Politik und Zeitgeschichte. 1997. B33 - 34, S. 3 - 11.

Fuller, Steve. Knowledge as Product and Property. In: Stehr, Nico; Ericson, Richard V, (Hrsg.). The Culture and Power of Knowledge. Inquiries into Contemporary Societies. Berlin 1992. S. 157 - 190.

Galant, Debbie. Money (still) talks. In: Institutional Investor. 1995, Vol. 29, Nr. 7, S. 167 - 168.

Galbraith, Craig S.; Merrill, Gregory B. The Politics of Forecasting: Managing the Truth. In: California Management Review. 1996, Vol. 38, No. 2, S. 29 - 43.

Gant, Joanna. In-House M&A Teams. In: Acquisitions Monthly. Februar 1997, Nr. 2, S. 66 - 69.

Gardener, Edward; Molyneux, Philip. Investment Banking Theory and Practice. London 1996.

Geiger, Helmut. Entstehung und Auswirkungen besonderer Börsenentwicklungen am Beispiel des Börsencrashs 1987. In: Maas, Peter; Weibler, Jürgen (Hrsg.). Börse und Psychologie: Plädoyer für eine neue Perspektive. Köln 1990, S. 213 - 237.

Geisst, Charles R. Investment Banking in the Financial System. Englewood Cliffs 1995-

Gennotte, Gerard; Trueman, Brett. The Strategic Timing of Corporate Disclosures. In: The review of financial studies, 1996, Vol. 9, Nr. 2, S. 665 - 690.

Giddens, Anthony. The Consequences of Modernity. Oxford 1992.

Goh, Jeremy C.; Ederington, Louis H. Is a Bond Rating Downgrade Bad News, Good News, or No News for Stockholders? In: The Journal of Finance. 1993, Vol. 48, No. 5, S. 2001 - 2008.

Gombola, Michael J.; Tsetsekos, George P. The Information Content of Plant Closing Announcements: Evidence From Financial Profiles and the Stock Price Reaction. In: Financial Management, 1992, Vol. 21, Nr. 2, S. 31 - 40.

Grainger-Smith, Neil; Oppenheim, Charles. The Role of Information Systems and Technology (IS/IT) in Investment Banks. In: Journal of Information Science. 1994, Vol. 20, Nr. 5, S. 323 - 333.

Grant, John H.; Gnyawali, Devi R. Strategic Process Improvement Through Organizational Learning. In: Strategy & Leadership, May/June 1996, S. 28 - 33.

Greider, William. Secrets of the Temple. How the Federal Reserve runs the Country. New York; London 1987.

Gündling, Heike; Everling, Oliver. Rating als Methode der Finanzanalyse. In: Die Bank. 1994, Nr. 12, S. 727 - 731.

Günther, Thomas; Otterbein, Simone. Die Gestaltung der Investor Relations am Beispiel führender deutscher Aktiengesellschaften. In: Zeitschrift für Betriebswirtschaft, 1996, Vol. 66, Nr. 4, S. 389 - 417.

Gutt, Corinna. Frohlocken in London über die Bonuszeit. In: Blick durch die Wirtschaft. 8. April 1997, S. 7.

Hagström, Peter. New Information Systems and the Changing Structure of MNCs. In: Bartlett, Christopher A.; Doz, Yves; Hedlund, Gunnar. (Hrsg.). Managing the Global Firm. London, New York 1990, S. 164 - 185.

Hand, John R.; Holthausen, Robert W.; Leftwich, Richard W. The Effect of Bond Rating Agency Announcements on Bond and Stock Prices. In: The Journal of Finance. 1992, Vol. 47, No. 2, S. 733 - 752.

Harrison, Richard J.; March, James G. Entscheidungsfindung und Überraschungen nach der Entscheidung. In: March, James G. (Hrsg.). Entscheidung und Organisation. Wiesbaden 1990, S. 255 - 280.

Haugen, Robert A.; Jorion, Philippe. The January Effect: Still There after All These Years. In: Financial Analysts Journal, 1996, Vol. 52, Nr. 1, S. 27 - 31.

Hawksley, Flavia. Corporate Finance in Merchant Banks. In: Accountancy. May 1995, S. 54 - 55.

Hayes, Samuel L.; Hubbard, Philip M. Investment Banking: A Tale of Three Cities. Boston, Mass. 1990.

Hayes, Samuel L.; Spence, Michael A.; Van Praag Marks, David. Competition in the Investment Banking Industry. Cambridge, Mass. 1983.

Hayward, David; Salvaris, Mike. Creating the Conditions of their Own Existence: Credit Rating Agencies and Australian Social Policy. In: Saunders, Peter (ed.). Theory and Practice in Australian Social Policy. Kensington 1993, S. 225 - 240.

Hedberg, Bo et al. Virtual Organizations and Beyond. New York, Chichester 1997.

Hedberg, Bo L.; Nystrom, Paul C.; Starbuck, William H. Camping on Seesaws: Prescriptions for a Self-Designing Organization. In: Administrative Science Quarterly. 1976, Vol. 21, S. 41 - 65.

Hedlund, Gunnar; Nonaka, Ikujiro. Models of Knowledge Management in the West and Japan. In: Lorange, Peter et al. (Hrsg.). Implementing Strategic Processes: Change, Learning and Co-operation. Oxford; Cambridge 1993, S. 117 - 144.

Hedlund, Gunnar; Rolander, Dag. Action in Heterarchies: New Approaches to Managing the MNC. In: Bartlett, Christopher A.; Doz, Yves; Hedlund, Gunnar. (Hrsg.). Managing the Global Firm. London, New York 1990, S. 15 - 46.

Hickson, David J. Decision-Making at the Top of Organizations. In: Annual Review of Sociology. 1987, Vol. 13, S. 165 - 192.

Hiebeler, Robert J. Benchmarking Knowledge Management. In: Strategy & Leadership. 1996, Vol. 24, Nr. 2, S. 22 - 29.

Hillebrand, Walter. Analysten. In: Capital 1995, Nr. 12, S. 36 - 46.

Himelstein, Linda et al. Silicon Valley Seeds Itself. Local Firms Are Snaring IPO Business That Once Went West. In: Business Week. 11. März 1996, Nr. 3450, S. 44 - 45.

Hinds, Pamela; Kiesler, Sara. Communication across Boundaries: Work, Structure, and the Use of Communication Technologies in a Large Organization. In: Organization Science. 1995, Vol. 6, No. 4, S. 373 - 393.

Hinkelmann, Regine. Analysten fordern ausführlichere Informationen seitens der Unternehmen. In: Blick durch die Wirtschaft, 1997, Nr. 213, S. 1 - 2.

Hirsch, Ulrich. Rating ist objektiv subjektiv. In: Büschgen, Hans E.; Everling, Oliver (Hrsg.). Handbuch Rating. Wiesbaden 1996, S. 657 - 672.

Hitzler, Ronald (Hrsg.). Expertenwissen: die institutionalisierte Kompetenz zur Konstruktion von Wirklichkeit. Opladen 1994.

Hitzler, Ronald. Wissen und Wesen des Experten. In: ders. (Hrsg.). Expertenwissen: die institutionalisierte Kompetenz zur Konstruktion von Wirklichkeit. Opladen 1994. S. 13 - 30.

Hochstetter, Ulrich K. Der richtige Wert junger Unternehmen. In: Unternehmensbeteiligungen. Sonderbeilage der Frankfurter Allgemeinen Zeitung vom 22. April 1997, S. B21.

Hoffman, Paul. The Dealmakers. Inside the World of Investment Banking. Garden City, New York 1984.

Hoffmann, Peter. Bonitätsbeurteilung durch Credit Rating. Berlin 1991.

Hogarth, Robin M.; Kunreuther, Howard. Decision Making under Ignorance: Arguing with Yourself. In: Journal of Risk and Uncertainty. 1995, Vol. 10, S. 15 - 36.

Holmes, Sarah. Risk management rationalized. In: Reactions, April 1996, Nr. 4, S. 39 - 42.

Hopt, Klaus J.; Wymeersch, Eddy (Hrsg.). European Insider Dealing - Law and Practice. London; Boston 1991: Butterworths.

House, Richard. The Continental Style. In: Institutional Investor. April 1996, S. 35 - 36.

Huber, George P. Organizational Learning: The Contributing Processes and the Literatures. In: Organization Science. 1991, Vol. 2, No. 1, S. 88 - 115.

Hunt, David. What Future For Europe's Investment Banks? In: The McKinsey Quarterly. 1995, No. 1, S. 104 - 117.

Ipsen, Erik. The Growth of In-House M&A Departments. In: Institutional Investor. 1984, August-Ausgabe, S. 202 - 208.

Irvine, Steven. Deutsche Morgan Grenfell: Yanks in, Brits out. In: Euromoney, March 1997, S. 55 - 58.

Jacob, Adolf-Friedrich; Klein, Sebastian. Investment Banking. Bankpolitik, Methoden und Konzepte. Wiesbaden 1996.

Janis, Irving L. Victims of Groupthink. A Psychological Study of Foreign-Policy Decisions and Fiascoes. Boston 1972.

Japp, Klaus Peter. Politische Risikosteuerung unter den Bedingungen globaler Kommunikation. Unveröffentlichter Forschungsantrag zum Bielefelder SFB Signaturen der Weltgesellschaft. Bielefeld 1998.

Japp, Klaus Peter. Gutachten zur Diplomarbeit des Autors. Bielefeld 1996a.

Japp, Klaus Peter. Soziologische Risikotheorie, Funktionale Differenzierung, Politisierung und Reflexion. Weinheim; München 1996.

Japp, Klaus Peter. Selbstverstärkungseffekte riskanter Entscheidungen. Zur Unterscheidung von Rationalität und Risiko. In: Zeitschrift für Soziologie. 1992a, Heft 1, S. 31 - 48.

Japp, Klaus Peter. Rationalität In Organisationen. Fakultät für Soziologie, Forschungsschwerpunkt Zukunft der Arbeit (Hrsg.), Arbeitsbericht No. 75, Universität Bielefeld 1992b.

Jenings, Robert J. et al. Competing Bids, Target Management Resistance, and the Structure of Takeover Bids. In: The Review of Financial Studies. 1993, Vol. 6, Nr. 4, S. 883 - 909.

Jenkins, Iain. In-house teams' growing clout. They're often better than investment banks at doing M&A deals - and they're always cheaper. In: Institutional Investor. February 1996, S. 34 - 36.

Jordan, Jerry L. Supervision of Derivative Instruments. In: Journal of Financial Services Research. 1995, Vol. 9, S. 433 - 444.

Kahn, Ronald N.; Rudd, Andrew. Does Historical Performance Predict Future Performance? In: The Financial Analysts` Journal. 1995, Vol. 51, Nr. 6, S. 43 - 52.

Kahn, Sharon. An In-House M&A Team Reshapes a Company. In: Global Finance, 1997, Vol. 11, Nr. 3, S. 38 - 43.

Kandel, Shmuel et al. Learning from Trading. In: The Review of Financial Studies. 1993, Vol. 6, Nr. 3, S. 507 - 526.

Keal, Tony. Structured finance goes global. In: Acquisitions Monthly, April 1996, Nr. 4, Supplement, S. 14 - 16.

Keller, Franco E. Homo Oeconomicus vs. Homo Psycho-Politicus beim Kauf/Verkauf von Unternehmungen. In: Siegwart, Hans et al. (Hrsg.). Meilensteine im Management. Bd. 1 Mergers & Acquisitions. Basel; Frankfurt a. M. 1990, S. 253 - 264.

Keltner, Brent. Relationship Banking and Competitive Advantage. Evidence from the U.S. and Germany. In: California Management Review. 1995, Vol. 37, Nr. 4, S. 45 - 72.

Kern, Horst. Vertrauensverlust und blindes Vertrauen: Integrationsprobleme im ökonomischen Handeln. SOFI-Mitteilungen Nr. 24, 1996, S. 7 - 14.

Kim, Daniel H. The Link between Individual and Organizational Learning. In: Sloan Management Review. 1993, Vol. 35, No. 1, S. 3750.

King, Mark et al. The Best Investment Banks, Part II. In: In Vivo. 1997, Vol. 15, No. 3, S. 13 - 17.

Klausner, Michael. Sociological Theory and the Behavior of Financial Markets. In: Adler, Patricia A.; Adler, Peter (Hrsg.). The Social Dynamics of Financial Markets. Greenwich; London 1984, S. 57 - 81.

Knights, David; Murray, Fergus; Willmott, Hugh. Networking as Knowledge Work: A Study of Strategic Interorganizational Development in the Financial Services Industry. In: Journal of Management Studies. 1993, Vol. 30, No. 6, S. 975 - 996.

Knorr, Karin. Die Fabrikation von Wissen. In: Stehr, Nico (Hrsg.). Wissensoziologie. Sonderband der Kölner Zeitschrift für Soziologie und Sozialpsychologie. 1981. S. 226 - 245.

Kogut, Bruce. International Sequential Advantages and Network Flexibility. In: Bartlett, Christopher A.; Doz, Yves; Hedlund, Gunnar. (Hrsg.). Managing the Global Firm. London, New York 1990, S. 47 - 68.

Kogut, Bruce; Zander, Udo. Knowledge of the Firm and the Evolutionary Theory of the Multinational Corporation. In: Journal of International Business Studies. 1993, Vol. 24, Nr. 4, S. 625 - 645.

Kogut, Bruce; Zander, Udo. Knowledge, Market Failure and the Multinational Enterprise: A Reply. In: Journal of International Business Studies. 1995, Vol. 26, Nr. 2, S. 417 - 426.

Kohn, Alfie. Punished by Rewards. The Trouble with Gold Stars, Incentive Plans, A's, Praise, and other Bribes. Boston, New York 1993.

Kolb, R.; Stekler, H. How Well Do Analysts Forecast Interest Rates? In: Journal of Forecasting. 1996, Vol. 15, S. 385 – 394.

Kolb, R.A.; Stekler, H.O. How well do Analysts Forecast Interest Rates? In: Journal of Forecasting. 1996, Vol. 15, S. 385 – 394.

Kosnik, Rita D.; Shapiro, Debra L. Agency conflicts between investment banks and corporate clients in merger and acquisition transactions: Causes and remedies. In: Academy of Management Executive. 1997, Vol. 11, Nr. 1, S. 7 - 20.

Krackhardt, David; Hanson, Jeffrey R. Informal Networks: The Company behind the Chart. In: Harvard Business Review. July - August 1993, S. 104 - 111.

Krippendorff, Klaus. Paradox and Information. In: Brenda Dervin (Ed.), Progress In Communication Sciences, Annual Review. Vol. V, Norwood 1990, S. 45 - 71.

Kuhn, Robert Lawrence. Deal Maker. New York, Chichester 1988.

Kuhn, Robert Lawrence. Investment Banking. The Art and Science of High-Stakes Dealmaking. New York 1989.

Kunkel, Rolf. Achleitner - Investmentbanker. In: Frankfurter Allgemeines Magazin. 1997, Heft Nr. 894, S. 34 - 41.

Kunz, Roger M. Underpricing beim Going Public. In: Die Unternehmung. 1990, Vol. 44, Nr. 3, S. 202 - 221.

Kunz, Roger M.; Studer, Tobias. Zur Bestimmung des Emissionspreises beim Going Public. In: Die Unternehmung. 1989, Vol. 43, Nr. 6, S. 472 - 490.

LaMonica, Paul R. The Best and the Worts: Bloomberg's second annual analysts survey, and the top analysts top picks. In: Financial World. 30.01.1996, Vol. 165, S. 38 – 42.

Lazega, Emmanuel. Micropolitics of Knowledge. Communication and Indirect Control in Workgroups. New York 1992.

Leander, Ellen. Global Finances's 50 Most Wanted in Finance. In: Global Finance, 1996, Vol. 10, Nr. 1, S. 42 - 43.

Lecky-Thompson, Roy. Tales of the City. In: People Management. January 1997, S. 22 - 27.

Ledin, Hakan. Building a Dynamic Intelligent Network: Lessons from the Telecommunications Revolution for the MNC Organization of the Future. In: Bartlett, Christopher A.; Doz, Yves; Hedlund, Gunnar. (Hrsg.). Managing the Global Firm. London, New York 1990, S. 326 - 353.

Lee, Peter. Deutsche dumps ist investment bankers. In: Euromoney. 1998, S. 38 – 43.

Lee, Peter. Euro-gigantism. In: Euromoney. 1998, Nr. 2, S. 36 – 44.

Lee, Peter. Masters of credit or hype? In: Euromoney. July 1997, S. 44 - 49.

Lee, Peter. Nomura bounces back. In: Euromoney. March 1998, S. 12 - 13.

Lee, Peter. Warburg - the morning after. In: Euromoney. Januar 1995, S. 20 - 23.

Lerner, Joshua. The Syndication of Venture Capital Investments. In: Financial Management. 1994, Vol. 23, Nr. 3, S. 16 - 27.

Lessard, Donald R.; Nohria, Nitin. Rediscovering Functions in the MNC: The Role of Expertise in Firms' Responses to Shifting Exchange Rates. In: Bartlett, Christopher A.; Doz, Yves; Hedlund, Gunnar. (Hrsg.). Managing the Global Firm. London, New York 1990, S. 186 - 214.

Levedag, Rolf W. Vermögensanlagestrategien - über Markowitz hinaus. In: Rudolph, Bernd (Hrsg.). Instrumente und Strategien im Investment Banking. Frankfurt am Main 1990, S. 11 - 34.

Levinthal, Daniel A.; March, James G. The Myopia of Learning. In: Strategic Management Journal. 1993, Vol. 14, S. 95 - 112.

Levitt, Barbara; March, James G. Organizational Leraning. In: Annual Review of Sociology, 1988, Vol. 14, S. 319 - 340.

Levy, Moshe; Levy, Haim. The Danger of Assuming Homogeneous Expectations. In: Financial Analysts Journal. 1996, Vol. 52, Nr. 3, S. 65 - 70.

Ling, David C. et al. Valuation Uncertainty, Institutional Involvement, and the Underpricing of IPOs: The Case of REITs. In: Journal of Financial Economics. 1997, Vol. 43, Nr. 3, S. 433 - 456.

Lisle-Williams, Michael. Beyond the market: the survival of family capitalism in the English merchant banks. In: The British Journal of Sociology. 1984, Vol. XXXV, Nr. 2, S. 241 - 271.

Lloyd, Bruce. Knowledge Management: the Key to Long-term Organizational Success. In: Long Range Planning. 1996, Vol. 29, No. 4, S. 576 - 580.

Löffelholz, Martin; Altmeppen, Klaus-Dieter. Kommunikation in der Informationsgesellschaft. In: Merten, K.; Schmidt, S.J.; Weischenberg, S. (Hrsg.). Die Wirklichkeit der Medien. Opladen 1994.

Lowry, Ritchie P. Structural Changes in the Market: The Rise of Professional Investing. In: Adler, Patricia A.; Adler, Peter (Hrsg.). The Social Dynamics of Financial Markets. Greenwich; London 1984, S. 19 - 38.

Luber, Thomas. Die Strippenzieher. In: Capital. November 1997.

Luhmann, Niklas. Die Gesellschaft der Gesellschaft, 2 Bände. Frankfurt am Main 1997.

Luhmann, Niklas. Beobachtungen der Moderne. Opladen 1992a.

Luhmann, Niklas. Die Kontrolle von Intransparenz. In: Ahlemeyer, Heinrich W.; Königswieser, Roswita (Hrsg.). Komplexität managen. Frankfurt am Main 1997, S. 51 - 76.

Luhmann, Niklas. Die Paradoxie des Entscheidens. Ms. Bielefeld 1993a.

Luhmann, Niklas. Die Rolle der Organisationen in der industriellen Gesellschaft. Bielefeld 1993b, unveröffentlichtes Manuskript.

Luhmann, Niklas. Grenzwerte der ökologischen Politik. Eine Form von Risikomanagement. Ms. Bielefeld 1990a.

Luhmann, Niklas. Organisation und Entscheidung. In: ders. Soziologische Aufklärung 3, Soziales System, Gesellschaft, Organisation. Opladen 1991.

Luhmann, Niklas. Organisation und Entscheidung. Ms. Bielefeld 1995.

Luhmann, Niklas. Organisation. In: Küpper, Willi; Ortmann, Günther (Hrsg.). Mikropolitik. Rationalität, Macht und Spiele in Organisationen. Opladen 1992c, S. 165 - 185.

Luhmann, Niklas. Soziale Systeme, Frankfurt/M. 1985.

Luhmann, Niklas. Soziologische Aufklärung 5, Konstruktivistische Perspektiven. Opladen 1990b.

Luhmann, Niklas. Vertrauen. Ein Mechanismus der Reduktion sozialer Komplexität. Stuttgart 1989.

Luhmann, Niklas. Wissenschaft der Gesellschaft. Frankfurt/M. 1992b.

Luhmann, Niklas; Fuchs, Peter. Reden und Schweigen. Frankfurt/M. 1992.

Lyles, Marjorie et al. The Impact of Individual and Organizational Learning on Formation and Management of Organizational Cooperation. In: von Krogh, Georg; Roos, Johan (Hrsg.). Managing Knowledge. London 1996, S. 83 - 99.

Lyles, Marjorie; Schwenk, Charles R. Top Management, Strategy and Organizational Knowledge Structures. In: Journal of Management Studies. 1992, Vol. 29, Nr. 2, S. 155 - 174.

Maas, Peter; Weibler, Jürgen (Hrsg.). Börse und Psychologie: Plädoyer für eine neue Perspektive. Köln 1990.

Maas, Peter; Weibler, Jürgen. Anmerkungen zur Theorie des effizienten Marktes. In: Maas, Peter; Weibler, Jürgen (Hrsg.). Börse und Psychologie: Plädoyer für eine neue Perspektive. Köln 1990, S. 203 - 212.

Maas, Peter; Weibler, Jürgen. Wahrnehmungs- und Informationsverarbeitungsprozesse an der Börse. In: Maas, Peter; Weibler, Jürgen (Hrsg.). Börse und Psychologie: Plädoyer für eine neue Perspektive. Köln 1990, S. 72 - 101.

Maass, Anne et al. We Knew It All Along: Hindsight Bias in Groups. In: Organizational Behaviour and Human Decision Processes. 1995, Vol. 63, Nr. 1, S. 46 - 58.

Machlup, Fritz. The Production and Distribution of Knowledge in the Untited States. Princeton N.J. 1962.

March, James G. (Hrsg.). Entscheidung und Organisation. Wiesbaden 1990.

March, James G. A Primer on Decision Making: How Decisions Happen. New York 1994.

March, James G. Beschränkte Rationalität, Ungewißheit und die Technik der Auswahl. In: ders. (Hrsg.), Entscheidung und Organisation. Wiesbaden 1990.

March, James G. Bounded Rationality, Ambiguity, and the Engeneering of Choice. In: ders., Decisions and Organizations, Oxford 1988.

March, James G.; Olsen, Johan P. Organizational Learning and the Ambiguity of the Past. In: dies. Ambiguity and Choice in Organizations. Bergen 1976, S. 54 - 68.

March, James G.; Olsen, Johan P. Rediscovering Institutions: The Organisational Basis of Politics. New York 1989.

March, James; Sproull, Lee; Tamuz, Michal. Learning From Samples of One or Fewer. Organization Science. 1991. Vol. 2, No. 1, S. 1 - 13.

Marcial, Gene G. Secrets of the Street. The Dark Side of Making Money. New York; San Francisco 1995.

Markus, Joel H. Der „Faktor Mensch„ beim Unternehmenskauf. In: Siegwart, Hans et al. (Hrsg.). Meilensteine im Management. Bd. 1 Mergers & Acquisitions. Basel; Frankfurt a. M. 1990, S. 393 - 407.

Marriot, Christian. Merril Lynch: London´s latest dream team? In: Acquisitions Monthly, 1996, Nr. 4, S. 66 - 73.

Mars, Frank. Wir sind alle Seher. Die Praxis der Aktienanalyse. Unveröffentlichte Dissertation. Universität Bielefeld 1998.

Marshall, Chris; Prusak, Larry; Shpilberg, David. Financial Risk and the Need for Superior Knowledge Management. In: California Management Review. 1996, Vol. 38, No. 3, S. 77 - 101.

Marston, C. The Organization of the Investor Relations Function by Large UK Quoted Companies. In: Omega, 1996, Vol. 24, Nr. 4, S. 477 - 488.
Maturana, Humberto R.; Varela, Francisco J. Der Baum der Erkenntnis. Die biologischen Wurzeln des menschlichen Erkennens. Bern; München 1990.
McCloskey, Donald N. The Limits of Expetise. In: The American Scholar, 1988, Bd. 57, S. 393 - 406.
McCloskey, Donald N. The Rhetoric of Economics. In: Journal of Economic Literature. 1983, Vol. XXI, S. 481 - 517.
McGoldrick, Beth. Inside the Goldman Sachs Culture. In: Institutional Investor, Januar 1984, S. 53 - 67.
McGoldrick, Beth. Salomon's Power Culture. In: Institutional Investor. März 1986, S. 67 - 76.
Merton, Robert C. A Functional Perspective of Financial Intermediation. In: Financial Management, 1995, Vol. 24, Nr. 2, S. 23 - 41.
Meyer, John W.; Rowan, Brian. Institutionalized Organizations: Formal Structure as Myth and Ceremony. In: Powell, Walter W.; DiMaggio, Paul J. The New Institutionalism in Organizational Analysis. Chicago 1991, S. 41 - 62.
Meyer-Parpart, Wolfgang. Ratingkriterien für Unternehmen. In: Büschgen, Hans E.; Everling, Oliver (Hrsg.). Handbuch Rating. Wiesbaden 1996, S. 111 - 173.
Mingers, Susanne. Wissensarbeit in Organisationen. Unveröffentlichter Zwischenbericht zum Forschungsprojekt der DFG. Bielefeld 1997.
Minto, Robert. Asian Brokers Poll: The old hands fight back. In: Euromoney, August 1997, S. 64 - 68.
Mintzberg, Henry et al. Some Surprising Things About Collaboration - Knowing How People Connect Makes It Work Better. In: Organizational Dynamics, Spring 1996, S. 60 - 71.
Mintzberg, Henry et al. Strategy Formulation in an Adhocracy. In: Administrative Science Quaterly. 1985, Vol. 30, S. 160 - 197.
Mizruchi, Mark S.; Brewster Stearns, Linda. Money, banking, and financial markets. In: Smelser, Neil J.; Swedberg, Richard (Hrsg.). The handbook of economic sociology. Princeton, N.J. 1994, S. 313 - 341.
Mühlbrandt, Frank W. Kapitalanlagegesellschaften und ihr Fondssortiment: Status quo und Perspektiven des deutschen Investmentmarktes. In: Brunner, Wolfgang L; Vollath, Johann (Hrsg.). Handbuch Finanzdienstleistungen. Stuttgart 1993, S. 321 - 336.
Müller, Enno. Konzeption eines Bonitätsratingverfahrens für ausländische Unternehmen. Univ. Diss. Göttingen 1991.
Müller, Mario; Schumacher, Oliver. Banken im Fusionsfieber: Megadeal der Schweitzer. In: Die Zeit, 1997, Nr. 51, S. 21 - 23.
Murphy, John J. Visuelle Aktienanalyse. Frankfurt, New York 1997.
Myers, Paul S. (ed.). Knowledge Management and Organizational Design. Boston, Oxford 1996.

Nagy, Robert A.; Obenberger, Robert W. Factors Influencing Individual Investor Behavior. In: Financial Analysts Journal, 1994, Vol. 50, Nr. 4, S. 63 - 68.
Neill, H. B. Art of Contrary Opinion. New York 1963.
Neubohn, Naneen H. Interview mit der Coleiterin Morgan Stanley Deutschland unter der Überschrift: „Europa an einer neuen Schwelle„ in: Unternehmensbeteiligungen. Sonderbeilage der Frankfurter Allgemeinen Zeitung vom 22. April 1997, S. B1.

Nonaka, Ikujiro. A Dynamic Theory of Organizational Knowledge Creation. In: Organization Science. 1994, Vol. 5, No. 1, S. 14 - 37.

Nonaka, Ikujiro. Managing Globalization as a Self-Renewing Process: Experiences of Japanese MNCs. In: Bartlett, Christopher A.; Doz, Yves; Hedlund, Gunnar. (Hrsg.). Managing the Global Firm. London, New York 1990, S. 69 - 94.

Nonaka, Ikujiro. Wie japanische Konzerne Wissen erzeugen. In: Harvard manager. 1992, Nr. 2, S. 95 - 103.

Nonaka, Ikujiro; Takeuchi, Hirotaka. The Knowledge-Creating Company. New York/ Oxford 1995.

Nonaka, Ikujiro; Umemoto, Katsuhiro; Senoo, Dai. From Information Processing to Knowledge Creation: A Paradigm Shift in Business Management. In: Technolgy in Society. 1996, Vol. 18, Nr. 2, S. 203 - 218.

Nuske, Manfred. Vermögensverwaltung. In: Brunner, Wolfgang L; Vollath, Johann (Hrsg.). Handbuch Finanzdienstleistungen. Stuttgart 1993, S. 337 - 359.

Odgen, Joan. Eight cross-border dream mergers. In: Global Finance, 1996, Vol. 10, Nr. 1, S. 34 - 39.

Olsen, Johan P. Organization Theory and Political Research. In: Czada, R.M.; Windhoff-Heritier, A. (Hrsg.). Political Choice - Institutions, Rules, and the Limits of Rationality. Frankfurt/ Boulder, Col. 1991.

Orlikowski, Wanda J. Evolving with Notes: Organizational Change around Groupware Technology. CCS Working Paper 186. 1995. URL: http://www-sloan.mit.edu/ccs/ccswp186.htlm.

Orlikowski, Wanda J. Learning from Notes: Organizational Issues in Groupware Implementation. In: Turner, Jon (Hrsg.). LCSCW 1992; Sharing Perspectives: Proceedings of the Conference on Computer Supported Cooperative Work Toronto 1992, New York 1992, S. 362 - 369.

Ortmann, Günther. Handlung, System, Mikropolitik. In: Küpper, Willi; Ortmann, Günther (Hrsg.), Mikropolitik, Opladen 1992, S. 217 - 225.

Pautzke, G. Die Evolution der organisatorischen Wissensbasis. Bausteine zu einer Theorie des organisatorischen Lernens, München 1989.

Pavey, Nigel. Syndicated Loans: The banks learn how to say no. In: Euromoney, July 1997, S. 123 - 128.

Pawlowsky, Peter. Von betrieblicher Weiterbildung zum Wissensmanagement. In: Geißler, Harald (Hrsg.). Organisationslernen und Weiterbildung. Neuwied; Berlin 1995, S. 435 - 456.

Pfeffer, Jeffrey. When It Comes To „Best Practices„ - Why Do Smart Organizations Occasionally Do Dumb Things? In: Organizational Dynamics. Summer 1996, S. 33 - 44.

Pfiffner, Martin; Stadelmann, Peter. Expertenwissen von Wissensexperten. In: Hitzler, Ronald (Hrsg.). Expertenwissen: die institutionalisierte Kompetenz zur Konstruktion von Wirklichkeit. Opladen 1994, S. 146 - 154.

Pickering, Jeanne M.; King, John Leslie. Hardwiring Weak Ties: Interorganizational Computer-mediated Communication, Occupational Communities, and Organizational Change. In: Organization Science. 1995, Vol. 6, No. 4, S. 479 - 486.

Picot, Arnold. Transaktionskostenansatz in der Organisationstheorie: Stand der Diskussion und Aussagewert. In: Die Betriebswirtschaft. 42, 1982, Nr.2, S. 267 – 284.

Piggott, Charles. Graduate Recruitment: We ask the questions here. In: Euromoney, July 1997, S. 69 - 71.

Polanyi, M. Implizites Wissen. Frankfurt/M. 1985.

Power, Michael. The Audit Society. Rituals of Verification. Oxford 1997.

Prahalad, C.K.; Hamel, Gary. The Core Competence of the Corporation. In: Harvard Business Review. May - June 1990, S. 79 - 91.

Preisendörfer, Peter. Vertrauen als soziologische Kategorie. In: Zeitschrift für Soziologie. 1995, Nr. 4, S. 263 – 272.

Prusak, Laurence (ed.). Knowledge ind Organizations. Boston, Oxford 1997.

Pucik, Vladimir. Human Resources in the Future: An Obstacle or a Champion of Globalization? In: Human Resource Management. 1997, Vol. 36, Nr. 1, S. 163 - 167.

Quinn, James Brian. Intelligent Enterprise. New York 1992.

Quinn, James Brian. Intelligente Unternehmen. In: gdi-impuls, 1994, Nr. 4, S. 48 - 54.

Raettig, Lutz R. Neuere Entwicklungen im Investment Banking. In: Rudolph, Bernd (Hrsg.). Instrumente und Strategien im Investment Banking. Frankfurt am Main 1990, S. 35 - 56.

Rappaport, Stephen P. Management on Wall Street: Making Securities Firms Work. Homewood, Illinois 1988.

Regan, Patrick J. Analyst, Analyze Thyself. In: Financial Analysts Journal, 1993, Vol. 49, Nr. 4, S. 10 - 12.

Reicheneder, Thomas. Investment Banking. Wiesbaden 1992.

Reimer, Hauke. Aktienanalysten: Unendlich viel Geld. In: Wirtschaftswoche. 1998, Nr. 14, S. 160 - 172.

Reimnitz, Jürgen. Das Primärgeschäft im Emissionsbereich. In: Büschgen, Hans E.; Kurt Richolt (Hrsg.). Handbuch des internationalen Bankgeschäfts. Wiesbaden 1989, S. 241 - 266.

Reinhardt, Rüdiger; Schweiker, Ulrich. Lernfähige Organisationen: Systeme ohne Grenzen? Theoretische Rahmenbedingungen und praktische Konsequenzen. In: Geißler, Harald (Hrsg.). Organisationslernen und Weiterbildung. Neuwied; Berlin 1995, S. 269 - 307.

Remeikis, Lois A. Knowledge Management - Roles for Information Professionals. Internes Bulletin der Firma Booz, Allen & Hamilton.

Remeikis, Lois A.; Koska, Elizabeth. Organizing for Knowledge: Developing a Knowledge Management System. In: Williams, Martha E. National Online Meeting. Proceedings. Medford 1996, S. 315 - 318.

Remolona, Eli M.; Basset, William; Geoum, In Sun. Risk Management by Structured Derivative Product Companies. In: Economic Policy Review, April 1996, S. 17 - 37.

Renn, Ortwin; Webler, Thomas; Kastenholz, Hans. Perception of Uncertainty: Lessons for Risk Management and Communication. In: Sublet, Virginia et al. (Hrsg.). Scientific Uncertainty and its Influence on the Public Communication Process. The Hague 1996. S. 163 - 181.

Ritter, Jay R. The Costs of Going Public. In: Journal of Financial Economics. 1987, Vol. 19, S. 269 - 281.

Roll, Richard. Empirical evidence on takeover activity and shareholder wealth. In: Coffee, John C.; Lowenstein, Louis; Rose-Ackerman, Susan (Hrsg.). Knights, raiders, and targets. The impact of the hostile takeover. New York; Oxford 1988, S. 241 - 252.

Rudolph, Bernd (Hrsg.). Instrumente und Strategien im Investment Banking. Frankfurt am Main 1990.
Rudolph, Bernd. Aktuelle Entwicklungen der Portfoliotheorie. In: Zeyer, Fred (Hrsg.). Investmentfonds-Management. Frankfurt am Main 1993, S. 83 - 94.
Ruggles, Rudy L. (ed.). Knowledge Management Tools. Boston, Oxford 1997, S. 87 - 117.

Sackmann, Sonja A. Cultures and Subcultures: An Analysis of Organizational Knowledge. In: Administrative Science Quaterly. 1992, Nr. 37, S. 140 - 161.
Sassower, Raphael. Knowledge without Expertise. On the Status of Scientists. New York 1993.
Scarbrough, Harry (Ed.). The Management of Expertise, New York 1996.
Scarbrough, Harry. Information Systems for Knowledge Management. In: ders. (ed.) The Management of Expertise, New York 1996, S. 177 - 189.
Scarbrough, Harry. Understanding and Managing Expertise. In: ders. (ed.) The Management of Expertise, New York 1996, S. 23 - 47.
Schierenbeck, Henner. Institutionelle Bankbetriebslehre: Eine Einführung in die institutionellen Grundlagen des Geld-, Finanz- und Bankwesens. Stuttgart 1987.
Schlote, Stephan. Mergers & Acquisitions: Kater nach dem Kaufrausch. In: ManagerMagazin, 1996, Vol. 26, Nr. 5, S. 112 - 120.
Schmidl, Patrick. Kulturelle Einflüsse auf das internationale Anlageverhalten. In: Blick durch die Wirtschaft vom 14.1.1998, S. 9.
Scholes, Myron S. Global financial markets, derivative securities, and systemic risks. In: Journal of Risk and Uncertainty, 1996, Nr. 12, S. 271 - 286.
Schulz, Bettina. Erste Opfer im Investment Banking. In: Frankfurter Allgemeine Zeitung. 18. Juni 1997, S. 13.
Schulz, Bettina. Streit zwischen Dresdner Bank und Kleinwort Benson. In: Frankfurter Allgemeine Zeitung. 3. März 1997, S. 20.
Schumann, Peter Karl. Der Investmentbanker als Berater. In: Büschgen, Hans E.; Kurt Richolt (Hrsg.). Handbuch des internationalen Bankgeschäfts. Wiesbaden 1989, S. 295 - 312.
Schüppel, Jürgen. Organisationslernen und Wissensmanagement. In: Geißler, Harald (Hrsg.). Organisationslernen und Weiterbildung. Neuwied; Berlin 1995, S. 185 - 219.
Schuster, Leo. Die Beratung und Duchrchführung von M&A im Rahmen des Firmenkundengeschäftes der Banken. In: Siegwart, Hans et al. (Hrsg.). Meilensteine im Management. Bd. 1 Mergers & Acquisitions. Basel; Frankfurt a. M. 1990, S. 409 - 434.
Schwager, Jack D. The New Market Wizards. Conversations with America´s Top Traders. New York 1992.
Schweinitz, Johann. Renditeentwicklungen von Aktienemissionen. Wiesbaden 1997.
Schweitzer, Robert; Szewcyk, Samuel H.; Varma, Raj. Bond rating agencies and their role in bank market discipline. In: Journal of Financial Services Research. 1992, No. 6, S. 249 - 263.
Schwert, William G. Markup Pricing in Mergers and Acquisitions. In: Journal of Financial Economics. 1996, Vol. 41, Nr. 2, S. 153 - 192.
Scott, Richard W. The Adolescence of Institutional Theory. In: Administrative Science Quaterly. 1987, Vol. 32, S. 493 - 511.
Selznick, Philip. Leadership in Administration. A Sociological Interpretation. Illinois; New York 1957.

Sender, Henry. The Client Comes Second. In: Institutional Investor. 1987, März-Ausgabe, S. 84 - 98.

Senge, Peter M.; Kofman, Fred. Communities of Commitment: The Heart of Learning Organizations. In: Organizational Dynamics. 1993, Vol. 22, No. 2, S. 5 - 23.

Serfling, Klaus; Badack, Elke; Jeiter, Vera. Möglichkeiten und Grenzen des Credit Rating. In: Büschgen, Hans E.; Everling, Oliver (Hrsg.). Handbuch Rating. Wiesbaden 1996, S. 629 - 655.

Servaes, Henri; Zenner, Marc. The Role of Investment Banks in Acquisitions. In: The review of financial studies, 1996, Vol. 9, Nr. 3, S. 787 - 815.

Shapira, Zur. Ambiguity and risk taking in organizations. In: Journal of Risk and Uncertainty. 1993, Vol. 7, S. 89 - 94.

Shapiro, Eileen C. How Corporate Truths Become Competitive Traps. New York, Chichester 1991.

Shiller, Robert J. Fashions, fads, and bibbles in financial markets. In: Coffee, John C.; Lowenstein, Louis; Rose-Ackerman, Susan (Hrsg.). Knights, raiders, and targets. The impact of the hostile takeover. New York; Oxford 1988, S. 56 - 68.

Shiller, Robert J. Stock Prices and Social Dynamics. In: Thaler, Richard H. (ed.). Advances in Behavioral Finance. New York 1993, S. 167 - 217.

Shireff, David. Bank Mergers: The Plunder of UBS. In: Euromoney. March 1998, S. 28 - 31.

Shireff, David. Company-at-risk. In: Euromoney, June 1997, S. 64 - 67.

Shireff, David. Portfolio Theory: The Human Factor. In: Euromoney. Januar 1996, S. 30 – 35.

Shirreff, David. Bankers' feeding frenzy. In: Euromoney. September 1995, S. 62 - 68.

Shirreff, David. Derivatives: Lessons from NatWest. In: Euromoney. May 1997, S. 42 - 47.

Shleifer, Andrei; Vishny, Robert; Lopez-de-Silances, Florencio; La Porta, Rafael. Trust in Large Organizations. National Bureau of Economic Research, Working Paper Nr. 5864, 1996.

Siegwart, Hans et al. (Hrsg.). Meilensteine im Management. Bd. 1 Mergers & Acquisitions. Basel; Frankfurt am Main 1990.

Siévi, Friedemann; Taferner-Allmeier, Ingrid. Verbessern Sie Ihren Informationsstand! In: Bank Magazin. 1996, Nr. 8, S. 12 - 15.

Simon, Herbert A. Bounded Rationality and Organizational Learning. In: Organization Science. 1991.Vol. 2, No.1, S. 125 - 134.

Simonson, Donald G. The Marketing of Bank Risk-Management Services. In: Psychology & Marketing. 1995, Vol. 12, Nr. 8, S. 735 - 749.

Sinclair, Timothy J. Passing judgement: credit rating processes as regulatory mechanisms of governance in the emerging world order. In: Review of International Political Economy. 1994, No. 1, S. 133 - 159

Smelser, Neil J.; Swedberg, Richard (Hrsg.). The handbook of economic sociology. Princeton, N.J. 1994.

Smelser, Neil J.; Swedberg, Richard. The sociological perspective on the economy. In: Smelser, Neil J.; Swedberg, Richard (Hrsg.). The handbook of economic sociology. Princeton, N.J. 1994, S. 3 - 26.

Snow, David A.; Parker, Robert. The Media and the Market. In: Adler, Patricia A.; Adler, Peter (Hrsg.). The Social Dynamics of Financial Markets. Greenwich; London 1984, S. 153 - 172.

Spencer Brown, George. Laws of Form. New York. 1973.

Spinner, Helmut F. Die Wissensordnung. Opladen 1994.

Sproull, Lee.; Kiesler, Sarah. Connections: New Ways of Working in the Networked Organization. Cambridge, Mass. 1991.

Staehle, Wolfgang. Management. Eine verhaltenswissenschaftliche Perspektive. München 1991

Starbuck, William. Keeping a Butterfly and an Elephant in a House of Cards: The Elements of Exceptional Success. In: Journal of Management Studies. 1993, Vol. 30, No. 6, S. 885 - 921.

Starbuck, William. Learning by Knowledge-Intensive Firms. In: Journal of Management Studies. 1992, Vol. 29, No. 6, S. 713 - 740.

Staw, Barry M. Counterforces to Change. In: Goodman, Paul S. (ed.). Change in Organizations. New Perspektives on Theory, Research, and Practice. San Francisco 1982. S. 87 - 121.

Steffan, Carsten. Entwicklung und Perspektiven des Investment Banking. In: Sparkasse. 1997, Nr. 4, S. 169 – 173.

Stehr, Nico; Ericson, Richard V, (Hrsg.). The Culture and Power of Knowledge. Inquiries into Contemporary Societies. Berlin 1992.

Steinberger, Michael. Asian Equity Research: Impaired Intelligence. In: Euromoney, February 1997, S. 85 - 87.

Steiner, Manfred. Rating. Risikobeurteilung von Emittenten durch Rating-Agenturen. In: Wirtschaftswissenschaftliches Studium. 1992, Vol. 21, Heft 10, S. 509 - 515.

Stewart, Thomas A. Intellectual Capital. The New Wealth of Organizations. New York, London 1997.

Stickel, Scott E. The Anatomy of the Performance of Buy and Sell Recommendations. In: Financial Analysts Journal, 1995, Vol. 51, Nr. 5, S. 25 - 39.

Stinchcombe, Arthur L. Information and Organization. Berkeley 1990.

Stonham, Paul. Whatever Happened at Barings? Part One: The Lure of Derivatives and Collapse. In: European Management Journal. 1996, Vol. 14, No. 2, S. 167 - 175.

Storck, Joachim. Mergers & Acquisitions: Marktentwicklungen und bankpolitische Konsequenzen. Wiesbaden 1993.

Strebel, Brigitte. Risikomanagement: Geld übertönt alle schönen Worte. In: Schweizer Bank, 1996, Heft 1, S. 43 - 44.

Swann, Jacky. Professional Associations and the Management of Expertise. In: Scarbrough, Harry (Ed.). The Management of Expertise, New York 1996, S. 123 - 149.

Swedberg, Richard. Markets as social structures. In: Smelser, Neil J.; Swedberg, Richard (Hrsg.). The handbook of economic sociology. Princeton, N.J. 1994, S. 255 - 282.

Sweeney, Paul. The Changing Face of the M&A Business. In: Global Finance, 1996a, Vol. 10, Nr. 1, S. 22 - 28.

Sweeney, Paul. Who´s Getting the Business in M&A?. In: Global Finance, 1996b, Vol. 10, Nr. 1, S. 32 - 33.

Swidler, Ann; Arditi, Jorge. The New Sociology of Knowledge. In: Annual Review of Sociology, Vol. 20, 1994, S. 305 - 329.

Sydow, Jörg; van Well, Bennet. Wissensintensiv durch Netzwerkorganisation - Strukturationstheoretische Analyse eines wissensintensiven Netzwerkes. In: Schreyögg, Georg, Conrad, Peter (Hrsg.). Wissensmanagment. Berlin; New York 1996, S. 191 - 234.

Tacke, Veronika; Hiller, Petra. Zwischen 'Institution' und 'Kultur' - Zum Konzept organisationaler Ideologien bei Nils Brunsson. Fakultät für Soziologie,

Forschungsschwerpunkt Zukunft der Arbeit (Hrsg.). Arbeitsberichte und Forschungsmaterialien Nr. 85, S. 5 - 22, Bielefeld 1993.
Tampoe, Mahen. Motivating Knowledge Workers - The Challenge for the 1990s. In: Myers, Paul S. (ed.). Knowledge Management and Organizational Design. Boston 1996, S. 179 - 189.
Tarascio, Vincent J. Economic Theories of the Stock Market: Random or Non-Random Walk? In: Adler, Patricia A.; Adler, Peter (Hrsg.). The Social Dynamics of Financial Markets. Greenwich; London 1984, S. 41 - 55.
Thaler, Richard H. (ed.). Advances in Behavioral Finance. New York, N.Y. 1993.
The Economist. Coming to America (again). 14. September 1996, S. 85 - 86.
The Economist. Sonderbeilage: Turning Digits into Dollars. A Survey of Technology in Finance. 26. Oktober 1996.
The Economist/ manager spezial. Wall Street ist überall: Wie die amerikanischen Investmentbanken den Weltmarkt erobern. Hamburg 1995.
The Journal of European Business. The Return of the Mega-Deal. 1994, Vol. 5, Nr. 5, S. 26 - 40.
Tickell, Adam. Making a melodrama out of a crisis: reinterpreting the collapse of Barings Bank. In: Environment and Planning. 1996, Vol. 14, S. 5 - 33.
Titzrath, Alfons. Die Bedeutung des Going Public. Ein Erfahrungsbericht aus der Sicht einer Bank. In: Zeitschrift für Betriebswirtschaft. 1995, Vol. 65, Nr. 2, S. 133 - 155.
Tomasula, Dean. Risk Management: Plugging the Holes in Risk Systems. In: Wall Street & Technology, 1996, Vol. 14, Nr. 2, S. 45 - 48.
Treynor, Jack. Betting on Good Management. In: Financial Analysts Journal, 1993, Vol. 49, Nr. 5, S. 10.
Trobitz, Hans; Wilhelm, Stefan. Going Public aus Sicht der emissionsbegleitenden Bank. In: Sieben, Günter et al. (Hrsg.). Betriebswirtschaftliche Forschung und Praxis. Herne; Berlin 1996. S. 164 - 182.
Trueman, Brett. Analyst Forecasts and Herding Behavior. In: The review of financial studies, 1994, Vol. 7, Nr. 1, S. 97 - 124.
Turnbull, Peter W. et al. Marketing and Investment Banking I: Practical and Theoretical Challenges. In: International Journal of Bank Marketing. 1996, Vol. 14, Nr. 2, S. 26 - 37.
Turnbull, Peter W. et al. Marketing and Investment Banking II: Relationships and Competitive Advantage. In: International Journal of Bank Marketing. 1996, Vol. 14, Nr. 2, S. 38 - 49.

Voigt, Hans-Werner. Bookbuilding - der andere Weg zum Emissionskurs. In: Die Bank. 1995, Nr. 6, S. 339 - 343.
Vollmer, Hendrik. Akzeptanzbeschaffung: Verfahren und Verhandlungen. In: Zeitschrift für Soziologie. 1996, Nr. 2, S. 147 – 164.
von Krogh, Georg et al. A Note on the Epistemology of Globalizing Firms. In: von Krogh, Georg; Roos, Johan (Hrsg.). Managing Knowledge. London 1996, S. 203 - 217.

Wagner, Ina. Formalisierte Kooperation, Organisationskulturelle Aspekte der Computerunterstützung kommunikativer Verständigungsprozesse. In: Malsch, Thomas (Hrsg.). ArByte, Modernisierung der Industriesoziologie, Berlin 1992.
Wall Street Journal Europe. Lazard Stands Out in M&A Boom. 14. Oktober 1997, S. 13.

Walsh, James P. Managerial and Organizational Cognition: Notes from a Trip Down Memory Lane. In: Organization Science. Vol. 6, No. 3, S. 280 - 321.
Walter, Ingo; Smith, Roy C. Investment Banking in Europe. Restructuring for the 1990s.
Ward, Angela. The changing face of M&A. In: Acquisitions Monthly. 1997, Nr. 4, S. 60 - 64.
Waterman, Merwin H. Investment Banking Functions. Ann Arbor 1958.
Waters, Malcolm. Globalization. London, New York 1995.
Wathne, Kenneth et al. Towards a Theory of Knowledge Transfer in a Cooperative Context. In: von Krogh, Georg; Roos, Johan (Hrsg.). Managing Knowledge. London 1996, S. 55 - 81.
Webb, Janette; Cleary, David. Organisational Change and the Management of Expertise. London, New York 1994.
Weber, Max. Die 'Objektivität' sozialwissenschaftlicher und sozialpolitischer Erkenntnis. In: ders. Gesammelte Aufsätze zur Wissenschaftslehre, Tübingen 1988, S. 146 - 214.
Weber, Max. Gesammelte Aufsätz zur Religionssoziologie I, Tübingen 1988.
Wegmann, Jürgen. Die Bestimmung des Emissionspreises als Unternehmensbewertungsproblem. In: Sieben, Günter et al. (Hrsg.). Betriebswirtschaftliches Forschung und Praxis. Herne; Berlin 1996, S. 149 - 163.
Weick, Karl E. Sensemaking in Organizations. London 1995.
Weick, Karl E.; Roberts, Karlene H. Collective Mind in Organizations: Heedful Interrelating on Flight Decks. In: Administrative Science Quarterly. 1993, Vol. 38, S. 357 – 381.
Weick, Karl E. The Nontraditional Quality of Organizational Learning. In: Organization Science. 1991. Vol. 2, No. 1, S. 116 - 124.
Weick, Karl E. Theorizing about organizational communication. In: Jablin, F., Putnam, L., Roberts, K., Porter, L. (Hrsg.). Handbook of Organizational Communication. Newbury Park 1987, S. 97 – 122.
Weinhardt, Christof. Financial engineering und Informationstechnologie: innovative Gestaltung von Finanzkontrakten. Wiesbaden 1995.
Weiss, Heinz-Jürgen. Die Informationsbeschaffung beim Unternehmenskauf. In: Siegwart, Hans et al. (Hrsg.). Meilensteine im Management. Bd. 1 Mergers & Acquisitions. Basel; Frankfurt a. M. 1990, S. 377 - 392.
Welles, Nancy. Can Analysts Find True Happiness Doing Deals? In: Institutional Investor. 1983, November-Ausgabe, S. 201 - 207.
Welzmüller, Rudolf. Zu den Folgen der Globalisierung für die nationalen Güter-, Finanz- und Arbeitsmärkte. In: Aus Politik und Zeitgeschichte. 1997, B33 - 34, S. 20 - 28.
White, Roderick E.; Poynter, Thomas A. Organizing for World-Wide Advantage. In: Bartlett, Christopher A.; Doz, Yves; Hedlund, Gunnar. (Hrsg.). Managing the Global Firm. London, New York 1990, S. 95 - 116.
Wiesenthal, Helmut. Konventionelles und unkonventionelles Organisationslernen: Literaturreport und Ergänzungsforschlag. In: Zeitschrift für Soziologie. 1995, Heft 2, S. 137 - 155.
Wildawsky, Aaron. Choosing Preferences by Constructing Institutions: A Cultural Theory of Preference Formation. In: American Political Science Review, 1987, Vol. 81, No. 1, S. 3 - 21.
Williamson, Peter J. (ed.). The Investment Banking Handbook. New York, Chichester 1988.
Willke, Helmut. Systemisches Wissensmanagement. Stuttgart 1998a.
Willke, Helmut. Organisierte Wissensarbeit. In: Zeitschrift für Soziologie. 1998b, Nr. 3, S. 161 – 177.

Willke, Helmut. Wissensarbeit. In: Organisationsentwicklung. 1997, Nr. 3, S. 5 – 18.
Willke, Helmut. Systemtheorie III: Steuerungstheorie. Stuttgart, New York 1995a.
Willke, Helmut. Das intelligente Unternehmen - Wissensmanagement der Organisation. In: Beratergruppe Neuwaldegg (Hrsg.), Intelligente Unternehmen - Herausforderung Wissensmanagement. Wien 1995b, S. 47 - 70.
Willke, Helmut. Systemtheorie II: Interventionstheorie. Stuttgart; New York 1994.
Willke, Helmut. Systemtheorie. Eine Einführung in die Grundprobleme der Theorie sozialer Systeme. Stuttgart; New York 1991.
Wilson, Gregory. Getting Beyond Glass-Steagall. In: The McKinsey Quarterly. 1995, Nr. 2, S. 109 - 115.
Wimmer, Rudolf. Das Team als besonderer Leistungsträger in komplexen Organisationen. In: Ahlemeyer, Heinrich W.; Königswieser, Roswita (Hrsg.). Komplexität managen. Frankfurt am Main 1997, S. 105 - 130.
Wittebort, Suzanne. Inside the Morgan Machine. In: Institutional Investor. Juli 1985, S. 170 - 178.
Womack, Kent L. Do Brokerage Analysts' Recommendations Have Investment Value? In: Journal of Finance. 1996, Vol. 11, No. 1, S. 137 - 167.
Wood Daudelin, Marilyn. Learning from Experience through Reflection. In: Organizational Dynamics. Winter 1996, S. 36 - 47.

Zander, Udo; Kogut, Bruce. Knowledge and the Speed of the Transfer and Imitation of Organizational Capabilities: An Empirical Test. In: Organization Science. 1995, Vol. 6, No. 1, S. 76 - 92.
Zaß, Manfred. Sekundärmärkte in Aktien und Anleihen. In: Büschgen, Hans E.; Kurt Richolt (Hrsg.). Handbuch des internationalen Bankgeschäfts. Wiesbaden 1989, S. 267 - 293.
Zeyer, Fred (Hrsg.). Investmentfonds-Management. Frankfurt am Main 1993.
Zhang, Peter G. Barings Bankruptcy and Financial Derivatives. Singapore; New Jersey 1995.
Zuboff, Shoshana. In the Age of the Smart Machine. New York 1988.

GPSR Compliance

The European Union's (EU) General Product Safety Regulation (GPSR) is a set of rules that requires consumer products to be safe and our obligations to ensure this.

If you have any concerns about our products, you can contact us on ProductSafety@springernature.com

In case Publisher is established outside the EU, the EU authorized representative is:

Springer Nature Customer Service Center GmbH
Europaplatz 3
69115 Heidelberg, Germany

Batch number: 10815964

Printed by Printforce, the Netherlands